진격의 10년,
1960년대

진격의 10년, 1960년대

비틀스에서 68혁명까지, 김경집의 현대사 강의

ⓒ 김경집, 2022. Printed in Seoul, Korea

초판 1쇄 찍은날	2022년 9월 16일
초판 1쇄 펴낸날	2022년 9월 28일
지은이	김경집
펴낸이	한성봉
편집	최창문·이종석·강지유·조연주·조상희·오시경·이동현
콘텐츠제작	안상준
디자인	정명희
마케팅	박신용·오주형·강은혜·박민지
경영지원	국지연·강지선
펴낸곳	도서출판 동아시아
등록	1998년 3월 5일 제1998-000243호
주소	서울시 중구 퇴계로30길 15-8 [필동1가] 무석빌딩 2층
페이스북	www.facebook.com/dongasiabooks
전자우편	dongasiabook@naver.com
블로그	blog.naver.com/dongasiabook
인스타그램	www.instargram.com/dongasiabook
전화	02) 757-9724, 5
팩스	02) 757-9726
ISBN	978-89-6262-464-9 03910

만든 사람들

책임편집	유상원
디자인·조판	김선형
일러스트	박예림
표지디자인	SUB

진격의 10년,
1960년대

Dynamic Decade 1960s
Revolutionary, Enthusiastic, Attractive Epoch

김경집 지음

비틀스에서 68혁명까지
김경집의 현대사 강의

동아시아

Overture

대한민국은 선진국이다. 유엔무역개발회의UNCTAD는 2021년 7월 2일 스위스 제네바 본부에서 열린 제68차 무역개발이사회 회의에서 만장일치로 대한민국을 선진국으로 공식 결정했다. 1964년 유엔무역개발회의가 설립된 이후 개발도상국에서 선진국으로 지위가 변경된 것은 처음 있는 일이었다.

2021년 현재 대한민국은 전 세계 200여 개 국가들 가운데 GDP 10위, 군사력 6위, 제조업 생산력 5위, 무역 규모 8위이며, 세계에서 단 7개 국가미국, 영국, 독일, 프랑스, 이탈리아, 일본, 한국만 속한 '30-50클럽'에 가입된 상태이다. 30-50클럽은 국민소득 3만 달러 이상, 인구 5천만 명 이상의 국가를 일컫는데, 국력을 가늠하는 기준으로 인용되곤 한다.

내가 태어났을 때만 해도 대한민국의 1인당 국민소득은 90달러도 채 되지 않았다. 초등학교당시 국민학교 입학식 때 교장선생님께 대한 경례에 비장하게 '재건'이라는 구호를 외쳤다. 건물의 벽마다 구호로 가득했다. '증산·수출·건설'로 시작해서 '1000불 소득 100억불 수출'까지 눈이 닿는 곳마다 성장과 개발을 외치는 구호들뿐이었고, 교복에는 매달 새로운 내용으로 바뀌는, '싸우면서 일하고 일하면서 싸우자' 같은 구호가 적힌 리본을 달고 다녔다. '배고픔'이 가장 큰 두려움이던 시절이었다.

그랬던 대한민국이 1996년 12월에 이른바 '선진국 모임'이라 일컫는 경제협력개발기구OECD에 가입했다. 우리 국민은 상상도 못 하던 일이 현실이 됐다며 환호했고, 감격했다.

비록 1997년 외환 위기에서 비롯한 IMF 체제로 엄청난 고통을 겪어야 했지만, 아이러니하게도 강제적 구조조정을 통해 새로운 패러다임으로 빠르게 전환할 수 있었고, 그 역동성이 추동력이 돼 지금까지 계속 발전해 왔으며, 마침내 '대망'의 선진국 대열에 공식적으로 진입한 것이다.

한 사람의 생애 안에 최빈국의 상태에서 선진국까지 이르는 가파른 변화를 경험하는 것이 가능한 일일까? 대한민국은 그걸 해냈다. 세상은 빠르게 변하고 있다. 어제의 적이 오늘의 동지가 되고, 오늘의 동지가 내일의 적이 되는 시대이기에 더욱더 시대정신을 선명하게 읽어내야 한다. 그것을 토대로 미래의제를 굳건히 세우고 부단히 실천하는 국가와 국민만이 발전할 수 있는 것이다.

지금 우리의 시대정신은 무엇일까, 무엇이어야 할까? 선진국의 지위에 오른 탄력과 관성으로 이대로 내달리면 다 해결될까?

개발도상국 대한민국은 속도와 효율로 무장해서 선진국을 쫓아가며 배우고 따르며 생존과 발전을 추구했던 '추격사회'에서 살아남았고 성공했다. 그러나 '선진국' 대한민국은 더 이상 속도와 효율을 내세우며 누군가를 추격하고 베끼는 방식으로 살아갈 수는 없다. 탈脫추격사회에서는 베끼고 따라가는 습속이 오히려 걸림돌이 된다. 그것을 버려야 한다. 물론 자본주의 경제체제에 살면서 속도와 효율을 무시할 수는 없다.

탈脫추격사회에서 계속해서 성장하고 발전하기 위해서는 혁신과 창조의 기치를 세워야 한다. 단순히 공학· 과학·경영 등에서의 혁신과 창조가 아니라 전존재적인 혁신과 더 높은 가치를 향한 창조가 필요한 시기이다.

지금 우리가 안고 있는 문제가 무엇인지, 어떤 보편적 가치에 우선순위를 둬야 하는지, 세계시민으로서 우리가 당면한 것은 무엇인지를 읽어내야 한다. 그게 바로 시대정신의 바탕이다. 그게 있어야 비로소 미래의제를 도출하고 그것을 수행할 수 있는 구체적인 로드맵을 마련할 수 있다. 이건 단순한 관념의 문제가 아니다. 불행히도 우리는 그런 것들에 대한 교육이나 훈련이 거의 없는 상태로 성장하며 여기까지 달려왔다. 그 관성으로 미래를 준비하는 건 어리석은 짓이다.

과거의 역사는 '기록'으로 박제돼 있다. 그러기에 과거의 역사에서 너무 많은 교훈을 기대하는 건 금물이다. 상황과 조건 그리고 인과관계를 배제한 채 사건의 결과인 기록을 자의적으로 해석하는 것은 위험하고 어리석다. 역사를 외면하는 시민과 지도자는 위험하지만, 역사책만 들여다보는 시민과 지도자 또한 바람직하지 않은 건 그 때문이다.

우리의 현대사에는 괄호에 묶인 역사적 시간이 있다. 하나는 조선이 망하고 나라를 빼앗긴 채 일본에 식민 지배를 받았던 시간이고, 다른 하나는 독립도 하고 발전도 했으나 민주주의는 짓밟히고 휴머니티의 보편적 가치가 훼손된 시간이다. 게다가 그 기간에 세계 역사에는 가장 뜨겁고 활발했던 시기인, 인간 보편의 가치에 대한 진보가 이루어지면서 세계 전체가 변화하고 모든 것이 함께 진화했던 시기인 1960년대가 들어 있다.

불가피했겠지만, 우리는 그런 열정과 가치를 생각할 겨를도 없이 시대를 건너왔다. 현대 세계를 떠받친 가장 강력한 힘은 바로 그때 형성됐고, 그것이 나름의 방식으로 진화해 '현대 세계의 기준점'으로 작동하는 인식의 기준이 바로 그 시대에서 만들어졌다.

역사에는 흥미진진하고 매력적인 사건과 인물이 줄을 잇는다. 역사 콘텐츠에 흥미를 갖는 이유는, 역사가 허구가 아닌 사실을 다루는 장르이며, 세대를 관통하고 시대를 아우르는 교훈을 담고 있기 때문이고, 지식 자체로도 매력적이기 때문일 것이다. 그런데 또 다른 요소가 하나 있는 듯하다. 나와 직접적인 관련이 없기 때문에 그냥 관찰자로서 둘러보는, 즉 짊어져야 할 고민과 책임이 없다고 여겨지기 때문이다. 그래서일까?

정작 나의 현재에 매우 밀접하고 때론 직접적인 관계를 맺고 있는 가까운 시대의 역사인 현대사에 대해서는 무관심한 경우가 많다. 이는 생존 인물과 관련된 역사적 사실에 대해 평가하는 것을 꺼리거나, 완결되지 않은 것으로 여기는 사건에 대해 객관적이고 보편적인 동의가 수반되지 않았기에, 현대사를 역사적 잣대로 평가하거나 접근하는 것이 불공정하다고 여기는 선입견 때문인 듯하다.

그런 점에서 오히려 1960년대의 역사가 지금 나의 삶과 시대에 어떤 영향을 미쳤고 나의 삶과 가치에 어떤 방식으로 작동하는지 더 깊은 관심을 가져야 한다고 생각한다. 무엇보다 그것들이 지금의 우리를 만들어온 최근의 역사이고, 그것을 읽어냄으로써 지금 우리가 직면한 시대정신을 짚어보는 데에도 유익하기 때문이다.

나는 역사학자가 아니다. 그래서 역사적 사실의 탐구와 연구에 대해서는 당연히 그에 미치지 못한다. 다만 시대를 읽고 미래를 통찰해야 할 현대인으로서, 그리고 인간과 세계의 관계에 대해 고민하는 인문학자로서, 더 나아가 세계시민으로서 1960년대에 굵직한 문제들이 어땠는지, 거기에서 어떤 의미와 가치를 발견해야 하는지에 대해 교양인의 관점으로 탐색하고 나름대로 해석해보고 싶었다. 내가 이 책을 꼭 쓰고 싶었던 중요한 여러 이유 가운데 하나는 삶과 세상을 성찰하는 것이었다.

누구나 도전과 변화의 시기에 고민과 갈등을 겪는다. 어떤 선택을 따르느냐에 따라 개인의 삶도 역사의 미래도 달라질 수 있다. 대부분은 변화보다 안정을, 도전보다 보신을 택한다. 그러면서 기득권에 대한 집착을 보수적 가치의 수호라고 착각하거나 합리화한다.

이승만, 이기붕, 에드거 후버, 조지 월리스, 에이버리 브런디지, 오벌 포버스, 마오쩌둥 등과 그들에게 충성했던 인물들은 지금 어떻게 기억되는가. 그에 비해 자신의 안위보다 시대정신을 명확하게 인식하고 자신의 불이익을 기꺼이 감수하며 의연하게 인류의 진보에 자신의 삶을 내던진 사람들의 삶은 어떠했는가. 개인적으로는 힘들었을지 모르지만, 그 삶이 인류의 역사에서 중요한 역할을 수행했고 인류를 진화시켰다. 꼭 불행할 것도 아니다. 더 충실하고 유쾌하게 살아갈 지혜와 용기를 얻었을지도 모른다.

우리는 역사를 통해 당시에는 영웅처럼 떠받들어진 인물이나 사건이 사실은 시대착오나 퇴행이라는 것을 깨닫기도 하고, 타파해야 할 대상과 일이라 여겨 탄압했던 일이 사실은 선구적 혜안과 정의와 희생이었다는 것을 알게 되기도 한다. 역사는 단순한 과거에 그치지 않는다. 역사를 통해 피상적인 현상이 아닌 문제의 본질과 핵심을 파헤칠 수 있는 눈을 갖게 된다면, 지금 내가 맞닥뜨린 문제 역시 그 본질을 꿰뚫어 보며 지혜롭게 판단할 수 있을 것이다. 그렇기에 역사는 현재를 비추는 거울이라고 말한다. 시간이 흘러 퇴색하고 사라지는 과거의 영광이 아니라, 오히려 갈수록 더 생생하고 구체적으로 드러나 미래를 비추는 거울이 바로 역사인 것이다.

나는 내 삶의 좌표를 설정할 때 거창하게 『삼국지』, 『사기』, 『손자병법』, 『초한지』 등의 동양 고전이나 달콤한 성공으로 유혹하는 흔한 자기계발서 등처럼 스테레오타입화한 것들보다 1960년대 세계의 인물·사건·생각·행동 등을 다시 읽어본다. 그것들은 지금 내가 딛고 서 있는 시간과 공간에서 그리 멀지 않은 지점일 뿐 아니라 '지금·여기'를 낳고 이어준 것들이기 때문이다. 내가 개인사와 역사에서 어떤 삶을 선택할 것인가 고민할 때 이 시대에 대한 성찰과 인물들에 대한 성찰이 크게 도움이 됐다.

1960년대에 나는 어린이였다. 어른들도 세상 돌아가는 걸 모르고 살아가는데 어린 내가 그걸 알 까닭이 없었다. TV는 흔치 않았고 라디오 뉴스에서도 해외 뉴스는 거의 없었다. 어린 내가 세상을 만나는 창은 당시 학원사에서 발행한 『세계대백과사전』이었다. 전 7권으로 된, 초호화 양장본에 사진 자료가 풍성한, 당시로서는 매우 파격적인 책이었다.

미국 중부의 대농장에서 콤바인으로 수확하는 모습이라든지 동유럽에서 시민들에 둘러싸인 소련군 탱크의 모습 등이 호기심을 끌었다. 그리고 다양한 동·식물 도면들이 풍부해서 선망과 궁금증을 충족시켜 준, 어린 내게 쉽지는 않은 책이었지만 늘 그 책을 끼고 놀았다. 그리고 교사였던 작은누나가 근무하던 교무실이나 교실에 놀러 가면 화보가 가득 실린 《LIFE》라는 잡지가 있었는데 그 잡지가 그렇게도 좋았다. 거기에는 다양한 세상의 사진들이 있었고, 특히 인상적인 사건들의 사진들이 꽤 많았다. 68혁명이나 베트남전쟁의 참상^{당시 우리나라에서는 베트남전쟁의 승전과 우리 국군의 용맹함만 보도했다}을 보도하는 사진들은 매우 충격적이고 신기했다. 그게 내가 1960년대의 세계와 접촉한 지점이었다. 그리고 그 기억은 아주 오랫동안 내게 남았다.

나이가 들어갈수록 내게 1960년대는 더 특별하게 다가왔다. 처음에는 그게 나의 어린 시절에 대한 향수 때문인 줄 알았다. 그러나 공부하고 자료를 접할수록 인류 역사에서 이 시대만큼 한꺼번에 그리고 거의 모든 문제에서 지구 전체가 과거의 체제와 세계관에 대해 치열하게 다투고 투쟁했던 때가 있었을까 싶을 만큼 뜨겁고 특별한 시대였음을 알게 됐다.

물론 그 시대는 이미 지나갔다. 많은 혁명이 실패했다. 그러나 진일보한 세상을 만들어 낸 혁명이었고, 그 정신이 계속해서 작동하면서 현대 세계를 구축해왔다. 그리고 그것은 여전히 진행 중이다.

1960년대는 우리에게 과거의 기록으로 박제된 역사가 아니라 여전히 뜨거운 열기를 지니고 있는 시간이다. 그 열기가 어떤 방향으로 발화하고 결실을 맺으며 진보해 왔는지를 살펴보면, 우리가 앞으로 살아가야 할 미래에 무엇을 해야 할지 발견할 수 있을 것이다. 그러므로 우리에게 괄호로 묶였던 이 시대의 봉인을 해제하는 것은 깊은 의미와 통찰을 줄 것이라 믿는다.

특히 그 시대를 건너온 세대, 그 시대에 살짝 발 담그며 살아온 세대들에게는 자신의 생애 내에 어떤 일이 있었으며 지금이라도 그것의 핵심을 어떻게 실현할 것인지 짚어보는 계기가 될 것이고, 그 시대에 직접 접촉하지 않은 세대들에게는 한 걸음 떨어져서 그때의 정신과 세계관이 어떻게 현대 세계를 출산했는지를 성찰해 미래의제를 탐색할 기회가 될 것이다. 무엇보다 이제 선진국에 진입한 대한민국의 국민으로서 세계시민으로 살아가야 할 당위와 방향에 좋은 좌표를 얻을 수 있을 것이다.

미리 밝히고 가야 할 점이 있다. 이 책에서는 일반 독자들에게 익숙하지 않음에도 상대적으로 크게 다룬 사건이 있다. 바로 제2차 바티칸공의회와 남미주교회의다. 이것은 특정한 종교를 역사라는 관점에서 바라본 것이 아니다. 1965년에 선포한 공의회 회칙은 1960년대의 딱 중간에 있다는 점에서, 그리고 가장 보수적인 교회가 스스로 개혁을 선택했다는 점에서 종교를 떠나 1960년대의 상징적인 사건이었기 때문이다. 그런데도 종교의 영역에 속한다는 이유로 의도적으로 또는 무관심해서 외면했던 사건이었다.

이 공의회는 리더의 예지가 얼마나 중요한지 보여준 대표적 사례이기도 하다. 문화대혁명과 비교해 보면 더욱더 확실해진다. 종교에서도 그런 리더와 변화가 자생했던 것이 바로 1960년대의 시대정신이었다. 그래서 지금까지 잘 다루지 않았던 제2차 바티칸공의회에 대해 상세하게 다뤘다. 그 공의회의 정신과 가치는 지금도 여전히 유효한 것이기에 더더욱 그렇다.

반면에, 우리의 삶에 직접적인 영향을 끼치는 경제와 문화, 교육, 그리고 현대사회에 필수적인 과학 등에 대해 특정하게 다루지 못했다. 그러나 이 문제들은 10년이라는 짧은 시간에서 굵직한 전환점을 마련하는 것이 아니고 지속적인 흐름 속에서 파악해야 하는 것이기에 불가피하게 '사건'을 중심으로 현대사회의 가치관을 정립한 계기들을 다룰 수밖에 없었다는 점에서 미리 양해를 구하고 싶다.

1960년대의 세계의 역사와 삶에 대한 관심은 오랫동안 이어졌지만, 정작 이 책을 구체적으로 구상한 것은 10년쯤 된 듯하다.

8년 전에 『생각의 융합』 원고를 넘기고 출판사 대표와 함께 식사하는 자리에 합석했던 동아시아의 한성봉 대표가 이 책의 구상을 듣더니 써보라고 격려했다. 그리고 8년을 기다려 주었다. 약속한 시간만 야속하게 흘렀다. 그래도 10년 넘기 전에 원고를 넘겨줄 수 있어서 다행이다. 긴 시간을 기다려준 한성봉 대표께 특별한 고마움을 느낀다. 그리고 『인문학은 밥이다』의 전담 편집자로 1년 가까이 함께했던 유상원 씨와 10년 만에 의기투합한 건 내게 큰 행운이었다. 꽤 많은 분량의 원고를 맡아 꼼꼼하고 예리한 비평과 수정 제안 등의 수고를 쏟아줘서 훨씬 멋진 책으로 세상과 만날 수 있었다.

30대인 내 아들들에게는 까마득한 시간처럼 느껴질 것이고, 내용이 낯설 것이라는 게 글 쓰는 내내 마음에 걸렸다. 그럼에도 불구하고 누군가는, 그리고 언젠가는 이 시대를 상기시키는 것이 자식 세대들에 대한 역사적 책무라고 여긴다. 1960년대에서 많은 것을 발견하고 고갱이를 골라내 삶에 좋은 양분이 되기를 소망한다.

　역사는 살아있는 시간이며, 그 속에서 살아있는 인간의 좌표를 확인할 수 있는 현실이다. 그것은 바로 보편적 인간 가치이다.

　　　　　　　　　　2022년 여름, 북한산자락 수연재樹然齋에서

차례

제2부 불멸의 환상곡 ··· 169
1960년대를 가로지르며

1945년 이후부터
1960년대 초반까지의 세계

제1부
혁명의 전주곡

Prelude

— I —

21세기 정치인들 가운데 가장 인상적인 인물 하나를 고르라면 나는 조금도 주저하지 않고 버니 샌더스Bernie Sanders(Bernard Sanders, 1941~)를 꼽는다. 그에겐 정치적 업적이라는 게 딱히 없다. 이 대답에 어떤 이들은 뜻밖이라는 표정이고, 어떤 이들은 너무 노골적이지 않으냐고 반문한다. 그렇다. 솔직히 나의 대답은 매우 의도적이기도 하다.

샌더스는 주목받을 정치인이 아니다. 그는 미국 대통령 선거에 뛰어들었지만, 대통령은커녕 후보로도 뽑히지 못했다. 그러나 그의 존재는 많은 것을 생각하게 한다. 왜 많은 사람들이 소속 정당도 없는, 어찌 보면 독불장군처럼 보일 수도 있는 이 '늙은' 미국 정치인에게 매료되는 것일까?

버니 샌더스는 미국 버몬트주 상원의원이다. 그는 미국 상원에서 스스로를 사회주의자로 자처하는 유일한 인물이다. 그가 미국뿐 아니라 세계의 주목을 받은 것은 2016년 민주당 대통령 후보 경선에 뛰어들어 힐러리 클린턴Hillary Clinton(1947~)과의 경쟁에서 패배했을 때였다. 그저 '찻잔 속의 태풍'쯤으로 여기던, 민주당 소속도 아니고 '노인네' 상원의원으로 대선 후보 경선에 단기필마로 뛰어들었던 버니 샌더스는, 나이는 가장 많았지만 생각은 가장 젊은 진보

정치인으로서의 위상을 강렬하게 각인시켰다. 그는 2020년 민주당 대통령 후보 경선에도 출마해 초기에는 대단한 바람을 일으켰다. 그러나 아쉽게도 그를 꺼리던 후보들과 그의 지지자들이 트럼프Donald John Trump(1946~)와 맞설 현실적 대안으로 조 바이든Joe Biden(1942~)을 선택함으로써 중도하차하며 후보를 양보했다. 그의 대권 도전은 또다시 좌절됐다. 하지만 아무도 그를 실패한 정치인으로 여기지 않았다.

버니 샌더스는 뉴욕 브루클린에서 폴란드계 유대인 아버지와 러시아 및 폴란드계 유대인 어머니 사이에서 태어났다. 시카고대학 재학 중 인종차별적인 기숙사 배정 시스템에 항의하는 시위를 주도하다 경찰에 연행[1]된 적도 있었던 샌더스는 현재 미국 상원의원 가운데 마틴 루서 킹 목사의 1963년 워싱턴 집회에 참여해 '나에게는 꿈이 있습니다'라는 연설을 들었던 두 사람 중 하나[2]였다.

샌더스는 1960년대의 한복판을 온몸으로 체험했고, 1960년의 정신을 끝까지 놓지 않고 자신의 삶을 견고하고 일관된 모습으로 보여준 사람이었다. 대학생 샌더스는 노동자의 권리를 위해 싸웠고, 인종차별과 성차별에 굽히지 않고 저항했으며, 저소득층 학생들의 권리를 위해 투쟁했다. 대부분 사람들은 청년 시절에는 순수하고 진보적 가치에 매료되지만 현실 사회에 뛰어들고 권력과 돈의 맛에 길들면서 쉽게 변절하거나 변화한다. 그러나 샌더스는 무모할 만큼 자신의 신념에 충실하며 오히려 나이가 들수록 더 진보적 정치관의 실현을 위해 헌신했다. 대통령 선거에 뛰어든 것도 그런 열정과 헌신의 마지막 선택이었다.

그의 정치 이력은 결코 화려하지 않았다. 오히려 그의 시작은 '낙선의 제왕'에 가까웠다. 버몬트주 연방 상원의원 선거, 주지사 선거에 연거푸 낙선했고, 1972년 인구 4만 남짓한 작은 도시인 버몬트주 벌링턴Burlington시 시장 선거에

---

1) 대학 시절 그는 미국 사회당의 청년 단체인 '청년사회주의자연맹'에 가입했고 학생비폭력조정위원회와 인종평등회의의 일원으로 미국 민권운동에 참여했다.

2) 다른 한 명은 공화당의 미치 매코널Mitch McConnell(1942~) 상원의원이다.

나서 민주당 후보를 겨우 10표 차이로 재치고 당선된 것이 정치 이력의 출발점이었다. 벌링턴시 시장에 네 번이나 당선되는 과정에서도 주지사 선거와 연방 하원의원 선거에서는 늘 낙선했다. 그러던 1990년, 버몬트주 연방 하원의원에 당선됨으로써 중앙 정치인으로서의 경력을 시작했다. 이후 내리 8선의 하원의원을 거쳐 2006년 버몬트주 연방 상원의원에 당선됐다. 그의 나이 65세 때였다.

샌더스가 본격적으로 주목을 받은 것은 2010년 12월 10일 필리버스터Filibuster[3]건이었다. 그는 오바마Barack Hussein Obama(1961~) 정부의 부자감세법안의 통과 저지를 위해 무려 8시간 37분간 필리버스터를 진행했다. 70세의 노정객은 소득 격차를 확대하는 부자 감세안의 문제점을 조목조목 비판하며 오히려 부자 증세를 통해 중산층의 붕괴와 빈곤층의 증가를 막아야 한다고 역설했다. 이 일로 그는 일약 대중의 관심을 끌었고 필리버스터와 버니 샌더스의 이름을 합성한 '필리버니Filibernie'라는 애칭을 얻었다.

버니 샌더스가 두 차례 대통령 후보 선거전에 뛰어든 것도 보수적인 미국 정치의 틀을 깨뜨리기 위해서였다. 그는 '최저임금 인상', '전국민의료보험 보장', '소득과 부의 불균형[4] 해소를 위한 조세 개혁', '임금격차 해소', '취약계층 보호', '노조의 활성화', '대학학비 인하', '월스트리트 해체', '기후변화 역전' 등의 진보적 공약을 내세우며 고액 기부자가 아닌 일반 시민 유권자의 소액 기부로 선거전을 치렀다. 버니 샌더스는 끝내 후보 당선에는 실패했지만, 그가 던진 청년 같은 정치적 메시지는 시대정신을 인식하고 구체적으로 실천할 수 있는 정치개혁의 당위를 진지하게 일깨웠다. 그는 나이 들수록 보수화한다는 통념을 보란 듯 깨뜨렸다.

또한 샌더스는 2013년 미국 상원 환경공공사업위원회에서 위원장 바버러

---

3) 의회 안에서 합법적인 수단을 이용해 의사 진행을 고의로 저지하는 행위.

4) 제국 몰락의 주요 원인이 극심한 빈부격차로 인한 사회 결속과 충성도의 해체였다는 점을 과거의 역사로만 기억하는 것은, '지금·여기·우리'에게는 해당하지 않는다고 여기기 때문이다. 백승종은 『제국의 시대』에서 그 문제를 예리하게 지적하고 있다.

복서Barbara Boxer(1940~)[5]와 함께 상원에서 최초로 탄소세Carbon Tax 도입안을 발의했다. 당연히 다른 의원들은 탄소세 발의에 반대했다. 그것 때문에 미국 내 거의 모든 시설물 가격이 상승할 것이라는 이유에서였다. 하지만 발의안에 따르면 탄소세로 거둔 세입으로 에너지 효율 및 다른 지속가능한 에너지 기술 개발에 투자할 수 있을 뿐 아니라, 탄소세 부담으로 에너지 가격을 인상할 경우에 대비해 소비자들에게 환급을 제공하는 등의 대안을 마련할 수 있다는 것이었다.

샌더스의 진보적 태도와 꺾이지 않는 소신은 도대체 어디에서 기인하는 것일까? 나는 그게 궁금했고 그럴수록 그에게 주목했다.

어쩌면 그는 이상주의자인지 모른다. 실제로 그런 딱지가 그에게 붙는다. 이상주의자라는 건 비현실적인 사람이라는 비아냥에 가까운 경우가 더 많다. 버니 샌더스의 거의 '경악'스러울 만큼 진보적인 정치관이나 경제학적 태도는 과연 그것이 미국의 체제와 가치관을 고려했을 때 실현 가능한지 의문스러운 게 사실이다. 그래서 그의 정책을 포퓰리즘이라고 비판하는 이들도 많다. 그러나 샌더스는 조금도 굴하거나 타협하지 않았다. 오히려 그는 "빵 한 조각을 요구하면 반 조각이라도 받지만, 빵 반 조각을 요구하면 부스러기를 받을 뿐이다"라며 개혁과 진보가 왜 필요하고 유의미한지 환기한다.

민주당 당원이 아니그는 50년 이상 무소속을 고수했다면서도 민주당 경선에 참여한 걸 못마땅하게 여기는 이들도 많았다. 그러나 그가 던진 메시지는 계속해서 '우클릭'하던 민주당의 보수화에 제동을 걸었을 뿐 아니라, 시민과 유권자가 무엇을 요구하고 외쳐야 하는지를 깨닫게 했다.

물론 샌더스라고 결점이 없는 건 아니다. 그도 허물이 제법 있는 사람이다. 하지만 더 큰 허물과 결점이 뒤범벅된 다른 정치인들과 비교했을 때 그는 상대

---

5) 하원의원을 거쳐 1993년부터 캘리포니아주 연방 상원의원으로 일했으며, 2016년 정계 은퇴를 선언하고, 2017년 불출마했다. 조 바이든 행정부의 부통령인 카멀라 해리스Kamala Harris(1964~)가 그녀의 뒤를 이어 상원의원에 당선됐다.

적으로 깨끗한 진보이며, 주류와 거리를 두고 있다는 점에서 분명히 아웃사이
더이다.

나는 버니 샌더스를 '히피 정치인'이라고 생각한다. 돈키호테적인 면도 분
명히 있다. 그러나 그는 모두가 현실에 안주하거나 기득권에 집착하고 있을
때, 기성 체제의 문제점을 예리하게 비판하고 개혁을 요구하는 '용감한 노인
네'이다. 어쩌면 그가 1960년대의 이상과 가치를 70세가 넘어서도 포기하거
나 타협하지 않는 것만으로도 감동을 주기에 충분하다.

대한민국에서도 이른바 4·19세대와 6·3세대가 맹활약한 때가 있었다. 그
러나 그들 가운데 과연 몇 사람이 끝까지 1960년대의 가치와 신념을 지키며
실천했을까. 심지어 지금은 586세대가 된, 이른바 386세대들조차 빛의 속도
로 현실과 타협하거나 심지어 부패하고 타락한 경우도 흔하지 않은가. 물론 끝
내 타협하지 않은 이들이 없지 않지만, 대다수는 기성 정치에 함몰되면서 자신
도 모르는 사이 기득권에 타협하고 권력을 누렸다.

약자의 권리를 위해 애쓰고 그런 법안을 만드는 데에 최선을 다하는 건 결
코 쉬운 일이 아니다. 자신에게 돌아올 매력적인 이익을 포기해야 하기 때문이
다. 돈 많은 이들이 후원하지 않고는 권력을 얻기도 어렵다. 그런 점에서 나는
버니 샌더스가 끝까지 자신의 신념을 실천할 수 있었던 것은 그가 1960년대
정신을 고수했기 때문이라고 생각한다.

도대체 1960년대의 가치와 의미는 무엇일까?

인류의 전체 역사 가운데 가장 역동적인 시대는 언제였을까?

아마도 '축의 시대Age of Axis [6]'가 가장 먼저 소환될 것이고, 동서양의 문명 역전의 신호탄이 되는 콜럼버스의 '대서양 횡단 항해'신대륙' 발견이라는 고약한 용어를 피하기 위해', 그리고 그 역전을 확고하게 만들고 완전히 새로운 삶의 방식을 가능하게 만든 산업혁명 등이 거론될 수 있을 것이다. 그러나 나는 1960년대도 그에 못지않다고 생각한다. 그 이전의 역사가 특정한 지역을 중심으로 했다면 1960년대의 세계는 말 그대로 범汎세계적이고 전全지구적이었다는 점에서도 그렇다.

19세기 후반 산업혁명의 산물은 세계를 완전히 새로운 모습으로 바꿨다. 일차적이고 직접적인 변화는 유럽에서 발생했다. 상대적 부의 불평등은 커졌을지 모르지만, 전체적인 삶의 질은 크게 발전했다. 이른바 '벨 에포크Belle Époque [7]'를 구가하던 유럽 내에서는 중요하고 큰 무력 충돌은 없었지만, 유럽의 강호들은 서로 경쟁하듯 식민지 획득에 혈안이 됐고, 끝내 그 쟁탈전이 빚어낸 충돌은 피할 수 없었다. 불똥은 엉뚱하게 사라예보에서 피어올랐다. 그렇게

---

6) '축의 시대'는 독일 철학자 카를 야스퍼스Karl Jaspers(1883~1969)가 고안한 표현으로, 대개 기원전 8세기부터 기원전 3세기까지를 일컫는다. 이 시기에 석가모니釋迦牟尼(BC 563 경~BC 483 경), 공자孔子(BC 551~BC 479), 소크라테스Socrates(BC 469 경~BC 399) 등 여러 사상가가 한꺼번에 등장했다. 야스퍼스는 이들이 철학과 종교에 다양한 영향을 미쳤을 뿐 아니라, 이 시기에 새로운 문명으로의 전환이 이루어졌다고 평가했다. 특히 그는 새로운 사상과 철학이 '여러 곳에서 직접적인 문화교류 없이' 발생했다는 점에 특별한 의미를 부여하면서 그들 사이에 공통적으로 떠오른 시대적 특징을 분류했다. 카렌 암스트롱Karen Armstrong(1944~)은 역작인 『축의 시대The Great Transformation: The World in the Time of Buddha, Socrates, Confucius and Jeremiah』에서 종교의 탄생과 철학의 시작에 대해 상세하게 서술했다.

7) 프랑스어로 흔히 '좋은 시절' 혹은 '아름다운 시절'로 번역되는 말이지만, 일반적으로는 보불전쟁프로이센-프랑스 전쟁이 종결된 1871년부터 제1차 세계대전 직전인 1914년까지의 평화롭고 풍요로운 유럽의 한 시대를 일컫는 용어로 쓰인다. 이 시기는 표면적으로 큰 군사적 충돌이 없었고, 중산층들은 산업혁명이 이룩한 물질적인 혜택을 폭넓게 누렸던 시기였다.

전 유럽이 전쟁의 회오리에 빠져들었다.

제1차 세계대전[8]은 벨 에포크의 허무한 종말을 고했고, 참혹한 결과를 쏟아냈다. 이후 겨우 수습한 전후의 상황을 채 추스르기도 전인 1939년 다시 더 큰 전쟁, 즉 제2차 세계대전이 발발했다. 이 전쟁은 말 그대로 '세계' 어느 곳도 피할 수 없었던 범汎지구적 전쟁이었다. 인류가 힘들게 쌓아온 문명은 한순간에 야수의 세계로 허무하게 무너지는 듯했다. 전 세계가 두 패로 나뉘어 수많은 사람을 허망하게 죽음[9]으로 내몬 전쟁이었지만, 그래도 결국은 끝이 났다.

20세기 거의 절반의 시간을 전쟁과 살육으로 채운 인류는 전쟁에 대한 공포를 지우기 위해 안간힘을 썼다. 그러나 정작 주목해야 할 문제를 외면했다. 전쟁 기간 동안 놓치고 살았던 가치, 즉 근대와 현대를 관통하는 '자유로운 개인'의 온전한 발전을 전쟁 때문에 유보할 수밖에 없었다는 점을 모른 척한 것이다.

전쟁이 끝난 후 당장 그 가치를 회복하는 건 어쩌면 사치처럼 보였을 것이다. 전쟁의 공포에서 벗어나 안도와 풍요를 누리는 것으로 심리적 보상을 받는 것이 자연스러웠을 것이다. 그만큼 전쟁의 상처에서 벗어나는 일이 급했고, 나름대로 합당했다. 그렇게 한 세기의 절반을 잔혹하고 거대했던 두 차례의 전쟁에 휩쓸리며 겪었던 상처를 새로운 풍요의 바람으로 적당히 달랠 수 있었다.

---

8) 1914년 6월 28일 세르비아의 18세의 민족주의자 청년인 가브릴로 프린치프Gavrilo Princip(1894~1918)가 오스트리아-헝가리 제국으로부터 남부 슬라브족을 해방시키겠다는 목적으로, 사라예보를 순방 중이던 오스트리아 황태자 프란츠 페르디난트Archduke Franz Ferdinand(1863~1914) 대공 부부를 암살했다. 오스트리아-헝가리 제국은 세르비아에 자신들을 반대하는 단체를 모두 해산시키고 처벌하며 암살범 수사에 자국의 관리를 참여시키라고 요구했으나, 세르비아가 거부함으로써 7월 28일 제1차 세계대전이 시작됐다. 우발적이고 사소한(?) 사건이 복잡하게 얽힌 유럽의 동맹 체제를 움직이게 함으로써 엄청난 인명을 살상하는 끔찍한 전쟁을 일으켰다는 점에서 역사적 교훈을 찾아야 하는 전쟁이었다.

9) 제2차 세계대전으로 민간인 포함 총사망자는 대략 5천만~7천만 명에 이르렀다. 그중 최대 피해를 입은 건 소련으로, 사망자가 대략 2,340만 명에 달했다.

그러나 그렇게 1950년대의 풍요를 누렸다고 해서 '자유로운 개인'이라는, 근대와 현대를 관통하는 가치, 그러나 두 차례의 전쟁 때문에 유보되고 퇴화했던 그 보편적 가치마저 온전하게 상실하게 놔두지는 않았다.

세계 패권의 판도에도 큰 변화가 나타났다. 세계대전이 끝난 직후 이전의 제국주의는 발을 붙일 여지가 사라졌고, 이에 따라 수많은 식민지가 독립했다. 제국주의 탐욕에 붙잡혀 탈출이 요원할 것처럼 보였던 남아 있던 식민지들도 시대적 흐름에 부응하고자 치열한 투쟁을 전개했고, 1960년대에 이르러 끝내 독립을 이루었다.

1960년대는 이런 투쟁과 진화를 통해 새로운 세계 질서와 구조의 재편으로 현대 세계가 구축되는 출발점이 됐다. 반세기 이상 억눌렸던 가치의 상실에 대한 불만과 분노가 한꺼번에 터져 나왔던 1960년대는 기존의 모순과 불의를 고발하고 저항하며 맞서 싸워 직접적으로 무너뜨리고 새로운 가치를 설정한 시기였다. 우리가 이 시대에 주목해야 하는 건 각각의 사건들이 하나씩 혹은 연쇄적으로 그리고 점진적으로 터지고 해결된 것이 아니라 짧은 시간에 거의 한꺼번에 터졌다는 점 때문이다. 그야말로 '혁명이 일상화'했던 시대였다. 그러기에 어떻게 그리고 왜 거의 모든 곳에서, 그 짧은 시간에 다양한 저항과 투쟁이 발생했을까 하는 점을 살펴봐야 한다.

1960년대 세계의 가장 특징적인 현상과 핵심은 '자유·저항·혁명', 그리고 '청년'이었다.

근대에서 구체적으로 발아해 점진적으로 실현돼 온 '자유로운 개인'의 확장은 두 차례의 끔찍한 대규모 전쟁 때문에 위축됐다. 그러나 1960년대를 가로질렀던 저항의 열정은 현대화 또는 문명화의 핵심 가운데 하나인 이 '자유로운 개인'의 확장을 기어코 발현해 냈다. 이렇듯 시대를 들끓게 했던 것은 자유를 향한 열정이었고, 열정을 품은 저항은 단층적인 것에 머물지 않고 혁명을 이끌어 내고자 했다는 점에서 특별했다. 저항은 주제와 순서가 따로 정해진 것이 없었다. 간혹 인과관계를 맺는 것도 있었지만, 대부분은 독립적이었다. 그러면서 직간접적으로 보편적 가치로 수렴했다.

예를 들어 넓게 본다면, 가톨릭교회의 제2차 바티칸공의회라는 혁명적 변신은 종교를 부정하는 공산주의의 확산에 대한 선제적 대응의 측면이 강했으나, 68혁명의 급진성에 놀라 경계하며 위축되고 살짝 퇴화하는 경향을 갖게 된 것은 의도하지 않은 인과관계의 흐름으로 볼 수도 있을 것이다. 이렇게 1960년대의 세계는 때로는 직간접적 관계의 사슬 속에서, 때로는 완전히 독립적으로 10년 사이에 폭발적으로 변화했다.

세계 역사에서 10년이라는 짧은 시간에 그것도 거의 전 지역에서 이만큼 거대한 용출이 일어난 경우는 없었다. 그 사실만으로도 이미 이 시대는 그 자체로 거대한 혁명이었다. 당연히 그 이유와 과정, 그리고 어떻게 그리고 왜 거의 모든 곳에서, 짧은 시간에 다양한 저항과 투쟁이 발생했을까 하는 점을 살펴야 한다. 이 거대한 시대적 압축과 공간적 광범위성을 꼼꼼하게 살피고 해석해야 한다.

1960년대는 여러 면에서 현대사회의 기준점을 정립하기 시작한 시기라 할 수 있다. 인종차별에 반대하고, 여성해방에 적극적으로 나섰으며, 전쟁에 대해 당당하게 반대 의사를 표현하고, 기성세대의 위선을 거부하며, 구질서에 저항하면서 인권과 정의라는 보편적 가치를 실천적으로 구체화함으로써, 지금 우리가 21세기에 구가하고 있으며 여전히 진보하려고 매진하고 있는 가치를 구현했다는 점에서 그 10년은 바로 현대사회의 기준점이 됐다고 평가할 수 있다.

또한 1960년대는 '청년의 시대'였다. 역사상 청년이 시대의 주인이었던 적은 거의 없었다.

청년은 어른들이 만들어 놓은 제도에 맞춰 사는 법을 교육받고 훈련됐을 뿐이다. 정치 사회적으로나 경제적으로 독립 능력이 아직은 채 갖춰지지 않았고, 세상일을 판단할 지적 능력이 여물지 않았다는 이유로 늘 명령을 따라야 하는 존재로만 여겨졌다. 두 차례의 세계대전에서 청년은 고작해야 전쟁터에 끌려가 총알받이로 쓰이는 소모품에 불과했다. 언제나 전쟁은 어른들이 일으키고 거기에 끌려가 무참히 죽는 건 청년이었다. 그러나 1960년대의 청년은 그런 낡은 사고와 관습에 과감하게 맞섰고 싸웠다. 그들은 새로운 가치와 세상을 요구했다. 그것을 위해 때론 저항하고 비판하며 결정적인 순간에는 행동으로 맞서 싸웠다. 비로소 시대가 청년에 주목했고 그들의 목소리에 두려움을 갖고 귀를 열었다. '자유·저항·혁명'은 전적으로 청년의 몫이었고, 이는 새로운 시대를 능동적으로 받아들인 청년이 있었기에 가능했다.

대한민국의 1960년대는 식민지와 내전의 고통을 겪은 가난한 신생 독립회복국가를 벗어나지 못한 상태에서 가난을 벗고 근대화의 걸음마를 떼던 시기였다. 바깥세상의 흐름과 의미에 대해서는 미처 읽어낼 여력이 없었다. 그런데 당당하게 선진국의 대열에 들어선 지금에도 여전히 우리에게 1960년대의 세계가 여전히 빈칸으로 남아 있다면, 이는 제대로 된 세계시민으로서의 자격을 갖추지 못한 불균형의 상태일뿐더러, '자유로운 개인'이라는 보편적 가치를 망각하는 위험에 빠질 수 있다는 점을 경계해야 한다.

명백하게도 지금은, 현대 세계가 어떻게 구성되고 변화하며 발전또는퇴행하는지에 대해 무지하거나 무관심해서는 세계시민으로서 주체적 입지를 마련하지 못한다는 것을 냉정하게 인식해야 할 시점이다. 그런 점에서 '대전환점'의 요체를 파악하는 것은 그 자체로 시대적 당위일 것이다.

이미 충분히 늦었지만 이제라도 1960년대의 세계가 어떤 큰 움직임을 태동했는지 되돌아보아야 한다. 인류 역사상 가장 뜨겁고 전방위적이었던 1960년대의 세계가 어떤 모습이었으며, 그 당시 사람들이 무엇을 주장했고 어떻게 싸웠는지, 그리고 그 가치가 어떻게 실현되고 있으며, 지금은 어떤 방식으로 진행되고 있는지를 짚어보는 건 매우 유용하다.

지금 우리가 안고 있는 수많은 문제의 씨앗은 바로 그 시기에 발아했다는 점에서, 그리고 지금도 여전히 현재진행형으로 진화하고 있다는 점에서, 1960년대가 제기한 문제의식은 결코 과거지향적인 것이 아니다. 오히려 제대로 미래지향적 진화를 이루기 위해서라도 이 시대에 대한 반성적 성찰은 반드시 선행돼야 한다. 보편적 미래가치를 구현하고 올바른 세계시민이 되기 위해서도 이 성찰은 반드시 필요하다.

역사학자 E. H. 카Edward Hallett Carr(1892~1982)는 역사를 '현재와 과거의 끊임없는 대화'라고 정의했다. 과거를 모르는데 그것과의 대화는 불가능하다. 과거를 돌아보면 현재의 본질이 보이고 미래로 나아가야 할 방향이 보인다. 지금 우리에게 그것은 바로 1960년대의 세계이다. 이미 늦었다. 그러나 더 늦으면 안 된다.

김주열과 4·19혁명

소년의 죽음,
대한민국의 1960년을 열다

한 소년의 죽음. 그 자체가 역사를 바꾼 것은 아니겠지만 끝내 이승만의 부당한 야욕을 꺾었다. 소년은 죽었고, 남은 사람들은 봄마다 한 번의 기억으로 소환하면서 그를 기린다.

그러나 삿된 욕망에 사로잡힌 인간은 여전히 존재했다. 군대를 동원해 정권을 찬탈해도, 종신 집권을 시도해도 찬양하기 바빴다. 급기야 흉악한 정치군인이 의도적으로 광주에서 많은 시민을 학살해서 권력을 쥐고 철권을 휘둘러도 그의 눈치만 보았다. 학살의 주범은 끝내 제 욕망을 다 채울 수는 없었다. 희생된 시민들이 흘린 피는 결코 헛되지 않아 우리 마음속에 뜨겁게 살아 있었기 때문이었다.

그런데도 그런 자들이 경제를 살렸다며 치켜세우는 일이 21세기에도 벌어진다.

보편적 권리를 위해 싸우다 희생당한 사람이 역사를 바꾸는 경우는 많다. 그러나 그 변화의 혜택을 누린 사람들이 그의 죽음으로 얻어낸 권리를 증대시키고 그의 삶 이상으로 치열하게 살기는커녕 오히려 빠르게 변절하고 제 잇속만 챙기는 경우가 훨씬 더 많다. 그런 사람들이 역사를 퇴행시킨다. 그런 경우가 아주 없어지지는 않겠지만 조금 더 적어지도록 하는 게, 적어도 그들이 고개 빳빳하게 쳐들며 살지는 못하게 하는 게 역사의 소명이다.

1960년 3월 15일. 한 소년이 죽었다. 그날, 아무도 그의 죽음을 몰랐다. 만 열여섯 살의 고등학생은 고향인 남원을 떠나 마산상업고등학교[1]에 갓 입학한 신입생이었다. 외지에서 온 지 고작 한 달도 안 된 소년을 아는 이들은 거의 없었다. 대개 3월은 아직 쌀쌀하지만 마산은 일찍 봄이 찾아오는 덕에 남해의 봄바람은 살가웠다. 그 봄바람을 채 느끼기도 전에 학생들이 시민들과 함께 길거리에 나와 시위를 벌였다.

시민에게 총부리를 겨눈 경찰

1954년 이른바 '사사오입 개헌'[2]을 통해 대통령 연임 제한 조항을 초대 대통령에 한해서는 적용하지 않는다는 해괴한 헌법 개정으로 3선에 성공한 대통령 이승만李承晩(1875~1965)의 욕망은 멈추지 않았다. 그는 네 번째 대통령 선거에 출마해서 온갖 부정선거를 저지르며 승리했다. 그러나 많은 시민들과 학생들은 그 선거 결과를 인정하지 않았다. 마산에서의 격렬한 시위는 그렇게 시작됐다.

경찰은 시민과 학생의 평화적 시위를 강경하게 진압했고, 곧바로 투석전이 벌어졌다. 경찰이 무차별로 발포했고, 희생자가 속출했다. 그 와중에 한 소년이 실종됐다. 분노한 시민들과 학생들은 주변의 파출소와 경찰서 그리고 경찰서장과 부정선거의 주범인 자유당 소속 국회의원의 집을 습격했다. 그러나 남쪽 바다의 한 도시에서 일어난 일은 '찻잔 속의 태풍'처럼 묻혔다. 서울이 아닌 한 지방 도시의 소요는 전국적인 사건으로 보도될 사안이 아니라고 여겼을 뿐이었다. 그렇게 지렁이 꿈틀거리듯 짧고 격렬한 저항으로 끝날 것만 같았다.

---

1) 2001년 일반계 고등학교로 전환해 마산용마고등학교로 개칭했다.

2) 1954년 제1공화국 제3대 국회에서 이승만 대통령의 3선 제한을 철폐하기 위한 헌법 개정안을 국회에서 표결한 결과 찬성이 개헌을 위한 136표에서 1표 부족한 135표로 나와 부결됐다. 그러나 여당인 자유당은 재적 의원 수인 203명의 3분의 2를 '반올림'하면 135명이 돼 의결정족수를 충족한다고 주장하며 억지로 통과시켰다.

서울 등 대도시에서 분노한 시민들과 학생들이 총궐기에 나섰다. 죽은 소년과 같은 나이의 학생들뿐 아니라 그보다 어린 학생들까지 거리에 나와 부정과 야만에 항의했다. 서울에서만 2만여 명의 시민들이 거리에 쏟아져 나왔다. 1960년 4월 19일의 일이었다.

그날 그 소년은 끝내 자신의 하숙집으로 돌아오지 않았다.

인명의 살상은 더 이상 지방 도시의 작은 소요라는 핑계를 대며 덮을 일이 아니었다. 그냥 힘으로 눌러버리면 해결될 것이라는 무자비한 권력의 착각이었다. 시위에서 경찰의 무차별 발포로 시민 7명이 사망했고 수십 명이 부상당했으며 수백 명이 체포됐다. 이승만은 시위가 공산당이 사주해서 일어난 것이라고 발뺌했고, 부통령 당선자 이기붕李起鵬(1896~1960)은 발포까지 한 것은 지나치지 않느냐는 기자들의 물음에 "총을 줄 때는 쏘라고 준 것이지 가지고 놀라고 준 것이 아닙니다"라고 답변할 정도로 뻔뻔했다.

처음에는 정부의 강경 진압이 효과를 얻는 듯했다. 그러나 잠깐 숨 고르던 상황이 급변했다.

위대한 시민들의 4·19 혁명

4월 11일 마산상업고등학교 신입생 김주열金朱烈(1944~1960)의 시신이 마산 앞바다 중앙 부두에서 발견됐다. 시신은 물에 팽팽하게 불었고 눈에는 최루탄이 박힌 채, 도저히 눈 뜨고 볼 수 없는 처참한 모습이었다.

경찰의 강경 진압이 소년의 죽음이라는 만행으로 이어졌고, 그 원인은 이승만의 정권욕과 그를 떠받들며 제 이익을 탐닉하던 자들이 저지른 부정선거라는 걸 모르는 시민들은 없었다.

한 고등학교 신입생의 죽음은 겨우 가라앉힌 진정을 한순간에 뒤집었다. 그의 죽음은 시민들과 학생들의 분노에 불을 붙였다. 마침내 그의 죽음이 신문에 보도됐다.[3] 서울 등 대도시에서 이에 분노한 시민들과 학생들이 총궐기에 나섰다. 죽은 소년과 같은 나이의 학생들뿐 아니라 그보다 어린 학생들까지 거

---

3) 당시 부산일보 마산 주재 기자 허종許鐘(1923~2008)이 찍은 김주열의 처참한 시신 사진이 특종으로 보도되면서 많은 시민들이 사건의 실체를 파악하고 분노했다. 당시 마산 항거가 빨갱이들의 난동과 좌익의 폭동 사주에 의한 것이라는 정부의 주장에 분노하면서도 위축된 마산 시민들이 다시 들고일어난 것은 당연한 일이었다.

리에 나와 부정과 야만에 항의했다. 서울에서만 2만여 명의 시민들이 거리에 쏟아져 나왔다. 1960년 4월 19일이었다.

일주일 동안의 격렬한 시위는 많은 사상자를 만들어 냈고, 결국 4월 26일 대통령 이승만은 하야 성명을 발표한 뒤 5월 29일 도망치듯 하와이로 망명했다. 자유당의 이인자이며 부정선거로 부통령에 당선됐던 이기붕은 4월 28일 맏아들이자 이승만의 양자로 입양된 이강석李康石(1937~1960)의 총격으로 일가가 집단 자살하는 것으로 삶을 마감했다. 마침내 자유당 독재가 끝났다.

1945년 대한민국은 식민지에서 벗어났지만, 나라는 반으로 쪼개졌고[4], 그나마도 독립하지 못하고 3년 동안 남한은 미군에 북한은 소련군에 의한 신탁통치를 받아야 했다. 그 사이 남한 내에서는 이념 대립과 이권 다툼으로 끊임없는 암살과 음모가 난무했다.

우여곡절 끝에 1948년 남쪽에 대한민국 정부가 세워졌다. 그러나 이태 뒤 소련을 등에 업은 북한이 압도적인 차이를 보인 군사적 우세로 남한을 침략했다.[5] 무능한 정부는 퇴각하기 바빴다. 낙동강까지 밀려 내려간 남한 정부는 곧 무너질 것으로 보였다. 다행히 유엔군이 개입했고, 지루한 3년의 내전이 이어지면서 거의 모든 것이 파괴됐지만, 결국 휴전에 이르렀다. 하지만 정권은 그대로였고, 헌법까지 고쳐서[6] 자신들의 장기 집권을 위해서라면 물불을 가리지

---

4) 태평양전쟁을 일으킨 일본은 연이은 패전에도 항복하지 않고 버텼다. 소련은 1941년 일본과의 불가침조약이 여전히 유효하다며 참전을 꺼리고 지켜보다 미국이 원폭을 투하하면서 일본 패망이 눈앞에 보이자 돌연 1945년 8월 9일 일본에 선전포고했다. 소련은 변변히 전투하지도 않고 참전국 자격으로 북한을 점령함으로써 대한민국은 출발하기도 전에 두 동강으로 갈라졌다.

5) 김일성金日成(1912~1994)은 중국에서 공산당이 국민당을 물리치고, 중화인민공화국을 수립하자 한껏 고무돼 전쟁을 감행했다. 소련은 제2차 세계대전이 끝난 후 얼마 되지 않았고, 미국과의 군사적 충돌을 꺼려 북한에 대한 공개적인 지원은 중단했지만 무기와 작전을 지원했다.

6) 심지어 부산으로 피난 간 상황에서도 헌법을 고쳤다. 1950년 5월 총선에서 야당이 압승하자 간접선거로는 대통령 선거에서 승리하기 어렵다는 판단으로 대통령직선제로 바꿨던 것이다. 1951년 11월 30일 정부가 제출한 대통령직선제 개헌안이 1952년 1월 18일에 부결되자 국회 해산을 위해 5월 25일 계엄령을 선포하고 다음 날 야당 의원 50여 명을 헌병대가 연행하는 이른바 '부산 정치 파

않았다. 그리고 다 합쳐서 고작 10년 남짓 채우고 무너졌다. 시민들이 무능하고 독재적인 정권을 쫓아낸 것이다. 극적인 혁명이었다.

이제 비로소 새로운 세상이 보일 것만 같았다. 악의 세력을 무너뜨렸으니 빛과 희망이 가득한 듯 보였다.

세계가 그저 한국전쟁으로만 기억하는 대한민국의 1960년은 그렇게 담대한 민주주의 혁명으로 문을 열었다. 청년들과 시민들의 저항과 희생으로 쟁취한 혁명은 새로운 희망을 비추고 있었다.

동'을 일으켰다. 대통령직선제와 내각책임제 안을 발췌하고 혼합한 이른바 '발췌개헌안'을 상정해 7월 4일 '피난지 임시 수도' 부산에서 군경이 국회의사당을 포위한 상태에서 국회의원들이 기립하는 방식으로 투표해 통과시켰다. 전쟁의 대응보다 정권의 소유에만 골몰할 정도로 이승만의 정권욕은 노골적이었다. 1954년에는 사사오입 파동을 겪으며 초대 대통령에 한해 3선을 허락한다는 개헌을 통과시킴으로써 대한민국 헌법의 처음 두 차례의 개헌은 모두 이승만의 정권욕을 충족시키는 방식으로 타락했다.

비틀스

네 명의 소년,
음악 혁명의 예언자가 되다

노래 하나가 세상을 바꿀 수도 있다. 탄성을 자아내는 음악적 완성도와 매력도 중요하겠지만, 거기에다 자기 시대를 읽어내고 미래를 담아냈기 때문에 가능한 일이다. BTS가 세계 음악시장을 열광시켰던 것도 그런 지점을 명확하게 알았기 때문이다. 단순한 인기가 아니라 그것을 스스로 뛰어넘는, 시대의 힘이다. 뮤지션의 매력은 잠깐이지만, 그가 읽어낸 시대정신은 결코 쉽게 사그라지지 않는다.

리릭Lyric(개인적 정서)에 담긴 에픽Epic(시대적 서사)은 이미 탈脫개인적이다. 유행가 한 소절이 결코 가벼운 게 아니다.

대한민국의 마산에서 김주열이 죽은 그 해, 영국의 리버풀에서 김주열보다 한 살 많은 소년 조지 해리슨George Harrison(1943~2001)이 한 밴드에서 기타를 연주하고 있었다. 밴드의 리더 존 레넌John Winston Lennon(1940~1980)이 스무 살, 폴 매카트니Paul McCartney(1942~)가 열여덟 살이었다.

3년 전인 1957년 3월에 리버풀의 한 그래머스쿨에 다니던 존 레넌은 친구들과 함께 밴드를 결성했다. 그해 7월에 폴 매카트니가 리듬 기타로 합류했다. 존 레넌이 다니던 쿼리뱅크 그래머스쿨의 이름을 딴 쿼리멘The Quarrymen이라는 밴드였다.

아무도 이들을 주목하지 않았다. 그저 어린 고등학생들이 그 나이에 누릴 수 있는 치기쯤으로만 여겼다. 그들의 음악에 대한 꿈은 미숙했지만 의지와 열정은 야무졌다. 그러나 놀랍게도 그들은 모두 악보조차 읽을 줄 몰랐다. 그렇다고 해서 음악에 대한 열정이 시들거나 위축되지는 않았다.

폴 매카트니는 스쿨버스에서 만나 친해진 조지 해리슨을 공연에 초대했고, 당시 열네 살의 조지가 존 레넌 앞에서 오디션을 치렀지만 너무 어리다는 이유로 밴드에 합류하지 못했다. 그러나 조지 해리슨은 끈질기게 가입을 졸라 결국 리드 기타로 합류했다. 바로 전 해인 1959년 1월[1]에 쿼리멘의 초기 멤버들이 그룹을 떠났다. 리버풀 예술대학에 진학한 존 레넌은 폴과 조지와 함께 리버풀에 남아 함께 연주하고 노래했다. 드럼은 객원으로 때웠다. 이 앳된, 아직 청소년티를 완전히 벗지 않은 청년들이 1960년 8월 중순 'The Beatles'라는 이름으로 밴드의 이름을 바꿨다. 당시는 큰 주목을 받지는 않았지만, 그들은 부지런히 자신의 세계를 구축해 나가고 있었다.

악보를 읽을 줄 몰랐던 존 레넌과 폴 매카트니는 악상이 떠오르면 기타로 주선율이나 리프Riff(반복악절)를 데모 테이프에 녹음한 뒤, 멤버들과 함께 연주해 가면서 그걸 바탕으로 곡을 완성했다. 악보를 볼 능력이 없었으니 당연히 악보

---

1) 이때는 아직 비틀스라는 명칭을 쓰지 않았고, '조니 앤 더 문독스Johnny and the Moondogs'라고 자칭했다. 1960년 1월에 레넌의 친구 스튜어트 서트클리프Stuart Sutcliffe(1940~1962)가 권해 '비탈스Beatals'로 바꾸었다가 5월에 '더 실버 비틀스the Silver Beetles'를 거쳐 8월 중순에 '비틀스the Beatles'라는 이름으로 바꿨다.

노래 하나가 세상을 바꿀 수도 있다. 탄성을 자아내는 음악적 완성도와 매력도 중요하지만, 거기에다 자기 시대를 읽어내고 미래를 담아내기 때문에 가능한 일이다. 단순한 인기가 아니라 그것을 스스로 뛰어넘는, 시대의 힘. 뮤지션의 매력은 잠깐이지만, 그가 읽어낸 시대정신은 결코 쉽게 사그라지지 않는다.

로 쓰지 못했고, 이렇게 데모 테이프에 녹음해서 작곡하는 일을 계속했다.

잠깐의 함부르크 활동[2]을 마치고 리버풀로 돌아온 비틀스는 조금씩 인기를 얻기 시작했지만, 매일 밤 같은 클럽에서 공연하는 단조로움에 지겨움을 느끼고 있었다. 바로 그때쯤 클럽과 가까운 곳에서 음반 가게를 운영하면서 음악 칼럼을 쓰던 브라이언 엡스타인Brian Epstein(1934~1967)[3]이 그들을 주목하게 될 일이 생겼다.

비틀스 멤버들이 종종 엡스타인의 가게에서 새로운 음악을 듣거나 시간을 보내곤 해서 서로 안면은 튼 사이였다. 엡스타인은 클래식 음악을 좋아했지만 당시 가게에서는 로큰롤이 많이 팔렸다. 그는 리버풀 주변 지역의 여러 로큰롤 음반을 사서 함께 판매하고 있었다. 1961년 말에 비틀스의 한 팬이 찾아와 독일에서 제작된 비틀스 음반을 문의했지만, 엡스타인은 그 음반을 찾을 수 없었다. 엡스타인은 비틀스가 가게 근처 클럽에서 공연하고 있다는 걸 알고 찾아갔는데 그들의 공연에 반하고 말았다. 엡스타인은 비틀스 멤버들에게 자기 가게에서 그들의 음반을 팔고 싶다고 했고, 매니저가 없다는 것도 알았다.

음표 너머 존재하는 혁명적 음악

엡스타인은 정식으로 매니저가 되고 음반사와 계약 맺는 것을 목표로 세웠다. 엡스타인은 대형 음반 가게 사장이라는 위치를 이용해 여러 음반사와 계약을 시도했지만, 번번이 거절당했다. 음반사로서는 비틀스는 '듣보잡'일 뿐 아

---

2) 함부르크에서 비틀스가 라이벌 클럽 톱텐Top Ten에 출연하려 하자 나이트클럽 카이저켈러Kaiserkeller의 주인 브루노 코슈미더Bruno Koschmider(1926~2000)가 해리슨이 미성년자임을 알고 고발했다. 당시 서독 법률은 17세는 로큰롤 그룹에서 연주하기녕 자정 이후 출입 자체를 금지했다. 해리슨에 이어 매카트니도 방화 혐의로 고발되자 레논도 어쩔 수 없이 영국으로 돌아와야 했다.

3) 비틀스의 초기 성공은 엡스타인의 매니지먼트의 결과로 탄생했으며, 비틀스는 그를 절대적으로 신뢰했다. 1967년 엡스타인의 갑작스러운 죽음이 비틀스 와해의 시작점이 될 정도였다. 1997년 폴 매카트니는 "만일 다섯 번째 비틀스가 있다면, 그것은 브라이언일 것"이라고 회고했다.

니라 너무 어린아이들로만 보였기 때문이었다. 다행히 기회가 찾아왔다. 1962년 1월 엡스타인의 노력으로 데카 레코드에서 오디션을 볼 수 있었던 것이다. 그러나 데카 측은 기타 그룹은 한물갔다며 비틀스를 탈락시켰다. 엡스타인은 비틀스가 좀 더 나은 자리에서 연주할 수 있도록 수완을 발휘해야 했다.

1962년 3월 로큰롤이 인기를 끌자 록 밴드를 물색하고 있던 EMI 팔로폰 레코드Parlophone Records의 녹음기술자 조지 마틴Sir George Henry Martin(1926~2016)[4]의 소식을 들은 엡스타인은 그를 찾아가 비틀스의 데모 테이프를 들려주고 오디션의 기회를 얻었다. 마침내 오디션을 통과한 그들은 팔로폰 레코드와 계약을 맺었다.

비틀스의 드러머 실력이 불만이었던 마틴의 충고로 새로운 드러머를 물색한 비틀스는 링고 스타Ringo Starr(1940~)를 영입하고 첫 번째 싱글 〈Love Me Do〉를 녹음했다.[5] 마틴은 비틀스의 첫 번째 '1위 곡'이 나왔다며 칭찬했다. 그리고 그 예언은 곧 정확하게 들어맞았다.

아무도 주목하지 않았지만, 비틀스의 시대가 본격적으로 열리게 될 운명의 시작이었다. 청년문화를 혁명적으로 바꿀 그런 음악의 혁명이.

----

4) 음악 프로듀서 조지 마틴은 비틀스의 거의 모든 음반의 프로듀싱을 담당해서 '다섯 번째 비틀스The fifth Beatles'로 불렸다. 훗날 음악 산업과 대중문화에 대한 기여를 인정받아 훈장과 기사 작위를 받았다. 자신도 정규 음악교육을 받지 못해 동병상련한 마음이 있었던 그는 음악적으로 특별한 교육을 받지 않은 존 레넌과 폴 매카트니의 음악적 아이디어를 개발할 수 있게 도왔으며, 비틀스의 곡들을 깔끔하게 손질하는 역할을 맡으면서 최고의 프로듀서로 입지를 확고히 했다.

5) 그러나 마틴은 링고 스타의 드럼에도 만족하지 못해서 비틀스 또래들보다 나이도 많고 경험이 많았던 앤디 화이트Andy White(1930~2015)를 고용해 〈Love Me Do〉를 녹음했다.

최초의 우주인 유리 가가린

우주에 선 청년,
푸른 지구를 보다

꿈이 없다면 인간의 발전이 가능했을까? 1903년 라이트 형제Wilbur Wright(1867~1912), Orville Wright(1871~1948)의 플라이어Flyer가 하늘을 나는 꿈을 실현한 첫 비행시간은 고작 12초였고, 비행거리는 36m에 불과했다. 24년 뒤 찰스 린드버그Charles Augustus Lindbergh(1902~1974)는 33시간 29분 동안 약 5,793㎞를 날아 대서양을 건넜다. 그리고 채 40년이 되지 않아 인간은 대기권 밖 우주로 향했다. 1960년대는 새로운 인류 역사를 써냈다.

역사를 바꾸는 것은 안주하는 현실을 박차고 나오는 것이다. 새로운 것에 대한 욕망과 동경이 무수한 실패를 겪으면서도 도전을 포기하지 않을 때 완전히 새로운 세상을 펼치게 된다. 도전은 청년의 몫이고, 소명이고 자부심이며 자산이다. 미지의 것에 도전하는 욕망과 힘이 상상력과 결합할 때 거대한 에너지가 된다. 그런 시대가 청년의 시대이다.

그 시대를 살았다는 건 무슨 뜻일까? 지금 우리의 꿈은 무엇이고 무엇이어야 할까? '내 안의 청년'은 어디에서 어떻게 살고 있을까?

스물여섯 살 청년의 눈빛은 뜨거웠다. 매일의 훈련은 지옥을 넘나드는 것 같았다. 높은 중력을 견디는 훈련, 소리와 빛이 전혀 없는 곳에서 지내는 훈련 등 일반적으로는 거의 경험한 적도 경험할 일도 없는 훈련이 반복됐다. 그의 신분은 현역 소련 공군 장교였다.

그는 청소년기에 모스크바 근처 직업학교에서 주형기능공으로 교육받고 졸업한 뒤, 사라토프에 있는 산업기술학교에서 트랙터를 공부하면서 동시에 비행교육 과정에도 참가했다. 그의 꿈은 비행기 조종사였다. 경제적 여유가 없던 그는 학비와 생활비를 벌기 위해 볼가강의 항만 노동자로 일하기도 했다.

그는 오렌부르크에 있는 소련 공군사관학교에 입학했고, 1957년 11월 5일 비행시간 166시간 47분 경력의 소련 공군 소위로 임관했다. 공군사관학교 시절, 키가 작아 시야 확보가 어려웠던 그에게는 착륙이 늘 난관이었다. 그 때문에 퇴교 위기에 내몰리기도 했는데 다행히 연대장이 비행기 좌석에 쿠션을 깔아줘서 착륙에 성공할 수 있었다. 1959년 그는 비행시간 256시간을 달성했고, 상위로 진급하는 동시에 3급 비행사가 됐다. 이 소련 공군 장교는 바로 최초의 우주인 유리 가가린Yuri Alekseyevich Gagarin(1934~1968)이었다.

1959년 10월 소련의 달 탐사선 루나3호가 발사됐다. 발사 성공에 강하게 고무된 가가린은 1960년 보스토크 계획을 위한 소련의 우주인 선발 프로그램에 지원했다. 당시 우주비행사에 지원한 후보생은 3,000여 명의 공군 파일럿이었다. 그는 최종 선발된 열아홉 명의 동료와 함께 우주비행사가 되기 위한 훈련을 받았다.

그가 받은 교육과 훈련은 기존의 전투기 훈련과는 차원이 달랐다. 중력가속도 테스트, 비행착각Vertigo (또는 Illusion in Flight)[1] 훈련, 고공 저압저산소 훈련 등은 모두 중력과 관계되는 것이었다. 당시 기존의 공군 훈련에서는 그런 것들이 거

---

1) 물리적 감각이 두뇌에 상충하는 신호를 보냄으로써 뇌가 공간을 거꾸로 해석하기 때문에 발생하는 '공간감각상실' 증상으로, 시정이 불량한 조건에서 비행할 때 주로 발생하며 매우 위험한 결과를 가져오기도 한다.

의 없었다. 대기권 밖으로 나가는 우주선에서는 무중력 상태에 완벽하게 적응해야 하기 때문에 전혀 생각하지도 못 했던 새로운 훈련을 받아야 했다.

가가린도 한 번도 경험하지 않은 훈련이라 생소하고 어려웠다. 1년 이상 진행된 우주비행에 대한 테스트와 트레이닝은 혹독했다. 그러나 인류 최초로 우주를 비행할지도 모른다는 기대는 그 모든 어려움을 기꺼이 견딜 수 있을 만큼 매력적이었다.

가가린은 비행 실력, 신체적 조건, 집중력, 그리고 인품까지도 그들 중 최상위권이었고, 결국 게르만 티토프Gherman Titov(1935~2000)와 함께 최종 선발 됐다.[2] 가가린은 능력도 뛰어났지만, 평민 출신에 노동자 집안이라는 출신성분도 고려돼 선발됐다. 그리고 그는 마침내 인류 최초의 우주인이 될 기회를 잡았다.

그가 최초의 우주인이 될 기회를 잡게 된 데에는 작은 키와 체중도 한 몫을 했다. 공군사관학교에서는 키가 작아서 퇴교할 뻔했지만 보스토크1호Vostok-1[3]의 캡슐에 들어가기 위해서는 신장 170cm 미만 체중 72kg 이하여야 했다. 키가 157cm였고 체중이 가벼운 가가린에게는 전화위복이었다. 그가 우주비행사로 선발될 때 계급이 상위였는데 소련군은 2계급 특진시켜 소령으로 승진시켰다. 그가 생존해서 귀환하지 못할 것이라 여겨 미리 전사 처리해서 이루어진, 일종의 추서追敍 성격의 승진이었다.

---

2) 어린 두 딸의 아버지였던 가가린 대신 자식이 없던 다른 우주인 게르만 티토프를 우주로 보내자는 제안도 나왔으나, 가가린을 직접 면접한 보스토크 우주선 설계자이자 우주 비행 책임자였던 세르게이 코롤료프Sergei Korolyov(1907~1966)가 가가린을 고집했다고 한다.

3) 보스토크는 러시아어로 '동방東方'을 의미한다.

하늘은 검고, 지구는 푸르다

소련은 이미 1957년 10월에 세계 최초로 인공위성 스푸트니크1호Sputnik-1[4]를 발사하는 데에 성공해서 세계를 깜짝 놀라게 했다. 불과 한 달 만에 라이카Laika라는 개를 태운 스푸트니크2호를 발사하는 데에도 성공했다. 충격을 받은 미국은 소련보다 뒤늦은 1958년 1월에야 인공위성 익스플로러1호Explorer-1를 발사했고, 10월에 미국항공우주국NASA을 설립해서 그전까지 흩어져 있던 우주 개발 기관들을 통합했다. 그러나 사람을 태운 인공위성도 소련이 먼저 성공할 가능성이 더 컸다.

소련은 유인우주선 계획인 보스토크 계획을 세우고 유인우주선 발사 이전에 7번이나 무인우주선 발사에 성공했으니 유인우주선 발사만 남았던 것이다. 마침내 강도 높은 훈련을 소화해낸 가가린은 1961년 4월 12일 세계 최초의 유인우주선 보스토크1호에 탑승하고 301km187마일 상공에서 지구 궤도를 선회하면서 1시간 48분간 우주 비행에 성공했다.[5] 그리고 낙하산을 타고 무사히 지구로 돌아왔다.

우주선은 1인승이었기에 가가린은 최초이며 유일한 우주비행사[6]가 됐다. 단독 우주 비행이 위험했지만 처음에 유인우주선을 발사할 때는 로켓의 규모나 우주선의 안전 문제 등을 고려해 불가피하게 1인승 우주선을 개발했기 때문이었다. 인류의 우주여행 시대를 열게 된 그는 인류 최초로 우주 궤도에 진입한 후 감동적으로 다음과 같은 말을 '지구에' 전했다.

---

4) 스푸트니크는 러시아어로 '위성衛星'이라는 뜻이다.

5) 소련은 1960년 여러 차례 수행한 우주선 발사 실험에 실패한 뒤였고, 가가린의 우주 비행 성공 확률을 50퍼센트로 봤기 때문에 주저했지만, 미국이 1961년 5월에 우주 비행을 계획하고 있다는 정보에 압박을 느껴 모험을 강행했다.

6) 스푸트니크1호의 성공에 충격 받은 미국은 이를 만회하기 위해 머큐리 계획에 모든 것을 쏟아 부었지만, 한 달가량 뒤쳐졌고 그나마도 고작 16분의 비행에 그쳤다.

"지평선이 보인다. 하늘은 검고 지구의 둘레에 아름다운 푸른색 섬광이 비친다."[7]

하늘을 누비던 인류가 드디어 우주까지 날아가기 시작했다. 인류의 영역이 혁명적으로 바뀐 것이다. 우주에 첫발을 내디딘 1961년은 인류 역사의 상징적인 사건을 만들어낸 순간이었다.

---

7) 유리 알렉세예비치 가가린, 김장호·릴리아 바키로바 옮김, 『지구는 푸른빛이었다』, 갈라파고스, 2008. 140~141쪽. 가가린은 이 책에서 "지구는 선명한 색조로 아름다움이 넘쳐났으며 옅은 푸른빛이었다"라고 묘사했다.

미일 신안보조약과 안보투쟁

패전 15년,
도약과 우경화의 길에
다시 서다

지금의 대한민국은 일본을 두려워하는 세대, 일본을 선망하는 세대, 일본을 베끼며 따르던 세대, 일본과 경쟁한 세대, 일본과 겨뤄 이겨본 세대, 일본에 대해 더 이상 선망도 특별한 전의도 없는, 심지어 얕보기까지 하는 세대가 차례로 그리고 동시에 공존하고 있다. 그러나 여전히 일본 식민시대의 찌꺼기들이 남아 작동하는 나라이기도 하다.

　　20세기 후반부의 일본에서 가장 주목해야 할 시대가 언제일까? 경제는 언제나 모든 문제를 덮는 것일까? 이런 문제의식이 결여된 일본은 두고두고 자기 발목을 잡을 것이다. 그러나 계속해서 성장하고 세계가 그들에 주목하는 한 결코 스스로 문제를 들춰내고 도려내지 못할 것이다. 현재 일본의 가장 큰 문제는 자기 개혁을 하지 못할 만큼 보수적 기질로 고착됐다는 점이다.

　　역동성이 소멸하는 시간과 그 예후를 읽어내지 못하는 때가 가장 위험하다. 우리도 1960년대 일본이 다시 우경화하는 전환기 흐름의 바탕을 읽어낼 수 있어야 제대로 대응할 수 있을 것이다.

1960년 6월 10일 도쿄 하네다羽田 공항[1]에 긴박하게 미군 해병대 헬리콥터 한 대가 나타났다. 미국 대통령 아이젠하워Dwight David Eisenhower(1890~1969)의 일본 방문 일정을 협의하기 위해 입국한 제임스 하저티James Hargerty(1919~1981) 백악관 공보비서관이 탄 자동차가 공항에서 시위대에 포위되자 긴급 출동한 것이었다. 헬리콥터는 서둘러 비서관을 구조하고 공항을 떠났다.

6월 15일에는 전학련전일본학생자치회총연합 학생 7천여 명이 신안보조약[2] 비준을 저지하기 위해 기동대의 저지를 뚫고 국회 돌입을 시도하면서 1천여 명이 부상당하고 175명이 체포됐다. 경찰과 학생들 간 격렬한 난투극이 벌어졌고, 시위대에 있던 동경대학생 가바 미치코樺美智子(1937~1960)가 압사하는 참사가 발생했다.

6월 16일 강력한 좌파 시위에 굴복한 일본 정부는 아이젠하워 미국 대통령의 신변이 위험에 빠지지 않도록 하기 위해 일본 방문 연기를 요청했다고 공식적으로 발표했다. 전학련은 물론이고 사회당원들과 공산주의자들은 아이젠하워의 방일訪日 연기 발표에 환호하며 승리를 만끽했다. 당초 일본을 방문한 후 22일경 대한민국을 방문할 예정이었던 아이젠하워 대통령은 정작 일본은 제외하고 3일 앞당겨 19일 대한민국을 먼저 방문하는 것으로 계획을 수정했다.[3] 이후 타이완, 하와이 등을 차례로 방문했다.

아이젠하워는 타이완에서 우호적이고 열광적인 환영을 받았다. 그러나 중

---

1) 정식 명칭은 도쿄국제공항Tokyo International Airport이다.

2) 기시 노부스케岸信介(1896~1987) 수상은 요시다 시게루吉田茂(1878~1967) 내각 때 맺었던, 승전국과 패전국의 색채가 강하게 남아 있던 안보조약의 개정을 원했다. 1960년 1월 기시를 대표로 하는 안보조약 개정 교섭단이 미국을 방문해 아이젠하워의 동의를 얻어 신안보조약에 서명하고 아이젠하워를 일본으로 초청했다. 그러나 새로운 안보조약은 일본이 미국의 전쟁에 말려들 수 있다는 우려를 낳았고, 전쟁에 대한 거부감이 팽배했던 국민을 불안하게 했다. 이에 신안보조약을 거부하는 운동이 일본 내에서 격렬하게 일어났다.

3) 아이젠하워는 세 번 대한민국을 방문했다. 1946년 5월 15일 미 육군참모총장의 자격으로 하지John Hodge(1893~1963) 중장 휘하의 미군을 시찰하기 위해 2시간 머물다 돌아갔고, 1952년 12월 2일부터 닷새 동안 미국 제34대 대통령선거에 공화당 후보 자격으로 방한해 자신이 당선되면 취임 이전에 대한민국을 방문해 전쟁을 종결시키는 계기를 마련하겠다고 공약하는 선거 캠페인을 벌였다.

국은 아이젠하워가 타이완을 방문하기 몇 시간 전에 중국에 가까운 타이완의 진먼다오金門島에 포격을 가해서 반공국가들의 유대를 강조한 '미국' 대통령의 방문에 따른 불편함을 노골적으로 드러내 갑자기 긴장이 고조되기도 했다. 어쨌든 아이젠하워는 순방의 핵심이던 일본을 방문하지 못한 채 미국으로 돌아가야 했다.

　일본에서 좌파 운동이 구체적인 힘을 발휘한 이 사건은 좌파뿐 아니라 일본 사회의 중요한 분기점이 됐다. 이 소동의 중심에는 본격화된 냉전 구도에 의한 미일안보조약이 있었다.

　1952년에 맺은 샌프란시스코 강화조약[4]에 의해 미국 군대가 일본에 주둔[5]하게 됐는데 1957년 소련이 대륙간탄도미사일[6] 실험에 성공하면서 미국과 일본의 관계가 더 긴밀해질 필요가 생겼다. 한국전쟁 이후 냉전이 극심할 때였다.

　패전국 일본이 1954년에 실질적 군대와 다름없는 자위대[7]를 창설할 수 있

태평양전쟁의 전후 처리를 위해 1951년 9월 샌프란시스코에서 일본을 포함한 48개국이 강화회의 후 체결한 일본과 연합국 간의 조약이다. 1952년 4월 발효됐다.

5) 일본 패망 후 샌프란시스코 조약이 발효된 1952년 4월 28일까지 7년 동안 연합군사령부가 일본에 주둔하고 있었다. 일본에는 미군뿐만 아니라 영국군, 오스트레일리아군, 뉴질랜드군, 인도군 등 영연방 군대들도 시코쿠四国와 주고쿠中国 지역을 점령군으로서 통치하다 영연방군이 1951년에 모두 철수하고 미군만 남았다. 미군도 전후 군축으로 매년 부대들이 순차적으로 미국으로 복귀함에 따라 한국전쟁 발발 시점에 주일미군의 규모는 8만5천 명 수준이었다.

6) 대륙간탄도미사일ICBM은 유효사거리가 5,500km를 넘는 것으로 이 거리는 냉전시대 소련이 극동아시아 지역에서 미국 본토를 타격할 수 있는 최단 거리를 의미했다. 개발은 미국이 먼저 했지만 발사에 처음 성공한 것은 소련이었다. 미국과의 전략폭격기 격차가 갈수록 벌어지자 소련으로서는 ICBM 개발을 독촉했고, 이것을 성공시킴으로써 미국의 핵전력을 단숨에 따라잡으며 미국에 충격을 주었다.

7) 자위대自衛隊(Japan Self-Defense Forces, JSDF)는 1950년 창설된 경찰예비대와 1952년 창설된 해상경비대를 모체로 1952년에 보안대, 경비대로 각각 개편된 뒤, 1954년 7월 1일 자위대법에 따라 자위대로 통합·개칭돼 오늘에 이르고 있다. 일본 헌법이 전쟁 포기를 선언하고, 군대나 일체 전력 보유 금지를 선언하고 있지만, 일본 해상자위대는 세계 최상위권의 막강한 해군력을 보유하고 있다. 명칭만 자위대이지 실제로는 군대이며, 집단적 자위권 행사도 가능하다. 2001년 11월 아프가니스탄 문제 해

54 _ 진격의 10년, 1960년대

었던 것도 그런 상황 덕분이었다. 냉전체제에서 미국은 소련의 팽창과 위협을 막기 위해 어떤 수단도 마다하지 않았다. 이런 상황에서 1958년 미국이 미일 안보조약 개정을 일본에 제안하면서 교섭이 추진됐다. 냉전 체제에서 소련을 위시한 공산권과의 대립 구도는 미국으로 하여금 일본과의 군사동맹 성격을 강화하도록 강제하는 한편, 동아시아에서 발생하는 전쟁에 일본이 개입할 수 있게 만들도록 했다. 그러기 위해서는 일본 경제가 충분히 성장할 필요가 있었고, 미국은 일본과의 경제 협력을 촉진해야 했다.

제2차 세계대전태평양전쟁에서 패배한 일본에서는 전후 군국주의와 보수정치에 대한 비판과 반발로 민주화 흐름이 거세게 일었다. 전체주의와 군부의 독단의 결과인 패전에 대한 책임 때문에 일본의 극우집단은 대놓고 활동하지 못하면서 보수 정치를 표방한 세력들이 결집했다.

치안유지법[8]이 폐지되고 공산당과 사회당 같은 좌파 정당도 합법적으로 정치활동을 할 수 있게 됐으며, 노동조합들이 폭발적으로 증가했다. 그뿐만 아니라 농민의 조직화 움직임도 활발했으며 학생운동이 부활해 대학 간 연대조직이 결성됐다. 이른바 '좌파의 시대'가 온 듯했다. 그러나 일본의 내셔널리즘 성향은 여전했다. 불행히도 좌파는 현실 권력을 획득하는 능력이 없었다.

1950년대 냉전체제가 일본을 보수와 혁신의 대립 구도로 재편하면서 새로운 정치적 움직임이 나타났다. 보수정당들의 거듭된 이합집산 끝에 1955년 자유당과 민주당이 합당하면서 자유민주당자민당이 탄생했다. 자민당은 대놓고 친미·친기업 정책을 표방했다. 안정과 번영이라는 팻말 아래 일본의 보수화가 본격화했다. 현실의 추가 우파로 기울기 시작한 것이다.

결에 동참한다는 명분으로 인도양에 3척의 함정을 보냈고, 이후 세계 여러 분쟁 지역에 '평화유지군' 명목으로 파견하고 있다. 한편 일본 정부는 계속해서 '평화헌법'을 개헌해 전쟁 수행도 가능한 군대를 보유하려고 시도하고 있다. 실제로 일본의 국방비는 세계 5위권의 수준이다.

8) 치안유지법은 군국주의 말기에 일왕 통치 체제를 부정하는 운동을 단속했던 법률로 다양한 방식으로 악용됐다. 1925년 5월 12일에 시행돼 미군정 때인 1945년 10월 15일 폐지됐다. 조선의 민족독립운동에 대한 탄압에 악용된 대표적 법률이었고, 윤동주尹東柱(1917-1945)를 체포한 것도 바로 치안유지법을 적용한 사례였다.

우경화의 지렛대, 한국전쟁과 도쿄올림픽

이런 상황에서 위기의식을 느낀 좌파의 '안보투쟁安保鬪爭'이 일어났다. 한 달 가까이 매일 10만 명 이상의 시민이 국회를 둘러싸고 시위를 했는데 많을 때는 30만 명 이상이 운집한 적도 있을 만큼 기세가 대단했다. 그때까지 군국 주의 시대 관제 데모를 제외하곤 그런 대규모 집회는 없었다. 이런 움직임은 일본 시민운동의 획기적인 계기가 됐다. 그리고 마침내 기시 노부스케 수상을 실각시킴으로써 정점에 달했다.

일본의 노동운동과 학생운동은 이 새로운 안보조약의 개정 반대로 집결하면서 힘을 과시했다. 1960년의 안보투쟁은 일본의 시민운동을 각성시키면서 더불어 반전 평화 운동을 비롯한 공해 반대, 고층 건물 건설 반대, 재개발 반대, 대형 상점 침투 반대 등 다양한 운동으로 확장했다. 이들 운동이 대부분 '반대'에 초점이 맞춰진 것은 훗날 부정적 요인으로 작용하지만, 일단 안보투쟁은 일본 좌파의 힘을 극적으로 보여주었다.

그들의 주장에 호응하거나 선동된 시민들의 폭발적 시위 양상은 수상의 퇴진을 요구하면서 극단의 혼란을 야기했고, 결국 기시가 사임하는 상황으로 이어졌다. 그러나 시위대가 극렬하게 반대했던 신안보조약 비준동의안은 시위대가 의사당을 봉쇄하는 혼란 속에서 자동으로 통과됐다. 기시는 비준안이 통과될 때까지 버틴 뒤에 사임했다.

문제는 일본의 좌파가 수구 혹은 보수 정치의 대안으로 떠오를 수 있는 기회를 잡았음에도 불구하고 여전히 의제 생산 능력과 체계화된 현실 정치력을 갖추지 못한 상태에서 투쟁 일변도로 내달리며 그 일시적 성취에 취했을 뿐이었다는 점이다. 그들은 폭력도 불사했고,[9] 국민들은 그런 좌파의 과격성에 불안감을 감추지 못했다. 그 점을 명확하게 파악한 보수정당인 자민당은 경제성

---

9) 이들은 1955년 일본공산당과 일본사회당이 폭력혁명 노선을 포기하자 '기성 좌파'로 몰아세우며 비판했고, 자신들을 '뉴 레프트'로 지칭했다. 언론과 당국은 '신좌익'이라고 불렀는데, 이들이 자칭한 '뉴 레프트'는 유럽이나 미국의 뉴 레프트와는 다른 것이었다.

장이라는 의제로 시대의 방향 전환을 시도했다.

기시 내각을 이어받은 이케다 하야토池田勇人(1899~1965)와 그의 후임자 사토 에이사쿠佐藤榮作(1901~1975)[10]는 패전국 일본의 보수 궤도를 설정한 수상으로 평가되는 요시다 시게루가 키워낸 관료 출신이었다. 이케다와 사토는 국민의 정치에 대한 불신을 경제력으로 해소하려는, 이른바 '소득배증계획소득을 2배로 늘리는 계획'을 구상했다.[11]

정치인들은 안보투쟁을 통해 국민의 저항이 얼마나 거센지, 자칫 잘못하면 언제든 척결의 대상이 될 수 있음을 실감해서 그 힘을 다른 면으로 돌릴 수 있는 방식에 몰두했다. 그래서 경제성장에 더욱더 몰입했다. 그들은 경제성장을 통한 탈脫정치화가 성공한다면 분명히 국민들의 정치적 저항은 누그러질 것이라고 기대했다. 무엇보다 가시적인 전환점이 될 것이라 여기는 문제가 바로 눈앞에 있었다. 바로 4년 후 열릴 도쿄올림픽이었다.

일본은 패전의 수렁에서 운 좋게도 한국전쟁 특수를 누리며 재기를 도모하기 시작했고, 도쿄올림픽이 전후 일본의 부활을 상징하게 될 것이라 확신했으며 그것을 통해 다시 도약할 수 있는 경제적 성장을 꿈꾸고 있었다.

---

10) 사토 에이사쿠는 기시 노부스케 전 수상의 동생이며, 기시는 아베 신조安倍晋三(1954~2022) 전 수상의 외할아버지이다. 그러니까 아베는 외할아버지와 외종조부가 모두 수상인 셈이다. 일본 우파 정치의 토대가 마련되고 공고해지는 시기에 일본 수상이었다는 점이 뼛속부터 우익인 아베의 우경화에 영향을 끼쳤을 것이다.

11) 이케다 내각은 소득을 2배로 늘리기 위해 산업구조의 개선, 자본시장 및 무역 개방, 주택 공급 및 사회복지 확대, 중소기업 육성 등 네 가지 과제를 중점적으로 밀고 나갔다. 실제로 이 시기에 연평균 10퍼센트의 성장을 기록했는데, 선진국 초입의 국가가 10년간 두 자릿수 성장을 기록했다는 사실 자체가 세계 경제사를 통틀어 유례가 없는 일이었다.

베를린회담과 아프리카의 해

청년 아프리카,
독립과 자유의 초원에 서다

세계지도에 대한민국이 어디에 붙어 있는지 서양인들이 잘 모른다는 사실에 섭섭해 하는 우리는 정작 아프리카 지도에서 각 나라의 위치를 제대로 알고는 있는가 반문해 본다. 위치는커녕 나라 이름조차 낯선 나라들도 있다. 그들이 힘없고 가난해서 내게 별 의미가 없다고 여기기 때문이다. 남이 날 업신여기면 분노하면서도 나보다 약하다 싶으면 깔보는 고약한 습성이 있다.

아프리카 여러 나라들이 독립한 시대, 어떤 문제가 있었는지조차 모르면서 공감할 수는 없다. '아프리카의 눈물'은 모든 약자의 눈물이다. 남의 일만은 아니다. 달면 삼키고 쓰면 뱉는 게 능사가 아니다. 국제사회에서도 '책임'은 엄중해야 한다. 제국주의자들은 여전히 그 책임을 거부하고 있다.

내 마음속에는 어떤 제국주의가 도사리고 있을까?

오랫동안 아프리카는 유럽 열강들의 식민지 쟁탈전의 무대였다. 포르투갈의 바르톨로메우 디아스Bartolomeu Dias(1450?~1500)가 아프리카 최남단 희망봉을 발견하고[1] 바스쿠 다가마Vasco da Gama(1469?~1524)가 인도양 항로를 개척한 15세기 말부터 아프리카는 유럽의 관심 대상이었지만, 본격적인 식민지로 전락한 건 유럽 열강들이 제국주의적 태도를 노골화하면서이다. 그 절정이 1878년부터 1885년에 이르는 탐험과 분할의 경쟁 시대였다.

유럽 열강들은 처음에는 아프리카의 해안도시를 무역기지와 아시아 항로의 보급기지로서 점령했지만, 17세기 후반부터 노예무역이 성황을 이루면서 아프리카 여러 곳이 노예사냥터가 됐다. 18세기 후반, 미국의 독립과 프랑스혁명에 의해 노예해방의 움직임이 있었으나, 미국 영토의 확장과 노동력 부족은 여전히 노예사냥에 대한 욕망을 끊지 못하게 만들었다.

그리고 19세기 후반, 노예해방 선언과 남북전쟁으로 노예사냥의 야만이 수그러들자 유럽의 제국주의자들은 영토적 야심을 갖고 아프리카를 약탈했다. 종횡으로 아프리카를 침탈한 제국들은 1885년 이후 1914년에 이르기까지 자신들의 이해관계에 따라 인위적으로 식민지를 분할했으며 아프리카를 완전히 '식민지 대륙'으로 만들었다.

그러나 길고 긴 약탈과 식민 통치는 두 차례의 전쟁을 겪은 후 아프리카의 국가들이 하나둘 독립하면서 서서히 종말을 고하기 시작했다. 1960년대에 이르러서는 대다수의 아프리카 국가들이 독립했다. 1960년은 '아프리카의 해The Year of Africa'[2]였다.

---

1) 스페인이 대서양 항로를 개척하기 전 이미 포르투갈의 엔히크Henry the Navigator(또는 엔리케, Dom Henrique O. Navegador, 1394~1460) 왕자는 인도 항로 개척에 나섰고, 엔히크가 죽은 뒤 곧 디아스가 희망봉까지 갔다. 당시 유럽은 남쪽의 '암흑의 녹색바다'를 두려워했고, 아프리카의 열대 바다에 가면 모두 흑인이 될 것이라며 걱정했으며, 아프리카 탐험으로 얻을 경제적 이익이 별로 없었기에 아프리카에 관심이 없었다.

2) 아프리카에서 새로운 국가가 많이 탄생해 1960년을 '아프리카의 해The Year of Africa'라고 불렀다. 1960년대에 32개국이 독립했고 1970년대에 5개국이 독립했다.

1960년 무렵 아프리카 국가들의 독립 현황

가나 1957, 가봉1960, 감비아 1965, 기니 1958, 기니비사우 1973, 나미비아 1990,
나이지리아 1960, 남아프리카공화국 1931, 니제르 1960, 라이베리아 1847, 레소토 1966,
르완다 1962, 리비아 1951, 마다가스카르 1960, 말라위 1964, 말리 1960, 모로코 1956,
모리타니 1960, 모잠비크 1975, 베냉 1960, 보츠와나 1966, 부룬디 1962, 부르키나파소 1960,
서사하라 1991, 세네갈 1960, 소말리아 1960, 수단 1956, 스와질랜드(에스와티니) 1967,
시에라리온 1961, 알제리 1962, 앙골라 1975, 에리트레아 1993, 에티오피아 역사적독립국,
우간다 1962, 이집트 1922, 잠비아 1963, 적도기니 1968, 중앙아프리카공화국 1960, 지부티 1977,
짐바브웨 1979, 차드 1960, 카메룬 1960, 케냐 1963, 코트디부아르 1960, 콩고공화국 1960,
콩고민주공화국 1997, 탄자니아 1961, 토고 1960, 튀니지 1956.

프랑스 식민지만 해도 14개국이 독립했다. 가봉, 니제르, 마다가스카르, 모리타니, 베냉당시 이름 다호메이, 부르키나파소오트볼타, 중앙아프리카공화국, 차드, 코트디부아르, 콩고공화국, 카메룬 그리고 토고가 독립했다. 그 이전인 1955년 프랑스령 모로코가, 1956년 튀니지가 독립했다. 그러나 알제리는 여전히 프랑스의 식민지 상태가 지속됐다. 영국, 독일, 벨기에, 이탈리아 등이 점령했던 식민지들도 이미 대거 독립했거나 곧 독립할 태세였다.

제1차 세계대전이 발발했을 때 서구 열강의 식민지가 아니었던 아프리카 국가는 라이베리아와 에티오피아 단 두 나라뿐이었는데 그나마 그 두 나라도 형식적으로 독립국가 형태였을 뿐이었다.

아프리카는 오랫동안 철저하게 유린당하고 약탈당했다. 그러나 제2차 세계대전은 유럽의 제국주의 국가들의 엄청난 재정난과 군사력 위축, 그리고 식민지 국민들이 참전해 준 대가의 요구와 눈물겨운 투쟁 등으로 제국주의 시대의 종말을 초래했고, 아프리카 국가들이 다투어 독립할 수 있게 됐다.

아프리카 식민화의 역사

가장 먼저 아프리카에 식민지를 개척한 유럽 국가는 포르투갈이었다. 아프리카를 돌아 인도로 가는 항로를 찾는 데에 가장 적극적이던 포르투갈[3]은 바르톨로메우 디아스가 1488년 아프리카 최남단인 희망봉Cape of Good Hope[4]에 도착했고 1498년에는 바스쿠 다가마가 인도 항로를 개척했다. 인도로 가는 보급기지가 필요했던 포르투갈은 적도 기니, 앙골라, 모잠비크 등을 식민지로 삼았다.

---

3) 인도로 가는 항로를 선점한 포르투갈에 외면당한 콜럼버스는 새로운 항로로 인도에 갈 수 있다고 스페인을 설득했고, 포르투갈과 경쟁 관계이던 스페인이 지원함으로써 대서양 항로를 획득하게 됐다.

4) 처음에는 '폭풍의 곶Cabo de Tormentoso'이라고 명명했으나, 후에 포르투갈 국왕에 의해 '희망의 곶'으로 개명됐다. 일반적으로 'The Cape'라고 부른다.

유럽의 다른 나라들도 포르투갈의 성장을 보고 아프리카에 관심을 두기 시작했다. 네덜란드, 영국, 프랑스가 아프리카에서 식민지를 만드는 데에 경쟁을 벌였고, 나중에는 독일, 벨기에, 이탈리아 등도 뛰어들었다. 이때만 해도 유럽인들은 해안에만 머물며 아프리카 내륙까지 침략하지는 않았다. 17세기 들어 유럽이 본격적으로 아프리카에 관심을 두게 된 것은 노예무역[5] 때문이었다.

1492년 콜럼버스Christopher Columbus(1450~1506)가 서인도제도를 발견한 이후 그곳을 장악한 유럽인들은 사탕수수, 담배, 커피 등 플랜테이션대규모 단일경작 농장에서의 경작을 위해 많은 노동력이 필요했다.

처음에는 아메리카 원주민을 동원했지만, 유럽인들이 옮긴 전염병[6] 때문에 인구가 급격히 감소하자 크게 노동력이 부족했고, 그것을 대체하기 위해 아프리카인을 붙잡아 노예로 끌고 갔다. 노예 상인들이 두 세기 동안 잡아다 팔아 넘긴 노예가 무려 1500여만 명이나 됐다. 그 가운데 500만 명쯤은 브라질로, 450만 명쯤은 서인도제도로 끌려갔다.

19세기 산업혁명을 거친 유럽 제국주의 국가들은 각종 자원을 얻기 위해 해안을 벗어나 아프리카 내륙으로 침략하기 시작했다.[7] 산업화가 만들어낸 침탈이었다. 산업화에 필요한 다양한 자원을 확보하기 위한 본격적인 식민지 쟁탈전이 시작된 것이다. 아프리카에서 서로 식민지를 삼으려다 자기네들끼리 갈등과 전투를 겪는 일도 허다했다. 그들에게 아프리카는 식탁 위에서 나눠 먹는 빵에 불과했으며 더 많은 빵을 쥐려고 서로 나이프로 찌르고 포크로 찍는 일이 다반사였다. 포르투갈, 영국, 프랑스는 마치 프랜차이즈 직영점을 운영

---

5) 평생을 노예해방에 바친 윌리엄 윌버포스William Wilberforce(1759~1833)의 노력으로 1833년 7월 영국하원은 노예제 폐지 법안을 통과시켰다. 1863년 미국 대통령 링컨Abraham Lincoln(1809~1865)의 노예해방선언보다 30년을 앞선 것이었다.

6) 재레드 다이아몬드Jared M. Diamond(1937~)는 『총, 균, 쇠』에서 유럽인이 아메리카 대륙에 들어간 후 질병과 전쟁으로 95%의 원주민이 죽고 말았다고 지적했다.

7) 베를린회담 전까지 아프리카의 80퍼센트는 그들 전통에 의해 자치적 통치가 이루어지고 있었다. 아직은 아프리카 해안 지역만 유럽 식민지가 돼 있는 상태였다.

하듯 총독을 직접 파견해 식민지에서의 이익을 취했다. 총독 파견은 처음에는 자국 상인을 보호하기 위한 목적이었다. 하지만 점차 유럽과 아프리카의 힘의 균형이 깨지면서 총독부는 식민지 경영 본부가 됐다.

아프리카에서 영국과 프랑스가 마음껏 식민지 쟁탈전을 벌이는 걸 지켜보기만 하던 독일도 뒤늦게 분할 경쟁에 뛰어들었다. 벨기에와 손잡고 식민지 쟁탈에 뛰어든 독일은 비스마르크Otto von Bismarck(1815~1898)의 주도로 1884년 말~1885년 초까지 유럽 열강 대표를 베를린으로 불러, 이른바 베를린회담또는콩고회담[8]을 통해 콩고 분지를 중심으로 하는 아프리카 분할 문제를 협의했다. 합의라는 명목의 야합의 결과로 '아프리카 분할 원칙'을 정했다.[9] '콩고분지조약'이 그 대표적 사례로, 대서양 연안에서 인도양 연안에 걸친 지역에 대해 식민지 보유 원칙을 정한 것이다.

그 내용은 아직 점령되지 않은 교역로를 먼저 확보하거나 원주민과 협약그러나 아프리카의 어떤 나라도 회담에 초대되지 않았다을 맺는 등의 실효적 지배를 한 지역은 해당 국가의 소유로 인정한다는 원칙이었다. 그리고 뒤늦었지만 노예무역을 금지하는 조항도 합의했다. 그러나 노예를 사고팔 필요가 없이 아프리카에 직접 가서 그들을 노예로 부려 먹는 것으로 바뀌었을 뿐이다.

아프리카 해안을 약탈하던 유럽 국가들이 다양한 자원을 얻기 위해 내륙에도 관심을 가지기 시작하면서 각국 정부의 후원을 받은 탐험가들이 해안에서 내륙으로 가는 길을 개척했다. 국경을 정하는 것도 유럽 국가들의 편의적 합의로 결정했다. 이런 식으로 지형, 부족, 언어, 문화 등을 깡그리 무시하고 지도

---

8) 이 회담을 제안한 것은 포르투갈이었다. 포르투갈이 콩고강 어귀에 대한 특별지배권을 주장하자 아프리카에서 식민지를 넓히려 혈안이 된 다른 유럽 열강들이 의심의 눈으로 지켜보았고, 이 문제를 해결하기 위한 회담 개최가 필요했다. 그러나 정작 회의에서는 콩고강 유역에 대한 포르투갈의 영유권 주장이 거부됐고, 독일에 협조한 벨기에의 몫으로 돌아가 레오폴 2세Leopold III(1835~1909)의 '개인 식민지'인 콩고자유국이 탄생하게 됐다.

9) 베를린회담에서 프랑스와 손잡은 주최국 독일은 아프리카 문제에서 영국을 고립시키고 카메룬, 탄자니아, 나미비아 등을 얻었다.

에 자로 줄 긋는 방식으로 쪼개 나눠 먹었다.[10]

탄자니아의 킬리만자로를 발견한 독일의 요하네스 레브만Johannes Rebmann(1820~1876), 선교사이며 아프리카의 문명화에 대한 강한 믿음을 가졌던 영국의 데이비드 리빙스턴David Livingstone(1813~1873), 영국과 미국에서 활동했던 헨리 스탠리Sir Henry Morton Stanley(1841~1904)[11], 프랑스의 피에르 브라자Pierre Savorgnan de Brazza(1852~1905)[12] 등의 탐험가들이 내륙 아프리카의 지도를 만들었고, 결국은 아프리카 침공의 선봉에 서서 식민지 획득을 돕는 결과를 낳았다.

문제는 콩고분지조약 같은 어설픈 원칙 때문에 상황이 더 심각해졌다는 점이다. 이 허접한 원칙은 오히려 유럽 각국의 경쟁심을 부추겼을 뿐이다. 한 발이라도 먼저 아프리카에 발을 들여놓아야 유리하다고 여겼기 때문이다. 그래서 아프리카 거의 전체가 빠르게 식민지로 전락했다.

베를린회담 이후 1914년까지 이런 식으로 만들어진 '인위적인' 국가가 무려 50개에 달했다. 유럽 열강들이 제 입맛대로 금 긋고 나눠 먹은 새로운 아프리카 지도가 탄생하자 수천 개의 토착 문화와 지역이 뒤섞이는 건 피할 수 없었다. 오랫동안 문화와 역사를 공유했던 부족들 또한 타의에 의해 쪼개지고 나뉘면서 이들은 서로 어울리기 어려운 이질적 문화를 가진 다른 부족들과 함께 살아야 했다. 아프리카는 만신창이가 됐지만 유럽 제국주의 국가들은 아무런 죄책감도 느끼지 않았고, 오로지 자신들의 전리품으로만 여길 뿐이었다. 제2

---

10) 대표적인 제국주의 시대의 정치인인 영국 수상 솔즈베리Robert Arthur Talbot Gascoyne-Cecil, 3rd Marquess of Salisbury(1830~1903) 경은 "우리는 백인이 한 번도 발을 디뎌본 적 없는 지역의 지도 위에 선을 그었다. 산, 강 그리고 호수들을 정확히 어디서 찾아야 할지 모르는 어려움에도 가까스로 그것들을 배분했다"고 토로했다. 그는 1880년 당시만 해도 아무도 아프리카에 관심이 없었으나, 1885년에는 유럽 열강들이 아프리카 식민지를 얻기 위해 다투고 있었다고 회고했다. 그 짧은 시기에 온 유럽이 아프리카 식민지 쟁탈전에 뛰어들었던 것이다.

11) 스탠리는 영국 태생의 탐험가로 리빙스턴을 구조한 것으로 유명하다.

12) 이탈리아 태생이나 프랑스로 귀화한 브라자를 단순히 탐험가라고 규정하기 어려운 게, 프랑스령 콩고 식민 총독 임시 대리를 거쳐 나중에 총독이 돼 거의 20년 가까이 통치했기 때문이다. 콩고공화국의 수도인 브라자빌Brazzaville은 그의 이름에서 유래한 것이다.

차 세계대전이 끝나고 제국주의가 퇴색하면서 아프리카에서 독립의 바람이 뜨겁게 불기 시작했다.

상처를 품고 일어서는 젊은 아프리카

1960년 10월 1일 아프리카에서 가장 인구가 많은 국가인 나이지리아가 영국으로부터 독립했다. 아프리카 국가 대부분이 그렇듯 나이지리아도 1900년경 종교·문화·인종·역사 등 저마다 다른 서부 아프리카의 지역들이 영국의 식민정책에 따라 나이지리아로 통합됐다. 나이지리아 남부의 이보Ibo(또는 이그보, Igbo)족과 요루바Yoruba족은 영국으로부터 기독교를 받아들이고, 그들의 식민 통치에 협조했다. 영국은 그 부족들을 지원했고, 그들은 다른 부족에 비해 많은 발전을 이룰 수 있었다. 그러나 이슬람교도인 하우사Hausa족은 아무런 지원을 받지 못하고 수탈만 당했기에 빈곤에 시달렸다.[13] 제국주의자들에 의한 인위적 분할의 산물이기도 한 이런 차별은 민족과 지역 간의 갈등을 부추겼다.

나이지리아에서 권력의 공동화空洞化가 일어났다. 즉 영국이 지배할 때는 어느 부족도 영국을 이길 수 없었기에 부족 간 충돌이 크게 일어나지 않았지만, 영국이 떠난 뒤 이 복잡한 갈등 구조는 정부의 안정성과 공공의 안녕을 크게 훼손했다. 부족 간 상호 적개심은 필연적으로 내전을 야기했고, 대학살로 이어졌다. 역사성과 고유성을 무시한 식민 정책에 따른 인위적인 국경 분할은 그렇게 한 세기 이후에 아프리카에 수술 자국처럼 지워지지 않는 질기고 참혹한 내상內傷을 남겼다.

'씹다 버린 껌' 같은 아프리카. 조금이라도 단물이 남았다 싶으면 언제든 다시 다른 방식으로 씹어댈, 겉으로는 우호국이지만 언제든 낡고 변조된 상속문서를 움켜쥐고 흔들어대는 적들은 여전한 상태로 남아 있었지만, '청년 아프리카'는 아픔을 품은 채 기어이 새로 태어났다.

---

13) 유럽 제국주의 국가들이 이런 차별적 분열 통치를 벌였지만 특히 영국은 매우 노골적이었다.

요한 23세와 제2차 바티칸공의회

보수적인 가톨릭교회,
청년 정신으로
대개혁 앞에 서다

스스로 개혁한다는 건 혁명하는 것보다 더 어렵다. 이미 쥐고 있는 것 때문이다. 오래됐거나 제법 묵직할 때는 거기에 역사니 전통이니 하는 따위의 장식물을 얹어 권위로 휘두른다.

1500년 넘는 교회 역사에서 수많은 허물과 시대착오와 탐욕이 있었음에도 불구하고 버틴 건 그나마 본질의 가치에 충실했던 사람들이 다행히 더 많았기 때문이다. 갈수록 변화에 가속도가 붙는 현대사회에서는 어물어물하다 때를 놓치는 일이 많다. 개혁의 때를 놓치면 종교도 한순간에 외면당한다. 요한 23세는 그것을 인식하고 과감하게 승부수를 던졌다.

기껏해야 200년 남짓하거나 그도 안 되는 대한민국의 교회들은 성장과 권력에 눈이 멀어 본질을 잃고 있는 건 아닌지 스스로 늘 두려운 마음으로 자신을 지켜봐야 한다. 1960년대의 역동성조차 상실한 교회는 시대착오의 낙오자에 불과하다.

오랫동안 유럽을 지배했던 교회는 1517년 종교개혁[1]으로 두 개의 집단으로 갈라졌다. 유럽의 여러 나라들은 각자의 정치적·문화적 환경뿐 아니라 종교에 따라 외부의 적과 싸우기도 하고 내부의 반대자들과 싸워야 했다. 많은 사람이 무모한 '종교전쟁'으로 목숨을 잃었다. 1648년 베스트팔렌조약Peace of Westphalia 에 의해 가톨릭과 개신교가 함께 용인될 때까지 종교를 빌미로 계속된 전쟁은 유럽의 정치적·사회적 지형까지 바꿔 놓았다.

종교개혁은 각자가 종교를 '선택'할 수 있는 '개인의 자유'라는 중요한 근대적 전환점을 마련했다는 점에서 의미와 가치를 지녔다. 개혁의 빌미를 제공했던 가톨릭교회도 1545년부터 1563년에 이르기까지 트리엔트공의회Council of Trent(Concilium Tridentinum)를 통해 철저한 자기 개혁을 선언하며 16세기 말에 이르러 종교개혁의 원인이 된 많은 악습들을 제거했다. 그렇다고 가톨릭교회의 보수적인 면모가 완전히 사라지지는 않았다.[2] 그런 경향들은 20세기 두 차례의 세계대전을 거치면서도 요지부동이었다. 전쟁이 끝나고 교회도 더 이상 독재자의 눈치를 보지 않아도 되는 상황이 되자 다시 현실에 안주하는 듯 보였다. 아무도 가톨릭교회의 보수성에 의문을 제기하지 않았다.

1958년 10월 9일 교황 비오 12세Pius XII(1876~1958, 재위 1939~1958)가 서거하고, 10월 28일 새로운 교황이 선출됐다. 5년 전 베네치아 대교구의 대주교와 추기경에 서임된 론칼리 추기경이 그 주인공이었다. 아무도 그가 교황에 선출될 것이라 예상하지 못했다.[3]

---

1) 엄밀히 말하면 '유럽 교회의 분열' 혹은 '유럽 교회의 개혁'이다. '종교'개혁이란 명칭에는 그리스도교만 종교라는 오만함이 깔려 있는 전형적인 오리엔탈리즘이 스며있다. 영어로도 'The Reformation'이지 종교라는 말은 없다.

2) 가톨릭교회의 보수적이고 수구적이다 못해 반동적인 면들은 여전했다. 1517년 종교개혁에 깜짝 놀란 뒤 나름대로 변화했지만, 엉뚱하게 19세기 후반부에 보수 반동의 길을 택했다. 1869년~1870년 동안 교황 비오 9세Pius IX(1792~1878, 재위 1846~1878)가 소집한 제1차 바티칸공의회는 보수 세력의 복권과 더불어 합리주의와 과학에 제동을 걸며 근대성을 비판했다. 교회가 시대착오를 선택한 대표적 사례라 할 수 있다.

3) 당시 콘클라베는 정말로 누가 교황이 될지 알 수 없는 상황이었다. 당시 이탈리아 신문은 새로운 교황

평민 출신 교황의 탄생

가난한 평민 출신의 안젤로 주세페 론칼리Angelo Giuseppe Roncalli(1881~1963) 추기경은 로마에서 신학박사 학위[4]를 받고 사제 서품을 받은 뒤 곧바로 이탈리아 북부의 롬바르디아주 베르가모Bergamo 교구에서 라디니-테데스키Giacomo Radini-Tedeschi(1857~1914) 주교의 비서로 사제직을 시작했다. 라디니-테데스키 주교는 당시 억압 받던 노동자와 농민을 위해 헌신한 진보적인 인물로 그의 인품을 존경한 론칼리 신부에게 큰 영향을 끼쳤다.[5]

론칼리는 국민 대다수가 동방정교회 신자인 불가리아와 이슬람 신자인 튀르키예Türkiye[6]에 교황청 사절로 파견됐는데[7] 이 기간 동안 분열된 종교에 대한 안타까움을 경험했다. 1944년 말에는 프랑스 주재 교황청 대사로 파견돼 프랑스 정부와의 갈등을 해결하는 데 헌신했다. 그는 온화한 성격이지만 옳다고 여기는 일에는 단호했다.

교황 비오 12세 선종 후 바티칸에서 콘클라베Conclave[8]가 개최됐을 때, 베네

의 가능성이 있는 추기경 20명을 거론했는데 론칼리 추기경은 거기에 속하지 못한 인물이었다.

4) 그의 주 전공은 교회사였고, 교부학과 호교론을 함께 연구했다. '교회사'를 전공한 것은 교회의 역사를 통해 교회의 잘잘못을 세밀하게 알 수 있었기에 교회 개혁의 당위를 읽어낼 바탕이 됐다는 점에서 매우 의미심장하다.

5) 테데스키 주교는 사회활동에 적극적이었고, 해외이주자와 여성노동자연맹 등을 도왔다. 그들을 돕기 위해 주교 반지를 빼 팔아 쓰라고 건넬 정도였다. 그의 비서였던 안젤로 신부가 메신저 역할을 수행하면서 노동조합을 도왔고 이런 활동이 부유층의 비위를 건드려 바티칸에 악의적인 투서가 이어졌다. 그가 교황이 될 때까지도 그의 파일에 '근대주의자'나 '사회주의자·용공주의자'라는 딱지가 붙어 다녔다.

6) 튀르키예는 2022년 6월 1일부터 새롭게 불리게 된 구舊터키의 국호다.

7) 그가 발칸반도의 동방정교회 국가에 파견된 것도 '근대주의' 혐의로 라테란대학 교수직에서 밀려나 일종의 유배처럼 보내진 것이었다. 그는 '불청객' 가톨릭 대주교 외교관으로서 현지인들과 최대한 교감했고, 튀르키예에서는 튀르키예어로 미사를 봉헌해 일부 가톨릭신자들이 자리를 박차고 나가기도 했다.

8) 새로운 교황을 선출하기 위해 모이는 추기경들의 회의로 모든 추기경은 엄격히 격리되고, 외부와도

치아 대교구의 론칼리 추기경은 자신이 선출될 것이라고는 꿈에도 생각하지 못했다. 사실 당시 두 세력이 대립한 상태였고 경쟁이 치열했다.

당시 마르티니 Carlo Maria Martini(1927~2012) 추기경이 가장 주목받는 유력자의 한 사람이었다. 제2차 세계대전 때 교회가 취한 엉거주춤한 스탠스와 추축국樞軸國인 이탈리아 출신 교황 선출에 대해 프랑스를 중심으로 한 추기경들의 반발도 만만치 않았다.[9] 자꾸 선출이 미뤄지자 양 진영은 대안으로 제3의 인물을 선출하기로 했고 77세 나이의 론칼리 추기경을 새로운 교황으로 선출했다.

별로 알려지지 않았던 그가 선출된 것도 놀라운데 고령의 나이까지 고려하면 완전히 예상을 벗어난 것이었다. 그래서 안팎에서는 그가 과도기의 교황에 지나지 않을 것이라고 여겼고, 심지어 '임시 교황' 혹은 '징검다리 교황'이라는 빈정거림 섞인 평가도 있었다. 론칼리 추기경은 요한 23세 Johannes XXIII(Ioannes XXIII, 재위 1958~1963)를 자신의 교황명敎皇名으로 결정했다.

그는 엄격하고 귀족적이었던 전임 교황 비오 12세와 달리 소박하고 후덕하며 유머 감각도 뛰어났고[10], 대중과 호흡하는 열린 사고를 갖고 있었다. 그는 로마의 병원과 보육원을 방문했고 심지어 교도소를 직접 찾아가 수감자들과 함께 전례典禮를 집전했다. 당시 바티칸 관행으로서는 충격적인 일이었다. 바티칸 관계자들은 교황의 교도소 방문에 기겁했다. 그러나 요한 23세는 죄수들도 하느님의 자녀이며 그들이 자신에게 올 수 없으니 자신이 그들에게 가는 것이 당연하다며 자신의 의지를 관철했다. 그의 행보는 이전의 교황들에게서는 볼 수 없는 파격들이 많았다. 그럼에도 불구하고 교회 안팎에서는 그가 '임시 교황'에 그칠 것이라는 기대(?)를 접지 않았다.

완전히 차단된 채 선출될 때까지 하루에 두 번 시스티나 성당에서 비밀투표로 결정한다. 콘클라베는 라틴어의 Cum(함께), Clavis(열쇠)의 합성어로 '열쇠로 잠그는 방'이란 뜻이다.

9) 그러나 당시 친親프랑스 추기경들은 마르티니 추기경을 지지했다. 그가 진보적 성향이어서 이탈리아 중심적으로 사목하지 않을 것이라는 기대 때문이었다.

10) 그가 직접 했던 유머나 그를 주인공으로 내세운 유머들이 꽤 많이 나돌았고, 심지어 그것들을 묶어 책으로 출간하는 경우도 있었다.

그런데 사람들이 놓친 점이 있었다. 그는 당시 교회가 안고 있던 문제점들을 명확하게 파악하고 있었을 뿐 아니라 세상의 변화에도 주목했다. 그가 먼저 뽑은 카드는 유럽 밖의 나라 출신의 추기경을 선출하는 것과 70명으로 제한돼 있던 추기경 수를 초과해서 임명하는 것이었다.

1958년 12월 23명의 추기경을 새롭게 임명했다. 추기경 숫자의 제한은 오래전 식스토 5세Sixtus V(1521~1590, 재위 1585~1590) 이후 400년 가깝게 이어진 관행이었는데, 요한 23세가 그 숫자를 늘리자 내부의 반발이 만만치 않았다. 언제나 어디서나 기득권의 반발은 크게 다르지 않았는데 교회라고 예외는 아니었다.

그러나 요한 23세는, 식스토 5세 교황 당시에는 유럽이 교회의 거의 전부였지만 이제는 전 세계의 교회인데 어찌 유럽의 추기경들로 세계 교회를 사목할 수 있느냐고 반문함으로써 반발을 단숨에 잠재웠다. 그가 재임하는 동안 임명한 추기경은 모두 87명이었다.[11]

대개혁의 시작 바티칸공의회을 열다

요한 23세는 거기에 그치지 않고 대개혁의 시동을 걸었다. 1960년 1월 24일부터 30일까지 로마시노드가 개최됐다. 시노드Synod는 협의나 의결을 목적으로 한 가톨릭교회 대표자들의 공식 회의를 지칭하는 것이다. 모두 '징검다리 교황' 혹은 심지어 '임시 교황'으로 여겼지만 그의 뜻은 담대했다. 그는 로마시노드를 통해 사목과 신앙생활에 새로운 자극을 제공하려 했다. 또한 그는 교회법을 새롭게 편찬하는 작업에도 의욕을 보였다. 무엇보다 그의 가장 큰 업적은 1962년 제2차 바티칸공의회Second Vatican Council의 소집이었다.

1959년 1월 25일 요한 23세는 당시 로마에 있는 추기경들을 불러 공의회

---

11) 이후 비서구권 추기경들이 계속해서 서임됐고 제2차 바티칸공의회 이후 1969년에는 대한민국의 김수환金壽煥(1922~2009) 대주교가 동아시아인으로는 세 번째로 추기경에 서임됐다.

소집 계획을 발표했다. 추기경들은 경악했으나 교황의 의지를 꺾을 수는 없었다. 그리고 마침내 1962년 10월 11일 공의회가 공식적으로 개최됐다. 가톨릭 교회가 이전까지의 보수적이고 전통적이며 때로는 구태의연했던 모습을 과감하게 탈피해 현대 사회에 적합한 모습으로 탈바꿈하겠다는 의지의 표명이었다. 교회는 물론 세계도 깜짝 놀랐다.

공의회Council는 전 세계의 가톨릭 교구 지도자나 그들의 위임자 및 신학자들이 모여 합법적으로 교회의 신조와 원칙에 관한 문제를 의논·정의·결정하는 회의로 여기서 결정된 사항은 최고의 권위를 지닌다. 역사상 여러 차례의 공의회가 있었다. 공의회는 대부분 신앙이나 관습에 대해 분규나 쟁론이 발생한 경우, 전 교회와 협의하는 것은 사도 교회 이후에 행해졌는데 공의회는 그리스도 교회의 당대 동향을 반영하는 가장 중요한 거울의 역할을 했다. 그래서 교회사 전체에서 볼 때 공의회를 개최한 횟수가 그리 많지 않다.

사실 공의회를 여는 일 자체가 만만하지 않았다. 모든 추기경과 대주교, 그리고 '아빠스Abbas(또는 Abbot, 대수도원장)' 등과 신학자들이 로마에 모여서 긴 기간 동안 머문다는 건 여러 면에서 어려운 일이었다. 비용과 시간도 그렇지만 각 교구의 문제가 교구장 부재 상태에서 곤경에 처할 수 있기 때문에 특별히 시급한 일이나 교리와 신학에 대한 심각한 도전이 없는 한 공의회를 여는 경우는 별로 없었다.

이전까지 총 20회의 공의회가 있었는데 325년 최초의 공의회인 니케아공의회부터 787년 일곱 번째 공의회인 제2차 니케아공의회까지는 로마 황제가 소집했고, 교황에 의해 소집된 공의회는 869년 소집된 제4차 콘스탄티노폴리스공의회부터 1869년의 제1차 바티칸공의회까지 열세 번이 전부였다. 특히 1545년에 소집된 트리엔트공의회 이후 거의 300년 넘게 한 번도 소집되지 않다가 1870년에야 소집됐다.

사람들 대부분은 딱히 공의회가 소집돼야 할 시급한 분규나 쟁론이 발생하지 않았기에 요한 23세의 공의회 소집에 놀랄 수밖에 없었다. 그것도 '임시 교황'으로 여긴 노년의 교황이 소집했으니 그 놀라움은 더더욱 컸다. 그러나 그 소집의 놀라움은 시작에 불과했다. 요한 23세가 공의회를 소집하면서 보인 파격은 더 많은 놀라움을 줄 것이기 때문이었다. 가장 보수적이라 여기던 가톨릭 교회가 엄청난 개혁과 변화의 문을 열기 시작했다.

캐서린 존슨과 로자 파크스

'흑인 여성'이라는
차별의 이름 앞에
실력으로 맞서다

나와 다르다는 이유 하나만으로, 그것도 약자에게 억압과 차별을 자행하는 것만큼 비겁한 일은 없다. 그럼에도 불구하고 역사에서 차별은 늘 존재했다. 차별을 비판하고 차별에 저항하며 맞서 싸우는 것을 차별당하는 약자의 몫으로만 밀어놓았기 때문에 그 불의한 악습은 사라지지 않았다.

　"피해를 입지 않은 사람이 피해자와 똑같이 분노할 수 있을 때 정의가 실현된다"는 고대 그리스의 정치가 솔론Solon(BC 638 경-BC 558 경)의 말을 새기고 또 되새겨야 한다. 강자의 비겁하고 부조리한 합리화에 동조하며 거기 빌붙어 자신의 이익을 탐하는 것이 결국은 우리를 정의로부터 외면당하게 만든다. 배상이나 보상은 둘째 치고 미안함과 죄책감을 갖는 게 마땅한 도리이다. 그러나 그것을 깨닫는 데에 수백 년이 걸렸다. 그리고 여전히 차별은 존재한다.

펜실베이니아대학 와튼스쿨에서 경제학을 가르치다 진보적 사고와 행동을 이유로 해직되고 털리도대학에서 사회학을 가르쳤던 스콧 니어링Scott Nearing(1883~1983)은, 1929년 경제적 사회적 현실에 대한 책을 여러 권 출간했는데 그중 하나가 바로 『Black America』였다. 이 책에서 니어링은 미국 내에서 흑인들이 당하는 폭력을 생생하게 묘사했다. 당시는 미국에서 흑인은 '니그로'나 '깜둥이' 등의 경멸적 호칭으로 불리던 시절이었다. 흑인에 대한 폭력 사건은 기삿거리로 다루어지지도 않던 시기였다. 당연히 아무도 니어링의 책에 주목하지 않았고, 오히려 그 책을 읽은 사람들의 니어링에 대한 반감만 높였을 뿐이다.

캐서린 존슨Katherine Coleman Goble Johnson(1918~2020)은 화장실에 갈 때마다 불편함을 넘어 분노를 느꼈다. 물론 그 분노조차 늘 살아온 방식에 익숙해져 스스로 삭였지만, 그렇다고 불쾌한 감정 자체가 사라지는 건 아니었다. 그녀가 근무하는 건물에는 유색인용 화장실이 없어서 멀리 떨어져 있는 다른 건물에 가야만 했기 때문에 화장실 가는 일이 곤욕이었다. 어제오늘 일은 아니었다. 태어날 때부터 그런 일을 보고 자랐으니 어쩌면 자연스러운(?) 일이어서 그게 잘못됐다는 생각조차 하지 못하고 순응하며 살아왔지만, 멀리 떨어진 다른 동까지 동동걸음으로 화장실에 갈 때마다 치밀어 오르는 화는 어쩔 수 없었다.

캐서린은 어릴 때부터 수학에 뛰어난 능력을 보였다. 그녀가 태어나고 자란 웨스트버지니아주의 그린브라이어 카운티에는 대부분의 다른 주와 마찬가지로 흑백 교육이 따로 이루어지고 있어서 흑인[1]학생에게는 8학년 이상의 공

---

1) 지금은 '아프리카계 미국인African American'으로 부르지만, 당시의 현실에 맞춰 '흑인'이라고 칭한다.

나와 다르다는 이유만으로, 그것도 약자에게 억압과 차별을 자행하는 것만큼 비겁한 일은 없다. 캐서린 존슨은 발군의 능력을 발휘했지만, '여성'이고 '흑인'이라는 굴레는 벗지 못했다. 훗날 NASA에서 '인간 컴퓨터'로 불리던 그녀는 NASA 내에서도 최고의 수학 능력을 갖추고 있음에도 불구하고 정규직이 아닌 계약직 고용자에 불과했다.

립학교 교육을 제공하지 않았다. 그래서 캐서린은 집에서 무려 200㎞쯤 떨어져 있는 웨스트버지니아 주립대학 내의 웨스트버지니아 연구소의 부설 고등학교에 다닐 준비를 따로 해야 했다. 그녀 나이 불과 열 살 때였다.

인간 컴퓨터로 불린 수학 천재 캐서린 존슨

캐서린은 웨스트버지니아 주립대학에서 수학 천재 소녀로 통했다. 그녀의 지도교수였고 저명한 수학자였던 윌리엄 클레이터William Schieffelin Claytor(1908~1967) 교수[2]는 열일곱 살인 캐서린 한 사람을 위해 '해석기하학'이라는 과목을 개설해 줄 만큼 그녀의 재능을 아꼈다. 수석으로 대학을 졸업한 그녀는 수학 연구원으로 일하고 싶었지만 '흑인 여성'을 받아주는 곳은 아무 곳도 없었다. 그런 그녀에게 주어진 최상의 직업은 버지니아주 매리언에 있는 흑인 공립학교의 교사였다.

화학 교사인 남편과 결혼한 캐서린은 대학원에서 고등수학을 공부했지만 임신으로 중간에 포기했다. 그 후 평범하게 살던 그녀는 남편이 병들어 눕자 생활비를 벌기 위해 다시 교사로 취업했다가 미국항공자문위원회에서 수학 문제를 해결하기 위해 여성을 고용한다는 소식을 듣고 그곳 문을 두드렸다.

소련이 유인우주선 발사에 성공하자 미국은 조급해졌다. 1958년에 미국항공우주국NASA을 세웠다. 그 전신은 1917년에 설립된 미국항공자문위원회NACA로 미국에서 가장 오래된 기관의 하나였다. NASA로 개칭하고 조직을 개편한 항공우주국은 커다란 압박을 받았다. 무엇보다 소련이 선점한 우주 경쟁에서 승리해야 한다는 위기감이 엄청났다. 막대한 예산과 인원이 동원됐다.

NACA는 엄청난 양의 숫자를 일일이 손으로 처리해야 하는 '남성 엔지니어들의 일손을 덜어주기 위해' 1935년부터 백인 여성 수학 전공자를 고용하기

---

2) 그는 미국에서 흑인으로 수학 박사 학위를 취득한 세 번째 인물이었다.

시작했다가 나중에 흑인 여성 계산원도 모집했다. 그곳에는 계산원으로 수백 명의 여성들이 일했는데 여성 계산원들은 남성 과학자들과는 달리 준전문가로 분류됐고, 같은 일을 하는 남성보다 낮은 임금을 받았다. '당연히' 흑인 여성 계산원은 임금도 그보다 더 낮았고, 신분은 비정규직이었으며 일상에서의 차별도 다를 바 없었다.

캐서린은 버지니아주 랭글리Langley의 거대한 격납고가 있는 비행연구국FRD에 보내졌는데 그녀가 그곳의 유일한 흑인 여성이었다. 그녀는 항공기의 공기 역학을 계산하는 일을 '돕게' 됐다. 캐서린은 수학자·물리학자·천문학자·지리학자·논리학자였던 오일러Leonhard Euler(1707~1783)의 공식이 행성 및 위성 착륙을 위한 우주선의 타원궤도의 궤적을 계산하는 데 응용할 수 있다는 걸 밝혀냈다.[3]

그녀는 발군의 능력을 발휘했지만, '여성'이고 '흑인'이라는 굴레는 벗지 못했다. 훗날 NASA에서 '인간 컴퓨터'로 불리던[4] 그녀는 NASA 내에서도 최고의 수학 능력을 갖추고 있음에도 불구하고 정규직이 아닌 계약직 고용자에 불과했다. 유색인종을 배척하고 여성의 능력을 인정하기 꺼리던 1960년대 미국에서 그나마 열린 사고를 가진 브레인들이 모인 집단인 NASA라고 예외는 아니었다. 모든 문서는 기밀이라며 철저하게 가려져 정보 접근이 아예 불가능했고, 백인들은 자신들과는 함께 커피도 마실 수 없다며 흑인용 커피포트를 따로 설치했다. 그리고 무엇보다 그녀가 근무하던 건물에는 유색인종 전용 화장실이 없었다.

---

3) 캐서린 존슨의 수학적 탁월성은 유인우주선 비행을 위한 궤도 역학 계산에서 드러났다. 그녀는 우주선 궤도와 아폴로 달착륙선과 왕복선의 랑데부 경로를 포함한 머큐리 프로젝트의 우주 비행선에 대한 궤적, 발사 및 비상 반환 경로가 포함한 모든 계산에 필수적 역할을 수행했다. 그런 역할과 비중은 나중에 우주왕복선 프로그램에도 이어졌으며, 화성탐사 프로젝트에 참여하기도 했다. 그녀는 이런 탁월함과 헌신의 공적을 인정받아 2015년 '대통령자유훈장Presidential Medal of Freedom'을 받았다.

4) 미국의 세 번째 우주인이며 훗날 상원의원이 된, 미국에서 최초로 우주 궤도를 돈 우주비행사 존 글렌John Herschel Glenn(1921~2016)은 1962년 지구궤도 비행을 앞두고 캐서린 존슨을 데려와 달라고 요구하며, 캐서린이 괜찮다고 해야만 떠나겠다고 했을 만큼 그녀를 신뢰했다.

1950년대 미국의 아이젠하워 정부는 소련이 미국 국민의 불만을 활용해 미국 내의 갈등을 유발하고 증폭시킬 것을 우려해 인종 차별과 관련한 사안에 민감하게 반응했다. 그런 시도는 냉전기 미국을 강화하려는 목표의 산물 그 이상도 이하도 아니었다. 민권법Civil Rights Act(또는 투표권법)이라는 1차적 결실이 맺어지는 1964년까지는 요원한 일이었다.

영화 같은 감동, 도러시 본과 메리 잭슨

NASA에는 캐서린 존슨 외에도 상당히 많은 수의 흑인 여성 과학자와 수학자들이 있었다. NASA 전산원의 슈퍼바이저이자 계산팀의 리더였지만, NASA의 '방침상' 언제든 해고될 수 있는 임시직인 도러시 본Dorothy Vaughan(1910~2008)은 기계식 컴퓨터의 시대를 간파한 인물이었다.

그녀는 IBM 컴퓨터가 NASA에 도입된다는 소식에 IBM 7090과 프로그래밍 언어인 포트란FORTRAN을 흑인 동료들과 함께 분석하고 알아갔다. IBM 컴퓨터를 도입하면 컴퓨터가 이들 전산원의 역할을 대신할 것이라는 NASA의 예상이 보기 좋게 빗나간 건 본과 그의 부하 직원들이 IBM 직원들보다 능숙하게 프로그래밍을 할 수 있었기 때문이었다.[5]

그러나 계산원으로 있다가 흑인 여성 최초로 엔지니어팀에 합류한 메리 잭슨Mary Jackson(1921~2005) 등 유능하고 탁월한 흑인 여성조차 NASA에서는 일종의 투명인간으로 취급되고 있었다. NASA에 있는 흑인 여성들은 다른 흑인 여성들에 비해 최고 엘리트에 속하는 계층이었다. 그러나 그녀들도 화장실을 따로 써야 했고 따로 식사해야 했으며, 고용도 전혀 보장되지 않은 임시직에 머물러야 했다. 그게 당시의 현실이었다. 그러나 세상은 조금씩 변화하고 있었

---

5) 도러시 본은 결국 IBM 프로그래밍을 담당하는 슈퍼바이저로 승진함으로써 NASA 역사상 최초로 흑인 여성 관리자이자 컴퓨터 프로그래머가 됐다. 본은 28년 동안 NASA에 재직하며 흑인 여성이 공식 감독관이 되는 역사를 만들었다. 본은 이런 능력을 기반으로 비행경로 계산, 우주 발사체인 '스카우트Scout 프로젝트' 참여 등으로 우주개발 프로그램에 크게 기여했다.

다. 아직은 그 빛이 두루 비치지 않았지만 구름을 조금씩 걷어내기 시작하고 있었다.[6]

백인 전용 거부, 클로뎃 콜빈과 로자 파크스

이보다 앞서 1955년 3월 2일, 앨라배마주 몽고메리시에서 당시 15세 소녀 클로뎃 콜빈Claudette Colvin(1939~)이 백인 남자에게 좌석을 양보하지 않았다고 수갑이 채워진 채 체포돼 버스에서 쫓겨난 사건이 일어났다.[7] 당시 몽고메리시에서는 버스 앞 네 줄은 백인 전용으로 설정돼 있었으며, 흑인들은 주로 뒤쪽에 있는 유색인종 칸에 앉을 수 있었다. 버스 이용 인구의 약 75퍼센트는 흑인이었지만 백인이 탈 경우 양보해야 했다.

같은 해 12월 1일 같은 도시 몽고메리에서 백화점 업무를 마친 로자 파크스Rosa Louise McCauley Parks(1913~2005)는 유색인 칸 맨 앞자리에 앉았다. 중간에 백인들이 타자 버스 기사는 유색인 칸 표지를 옮기고 로자를 포함한 네 명의 흑인 승객에게 일어나라고 요구했다. 그러나 다른 세 명의 흑인 승객과 달리 로자는 일어나야 할 이유가 없다고 거부했다. 기사는 경찰을 불러 그녀를 체포하도록 했고, 경찰은 그녀를 기소했지만 곧 석방됐다. 그녀는 다음날 버스 보이

---

6) 영화 〈히든 피겨스Hidden Figures〉(2016)는 바로 이 세 사람을 주인공으로 제작한, 실화를 바탕으로 한 감동적인 작품이다. 원작은 마고 리 셰털리Margot Lee Shetterly(1969~)의 논픽션 작품으로 마고의 아버지는 NASA 랭글리 연구소의 연구원으로 캐서린 존슨을 비롯한 영화의 주인공들과 실제로 NASA에서 함께 근무했으며, 원작을 각색한 앨리슨 슈뢰더Allison Schroeder(1950~)의 조부모도 모두 NASA에서 근무했고, 그녀는 미 우주로켓 기지가 있는 케이프커내버럴에서 자랐으며 자신도 NASA에서 인턴으로 근무했다. 사실 영화 속 유색인종 여자화장실 문제는 캐서린 존슨이 겪은 일이 아니라 메리 잭슨이 겪은 일이다. 그러나 당시 상황을 고려하면 캐서린 존슨도 비슷한 경우를 '필연적으로' 겪었을 것이다.

7) 버스에서 최초로 백인 승객에게 자기 좌석을 내주기를 거부한 사람은 로자 파크스가 아니라 클로뎃 콜빈이었다. 차이라면 콜빈은 평범한 소녀였고, 파크스는 이슈를 만들어낸 인물이었다는 점이다.

콧을 선언하는 선전물을 만들었다. 나흘 뒤 그녀는 질서를 어지럽힌 행동을 했다는 혐의로 기소돼 유죄 선고를 받고 벌금 10달러와 법정 비용 4달러를 추징당했다. 로자 파크스는 항소해 인종차별의 법에 정식으로 도전했다.

몽고메리시의 흑인들은 버스 탑승을 거부했다. '몽고메리 버스 보이콧Montgomery Bus Boycott'으로 그녀와 남편 모두 직장을 빼앗겼고, 결국 가족 모두가 고향을 떠나 미시간주 디트로이트로 이사해야 했다. 그러나 그녀는 결코 포기하지 않았다. 1957년부터 그녀는 전국을 돌며 연설하고 투쟁하면서 재봉사 일을 계속했다.

마오쩌둥의 대약진운동 실패

새로운 중국의 싹을 틔운
거목의 몰락

권력의 기반을 마련하는 데에 크게 기여하고 거기에 많은 지분을 쥐면, 마치 그 권력이 전부 자신의 것인 양 착각하는 건 거의 모든 인간의 속성인 듯하다. 마오쩌둥 역시 중국을 자신의 것으로 여겼던 것은 아닐까? 단순히 권력의 속성을 넘는, 국부라는 자존심이 자만심으로 변질하는 변곡점을 거친 마오는 그래도 중국공산당을 이끌고 공산당 정부를 세워 적어도 형식적으로는 인민의 나라를 세웠다.

　　마오를 생각하다 보니, 대한민국의 초대 대통령 이승만은 그런 역할이나마 했던가 의문이 든다. 오히려 임시정부에서도 자리에 대한 집착이 강했고, 자신에 대한 존중이 시들해지자 뒤도 돌아보지 않고 떠남으로써 임시정부를 더 힘들게 했다. 해방 이후에는 동지들을 푸대접하고 박해하며, 심지어 정적에 대한 암살 사주까지 했다는 혐의를 벗지 못했다.

　　마오쩌둥의 공과 허물은 또렷하게 대조적이다. 집요한 권력욕과 과감하되 어리석은 판단으로 중국을 퇴행의 회오리에 몰아넣은 당사자였지만, 중국을 봉건적 사슬에서 해방시킨 건 부인하지 못하기에 스탈린처럼 부정되지는 않았다. 물려받은 유산이 아니라 제 손으로 일군 성취라는 점에서도 스탈린과 달랐다.

'빌어먹을! 망할 놈의 참새!'

그는 참새라면 넌더리가 났다. 중화인민공화국을 세우고 줄곧 주석 자리를 지키던 마오쩌둥毛澤東(1893~1976)이 어쩔 수 없이 1959년 국가주석의 자리를 류사오치劉少奇(1898~1969)에게 물려줄 수밖에 없었던 건, 의욕적으로 펼친 대약진운동이 실패로 끝나면서 경제위기가 급습했고, 더더구나 2천만 명 넘게 굶어죽는 일이 속출하자 더 이상 버틸 수 없었기 때문이었다. 결국 사태의 확산을 우려한 마오쩌둥은 국가주석 직을 사퇴했고 류사오치가 국가주석과 중앙군사위원회 주석에 올랐다. 표면상 최고 권력자의 자리가 완전히 바뀐 것이다. 야심차게 펼친 대약진운동大躍進運動(Great Leap Forward) 실패의 전조가 참새였기에 참새에 대한 마오의 분노는 극에 달했다.

대약진운동의 핵심은 크게 두 가지였다. 중공업 산업의 중흥과 식량의 자급자족이었다. 마오쩌둥과 공산당 정부는 중국을 선진국으로 발전시켜야 한다는 야무진 꿈을 꿨는데 그러기 위해서는 가장 시급한 것이 산업화였고, 그중에서도 중공업은 필수적이었다. 무기의 자체 생산 또한 국가 안보를 위해 소홀히할 수 없었다. 그러나 곧 영국과 미국을 따라잡을 것이라는 호언장담은 밑 빠진 독에 물 붓는 현실에서 진퇴양난이 되고 말았다.

엎친 데 덮친 격으로 연이은 가뭄에 메뚜기 떼까지 출몰해 농작물에 큰 타격을 주었다. 메뚜기 떼의 창궐은 천적인 참새가 급격히 감소한 것과 직결됐는데 그것은 마오의 참새 박멸 명령에 따른 것이었다.

대약진운동의 성공에 조바심 내던 마오는 참새가 곡식에 피해를 입힌다는 말에 참새를 '인민의 공적'으로 규정하고 박멸을 지시했다. 마오 주석의 명령에 따라 모든 인민이 참새 사냥에 나섰다. 참새 개체수의 급격한 감소는 메뚜기 떼 출현으로 이어지고, 수확 감소로 농업의 실패를 초래한 것이니 천하의 마오쩌둥이 참새 때문에 실각한 셈이었다. 수천만 명의 인민이 굶어 죽는데 마오쩌둥으로서도 더 이상 주석의 자리를 지킨다는 게 불가능했다.

1959년 루산盧山에서 열린 당 지도부 회의에서 마오쩌둥은 공개적으로 비판받았다. 심지어 그가 군부에서 신뢰하던 국방부장 펑더화이彭德懷(1898~1974)까지 나서서 대약진운동의 실패를 솔직하게 시인해야 한다고 주장했다. 마오는 그런 펑을 도저히 용서할 수 없었다. 수족들을 시켜 당 분열 시 최고지도자를 비판했다는 이유로 그를 국방부장 자리에서 파면시키도록 만들었다. 그때까지만 해도 마오는 자리를 내줄 생각이 추호도 없었다.

"여러분이 나를 원하지 않는다면, 나는 다시 산으로 들어가 농민군을 조직해 싸우겠다"라며 호소 겸 협박을 해댔지만, 역부족이었다. 결국 그는 자리를 내놓을 수밖에 없었다. 검소하고 신중한 실용주의자인 류사오치가 그 자리를 이어받았다.

마오쩌둥의 뒤를 이은 류사오치는 1949년 중화인민공화국 성립 이후 중앙정부의 부주석을 맡았고, 1956년부터 정치국 상무위원을 역임했다. 일찍이 1920년 소련으로 유학한 그는 다음 해 중국공산당에 가입하고, 1921년 중국으로 돌아와 노동운동에서 활약했다.

두 사람은 매우 대조적이었다. 마오쩌둥이 주로 농촌에서 게릴라 전술로 혁명 활동한 것과 대조적으로 류사오치는 주로 도시에서 노동운동과 지하운동으로 혁명 활동에 주력했다. 마오의 뒤를 이어 국가주석과 중앙군사위원회 주석에 올라 표면상 최고 권력자로 부상한 류는 농촌에 크게 피해를 준 대약진운동의 충격을 극복하는 게 우선 과제라 판단하고 대담하게 시장경제정책을 도입했다.훗날 자신의 목을 조른 결정타가 될 거라고는 상상도 못 했을 것이다. 동시에 마오를 강하게 비판했다. 그러나 권력의 화신인 마오쩌둥은 뒷방 늙은이로 물러날 생각이 추호도 없었다.

류사오치는 저우언라이周恩來(1898~1976)와 덩샤오핑鄧小平(1904~1997)과 함께 삼두체제를 구축했다. 마오쩌둥의 곁에는 린뱌오林彪(1907~1971) 정도가 남아 있었다. 마오의 불만과 린의 질투는 갈수록 심화했다. 마오는 반격의 칼을 갈고 있었다. 그 칼은 아직은 노골적으로 드러나지 않았지만 음험하고 교활했다. 1960년 8월 9일 베이다이허北戴河 회의가 끝나기 하루 전 마오쩌둥은 공격을 준비하고 있었다.

토의를 마치고 회의 결과 보고서에 서명해야 하는데 마오는 서명하지 않고 류와 덩의 실명을 거론하며 비판하고 4주 후에는 모두가 반대한 인민공사 계획을 재천명했다. 명백한 도발이었다. 펑더화이의 복권계획도 철회했다. 마오는 이렇게 류와 덩에게 분명한 경고 메시지를 날렸다. 그러나 권력을 쥔 류와 덩은 아직은 건재했다.

베트남의 독립과 분단

해방 베트남,
마지막 고통을 준비하다

약육강식이 상식인 듯했던 제국주의 시대에 침략자는 과도한 이익을 얻었지만, 식민지 국민들은 온갖 수모와 불이익을 감당하며 살았다. 주권을 회복할 수 있다는 희망마저 없었다면 어떤 선택이 가능했을까?

　그냥 얻은 독립이 아니라 맞서 싸워서 되찾은 독립을 누린 국가와 국민은 그 자체만으로도 위대하다. 20세기 독립한 국가들 가운데 몇 나라가 그런 자격을 갖췄을까? 싸워서 지켜낸 게 아니면 언제든 빼앗길 수 있다. 특히 1960년대 독립한 국가들의 비극은 바로 거기에 있었다. 겉으로는 독립국가이지만 속은 여전히 비굴하고 탐욕에 야합하는 자들이 많았다.

　베트남은 제국주의의 탐욕과 압제에 오랫동안 고통을 받았지만, 결코 독립을 포기하지 않았고 치열하게 투쟁했다. 마침내 독립은 쟁취했지만, 강대국의 손아귀에서 완전히 벗어나지는 못했다. 베트남 사람들에게 베트남전쟁은 그 마지막 사슬을 끊기 위한 투쟁이었다.

　지금도 그렇다. 비단 약소국만이 아니라 전 세계 거의 모든 나라가 다 그렇다. 그렇다고 그게 당연하거나 필연적인 것은 결코 아니다. 그 사슬을 깨뜨리는 게 인류의 진화이며 진보이다.

스콧 니어링은 1917년 미국이 제1차 세계대전에 참전하려 할 때 《The Great Madness》라는 논문을 출간했다. 이 논문에서 그는 '전쟁 기계'들을 움직이는 역학관계를 상세하게 묘사하면서, 징집법안을 '비非미국적'이며 '헌법정신과 미국의 전통에 명백히 위반되는 법안'이라고 비난했다. 그에게 돌아간 건 급진적인 반정부적 인사라는 딱지와 대학에서의 해직과 복직 차단이라는 차가운 대응이었다. 그리고 스파이 혐의를 덧씌운 기소는 덤이었다. 니어링의 비판 50년 후 미국은 베트남전쟁에서 다시 '거대한 광기'를 되풀이했다.

19세기 제국주의 시절, 인도차이나반도 일대 국가들은 유럽 열강의 본격적인 침략에 속수무책으로 쓰러졌다. 프랑스는 중국 시장을 위한 교두보를 확보하는 것이 필요하다고 판단했다.

프랑스는 영국과 인도를 둘러싸고 쟁탈을 벌였는데 영국의 동인도회사East India Company가 프랑스의 동인도회사La Compagnie Francaise des Indes Orientales를 상대로 1757년 플라시전투Battle of Plassey에서 승리함으로써 영국이 인도 전체를 지배하는 기틀을 마련하자, 그 이후 유럽 열강은 아시아에서 식민지를 확보하지 못해 안달이었다. 19세기에도 영국은 아시아에서 강력한 패권을 장악해서 버마 남부, 말레이시아 페낭, 싱가포르 등을 점령해 식민지로 삼았고, 태국에까지 영향력을 행사했다.[1]

---

1) 네덜란드도 동남아시아에 식민지를 갖고 있었지만, 17세기 말부터 19세기 초까지 여러 차례의 '영란전쟁英蘭戰爭(영국-네덜란드전쟁)'을 겪으면서 식민지와 무역독점권을 상실한 상태였고, 19세기 인도네시아 전역을 네덜란드령 동인도로 복속시켰다가 1940년 초 일본의 침략으로 빼앗겼다. 종전 후 네덜란드가 다시 인도네시아를 점령하려 했지만, 인도네시아가 독립전쟁으로 저항했고 미국의 압력 등으로 철수를 선언했다.

이미 북아메리카대륙에서 엄청난 식민지를 상실한, 영국의 영원한 라이벌 프랑스는 마음이 조급해졌다. 그들은 동남아시아에 식민지를 갖는 것이 천부적 권리라도 된다는 듯 당연하다고 여겼다. 가톨릭교회 선교사들의 요구도 무시할 수 없었다. 그래서 1858년 선교사들을 싣고 프랑스 해군이 남중국해로 열린 베트남 중부 다낭 항구로 침입했다.

겉으로는 몇 가지 형식적 요구 사항을 제시하는 것이었지만, 애당초 협상 따위는 관심도 없었다. 그들의 관심은 오로지 식민지 획득이었다. 조금의 망설임도 없이 곧바로 공격을 개시했다. 그러나 베트남의 거센 저항으로 실패했다. 그렇다고 포기할 프랑스가 아니었다. 1859년 프랑스 군은 드디어 베트남 남부 사이공현 호찌민시을 점령하는 데에 성공했다. 응우옌 왕조[2](1802~1945)는 베트남 남부 절반을 프랑스에 내줬고, 프랑스는 응우옌 왕조를 괴뢰정부로 삼아 실질적인 지배권을 확보했다.

그러나 청나라가 베트남에 대한 종주권을 주장하며 개입하면서 프랑스는 1884년 중국과 전쟁을 치러야 했다. 이른바 청불전쟁淸佛戰爭(1884~1885)이었다. 베트남 북부의 통킹 지역을 차지하기 위한 2년간의 전쟁 끝에 프랑스는 마침내 인도차이나반도에서 식민지를 손에 넣었다.[3] 명목상으로는 '자치령'으로 기존의 응우옌 왕조가 그대로 유지되고, 중부 지역은 안남安南이라는 이름으로 국왕이 지배하는 형식이었지만, 실질적으로는 식민지 자체였다.

프랑스는 인근 국가인 캄보디아와 라오스까지 점령했다. 두 나라 역시 왕실은 그대로 유지됐다. 겉으로는 보호국이라는 그럴싸한 이름을 내걸었지만,

---

2) 베트남의 마지막 왕조인 응우옌 왕조는 1802년에서 1883년까지는 독립적으로 베트남을 다스렸고, 남진정책을 펼쳐 베트남의 국경을 현재의 남부 베트남, 캄보디아, 라오스까지 크게 확장했으며 전성기에는 동남아시아의 가장 강력한 국가 중 하나로 만들었다.

3) 프랑스가 1874년 제2차 사이공조약을 체결하고 베트남 남부 6성을 할양받고 베트남을 보호국으로 삼자, 청나라는 자신이 베트남의 종주국이라며 조약 무효를 주장하고 베트남 북부에 군대를 파견했다. 그러자 프랑스 함대는 타이완과 푸저우의 항구를 포격하고 청나라 군함을 격파하며 상선들을 격침시키는 등 청나라 해군을 압도했다. 그 결과 1885년 6월 청나라는 톈진강화조약을 체결해 베트남에 대한 프랑스의 보호권을 인정했다.

명목상 독립국가였을 뿐 실질적으로는 식민지였다. 프랑스는 1887년 코친차이나Cochinchina[4], 안남, 통킹, 프랑스령 캄보디아를 모두 하나로 묶어 '프랑스령 인도차이나French Indochina'로 만들었다.

식민지 베트남의 저항과 분단

그러나 베트남은 호락호락하지 않았다. 베트남 국민들은 주권 회복을 벼르고 있었다. 그들은 제1차 세계대전 이후 독립투쟁을 활발하게 전개해 1927년 베트남국민당과 1930년 인도차이나공산당을 조직했고, 제2차 세계대전 때는 일본이 프랑스를 몰아내고 베트남을 점령하자 호찌민Ho Chi Minh(胡志明, 1890~1969)이 베트남독립동맹越盟(Viet Minh)을 결성해 게릴라 전법으로 일본군을 괴롭혔다.

베트남은 전쟁이 끝나자 하노이Hanoi(베트남 북부 통킹만의 중심 도시. 옛 프랑스령 인도차이나의 수도)를 점령하고, 9월에 베트남민주공화국을 수립했다. 그러나 프랑스는 베트남의 독립을 인정하지 않았다. 마치 '분실물'을 회수해야 한다는 듯. 베트남은 다시 프랑스와 싸워야 했다. 프랑스는 1946년 11월 하노이 동남쪽 하이퐁 항구에 함포사격을 가했다. 바로 제1차 인도차이나전쟁The First Indochina War이었다. 전쟁은 무려 9년간 지속됐다. 마침내 1954년 베트남은 라오스와의 국경 근처인 디엔비엔푸Dien Bien Phu에서 프랑스 군을 완벽하게 제압했고, 그해 7월 스위스 제네바에서 휴전협정이 체결됐다. 그러나 베트남은 북위 17°선을 경계로 남과 북으로 분단됐다. 북쪽은 호찌민을 대통령으로 하는 베트남민주공화국북베트남, 越盟이 수립됐고, 남쪽은 허수아비에 불과한 바오다이Bao Dai(保大, 1913~1997)를 총리로 하는 베트남공화국남베트남, 越南이 들어섰다. 독립은 했지만 분단된 두 개의 국가가 됐다.

---

4) 코친차이나는 프랑스령 인도차이나에서 베트남 남부의 사이공을 중심으로 한 남부지역으로 1864년부터 1948년까지 프랑스의 식민지였고, 1954년 코친차이나와 안남의 남부를 통합해 남베트남이 수립됐다.

제네바협정에 따르면, 1956년 국제감시위원회의 감독 아래 베트남 전국에서 자유선거를 실시해야 했다. 그러나 미국의 지원을 받아 1955년 베트남공화국의 초대 대통령이 된 응오딘지엠Ngo Dinh Diem(또는 고딘디엠, 吳廷琰, 1901~1963)은 선거를 거부함으로써 남북으로 양분된 베트남은 다시 내전의 상쟁을 겪어야 했다.

남베트남은 베트남독립동맹이 토지개혁으로 나눠준 농지를 농민들에게서 다시 회수하면서 반발을 초래했고, 각지에서 봉기가 일어났으며, 종교계에서도 그 반발에 동조했다. 여기에 북베트남의 구성원들이 합세하면서 새로운 게릴라 군사 조직으로 발전했다. 그게 바로 베트콩Viet Cong[5]이었다. 분단된 베트남의 내전에 대한 불길한 조짐은 갈수록 짙어져만 갔다.

폭풍전야의 베트남

프랑스에 이어 미국이 뛰어든 베트남전쟁은 제국주의의 위세가 마지막 몸부림을 쳤던 시기와 미국과 소련을 중심으로 냉전이 치열하게 전개되던 때였기에 전 세계의 관심과 이해가 맞물린 전쟁으로 확대됐다. 소련에도 베트남은 매우 중요한 전략적 가치가 있었다. 그래서 북베트남을 지원했다.

미국의 입장에서는 공산주의의 팽창을 막아야 하는 것이 가장 중요한 외교정책이었다. 그래도 케네디 대통령은 베트남전쟁에 개입하는 것을 꺼렸다. 하지만 지엠 정권에 대한 반발이 커지자 미국은 새로운 친미 정권을 세워 북베트남의 남진을 막아야 한다는 절박함에 사로잡혔다. 만약 남베트남이 적화하면 인도네시아를 포함한 인도차이나 지역 전체가 공산화할 것이고, 그렇게 되면

---

5) 정식명칭은 남베트남민족해방전선으로, 베트콩은 '베트남 공산주의자'를 뜻하는 'Viet Nam Cong San'에서 유래했으며, 1956년 지엠이 처음 사용했고 그것을 받아 사이공신문에서 널리 쓰기 시작했다. 베트콩은 자신들을 '해방군'이라 불렀다.

미국의 영향력은 크게 위협받을 것으로 판단했다. 미국은 무슨 수를 써서라도 그것을 막아야 했다. 그래서 미국은 국민들의 저항에 흔들리는 지엠 정권을 대신할 새로운 정권의 수립을 모색하기 시작했다.

폴란드 저항과 헝가리혁명

동유럽 위성국가,
자유의 바람을 품다

'프라하의 봄'은 미처 오지 않았다. 먼저 봄을 찾으려 한 나라에서는 꽃도 피워내지 못한 불임의 봄을 맞았다. 두 차례의 세계대전으로 어마어마한 사람들의 목숨이 허망하게 사라졌고, 약자의 설움 역시 지워지지 않았다. 이제는 이념의 진영으로 나뉘어 서로 으르렁대는 틈바구니에서 약소국은 어떤 것도 스스로 해낼 수 없었다. 그래도 그 설움을 속으로 삼키지 않고 소리칠 수 있었던 건 그들에게 지성과 문명이 있었기 때문이었다.

속절없이 당했던 나라라고 지성이나 문명이 없는 건 아니었다. 그러나 그걸 끌어낼 수 있는 힘은, 강력한 리더십으로부터가 아니라 보편적 사유와 가치 그리고 신념이 축적된 지성과 문명으로부터 나오는 것이었다. '프라하의 봄'은 그 점에서 폴란드나 헝가리보다 한 단계 진화한 셈이었다. 말하자면 야노시의 '구야시 공산주의'에서 작가연맹을 해산시킨 건 결코 사소한 게 아니었다.

단순한 힘의 논리에 휘둘린 20세기에, 그 장막 뒤에 도사린 야만과 탐욕에 맞서 싸웠던 것만으로도 동유럽의 1960년대 직전은 역사에서 특별한 시대였다.

1953년 3월 5일, 1920년대 중반부터 집권한 소련 공산당 서기장 스탈린 Iosif Vissarionovich Stalin(1878~1953)이 사망했다.

스탈린의 철권통치는 소련뿐 아니라 주변의 위성국들까지 벌벌 떨게 만들었다. 제2차 세계대전이 끝나고 3년 이내에 동유럽의 모든 나라들이 사회주의 국가가 됐다. 겉으로는 민주주의를 내건 '인민민주주의'를 표방했지만 실질적인 권력은 공산당이 장악했고, 그들은 소련의 지령에 따라 움직였다. 그 나라들은 말 그대로 소련의 '위성국가'로 전락했다.

소련은 동유럽의 나라들에 노골적으로 개입하고 간섭했다. 소련을 등에 업은 동유럽 국가들의 정부는 반대 세력을 철저하게 숙청하고 독재 정치로 당과 국가를 장악했다. '괴뢰정부'는 아니었지만 그렇다고 독자적이고 자주적인 정부도 아니었다. 소련에 충실한 그들 독재정권을 소小스탈린주의라 부르는 이들도 있었다. 인민들은 이들의 독재와 소련의 간섭에 분노했지만, 감시와 탄압이 워낙 심해 저항할 엄두를 내지 못했다. 국력과 군사력으로 소련과 맞서는 게 거의 불가능하다는 건 알고 있었다. 하지만 불만은 여전했다. 게다가 경제가 활성화되지 않았기 때문에 삶이 고단했다.

소련과 동유럽국가들 모두 경기 침체로 어려움을 겪었는데 경공업을 경시하는 경제정책을 시행했기 때문에 늘 소비재가 심각하게 부족했다. 사회주의 국가의 시장 폐쇄성은 신기술에 대한 절실함을 감소시켰을 뿐 아니라 기술의 정체 현상을 심화시키면서 공업 제품의 국제 경쟁력을 떨어뜨렸다. 그나마 소련으로부터 에너지 자원을 비롯해서 곡물 등 여러 물자를 국제 가격보다 훨씬 싼 가격으로 제공받고 있었기 때문에 힘겹게 정권은 유지됐다. 물론 대가는 치러야 했다. 그 대가는 철저하게 소련에 의존하고 종속되는 것이었다. 인민들의 불만은 잦아들지 않았고, 소련의 외압과 스탈린의 꼭두각시 노릇이나 하던 자국 정부에 대한 반감은 갈수록 커졌다.

그런데 동유럽 위성국가들에 철권을 휘두르던 그 스탈린이 죽었다. 그의 죽음은 소련뿐 아니라 동유럽의 공산주의 국가들에게도 큰 충격을 주었다.

스탈린 사후, 동유럽의 몸부림

스탈린 사망 후 흐루쇼프Nikita Sergeevich Khrushchyov(1894~1971)에 의한 1956년의 스탈린 비판은 모두를 경악시켰고, 그동안 숨죽여 있던 민중의 불만이 단숨에 폭발하기 시작했다. 그 충격과 희망은 동유럽 국가들에도 빠르게 전파됐다.

1956년 폴란드 포즈난Poznan에서 노동자 폭동이 발생했다. 폴란드가 나치 독일의 지배에서 벗어난 이후 공산화에 공을 세웠지만 강제적 집단농장화에 반대하고, 코민포름Cominform[1] 결성에 대해 비판적 태도를 견지했으며, 민족주의적 공산주의를 주장해서 티토주의자Titoist라는 죄목으로 체포됐던 고무우카Wladyslaw Gomulka(1905~1982)도 부활했다. 소련은 다급했다.

흐루쇼프가 '현지 지도'를 위해 바르샤바Warszawa로 날아갔다. 폴란드는 바르샤바조약을 맺은 곳이며, 소련의 안전보장에 매우 중요한 국가였기 때문이다. 소련은 폴란드가 사회주의 여러 나라의 통일을 무너뜨리지 않는다는 조건을 달고 고무우카의 선출을 승인했다. 그러나 고무우카는 과감하게 개혁할 능력도 의지도 없었으며, 실제로 그가 무언가 할 수 있는 여건도 마련되지 않았다. 그저 소련의 위성국가로서의 위치를 유지하며 체제를 지탱하는 데에 급급했다. 경제라도 나아졌으면 모를까 경제는 장기 침체에 빠져들었고, 이렇게 폴란드의 몸부림은 '찻잔 속의 태풍'이 되어 잦아들었다.

비슷한 시기 헝가리에도 변화가 일어났다. 소련 다음으로 두 번째로 생긴 공산주의 국가를 자처한 헝가리의 초대 국가주석으로 1945년부터 1956년까지 헝가리를 다스렸던 '스탈린의 가장 뛰어난 학생'인 라코시 마차시Rakosi Matyas(1892~1971) 국가주석은 '작은 스탈린'이라 불릴 정도로 강압적 독재를 휘둘

---

1) 소련이 후원해 1947년에 소련·불가리아·체코슬로바키아·헝가리·폴란드·루마니아·유고슬라비아·프랑스·이탈리아의 9개국 공산당을 회원으로 해 창설됐다. 코민포름의 주요 활동은 선전물을 제작해 공산당의 국제적 유대를 강화하는 것이었다. 1956년에 소련은 유고슬라비아와 화해하기 위한 계획의 일환으로 코민포름을 해체했다.

렀다. '대머리 살인자'라는 별명을 가진 라코시[2]는 개인숭배[3]를 강화하며 스탈린식의 정치와 경제정책을 그대로 답습했다. 당연히 잔혹한 공포정치[4]가 뒤따랐다.

그러나 1953년 너지 임레Nagy Imre(1896~1958)가 수상이 되면서 상황이 변했다. 너지는 제1차 세계대전 때 동부전선에서 러시아에 전쟁포로로 잡혔고, 공산주의자가 돼 1930년 이후 소련에서 살았다. 소련에서 돌아온 그는 헝가리에서 온건주의자로 분류되는 유명 정치인이었다. 내무장관으로 재직하면서 대대적인 토지개혁을 수행했기에 스탈린주의자들과 대립하게 됐고 라코시에 의해 축출됐다. 그러다 스탈린이 죽은 후 복귀하면서 수상이 된 것이다.

헝가리의 공산주의가 스탈린 사후 느슨해지기 시작하면서 헝가리 민중은 저임금과 식량난에 대해 조직적 파업으로 대항했다. 파업은 점점 확산해 부다페스트의 중공업과 경공업 지대에서도 호응했다. 너지는 이 위기 상황을 간과하지 않고 정책 노선을 바꿔 우선은 곤궁한 생활을 개선할 정책을 펼쳤다.

그는 농업 집단화 제도를 폐지하고 종교적 관용을 허락하며 강제 수용소를 폐지했다. 너지는 무엇보다 고조되는 인민들의 반발과 분노를 잠재우는 것이 시급했다고 판단했다. 그러나 집단농장은 공산주의의 상징이었기 때문에 그것을 폐지하자 곧바로 스탈린주의자들이 강하게 반발했다. 게다가 너지의 시장경제 친화적인 방식은 스탈린주의자들에게 큰 충격을 주었다. 너지는 양쪽의

---

2) 헝가리는 유럽에서 유일하게 우리와 중국처럼 성을 이름 앞에 쓴다.

3) 동유럽의 독재자들은 스탈린 숭배의 영향을 받아 개인숭배에 열심이었는데 그 가운데서도 헝가리가 가장 적극적이었다. 그들은 헝가리 특유의 지도자 숭배를 만들어냈다. 특히 라코시 마차시를 국가 전통의 상속자로 위장하고 역사적 영웅들과 어깨를 나란히 하게 만들 정도였다.

4) 라코시가 집권한 1948년에서 1956년까지 약 35만 명의 헝가리 공직자와 지식인들이 숙청됐으며, 수천 명이 체포되고 고문당하고 재판을 받아 강제 수용소에 투옥되거나 동쪽으로 강제 이주되고 또는 처형당했다. 라코시의 탄압을 받은 대표적 인물이 카다르 야노시Kadar Janos(1912~1989)였다. 그는 헝가리가 공산화되자 조직력을 인정받아 내무부 간부의 자리에 올랐지만 그의 개혁적인 성향 때문에 철저한 스탈린주의자였던 라코시에 의해 극심한 감시와 탄압을 받고 종신형을 선고받았다. 야노시는 스탈린 사망 직후 너지 임레가 총리가 돼서야 사면됐다.

눈치를 볼 수밖에 없었고, 어느 한쪽도 만족시킬 수 없었다. 결국 너지는 1955년 4월에 실각했고, 근로자당에서도 제명됐다. 권력은 다시 스탈린주의자들의 손에 넘어갔다.

짧았던 부다페스트의 봄

그러나 이미 불붙기 시작한 민주화와 자유화의 요구는 사그라질 줄 모르고 오히려 점점 거세졌다. 1956년 10월 23일 시민들이 부다페스트에서 자유를 외치며 일어섰다. 흔히 '헝가리혁명'이라 부르는 사건이 터진 것이다.

시민들은 두너Duna[5]강변의 광장에 모여 반정부집회를 열어 스탈린식의 공포정치와 경직된 관료주의를 비판했다. 시민들은 스탈린의 동상을 끌어내려 파괴하고 헝가리의 주체적 독립성을 확립하라고 요구했다. 그리고 복수정당제에 의한 총선거를 통해 공산당 일당 독재를 타파할 것과 언론·사상·표현의 자유를 요구했다. 또한 헝가리에 주둔한 소련군의 철수와 정치범의 석방 등 16개 항목을 요구하며 너지의 복귀를 강력하게 요구했다.

억압적인 체제에 억눌려왔던 불만들이 한꺼번에 폭발한 것이다. 결국 스탈린주의자들이 민중의 요구에 굴복했다. 너지는 1956년에 당에 복귀했고 다시 수상이 됐다. 너지는 정치범을 석방하고 비밀경찰을 폐지했다.

헝가리는 폴란드와 달리 그들의 '봄'을 쟁취할 듯 보였다. 사회주의자들과 반공 민족주의자들이 연립 정권을 조직할 때만 해도 기대가 충만했다. 그러나 그들이 일당 독재 체제를 해체하고, 바르샤바조약기구에서 탈퇴하며, 헝가리 주둔 소련군 철수를 일방적으로 발표하고, 더 나아가 코메콘COMECON[6]을 탈퇴

---

5) 독일과 오스트리아에서는 도나우Donau, 체코슬로바키아에서는 두나이Dunaj라고 부르며 헝가리에서는 두너Duna강이라고 부른다. 영어로는 다뉴브Danube.

6) 공산권경제협의회Communist Economic Conference. 코메콘은 미국의 마셜플랜Marshall plan에 대항해 1949년1월 결성된 공산권 국가들 간의 경제협력기구로 가맹국들의 정책을 조정하고 상호 협조해 각국 국민경제의 계획적 발전과 공업화 추진, 국민복지의 증대 등을 꾀하는 데 목적을 두었지만 모든 결정은

하며, 심지어 중립을 표명하는 등의 개혁을 차례차례 추진하자 소련은 이 사태를 더 이상 방관할 수 없었다.

소련은 이것을 소비에트연방의 간섭권 이탈로 간주했다. 소련의 입장에서는 동유럽에 만들어 놓은 위성국가 블록이 해체되는 것을 용납할 수 없었으며, 그 단초를 떡잎부터 도려내야 한다고 판단했다. 결국 11월 4일 탱크 1천 대와 15만 명의 군대를 앞세워 헝가리를 침공했고, 부다페스트를 점령했다.

너지는 1956년 폭동을 진압하는 대신, 폭동에 참여하며 소련의 간섭을 무마하려고 시도했으나 실패했다. '혁명군 지휘관' 너지는 유고슬라비아 대사관으로 대피했다가 소련군에 체포돼 루마니아로 끌려가 KGB에 의한 비밀재판에서 교수형으로 처형됐다.[7] 짧았던 헝가리혁명은 그렇게 허망하게 실패했다.

동유럽의 봄은 꽃이 피기도 전에, 아니 겨우 꽃망울이 움트기도 전에 꺾였다. 그러나 소련에 대한 반감은 결코 사그라지지 않았다.[8] 이후 헝가리에서의 민주주의는 30년간 철저하게 억압당했다. 그러나 그들은 다시 봄을 꿈꾸었다.[9] 1960년의 동유럽은 겉으로는 평온한 듯했지만, 안에서는 이미 뜨거운 마

소련의 의도에 따라 좌우됐다.

7) 너지는 냉전체제 시대에 서방에서는 영웅으로 추앙받았다. 1980년대 중반 소련의 페레스트로이카(Perestroika[경제개혁]) 이후 헝가리 민주주의의 상징적 존재로 여겨졌다. 그러나 그는 정세를 오판했다는 점에서 무능하고, 현실을 외면하고 명분만 좇았다는 점에서 무모하며, 대중의 뜻만 따랐다는 점에서 무책임한 정치인이라는 냉정한 비판도 따라다녔다.

8) 다시 돌아온 라코시는 헝가리공산당을 사회주의노동자당으로 이름을 바꾸고 대규모 숙청을 단행하며 작가연맹을 해산시켰다. 그러나 이후 헝가리는 민주화를 주도하며 1962년에 라코시 등 스탈린주의자들을 일소하고, 헝가리혁명 때 체포된 정치범들을 모두 석방했다. 헝가리혁명에 부정적이었으며 독재자였던 사회주의노동자당 서기장 겸 국가주석인 카다르 야노시는 실용적이고 개방적인 정책을 펼쳐, 1960년대부터 일정 부분 시장경제를 도입하고 인권 상황을 개선시킨 헝가리 특유의 이른바 '구야시 공산주의(Goulash Communism[굴라쉬 공산주의])'를 도입했는데, 1956년의 혁명은 실패했지만, 그 대가를 얻었다는 평가를 받았다. 굴라쉬(Goulash)는 헝가리식 비프스튜로 헝가리에서는 '구야시'라고 발음한다.

9) 투자계의 거물 조지 소로스(George Soros[1930-])는 헝가리계 미국인으로 1947년 동유럽이 공산화할 때

그마가 끓고 있었다.

런던으로 이주해서 런던정경대LSE에서 칼 포퍼Sir Karl Raimund Popper(1902~1994)의 지도를 받으며 공부했다. 철학 공부하는 데에 경제적 제한을 받지 않기 위해 펀드매니저 세계에 뛰어든 그는 큰돈을 벌었다. 1989년에 민주주의·인권 운동을 목표로 하는 오픈소사이어티재단Open Society Foundations(OSF)'을 만들어 매년 꾸준히 수억 달러를 기부해 제3세계 빈민과 동유럽 민주화 운동가들을 지원했고, 인권·복지·교육 지원에 힘썼다. 소로스는 특별히 1984~1989년 동안 헝가리에서 공산주의를 자본주의로 평화롭게 전환시키는 데 중요한 역할을 했으며, 부다페스트의 중앙유럽대학교에 유럽에서 사상 최대의 고등교육 기부금을 제공하기도 했다. 헝가리 민주화에 대한 특별한 애정과 관심이 소로스에게 오랫동안 지속할 수 있게 한 힘이 바로 부다페스트 항거였다.

쿠바혁명

쿠바혁명,
미국의 턱밑을 위협하다

체 게바라는 권력에 집착하지 않아서 불멸의 명예를 얻었다. 막강한 군대도 아닌 고작 몇십 명의 게릴라와 함께 '남의 나라'에 가서 투쟁한 것은, 제국주의적 속성을 직시하고 그 탐욕이 빚어낸 불의와 타락에 맞서 싸우려는 '인류의 전사'의 삶을 선택했기 때문이다.

혁명이 성공한 뒤 잠깐 권력의 한 축을 맡았지만 또 다른 혁명의 땅 볼리비아로, 그것도 최악의 상황에 기꺼이 뛰어들어 끝내 목숨을 잃은 체 게바라의 삶은 영원한 자유인의 모습 그 자체였기에 지금도 사람들이 그에게 열광하고 있다. 1960년대는 마오쩌둥 같은 권력의 화신도 있었지만, 체 게바라 같은 자유로운 혁명가가 있었기에 다채로울 수 있었다.

지금 그런 인물은 어디에서 찾을 수 있을까? 없지는 않을 것이다. 오히려 더 많을지도 모른다. 그러나 지금은 모두 부자들만 주목하고 숭배한다.

"혁명 한번으로 남미[1]의 모든 미국 속국들을 위험에 빠뜨렸다. 우리는 이들 나라에 스스로 혁명을 일으키라고 말하고 있다."

1962년 10월 '혁명가' 체 게바라Ernesto 'Che' Guevara(1928~1967)는 이렇게 단호하게 말했다. 끈질기고 길었던 쿠바혁명(1953~1959)도 드디어 막을 내렸다. 피델 카스트로Fidel Castro(1926~2016), 체 게바라와 피델의 동생 라울 카스트로Raul Castro(1931~) 등이 이끈 혁명 전사들이 마침내 1959년 1월 8일 쿠바의 수도 아바나Havana에 당도했다. 바티스타의 독재정권을 전복하고 개선한 그들에게 쿠바인들은 환호했다.

쿠바의 독립과 독재정부 탄생

쿠바는 오랫동안 스페인의 식민지로 신음하다 미서전쟁美西戰爭(미국-스페인전쟁, 1898) 이후 1902년 독립했다. 미국과 스페인은 쿠바와 필리핀 문제로 갈등을 빚다 결국 이 두 섬에서 전쟁을 벌였다.

스페인이 쿠바의 독립운동을 탄압하자 미국은 스페인에 독립 해결을 요구했는데 미국 내 확장주의 정서가 크게 작용했다. 고립주의를 모든 외교 정책의 근간으로 삼던 미국이 먼로주의Monroe Doctrine[2]를 버리고 제국주의를 선택하면

---

1) 체 게바라는 '라틴 아메리카'라고 언급했다. 흔히 그렇게 쓰이지만, 스페인이나 포르투갈의 식민지였던 지역을 한정해서 지칭하기도 한다. 라틴 아메리카라는 용어는 1830년대 프랑스의 정치인이며 경제학자였던 미셸 슈발리에Michel Chevalier(1806~1879)로부터 시작됐다고 한다. 프랑스 밖에서는 1856년 칠레의 작가 겸 진보적 정치인이었던 프란치스코 빌바오Francisco Bilbao(1823~1865)에 의해 쓰이기 시작했다. 라틴 아메리카라는 명칭은 아메리카대륙에서 프랑스의 영향력을 확보하고 앵글로 아메리카대륙 내 국가들의 세력을 배제하기 위해 멕시코 출병 당시 나폴레옹 3세Napoleon III(1808~1873)가 지지하면서 널리 쓰였다. 라틴 아메리카라는 명칭 자체가 유럽인의 시각으로 명명된 것이므로 객관적인 지리적 명칭인 '남미'로 쓰는 게 옳다고 여겨서 '라틴 아메리카'를 의도적으로 '남미'로 번역했다.

2) 1823년 미국의 제5대 대통령 제임스 먼로James Monroe(1758~1831)가 의회에 제출한 연두교서에서 밝힌 외교 방침이다. 유럽, 특히 영국의 간섭과 침략에 대해 불안감을 갖고 있던 미국은, 미국의 유럽에 대

서 가장 먼저 쿠바와 필리핀³⁾을 그 대상으로 삼았다.

미국은 내전남북전쟁 후 내부를 정비하고 대륙 개척이 마무리되자 그 힘을 바탕으로 본격적으로 제국주의 정책을 추진하기 시작했는데, 미서전쟁은 그런 점에서 매우 상징적 사건이었다. 미국은 전쟁에서 승리했고, 1898년 12월 파리조약으로 쿠바, 필리핀, 푸에르토리코, 괌 등의 지배권을 획득했다. 이들 나라에서는 미국에 의한 군정이 실시됐는데 쿠바에서는 미군정이 3년 만에 종료됐다.

쿠바는 이 덕분에 1902년 드디어 독립하고 시민들의 독립정부가 생겼다. 그러나 이미 제국주의의 흐름에 올라타기로 한 미국이 '독립국가 쿠바'를 위해 전쟁을 치른 것은 결코 아니었다. 쿠바는 미국에는 지정학적으로나 경제적으로 너무나 좋은 먹잇감이었다.

미국은 쿠바의 독립은 보장하되 타국과 동맹을 맺을 수 없고, 관타나모Guantanamo⁴⁾를 '영구적으로' 미국에 임대하는 등의 조건을 부과했다. 이는 사실상 쿠바가 미국의 식민지나 마찬가지라는 것을 의미했다. 게다가 미국 자본에 예속된 경제 구조는 그대로였다. 특히 사탕수수 플랜테이션이 실질적으로는 미국의 지배하에 있었고 토지는 미국 자본과 쿠바인 대지주들이 거의 독점하고 있었다. 두 세력의 야합은 독재정권을 낳았고 심한 부패로 여러 차례 민

한 불간섭의 원칙, 유럽의 미국대륙에 대한 불간섭의 원칙, 유럽 제국에 의한 식민지건설 배격의 원칙 등 3개 원칙을 천명했다. 이 정책은 또한 전 아메리카대륙에 대한 미국의 일방적 보호를 천명한 외교 선언이기도 하다.

3) 러일전쟁 직후인 1905년 7월 29일 도쿄에서 당시 미국의 육군장관 태프트William Howard Taft(1857~1930, 미국 27대 대통령)와 일본 수상 가쓰라 다로桂太郎(1848~1913)가 일본은 필리핀에 대한 미국의 식민지 통치를 인정하고 그 대가로 미국은 일본이 대한제국을 침략하고 한반도를 '보호령'으로 통치하는 것을 용인한다는 밀약을 맺었다. 이른바 '가쓰라-태프트 밀약Taft-Katsura Agreement'이었다. 이 밀약으로 일본은 1905년 11월 7일 을사늑약을 강요했고 미국이 사실상 묵인했다.

4) 지금도 관타나모에는 미군 해군기지가 있으며, 쿠바 영토에 있지만 미국의 통치를 받는다. 법은 쿠바 법도 미국 법도 아닌 군법이 적용되고 있다. 기지 사령관은 미해군 대령이 맡는데 일종의 총독의 역할을 수행한다. 관타나모 기지(면적 약 117.6㎢)에는 항만 시설과 공항 활주로까지 설비돼 있고, 현재에도 기지 내에 알카에다, 탈레반 조직원들을 수감한 포로수용소가 있다.

체 게바라는 권력에 집착하지 않아서 불멸의 명예를 얻었다. 그는 제
국주의적 속성을 직시하고 탐욕이 빚어낸 불의와 타락에 맞서 싸우
려는 '인류의 전사'의 삶을 선택했다. 쿠바 혁명의 성공을 뒤로하고
또 다른 혁명의 땅 볼리비아로, 그것도 최악의 상황에 기꺼이 뛰어들
어 끝내 목숨을 잃은 체 게바라의 삶은 영원한 자유인의 모습 그 자
체였다.

중봉기를 초래했지만 미국의 비호로 번번이 무산됐다.

제2차 세계대전이 끝난 후[5] 쿠바인들의 삶의 질은 향상됐다. 그러나 빈부의 격차는 갈수록 심해졌다. 그 원인은 토지가 미국 자본과 쿠바인 대지주들에게 집중됐기 때문이었다. 일반 국민들은 궁핍한 생활을 이어갈 수밖에 없었고, 그만큼 불만은 증가했다. 미국도 쿠바 정부도 이런 불만을 철저하게 무시했다. 민중봉기가 일어날 때마다 대지주들의 입김이 강한 쿠바 정부는 무자비하게 진압했고, 미국은 그것을 묵인하며 비호했다. 그럴수록 쿠바인들의 미국에 대한 증오도 커져만 갔다.

1952년 군부의 지지를 받는 풀헨시오 바티스타Fulgencio Batista-Zaldvivar(1901~1973)[6]가 쿠데타를 일으켜 정권을 잡았다. 바티스타 정부의 부패는 이루 말할 수 없었고, 자료와 증거에 따라 차이를 보이지만, 비밀경찰을 운용하며 1천 명에서 2만 명에 이르는 국민을 잔혹하게 희생시켰다.

바티스타 독재를 물리친 쿠바혁명

바티스타의 개발정책은 제법 성공한 듯 보였고, 최고 전성기 때는 쿠바의 GDP를 이탈리아 수준까지 끌어올리기도 했다. 소득도 미국의 1/6 수준까지 증가했다. 심지어 쿠바는 미국에 이어 세계에서 두 번째로 컬러텔레비전 방송

---

5) 쿠바는 두 차례의 세계대전에서 연합국 측에 가담해 '명목상으로' 독일에 선전포고까지 했지만 실제 전투에 참가하지는 않았다.

6) 그는 이미 1933년 마차도Gerardo Machado(1871~1939) 정부를 붕괴시킨 쿠데타에 참여한 바 있다. 당시 쿠데타는 중사들을 중심으로 한 군인들이 벌인 것으로 흔히 '중사들의 반란the Sergeants' Revolt'으로 불리기도 한다. 바티스타는 이후 대통령(1940년~1944년)이 돼 교육 확대와 경제 발전을 이루었다. 1944년 대선에서 패배한 후 플로리다 거주하면서 쿠바에서 모은 막대한 돈을 투자하며 사업가로 지냈다. 8년 후 다시 대선에 출마하고 낙선하자 공공산업 파탄과 부패를 척결한다는 명분으로 다시 쿠데타를 일으켰다. 이렇게 정권은 잡은 바티스타는 자신이 쿠데타로 세웠던 1940년 정권을 제 손으로 지워내고 철권통치를 휘둘렀다.

을 할 정도였다. 그만큼 쿠바 부자들의 재력이 엄청났다. 그들은 미국의 경제와 문화를 고스란히 향유하고 있었다. 그리고 그에 반비례해서 빈민층이 느끼는 빈부격차는 극심해졌다.[7] 이런 상황에서도 바티스타는 대놓고 돈만 밝혔다. 심지어 그는 마피아와도 손을 잡았다. 오죽하면 미국이 바티스타 정부에 대한 지원을 중단할 정도였다.

1953년 7월 160명의 경무장한 반군이 산티아고에 있는 몬카다와 바야모의 병영을 습격했다. '작은 반란'은 실패했고 살아남은 피델 카스트로와 동생 라울 카스트로는 체포돼 각각 15년, 13년 징역형을 선고받았다.

2년 뒤 카스트로 형제는 석방됐지만, 혁명은 이 형제에게 결코 포기할 수 없는 꿈이었다. 그들은 새로운 혁명을 준비하던 중 체 게바라를 만났다. 그러나 준비 작업에 착수한 지 사흘 만에 바티스타 군대의 공격을 받고 마에스트라 산맥Sierra Maestra으로 도망갔다. 원래 왔던 82명 중 22명만 탈출했는데 그마저도 다시 10명이 붙잡혀 결국 피델과 라울 형제 그리고 게바라를 포함해 달랑 12명만 살아남았다. 그러나 그들은 포기하지 않고 인근 마을 농부들의 도움으로 다시 집결해 게릴라 군대를 구성했다.

1958년 반군은 200명이 채 넘지 않은 매우 작은 규모였으나, '반란군 라디오Rebel Radio(Radio Rebelde)'[8]라는 해적 방송국을 통해 선전 활동을 펼치면서 최대한 자주 자신들의 메시지를 전파했다. 이러한 선전 활동 덕분에 혁명군이 봉기를 일으키자 많은 국민이 혁명에 동참했다.

바티스타 정부군은 경찰과 군대를 합쳐 4만 명쯤에 이르렀지만, 혁명군과 싸울 때마다 퇴각을 거듭할 만큼 무능했다. 거기에는 미국의 쿠바 정부에 대한 무기 수출금지 조치도 한몫 했다. 쿠바 공군의 비행기는 미국에서 필요한 물품

---

7) 이 시기에 실업률은 10~20퍼센트에 달했고 빈민층이 전 국민의 1/3 이상을 차지했으며 문맹률은 40퍼센트 정도였다.

8) 쿠바의 시인이며 정치활동가인 카를로스 프랑키Carlos Franqui(1921~2010)의 역할이 컸다. 혁명 성공 후 프랑키는 정부기관지 《Revolucion》을 맡았고, 문학적 활동도 활발하게 펼쳤으나, 혁명지도자들과 이견을 보이며 사임하고 1968년에 '당국의 허락을 받고' 망명했다.

을 받지도 못하고 수리할 자국 엔지니어도 없어서 상당수가 무용지물이었다.

도저히 상대가 되지 않을 것으로 보였던 혁명군이 승승장구하면서 산타클라라Santa Clara를 점령하자 바티스타는 패닉에 빠졌다. 바티스타는 1959년 1월 1일 칸티요Eulogio Cantillo(1911~1978) 장군에게 전권을 넘기고 인근의 도미니카공화국으로 도주했다.

바티스타가 도주했다는 소식을 들은 카스트로는 칸티요의 권력 장악을 막기 위해 총파업령을 내리고, 체 게바라와 시엔푸에고스Camilo Cienfuegos(1932~1959)에게 수도로 진격해 군사 기지를 점령하라고 명령을 내렸다. 그러면서 즉시 산티아고데쿠바Santiago de Cuba 점령을 위한 협상을 시작했고, 그 도시의 지휘관은 병사들에게 싸우지 말라고 명령하면서 카스트로의 군대가 무혈 입성했다. 동시에 체 게바라의 군대는 아바나로 진입했다. 카스트로는 1월 8일에 아바나에 합류했고, 법조인이자 정치가인 마누엘 우루티아 예오Manuel Urrutia Lleo(1901~1981)를 대통령으로 추대했다.[9] 마침내 쿠바혁명이 완수됐다.

카스트로의 대개혁

1959년 2월에 수상이 된 피델 카스트로는 국가 경제 개혁에 착수했다. 그는 전기 요금과 임대료를 크게 인하하고, 사유 토지와 재산을 몰수하며, 상류층과 중산층이 소유하던 토지와 기업들을 국유화했다. 피델 카스트로 가족이 소유한 농장도 예외가 되지 않고 국유화했으며 400ha 이상의 토지와 공공시설은 유상 몰수해 국유화했다. 가톨릭교회의 자산도 국가가 몰수했다.[10] 동시

---

9) 혁명군이 마누엘 우루티아 예오를 대통령으로 추대하고 정부를 구성하자, 미국은 즉시 이를 승인했다. 그러나 예오는 권력을 쥔 뒤 얼마 후 피델 카스트로가 공격하자 미국으로 탈출했다.

10) 미국은 쿠바에서 카스트로 정권이 가톨릭교회를 모두 철거한다며 비난했지만, 카스트로는 공산주의자로서 가톨릭교회를 존중했다. 그는 공산주의자들이 해야 할 역할인 사회적 약자에 대한 배려를 가톨릭교회에서는 아무런 대가 없이 한다면서 공산주의자들이 가톨릭교회의 사회선교를 보고 배워야 한다고 강조했다.

에 민영 부분에 대해서도 통제를 강화하고 도박 산업을 금지했다.

이런 정책들은 쿠바 국민들의 열렬한 지지를 받았다. 카스트로 정부는 쿠바 경제를 장악하고 있던 미국 시민권자들을 추방했는데 이때 쿠바의 중산층들도 대부분 쿠바를 탈출했다. 1960년 8월에는 미국과 다른 외국 소유 재산도 모두 국유화했다.

카스트로 정부의 국유화 정책은 미국을 경악시켰다. 국유화된 원유·통신·전기·설탕 등의 기업과 공장은 거의 다 미국인이 소유하거나 투자했던 것이기 때문에 카스트로의 정책은 미국의 이익에 직접적인 피해를 준 것이었다. 당연히 미국과 쿠바의 관계는 급속하게 악화했다. 미국은 쿠바를 압박하기 위해 쿠바의 주요 수출품인 설탕 수입을 금지했고, 식량과 의약품을 제외한 모든 물품의 수출을 금지했다.

이 틈을 파고든 소련은 1960년 5월 쿠바를 지원하기로 약속했다. 소련은 쿠바의 설탕을 사들이면서 무역과 기술 대표단을 파견했다. 카스트로는 종종 미국이 자신의 정부를 전복시킬 음모를 꾸미고 있다고 격렬하게 비난했다. 미국은 그런 카스트로의 쿠바가 못마땅했고 그럴수록 쿠바와 소련은 급격히 가까워졌다. 소련으로서는 미국의 턱밑에 자기네 우방을 얻는 것이 매력적이었다.

1960년 9월 미국 뉴욕의 UN 본부를 방문한[11] 카스트로는 자신의 혁명을 설명하면서, 세계가 자신들을 공산주의자라고 생각하지만 자신은 결코 공산주의자가 아니라고 분명하게 말했다.

그러나 그 말을 액면 그대로 받아들이는 사람은 아무도 없었다. 1960년 5월부터 미국중앙정보부CIA는 카스트로 제거와 쿠바 침공 계획을 세우기 시작했다. 계획은 최종적으로 승인받았고, 실행에 옮기는 건 시간문제였다. 미국은 자신의 턱밑에 공산주의자가 거의 확실한 지도자의 국가를 허용할 수 없다는 신념을 더 강하게 굳혔다.

---

11) 1960년 카스트로는 유엔총회에서 혁명과 자신을 선전하고 미국과 서방을 원색적으로 비난하면서 무려 4시간 29분간 연설하며 최장 기록을 세웠다.

알제리전쟁

제국주의 프랑스,
아프리카 지중해의
요충지를 잃다

프랑스는 제2차 세계대전으로 국토의 3/4 이상을 짓밟혔다. 참담함과 굴욕의 시간이었지만, 수많은 레지스탕스의 저항과 활약을 자랑스러워한다. 그럴 자격 충분하다. 그것조차 제대로 한 나라 별로 없었으니까.

그러나 독일에 패배해 고작 3년쯤 당한 수모는 100년 넘게 그들이 식민지로 삼아온 나라와 국민들의 그것에는 비교도 할 수 없다는 사실을 애써 무시하는 이중성을 드러냈다.

국제사회라는 게 역지사지가 통하고 신사적이고 인격적인 교섭으로 거래되는 무대는 아니지만, 적어도 자가당착이나 자기모순은 피할 수 있는 인격과 아량은 갖춰야 한다. 그 선택과 결정의 시간을 놓치면 게도 구력도 잃게 된다. 최소한 균형감각과 냉철한 판단력을 가져야 한다. 국가도 국민도 제 입맛만 외치는 건 해결이 아니라 악화만 초래할 뿐이다.

일방적인 내셔널리즘은 언제나 어떤 경우에나 경계해야 한다. 그 값은 결코 만만하거나 작은 것이 아니다.

프랑스는 오랫동안 알제리에 눈독을 들였다. 북아프리카의 지리적 요충지로 그만한 곳이 없다고 여겼기 때문이다. 제국주의 시대 프랑스는 알제리를 아프리카 진출의 발판으로 여겼고, 아프리카 횡단정책의 요충지로 점찍었다. 좀처럼 기회를 얻지 못한 프랑스에 사소하지만 놓칠 수 없는 기회가 왔다.

1830년 당시 알제리는 오스만제국의 영토1516년부터 오스만제국의 속국이 됨였는데 알제리 총독에게 프랑스 외교관이 부채로 뺨을 맞고 쫓겨난 일이 발생하자 그걸 빌미로 알제리를 침공하겠다고 마음먹었다.[1] 그러나 그것만으로는 침공의 명분으로 약하자 알제리 북부 지중해 지역의 해적을 소탕한다는 이유를 내세워 알제리를 공격했다. 명목상 오스만제국의 총독이던 술탄을 제거하고 알제리를 식민지로 삼은 프랑스는 회유와 무력을 통해 알제리를 지배했다.

프랑스 남부에서 지중해를 사이에 두고 가장 가까운 아프리카의 알제리를 프랑스는 식민지가 아니라 본토의 일부라고 여기기 시작했다.[2] 프랑스는 알제리에 투자를 아끼지 않았고, 그래서 대도시는 프랑스풍이었다. 그러나 알제리 국민들은 독립을 포기하지 않았다. 프랑스 식민지 시절 알제리의 문맹률이 90퍼센트에 가까웠고, 알제리 국민들은 프랑스 시민권도 부여받지 못했으며 빈곤에 시달렸는데[3] 그럴수록 프랑스에 대한 반감은 높아졌다. 프랑스는 여전히

---

1) 당시 오스만제국의 알자자이르알제리 총독 후세인 데이Hussein Dey(1765~1838) 파샤는 프랑스 공화정 당시인 1795~1796년 사이, 프랑스군이 유대인 상인을 통해 알제리의 밀을 사고 갚지 않은 대금 지불을 요구했으나, 공화정에 대한 반감이 높던 샤를 10세는 '반역자들'의 부채를 갚을 생각이 없었다. 1827년 후세인 데이는 계속해서 돈을 지불하라고 요구했으나, 당시 알제리 주재 프랑스 총영사 피에르 드발Pierre Deval(1758-1829)이 만족할 만한 대답을 거부하면서 서로 고성이 오갔다. 급기야 후세인이 드발의 '뺨을 부채로 때린 것Fly Whisk Incident[파리채 사건]'을 계기로 프랑스는 오스만제국과 후세인 데이에게 사과를 요구했고, 이것이 거절당하자 이를 구실로 프랑스는 군대를 보내 알제리를 점령했고, 항복한 후세인 데이 파샤는 나폴리로 추방당했다. '파샤'는 오스만제국과 튀르키예에서 장군·총독·사령관 등 문무 고관에게 주는 영예의 칭호였다.

2) 많은 프랑스의 육해공군 기지와 군항 그리고 군수물자 공장들이 알제리에 있을 정도였다. 이 기지들이 프랑스 외인부대의 본거지였다.

3) 20세기 초반 프랑스는 알제리인들이 이슬람교를 포기하면 프랑스 시민권을 주는 조건으로 회유했지만, 그에 응하는 알제리인들은 매우 적었다.

알제리를 오만하게 다뤘고, 그것이 격렬한 저항을 만들어내는 데에 한몫했다.

제2차 세계대전이 끝나고 많은 식민지들이 독립하는 것을 보았으며 프랑스의 힘이 예전 같지 않다는 걸 깨달은 알제리는 프랑스로부터 독립하기 위해 1954년부터 본격적인 독립운동을 벌였다. 알제리전쟁Algerian War이 시작된 것이다. 그러나 130년 넘게 지배해온 프랑스는 결코 알제리를 풀어줄 생각이 없었다. 프랑스는 알제리가 여러 식민지들 가운데 하나가 아니라 마치 자신들의 영토인 듯 여겼기 때문에 더더욱 그랬다. 물론 그것은 프랑스의 일방적 감정일 뿐 알제리로서는 동의할 수 없는 일이었다. 그런 알제리를 격분시킨 일이 발생했다.

프랑스를 향한 알제리의 분노

1960년 2월 13일 알제리의 사막에서 프랑스가 공중 핵실험을 일방적으로 단행했다. 또한 알제리의 한 산악 지역에서는 지하 핵실험을 준비하고 있었다. 치명적인 핵 방사능 때문에 프랑스 영토 내에서는 꿈도 꿀 수 없는 일이었다. 말로는 알제리가 식민지가 아니라 프랑스의 영토 같다고 주억거렸지만, 냉혹하게 말해서 식민지에 불과한 땅이었던 알제리는 사막과 산악 지역이 있어서 프랑스로서는 최적의 핵실험장이었다.

프랑스는 방사능 오염 지역에서 방사능을 제거하지도 않았다. 제 나라 땅이었다면 아예 핵실험도 하지 않았겠지만, 어쩔 수 없이 했더라도 그렇게 무책임하게 내팽개칠 수는 없는 일이었다. 알제리는 더 이상 참을 수 없었다. 알제리 국민들은 왜 알제리가 프랑스로부터 '당연히' 독립해야 하는지를 세상에 밝히고 알렸다.

프랑스는 지중해 건너편의 이 멋진 식민지를 결코 포기할 생각이 없었다. 아시아는 물론이고 아프리카에 있던 여러 식민지들이 독립했지만, 프랑스는 알제리를 손에 움켜쥐고 놓아줄 생각을 하지 않았다. 알제리는 더 이상 가만히 있지 않았다. 사실 알제리의 투쟁은 이미 그보다 일찍 일어났다.

1954년 11월 1일 아흐마드 빈 벨라Ahmed Ben Bella(또는 아메드 벤 벨라, 1916~2012)[4] 등 6인의 알제리 지도자들은 튀니지 수도 튀니스에서 민족해방전선Front Liberation National(FLN)을 결성하고, 대對 프랑스 항쟁을 개시했다. 이른바 알제리 전쟁이 시작된 것이다. 프랑스는 즉각 군사적으로 대응했다.

19세기에 프랑스가 알제리를 침공한 것은 국내 정치에 이용하기 위해서였던 점이 크게 작용했다.

나폴레옹 전쟁 후 프랑스가 왕정으로 복고하고 국왕이 된 형 루이 18세Louis XVIII(1755~1824, 재위 1814~1824)의 서거 후 왕위에 오른, 반동적인 샤를 10세Charles X(1757~1836, 재위 1824~1830)는 입헌군주제를 거부하고 전제적인 정치를 일삼았다. 그러나 1820년대 말 경제 불황은 프랑스 국민들의 불만에 불 질렀고 폭발 직전이었는데 교활하게도 샤를 10세는 알제리를 침략해서 국내 여론을 해외로 돌리게 했다. 명분은 수 세기 동안 바르바리Barbary 제국의 해적이 지중해 무역을 위협했다는 구실이었는데 누가 들어도 말도 되지 않는 수작이었다.[5] 그는 그렇게 여론을 돌리고 왕조의 위신을 세웠다고 여겼다. 1848년 프랑스는 알제리를 공식적으로 병합하고 식민지로 삼았다.

알제리 국민들은 30여 년 동안 저항했지만 독립은 무망했다. 1871년 프랑스가 보불전쟁普佛戰爭(프로이센-프랑스전쟁, 1870~1871)에서 패배하자 그 기회를 놓치

---

4) 알제리공화국의 초대 총리이자 제1대 대통령. 그는 1936년 프랑스 육군으로 징집된 후 마르세유에서 근무하면서 1939년부터 1940년까지 프로팀 올랭피크 드 마르세유Olympique de Marseille의 축구 선수로 활동하기도 했다. 이후 1940년 다시 프랑스 육군에 입대해 제2차 세계대전에서 자유프랑스군FFL 병사로 참전했고, 그 공으로 훈장을 두 번 받았다. 제2차 세계대전이 끝난 뒤에는 반 프랑스 독립운동의 중심인물이 됐고 대통령이 됐으나 1965년에 우아리 부메디엔Houari Boumediene(1932~1978) 육군 참모총장이 주도한 쿠데타로 실각하면서, 1980년까지 구속됐다. 한편 부메디엔은 FLN 군대에서 가장 높은 계급이었던 대령 계급에 올랐으며 1960년부터 FLN의 연대, 알제리민족해방군ALN의 참모총장으로 활약했다.

5) 프랑스뿐 아니라 영국, 이탈리아 등도 해적 소탕을 빌미로 침략했지만 번번이 실패하고 포기했다.

지 않고 대규모 봉기를 일으켰지만, 프랑스군에게 진압당하고 말았다. 당시 프랑스는 프로이센에 당한 수모를 알제리에 갚으려는 듯 잔혹하게 대처했다. 프랑스 입장에서는 보불전쟁의 패배로 영토를 상실했기 때문에 제3공화국 정부는 식민지 사업에 더 몰두했다. 영토 확장이 권력 유지에 절대적으로 필요했기 때문이었다.

프랑스는 알제리를 영원히 프랑스의 영토로 만들고 싶었고, 알제리 국민을 프랑스화하기 위해 몰두했다. 일본 제국주의자들이 조선에서 자행한 내선일체 內鮮一體 정책과 유사했다.

큰 희생을 감수하고 승리한 알제리

알제리 민족해방전선FLN이 불을 지피고 알제리민족인민군Armee Nationale Populaire(ANP)이 조직돼 투쟁하자 프랑스는 1954년 진압과 토벌을 위해 무려 50만 명이 넘는 육해공군을 파견했다.[6] 어마어마한 병력[7]이었다. 이미 인도차이나에서도 영향력이 약화하기 시작하던 프랑스에게 알제리는 결코 포기할 수 없는 '최후의 식민지'였다.

프랑스는 같은 아프리카대륙의 식민지였던 튀니지와 모로코 등의 독립은 허용하면서도 알제리에게는 끝까지 독립을 허용하지 않았다. 그럴수록 알제리인들은 더더욱 분노했다. 프랑스와 알제리에서 알제리 독립에 대해 논쟁이 벌

---

6) 2021년 기준 대한민국 국군 총병력 수가 55만 명인 것과 비교해 보면 얼마나 엄청난 병력인지 쉽게 알 수 있다.

7) 이탈리아 출신 질로 폰테코르보Gillo Pontecorvo(1919-2006)가 감독하고 1966년 베네치아영화제 황금사자상을 수상한 페이크 다큐멘터리 영화 〈알제리전투〉에서 기자가 여자들의 바구니와 핸드백에 폭탄을 담아 많은 무고한 시민들을 죽이는 것이 비겁하지 않느냐고 묻자, 벤 미디Larbi ben M'hidi는 아무런 방어력도 없는 촌락에 네이팜탄을 떨어뜨리는 것이 훨씬 더 비겁하지 않느냐고 반문한다. 그러면서 이렇게 말한다. "우리에게 폭격기를 주십시오. 우리는 바구니를 드릴 테니." 프랑스군과 알제리 독립 세력의 군사적 비대칭성을 시니컬하면서도 예리하게 고발했다.

프랑스는 제2차 세계대전으로 국토의 3/4 이상을 짓밟혔다. 참담함
과 굴욕의 시간이었지만, 수많은 레지스탕스의 저항과 활약을 자랑
스러워했다. 그러나 독일에 패배해 고작 3년쯤 당한 수모는 100년
넘게 그들이 식민지로 삼아온 알제리와 국민들의 그것에는 비교도
할 수 없다는 사실은 애써 무시하는 이중성을 드러냈다.

어졌으나 프랑스 정부는 그런 논쟁 따위는 가볍게 묵살했다.[8]

막강한 군대와 화력을 동원한 프랑스는 처음에는 쉽게 승리할 것이라 예상했지만, 알제리 해방투쟁 진압에는 실패했다. 하루 평균 무려 20억 프랑franc의, 당시 프랑스 재정 상태로는 감당하기 어려운 비용을 쏟아부었는데도 성공하지 못하자, 프랑스 국내에서도 여론이 분열되기 시작했다. 그래서 여러 차례 내각이 교체됐다. 이제 프랑스에 알제리는 '뜨거운 감자'였고 곧 '계륵'이 될 듯했다.

프랑스는 악명 높은 프랑스 외인부대를 알제리에 파견해 잔혹하게 알제리 국민들을 학살했다. 희생자는 대략 150만 명쯤으로 추산되는데 당시 알제리 인구가 약 1천만 명 정도였으니 어느 정도인지 가늠할 수 있다. 외인부대의 만행으로 프랑스는 국제적 비난을 벗어날 수 없었다. 8년간 이어진 전쟁 기간 동안 알제리인 200여만 명이 숨졌다. 총인구의 1/5이 프랑스에 의해 사라진 것이다.

알제리 국민들은 프랑스의 잔혹한 탄압에 굴복하지 않고 더 거세게 저항했다. 프랑스도 드골Charles de Gaulle(1890~1970)도 더 이상 알제리 독립을 외면할 수는 없을 듯 보였다. 고집불통에 오만한 통치자며 군인 이미지가 강하게 각인된 드골은 뜻밖에도 시대의 변화를 읽었고 유연하게 대처했는데 그것은 바로 탈식민지 움직임이었다. 드골은 알제리 위기를 경험하면서, 탈식민화가 시대적

---

8) 프랑스에서 태어난 철학자 장폴 사르트르Jean-Paul Sartre(1905~1980)는 알제리전쟁을 적극적으로 지지했지만, 정작 알제리에서 태어난 알베르 카뮈Albert Camus(1913~1960)는 알제리 독립에 대해 중립적이거나 혹은 모호한 입장을 취해서 지금도 알제리에서 사랑받지 못한다고 한다. 『알제리 연대기Algerian Chronicles』 서문에서 카뮈는 '프랑스와 결합한 알제리가 이슬람제국과 결합한 알제리보다 비교가 되지 않을 정도로 바람직하다'고 피력했다. 그런 점에서 그는 '알제리 태생의 프랑스인'일 뿐이었다. 그러나 『카빌리의 비참Misere de la Kabylie』에서는 식민지인 프랑스령 알제리의 비참한 실태를 절제된 문장으로 고발했다. 프랑스의 피식민지인으로 리옹에서 의학을 공부한 의사였으며, 알제리민족해방운동에 적극적으로 가담한 혁명가이기도 했던 프란츠 파농Frantz Omar Fanon(1925~1961)은 그의 유작이자 대표작인 『대지의 저주받은 사람들』에서 독립 이후 사회가 나아가야 할 방향과 혁명의 상을 인상 깊게 밝혔다. 파농은 알제리가 독립하기 불과 몇 달 전에 죽었다.

대세임을 깨달았다.

　그는 프랑스가 막강한 무력을 갖고 있어도 제3세계 민족들의 열망을 군사력으로 잠재울 수 없다는 것을 깨달았다. 탈식민화에 대한 무력 해법은 불가능하다는 것이었다. 무엇보다 알제리 국민들의 강력한 저항은 드골로 하여금 알제리 민족주의 세력을 인정하고 평화 협상을 제안할 수밖에 없게 만들었다.

　드골은 정국불안을 초래하지 않으면서 알제리전쟁을 종식할 방법을 모색하기 시작했다.

백호주의와 애버리지니

오스트레일리아,
고립주의 함정에 갇히다

오스트레일리아는 차별을 위해 기꺼이 고립을 택했다. 힘으로 남의 땅을 빼앗고 주인 행세하는 제국주의는 1960년대 들어 적어도 겉으로는 해체됐다. 오스트레일리아는 다른 나라를 식민지로 만들지 않았으니 제 국주의가 아니라 강변할 수 있겠지만, 그 자체가 제국주의 산물인 동시 에 제국주의의 맹주 영국연방에 속한데다 땅이 넓으니 굳이 다른 나라 침략할 이유가 없었을 뿐이다. 자기 민족이나 인종이 우월하다 주장하는 건 인지상정일 수 있으나, 거기에 함몰되는 순간 이성과 인격성은 사라 진다.

20세기에 고립이 승리한 경우는 거의 없다. 문제는 고립을 선택했던 당사자는 약간의 독점 이익을 누릴 수 있지만, 그다음 세대는 만만치 않 은 값을 치러야 한다는 사실이다. 시대착오를 경계해야 하는 건 바로 그 때문이다. 비단 백호주의의 오스트레일리아만 그럴까? 역사에는 그런 사례들로 가득하다. 그런데도 과거의 허물에서 배우는 게 없다. 당장 눈 앞의 작은 제 이익에만 눈길이 머물고 있기 때문이다.

1770년 영국의 제임스 쿡James Cook(1728~1779)이 오스트레일리아[1]에 도착한 이후 영국은 오스트레일리아를 자국의 식민지로 선포하고 관할했다. 영국인들보다 네덜란드가 먼저 그 섬을 발견했지만,[2] 영국은 1770년 오스트레일리아 동쪽을 자기 영토로 삼았고[3] 1788년부터 뉴사우스웨일즈주의 식민지로 만들어 주로 범죄자로 구성된 이민단을 보내기 시작했다.

영국이 오스트레일리아에 본격적으로 관심을 갖기 시작한 건 1776년 미국 독립전쟁부터였다. 전쟁으로 식민지 감옥이 있던 조지아가 함락되자 영국 죄수들을 수감할 감옥이 부족했던 영국은 1787년 11척의 배에 죄수들 778명을 싣고 오스트레일리아로 떠나 1788년 1월 말에 잭슨항에 도착했다.[4] 이후 계속해서 죄수들을 오스트레일리아로 보냈다. 80년간 죄수 16만 명이 오스트레일리아로 이송됐다.

범죄자들을 보낸 가장 큰 이유는 초기 자본주의가 시작되던 영국에서 산업화에 적응하지 못한 저소득층 빈민들이 사회적 범죄를 저지르는 경우가 많았는데 그들을 본국에서 멀리 떨어진 섬인 오스트레일리아로 보내자는 발상이 호응을 얻었기 때문이었다. 영국 정부는 모범수를 풀어주고 형기 2/3를 채운 죄수들도 모두 자유인으로 석방하면서 이들이 오스트레일리아 건설의 1세대가 되게 했다.

오스트레일리아에 이민자가 대거 유입된 건 1850년대 오스트레일리아의

---

1) 우리가 흔히 호주라고 부르고, '백호주의White Australia'라는 용어가 '백인들의 호주濠洲'라는 의미이지만, 일반적으로는 정식 국명인 오스트레일리아로 지칭하는 것이 타당하다.

2) 17세기에 네덜란드의 모험가들이 오스트레일리아를 발견하고 연안 탐험을 실시해 뉴홀랜드New Holland로 명명했다. 이 탐험 활동은 네덜란드 동인도회사의 사업으로 실시됐는데 경비만 늘어나고 이익이 오르지 않자 중단했다.

3) 1769년 태평양에서의 금성 관측에 참가했던 제임스 쿡은 오스트레일리아 동해안 탐험을 실시한 뒤 보고서에서 오스트레일리아는 농업 개발에 적절한 곳이라고 판단을 내렸다. 이 때부터 오스트레일리아 땅을 하나의 대륙으로 인정하기 시작했다.

4) 오스트레일리아를 영국 죄수들 감옥의 땅으로 제안한 건 제임스 쿡을 따라 오스트레일리아를 발견한 식물학자 조지프 뱅크스Joseph Banks(1743~1820)였다.

골드러시Australian Gold Rushes 때문이었다. 금을 캐 부자가 되겠다는 꿈을 가진 수많은 사람이 유럽과 미국 그리고 중국에서 몰려들었다. 골드러시뿐 아니라 거대한 국토에 비해 턱없이 부족한 인구를 채우기 위해서라도 오스트레일리아는 적극적으로 이민을 받아들여야 했다.

한편 1871년 독일이 통일되면서 제국주의 식민지 쟁탈전에 합류하게 되자 오스트레일리아의 방어를 걱정한 영국은 병력을 파견하는 한편 몇 개의 주로 나뉘어 있던 오스트레일리아를 하나의 나라로 통일시키는 것을 지지했다.[5] 이후 오스트레일리아는 제2차 세계대전을 통해 적은 인구로는 자국 영토를 방어하는 게 어렵고 경제적 발전에도 장애가 된다는 걸 깨닫게 되면서 유럽으로부터 이민자들을 대거 유치했으며 부족한 노동력 보충을 위해 아시아 이민자들도 점차 받아들였다.

원주민 애버리지니와 이주민의 갈등

'너무나도 당연하게' 그 땅은 유럽인들의 것이 아니었다. 이미 그곳에는 주인인 사람들이 있었다. 흔히 오스트레일리아 원주민, 즉 애버리지니Aborigine(또는 Indigenous Australians)로 불리게 된 사람들이 유럽인들이 오기 최소 4만 년 전부터 자연과 함께 어울려 평화롭게 살고 있었다. 그러나 그들은 근대화된 무기로 무장한 유럽인들을 이겨낼 수 없었다. 침입자는 주인을 내쫓았다. 계속해서 유럽에서 들어오는 이민자들이 주인 행세를 했고, 이미 수적으로도 백인 이민자들이 더 많아졌다.

유럽 이민자들이 증가하는 것과 동시에 계속해서 그들이 점령한 땅은 늘어갔다. 여섯 개 식민지가 연합해 오스트레일리아연방을 세워 오스트레일리아가

---

5) 1889년에 오스트레일리아의 통일을 강력하게 주장한 인물은 뉴사우스웨일즈주의 총리 헨리 파크스 경Sir Henry Parkes(1815~1896)이었다. 그는 오스트레일리아연방을 만들어 하나의 오스트레일리아를 이룩하는 것을 필생의 목표로 삼았다.

연방 독립국이 됨에 따라 1942년 행정적으로 영국과 분리됐고, 1948년부터는 오스트레일리아에 거주하는 영국 국민은 오스트레일리아 국적을 갖게 됐다. 그러나 원주민들에게는 아무런 권리도 허용되지 않았다.

유럽 이주민, 특히 영국인 주민들은 애버리지니들을 미개한 야만인으로 여기며 그들을 주거지 밖으로 쫓아냈다. 심지어 학살도 자행했다. 남부에 있는 태즈메이니아Tasmania섬에서는 그들을 사냥하듯 총으로 무참히 대량 학살했을 뿐 아니라 추장들의 시체를 박제해 박물관에 전시하는 짓까지 태연하게 저질렀다. 오스트레일리아 본토에서도 크게 다르지 않았다. 집단 학살은 예사였다.

가까스로 살아남은 원주민들은 살던 땅을 빼앗기고 황무지로 쫓겨나거나 보호구역에 갇혔는데, 식량을 배급해 주지 않아 굶어 죽는 일도 흔했다. 그들에게는 아무런 권리도 없었다.

그러다 1960년에 처음으로 시민권이 허락됐다. 적어도 명목상으로는 동등한 정치권을 인정받았지만, 그들의 열악한 교육과 문화적 환경은 여전히 그들을 '낙오된' 종족의 수준에 머물게 만들었다. 오스트레일리아의 백호주의白濠主義(White Australia Policy, WAP)는 여전히 강고했다.

사실 백호주의가 주로 노렸던 것은 중국계 이민자의 유입을 차단하는 것이었다. 1850년대 오스트레일리아 골드러시 때 중국계 이민자들이 꽤 많이 들어와서 그 숫자가 1881년에는 5만 명쯤에 이르자 그들의 저임금 노동이 백인 노동자 임금에 위협이 됐다. 그러자 1888년 전全오스트레일리아의회는 중국계 이민을 제한하는 결의안을 통과시켰다. 더 나아가 1896년의 회의에서는 모든 유색 인종을 배척하는 내용의 결의안을 통과시켰다. 그게 오스트레일리아 백호주의의 시작이었다.

1901년 이후 이민제한법Immigration Restriction Act이 통과되면서 아예 정식으로 백호주의가 법률로 제정됐다. 제2차 세계대전 이후 오스트레일리아 정부는 비非영국계 백인 이민과 유색인종 이민에도 문호를 개방했지만, 여전히 백호주의 정책은 엄연히 살아 있었다.

오스트레일리아는 유럽을 비롯한 다른 대륙처럼 다른 나라들과 국경을 맞대고 다양한 방식으로 교류하며 살아가는 곳이 아니라 하나의 거대한 섬으로 고립된 곳이었기 때문에 그런 정책이 가능했다. 적어도 오스트레일리아에 사는 유럽계 사람들은 그걸 당연하다고 여겼다. 어쩌면 영원히 그렇게 살 수 있고, 그렇게 살아야 한다고 믿고 있었는지도 모를 일이었다.

OPEC과 다국적 석유회사

에너지 전쟁의
서막이 열리다

원유가격이 급격히 치솟으며 세계 경제를 쥐락펴락하고 개인의 일상까지 뒤흔들었을 때 전 세계인들에게 OPEC은 두려움과 원망의 대상이었다. 오직 자신들의 이익을 극대화하기 위해 세계 경제를 인질로 잡고 압력을 가하는 악당처럼 보였다.

　그러나 정작 상황을 그렇게 만든 건 거대자본의 힘으로 산유국의 이해관계를 철저히 무시한 메이저 석유회사들과 국가들의 횡포였다. 그럼에도 그들에게 책임을 물은 적은 없었다. 예방할 방법이 없는 것도 아니었지만, 그걸 방관해도 자신에게는 문제 될 게 없다고 여겨서 모른 척한 점도 있었다. 자본제국주의의 악행이 그걸 더 조장했다.

　당장 눈앞의 이익에 눈멀었다가 훗날 호된 값을 치러야 하는 건 역사적 필연이다. 문제는 그 값을 전 세계가 엄혹하게 치러야 한다는 점이다. 석유경제의 힘이 줄어든 지금 그에 버금가는 힘이 어디에 있는지, 그 힘의 생산과 유통에 어떤 문제가 있는지 면밀하게 주시해야 하는 것이 이 역사적 사건이 제공하는 교훈이다.

1923년 스콧 니어링은 『Oil and the Germs of War』를 출판해 석유가 지닌 정치적 함의를 피력했지만, 사람들 대부분은 그 둘의 관계를 인식하지 못했다. 산업화의 확장과 군대에서의 용도가 커지는 걸 크게 인식하지 못했고, 그것이 국제관계에서 지니게 될 위력을 깨닫지 못했기 때문이었다.

1960년 9월 이라크의 바그다드Baghdad에 사우디아라비아, 이라크, 쿠웨이트, 이란, 베네수엘라 등 5개 산유국 대표들이 모였다. 당시 이 모임에 주목하는 이들은 거의 없었다. 어느 한 나라도 그런 주목을 끌 만한 나라가 없었으니 당연한 일이었다.

다섯 나라는 석유수출국기구Organization of the Petroleum Exporting Countries(OPEC)를 결성하기로 합의했다. 그것은 석유를 근간으로 한 자원 카르텔이었다. 그들이 표방한 공동의 목표는 회원국들의 석유정책 조정을 통해 상호 이익을 확보하고 국제석유시장의 안정을 유지하는 것이었다. 가입 국가들은 1960년 9월 10일부터 닷새 동안 회의 끝에 다국적 석유기업의 횡포에 대응하고, 원유 가격 인상을 위한 협의에 들어갔다.

처음에는 본사본부와 사무국를 이라크의 바그다드와 레바논의 베이루트Beirut에 두기로 했는데, 비非아랍권인 베네수엘라가 중립적인 위치에 두는 것이 타당하다고 주장해 스위스의 제네바[1]에 두기로 했다. 그들은 매년 2차례 이상 회원국 대표자 회의를 개최해서 정책을 공식화하며, 의사결정 방식은 만장일치의 원칙을 따르기로 정했다. 회의에서 사우디아라비아 대표가 "아랍국가 및

---

1) 1965년에 오스트리아의 빈으로 옮겼다. 산유국도 아닌 스위스나 오스트리아에 본부를 둔 까닭은, 제3국이며 동시에 영세중립국이기 때문이었다. 스위스는 미국과 서방 세계와의 관계를 의식해서 외교특권 확대를 거부했기 때문에 다른 중립국인 오스트리아를 선택한 것이다.

마침내 산유국들의 분노가 폭발했다. 1960년 9월 이라크의 바그다드에 사우디아라비아, 이라크, 쿠웨이트, 이란, 베네수엘라 등 5개 산유국 대표들이 모였다. 다섯 나라는 석유수출국기구OPEC를 결성하기로 합의했다. 이들은 1960년 9월 10일부터 닷새 동안 회의 끝에 다국적 석유기업의 횡포에 대응하고, 원유 가격 인상을 위한 협의에 들어갔다. OPEC은 그렇게 탄생했다.

비非아랍국 생산자와 함께 사우디아라비아는 주요 석유회사로부터 최상의 석유 가격 확보를 위한 수출기구협의체OPEC를 결성한다"고 발표하면서 공식적으로 석유수출국기구의 시작을 알렸다.

그러나 세계는 그들에게 특별하게 주목하지 않았다. 메이저 석유회사를 갖고 있는 미국과 유럽 국가들은 여전히 그들을 쉽게 봤고, 여전히 자신들이 마음대로 다룰 수 있는 그저 그런 나라들이라고 여겼다.

산업화와 세계대전으로 증대한 석유의 가치

남는 찌꺼기들까지 활용될 정도로 버릴 게 하나도 없는 자원[2]인 석유는[3] 현대 산업의 젖줄이 됐다.

산업화 과정에서 석탄에 거의 전적으로 의존하던 동력원은 석유의 발견과 더불어 혁신적으로 변화했다. 석유는 석탄에 비해 가볍고, 단위 질량 당 발열량이 크며, 액체이기 때문에 운반이 쉬웠다. 게다가 석탄과 비교해서 매연이 덜하고 재도 생기지 않기 때문에, 20세기 에너지원으로 가장 매력적이고 중요한 위치를 차지했다.

1860년 미국에서 석유산업[4]이 확립된 이후 석유를 전략적으로 확보하기 위한 경쟁은 더욱 치열해졌다. 매장된 곳이 제한적이었고, 산업화가 가속하면서 석유의 역할과 비중이 커졌기 때문이었다. 19세기 후반 조명용으로 쓰이던 고래기름鯨油을 대체해 처음 석유가 보급된 이래, 석유의 수요가 급속히 증가한 데는 자동차산업의 발달이 큰 역할을 했다. 또한 제1차 세계대전은 비행기,

---

2) 아스팔트나 껌이 여기에 해당한다.

3) 석유의 가치를 발견하기 전이나 고대에는 석유를 약품·화장품·접착제·선박방수제 등으로 사용했다.

4) 근대 석유산업의 성립은 1859년 미국 펜실베이니아주 크로퍼드 카운티의 오일크리크Oil Creek에서 에드윈 드레이크Edwin Drake(1819~1880)가 기계굴착 방식으로 암반 밑 21m까지 뚫어 하루 30배럴을 채유한 시기로 본다. 그러나 본격적인 건 1870년 록펠러John Davison Rockefeller(1839~1937)가 클리블랜드에 오하이오스탠더드오일Ohio Standard Oil을 설립하면서부터이다.

전차, 함정 등의 연료로서 석유가 핵심 전략물자라는 걸 인식시켰다. 그에 따라 석유화학공업이 획기적으로 발달했다.

제2차 세계대전 시기에는 특히 항공용 가솔린 수요가 크게 늘었는데, 이는 전쟁의 양상과 방식까지 바꿔놓았다. 나치 독일이 소련을 침공한 것도, 일본 군국주의자들이 동남아시아를 침략한 것도 바로 그 석유 자원 때문이었다.[5] 이미 석유가 전쟁의 승패를 가름할 요소가 될 정도로 중요해졌으며, 산업화에서도 필연적인 자원이 됐기에 자본이 원유자원 확보에 몰리는 건 당연한 일이었다. 1930년대 후반 사우디아라비아를 비롯한 중동에서 대규모 유전이 발견[6]됐는데, 이때부터 석유산업은 본격적으로 자본의 전쟁터로 변화했다.

다국적 석유회사에 맞선 산유국

제2차 세계대전 이후 세계 석유시장은 몇 개의 다국적 석유회사 그룹이 장악하고 있었으며, 그중 이른바 '일곱 자매Seven Sisters' 혹은 '7공주'라고 불리는 주요 메이저 7개 회사의 손아귀에 좌지우지됐다.

앵글로-이라니언 오일 컴퍼니Anglo-Iranian Oil Company(현재 BP, British Petroleum), 로얄더치셸Royal Dutch Shell, 스탠더드 오일 컴퍼니 오브 캘리포니아Standard Oil Company of California(현재 Chevron), 걸프 오일Gulf Oil(나중에 Chevron에 흡수 합병), 텍사코Texaco(나중에 Chevron에 흡수 합병), 스탠더드 오일 컴퍼니 오브 뉴저지Standard Oil Company of New Jersey(Exxon으로 변경했다가 현재는 Exxon Mobil), 그리고 스탠더드 오일 컴퍼니 오브 뉴욕Standard Oil Company of New York(Exxon으로 변경했다가 현재는 Exxon Mobil)이 바로 그들이었다.

---

5) 전쟁 후 분석과 평가에 따르면, 일본은 진주만 침공 전에는 거의 전량의 석유를 미국에서 수입했으나, 개전 이후 미국의 금수조치가 내려지자 동남아시아 유전에서 채유한 석유를 사용했는데 옥탄가가 너무 낮아 비행기나 전함의 성능에서 큰 차이가 나서 패전할 수밖에 없었다고 한다.

6) 1908년 페르시아, 1927년 이라크, 1938년 사우디아라비아-쿠웨이트에서 대규모 유전이 발견됐다.

앞의 유럽의 두 회사를 제외한 나머지 다섯 개의 회사는 모두 미국 록펠러 그룹 산하의 회사들이었다. 이 회사들이 전 세계 석유시장에 무소불위의 영향력을 행사했다. 담합은 식은 죽 먹기였고, 자신들의 이익을 위해서라면 악마와도 기꺼이 손을 잡았다.

이들 다국적 석유회사들은 중동의 석유를 공동투자 등의 방법으로 막강한 카르텔을 형성하며 지배하기 시작하면서 이른바 메이저 국제석유자본의 힘을 과시했다.[7] 이들은 국적을 가리지 않고 거의 모든 곳에서 사업을 전개하며 수직적으로 통합했다. 그들은 석유 자원지역과 석유 소비지역의 공업국에 걸친 다국적기업이었고, 더 나아가 수송·가공·판매를 통괄해 모든 조업을 완벽하게 장악한 기업[8]이었다.

이들은 산유국과 포괄적인 이권 계약을 통해 60~70년가량의 장기간에 걸쳐 광대한 지역에 배타적이고 독점적인 조업 권리를 손에 넣었다. 소액의 이권료만 해당 국가에 지급하면 그뿐, 정작 산유국은 조업에 전혀 개입할 수 없었다. 이렇게 구조적 장벽을 마련했기 때문에 산유국들은 빛 좋은 개살구와 같았다.

갈수록 석유의 중요성이 커지자 메이저 회사들은 이권료 대신 소득세를 지

---

7) 1927년 이라크에서 대규모 유전이 발견되자 미국과 프랑스의 석유회사들이 뛰어들면서 통치권을 위임받은 영국이 더 이상 이라크의 석유를 독점할 수 없게 됐다. 영국·미국·프랑스 석유회사들은 1928년 7월 31일 레드라인협정Red Line Agreement에 합의했다. 그 결과 5개 회사가 독점하게 됐다. 이들 5개 회사는 튀르키예, 이라크, 시리아, 아라비아반도를 포괄하는 지역에서 단독으로 시추하지 않는다는 포기각서를 쓰고 중동 석유에 대해 배타적 권리를 갖는다고 선언했다. 이때부터 중동 석유에 대한 메이저 석유회사들의 횡포가 시작됐다. 레드라인협정은 1948년까지 지속된 메이저 석유회사들의 국제 카르텔이었는데 흥미롭게도 후에 중동 산유국들이 석유 주권을 회복하면서 석유수출국기구OPEC를 만들게 된 모델이 됐다.

8) 수에즈운하Suez Canal는 지중해와 홍해를 연결해 중동의 석유를 유럽으로 공급하는 중요한 통로였다. 1950년대에 이미 하루 130만 배럴 이상의 석유가 수에즈운하를 통과해 유럽으로 향했다. 이는 유럽 수요의 절반 이상이었다. 1956년 나세르가 수에즈운하를 국유화했을 때 정작 핵심 화물인 석유가 나는 곳에 대해서는 전혀 신경을 쓰지 않을 만큼 무관심했다는 건 메이저 석유회사들의 힘이 그만큼 막강하다는 걸 방증하는 것이었다.

불하는 방식으로 이익을 나누기로 했지만, 여전히 모든 결정권은 그들의 손아귀에 있었다. 1950년대에는 서구공업국을 중심으로 한 석유 소비국들로부터 원유가격을 낮추라는 압력을 잇따라 받았다. 수요자가 일방적으로 자신들에게 유리한 가격을 요구하는 특이한 일들이 태연히 벌어진 것이다. 중동에서는 원유 생산량이 크게 증가하며 '인디펜던트'라 불리는 독립계 석유회사들까지 국제 석유산업에 뛰어들면서 유가를 둘러싼 갈등이 고조됐다. 시장은 커졌어도 산유국은 원유를 생산하기만 할 뿐 가격을 결정하는 데에는 아무런 관여도 할 수 없었고, 막대한 이익도 그저 그림의 떡에 불과했다.

1959년 2월 다국적 석유회사들이 중동산 원유와 베네수엘라산産 원유 구입가격을 '일방적으로' 10퍼센트 인하하겠다고 통보하자, 이들 산유국들은 당연히 반발했다. 그러나 스스로의 힘으로 저항하고 해결할 수 없었기 때문에 이에 반발한 사우디아라비아와 베네수엘라가 소련의 석유장관과 회담한 후 메이저 석유회사들에 석유협의위원회 개최를 요구했다. 그러나 이들 기업은 그 요구를 무시하며 눈 하나 꿈쩍도 하지 않았다. 이런 상황에서 미국은 정치 전략상 중동산 원유 대신 캐나다와 멕시코에서 원유를 도입하려 하면서 또다시 원유 구입 가격을 일방적으로 인하했다.

마침내 산유국들의 분노가 폭발했다. 그들은 다국적 석유기업의 횡포에 휘둘리지 않기로 합의하고 원유가격 인상을 위한 협의를 시작했다. OPEC은 그렇게 탄생했다. 1961년 1월 이란, 이라크, 쿠웨이트, 사우디아라비아, 베네수엘라 등에 의해 공식적으로 구성된 OPEC는 1961년 카타르, 1962년 인도네시아와 리비아가 가입함으로써 덩치를 키웠다.[9]

그러나 과연 OPEC의 저항이 기존의 다국적 석유기업들에게 영향을 미칠

---

9) 1967년 아랍에미리트, 1969년 알제리가 추가로 가입했다. 그리고 70년대에는 1971년 나이지리아, 1973년 에콰도르, 1975년 가봉 등을 새 회원국으로 받아들였다. 그러나 인도네시아는 2009년에, 카타르는 2019년에 탈퇴했고 에콰도르는 1992년 일차 탈퇴 후 2007년 재가입 후 2020년 다시 탈퇴했다. 2016년 기준으로 OPEC 회원국의 석유매장량은 전 세계 매장량의 약 70퍼센트를 차지했다.

수 있을까에 대해서는 그렇지 못할 것이라는 예측이 거의 절대적이었다. 그러나 그런 우려를 벗어나게 되는 데에는 오랜 시간이 필요하지 않았다. 그 도화선에 이스라엘이 불을 당겼기 때문이었다.

뉴 레프트와 비트 문화

젊은 좌파 뉴 레프트,
혁명의 시동을 걸다

영국에서 뉴 레프트 운동을 펼쳤던 청년들은 당시 영국 사회에 대해 때론 분노하고 때론 절망하거나 회의적이었을 것이다. 미국과 달리 그들의 정치·사회적 비판은 수용보다 비난과 왜곡으로 대응됐다. 그래도 굴하지 않고 끊임없이 연구와 토론으로 자신들이 살고 있는 현실과 나아가야 할 미래에 대한 고민을 접지 않았다.

　《New Left Review》라는 잡지를 만들어낸 것은 그것을 지속해서 그리고 깊게 탐구하고 토론하는 지적 토양을 만들었다는 점에서 중요하다. 그 힘들이 다양한 방식으로 표상되면서 보수와 수구에 대해 반작용을 했다는 것만으로도 이미 그들은 큰 역할을 한 셈이었다. 그리고 그들이 일생 동안 그 신념을 버리지 않고 진보적 사유를 멈추지 않았다는 건 부럽고 존경스러운 일이다. 뉴 레프트가 던진 사상적 고민과 투쟁은 어느 시대에나 요구되는 성찰이고 실천이다.

　미국에서의 〈플레이보이〉 창간은 기성세대의 위선과 지나친 억압에 대한 도전이었다. 청교도적 도덕의 강요가 더 이상 먹혀들어가지 않는다는 상징이기도 했다. 그냥 단순히 성적 본능의 충동만 자극한 것이 아니었다. '죄가 아닌 것을 죄로 몰아간' 낡은 관습과 도덕에 맞불을 놓은 것이었다.

1933년 스콧 니어링은 『Fascism』을 출간했다. 그는 이 책에서 파시즘을 제약 없는 자본주의의 한 형태로 생각했고, 세상에 대한 첫 번째 경고라고 언급했다. 그는 이런 선구자적 생각과 단호한 태도 때문에 이미 두 번이나 대학에서 쫓겨났고, 순회강연 요청도 끊겼을 뿐 아니라 일찍이 국가에서 위험 인물로 분류했고, 1916년에는 법무부가 그의 원고를 압수했으며, 심지어 스파이 혐의로 기소되기까지 했다.[1] 그러나 그는 끝까지 타협도 굴복도 하지 않았다. 이 시기에 그는 사회당에 가입했다.

1956년 뉴 레프트New Left(신좌파)의 탄생은 제2차 세계대전이 끝난 후 영국 역사의 중요한 전환점이 됐다. 전후 영국의 사회주의자들은 기존의 노동당 정치나 스탈린주의와는 다른 독자적인 운동의 건설을 꾀했다. 그것은 '아래로부터의 사회주의'[2]라는, 민주주의 전망을 새롭게 모색한 중요한 첫걸음이었다. 이들이 주목한 것은 영국 사회에서 소외가 여전할 뿐 아니라 갈수록 심해지고

---

1) 당국이 제출한 유일한 증거는 미국 금권정치를 비판하는 니어링의 논문인 『거대한 광기』하나뿐이었다. 그는 최후진술에서 신념에 찬 목소리로 자신의 믿음과 철학을 설파했고, 30시간이 넘는 배심원들의 평결 끝에 무죄판결을 받았다. 배심원을 포함해 재판에 참석한 모든 사람들에게 깨우침을 일으킨 니어링은 당시 전쟁 관련 혐의로 기소돼 무죄 판결을 받은 유일한 사람이 됐다. 그러나 책을 출간한 출판사 랜드스쿨The Rand School of Social Science은 스파이법 위반 혐의로 3천 달러의 벌금을 물어야 했다.

2) 정치사회적으로 중요한 것은 사회주의가 새로운 사회를 대표하려면 대중이 자신들을 해방하는 과정을 통해서 성취돼야 한다는 점이었다. 마르크스Karl Marx(1818~1883)는 제1 인터내셔널(국제노동자협회)의 선언문에서 "노동자 계급의 해방은 노동자 계급 스스로 쟁취해야 한다"고 천명했는데, 이 선언이 '아래로부터의 사회주의'의 원형이었고, 그것을 어떻게 해석하고 실천하느냐의 문제가 다양한 사회주의를 파생시켰다. 제2차 세계대전 이후 영국의 사회주의는 이 문제에 대한 해석으로 다양한 노선 투쟁과 갈등을 겪었다.

있다는 현실이었다. 이에 따라 소외의 근본 원인에 대한 연구를 수행해 그것을 해소할 수 있는 실천적 방안을 찾는 것이 중요하다는 인식이 나타났고, 그에 따른 새로운 운동을 모색하기 시작했다.

1959년 격월간 저널 하나가 출간됐다. 옥스퍼드대학의 젊은 연구원들이 뭉쳐 1957년에 창간한 《University and Left Review》와 요크셔의 리즈대학 역사학 강사 톰슨Edward Palmer Thompson(1924~1993)[3]과 헐대학의 역사학자 존 새빌John Saville(1916~2009)이 함께 창간한 《New Reasoner》를 합쳐 새롭게 펴낸 잡지였다. 이 저널이 바로 《New Left Review》이다.

'뉴 레프트New Left'란 분명 '올드 레프트Old Left'를 겨냥한 용어였다. 올드 레프트는 영국 노동당을 지칭하는 개념이었다. 이미 그 당시에 '상대적으로 진보적인' 노동당의 강령이 현실 타협적으로 변질하고 있다는 비판을 받고 있었던 때였다. 1956년 수에즈 사건과 헝가리 사태, 그리고 스탈린 비판 등의 문제에서 노동당이 퇴행적 행보를 일삼고, 공산당은 갈수록 교조주의적 경직성을 벗지 못한다는 비판을 제기하면서, 젊은 학자들이 새로운 대체적 개념으로 제시한 것이 뉴 레프트였다.

진보의 우경화와 뉴 레프트의 탄생

이들 뉴 레프트는 스탈린 체제와 서구 자본주의의 비인간성을 모두 비판하

---

3) 훗날 영국의 역사가, 작가, 사회주의자, 평화운동가로 활약한 톰슨은 1950년대 말 영국의 제1차 뉴 레프트에서 중요한 역할을 맡았다. 그는 1960년대와 1970년대에 노동당 행정부를 상대하는 기개 높고 의기 당당한 좌파 사회주의 논객으로 맹활약을 펼쳤으며, 소련공산당을 추앙하는 구좌파와 엘리트주의에 빠진 뉴 레프트를 가리지 않고 모두 비판했다. 그는 파시즘적 사상과 태도를 가장 경계하고 비판하며 맞서 싸운 민주적 사회주의자였다.

며[4] '사회주의 휴머니즘'[5] 사상을 주창했다.

스스로 진보를 자처하는 영국 노동당은 특이하게도 위기 때마다 우경화하는 성향[6]을 보였다. 진보 성향의 유권자들은 특히 노동당이 집권한 뒤 복지비용을 줄여 국방비로 충당하는 모습에 충격을 받고 실망했으며, 그 점이 노동당 내부 갈등에서도 그대로 드러났지만 고령화된 노동당 지도부는 애써 그것을 무시했다.

진보적 태도를 고집스럽게 유지하는 것이 노동당의 득표를 위한 확장성에 도움이 되지 않는다고 판단한 그들은 사회주의 정책을 외면하고 오히려 우파 정책의 개발과 선택에 몰입했다. 복지비용 삭감이 국방비 증액으로 연결되는 건 바로 그런 발상의 결과물이었다. 기존의 지지자들은 계속해서 자신들을 지지할 것이라는 독단적 판단에 기인한 것이었다.

그러나 뉴 레프트는 혁명을 단순히 정치권력을 탈취하는 것 이상으로 생각하고, 사회주의를 인간의 해방과 결부시키려고 했다. 더 나아가 광범위한 문화까지도 정치의 대상으로 파악해야 한다고 여겼다. 즉 모든 일상 그 자체가 정치의 영역이라는 것이었다. 따라서 이전과는 달리 그들은 정치적 조직화를 꾀하거나 권력을 획득하는 데에는 크게 관심을 두지 않고, 사상운동을 통해 좌파적 사유와 가치를 소생하는 것에 목적을 두었다. 그러면서 새로운 계급사회의 내부구조를 분석함으로써 왜 사회주의적 가치가 쇠퇴하는지에 대해 탐구했

---

4) 1956년 제20차 당 대회에서 흐루쇼프가 스탈린의 학정을 폭로하자 홉스봄 Eric Hobsbawm(1917~2012)을 비롯한 서유럽 좌파는 큰 충격을 받았다. 게다가 이들이 그 충격을 채 추스르기도 전에 소련군은 헝가리를 짓밟았고, 이에 좌파는 의미 있는 대안으로 《New Left Review》를 창간했다. 이들은 학술적으로 아래로부터의 노동계급의 역사와 세상을 바꾸려는 자발적이고 대중적인 민중의지를 발굴해냈다.

5) 그러나 이 사상의 모호함 때문에 어떤 사람들은 이것을 마르크스주의에 작별을 고하는 수단으로 이용하기도 했다.

6) 이런 태도는 비단 영국 노동당에만 해당하는 것이 아니라 거의 모든 나라의 이른바 진보정당 모두에 해당한다. 미국 민주당의 우경화도 결국은 이른바 '중도 세력'의 흡수라는 명분에서 비롯했다. 그렇게 대부분의 진보정당이 변질 혹은 변절하는 과정을 보였다. 그러나 결국 정체성을 상실한 정당과 정치는 모호함만 키우면서 퇴행하고 소멸하는 절차를 거치는 경우가 대부분이었다.

다. 당연히 노동당의 우경화에 대한 비판과 다양한 소외 문제에 집중하게 된 것은 그런 이유 때문이기도 했다.

　　뉴 레프트가 특별히 관심을 기울인 부분은 갈수록 늘어나는 정치적 무관심의 흐름이었다. 사회주의적 가치를 실현하기 위해서는 정치에 관심이 커져야 하는데 오히려 무관심에 빠져드니 거기에서 탈출해야 한다는 절박감이 팽배했다. 그들이 보기에 영국은 사회주의를 실현하기에는 자본주의가 지나치게 성숙했고, 좌파는 이 절정기를 활용하기는커녕 오히려 권력 획득에만 몰두해 스스로 쇠퇴를 자초했다고 판단했다. 그러나 이런 뉴 레프트 운동은 영국에서도 잠깐 주목받기는 했지만 크게 영향을 끼치지는 못했다.[7]

　　언제 어디서나 기존의 방식에 대해 만족하는 시대는 정체된다. 낡고 모순된 방식에 대한 회의와 분노는 기성세대의 비판과 억압을 받지만 공감을 느끼는 세대의 호응에 따라 탄력을 받게 마련이다. 그러나 분노가 체념과 자리를 맞바꾸는 순간 그것을 거부할 수 있으면 반동은 필연적이다. 그건 어떤 역사에서나 마찬가지였다.

　　특이하게도 뉴 레프트 운동이 미국에서는 정치가 아니라 사회·문화적 방식으로 나타나고 있었다.

사회·문화적 방식으로 진화한 미국의 뉴 레프트

　　제2차 세계대전 이후 자본주의 황금시대는 풍요를, 특히 미국에 더 집중적으로 선물했다. 당시까지도 미국에서는 프로테스탄트 윤리가 강력하게 사회를 지배했다. 그것이 기성세대의 방식이었다. 젊은 세대는 물질적 풍요 속에서 오히려 심각한 정신적 빈곤을 느꼈다. 이전 역사에서 경험할 수 없을 정도의

---

7)　뉴 레프트에 참여한 인물들의 면면이 사회주의자와 공산주의자 혹은 그런 입장에 동조하는 이들이어서 애써 무시된 면이 있었고, 노동당 정부조차 우경화하던 당시 사회적 흐름 때문이기도 했다.

놀라운 풍요가 자신들이 만들어낸 것이 아니라 기성세대가 만들었고, 자신들은 소비만 하는 입장이라 주체성의 결여로 인한 결핍감을 느꼈기 때문이었다.

갈증은 자연스럽게 기성세대에 대한 비판 정신으로 자라났다. 미국에서 뉴레프트가 정치적으로 발화하기 전에 청년세대가 사회·문화적으로 수용하고 반응했다는 점은 매우 주목할 일이었다. 미국의 청년 세대와 뉴 레프트는 정치권력의 속성과 권력투쟁보다 일상생활에서 부딪히는 고민과 갈등을 풀어내는 일이 더 시급하다고 여겼다.

학생, 청년, 지식인 등의 반발은 지배체제뿐 아니라 전통적 좌파에 대해서도 반발했다는 점에서 이전과 달랐다. 그들은 자본주의 체제 아래에서 억압된 삶을 강요당하는 실업자, 소수민족들과 더불어 인간적인 참된 자율성을 요구했다. 결국 뉴 레프트를 낳은 건 고도화한 자본주의의 체제적 안정 아래 확산하는 구조적 모순과 그에 따른 소외 문제였던 셈이다. 당시 사람들은 영국에서의 뉴 레프트가 영국 사회주의의 새로운 이정표를 제시할 것인지에 대해 주목했다. 물론 기성세대는 여전히 못마땅해 하며 불편한 시선으로 이들을 주시했다.

영국과 미국의 흐름은 많이 달랐지만, 기존의 것을 대체할 수 있는 새로운 가치와 이념을 찾고자 하는 것은 상통했다. 달리 보자면, 미국의 청년들은 아직 영국의 젊은이들처럼 사상 논쟁과 정치 토론 등에는 관심을 덜 가졌거나 지적 치열함이 상대적으로 결여된 면도 있었는데, 그런 문화적 전통이 여물지 않은 사회였기 때문이기도 했다.

미국의 청년세대는 어른들의 가치관과 훈육에 질려했다. "놀지 말고 열심히 일해라, 따지지 말고 복종해라, 돈 벌어라, 마약 하지 마라, 빈둥거리지 말고 열심히 공부나 해라" 등 후렴처럼 따라다니는 어른들의 잔소리가 바로 기성세대의 체제와 문화라고 판단했다.

그들은 프로테스탄트 윤리가 낡고 진부하며, 자신들을 옥죄는 것이라고 여겼다. 그럴수록 더 이상 그들의 훈시 따위에 휘둘리는 것보다 거기에 저항하는 것이 훨씬 더 매력적이라 느꼈다.

미국에서의 뉴 레프트도 학생들을 주축으로 한 조직으로 나타났지만, 아직은 그들이 본격적으로 활동할 만큼 정치·사회적으로 성숙한 상황은 아니었다. 평화운동과 시민권운동으로 발화하고 반전운동으로 확장하기까지는 아직 시간이 더 필요한 듯 보였다. 미국에서의 뉴 레프트 현상이 영국에서와는 달리 정치나 경제보다 문화적인 양상으로 먼저 표출된 건 주로 문학과 영화 등에서였다.

1955년 제임스 딘James Dean(1931~1955)이 주연한 영화 〈이유 없는 반항Rebel without a Cause〉이 던진 반향은 꽤 컸다. 그와 비슷한 시기에 작가 앨런 긴즈버그Allen Ginsberg(1926~1997), 노먼 메일러Norman Mailer(1923~2007) 그리고 잭 케루악Jack Kerouac(1922~1969) 등이 이른바 '비트 문학'[8]의 씨앗을 뿌리고 있었다.

케루악은 '비트 운동'이라는 단어를 처음 만든 당사자로 35세였던 1957년 자전적 소설이자 대표 작품인 『길 위에서On the Road』를 출간했다. 이 소설은 기존의 소설 양식을 답습하지 않았으며, 오히려 특정한 형식 자체를 거부하고, 가난과 자유를 찬미하는 내용을 담아냈다. 그것은 완전히 새로운 방식이었고, 기성세대는 낯설어했지만, 이런 저항에 환호하는 젊은 세대는 그를 우상화할 정도였다. 그는 기존 소설의 인습적 양식에 불만을 느끼고, 즉흥적이며 명확한 종결도 없고, 편집도 하지 않은 글을 씀으로써 정제되고 세련된 양식인 것처럼 여겨온 진부한 문학에 대놓고 저항했다.

케루악과 가까운 친구가 된 긴즈버그는 서사시 「울부짖음Howl」에서 자연스러운 대화와 가락으로 있는 그대로의 현실, 특히 전후 미국 사회에 만연한 물질만능주의와 도덕적 무감각에 대한 반감을 표현했다. 그의 시는 날카로운 단검과도 같았다. 긴즈버그는 군국주의·물질주의에 대해 반대했을 뿐 아니라 성적 억압에 대해서도 넌더리 치면서 비판했다. 그러나 당시는 기성세대가 이런 도발을 받아들일 태세가 전혀 마련되지 않은 시대였다.

---

8) 1960년대 미국에서 등장한, 제도와 관습으로부터의 일탈·저항과 반체제·반문화 운동 따위를 특징으로 하는 비트 세대Beat Generation의 문학으로 기존의 모든 스타일과 한계에서 벗어난 완전히 새로운 문학의 형태를 추구했다.

비트 문학은 관습에서 벗어나 기존의 체제에 저항하고 일탈하는 메시지를 담아내면서 완전히 새로운 문학의 형태를 추구했다. 비트 문학가들에게 미국의 현대 산업사회와 질서와 도덕은 추구해야 할 목표가 아니라 거부하고 타파해야 할 대상이었다. 그들은 낡고 진부한 것에 대한 복종과 순응을 거부해야 한다고 끊임없이 외쳤다.

이들의 문학에 심취한 세대는 기존 체제에 기생하는 자들의 가식과 위선을 비판하고 자신이 추구하는 가치를 공유하며 서서히 거대한 세력을 형성하기 시작했다. 그러나 그들은 정치 세력화를 꿈꾸지 않았다. 조직적 저항이나 비판이 아니라 일종의 정신 사조처럼, 그리고 그나마도 개인적 성향과 태도로 표현하고 공감하는 정도에 그쳤다. 이 점에서 분명 영국과 크게 달랐다.

하지만 곧 그들이 살고 있는 시대와 사회는 불가피하게 이들을 중요한 사회적 문제로 이끌어낼 조짐들을 드러내기 시작했다. 그래서 정작 행동의 영역에서는 미국 청년들이 영국 청년들보다 훨씬 더 치열한 투쟁으로 나서게 될 것을 예고했다.

1950년대 후반의 비트 세대의 반문화는 독특하고 고유한 공동체를 만들어가기 시작했다. 이들은 제2차 세계대전 이후의 관료 기술주의와 산업주의 문명에 반기를 들었다. 그것들이 준 풍요를 맛보았으면서도 오히려 그 대가가 인간의 존엄성과 개성을 말살하고 억압한다는 걸 일찌감치 깨달았던 것이다. 특히 미국이 안고 있는 인종주의와 정치적 보수주의에 대한 회의를 느끼기 시작했고, 성적 억압과 여성의 권리에 대해 조금씩 목소리를 모으기 시작하면서 이들의 태도가 주목받기 시작했다.

1953년 휴 헤프너Hugh Marston Hefner(1926~2017)는 성인잡지 《PLAYBOY》를 창간하면서 곧바로 종간될 것이라 생각하고 일련번호를 매기지 않았다. 그러나 놀랍게도 폭발적으로 인기를 모았다. 이제는 근엄하고 보수적인 성적 태도도 변화하고 있는 건 분명했다.

위선적 근엄함과 숨 막히는 도덕주의는 여전히 기성세대의 방패였지만, 그것을 비판하고 저항하며 맞서는 창의 등장은 필연적 대결을 예고했다.

드골과 프랑스 청년들

위대한 프랑스 대신
진정한 자유를 달라

한 사회의 위선과 모순을 먼저 느끼고 반응하는 건 청년들이다. 그러나 그들에게는 실질적 권한이 없어서 당장 어떤 역할을 하거나 대안을 제시하지 못한다. 그런 이유로 무시당하기 일쑤다. 그들에게 귀를 기울이는 사회는 스스로 혁신할 수 있지만, 반대로 무시하고 억압하는 사회는 진화는커녕 퇴행을 거듭한다. 안타깝게도 그 값을 치르는 건 기성세대가 아니라 청년세대이다. 먹어치운 사람과 그 찌꺼기를 치우는 사람이 일치하지 않는 게 부조리이다. 정의는 그렇게 무너진다. 그걸 경계할 수만 있어도 다행이다.

드골이 외친 '위대한 프랑스'의 구호는 분명 매력적이었지만 이미 '위대함' 운운한다는 것 자체가 이제는 위대하지도 않다는 것을 반증하는 것이었다.

공허한 구호는 콤플렉스에서 나온다. 현실은 구호로 해결되는 게 아니다. 비전이 의제가 되려면 현실적이고 냉정한 로드맵이 갖춰져야 한다. 자존심이 상했다며 역학구조를 무시하고 성급하고 무모한 선택을 하는 것도 부작용을 낳는다. 21세기 국제사회에서도 그대로 반복된다. 그걸 정치적으로 이용하는 교활한 자들이 세상을 어지럽힌다.

1960년 프랑스는 유럽의 다른 나라들에 비해 인구 유입이 크게 늘었다. 무엇보다 북아프리카 식민지로부터 들어온 이민자의 증가가 인구 증가의 큰 몫을 차지했다. 더불어 출산율도 증가했다. 프랑스의 인구는 4,500만 명을 넘어섰다. 그 가운데 대학생의 수가 20만 명을 넘었다.

제2차 세계대전 이후 프랑스는 대학의 문턱을 낮추고 보다 많은 학생을 선발해야 한다는 쪽으로 의견이 모였다. 현대 자본주의의 기술적 필요를 충족하기 위해서는 고급 인력이 증가해야 한다는 점에는 이견이 없었다. 문제는 늘어나는 인원에 따른 교육 인프라, 교원, 재정 등 질적 조건은 별로 향상되는 게 없었다는 점이었다. 그런 상태에서 학생 수를 더 늘린다면 과연 양질의 교육을 받을 수 있을 것인가, 그리고 증가한 학생들이 졸업한 뒤 충분하게 취업할 수 있을 만큼 경제적 상황이 좋을 것인가 등은 여전히 숙제로 남아 있었다. 그런 상황에서 알제리에 대한 프랑스의 위선과 모순을 목격한 청년들의 분노가 점점 더 커졌다.

세상의 변화에 맞춰 프랑스에서도 변화의 움직임이 뚜렷했다. 1958년 9월 28일 국민투표를 통해 새로운 헌법이 제정되고, 제5공화국이 세워졌다. 드골은 위대한 프랑스의 재건을 제시하며 강력한 통치력을 확보하고자 했다. 추락한 프랑스의 자존심[1]을 드골이 되살려낼 것이라는 희망이 그를 선택하게 만들었다.

위대한 프랑스 재건의 화신, 드골

드골은 기존의 식민지에 대해서는 유연한 태도를 취해 프랑스의 식민지들이 독립과 새 헌법의 수용을 선택하게 함으로써 기니가 독립했고, 다른 식민지는 새 헌법을 받아들였다. 베트남은 진작 프랑스의 손을 떠났고, 알제리는 여

---

1) 제2차 세계대전 때 독일에 패배했고, 막대한 전쟁 비용으로 재정은 바닥났으며, 베트남에서도 패배하고, 심지어 수에즈운하까지 빼앗기는 등 프랑스의 자존심이 구겨지는 일들의 연속이었다.

전히 골칫거리였으며 곧 손을 떼게 될지도 몰랐다. 그러나 이전의 식민 지배에 대한 사과는 없었고, 식민지에서 벌인 프랑스의 침략과 그 전범을 처벌하지 않겠다는 점을 분명히 함으로써 모순적 태도를 보였다.

드골은 프랑스의 위대함을 지키기 위해서는 미국에 의존하고 소련의 눈치 보는 일을 피해야 한다고 판단해서 의식적으로 반미 정책을 채택했다. 일찍이 미국의 대통령 프랭클린 루스벨트Franklin Delano Roosevelt (1882~1945)가 지적[2]한 것처럼 드골은 자신을 메시아라고 착각하는 '구세주 콤플렉스Messiah Complex'를 갖고 있었다.

프랑스는 자국 방어뿐 아니라 강대국으로서의 면모를 갖추기 위해 핵무기를 실험하고 개발하는 일에 박차를 가했고,[3] 미국의 대對 베트남 정책을 반대했다. 심지어 드골은 곧 나토에서 탈퇴할 생각을 굳히고 있었다. 그는 미·소 양국 중심의 세계 질서에 대해 강한 거부감을 나타내며 독자적인 외교 노선을 전개했다.

드골이 내세운 가장 강력한 정통성은 자신이 전쟁 때 독일과 맞서 싸웠고, 부역자들을 철저하게 응징하고 처벌[4]했으며, 자신의 내각에 레지스탕스 경력의 각료들을 대거 포진시켰다는 점이었는데 정작 자신은 알제리나 베트남에 사과하지 않음으로써 스스로 모순적이라는 점을 드러냈다. 나치 부역자와 비시Vichy정부 관계자들을 처절하게 응징하고 숙청하면서 정작 프랑스가 과거에 저질렀던 비도덕적인 일에는 무관심한 이중성을 보인 것은 청년들로 하여금 기성세대의 위선과 오만에 대한 비판과 저항의 빌미를 제공했다. 엄밀히 말하

---

2) 루스벨트는 "드골이 정직한 사람일지는 모르지만 스스로를 메시아라고 착각하는 '구세주 콤플렉스'를 가진 것 같다"고 평했다.

3) 수에즈운하를 둘러싸고 벌어진 제2차 중동전쟁에서 미국이 영국과 프랑스 편을 들지 않고 소련의 눈치를 보는 것을 경험하면서 프랑스는 미국이 핵전쟁에서 자신들을 우선적으로 보호하지 않을 것이라는 경각심을 갖게 됐기에 독자적 핵 개발을 서둘렀다.

4) 그러나 전범재판 때 나치의 괴뢰정부인 비시정부 수반이며 자신의 군대 상관이던 페탱Henri Philippe Petain(1856~1951)이 사형선고를 받았으나, 드골의 청원으로 종신형으로 감형됐다. 제1차 세계대전 '베르됭의 영웅'이었던 페탱은 드골이 영국으로 망명하는 걸 눈감아 줬다.

자면 청년들의 불만은 드골의 독선적 태도 때문이었지만, 그것을 비판하면서 자연스럽게 이런 문제들을 제기하게 됐고, 그게 부각되고 큰 흐름이 된 것이었다.

사회에 대한 신뢰를 거두는 파리의 청년들

청년들은 기독교의 보수성과 교조주의 그리고 도덕적 엄숙주의가 빚어내는 경직성에 질려서 종교와도 거리를 두었다. 경건한 삶을 강조하는 건 인간의 본성을 억압하는 것이며, 기존 체제와 질서를 강화하는 것이라는 인식이 그들을 반종교적 태도로 변하게 만들었다. 일찍이 1894년 드레퓌스 사건[5] 때 프랑스 가톨릭교회가 보여주었던 보수성과 정치권력과의 유착을 잊지 않았고, 20세기 중엽에도 19세기 말이나 큰 차이가 없는 교회의 모습을 보면서 종교에 대한 무관심과 경멸은 갈수록 커졌다.

억압과 통제의 한 축이 서서히 사라지고 있었다. 호수의 얼음은 아래부터 녹는다는 걸 깨닫는 사람들은 그리 많지 않았다. 자신들이 딛고 있는 얼음이 언제나 단단할 것이라고 믿고 있을 뿐이었다.

두 차례의 세계대전에서 자존심에 크게 상처를 입고 수에즈에서 망신을 당한 프랑스 국민들은 위대한 프랑스의 재건을 내세운 드골을 지지했다. 그러나

---

5) 1894년 프랑스 육군 군법회의가 드레퓌스Alfred Dreyfus(1859~1935) 대위에게 반역죄로 종신형을 선고했다. 프랑스 군부는 독일로 넘겨진 비밀 서류의 필적과 그의 필적이 비슷하다는 혐의로 무고한 유대계 포병 대위에게 간첩 혐의를 덮어씌웠다. 정작 진범인 에스테라지Ferdinand Esterhazy(1847~1923) 소령에게는 무죄를 선고했다. 이 사건은 국가안보란 이름으로 은폐됐지만, 여론이 극단적으로 둘로 갈렸고 에밀 졸라Emile Zola(1840~1902)가 〈나는 고발한다〉는 신문 기고문으로 큰 반향을 일으켜 결국 1906년 최고재판소에서 드레퓌스는 무죄 평결을 받고 군에 복귀했다. 이 사건으로 개인의 자유와 그것을 억압하는 정치권력·교회 등에 대한 비판이 일었고, 군부와 가톨릭 등 기득권 세력이 추진하던 왕정복고 시도도 자취를 감췄다. 이 사건으로 자유·평등·박애의 프랑스대혁명 정신이 완성됐다는 평가를 받았고 현대 프랑스의 민주주의와 정의에 큰 이정표가 됐다.

드골의 지나친 고집과 독선이 향후 빚어낼 갈등에 대해서도 여전히 감당하고 지지할 것인지는 아무도 알 수 없었다. 무엇보다 프랑스의 경제가 점점 증가하는 대학생들의 취업을 보장해 줄 만큼 성장할 것 같지 않다는 불안한 예상이 스멀스멀 고개를 들었다.

겉으로는 평온한 듯 보였지만 도화선과 불의 거리는 조금씩 가까워지고 있었다. 여전히 드골의 권위와 권력, 지지도는 막강했지만, 청년들은 '위대한 프랑스'의 허구와 위선을 눈치채고, 기성세대에 대한 불신과 혐오를 키워가기 시작했다.

마거릿 생어와 경구피임약

여성에 의한,
여성을 위한, 여성의 투쟁

인류 역사에서 가장 오래된 차별이 바로 남녀 차별이다. 기독교적 사고에 익숙한 사람들은 구약성서 창세기에 최초의 여성 이브가 최초의 남성 아담의 갈비뼈에서 나왔다고 '증거'[?] 운운하지만, 그건 성경을 남자들이 썼다는 증거에 불과할 뿐이다. 남자가 여자에 비해 큰 근육을 갖고 있고, 전쟁과 노동에 유리하기 때문에 '생존'을 책임진 대가로 우월성을 독점했을 뿐이다. 창세기의 모태가 되는 위대한 서사시 〈길가메시〉에는 남녀가 함께 창조됐다고 쓰었다.

산업혁명은 근육 의존도를 현저히 줄이는 기계 동력의 출현으로 여성의 임금노동을 가능하게 했다. 몇몇 특정한 일을 제외하곤 큰 덩어리 근육을 쓰는 경우가 크게 줄었고, 거의 모든 작업이 컴퓨터 등으로 작동될 수 있는 지금도 남근 숭배 사유에서 벗어나지 못하는 사람들이야말로 시대착오에 빠진 것이다.

유교적 전통과 가부장적 구조에서 여성에 대한 원천적 차별이 극심했던 대한민국에서 마거릿 생어 같은 인물이 없었다는 건 여성들의 허물이 아니라 아예 그런 생각을 할 수 없게 억압한 남성 중심 사회 탓이다.

남녀의 차이는 존재한다. 거기에 차별이 덧씌워지면 이데올로기가 된다.

서구여성사의 위대한 개척자 거다 러너Gerda Lerner(1920~2013)는 그 차이의 열등한 부분에 계속해서 이데올로기가 가해지면 차별이 자라난다고 했다. 그 비판이 여전히 유효하다는 것을 부끄러워해야 한다.

1912년 스콧 니어링은 여성들에게 참정권이 부여되지 않았던 시기에 『Women and Social Progress』를 출간해서 개혁을 촉구했지만 아무도 그의 메시지에 귀를 기울이지 않았다.[1] 남성들은 여전히 여성을 '소유'하며 여성은 자신들이 '통제'하는 대상에 머물러야 한다는 생각에서 벗어나지 못했기 때문이었다.

남자들은 도대체 왜 여자들이 그토록 피임에 집착하는지 이해할 수 없었다. 그들은 임신과 출산은 신성한 것이라는 믿음이 건전한 사회의 기본적 가치와 개념이라고 확신했다. 그런데 거기에 반발하는 '못된 여자들'이 있었다. 남자들은 그런 '반사회적' 태도를 용납할 수 없었다. 그래도 여성들은 끊임없이 권리를 위한 투쟁을 계속했다.

평생 여성의 투표권과 피임의 권리를 위해 투쟁했던 사회행동가 마거릿 생어Margaret Sanger(1879~1966)는 1916년에 피임 클리닉을 열었다는 이유로 체포됐고, 법정 투쟁을 벌이면서 단체[2]를 설립했다. 마거릿은 뉴욕의 가난한 이민자 가정에서 태어났는데 그녀의 어머니는 결핵환자임에도 18번 임신하고 11명의 아이를 낳았다. 그녀는 결핵에 유산까지 여러 번 겪으면서 몸이 쇠약해졌고, 결국 49세에 사망했다. 마거릿에게 어머니의 삶과 죽음은 매우 강하게 각인됐다. 훗날 그녀는 간호사가 돼 브루클린 빈민가의 이민 여성들을 치료하면서 원

---

1) 이에 앞서 1911년에는 『The Solution of the Child Labor Problem』을 출간해 아동노동 문제의 심각성을 지적하고 그 문제의 해결을 위한 노력을 했지만, 니어링에게 돌아온 것은 기득권자들의 보복과 박해였다.

2) 뉴욕 브루클린에 개소한 산아제한 클리닉Birthcontrol Clinic은 주로 이탈리아 이민자와 유대인이 거주하는 하층 노동자 빈민가인 인구과밀지역에 있었다. 9일 동안 464명의 여성이 다녀갈 정도가 되자 개소 10일째 되는 날 경찰이 들이닥쳤고, 재판에서 생어에게 30일간의 강제노동 판결이 내려졌다.

마거릿 생어는 여성들에게 피임법을 가르쳤고, 《The Woman Rebel》
를 창간해 글을 몰라도 알 수 있도록 상세한 피임 정보를 그림으로
그려서 누구나 쉽게 이해할 수 있게 했다. 그녀는 산아제한 클리닉을
열었다는 이유로 공안질서방해죄로 체포되기도 했다. 그렇게 온갖
수모와 제한을 받아온 그녀가 '피임약' 개발을 꿈꾼 것은 여성의 주
체적인 피임법에 대한 고민의 결과였다.

치 않는 임신과 위험한 낙태 시도로 죽는 이가 많다는 걸 목격하면서 충격을 받고, '여성이 피임을 선택하고 행사할 권리'에 헌신하기로 결심했다.

그러나 현실은 암담하고 장벽은 견고했다. 수십 년 동안 막강하고 과도한 영향력을 행사해온 '컴스토커리Comstockery' 혹은 일명 '컴스톡법Cumstock Laws'이 가장 크고 직접적인 장애물이었다. 컴스톡법은 주州와 지역사회 수준에서 벌어지는 온갖 형태의 비도덕적·외설적 행동을 없애려는 입법 활동을 총칭하는 것이었다. 그래서 연방음란규제법Federal Obscenity Statute에 따라 '피임'을 입 밖에 꺼내는 것조차 외설적이라고 제재를 받는 분위기였으며, 도서관에서도 피임에 관한 책을 찾기 어려웠다. 미국의 22개 주는 피임약 판매를, 30개 주는 광고를 금지했다. 심지어 매사추세츠주는 여성에게 피임약 한 알만 팔아도 1,000 달러의 엄청난 벌금을 매기거나 징역형을 선고했다. 우체국에서도 임의로 외설적인 내용물이라고 판단하면 접수를 거부할 수 있었다.

이쯤이면 한 개인이 그 장벽을 무너뜨린다는 건 달걀로 바위 치는 격이었다. 그러나 마거릿 생어는 포기하지 않았다. 그녀는 말했다.

"엄마가 될 것인가 말 것인가를 자기 뜻대로 선택하지 못한다면 어떤 여자도 자유롭다고 말할 수 없다. 여성은 자기 몸의 절대적인 정부가 돼야 한다."

여성반란과 피임약 에노비드

그녀는 여성들에게 피임법을 가르쳤고, 성교육 칼럼을 쓰기도 했으며, 《The Woman Rebel》이라는 잡지를 창간했다.[3]

문맹인 여자들이 꽤 많았기 때문에 글을 몰라도 이해할 수 있도록 상세한 피임 정보를 '그림으로 그려서' 누구나 쉽게 이해할 수 있게 했다. '산아 제

---

3) 1914년 3월에 마거릿 생어가 편집·발행인으로 간행했지만, 같은 해 7월 미국 우정국은 음란 출판물로 판단, 우송 불가물로 판정해서 곧바로 폐간됐다.

한Birth Control'[4]이라는 용어를 대중화시킨 것도 그녀였다. 그런 그녀를 당시 남성 사회는 결코 용납하지 않았다. 마거릿은 피임 클리닉 즉 산아제한 클리닉을 열었다는 이유로 공안질서방해죄로 체포됐다.

그렇게 온갖 수모와 제한을 받아온 그녀가 '피임약' 개발을 꿈꾼 것은 여성의 주체적인 피임법에 대한 고민의 결과였다. 하지만 마거릿 혼자 그 문제를 해결하는 것은 불가능했다. 다행히 그녀의 오랜 친구로 여성참정권 운동가이며 억만장자였던 캐서린 매코믹Katherine McCormick(1875~1967)[5]이 그녀에게 상당한 금액을 기부했고, 오랫동안 피임 연구에 몰두해온 내분비과학자 그레고리 핑커스Gregory Pincus(1903~1967)[6] 박사가 참여하면서 함께 피임약 개발에 나섰다. 1920년대 말에 '인간의 과학The Science of Man'이라는 야심 찬 프로그램을 시작했던 록펠러재단The Rockefeller Foundation의 투자 항목 중에 '섹스의 생물학적 탐구'가 포함돼 후원[7]했던 것도 큰 역할을 했다.

미국에서는 피임약을 제공하는 것 자체가 불법이었기에 우회적인 과정을 거쳐 1957년 어렵사리 피임약 에노비드Enovid가 미국식품의약국FDA의 승인을 받았지만 '임신 방지' 즉 피임이 아니라 '월경 조절'이라는 용도였다. 여전히 19세기에 제정된 낡은 법을 고수했기 때문이었다.

피임약이 여성을 음란하게 만들고 비도덕적으로 타락시키거나 심지어 매

---

4) 20세기 초만 해도 산아제한이란 말은 그 자체로 음란과 금기였다. 그것은 신의 뜻을 거역하는 죄악으로 인식되기도 했다. 이 금기를 깨뜨린 사람이 바로 마거릿 생어였다.

5) 생물학자이기도 했던 그녀는 시카고의 부유한 가정에서 태어났고 수확용 기계를 발명한 사이러스 매코믹Cyrus McCormick(1809~1884)의 아들인 사업가 스탠리 매코믹Stanley McCormick(1874~1947)과 결혼했지만, 결혼 후 2년 만에 남편이 정신분열증 진단을 받았고 그녀는 여성 참정권 쟁취운동에 힘을 쏟았다. 남편이 사망하면서 1500만 달러의 거액을 상속받았다.

6) 핑커스는 1930년대에 이미 야생 토끼의 난세포를 체외 수정시켜 '프랑켄슈타인을 만드는 박사'라는 비난을 받기도 했던 성호르몬 스테로이드 대사 분야의 전문가로서 웨스터재단의 실험생리학연구소장으로 근무할 때 마거릿 생어와 만나 그녀의 권고를 받아들여 흔쾌히 연구에 착수했다.

7) 록펠러재단이 새로운 어젠다에 아주 많은 돈을 투자한 동기는 자연과학·의과학·사회과학에 기반한 사회적 통제에 대한 포괄적 설명 및 응용적 틀로서의 인문과학을 확립하는 것이었다. 기업이 만든 재단이지만 미래의제와 인간 가치 등에 대한 진보적 시각을 갖고 있었다.

춘을 조장한다는 논리를 토대로 마련한 그 낡은 법규는 1873년에 제정된 것들이다. 그런데 그것이 1세기 가깝게 여성들의 목을 조였다. 그러나 수십만 명의 여성들은 이미 그것을 피임약으로 사용하고 있었다. 1960년 드디어 공식적으로 경구피임약이 세상에 정식으로 등장했다.

페미니즘의 본격화

2016년 미국의 한 온라인 매체 〈The Little Things〉는 1950년~1960년대 미국에서 '여성에게 허락되지 않은 11가지 일'을 게재했다.

은행 계좌 개설1974년 평등신용거래법 제정까지 남편이나 가족 중 남자의 허락이 필요했다, 배심원 되기, 법 집행, 아이비리그 대학 입학하버드대학은 1977년까지 여성 입학을 허락하지 않았고 예일대학과 프린스턴대학은 1969년에야 허락했다, 사관학교 입학웨스트포인트 사관학교는 1976년에 허락, 전투 투입, 피임약몇 개의 주에서 1960년 인정, 출산휴가1978년 임신에 대한 차별금지법 제정, 공공장소 모유 수유아이다호주는 여전히 금지, 보스턴 마라톤 참가1973년부터 허용, 우주비행사 되기1978년 물리학자 샐리 라이드(Sally Ride, 1951~2012)가 최초 등이 바로 그것이었다.

20세기 들어 여성에게 참정권이 주어지고 여성의 권리에 대한 요구가 꾸준히 제기됐지만, 여성에 대한 차별은 여전히 높은 벽이었다. 그러나 뜻하지 않게 전쟁이 여성들로 하여금 자신의 권리를 자각하거나 요구하는 계기가 됐다.

건장한 남자는 전쟁에 나가야 했기에, 군수물자를 생산해야 하는 노동력을 여성이 제공하는 비율이 높아졌다. 기계가 작동하는 공장의 생산방식은 이전처럼 남성의 큰 근육에 크게 의존하지 않았기에 여성이 맡아서 수행할 노동 영역이 커졌다. 여성이 임금노동자가 됨으로써 경제적 독립체로서의 가능성이 생겨난 것은 자연스러운 일이었다.

그러나 전쟁이 끝난 후 여성의 역할과 권리는 다시 축소됐다. 가부장제의 뿌리는 너무나 깊고 전방위적이었다. 일자리는 다시 남성의 차지로 돌아갔다. 그렇게 제2차 세계대전이 끝난 뒤 엄마와 아내의 역할이 여성의 본능이며 본분이라는 사회적 압력은 이전의 페미니스트들의 성과를 무위로 돌아가게 만들었다. 법 앞에서의 평등이 현실의 평등으로 이어지지 않는다는 사실을 겪은 여성들은 기존의 정치적 이데올로기, 경제적 구조, 교육의 불평등, 문화적 차별 등에 의해 여성의 문제를 왜곡하고 난관에 빠뜨리는 현실에 분노했다.

그런 상황에서 생물학적 성별로 인한 모든 차별을 부정하는 페미니즘이 점차 가열하기 시작했다.

페미니즘이 갑자기 생긴 건 아니다. 19세기부터 꾸준히 여성의 권리에 대한 논쟁과 투쟁이 있었고 참정권 획득이라는 승리도 얻었다. 그러나 여전히 선언적 차원에 그쳤을 뿐이었다. 그런데 1960년대에 들어서면서 새로운 시민운동과 뉴 레프트에 참여하면서 페미니즘은 여성 이슈에 집중하는 전략을 선택하게 됐다.

1962년 헬렌 브라운Helen Gurley Brown(1922~2012)[8]은 『Sex and the Single Girl』이라는 책을 통해 독신 여성도 섹스가 필요할 뿐 아니라 자유롭게 즐겨야 한다고 주장해 엄청난 충격을 주었다. 아직은 보수적인 사고가 강했던 미국 사회에서 '정숙한' 여자들에게 섹스를 즐기라고 설파했으니 그럴 만도 했다.

그러나 이제 겨우 시작에 불과할 뿐 가야 할 길은 멀고 어쩌면 험난할지 모를 일이었다.

---

8) 헬렌 브라운은 미국의 대표적인 작가이며 카피라이터로서 명성을 누렸고 《Cosmopolitan》 편집인이자 발행인을 역임했으며, 남편 데이비드 브라운David Brown(1916~2010)과 함께 영화 〈죠스1, 2〉와 〈스팅〉을 공동 제작한 영화인이기도 했다. 《TIME》에 의해 미국에서 가장 영향력 있는 25명의 여성 중 한 사람으로 선정되기도 했다. 또한 저명한 언론인에게 수여하는 미국의 권위 있는 언론상인 '헨리존슨피셔 어워드Henry Johnson Fisher Awards'를 수상했다.

미나마타병과 침묵의 봄

환경재앙의
경고등이 켜지다

산업혁명의 영국, 동양근대산업화의 선두 일본, 그리고 19세기부터 빠르게 급부상한 미국. 이렇게 세 나라가 가장 먼저 환경문제에 직면한 것은 필연이었다.

　인간은 오랫동안 자연을 두려움의 대상인 동시에 재화의 대상으로 여겼다. 인간의 문명이 발전할수록 두려움은 줄고 재화로 보는 관점은 커졌다. 거기에 산업의 발달은 이전에는 상상도 못 하던 엄청난 결실을 주었다. 거기에 취해 마음껏 욕망을 채웠다. 그러나 그 열매에는 독이 묻어 있었다.

　마침내 그 독에 혀가 닿자 고통을 겪어야 했다. 그러나 아직 그 과일을 마음껏 먹어보지 못 한 사람은 그 독을 두려워하기보다 독이 묻어있더라도 그 과일을 맛보면 좋겠다고 갈망했다.

　그런 나라 중 하나가 1960년대 대한민국이었다. 그 독이 치명적이더라도 그 과일을 손에 넣고 싶어 하는 사람들이 권력을 손에 쥐었다. 자신들은 그 독을 먹지 않을 것이라 여겼다. 아무도 그 독에 주목하지 않았다. 과일만 보였다. 설령 그걸 눈치챘더라도 입에 재갈을 물리면 된다고 가볍게 생각했다. 영국이 템스강을 복원하는 데에 얼마나 많은 시간과 돈을 퍼부어야 했는지 따위는 관심도 없었다. 자연의 파괴와 환경오염은 다음 세대의 자산을 약탈하고 거기에 부채까지 떠넘기는 짓임을 깨닫기까지는 많은 시간이 걸렸다.

안락한 중산층 가정의 삶이라는 '일반적인 꿈'을 포기하고 자신의 신념을 지키고 실천할 수 있는 삶을 선택한 마흔다섯 살의 스콧 니어링은 그의 인생 후반부를 함께 한 최고의 반려자이자 동지인 아내 헬렌 니어링 Helen Nearing(1904~1995)과 함께 도시를 떠나 버몬트주의 숲속으로 들어갔다. 그곳에서 농사를 지으며 딱 필요한 만큼의 수입을 얻을 수 있는 분량의 단풍사탕시럽을 만들어 팔며, 귀농 생활을 시작했다. 극도로 단순하고 검약하며 가난한 생활이었지만 자급자족하는 삶에 충실했다. 스콧과 헬렌은 1950년 그들의 거의 유일한 경제적 수입원이던 단풍사탕시럽을 만드는 법을 다룬 『The Maple Sugar Book』을 썼으며, 1954년 조금도 낭비하지 않고 자연을 훼손하지 않는 검소한 삶을 담아낸 책 『조화로운 삶 Living the Good Life』을 출간했다.

1951년 어느 날 영국에서 1주일 동안 4,000여 명의 환자가 스모그 Smog (Smoke+Fog의 합성어, 석탄매연) 피해로 사망했다.[1] 하수처리 시설이 미비한 상태여서 온갖 오염물질로 악화한 템스강에서는 물고기가 사라진 지 오래였다. 런던에서는 스모그가 심해서 앞을 보지 못할 지경이었다. 오죽하면 의사가 왕진할 때 시각장애인을 길잡이로 고용하는 경우까지 생겼을까.

런던에서 스모그는 일상사였기에 그저 그러려니 하고 지냈던 시민들은 이 급작스러운 대규모 사망자 소식에 충격을 받았다. 그 상태로는 도저히 살아갈 수 없다는 절박감이 들었다. 이 지경에 이르자 런던시는 가장 시급한 문제를

---

1) 1952년 12월 5일~9일 사이 5일 동안 런던에서 Great Smog로 1만 명 이상이 사망한 사상 최대 규모의 대기오염에 의한 공해 사건이 발생했다. 이것은 전 세계의 환경오염에 대한 경각심을 불러일으켰고, 영국 의회는 1956년 청정대기법 Clean Air Act을 제정했다.

공기와 강의 정화[2]로 정했다. 그러나 여전히 다른 나라와 도시들에서는 별 관심이 없었다.

작은 공업도시의 재앙, 미나마타병

1956년 4월 일본 구마모토熊本현 남동부에 있는 작은 도시 미나마타水俣에서 다섯 살짜리 소녀가 병원에서 검사를 받았다. 소녀는 걷거나 말하는 것을 힘들어 했으며 지속적인 경련 증상까지 보였다. 이틀 뒤 그 소녀의 여동생도 같은 증상을 보여 입원했다. 소녀의 엄마는 의사에게 이웃집 딸도 같은 증상을 겪고 있다고 알렸다.

그래서 모든 집을 조사했더니 8명의 환자가 추가로 발견됐다. 계속해서 원인 불명의 중앙신경계 질병이 발견됐다는 보고가 이어졌다. 심지어 고양이와 다른 야생 동물들도 경련을 일으키고 미친 것처럼 보이다 죽어가는 모습까지 목격됐다.[3]

구마모토대학 연구팀은 미나마타시를 정기적으로 방문해 세밀하게 조사했다. 연구팀은 어떤 사전 경고도 없이 신체의 감각을 상실하게 하는 이 질병의 원인에 대해 연구했다. 오랜 연구 끝에 알게 된 이유를 확인하고 충격을 받았다.

이 병의 환자들은 작은 물건을 잡는 데에도 어려움을 겪었고 단추도 잠그지 못할 정도였다. 걸을 때는 비틀거렸고 목소리까지 바뀌었다. 어떤 환자들은 보고 듣는 것조차 힘들고 삼킬 수도 없다며 고통을 호소했다. 갈수록 증세

---

2) 1878년 템스강을 오가던 프린세스앨리스호가 침몰해서 승객 800여 명 가운데 600여 명이 사망한 사고가 있었는데 상당수가 익사가 아니라 유독가스로 인한 질식사일 정도였다. 1950년대 후반부터 본격적인 정화사업에 나서 1974년에는 140년 만에 연어가 되돌아오는 성과를 이루기도 했다.

3) 주변의 고양이들이 춤추는 듯한 움직임을 보여서 '고양이춤병'으로 부르기도 했다. 고양이뿐 아니라 까마귀들이 하늘에서 떨어지고, 바다에서 해초가 더 이상 자라지 않았으며, 바다 표면에는 물고기들이 떼로 죽은 채 떠오르기도 했다.

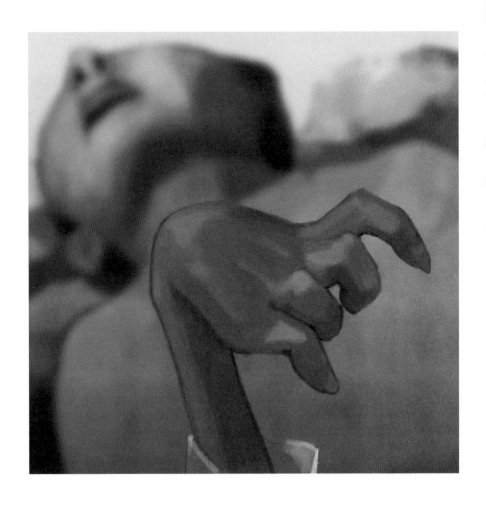

오랫동안 자연은 두려움의 대상인 동시에 재화의 대상이었지만, 문명이 발전할수록 재화로 보는 관점이 커졌다. 거기에 산업의 발달로 이전에는 상상도 못 하던 엄청난 결실을 얻었다. 거기에 취해 마음껏 욕망을 채웠으나, 열매에는 독이 묻어 있었다. 마침내 독이 혀에 닿자 고통스러웠다. 그러나 아직 과일을 먹어보지 못한 누군가는 독이 묻어있더라도 과일을 맛보면 좋겠다고 갈망했다.

가 악화하고 심한 경련을 거쳐 혼수상태에 빠졌다가 죽는 경우가 속출했다. 1956년 10월, 40여 명의 환자가 발생했고 그 가운데 14명이 숨졌다.[4]

미나마타는 1907년 일본질소비료주식회사의 카바이드 제조공장이 건설된 곳으로 전쟁 후 빠르게 성장한 공업도시였다. 이 사실에 주목한 구마모토대학 연구팀은 그 회사의 아세트알데히드초산 공장의 폐수가 원인이라는 것을 밝혀냈다. 주된 요인은 메탈수은이었다. 그러나 그것은 그저 지방의 작은 한 도시에서 발생한 불행한 일에 불과할 뿐 다른 도시들에는 아직은 남의 일이었다.[5]

환경재앙을 경고했던 환경학의 고전

1958년 1월 조류학자이자 《The Boston Post》의 편집자였던 올가 허킨스Olga Owens Huckins(1900~1968)의 편지 한 통이 친구인 레이첼 카슨Rachel Louise Carson(1907~1964)[6]에게 배달됐다.

허킨스는 1957년 여름 매사추세츠 주정부가 북부 해안 지역에서 모기 박멸

---

4) 메탈수은에 의한 미나마타병 환자는 2001년까지 공식적으로 2,265명에 달했다.

5) 그러나 이 사건은 일본의 민주화에 영향을 미쳤다. 희생자들에 대한 보상이 외면된 것은 피해자들이 병에 대한 무지로 인해 전염성을 두려워한 사람들로부터 배척당했기 때문이기도 했다. 그러나 어부들과 회사 직원들이 미나마타병 환자들이 토론할 수 있는 모임에 함께 참여할 수 있게 됐고, 언론에서도 큰 관심을 갖게 되면서 전후 일본에서 민주주의로 가는 밑거름이 됐다는 평가를 받았다.

6) 펜실베이니아여대에서 영문학을 전공하려 했던 카슨은 여성 동물학 교수들의 영향을 받아 생물학으로 전공을 정하고, 존스홉킨스대학에서 해양생물학을 공부한 뒤 미국연방어업국U.S. Bureau of Fisheries에서 조사와 연구를 하면서 작가의 꿈을 키웠다. 그녀가 쓴 두 권의 책이 상업적으로 실패한 건 시류 때문이기도 했다. 1941년에 출간된 첫 책 『바닷바람을 맞으며Under the Sea Wind』는 태평양전쟁 때문에 묻혔고, 1951년에 출간된 두 번째 책 『우리를 둘러싼 바다The Sea Around Us』는 시적인 산문과 정확한 과학적 지식이 독특하게 결합한 글이었지만, 사람들의 관심이 한국전쟁에 쏠려 있어서 주목받지 못했다. 다행히 이 책을 통해 그녀는 세계적으로 문학적 성과를 인정받게 됨으로써 어렸을 때부터 꿈꾸던 작가의 꿈을 실현해 주었다. 이 책으로 레이첼 카슨은 내셔널북어워드National Book Award 논픽션 부분을 수상했고 자연사 부분의 권위 있는 상인 존버로스메달John Burroughs Medal, 뉴욕 동물학회의 골드메달, 오두본소사이어티메달Audubon Society Medal을 받았다.

을 위해 살포한 DDT가 바람에 날려 조류와 곤충류들이 마구 죽어가는 사태에 분노해서 항의했지만, 주정부는 DDT가 인체에 무해하다며 묵살했다. 그녀는 그 답변을 믿을 수 없어 유사한 사건을 찾아 나섰다. 마침내 같은 사례가 뉴욕주에서도 발견되자 《Boston Herald》에 항의 편지를 기고하면서 그 편지의 사본을 카슨에게 보낸 것이다. 카슨은 허킨스의 편지에서 충격을 받고 살충제를 비롯한 화학물질이 어떻게 자연을 파괴하고 있는지 조사하기 시작했다.

미국에서는 제2차 세계대전 이후 활기가 되살아나면서 농업도 크게 발전하고 융성했는데 외래 식물과 곤충이 들어오며 큰 피해를 입히자 정부에서 농약을 대량으로 살포하는 상황이었다. 그것은 미국 농무성이 적극적으로 지원하는 중요한 사업이 됐다.

카슨은 곤충학자들, 조류학자들과 협력하며 각종 피해사례를 수집했다. 그 상황에서 그녀는 암 선고를 받았다. 설상가상으로 가장 의지하던 어머니가 세상을 떠난 상태였기에 가장 힘들었을 상황이었다. 그러나 그녀는 포기하지 않았다. 조사활동을 하면서 농약 살포를 반대하는 주장을 펴는 그녀에 대한 농약회사와 일부 정부 기관의 집요한 방해와 로비로 그녀의 심신은 너덜너덜해졌지만 레이첼 카슨은 결코 타협하지도 굴복하지도 않았다.

여러 어려움을 물리치고 부단히 노력한 결실을 맺었다. 《Newyorker》에 투고한 원고를 묶어 1962년, 20세기 환경학 최고의 고전으로 평가받는『침묵의 봄Silent Spring』을 출간했다.

아직은 아무도 주목하지 않고 환경이나 생태라는 개념조차 없는 사회였지만. 더 이상 새들이 지저귀지 않고 그래서 적막만 감도는 '침묵의 봄'이 겨울의 끝자락을 지나고 있었다.

1960s

1960년대를 가로지르며

제2부
불멸의 환상곡

Interlude

1960년, 세상은 겉으로는 평온했다. 20세기 전반부에 두 차례나 벌어진 세계대전의 참혹함이 끝난 지도 15년이 지났다. 제국주의 시대도 겉으로는 종말을 고했다. 20세기 후반에 다시 찾아온 새로운 벨 에포크였다. 두 차례의 전쟁으로 멈췄던 산업혁명의 혜택이 대량 생산과 대량 소비의 풍요로움으로 부활했다. 큰 전쟁도 없었고 새로운 풍요와 눈부신 기술의 발전에 감탄하기에도 바빴다. 겉으로는 그랬다.

전쟁은 모든 것을 멈추게 만들었다. 사상과 문화는 사치였고, 인격과 품위는 한가한 이야기에 불과했다. 인간이 얼마나 잔혹하고 야만적일 수 있는지를 목격했을 뿐이다. 예전에는 상상도 못할 규모의 사상자가 쏟아졌다. 그 끔찍한 전쟁이 끝났다.

승전국 미국으로부터 풍요의 순풍이 불어오기 시작했다. 살아남은 사람들, 해방된 사람들은 새로운 미래가 줄 희망과 욕망의 꿈을 꾸기만 하면 충분한 듯 보였다. 물론 지구에 사는 대다수는 여전히 가난했고 무지했으며 위선과 음모는 여전했지만, 그래도 살아있다는 것, 예전에 누리지 못한 것들을 마음껏 풍요롭게 누린다는 것만으로도 세상은 아름답다고 여기는 이들이 많았다.

기성세대는 그 전리품이 오로지 자신이 만들어낸 것이며 젊은 세대는 당연히 자신을 존경하고 복종해야 한다는 믿음을 굳건히 가지고 있었다. 자신도 그

나이를 겪었으면서도 말이다. 물론 그들이 겪은 청춘은 전쟁터에서 살아서 고향으로 돌아갈 수 없을지도 모른다는 두려움과 불안으로 가득했고, 세상의 모순과 어른들의 위선에 대해 맞서 싸울 기회조차 없었다.

그렇게 15년을 그럭저럭 큰 탈 없이 보내는 듯 보였다.

· 그 평온함은 억지로 눌러놓은 용수철이었다. 안도와 풍요가 잠재워 둔 일시적 평화였다. 세대는 충돌하지 않았고, 문명은 부딪히지 않았으며, 가치와 생활 방식은 갈등하지 않은 채 잠든, 폭풍 전야와도 같은 시간이었다. 불씨만 던져지면 언제든 터지고 번질 수 있는 거대한 화약고를 안은 채 곧 어떤 일도 가능해질 시간이 기다리고 있었다. 마침내 1960년이 됐다.

다가올 10년은 인류 역사상 가장 거세고, 가장 광범위한 지역에서 가장 다양한 문제가, 전쟁 때문에 외면하고 눌러뒀던 수많은 것들이 한꺼번에 쏟아질 운명을 잉태하고 있었다. 그 어떤 시대에도 보지 못했고, 그 어떤 미래에도 다시 보지 못할 연쇄 폭발을.

대한민국은 20세기 전반부를 거의 식민지 지배를 받으며 보내야 했고, 그로 말미암아 모든 것이 황폐화했다. 1945년 해방의 감격도 짧은 순간에 그쳤고, 극심한 대립과 갈등을 겪었다.

신탁통치 기간을 지난 직후인 1948년, 남북한이 따로 정부를 세우면서 꿈에도 생각하지 못하던 '두 개의 나라'가 됐다. 그리고 불과 2년 뒤 소련을 등에 업은 북한의 침공으로 3년의 피비린내 나는 내전을 겪으며 모든 것이 무너졌다. 친일 세력을 청산하기는커녕 그들을 비호하며 권력을 강화한 이승만 정권은 헌법을 바꾸면서까지 집권을 연장하려는 무리수를 두다가 결국 무너졌다.

학생들의 피로 이룬 혁명은 새로운 민주주의에 대한 기대를 한껏 드높였다. 그러나 새로 들어선 정권이 혼란을 극복하지 못하자 그 틈을 탄 박정희는 탱크를 앞세워 쿠데타를 일으켰다. 1961년의 5월에 벌어진 일이다. 박정희 소장은 2년의 군정을 거쳐 스스로 대통령으로 출마해 집권하면서 경제부흥을 외쳤다.

지긋지긋한 가난을 벗어나려는 욕망은 올바른 민주주의에 대한 염원보다 더 강할지 모른다. 굶어 죽지 않는 것이 최상의 욕망이 될 것이며, 1인당 소득이 채 90달러도 되지 않는 세계 최빈국은 앞으로도 오랫동안 바깥세상의 변화와 흐름에 대해서는 애써 관심을 갖지 않을 것이다. 그러나 그러기에는 1960년대의 세계는 너무나 뜨겁고 치열했다. 그리고 그곳에서 아름다운 꽃들은 여전히 피어났다. 언제나 그랬던 것처럼.

　꽃을 피운 사람들이 다음 세대를 이끌고 가게 될 시간, '불멸의 10년'이 다가오고 있었다.

장면 정부와 5·16군사쿠데타

혁명 이후 분열,
쿠데타의 빌미를 주다

어찌 공과 과가 함께 있지 않은 사람이 있겠는가. 둘을 저울에 올려 확실하게 한쪽으로 기운다면 판단이 쉽지만 엇비슷한 경우엔 곤혹스럽다. 그러나 그 곤혹스러움도 단순히 어떤 결과 혹은 부산물에 의해 판단되는 경우가 많다.

'성공한 쿠데타'는 처벌할 수 없다는 따위의 판결을 들먹이는 사회는 언제든 그 어두운 과거를 되풀이할 수 있어서 위험하다. 공을 말하려면 과에 대해 냉정하게 인식하고 인정하며 경고해야 한다. 그 반대도 마찬가지이다. 그게 최소한의 균형이다. 뭉뚱그려 우격다짐으로 자신들에게 유리한 점만 부각하는 건 오래 가는 부채가 된다.

훗날 전두환全斗煥(1931~2021)의 쿠데타도 그 악습을 교묘하게 이용한 것이었다. 이제는 군대를 동원한 쿠데타는 현실적으로 어렵지만, 온갖 '변종 쿠데타'가 기발한 방식으로 변주되고 있는데, 그 뿌리가 1961년의 쿠데타에 있다는 건 부정하기 어렵다.

혼란스럽다는 데에는 이견이 없었다. 작은 일을 크게 부풀려 과장하는 거야 늘 있는 일이었지만, 정치적 안정은 아득했고 사회적 불안은 갈수록 깊어졌다. 혁명의 뒤끝이 간결하고 깔끔할 수는 없는 노릇이다. 굳이 따지면 자연스러운 불안이었고 감내해야 할 혼란이었다. 그럼에도 불구하고 그것을 수습하는 정치력이 부족했던 건 부인할 수 없었다.

이승만의 하야와 자유당 정권의 몰락은 자연스럽게 민주당으로의 정권 교체로 이어졌다. 엄밀히 말하자면 민주당의 능력에 의한 집권이라기보다 이승만과 자유당 독재에 항거해서 싸운 학생들과 시민들의 희생으로 얻은, 즉 민주당이 주체적으로 획득한 권력은 아니었다. 제2공화국은 내각책임제로 정치 체제를 전환했다. 대통령 이승만의 과욕과 실패에는 대통령책임제도 일정 부분 책임이 있다는 판단과 대통령책임제는 독재로 흐를 가능성이 높다는 걸 절실하게 경험했기 때문이다.

1960년 7월 새로 바뀐 헌법에 의해 민의원과 참의원 선거가 시행돼 민주당이 압승했다. 영국이나 미국 방식을 따라 양원제를 처음 도입한 것처럼 보이지만, 이미 제1공화국 시절에도 양원제 국회였다. 상원에 해당하는 참의원과 하원에 해당하는 민의원으로 국회를 구성하기로 했지만, 이승만은 야당 인사 이시영李始榮[1869~1953][1]이 부통령으로 당선되는 걸 보고 부통령이 참의원 의장을 겸하는 규정을 따르지 않기 위해 참의원 구성을 허용하지 않았던 것이다.

마침내 1960년 8월 12일 민의원과 참의원으로 구성된 국회 합동회의에서 윤보선尹潽善[1897~1990]이 제4대 대통령으로 선출됐다. 그러나 의원내각제였기 때문에 대통령보다 국무총리 자리가 더 중요했다. 신파와 구파의 세력으로 대

---

1) 이시영은 1905년 외부 교섭국장에 임명됐으나 을사늑약을 계기로 사직하고 평안남도 관찰사와 한성재판소장 등을 역임했다. 그는 1908년 안창호安昌浩[1878~1938], 이동녕李東寧[1869~1940] 등과 함께 비밀결사 신민회新民會를 조직해 국권회복운동을 전개했다. 국권을 빼앗긴 후 조선 10대 부호였던 6형제가 함께 전 재산을 처분해 간도에서 독립운동을 펼치며 신흥무관학교 설립을 주도하는 등 항일운동에 전념했다. 이시영을 제외한 다른 형제들은 모두 고문사, 병사, 객사, 아사 등으로 해방 이전에 망명지에서 세상을 떠났다. 초대부통령에 당선됐으나 이승만의 전횡에 반대해 1951년 5월 국회에 부통령직 사임서를 제출했다.

립했던 민주당은 협상 끝에 구파가 대통령을, 신파가 총리를 맡기로 합의했다. 헌법으로 따지면 국무총리 지명권은 대통령에게 있었다. 하지만 그건 합의에 따른 절차에 불과했다. 그러나 윤보선은 신파가 추대한 장면 의원을 지명하지 않고 구파의 김도연金度演(1894~1967)[2] 의원을 지명[3]했다. 명백하고 비상식적인 도발이었고 횡포였으며, 정치 도의를 배반한 행위였다. 당연히 신파는 반발했다.

신파에서는 대통령은 구파에 양보하고 국무총리는 장면을 옹립한다는 전략이었는데 합의를 깬 구파는 밀어붙이면 대통령과 총리 자리 모두 석권할 수 있다고 여겼다. 그러나 표결에서 김도연은 지명 인준에서 부결되었고 결국 두 번째로 지명된 장면張勉(1899~1966)[4]이 과반수를 획득해 제2공화국 초대 국무총리로 인준을 받았다.

시작부터 불길했다. 자신들의 정치력으로 집권한 게 아니라 시민의 저항과 희생으로 만들어낸 정권이었음에도 집권당의 신·구파 갈등이 빚어낸 촌극이었다. 똘똘 뭉쳐도 될까 말까 할 판에 극심한 분열과 갈등은 스스로 정치력 부재를 낳고 말았다.

---

2) 김도연은 도쿄 유학생들이 거사한 1919년 2·8 독립선언 당시 11명의 대표 중 한 사람으로 유학에서 돌아온 후 교육자로 활동했고, 해방 직후 한민당 창설에 참여했으며, 우익 정치인으로 활동하다 대한민국 정부 수립 이후 제1대 재무부 장관을 역임했고 제헌의회부터 7대 국회까지 6선 의원을 지냈다.

3) 윤보선은 장면 정부를 도와주지 않고 사사건건 비판해 정쟁을 유발하더니 끝내 분당을 자행했다. 윤보선의 옹졸함이 쿠데타의 빌미를 제공한 셈이었다.

4) 장면은 초대 주미대사를 지냈고, 이승만 정권에서 제2대 국무총리(1950~1952)를 지냈으며, 민주당 후보로 출마해 제4대 부통령(1956~1960)에 당선됐다. 그러나 임기 내내 그를 정적으로 본 이승만의 노골적 견제와 무시가 반복됐고 1956년 9월 28일에는 민주당 전당대회에 참석해 연설 후 피격되기도 했다.

정치의 부재 속에 가속하는 사회 불안

모든 정치는 외부와 경쟁하고 내부에서 투쟁하면서 성장 발전하기도 하고 자멸하기도 한다. 그러나 민주당은 시작부터 내부 갈등과 반목을 노골적으로 드러냈다. 견제할 만한 야당 세력이 없는 상황에서 내부의 갈등은 더 심화했다. 차라리 선거에서 어렵게 이기고 야당의 공세를 막아야 하는 긴장이 있었다면 그런 내부 분열은 줄었을지 모른다.

독재정권을 무너뜨린 시민들의 자유의 갈망은 널리 퍼졌고 민주화 열망은 드높았다. 그것을 사회적 동력으로 전환할 수 있는 능력이 정치에 요구되는데 내부 분열만 심화하고 사회적 무질서는 갈수록 심해졌다.

경제문제와 실업자의 급증은 당장 해결해야 할 문제였지만, 그걸 해결할 사회 기반은 마련되지 않은 상태였다. 이승만 정권은 영구적인 정권 유지에만 관심을 기울였을 뿐 사회경제적 변혁에는 관심도 능력도 없었다. 허약한 경제 기반과 계속되는 시위로 사회는 불안과 분열만 더 크게 부각됐다. 민주당 집권 시기에 시위는 2,000여 건에 달했다. 심지어 자신들의 선생님을 전근 가지 않게 해달라며 초등학교당시 국민학교 학생들까지 시위를 했을 정도였다. 국회도 시위대가 점거하는 일에서 벗어나지 못했다.

한번 흐트러진 사회가 안정되는 건 결코 쉬운 일이 아니었다. 그런데도 정부는 여전히 내부 투쟁에서 벗어나지 못했고, 10개월 동안 세 차례나 개각할 지경이었다. 장관의 평균 재임 기간이 고작 두 달 정도에 불과했다. 내부 갈등은 해소되거나 완화되기는커녕 오히려 갈수록 악화될 뿐이었다. 정치력의 부재만 드러났다.

대통령 윤보선이 이끌던 구파는 끝내 1960년 9월 22일 장면 내각이 발족한 지 불과 한 달 만에 신당인 신민당을 발족시키며 갈라섰다. 창당 이전에도 신파와 구파가 국회 내에 따로 교섭단체를 구성했을 만큼 이들의 관계는 물과 기름의 수준이었다. 헌법상 대통령은 정당에 속할 수 없었지만 윤보선은 노골적으로 매사에 구파, 즉 신민당의 편만 들었다. 어떻게 자유당 독재를 무너뜨렸는지, 시민들이 무엇을 요구하는지 등에 대해서는 관심을 기울일 생각도 하지 않았다. 그렇다고 손 놓고 있기만 한 것은 아니었다.

장면 정부의 경제 드라이브

장면 정부는 경제개발계획을 발표하고, 국가 재건에 팔을 걷어붙이고 나섰다. 4·19혁명이라는 시대적 과제를 해결하기 위해 최선을 다하려 했다. 장면 내각은 경제정책의 기조와 구체적 실행을 구상했다. 국토종합개발계획을 통한 국토개발사업, 경제개발5개년계획 등 경제정책을 마련하고 그것을 위해 경제계획원과 건설부를 설치할 계획도 구상했다. 그걸 준비하고 실행에 옮기려면 적어도 몇 년이 걸려야 할 일이었다.

장면 정부는 '경제제일주의'를 정치의 최우선 방침으로 내세웠다. 다양한 경제 주체의 의견을 넓게 수렴하고 그 의견들을 조정하고 통합하는 것이 정치력이다. 정부는 본격적으로 그 일에 매진할 준비를 갖추기 시작했다. 정부는 종합경제 회의를 개최하고, 중앙경제위원회나 경제계획원을 통해 정부와 민간 부문의 역할을 조정했다. 또한 국토건설사업도 민관 협조의 형식으로 추진하기로 하는 등 경제 전문 관료들이 경제정책에 참여할 수 있도록 장려하고 민간 부문에서 제안하는 경제정책 건의도 수용하면서 구체적인 실현 방식을 모색했다. 그러기 위해서는 정치가 원활하게 돌아가고 정부가 제대로 작동되는 건 필수적인 조건이었다. 문제는 시간이었다.

장면 정권은 이승만 정권과 달리 민주주의적 원칙에 충실해야 한다는 점을 분명히 했다. 그래서 절차와 과정을 중시했고 경제정책을 시행하고 집행할 때도 경제적 질서에 특별히 관심을 기울이다 보니 시간 지체의 문제를 벗어날 수 없었다. 그 문제를 정치력으로 해결했어야 하는데 그 능력이 부족했다.

흔히 놓치기 쉬운 지점이 하나 있는데, 장면의 민주당 정권이 경제 제일주의를 천명했지만 재정적자의 문제를 해결할 방도가 없었기에, 국방비를 절감하고 연차적으로 병력을 줄여서 그 비용을 경제발전에 투자하려 했다는 사실이다. 국방의 문제는 미국과 공동방위체제를 강화함으로써 비용과 인력을 절감하면서도 실질적인 내용은 강화할 수 있다는 복안을 갖고 있었다. 그런데 국방비를 깎겠다는 발상에 당연히 군부는 동요했고 반감이 감지됐다. 그리고 이것은 곧 발발하게 될 쿠데타에 대해 군부가 강력한 반대와 제압 대신 수동적 입장을 취할 빌미가 됐다.

장면 내각의 선택은 국방을 통한 안보를 경시하겠다는 게 아니라 당시 북한에 비해 크게 뒤진 경제를 발전시키고 경쟁력을 갖추기 위해서는 경제가 최우선이라는 인식을 갖고 있었기 때문에, 그리고 일단 안보는 미국의 힘을 빌기로 했기 때문에 나온 판단이었다. 1961년 2월에 작성된 '경제개발5개년계획수립요강'에 그 전략이 잘 드러나 있다.

개인소득 100달러도 되지 못하는 세계 최빈국인 대한민국으로서는 이승만 정부 때 구호로만 외치던 '승공통일'이 시급한 게 아니라 국제 경제적 연대를 통해 경제를 발전시켜야 한다는 인식에 기인한 것이었다. 장면 정부는 경제의 총체적 위기를 타개하는 것이 4·19혁명의 과제라고 판단하고 국가 발전의 최우선 정책 기조로 삼은 것이었다. 그러나 이런 야심 찬 계획은 불과 석 달 뒤 정치군인들의 무력에 의해 권력을 빼앗기면서 물거품이 되고 말았다.

박정희의 5·16군사쿠데타

1961년 5월 16일 주동자 제2군 부사령관[5] 박정희朴正熙 (1917~1979) 소장이 이끄는 반란군이 쿠데타를 일으켰다. 박정희는 전면에 자신을 내세우지 않고 육군참모총장이던 장도영張都暎(1923~2012) 대장을 내세웠다. 장도영은 쿠데타에 참여하지 않았지만 육군참모총장이었기에 쿠데타의 명분을 확보하기에 유리했기 때문이었다. 모든 실권은 박정희가 장악하고 있었다. 머릿속으로 치밀하

---

5) 부사령관은 사령부급 부대에서 일인자인 사령관을 보좌하며 사령관의 부재 시 사령관을 대리하는 이인자로 실질적인 지휘권이나 병력 동원력이 없는 직책이다. 박정희 소장의 쿠데타 동원 병력이 많지 않았던 것도 그런 직책과 무관하지 않았을 것이다.

1961년 5월 16일 주동자 제2군 부사령관 박정희 소장이 이끄는 반란군이 쿠데타를 일으켰다. 순식간에 정권을 찬탈하고 입법권·사법권·행정권을 장악한 국가재건최고회의로 모든 권력을 움켜쥐었다. 4·19혁명이 일어나고 새로운 정부가 수립된 지 채 1년도 되지 않은 시간이었다. 쿠데타의 명분으로 부패와 무능을 빙자하기에는 너무 짧은 시간이었다.

게 계산한 박정희는 성공하면 권력을 자신이 차지할 생각이었고, 실패하면 장도영에게 뒤집어씌우면 된다고 판단했다.

장면 정부가 내세운 국방비를 줄이고 병력을 감소시켜 경제를 살린다는 계획은 그 내용과 대안의 현실성 여부 등을 따지기 전에 이미 불안과 불만을 일으키기에 충분했다. 특히 군부 내의 불만은 폭증했다. 병력이 줄면 자연히 장군을 비롯한 장교들의 수도 줄여야 할 것이기 때문에, 장면의 계획은 자신의 자신의 신분과 생존이 직결된 문제[6]였다. 특히 젊은 장교들은 선배들이 특별한 공적도 없이 초고속 승진으로 군의 요직을 차지하고 있는 것도 못마땅하던 차였기에 그 배신감은 더했다. 30대의 육군참모총장도 있었고[7] 20대 영관급 장교도 속출했던 1950년대를 경험한 젊은 장교들의 상대적 박탈감이 컸다. 게다가 사관학교를 비롯해 정식으로 군사학교 과정을 이수한 장교들의 진급은 적체돼 있었다. 그런 상황에서 병력의 감축 계획은 이들의 불안과 불만을 증폭시킬 수밖에 없었다. 박정희의 쿠데타에는 그런 요소들까지 교묘하게 섞여 있었다.

불과 3,000명도 안 되는 병력이 순식간에 정권을 찬탈했다. 그리고 입법권·사법권·행정권을 장악한 국가재건최고회의로 모든 권력을 움켜쥐었다. 4·19혁명이 일어나고 새로운 정부가 수립된 지 채 1년도 되지 않은 시간이었다. 쿠데타의 명분으로 부패와 무능을 빙자하기에는 너무 짧은 시간이었다. 그러나 이미 대세는 넘어간 뒤였다.

쿠데타로 권력을 찬탈한 군부는 자신들의 '혁명'의 명분을 민주당 정권의 무능력과 분열 그리고 경제 파탄 등으로 내걸었지만, 곧 그들은 민주당 정부가

---

6) 어느 시대 어느 국가나 군대의 개혁은 대부분 병력을 줄이는 결과를 유도하기 때문에 군의 반발이 따랐다.

7) 일본 육사 출신의 친일장교 정일권丁一權(1917~1994)은 30대 초반에 3군 총사령관, 중반에 육군참모총장, 후반에 연합참모총장지금의 합참의장을 두루 지냈다. 쿠데타 직후인 1963년 외무부장관, 1964~70년 국무총리를 역임했고, 이후 공화당 의장 서리, 국회의장 등을 역임한 뒤 1980년 쿠데타 이후 국정자문위원과 한국자유총연맹 총재로 활동했다. 장도영도 30대 초반에 육군참모차장과 2군사령관을 거쳐 30대 후반에 육군참모총장이 됐다.

세웠던 경제개발5개년계획 등을 차용해서 자신들의 고유한 자산인 것처럼 포장했다.

민주당 정부는 고작 9개월 집권으로 끝났다. 계획만 세워놓고 아무것도 하지 못한 채, 정치적 내분에 헛된 힘을 쓴 책임은 분명히 그들의 몫이지만 실행할 기회마저 빼앗은 쿠데타 세력은 그걸 장면 정부의 무능력으로 몰아갔다.[8] 민주당 정부는 그렇게 모든 것이 무능했고 부패했다는 오명을 뒤집어쓴 채 정치군인들에게 권력을 강탈당하고 말았다.

쿠데타로 정권을 빼앗은 군인 세력이 내세운 명분은 반공과 경제발전이었다. 그 선택은 매우 효과적이었고, 정권 내내 그것을 대대로 물려받은 보검으로 휘둘렀다. 그들이 뿌려놓은 그 두 개의 이데올로기는 대한민국을 아주 오랫동안 지배했고 결코 쉽게 탈색되지 않는 힘으로 계속해서 자라났다.

---

8) 장면은 쿠데타 세력이 민주당 정부의 무능을 빌미로 권력을 찬탈하자 자신들의 '무능을 보여줄 시간'이나 주었느냐며 울분을 토했다.

매카시와 케네디, 그리고 쿠바 사태

케네디,
미국 격변의 중심에 서다

지금도 젊은 정치지도자가 이따금 출현한다. 그러나 생물학적으로 젊다고 생각까지 젊은 게 아니라면 무의미하다. 정치인의 역량은 위기 상황에서 극명하게 다르게 나타난다. 젊은 정치지도자를 꺼리는 것도 그 때문이다.

　미국 역사상 최초의 40대 대통령이었던 케네디는 사안의 맥락을 정확히 인식하고 판단했으며 행동할 줄 아는 정치인이었다. 그는 또한 시대정신을 명확하게 인식하고 비전을 제시하며 로드맵을 짤 줄 알았다. 케네디도 그렇지만 그를 뽑은 미국 유권자의 담대함과 열린 정치관도 대단한 것이었다. 케네디는 허물이 많은 인물이었다. 그러나 그것을 뛰어넘는 매력과 능력을 가지고 있었다. 바로 시대정신에 대한 명확한 통찰력이었다.

"국무부 내의 공산주의자 205명의 명단이 여기 있다!"[1]

1950년 2월 9일 미국 웨스트버지니아주 여성공화당원 대회장에서 나온 조지프 매카시Joseph McCarthy(1908~1957) 위스콘신주 공화당 상원의원의 폭탄선언에 사람들은 경악했지만, 이 발언이 처음부터 강력한 파괴력을 가졌던 건 아니었다.

일찍이 1946년에 영국과 캐나다 등에서 공산주의자들이 소련의 간첩 활동을 한 게 드러났고 미국에서도 비슷한 일[2]이 밝혀져 충격이 채 가시지 않은 상태였는데, 매카시가 발언했던 당시는 소련이 원자폭탄 개발에 성공하고 중국이 공산화한 직후였으며, 곧이어 한국전쟁이 터지자 가뜩이나 공산주의 세력의 확장을 경계하던 시기였다. 그래서 매카시의 발언이 예사롭지 않았다. 문제는 그것을 계기로 미국 전역이 발칵 뒤집어질 현대판 마녀사냥이 본격화하기 시작했다는 점이었다.

소련이 핵무기를 갖지 못했을 때에만 해도 미국은 소련에 대해 군사적 우위를 유지하고 있었으나, 소련이 원자폭탄을 개발하자마자 순식간에 상황이 역전됐고, 미국은 이에 대해 크게 당혹했다. 제2차 세계대전 후 미국이 과감하게 국방예산을 삭감하고 재래식 무기를 감축할 수 있었던 것은 원자폭탄이라는 군사적 우월성 때문이었다. 이 때문에 재래식 무기에서는 오히려 미국이 소련에 비해 열세에 놓인 상태였다. 소련의 원자폭탄 개발로 군사력이 한순간에 역전되자 미국은 곤혹스러울 수밖에 없었다. 이로 말미암아 미국의 소련과 공산주의 세력에 대한 두려움은 커져갔다. 그 틈새에서 매카시의 얼토당토않은 마녀사냥, 매카시즘이 통했던 것이다.

---

1) 앨런 브링클리, 황혜성 옮김, 『있는 그대로의 미국사 3』, 휴머니스트, 2011. 274쪽. 그는 이 말에 덧붙여서 "공산당원이라는 사실이 국무장관에게 알려졌음에도 불구하고 계속 국무부에서 일하면서 미국의 대외정책을 입안하는 사람들의 명단이다"라고 말했다.

2) 미국에서도 앨저 히스Alger Hiss(1904~1996) 사건이 터졌다. 그는 국무부 차관보급으로 얄타회담 실무 책임자였는데, 국가 기밀을 소련에 넘겨준 과정이 낱낱이 드러났다. 1948년 비밀 공산당원으로서 국무부 기밀문서를 소련에 넘겼다는 혐의로 기소됐다.

미국 사회를 배회하는 매카시의 유령

이른바 '빨갱이 소동Red Scare[적색공포]'은 아무런 구체적 증거도 제시하지 못했어도 공포가 진실을 무너뜨린 대표적 사례가 됐다. 매카시의 광풍은 차관급부터 심지어 우편배달부에 이르기까지 수많은 공무원을 추방하게 만들었다. 그것은 정부 부서에 그치지 않았다. 의회·학계·예술계·연예계를 막론하고 '빨갱이 딱지'만 붙이면 모든 게 끝이었다. 청문회로 소환해 괴롭힌 사람만 해도 400명을 넘었고, 고위공직자 가운데 심장마비로 죽거나 자살하는 사례도 속출했다.[3] 말 그대로 광기 그 자체였다.

국민의 두려움과 좌절감이 매카시즘의 확산에 불을 붙였다. 빨갱이 미국인 혹은 미국에 '잠입한' 빨갱이를 고발하는 것은 대중의 임무인 듯했고, 호전적인 반공 운동은 빠른 시간에 미국을 장악했다. 그를 지지하는 사람들에게 매카시는 진정한 미국 정신의 수호자이고 헌신적인 애국자였으며, 그의 칼에 맞은 사람들은 이유 여하를 막론하고 추호의 동정도 해명도 허락되지 않는 반역자로 몰렸다.

명배우 험프리 보가트Humphrey Bogart[1899~1957]는 국가가 연주되는 동안 엉덩이를 긁었다는 이유로 혐의를 받는 웃기는 일조차 근엄하고 태연하게 일어났다. 채플린Charlie Chaplin[1889~1977], 피카소Pablo Picasso[1881~1973] 등의 예술가들은 만만한 밥이었고, 아인슈타인Albert Einstein[1879~1955] 같은 대학자도 빨갱이로 의심받았다. 매카시즘의 칼날에 바람처럼 날아간 공직자만 5,300여 명에 달했다. 마침내 전직 대통령인 트루먼Harry Truman[1884~1972][4]과 현직 대통령 아이젠하워까지 의심받을 정도였다. 미국 역사상 가장 광기에 휘둘린 시기, 비이성적인 시대였다. 제어장치가 없는 듯 고삐 풀린 망아지처럼 날뛰던 매카시는 급

---

3) 청문회 소환의 근거도 부모가 러시아 이민자이거나 공산당원과 방을 함께 쓴 적이 있다거나 상사가 한때 공산주의자였거나 혹은 그렇다고 의심을 받았다는 따위의 것들이었다. 심지어 흑인의 역사를 설명하는 강연에 참석했다는 이유로 소환된 경우도 있었다.

4) 트루먼은 공산주의에 대해 크게 반대하지 않았다는 것만으로도 의심을 받았다.

기야 군 수뇌부를 빨갱이로 몰아세우면서 스스로 자멸했다. 그때가 1954년이었다.

고작(?) 4년의 광풍이었던 매카시즘은 미국이 얼마나 허약할 수 있는지 보여준 부끄러운 현실이었다.[5] 그러나 역설적으로 공산주의에 대한 두려움과 반감이 얼마나 극심했는지 보여준 상징적인 사건이기도 했다.

매카시즘은 점차 소멸하는 듯했지만, 미국 시민들이 매카시즘 광풍에 넌더리를 내고 혐오감을 느끼게 된 상황이 끝난 건 아니었다. 일단은 극단적 반공주의에 대한 염증이 반작용으로 나타났지만, 매카시즘이 가능할 수 있었던 근본적인 이유, 즉 소련과 공산주의에 대한 내면의 공포는 소멸하지 않았던 것이다. 이후 내면의 공포는 형태만 달라졌을 뿐 네오 매카시즘이라는 그럴듯한 이름으로 매카시즘을 소환했다. 성숙한 민주주의 사회라 여겨지는 미국이었지만, 사회적 불안과 침체가 닥쳐오면 언제든 그 망령이 고개를 내밀었다.

어쨌거나 우선은 매카시즘이 막을 내리면서 그 우매했던 시선을 지우고, 망연했던 시간에 대한 손실을 보상하려는 듯 진보적 지평이 열리기 시작했다. 젊은 정치인 케네디는 바로 그런 혜택을 가장 많이 받은 사람들 가운데 하나였다.

젊은 대통령 케네디의 야심 찬 아폴로 계획

1960년 미국의 제35대 대통령 선거에서 당시 민주당 상원의원이었던 존

---

5) 1991년 소련이 해체된 후 공개된 문서에서 매카시가 간첩으로 지명했던 상당수의 인사가 간첩이거나 협력자였다는 게 밝혀지면서 매카시에 대해 재평가해야 한다는 입장이 제기되기도 했다. 매카시즘이라는 단어를 처음 사용한 것으로 알려진 미국의 저명한 중국학자 오언 래티모어Owen Lattimore(1900-1989) 교수도 협력자였다는 주장도 나왔다. 그러나 래티모어는 매카시가 끝까지 주모자로 몰았던 학자였지만 끝내 무혐의로 밝혀졌기 때문에 이런 주장에 신빙성이 떨어진다는 견해가 더 유력하다.

F. 케네디John Fitzgerald Kennedy(1917~1963)가 아이젠하워의 부통령이었던 공화당의 리처드 닉슨Richard Nixon(1913~1994)을 물리치고 미국 역사상 최연소 대통령으로 당선됐다.

최초의 가톨릭신자이며 아일랜드 이민자 후손 대통령이라는 기록뿐 아니라, 이른바 '오하이오 징크스오하이오주에서 패배한 후보는 미국 대통령에 당선되지 못한다는 징크스'를 깬 최초의 대통령, 20세기에 태어난 최초의 미국 대통령이기도 했으며, 본격적인 TV 정치 시대를 연 대통령이라는 평가를 받았다.

불과 마흔셋의 나이로 최연소 대통령이 됐으니 그것만으로도 이미 충분히 파격적이었다. 정치 이력이 짧은 이 젊은 정치인을 대통령으로 선택한 이유는 많겠지만, 가장 큰 이유는 이미 1950년대까지 미국을 지배한 낡은 사고와 관행이 마감되는 내부적 움직임들이 꿈틀거렸기 때문이었다.

케네디는 대통령 선거 유세를 하면서 미국이 핵무기 개발 경쟁에서 소련에 뒤졌기 때문에 미사일 격차를 줄여야 한다고 강조했는데, 소련은 단순히 미사일 경쟁만이 아니라 우주탐사에서도 이미 미국보다 한 걸음 더 나아가고 있었다. 1950년대 미국과 소련은 더 강력한 로켓 엔진을 만들어 핵미사일을 누가 더 멀리 날려 보낼 수 있는지 경쟁하는 상황에까지 치달았다.

우주탐사의 시작은 미국이 먼저였다. 1957년 미국은 우주탐사를 위한 평화적 목적의 과학 위성을 발사하겠다고 선언했다. 강력한 로켓 엔진의 개발은 인공 물체를 지구 궤도 밖으로 보낼 수 있을 만큼 성장했다. 우주탐사 경쟁의 시작은 두 나라뿐 아니라 동서 양兩진영의 경쟁으로 의미가 부여됐다. 그런데 정작 인공위성을 우주로 발사하는 데 성공한 것은 소련이 먼저였다. 1957년 스푸트니크호 발사가 미국에 던진 충격은 매우 컸다.[6]

조급한 마음에 서둘러 발사한 미국의 첫 로켓은 불과 2초 만에 폭발하면서 실패했다. 자존심이 크게 상한 미국은 총력을 기울여 그 경쟁에서 승리하는 데

---

6) 미국 사회가 받은 충격과 이후의 급격한 변화를 스푸트니크 충격Sputnik Shock이라고 한다. 이 충격을 계기로 미국의 미국항공우주국이 설립됐고 우주탐사·과학기술·교육개혁에 집중하게 됐다.

필요한 정책 수립에 나섰다.

NASA(미국항공우주국)는 지구 대기 안팎의 우주탐사 활동과 우주선에 관한 연구 및 개발을 위해 1958년 설립된 독자적인 정부 기관이었지만, 소련과의 우주 경쟁을 실행하는 중심축으로서의 본격적인 역할을 맡았다. NASA는 1960년대 말까지 인간을 달에 보내게 하겠다고 선언했고, 케네디가 적극적으로 지원했다. 그렇게 미국의 항공우주계획의 기본적 틀이 케네디 행정부 초기에 잘 마련됐고 그 핵심이 바로 아폴로 계획Project Apollo(또는 Apollo Program)[7]이었다. 그러나 케네디에게 당장 닥친 위기는 한발 늦었지만 곧 따라잡기 시작한 우주 경쟁이 아니라, 미국의 턱밑에 배치될 소련의 미사일기지였다.

픽스만침공 사건과 쿠바 사태

1961년 새해 퍼레이드에서 쿠바의 공산당 정부가 소련제 탱크 등 무기를 선보이면서 미국은 이상한 조짐을 느꼈다. 소련이 쿠바로 미사일을 수송하고 있다는 것을 미국이 알게 된 건 1962년 7월이었지만, 위기의 구체적 단초는 피델 카스트로의 쿠바혁명 성공 이후 쿠바에 대한 영향력과 이권을 상실한 미국이 고민하던 차에 발생한, 1961년 4월에 미국 정부의 재정 지원을 받아 약 1,500명의 반反카스트로 쿠바 망명객들이 주도한 픽스만Bay of Pigs침공 사건이었다.

혁명에 성공한 카스트로의 쿠바가 미국의 자본가들을 축출한 것은 쿠바로서는 불가피한 일이었다. 이전 정부의 부패와 타락은 그들과의 결탁에서 비롯했기 때문이다. 혁명 초기에 카스트로는 미국과 적대적인 관계를 의도하지 않

---

7) 아폴로 계획은 1961년부터 1972년까지 NASA에 의해 이루어진 일련의 유인 우주비행 탐사 계획으로 아이젠하워의 재임 시절인 1958년 추진됐던 유인 우주비행 계획인 '머큐리 계획Project Mercury'을 기반으로 한 것이었다. 머큐리 계획의 목표는 한 명의 우주비행사가 우주선에 탑승해 지구 궤도 비행을 하는 것이었으나 아폴로 계획은 세 명의 우주비행사가 우주선에 탑승해 달에 착륙하는 것을 목표로 했다.

앉다. 그러나 가뜩이나 냉전체제에서 종주국으로서의 세계 지배권을 행사하려던 미국에 카스트로는 탐탁지 않은 인물이었다.

카스트로의 혁명으로 쿠바를 떠난 쿠바의 기득권자들은 미국과 CIA를 등에 업고 픽스만을 침공했지만 실패했다. 3대의 미국제 비행기를 탄 쿠바인 조종사들이 쿠바의 공군기지를 폭파하고, 곧바로 미국에서 훈련받고 미국의 무기로 무장한 쿠바인들이 상륙했지만, 사흘 만에 주력부대가 체포되며 허망하게 끝났다. 픽스만침공 사건은 쿠바와 미국의 관계를 최악의 상황으로 몰아갔다. 미국은 쿠바에 경제봉쇄로 대응했다. 쿠바의 돈줄을 막으려는 의도인 것을 모를 사람은 없었다. 쿠바는 초강대국 미국이 두려웠다. 그런 쿠바에 손을 내민 게 소련이었다.

소련은 쿠바의 설탕을 수입하고 다른 지원도 약속했다. 이미 쿠바 정부는 대부분 미국의 재산가 소유였던 개인 재산을 몰수하고, 대표적인 사회주의 열강인 소련 및 중국과 외교적 관계뿐 아니라 경제적 유대를 확립한 상태였다. 미국이 자신의 정부를 전복시키려는 음모를 꾸미고 있다고 비난한 카스트로의 쿠바가 소련과 가까워지는 건 불가피한 일이기도 했다.

픽스만침공 사건 이전인 1960년 3월에는 벨기에에서 쿠바로 무기를 운반하던 프랑스 선적의 라쿠브르La Coubre호가 아바나항구에서 폭발해서 많은 선원들이 사망한 사건이 있었는데, 이때도 카스트로는 배후에 미국이 있다고 비난했다.[8] 이 사건은 양국의 외교전으로 이어졌고, 미국 상원은 쿠바를 봉쇄할 법안을 통과시키며 대통령이 보복 조치를 취하도록 했다. 미국은 쿠바의 설탕 수

---

8) 픽스만 침공 실패 후 이른바 몽구스 작전Operation Mongoose을 세우고, 쿠바에 비밀 요원을 침투시켜 체제전복과 카스트로 암살을 기도했던 미국 CIA는, 1960년 3월 4일 아바나에 정박 중인 프랑스 선박 라쿠브르호에 벨기에 산産 무기와 군수물자가 실려 있다는 정보를 입수하고 하역 작업이 시작되는 순간 배를 폭파했는데 이 사고로 노동자 70명이 사망하고 200여 명이 부상을 입었다. 몽구스 작전은 1962년에 미국 군부가 쿠바를 침공하기 위한 구실을 만들 자작극이었는데 로버트 맥너마라Robert McNamara(1916~2009) 국방장관과 케네디 대통령이 최종적으로 거부하면서 무산됐다. 이 사건은 군부에 대한 문민통제의 중요성을 잘 보여주는 계기를 만들어 이후 백악관과 정부는 군부를 감시하고 통제하는 일에 심혈을 기울이게 됐다. 그러나 갈수록 비대하고 강력해지는 군부와 방산업체들의 힘을 완벽하게 제어하는 것은 역부족이었다.

입을 금지하고, 식량과 의약품 외의 모든 대對 쿠바 수출을 금지했다. 이렇게 악화한 상황에 불을 붙인 게 바로 픽스만침공 사건이었다.

세계대전으로 치닫는 케네디와 흐루쇼프의 대결

소련의 입장에서 쿠바는 넝쿨째 굴러온 호박이었다. 다른 곳도 아닌 바로 미국의 턱밑이 아닌가. 굳이 대륙간탄도미사일이 아니더라도 미국에 충분히 위협이 될 수 있는 최적의 장소에 미사일기지를 마련한다는 건 꿈같은 호재였다. 게다가 흐루쇼프는 스탈린 사망 후 베리야Lavrentiy Beria(1899~1953)를 처단하고 소련의 지도자 자리를 차지한, 그야말로 산전수전 다 겪은 정치인이었다.

케네디와 흐루쇼프는 픽스만 침공 실패 직후 오스트리아에서 만난 적이 있다. 흐루쇼프의 눈에 케네디는 그저 잘난 부모덕에 출세한 우유부단한 귀공자로만 보였다. 강력하게 밀어붙이면 대응하지 못할 것이라고 오판했다. 흐루쇼프는 케네디를 베를린 문제로 밀어붙였다. 1961년 8월 12일 밤 동독은 전격적으로 장벽[9]을 쌓아 서베를린으로 가는 길을 모두 봉쇄하도록 했다.[10] 케네디는 그런 도발을 용납하지 않았다. 그는 강력한 지원을 약속하며 서유럽에서 미국이 민주주의의 수호자임을 천명했다.[11]

---

9) 동독은 이것을 '반파시스트 보호벽Antifaschistischer Schutzwall'이라 불렀다.

10) 이전에도 베를린 봉쇄가 있었다. 1948년 6월부터 1949년 5월 사이 소련은 미국·영국·프랑스가 장악하고 있던 서베를린 관할권을 포기하도록 하기 위해 베를린을 봉쇄했다. 그러나 서방측은 항공편으로 베를린에 생필품을 공급했고, 이것이 북대서양조약기구NATO 창설의 계기가 됐다. 1961년 6월 오스트리아에서 케네디를 만난 뒤 8월 13일 동독의 울브리히트Walter Ulbricht(1893~1973) 서기장 겸 국가평의회 의장은 베를린 통행로를 차단하고 철조망을 설치하도록 명령했다. 명목상으로는 1958년 10월 베를린 전체가 동독에 속한다는 울브리히트의 선언에 근거한 것이지만, 오스트리아 회담 후 케네디를 만만하게 판단한 흐루쇼프의 묵인 없이는 불가능한 일이었다. 당시 소련은 베를린을 비무장 자유도시로 만들자고 맞장구를 치기도 했다.

11) 1963년 6월 26일, '베를린 공수 작전' 15주년을 기념하기 위해 베를린에 직접 날아간 케네디는, "저 또한 베를린 시민입니다Ich bin ein Berliner"라는 유명한 연설로 서베를린은 물론 동독인들의 마음까

케네디와 흐루쇼프는 오스트리아에서 만난 적이 있다. 흐루쇼프의 눈에 케네디는 그저 잘난 부모덕에 출세한 우유부단한 귀공자로만 보였다. 강력하게 밀어붙이면 대응하지 못할 것이라고 오판했다. 흐루쇼프는 케네디를 베를린 문제로 밀어붙였다. 그러나 케네디는 그런 도발을 용납하지 않았다. 그는 강력한 지원을 약속하며 서유럽에서 미국이 민주주의의 수호자임을 천명했다.

케네디와 미국에 쿠바의 문제는 베를린 사건과는 전혀 달랐다. 베를린은 대서양 건너 다른 대륙의 문제였지만, 턱밑의 쿠바는 미국의 생존 자체를 위협하는 중대한 문제였다. 케네디는 쿠바에 핵미사일을 배치하는 것을 결코 용납할 수 없었다. 1962년 10월 쿠바의 미사일 위기는 자칫 제3차 세계대전으로 이어질지도 모를 전 세계적 문제로 떠올랐다.

1960년 5월 흐루쇼프가 소련의 무기로 쿠바를 방위하겠다고 약속했을 때 이미 그의 머릿속에는 쿠바에 중거리탄도미사일을 설치하더라도 미국이 어떻게 할 방도가 없을 것이라고 판단했다. 그리고 마침내 1962년 7월 소련은 쿠바로 미사일을 수송했다. 미국도 그것을 모르지 않았다. 8월 29일경에는 미국의 U-2정찰기가 쿠바 상공을 비행하면서 쿠바에 새로운 군사기지가 건설되고 있으며 소련의 기술자들이 주둔하고 있다는 사실도 알아냈다. 그러나 10월 14일 발사기지에 탄도미사일이 배치됐다는 보고에 충격을 받았다.

미국은 더 이상 방관하거나 묵과할 수 없다고 판단하고 고심에 빠졌다. 즉각 쿠바로 쳐들어갈 것인지 좀 더 외교적 노력을 기울일 것인지 고민 끝에 우선 쿠바에 대한 해상봉쇄 조치를 취하기로 했다. 케네디는 쿠바로 공격용 무기와 관련 자재를 실어 나르는 모든 소련 함정을 나포해서 선적물을 압수할 것이라고 경고하며, 결코 적당히 넘어가지 않겠다고 단호하게 천명했다.

케네디의 단호함에는 그저 입으로만 체면치레하려는 기색이 전혀 엿보이지 않았다. 진퇴양난의 대립이 팽팽하게 지속됐다. 혹시 우발적 사태라도 발생하면, 그 순간 엄청난 전쟁의 발발은 필연적인 것으로 보였다.

전 세계가 이 문제에 촉각을 곤두세웠다. 미국과 소련은 물론이고 세계의 모든 국가들은 두 나라의 순간의 결정이 자칫 제3차 세계대전을 야기할지도 모를 상황이라는 데에 아무런 이견이 없었다.

지 얻었다.

박정희와 케네디

두 정상의 위험한 거래,
국민은 없었다

두 사람 모두 1917년 생으로, 동갑이다. 한 사람은 이민자 가정 출신이며 연합군으로 미 해군에서 해군장교로 참전했고 선거를 통해 대통령이 됐으며, 다른 한 사람은 식민지에서 태어나 점령군의 괴뢰정부^{만주}에서, 다카키 마사오^{高木正雄}라는 이름으로 추축국의 육군장교로 복무했고, 이후 해방된 조국의 군인으로, 자칫하면 사형됐을 위기를 벗어나 쿠데타로 집권해 대통령이 됐다.

　　한 사람은 진보적인 정치를 펼치다 암살됐고, 다른 한 사람은 경제를 발전시켰지만 마음대로 헌법을 고쳐 종신 집권을 꿈꾸다 피살됐다.

　　군복 대신 양복을 입은 장군은 미국 대통령과의 만남에서 호기롭게 다리를 꼬고 담배를 피워댔지만, 그 모습을 바라보는 민간인 대통령의 표정에는 여러 생각이 담겨 있었다.

쿠데타로 집권한 군부의 주동자인 박정희 소장에게 가장 시급한 일은 미국으로부터 '승인'이었다. 미국의 입장에서도 박정희가 어떤 인물인지 파악하는 것은 시급했다. 친미 성향의 장면 정부를 무너뜨린 박정희 소장에 대해 아는 바가 별로 없었던 미국 정부는 재외공관에 그가 누구인지 파악하라고 분주하게 지시했다. 미국이 박정희에 대해 가장 불안했던 것 가운데 하나는 그의 남로당 이력이었다. 쿠데타 이전부터 박정희의 이력은 늘 문제가 됐다.

박정희는 군에 복귀한 뒤 육군본부 작전참모부 부장으로 부임하고 전 육군참모총장이며 허정許政(1896~1988) 과도내각의 국방장관이던 이종찬李鐘贊(1916~1983)이 장면 총리에게 박정희 중용을 건의하면서 승승장구할 것 같았다. 그러나 장면이 미 육군 제8군 사령관 겸 UN군 총사령관인 카터 매그루더Carter Magruder(1900~1988) 대장과 이 문제를 논의하면서 박정희의 신원을 육군본부를 통해 조회했는데, 당시 김형일金炯一(1923~1978)[1] 참모차장으로부터 '박정희는 좌익이다'라는 답변을 얻었다. 이를 통해 박정희의 남로당 활동 전력을 알게 된 매그루더는 이 문제를 들고 장면을 찾아가 항의했다. 그 '문제적 군인' 박정희가 쿠데타의 주동자였으니 미국의 고민이 깊어질 수밖에 없었다.

만주에서 일본군 장교로 복무한 박정희는 1946년 9월 귀국해서 조선경비사관학교에 입학해서 3개월 단기 과정을 마치고 2기로 졸업해 포병 장교로 대한민국 군인이 됐다. 1946년에, 그러니까 그가 대한민국 육군에 편입하고 있을 때 공산주의자이며 남로당남조선로동당 경상도 책임자였던 셋째 형 박상희朴相熙(1906~1946)[2]가 대구 10·1사건으로 경찰에 사살됐다. 박정희는 형에 대한 복

---

1) 김형일은 박정희를 좌익 성향이라며 매우 싫어해서 정군整軍 문제로 내내 박정희와 대립했으며, 5·16군사쿠데타 이후 군정에 반대해 국방부 장관 특별보좌관 자리에서 해임당하고 중장으로 예편했다.

2) 박상희는 1927년 신간회에 참여해 활동하다 1934년 조선중앙일보에 입사한 뒤 이듬해 동아일보 구미지국장 겸 주재기자로 활동했다. 그는 일제 말기 공산주의에 경도돼 여운형呂運亨(1886~1947)이 조직한 비밀결사단체 조선건국동맹에 참가해 활동하다 일제에 체포돼 수감 중 해방을 맞았다. 그는 지역에서 매우 신망이 높았다고 한다. 박정희의 친형이자 김종필의 장인이기도 한 그는 해방 후 건국준

수심으로 남로당에 입당해 군내 남로당 프락치들의 군사 총책으로 활동했다. 박정희가 남로당 입당 시 신원 보증을 섰던 사람이 형 박상희의 친구 황태성黃太成(1906~1963)[3]이었다.

박정희는 육군본부 정보국 작전과장으로 근무하고 있던 1949년 여수순천사건[4]을 계기로 군내 공산주의 관련자로 지목돼 군법회의에 회부돼 사형선고를 받았다. 그는 동료 장교들의 감형 운동과 군내 남로당 조직 지목 등으로 석방돼 문관으로 근무하다 한국전쟁 이후 육군 소령으로 복귀해서 육군본부 정보국 전투정보과장을 지냈다.

박정희, 미국에서 케네디를 만나다

미국의 승인이 절대적으로 필요한 박정희는 자신이 공산주의자가 아니

비위원회 구미지부를 창설하고 후에 조선공산당 선산군당 총책이 됐다. 1946년 대구10·1사건으로 경상북도 일대에 시위가 확산되자, 선산–구미 지역 시위에서 중요한 역할을 담당했던 탓에, 대구지역을 유혈진압한 뒤 선산으로 진입한 경북도경–경기도경 연합부대에게 총살됐다.

3) 황태성은 경북 상주 태생으로 일본 강점기에 조선공산청년회에 가입해 경상도 책임자로 활동하던 중 체포되고, 이후 1925년 창당됐으나 1928년 해산된 조선공산당을 재건하려다 다시 체포됐다. 해방 후 1946년 대구10·1사건을 주도했다 실패한 후 월북해 북한에서 최고인민회의 대의원과 무역성 부상次官으로 활동했으며, 1961년 김일성의 밀사로 남파됐다가 체포돼 사형됐다. 황태성을 밀사로 보낸 것은 박정희와의 인연을 고려한 것이었으나 공산주의자였던 이력을 씻어내야 했던 박정희로서는 그를 외면할 수밖에 없었다.

4) 흔히 '여순반란사건'으로 불렸다. 1948년 10월 19일부터 10월 27일까지 당시 여수에 주둔하고 있던 제14연대의 군인 2,000여 명이 육사 3기 출신 국방경비대 핵심 멤버 40인의 하나였으며 남로당 계열인 김지회金智會(?~1949) 중위, 지창수池昌洙(1906~1950) 상사 등을 중심으로 제주 4·3사건 진압 명령을 거부하고 무장 반란을 일으켰다. 이를 진압하는 과정에서 많은 민간인이 희생된 사건이 여수순천사건이다. 당시 진압군과 경찰은 여수·순천 등 전라남도 동부 지역에서 민간인들을 대상으로 대대적인 반란군 협조자 색출 작업을 벌였고, 이 과정에서 2,500여 명의 무고한 민간인이 살해당했다. 대한민국 정부가 수립된 지 고작 2개월 만에 일어난 이 사건은 이승만으로 하여금 철권통치와 반공주의 노선을 강화하는 계기를 만들었다.

라는 점을 확실하게 보여줘야 할 필요가 있었다. 당시 새뮤얼 버거Samuel Berger(1911~1980) 주한미국대사는 본국에 박정희를 초청할 것을 건의했다. 그래서 양자의 이해관계와 교섭을 통해 케네디는 박정희 국가재건회의 의장을 미국으로 초청했다. 9월 12일 백악관은 초대 의사를 공식적으로 발표했고, 1961년 11월 13일에서 17일까지 박정희의 '비공식적인 워싱턴 실무방문'이 이루어졌다.

아직 쿠바 위기가 본격화하지는 않았지만, 이미 그것으로 골머리를 앓아야 했고, 소련과 중국의 공산주의가 팽창하는 것을 가장 경계하던 미국으로서는 자신들이 파병해서 싸웠던 최전선 동맹국의 지도자가 어떤 인물인지 직접 만나서 판단해야 한다고 여겼다. 박정희로서는 미국 대통령과 만나는 것 자체가 정통성을 인정받을 수 있는 절호의 기회라고 생각했기 때문에 두 사람의 만남은 속전속결로 이루어졌다. 쿠데타 직후 장도영 최고회의 의장이 미국 방문을 자청했다 미국 측에 의해 거절당한 지 넉 달만의 일이었다.

1961년 11월 11일, 박정희는 외국 민항기와 미군 수송기를 빌려 타고 4번이나 중간 기착[5]을 한 뒤 사흘 만에 워싱턴에 도착했다.

박정희가 전역한 게 1963년 8월이니 아직은 군인의 신분[6]이었다. 대통령

---

5) 이때 박정희 의장은 일본에 들러 이케다 하야토 수상과 회담했다. 당시 케네디 대통령은 박정희를 만나주는 조건으로 일본 이케다 총리와 만나라고 요구했고, 10월 10일 당시 일본 도쿄에서 제6차 한일회담을 준비하고 있던 배의환裵義煥(1904~2001) 회담 수석대표와 정일영鄭―永(1926~2015) 당시 서울대 교수에게 속히 귀국하라는 명령이 내려져 곧바로 서울에서 박 의장을 만나게 된다. 거기서 박정희 의장과 김종필 중앙정보부장과 만나 예상 회담의제와 일본의 반응에 대해 준비했다. 이 회담에서 박정희의 목적은 조속한 한일회담 재개와 경제협력 유인이었다. 민주당 정부 때 물밑 교섭에서 이른바 식민지배상금대일청구권자금의 규모에 대한 구체적 수치까지 오가는 정도였는데 쿠데타로 민주당 정부가 무너지면서 유야무야된 상황이었다. 정상회담이 끝난 후 박정희 의장은 영빈관에서 만찬을 개최했고 이케다 총리, 고사카 젠타로小坂善太郎(1912~2000) 외무장관을 비롯한 일본의 정·재계 지도자들과 재일동포 50명이 참석했다.

6) 1961년 국가재건최고위원회를 만들고 장도영을 의장으로 세우고 자신은 부의장으로 몸을 낮췄던 박정희는 2개월 뒤 장도영을 쫓아내고 자신이 의장으로 취임했다. 장도영은 계엄사령관, 국가재건최

도 아닌, 쿠데타의 주역인 군인을 초청한다는 것 자체가 파격적이었다. 그만큼 미국도 한국의 상황에 대해 아주 민감했으며 그 문제를 해결해야 할 필요성이 절박했다.

케네디와 박정희 회담 이후 공동 성명의 내용은 다음과 같다.

> 박 의장은 한국의 상황과 군사정부가 취한 개혁 조치들을 설명했고, 케네디 대통령은 이것을 환영했다. 또 박 의장은 1963년 여름에 민정 이양을 실현하고자 하는 공약을 재강조했고, 케네디 대통령은 이에 만족을 표시했다. 케네디 대통령은 한국의 장기적인 경제발전을 촉진하기 위해 모든 가능한 경제원조와 협력을 계속 제공할 것을 확약했고, 공산주의의 팽창에 대처하는 공동 이익을 인정하여 군사원조를 제공할 것도 재확인했다. 그리하여 케네디 대통령과 박 의장은 자유와 민주주의라는 대의에 계속해서 봉사하고 양 국민 사이의 우호적인 유대관계를 강화하고자 하는 결의를 재천명했다.[7]

물론 이 합의는 박정희가 자신은 결코 공산주의자가 아니며 철저한 반공주의자라고 거듭해서 확약했기 때문에 가능한 일이었다.

두 나라가 자유와 민주주의라는 맥락에서 양국 사이의 공통분모를 확인한 것은 상투적이지만 의미심장한 것이었다. 미국의 최대관심이 공산주의 세력의 확장을 막는 것이며, 거기에 박정희가 부합한다는 인정이었기 때문이다. 그것으로 박정희는 미국의 지지를 획득하는 방미의 목적을 달성한 셈이었다.

이에 힘입어 박정희는 경제 발전 프로그램을 지원할 미국 측의 원조를 증가해 줄 것을 요구했지만, 미국은 구체적 약속 대신 한국의 장기간 경제발전과 안보를 위한 최대한의 지원을 계속할 것이라며 지지 의사를 밝혔다.

고회의 의장, 내각수반, 국방부장관 등으로 추대됐지만, 6월 쿠데타 주역들에 의해 해임되고 10월에 반혁명 혐의로 기소돼 1962년 3월 무기징역을 선고받았으나, 5월에 형집행정지로 풀려났다. 박정희는 1961년 8월 10일에 중장으로, 이어 11월 1일에는 대장으로 '스스로' 진급했다.

7) 〈박정희-케네디 회담〉, 국가기록원자료

박정희, 베트남 파병을 약속하다

박정희는 케네디에게 한국의 경제개발을 위해 2억3천만 달러의 원조를 요청했지만 미국은 거부했다. 그러나 미국은 그 계획이 현실적이지 않다는 판단으로 약속을 하지는 않은 대신, 한국의 5개년경제계획에 대해 미국이 원조할 것이며, 석탄과 전력 생산의 대폭 증가도 강조했다. 당시에는 주목하지 않았지만 또 하나 민감하고 중요한 내용이 있었다. 바로 베트남 파병 제안이었다.

케네디 대통령과의 만남에서 박정희가 먼저 전투 병력의 베트남 파병 의사를 공식적으로 제안했던 것이다. 박정희는 케네디에게 '미국의 승인과 지원이 이루어진다면 한국은 베트남에 한국군을 파병할 수 있으며 만약 정규군의 파병이 바람직하게 여겨지지 않을 경우에는 지원자들을 모집할 수도 있을 것'이라고 밝혔다.

박정희로서는 미국이 안고 있는 문제에 도움을 줌으로써 자신에 대한 인정과 지지를 이끌어낼 수 있는, 그러나 자칫 위험할 수 있는 베팅이었다. 그로서는 자신이 반공주의자임을 재확인할 수 있는 기회였고, 그 제안으로 인해 미국의 신뢰를 얻는 소기의 성과를 얻었다. 물론 당시 미국은 한국의 베트남전쟁 참전을 전혀 고려하지 않고 있었던 상황이었다. 따라서 이런 제안에 대해 미국은 적극적으로 고려하지 않았다. 하지만 곧 미국이 베트남전쟁에 깊숙이 개입하면서 박정희의 이 제안을 미국이 꺼내든 건 어쩌면 자연스러운 일이었다.

미국 정부는 박정희에게 장면 전 총리의 연금을 해제하고 장면 정부 고위 관료들을 석방하라고 요구했고, 박정희가 동의함으로써 양국이 합의에 도달했다. 미국은 군사 원조를 통해 공산화된 중국을 제어할 수 있는 동아시아의 방위 태세를 강화하며 그것을 위해 동아시아에 있는 미국의 두 동맹인 한국과 일본이 분쟁을 해결하고 상호 협력하기를 희망한다고 강조했다.[8] 이런 결정에는

---

8) 한일국교 정상화에는 미국의 입김이 크게 작용했다는 게 정설이다. 미국으로서는 두 동맹국이 좋은 수교관계를 맺어야 유기적인 동맹 체제를 구축할 수 있었기 때문이다. 그래서 박근혜朴槿惠(1952-) 정부 때 일본과 강제징용과 전쟁성노예 문제를 어처구니없는 방식으로 졸속 타결한 것도 중국을 견제하고 압박하기 위해 한·미·일 동맹을 강화하기 위한 미국의 압력이 있었기 때문이었다는 합리적 추론

쿠바 사태가 크게 영향을 미쳤다.

케네디의 미국에는 소련과 중국을 동시에 상대해야 하는 한반도 정세의 안정과 동맹 강화의 필요성을, 박정희의 대한민국에는 미국의 승인과 지원의 필요성을 서로 충족시키는 만남이었다.

두 동갑내기는 서로 생각이 달랐지만, 서로 원하는 것을 주고받으며 새로운 한미관계의 전환점을 마련했다.

이 분분했다.

미국 청년문화와 비틀스

네 명의 청년,
대중음악의 역사가 되다

기성세대는 언제나 젊은 세대의 도발이 불편하다. 그리고 두려워한다. 그래서 늘 힘으로 누르고 권위로 재갈을 물린다. 지금 들으면 엘비스나 비틀스의 노래들이 거의 클래식 수준으로 여겨지지만, 당대에는 소음으로만 들렸다. 게다가 그들은 도발하는 청년의 아이콘이었으니 하찮은 핑계를 꼬투리 삼아 과잉 대응했다. 지금이라고 다를까?

BTS가 세계 음악시장을 석권하니 랑스러울 뿐 그들의 노래를 진지하게 듣고 메시지를 읽어내려는 어른들은 그리 많지 않다. 그저 한류의 개선凱旋으로 보며 '국뽕 만렙'을 기특하고 흐뭇하게 바라볼 뿐이다.

박정희, 전두환 시절 온갖 이유를 대며 '금지곡 딱지'를 붙이던 이들은 지금 어떻게 생각하고 있을까? 그걸 부끄러워하기는 할까? 1960년대는 청년문화가 기성문화를 완벽하게 대체하기 시작한 본격적인 시대였다. 그 정신을 존중하고 밀어줄 수 있어야 건강하고 멋진 사회다.

"지금은 비틀스 시간으로 오전 6시 30분입니다. 그들은 30분 전에 런던을 떠났습니다. 대서양을 건너 뉴욕을 향해 오고 있는 중이네요. 비틀스 주변의 온도는 32도입니다."[1]

런던의 히스로공항에 4천여 명의 팬들이 손을 흔들며 소리를 지르는 가운데 비행기 한 대가 뉴욕을 향해 출발했다. 1964년 2월 7일 미국 뉴욕의 WMCA 라디오방송은 이 밴드가 미국에 도착하는 모습을 스포츠 중계하듯 방송하기 시작했다. 이른바 비틀스의 '영국의 침략British Invasion'은 그렇게 시작했다.

비틀스가 JFK공항존 F. 케네디 국제공항에 도착했을 때, 3천여 명의 팬들이 몰려들었다. 이틀 뒤 이들은 TV 라이브쇼 〈에드 설리번 쇼〉에 출연함으로써 미국 무대에 데뷔했다. 미국 전체 인구의 34퍼센트에 달하는 7천만 명이 넘는 미국 시청자가 비틀스를 지켜보았다. 당시 미국 TV 프로그램 역사상 최고의 시청률이었다.

비틀스는 워싱턴, 뉴욕, 플로리다 등지에서 공연하고, 다시 〈에드 설리번 쇼〉에 출연했다. 비틀스가 보름 동안 미국에 머무는 동안 미국은 비틀스 열병을 앓았다.

당시 미국은 1963년 11월에 발생한 케네디 암살 사건의 슬픔이 채 가시지 않았을 때였다. 그 어떤 기성 정치인들보다 자신들을 이해해주던 케네디의 서거는 청년들에게 깊은 상처를 안겼다. 미국의 진보 정신을 상징하던 인물을 잃은 청년들에게 비틀스는 새로운 희망과 희열이었다. 젊은이들은 어른들이 조롱했던 비틀스의 더벅머리를 따라 하는 등 비틀스는 저항과 열정을 되살리는 일종의 흥분제와도 같았다.[2] 그 열정이 곧 다가올 미국의 혁명적인 사회적 변

---

1) 브라이언 사우설, 나현영·고영탁 옮김, 『비틀즈 100』, 아트북스, 2014. 146쪽.

2) 히피Hippie의 상징이 된 장발도 비틀스의 긴 머리에서 영향을 받았다. 히피문화의 핵심이라고 할 수 있는 반보수주의·반체제·아나키즘무정부주의·마약LSD 등도 비틀스에게서 큰 영향을 받았다는 점에서 비

화에 길을 터주게 될 것을 예감한 이들은 의외로 많지 않았다.

미국 사회의 세대 갈등과 로큰롤

미국의 대중음악은 엘비스 프레슬리Elvis Aaron Presley(1935~1977)의 등장으로 기성세대가 즐기던 부드럽고 센티멘털한 사운드를 벗어나 로큰롤의 시대를 열었다. 열린 사고를 갖고 있던 명지휘자 레너드 번스타인Leonard Bernstein(1918~1990)은 "엘비스 프레슬리는 20세기의 가장 위대한 문화적 힘이다. 그는 모든 것에 리듬을 도입했고 음악, 언어, 옷 등 모든 것을 바꾸었다. 그것은 완전한 새로운 사회 혁명이었다. 60년대가 그것에서 왔다"고 평가했다.

오만하기로 소문 난 비틀스의 존 레넌도 엘비스가 나타나기 전까지 팝음악에서 자신에게 영향을 끼친 것은 아무것도 없다며 "엘비스 이전에는 아무것도 없었다"고 평가할 만큼 엘비스와 로큰롤의 영향은 엄청났다.

로큰롤Rock'n Roll은 자유와 반항을 상징했다. 그것은 독특한 의상, 음악의 메시지뿐 아니라 당시로서는 파격적인 섹스어필 제스처 등에 기성세대는 경악했다. 그러나 젊은 세대에게는 강한 호소력을 얻었다. 로큰롤이 미국 청년을 사로잡은 건 1950년대 댄스 열풍의 호응이기도 했다. 학교를 비롯해 여러 파티와 모임에서 10대들은 로큰롤에 환호하며 이전 세대와 확연하게 다른 음악적 취향을 보여주었다. 그것은 1950년대 미국 사회에서 중심적 문제가 되기 시작한 세대 간의 차이와 갈등을 가장 극적으로 보여주는 현상들 가운데 하나였다.

기성세대는 로큰롤이 도발적이고 시끄러우며 성적 방종을 자극한다며 비난하고 거부했다. 그뿐 아니라 일부 지역에서는 로큰롤 춤을 금지하는 경우도

틀스는 히피문화의 선구자로 평가되기도 한다. 〈All You Need Is Love〉는 1967년 10만 명의 인파가 모인 히피들의 여름이었던 '사랑의 여름Summer of Love'에서 히피문화의 상징곡으로 지정될 정도로 파급력 있는 노래였다.

있었는데, 하원에서도 뜨거운 논쟁이 벌어졌을 정도였다. 로큰롤이 '사탄의 음악'[3]이라고 설교하는 목사들은 셀 수 없을 만큼 많았다. 심지어 한 유명한 정신과의사는 그것을 '전염성 있는 질병'[4]이라고 규정할 정도였다.[5] 그러나 그럴수록 오히려 10대와 20대는 더욱더 로큰롤에 열광했다. 그것은 이미 세대의 갈등을 드러내는 사회적 저항이며 투쟁이었다. 그러나 기성세대는 그것의 의미를 놓치고 있었다.

기성세대가 놓친 점이 무엇이었을까? 그들은 전쟁의 상처를 딛고 물질적 풍요를 구가하는 것이 전부 자신이 희생한 덕분이라고 여겼다. 그들은 전쟁 때문에 윗세대나 아랫세대에 눈치 볼 게 없었고, 눈치 볼 겨를도 없었다. 그래서

---

3) 백인 목사들이 로큰롤을 '악마의 음악'이라며 신도들에게 그 음반들을 불태우라고 지시한 건 로큰롤이 본디 엘비스 이전에는 흑인들의 전유물 혹은 '인종음악'으로 여겨졌기 때문이었다. 백인 기독교인들은 표면적으로는 로큰롤 노래의 성적인 가사를 문제 삼았지만, 사실 이들이 두려워한 것은 흑인 문화가 백인 젊은이들을 물들이는 것이었다. 여기에 로큰롤이 득세하면서 입지를 잃은 기존의 가수들도 교회를 지지하며 가세했다. 프랭크 시내트라Frank Sinatra(1915~1998)는 엘비스의 음악을 '썩은 내 나는 최음제'라고 혹평하며, 젊은이들에게 부정적이고 파괴적인 행동을 부추긴다고 비난했다. 그러나 1950년대 후반에 이미 기독교 교회들에서 로큰롤 음악을 도입한 가스펠을 부르기 시작했다. 이른바 오늘날 CCM Contemporary Christian Music의 뿌리가 바로 그것이다.

4) '로큰롤은 아주 불건전한 성행위를 관중 스포츠화한 것'이라는 정신과의사도 있었다. 그러나 하버드대학의 정신의학자 필립 솔로몬Philip Solomon(1907~2002) 박사는 "이런 로큰롤 음악에 맞추어 추는 춤들은 표출되지 않아 만족함을 얻지 못한 성욕을 순화시키는 배출구이므로 아주 건전하고 유익한 것이다"라고 했으며, 매스터슨James Masterson(1926~2010) 박사는 "로큰롤 음악은 육체적인 욕구의 배출구일 뿐만 아니라 일종의 성적 표현이라고 본다. 그 박자에는 가장되지 않은 성적 의미가 함축돼 있으며 사람들에게 그들의 이런 드러나지 않은 감정을 분출할 수 있는 한 방법을 제공해 준다"라고 주장했다. 한편 1978년 정신과의사 존 다이어먼드John Diamond(1934~2021) 박사는 "로큰롤은 근육을 약화시키며 고전음악은 근육을 강화시킬 뿐만 아니라 장수의 원인이 된다"고 주장하기도 했다. 그만큼 로큰롤에 대한 사회학적, 의학적 진단이 난무했다.

5) 이런 식의 설교와 진단이 먹혔다는 점에 주목할 필요가 있다. 그것들이 통하는 건 공급자가 있기 때문이기도 했지만, 그걸 소비하는 사람들이 많았기 때문이기도 했다. 지금의 눈으로 보면 황당하고 웃기는 해프닝으로 보이겠지만, 당시에는 심각하고 진지하게 받아들여졌다. 그만큼 기존의 것에 익숙함이 이념화되는 것이 흔했다.

이들은 젊은 세대가 느끼는 억압과 분노 그리고 자신이 지닌 모순과 허위를 젊은이들이 비판적으로 바라보고 있다는 것을 의식하지 않았다.

1950년대와 1960년대를 휩쓴 샐린저Jerome David Salinger(1919~2010)의 소설 『호밀밭의 파수꾼Catcher in the Rye』(1951)[6]과 제임스 딘이 주연한 〈에덴의 동쪽East of Eden〉(1953), 〈이유 없는 반항〉(1955) 등의 영화를 통해 반항과 자유를 대리만족했던, 불만 가득한 10대들은 로큰롤에 열광했다. 어른들이 그 음악에 눈살을 찌푸리는 만큼 반비례해서 더욱 열광했다. 그 중심에 엘비스가 있었다.

그 엘비스 프레슬리가 1958년 군에 징병[7] 되면서 스타에 대한 갈증이 심했던 차에 영국의 그룹 비틀스의 음악은 단비와 같았다.

청년들의 시대정신과 비틀스

1963년 3월 발표된 〈Please Please Me〉[8]가 영국에서 1위를 달성하면서 본격적인 비틀스 시대가 열렸음을 알렸다. 수많은 10대와 20대가 열광했다. 비틀스는 날이 갈수록 그 인기를 넓혀갔고, 그에 비례해 광란에 가까운 찬사가 쏟아졌으며, 《The Daily Mirror》는 비틀스에게 고함을 질러대는 열광적인 팬들의 반응을 '비틀매니아Beatlemania 현상'이라고 불렀다.

---

6) 나중에 고전의 반열에 들어선 이 작품도 당시의 기성세대들에게는 불편하고 어리석은 작품으로 여겨졌다. 그래서 청소년들에게 유해하다는 핑계로 읽지 못하게 훼방했다.

7) 엘비스는 군 입대로 대중의 사랑과 인기를 잃게 될 우려에 개의치 않고, 일반 전투병으로 입대하는 것을 주저하지 않았다. 텍사스 포트 후드Fort Hood에서 기초군사교육을 받고 서독 제3기갑사단에 배치돼 기갑병으로 복무했다. 그는 복무 중 월급 전액을 자선단체에 기부했다. 엄청난 재산을 가진 그에게는 푼돈이었겠지만 매우 상징적이었고 그에 대한 인식을 호의적으로 바꾸는 데에 큰 역할을 했다. 엘비스는 1960년 3월 전역해 열광적 환호 속에 귀국했다.

8) 존 레넌과 폴 매카트니에게 음악적 영향을 크게 미친 건 에벌리 브라더스The Everly Brothers였다. 존과 폴은 형제돈 에벌리와 필 에벌리로 구성된 에벌리 브라더스의 독특한 이중창을 모방했는데 〈Two of Us〉가 대표적이었다. 그 외에도 〈Love Me Do〉와 〈Please Please Me〉는 에벌리 브라더스의 〈Cathy's Clown〉에 영감을 받았다는 분석이 많았다.

1963년 10월 13일 런던 팔라듐Palladium극장에서의 공연은 TV로 생중계돼 1,500만 명의 영국 시청자가 지켜봤는데, 콘서트 이전부터 몰려든 팬들 때문에 극장 주변은 일찌감치 아수라장이 됐으며 수천 명이 비명을 내질러서 리허설조차 제대로 할 수 없었다.

이런 상황을 예측하지 못 한 경찰들은 군중 통제력을 완전히 잃었고, 공연을 마친 비틀스는 출입구가 차단된 상태에서 경찰의 보호 속에 무대 뒷문을 통해 탈출할 수밖에 없었으며, 겨우 빠져나온 뒤에는 차가 있는 곳까지 전력으로 달려야만 했다. 모두 미쳐버려야 끝날 것 같은 뜨거운 열광으로 이들의 공연 때마다 정신을 잃고 쓰러지는 관객이 속출했다.

엘비스 프레슬리의 공백과 비틀스의 등장은 약간의 시차는 있었지만, 절묘하게 이어졌다. 비틀스는 엘비스의 강렬한 관능적 매력보다는 단순한 멜로디와 멤버들의 화음과 코러스로 강력하고 활기찬 음악의 새로운 면을 보여주었다. 게다가 그들의 가사는 솔직하고 직접적이어서 젊은 세대에게 더 좋을 수 없는 최상의 음악으로 받아들여졌다.[9] 그뿐만 아니라 당시 다른 밴드들과는 비교되지 않을 정도로 리드기타, 베이스기타, 리듬기타, 드럼의 완벽한 앙상블을 선보였고, 심지어 자신들이 노래를 만들고 가사를 붙이며 멤버 전원이 노래를 부른 첫 싱어송라이터Singer-Songwriter 로큰롤 밴드[10]라는 점도 신선했다. 비틀스는 영국을 넘어 미국에서도 로큰롤의 대폭발을 일으켰다.

반년 동안 전 세계를 돌며 공연한 비틀스는 8월에 다시 미국을 방문해 23개 도시에서 30회의 공연을 펼쳤다.[11] 이 투어 과정에서 비틀스는 인종분리와 그에 대한 저항이라는 현상을 처음으로 맞닥뜨렸다.

---

9) 비틀스의 미국에서의 성공적 데뷔 이후 일부 보수 인사들은 비틀매니아는 일시적인 현상이며 곧 사라질 것이라고 예측한 반면, 《Newsweek》는 비틀스가 긍정적인 매력을 주고 아이들에게 울분을 토해낼 기회를 제공한다고 평가했다. 그런 《Newsweek》조차도 이들을 그저 귀엽고 안전한, 노래하는 아이들로 여겼을 뿐이었다. 그러나 이미 미국의 젊은이들은 비틀스에 한껏 열광한 상태였다.

10) 1963년 비틀스의 모든 멤버는 앨범에 한 명도 빠짐없이 보컬을 넣도록 하는 약속을 맺고 계약에 명시함으로써 한쪽으로 치우치지 않고 모두가 함께 자신의 입지를 다질 수 있었다.

11) 이때 저널리스트 알 아로노위츠Al Aronowitz(1928~2005)의 주선으로 밥 딜런Bob Dylan(1941~)을 만났다.

9월 11일 플로리다주 잭슨빌에서 열릴 공연에서 '인종분리 조치'가 있을 것이라는 정보를 전해들은 비틀스는 그 조치를 철회하지 않는 한 공연하지 않겠다고 으름장을 놓으며, 아예 시작도 하지 않을 것이며 차라리 출연료를 날리고 말겠다고 단호하게 말했다. 결국 비틀스의 으름장과 팬들의 반응을 예상한 시 당국은 비틀스의 요구에 따라 인종분리 조치를 하지 않는 공연을 허가했다. 더 나아가 비틀스는 잭슨빌의 조지워싱턴호텔의 백인전용실에 대한 예약도 취소했다. 이것은 본격적으로 인종차별에 저항하기 시작한 미국의 청년들에게 엄청난 용기를 주었다.

그 사건 이후 1965년과 1966년에 다시 미국을 방문해 공연하면서 비틀스는 아예 계약서류 조항에 인종차별이 없을 것을 명기하도록 했다. 비틀스가 민권운동의 편에 섰다는 상징은 엄청난 것이었다. 비틀스의 음악이 폭발적인 인기와 호응을 얻으면서 가능한 것이기도 했지만, 이미 이들의 메시지는 세계 여러 나라의 청년들에게 엄청난 문화적 파워로 작동하고 있음을 보여주는 상징적 사례였다.[12]

비틀스는 서구권에만 영향을 끼친 게 아니라 소련을 비롯한 동구권 공산주의 국가들에도 영향을 미쳤다. 특히 소련 젊은이들은 그들이 적으로 생각했던 국가에서도 아름다운 노래를 만드는 훌륭한 사람들이 문화의 주류가 될 수 있다는 점에 놀랐고, 이런 깨달음으로 보수적인 공산당 지도자들에 대한 반항 정신을 키웠다. 영국이나 미국은 자유로운 음악 문화가 발전했는데, 소련은 왜 못하느냐는 사고로 옮겨간 것이다.

비틀스의 영향은 흥미롭게도 당시의 서구문화에 대한 비판에도 적용됐다.[13] 비틀스는 그 이전까지 평화주의, 여성주의, 아나키즘, 반기독교 등 철없

---

12) 1999년 영국에서의 한 설문조사에서는 지난 1천 년을 대표하는 가장 영향력 있는 음악가로 모차르트를 제치고 비틀스가 선정됐다. 《Rolling Stone》는 비틀스를 역사상 가장 위대한 아티스트로 선정했고, 《TIME》은 20세기 가장 위대한 인물 100인에 비틀스를 넣었다.

13) 존 레넌은 본인의 의사와는 무관하게 신좌파의 지도자 격인 인물로 부상했으며, 1960년대 후반부터 아나키즘과 여성주의 운동에 꽤 큰 영향을 미쳤다. 비틀스가 해체된 이후 존 레넌은 세계 최초로

는 20대들의 일탈이라고 여겨지던 것들이 당당한 주류사회문화로 여겨지게 만들었다. 그렇게 비틀스는 그 자체로 이미 하나의 사회적·정치적 코드가 된 것이었다. 이런 현상은 그 이전에는 없었던 놀라운 일이었다.

비틀스라는 장르의 탄생

음악 역사상 비틀스를 능가할 뮤지션을 찾기는 어렵다. 단순히 록밴드의 영역이나 대중음악사가 아니라 음악사 전체를 살펴봐도 그에 버금가는 영향력을 발휘한 음악가는 거의 없었다. 탁월한 클래식과 뮤지컬 작곡가이며 저명한 지휘자였던 레너드 번스타인이 비틀스의 음악성은 바흐, 모차르트, 슈베르트의 음악에 필적한다고 주장했을 정도였다.

비틀스는 듣기 쉽고 좋은 멜로디로 곡을 만들어 대중성을 확보하는 동시에 다양한 취향과 성격을 표현함으로써 많은 사람들에게 제 입맛에 맞는 음악적 취향을 충족시켰다. 이런 사례는 이전에는 거의 없었다. 듣기 쉽고 편하다고 무조건 좋은 건 아니다. 그들은 끊임없이 자기 혁신을 추구했고, 당대에는 상상조차 하지 못하던 음악적 시도들을 멈추지 않았다.

비틀스는 하나의 장르에 안주하지 않고 수많은 장르를 시도함으로써 청년들의 새로운 욕구를 자극했다. 아방가르드적인 요소를 끌어들이는 데에도 주저하지 않음으로써 놀라움과 통쾌함을 제공한 것도 비틀스가 동시대를 견인하는 데에 크게 작용했다. 그것은 비틀스가 대중성과 음악성을 동시에 추구했기에 가능한 것이었고, 그런 태도는 당대의 청년들에게 큰 자극과 영감을 주었다.

비틀스는 스탠더드 팝의 시대를 완벽하게 로큰롤의 시대로 전환시키며 청년 문화의 폭발을 불러일으킨 주역이면서도 계속해서 새로운 시도와 도전을

여성인권을 다룬 노래를 작곡하기도 했다. 또 1971년 발매된 〈Imagine〉은 현재까지도 사회주의, 아나키즘, 평화주의의 상징적인 곡으로 받아들여진다.

멈추지 않으며 세계 대중음악계를 장악했다.[14]

음악성, 상업적 성공, 영향력, 시대정신 등 그 어느 하나 빠진 것 없이 완벽하게 가장 높은 위치에 오른 비틀스의 음악이 유럽과 미국의 젊은이들을 뜨겁게 달궜다. 오죽하면 그들 스스로 예수보다 더 유명해졌다고 도발했을까.[15]

엘비스에서 본격화한 로큰롤과 비틀스의 새로운 음악은 1960년대를 개방적인 문화로 이끌며 기존의 질서와 고루한 도덕에 본격적으로 저항할 수 있는 에너지를 생산하기 시작했다.

---

14) 밥 딜런과 비틀스는 서로 영향을 주고받았다. 밥 딜런은 비틀스에게 영향을 받아서 기존의 포크에 로큰롤을 접목하려 시도했고, 비틀스는 딜런의 영향을 받아서 가사의 중요성에 눈을 떴다.

15) 존 레넌은 1966년에 기독교를 믿어봤자 아무것도 얻을 게 없다며 "지금 우리는 예수보다 더 인기 있는 그룹이다"라고 말했는데, 이에 미국 라디오 방송국들은 비틀스의 음반을 트는 것을 거부하고 심지어 음반을 소각하는 운동까지 주도했다. 살해 위협까지 받은 존 레넌은 사과했지만 위협은 계속됐고, 보스턴 공연에서는 4백 명 이상의 경찰과 보안요원들이 동원돼 비틀스를 경호해야 했다. 한편 조지 해리슨이 힌두교로 개종하고 존 레넌과 폴 매카트니가 무신론자였다는 점이 종교의 세속화를 촉발했고, 종교적 적대감을 누그러뜨리는 데에 영향을 미쳤다. 이에 반발해 이스라엘에서는 비틀스의 공연을 취소하고, 미국 남부 일부 지역에서 비틀스의 앨범을 불태우기도 했지만, 비틀스로부터 시작된 세속주의, 반기독교 정신이 퍼지는 것을 막지는 못했다.

마오쩌둥과 정적들

개혁에 실패한 중국,
정쟁의 소용돌이 속으로

권력의 화신은 작은 불씨 하나만 있어도 언제든 다시 불을 지를 수 있다. 어제의 동지가 오늘의 적이 되는 게 권력이다. 그들의 명분은 언제나 인민에게 안정과 번영을 약속하는 것이지만, 속내는 자신이 권력을 쥐는 것이다. 그런 상대를 느슨하게 방치하는 건 자만심을 넘어 무지함이다. 중국뿐 아니라 거의 모든 역사에서 반복되는 일이다.

모든 권력은 투쟁이다. 그 투쟁이 정당하다면 건강한 권력이 탄생하겠지만, 오직 권력 자체에 대한 욕망의 결실일 뿐 거기에 부도덕함까지 얹어지면 파멸을 초래한다. 그 등쌀에 인민들 등골만 빠진다.

전쟁 중에서도 가장 무자비하고 끔찍한 게 내전이다. 스페인에서 장기집권한 파시스트 독재자 프랑코Francisco Franco(1892~1975)가 스페인내전과 그 이후 저지른 만행이 대표적이다.

마오쩌둥의 복귀가 없었고, 류사오치와 덩샤오핑의 실용주의가 진행됐다면, 중국이 더 빠른 속도로 발전했을지 아니면 공산주의가 붕괴했을지, 역사에서 가정법은 무의미하다지만, 늘 궁금하던 대목이다. 어쨌거나 거목의 탐욕은 역사의 수레바퀴를 후진시킬 수 있다는 점에서 늘 경계해야 한다.

1953년부터 시작된 제1차 5개년계획Five-year plans of China은 중국을 산업화한 강대국으로 변모시킬, 또한 본격적인 사회주의 체제를 확립한 사회로 이끌 출발점이자 토대가 될 것으로 여겨져 한껏 기대를 모은 개혁 정책이었다. 중국은 3년 동안 진행한 국유화를 마무리[1]하면서 전국에 인민공사[2]와 집단농장 체계를 구축했다. 이 시기에 중국에서 기존의 지주 계급과 자본가 세력은 모두 제거되고, 전통적인 가부장제 가족이 쇠퇴했다.

그렇다고 모든 것이 원하는 대로 된 것은 아니었다. 모순은 그대로인 채 부작용만 낳는 경우도 많았다. 그러나 지식인들은 이런 변화에 대해 어떤 말도 할 수 없었다. 공산당의 위세에 눌려 감히 비판할 엄두를 내지 못했기 때문이다. 자율성은 사라지고 점차 피로감을 느끼기 시작했다. 그렇다고 사회주의 낙원을 향한 희망의 끈을 놓지는 않았고, 놓을 수도 없었다.

제1차 5개년계획의 성공에 한껏 고무된 마오쩌둥은 보다 급진적이고 성급하게 대약진운동을 전개했다. 더불어 사회주의 체제 혁신과 사상 개조를 통해 공산주의 사회 실현을 앞당겨야 한다고 판단했다.

중국의 사회주의 모델이었던 소련에서 스탈린이 죽은 뒤 벌어진 일련의 사태는 중국으로 하여금 소련 모델에 대한 미련을 접도록 만들었다. 그러면서 중국은 오히려 자신들이 제3세계 국가들에 혁명의 본보기가 돼야 한다는 소명을 느꼈다. 그럴수록 마음은 쫓기고 여기저기 산재한 문제들은 당국을 조바심 나게 만들었다. 대륙에서 쫓겨난 국민당 정부가 세운 타이완도 골칫거리였다.

---

1) 그러나 국민당과 공산당의 내전이 끝나고 1949년 10월 중화인민공화국을 수립한 직후라서 1950년부터 1953년까지 국유화를 통한 자원 분배에 있어 국가권력의 독점권이 확립되지는 않았던 상태였다. 다만 1950년대 초에 신문의 국유화는 완벽하게 수행했으며, 상하이를 중심으로 한 자본가와 국가 사이의 힘의 균형을 깨뜨려 국가가 우위에 서게 된 것은 괄목할 변화였다. 중국이 국유화를 완전하게 마무리한 것은 1950년대 후반이었다.

2) 인민공사는 중국이 1958년에 농업 집단화를 위해 만든 대규모 집단농장으로 농촌의 행정과 경제 조직을 일체화한 것이었다.

장제스의 타이완 국민당 정부와 진먼다오

장제스蔣介石(1887~1975)의 국민당이 공산당에 패해 타이완으로 패주했을 때 타격하지 못한 건 공산당의 해군력이 형편없었기 때문이었다. 타이완은 고사하고, 대륙의 샤먼廈門 바로 코앞에 있는 진먼다오金門島조차 타이완[3]의 영토가 되는 걸 지켜봐야만 했다. 국민당 정부가 '반공대륙反攻大陸'의 전초기지로 삼은 진먼다오는 타이완과는 멀리 떨어진 반면 중국에는 눈으로도 볼 수 있을 만큼 아주 가까웠다.[4] 타이완은 섬 전체를 지하요새화했고, 미국의 지원을 받아 군사력을 증강했다. 중국은 일단 진먼다오를 뺏는 게 급선무라 여겼고, 1958년 8월부터 두 달 동안 50만 발에 가까운 포탄을 섬에 퍼부었다.[5] 그러나 진먼다오는 함락되지 않았다.

중국은 소련의 도움을 기대했다. 하지만 소련은 핵 개발 기술 제공을 거부할 뿐 아니라 어떤 협력도 거절했다. 이미 두 나라는 공산주의에 대한 생각과 해석의 차이를 드러내며 갈등하고 있었을 뿐 아니라 미국과 화해를 모색하고 있던 소련으로서는 중국과 적당히 거리를 두는 게 유리하다고 판단했다.

마오쩌둥은 코앞의 작은 섬 진먼다오도 자력으로 점령하지 못한 현실에 분개했다. 그러면서 마오는 중국 스스로가 빠른 공업화를 통해 무기의 현대화와

---

3) 정식 국호는 중화민국中華民國(Republic of China)이나 자국 내에서는 타이완으로 부른다. 1971년 중화민국이 유엔 회원국 지위를 상실한 뒤 통상 타이완으로 부르게 됐다. 과거 냉전 시대에는 '자유중국'으로 부르기도 했다. 중화인민공화국중국은 '하나의 중국' 원칙을 주장하며, 1983년 덩샤오핑의 이론에 따라 타이완을 홍콩처럼 자국의 특별행정구처럼 간주한다. 중국의 압력에 의해 '중화 타이베이Chinese Taipei'로 불리게 됐고 올림픽 등에서도 그렇게 사용한다. 2008년 중화민국 외교부는 국제기구 등에서 '중화 타이베이'를 적극적으로 사용하겠다고 천명했지만 국제적으로는 인정되지 않고 있다. 차이잉원蔡英文(1956~) 행정부 시대 이후에는 '중화민국 대만'이라는 새로운 호칭을 도입했다.

4) 진먼다오는 타이베이에서는 400km 이상 떨어진 반면 푸젠성 샤먼에서 가장 가까운 지점은 고작 8km 남짓이고 조금 과장하면 헤엄쳐서 닿을 수 있을 정도의 거리이다. 게다가 진먼다오는 중국 땅에 포위돼 있는 형태이다.

5) 진먼다오의 특산품인 '포탄칼金合利鋼刀'은 이 당시의 탄피로 만들었고, 아직도 그 재료가 남아 있을 정도이다.

산업화를 통한 경제성장을 이뤄야 한다고 절박하게 느꼈다.

마오쩌둥의 정권 확립 드라이브

한편 한쪽에서는 나중에 어떤 폭발음을 일으킬지 모른 불씨 하나가 지펴지고 있었다. 그것은 1959년에 《人民日報인민일보》에 발표된 한 편의 희곡이었다. 당시 베이징 부시장이며 역사학자이기도 한 우한吳晗(1909~1969)이 역사극『해서파관海瑞罷官』을 발표했다. 그 작품을 제작하도록 의뢰한 당사자는 바로 마오쩌둥이었다.

명나라를 배경으로 한 이 작품은 청백리인 해서海瑞(1514~1587)가 폭군 황제 가정제嘉靖帝(1507~1567, 재위 1521~1567)에게 파직을 당한다는 그렇고 그런 희곡이었다. 이 작품은 해서가 황제에게 충성했지만, 백성들이 반란을 일으킬 수밖에 없을 만큼 굶주리고 있을 때 황제와 조정은 자원을 낭비하고 있음을 비판하는 내용이었다. 마오는 해서를 본받아야 한다고 강조했다. 자신이 제작을 의뢰한 작품이었으니 그런 반응은 너무나 당연한 것이었다. 그러나 마오의 속셈은 따로 있었다.

1958년 마오는 자신을 비판한 펑더화이를 비판할 때 '좌파 해서'와 '우파 해서'의 문제를 제기했다.[6] 그리고 1959년 우한은『해서』와『해서파관』을 출간했다. 1960년에는 각계의 환영을 받으며 전국 도처에서 이 작품이 공연됐으며, 이후 해서를 칭송하는 연극이 뒤를 이어 공연됐다. 그러나 훗날 이 작품 때문에 수많은 사람이 곤경에 빠지게 될 것이라고 예상한 사람은 거의 없었다. 심지어 마오 자신까지도 몰랐다.

---

6) 1959년 루산회의를 앞두고 고향인 후난성의 농촌을 시찰한 펑더화이가 대약진운동과 인민공사에 의한 경제적 피폐상을 목격하고 마오쩌둥에게 노선 전환을 건의하는 '정중한' 편지를 보냈다. 펑은 그 편지에서 마오를 비판하지 않고 그의 지도권을 존중했다. 그러나 자신의 노선에 대한 비판은 곧 지도권에 대한 비판으로 판단한 마오쩌둥은 이 편지를 회의석상에서 공개하며 토론 의제로 삼아 펑을 제거했다.

한편 마오쩌둥은 산업화와 경제 발전에 철강 생산이 매우 중요하다고 판단하며, 중공업 분야에 모든 역량을 쏟아 부을 것을 요구했다. 초기의 열기는 매우 고무적이어서 마오 자신이 15년 안에 영국을 뛰어넘고 미국도 곧 따라잡을 것이라고 장담했다. 제국주의의 속박에서 벗어나 선진국을 추월한다는 목표는 인민들의 가슴도 끓게 만들었다.

　철은 중국 산업화와 부상의 상징이 됐다. 마을마다 '토법고로土法高爐(흙으로 만든 용광로)'가 들어서서 쇠붙이라면 가리지 않고 녹여서 철로 만들었다. 숟가락과 밥솥도 예외가 아니었다.[7] 자력갱생으로 선진국 대열에 들어선다는 것만큼 짜릿하고 뿌듯한 게 없다고 느꼈다. 그러나 이런 전통적 방식으로 생산된 철강은 상품성이 크게 떨어졌다.

　산업화의 기초가 마련되지 않은 상태에서 마음만 앞서서는 결코 달성될 수 없는 목표를 설정한 것 자체가 패착이었다. 그러나 자존심 강한 마오는 그것을 인정할 수 없었다. 마오의 인식과 인민들의 체감이 빚어내는 괴리는 시간이 갈수록 커질 수밖에 없었다. 설상가상 1960년대 들어 소련의 경제적 도움이 끊어지자 중국의 경제는 심각한 타격을 입게 됐다.

　기초가 부실한 상태에서의 급속한 공업화는 큰 결실도 맺지 못했고, 집단농장을 통해 식량을 완전히 자급자족해서 인민을 배부르게 하겠다는 대약진운동은 성공은커녕 수천만 명의 아사자가 속출하면서 재앙으로 끝났다. 자연재해가 겹치기는 했지만, 그 정도의 인구가 굶어 죽었다는 건 끔찍한 정책적 오류일 수밖에 없었다. 공산주의가 천국이고 인민공사가 천국으로 이끌 것이라던 슬로건을 내걸었지만 현실은 지옥이었다.

　결국 마오쩌둥은 공개적인 비판에 직면했고, 검소하고 신중한 실용주의자 류사오치에게 권력을 넘겨줄 수밖에 없었다.

---

7)　위화余華(1960-)의 소설 『인생(원제는 '살아간다는 건')』에는 중국의 전통놀이문화인 그림자연극에 사용되는 쇠고리까지 모두 징발할 정도로 철저한 모습이 그려졌다.

집단농장을 통해 식량을 완전히 자급자족해서 인민을 배부르게 하
겠다는 대약진운동은 성공은커녕 수천만 명의 아사자가 속출하면
서 재앙으로 끝났다. 공산주의가 천국이고 인민공사가 천국으로 이
끌 것이라던 슬로건을 내걸었지만, 현실은 지옥이었다. 결국 마오쩌
둥은 공개적인 비판에 직면했고, 검소하고 신중한 실용주의자 류사
오치에게 권력을 넘겨줄 수밖에 없었다.

마오의 퇴진과 류사오치, 덩샤오핑의 진출

처음에는 마오가 주도한 '삼면홍기三面紅旗(사회주의건설총노선, 대약진운동, 인민공사)'를 비교적 긍정하며 그의 노선을 따랐던 류가 반기를 들게 된 건, 1961년 저우언라이와 함께 고향인 후난성을 비롯한 여러 시골을 시찰했던 일이 계기였다.

그는 대약진운동의 결과가 완벽한 실패로 끝났고, 인민의 삶이 참혹하게 파괴된 것을 보고 크게 충격을 받았다. 현실은 너무나 비참했다. 이에 분노한 류는 1962년 1월 중국의 충격적인 재앙은 "천재가 3할이면 인재가 7할"이라고 비판했다. 발끈한 마오는 "1할의 실패를 보고 9할의 성공은 외면했다"며 반박했지만, 손바닥으로 하늘을 가릴 수는 없었다.

1962년 7월에는 "너무나 많은 사람들이 굶어 죽었다. 역사가 당신과 나를 심판할 것이다. 역사책에는 인민들의 식인 행위까지 기록될 것이다!"라며 류가 마오에 맞서 싸웠다. 결국 마오는 주석 자리에서 물러날 수밖에 없었다. 류가 그 자리를 차지했다.

국가주석이 된 류사오치는 덩샤오핑과 함께 경제를 회복시키기 위해 모든 것을 시도했다. 덩샤오핑은 검은 고양이건 흰 고양이건 쥐만 잘 잡으면 된다[8]며 이념과 사상을 우선순위로 두는 것을 포기하고 경제가 그 자리를 차지하도록 했다. 덩샤오핑은 류사오치의 천거로 당 총서기에 선출됐는데 "중국과 공산당이 직면한 가장 중요한 모순은 낙후된 생산력과 날로 수요가 증가하는 인민의 물질문화 간의 모순"이라며 류의 정책을 적극적으로 지지했다. 그러나 그들의 개혁은 쉽지 않았다.

대약진운동으로 인해 이미 경제 인구의 합리적 구조 자체가 망가졌고, 모든 분야의 불합리와 부조리는 새로운 변화와 혁신에 걸림돌이 됐다. 류와 덩은

---

8) 정확히 말하자면 이른바 흑묘백묘론黑猫白描論은 1970년대 말 덩샤오핑이 중국의 개방과 개혁을 주장하면서 펼친 경제정책이다. 그러나 이미 문화대혁명 이전에 검은 고양이든 흰 고양이든 고양이는 쥐만 잘 잡으면 되는 것 아니냐며 중국 인민을 잘살게 하는 것이 최우선이라고 강조한 바 있었다.

기존의 경제정책으로는 문제를 해결할 수 없다며 조심스럽게 시장경제정책을 도입했다. 위험하고 대담한 발상이었지만, 물질적 보상으로 유인해야 경제발전이 가능하다고 판단했기 때문에 도박을 걸었다. 또한 중공업에 무리하게 치중해서 실패한 대약진운동을 폐지하고 농업과 경공업의 비율을 높이는 정책을 채택했다.

다행히 그들의 정책은 대약진운동 이전의 수준으로 농업생산량을 회복할 만큼 성공적이었다. 경제성장률도 두 자릿수로 증가했다. 류와 덩은 이런 성공에 한껏 고무됐다. 그들은 "생산보다 구매가 더 좋고, 구매보다 대여가 더 좋다"는 말까지 서슴지 않으며 실용적인 경제정책으로 마오의 자급자족 경제 정책을 대체하는 정책을 밀어붙였다.

복권을 노리는 마오쩌둥

그러나 두 사람은 오랫동안 마오쩌둥과 동지 관계였음에도 불구하고 그가 얼마나 권력에 대해 집요하고 치밀한지를 놓치고 있었다. 게다가 마오는 완전히 물러난 게 아니라는 점도 간과했다. 그는 단지 국가주석의 자리만 내놓았을 뿐이었다.[9] 3년여 동안의 대약진운동이 농·경공업을 퇴보시키고 중화학공업에 대한 과잉 지출과 비효용이라는 기형적 결과를 낳으며 중국 전체의 경제적·문화적 수준을 20년 이상 퇴보시켰다는 비판을 받았다는 것쯤은 마오에게는 큰 문제가 아니었다. 그에게 유일한 문제와 관심은 오로지 권력이었다.

마오는 당·정·군의 최고지도자 자리에서 단지 국가주석의 자리만 물러났을 뿐 여전히 중국공산당 주석과 중앙군사위원회 주석 직함은 유지하고 있었다.

---

9) 류사오치와 덩샤오핑은 최종적으로 권력을 장악하고 마오쩌둥을 명목상의 지도자로 앉히려는 계획을 세웠다. 두 사람은 공산주의 사상에 대한 존중을 여전히 유지하되 다만 그것을 중국의 현실에 맞게 해석하는 합리성을 실현할 수 있는 경제개혁을 구상했으나, 마오쩌둥은 이들이 당 조직과 인민들 사이에서 세력을 키우게 되면 자신이 권력에서 소외될 것이라 걱정하고 있었다. 실용주의와 이념 중심의 권력주의는 그렇게 대립할 수밖에 없었다.

그래도 모든 권력이 국가주석에 모아져 있다는 걸 아는 마오는 다시 주석의 자리를 차지하기 위해 기회만 엿보고 있었다. 그런 마오에게 류와 덩의 성공이 지속하는 건 그 기회를 영원히 앗아갈지 모를 뇌관과도 같았다.

그는 여전히 중국공산당 내에 영향력을 행사할 수 있는 막강한 힘이 있었다. 그래서 기회만 주어지면 언제든 반격해 그들을 궤멸시킬 궁리에 몰두했다. 설령 그로 인해 중국이 잠시 경제적으로 퇴행한다 해도 권력을 되찾겠다는 마오에게는 그런 것쯤은 전혀 문제가 되지 않았다.

문제는 갈수록 류와 덩의 실용주의 정책으로의 개혁이 당과 인민들의 호평을 얻고 있다는 점이었다. 마오는 점점 초조해졌다. 그렇다고 대약진운동의 대실패의 장본인이라는 허물이 있는 상태에서 정면으로 맞서는 건 승산이 없었다. 마오에게는 자신이 다시 정치의 전면에 복귀할 수 있는 명분이 중요했다.

그렇지 않아도 마오쩌둥은 소련에서 스탈린이 사망한 후 흐루쇼프에 의해 스탈린격하 운동[10]이 벌어지는 것을 보고 자신의 후계가 어떤 인물이어야 하는지에 대해 오랫동안 노심초사했던 터라 류와 덩의 개혁이 마지막에는 자신의 사후에 격하운동으로 이어질 것이라는 불안감도 감추지 못했다. 아니, 사후는커녕 생전에라도 권력의 핵심을 상실한 자신에게 그 화살이 날아올지도 모를 일이었다. 중국 공산당 정부를 세운 게 자신이라는 자부심을 갖고 있는 마오로서는 도저히 용납할 수 없는 상상이었기에 그에 비례해 그 두려움은 더 묵직했다.

한편 류사오치는 이념에만 매달리는 게 중국의 발전에 걸림돌이 된다고 판단했다. 류는 실용성이 결여된 채 이념에만 몰두하고 생산성에는 관심도 없는 세력이 중국의 개혁을 방해하는 세력이라고 여겼다. 그는 그 세력의 중심은 바로 마오를 추종하는 대학생들, 그리고 대약진운동의 실패로 인해 공산주의 체

---

10) 마오쩌둥과 김일성은 흐루쇼프의 스탈린격하 운동에 충격을 받고 내심 못마땅했다. 그러나 북베트남의 호찌민은 오히려 그것을 환영했다. 호찌민과 베트남 노동당은 개인숭배 비판이야말로 조직의 강인함을 보여주는 예이자, 소련 공산당과 세계혁명 운동의 위대한 승리라고 화답했다.

제에 대한 의구심과 회의를 표출한 대학생들이라고 판단했다. 둘은 정반대의 성향이지만 중국과 공산당으로서는 둘 다 위험한 존재들이었다. 류는 그들을 가혹하게 탄압하고 숙청했다. 잔혹하다는 점에서는 그도 마오와 크게 다르지 않았다. 그러나 결과적으로 그 탄압은 류의 패착이었고, 곧 그의 턱밑에 들이닥칠 비수가 됐다.

류사오치의 조치에 집중적인 타격을 받은 건 베이징의 대학생들이었다. 칭화대淸華大학생 콰이다푸蒯大富(1945~)는 그런 분위기 속에서 대학생활을 했는데 그는 나중에 홍위병의 리더가 됐다.[11]

마오는 류 정권에 대한 학생들의 불만과 분노가 확산하는 것을 최대한 이용하겠다고 생각했다. 마오는 류와 덩에 대해 비판하는 당내 좌익세력과 이들 반反류사오치 학생들을 모을 준비를 시작했다. 그렇지 않아도 류와 덩에 반발해서 마오를 따르던 공산당 내부 급진파와 혁명적 청년 공산주의자들이 포기하지 않은 공산주의 이상理想을 복원하려는 열망은 그대로 남아 있었다.

그런 상황에서 류사오치가 대약진운동의 실패를 구실로 수많은 당원을 숙청하고 처형하며, 반발하는 학생들을 우파 기회주의자로 몰아 탄압한 것은 성급한 실수였다. 그들이 마오의 사주를 받아 류와 덩에게 죽창을 들고 달려들 줄은 꿈에도 몰랐다. 그리고 경제가 점차 정상화하면서 라디오 생산이 증가하고, 가격도 크게 떨어져 트랜지스터라디오가 널리 보급되기 시작했는데, 이 또한 얼마 지나지 않아 목숨을 건 투쟁과 격변에서 마오와 홍위병의 선전도구로 널리 활용될 것이었으니 아이러니였다.

마오는 권력을 되찾기 위해 음험한 모략을 하나하나 꾸미고 있었다. 아직 겉으로 튀어 오르지 않았을 뿐 강력한 탄성을 지닌 용수철을 한껏 눌러놓은 형국이었다. 중국은 폭풍전야였다.

---

11) 콰이다푸는 홍위병의 리더가 돼 이른바 '베이징 8월 폭풍 사건'을 주도하는 등 혁명의 광기를 증폭시키는 역할을 맡았다. 한때 마오쩌둥의 깊은 신임을 받고 홍위병 최고의 지도자로 평가받았으나, 1968년경에 실각해 노동 교화를 받아야 했고, 1978년에 긴급 체포돼 반혁명선전선동·살인·무고 등의 죄로 징역 17년, 정치참여권박탈 4년을 선고받았다.

스탈린 사후 흐루쇼프의 약진

기회와 위기 사이에 선

흐루쇼프

권력 세습이 위험한 건 전임자를 비판할 수 없다는 점 때문이고, 개인의 우상화가 위험한 건 개혁에 가장 큰 걸림돌이 되기 때문이다. 과거를 털고 과감하게 미래로 나아가기 위해서 때론 전임자의 허물을 비판하고 걸림돌을 그 허물과 결부시켜 제거해야 한다.

흐루쇼프는 소련 공산당에 어울리지 않는 정치적 낭만(?) 때문에 자기 덫에 빠지긴 했지만, 스탈린의 나쁜 유산을 '스탈린격하'로 제거했고, 그 결과 소련 정치의 악화를 막을 수 있었다는 점에서 매력적이기도 했다.

3대 세습까지 단행했던 북한이 발전했는지 퇴보했는지를 따져보면 흐루쇼프의 스탈린 비판이 왜 중요한지 알 수 있다. 물론 그것 때문에 마오쩌둥과 김일성이 자기 권력과 세습에 대해 더욱더 집착하게 만든 기형적 정치를 하게 된 점도 있지만, 그게 비단 국가에만 해당할까?

기업의 세습도 다르지 않다. 게다가 3세대쯤 되면 마치 자신들은 처음부터 '3루'에서 태어났으면서 3루타를 친 줄 알며 세상을 우습게 보는 건 예사롭다. 그들을 비판할 임직원들도 없지만 본인이 선대의 문제를 털어낼 혁신성조차 없는 경우에는 무슨 말이 더 필요하겠는가.

한국전쟁에서 휴전협정이 체결되기 몇 달 전인 1953년 3월 5일 소련 공산당 초대 서기장[1] 스탈린이 사망했다. 스탈린의 사망은 단순히 한 개인의 죽음이 아니라 소련을 비롯한 모든 공산주의 국가의 중요한 변수로 작용할 것이기에, 과연 누가 후임자가 될 것인가에 세계의 모든 이목이 쏠렸다. 1924년 레닌Vladimir Lenin(1870~1924)이 죽은 이후 소련에서 5년 동안 극심한 권력투쟁[2]이 있었던 것을 기억하는 사람들에게는 스탈린 이후의 권력투쟁이 어떤 양상으로 벌어질 것인지에 대한 궁금증과 우려를 함께 안겨주었다.

강압과 공포에 시달리던 소련 인민들은 안도감과 해방감을 느꼈지만, 당의 고위 간부들은 그 공포에서 해방된 인민들이 폭동을 일으키지 않을까 두려웠다. 중무장한 군인들이 모스크바에 속속 집결했다. 다행히 폭동은 없었다. 그래서 스탈린이 죽은 뒤 며칠 사이 지도자들은 스탈린이 삼자동맹을 형성해 트로츠키를 제거했던 삼두체제스탈린, 카메네프, 지노비예프를 모방해 일종의 삼두체제를 구축했다. 그 세 사람은 바로 말렌코프, 흐루쇼프, 베리야였다.

말렌코프 대 흐루쇼프의 권력 투쟁

이인자였던 말렌코프Georgii Maksimilianovich Malenkov(1902~1988)는 당 서기국의 서기직을 사임하고 총리직을 계승했다. 흐루쇼프가 서기직을 맡았다. 이는 흐루쇼프가 당을 장악했다는 의미였다. 정부보다 당의 장악이 중요하다는 점에서

---

1) 레닌은 인민위원평의회 의장이었고, 첫 번째 소비에트사회주의공화국연방USSR 서기장은 스탈린이었다.

2) 레닌이 죽은 후 후계자로 가장 물망에 오르던, 볼셰비키 혁명가이며 마르크스주의 이론가인 트로츠키Leon Trotsky(1879~1940)가 스탈린, 카메네프Lev Kamenev(1883~1936), 지노비예프Grigory Zinoviev(1883~1936) 등 트로이카에 밀려 추방됐다. 그 뒤 스탈린은 동료였던 카메네프와 지노비예프를 이간시켜 결국 모두 처형했다. 레닌은 스탈린이 무지하고 무모해서 후계자로 적합하지 않다며 제거하라고 유언을 남겼음에도 스탈린은 최종 승자가 됐다. 한편 트로츠키는 1940년 망명지인 멕시코에서 스탈린이 보낸 암살자에게 살해당했다.

말렌코프의 선택은 결과적으로 큰 실책이었다. 두 사람은 베리야[3]가 켕겼다. 베리야는 스탈린에 맹종하며 비굴함을 마다하지 않으면서 다른 사람들에게는 무자비하고 잔혹한 탄압과 감시로 일관한 사람이었다.

흐루쇼프와 말렌코프는 베리야가 비밀경찰인 국가공안부MGB[4]를 장악해왔다는 것 자체만으로도 엄청난 파괴력을 가진 시한폭탄과도 같은 존재였기 때문에 내심 두려웠다. 결국 두 사람은 베리야 숙청에 손을 잡았다.[5] 두 사람은 1953년 6월 동베를린에서 반反소련 소요가 발생하자 동베를린이 비밀경찰의 관할 구역이라는 점을 이용해 베리야를 제거[6]했다.

삼두체제는 쉽게 양자구도로 바뀌었다. 이제 두 사람의 투쟁만 남았다. 둘은 정책에서도 충돌했다. 당이 아닌 정부를 선택한 말렌코프는 소비재와 식량

---

3) 가차 없는 학살로 모두를 공포에 떨게 했던 베리야는 놀랍게도 스탈린의 폭압 통치를 완화하는 실용화 정책을 폈다. 스탈린을 독살했다는 풍문도 돌던 그였다. 그의 경제개혁정책은 권력을 장악하기 위한 술책이라는 평가를 받았지만, 실제로 1953년 6월 동베를린에서 소련에 반대하는 시위가 일어났을 때 베리야의 경쟁자들은 실용적인 베리야가 미국과 협상해 대규모 원조를 받는 대신 독일 통일을 용인할지도 모른다고 생각했다. 소련의 고위 지도자들이 베리야의 실용화 정책이 소련의 안보를 위협할 수 있다는 두려움을 갖고 있다는 점이 흐루쇼프에게는 최대의 기회였다.

4) 1941년 국가안보총국이 내무인민위원회에서 분리돼 국가보안인민위원회NKGB로 개칭되고, 1946년 다시 국가공안부MGB 재편됐다. 베리아는 국가공안부와 내무부를 합병했지만, 그가 체포된 이후 분리돼 내무부가 경찰과 교정의 영역을 담당하고, 국가보안위원회KGB는 정치사찰과 요인경호, 해외 첩보와 비밀교신을 담당하는 것으로 분리됐다.

5) 말렌코프는 베리야와 동맹을 맺고 수상이 됐고, 베리야는 말렌코프에 이은 이인자였으나, 말렌코프는 개인적 약점이 많았기 때문에 베리야를 제거하지 않고는 최고 권력자의 지위를 유지하는 게 어렵다고 판단했다. 흐루쇼프는 처음에는 베리야, 말렌코프와 연합하는 것을 거부했다. 그러나 그에게는 그들에 맞설 힘이 없었기에 어쩔 수 없이 손을 잡았다. 그러나 몰로토프Vyacheslav Molotov(1890~1986)와 불가닌Nikolai Bulganin(1895~1975)뿐만 아니라 베리야와 동맹인 말렌코프까지 설득해서 베리야를 제거하는 동맹을 결성했다.

6) 무고한 사람을 많이 죽였던 베리야는 미국과 서방에 협력했다는 혐의로 재판에 회부돼 사형 선고를 받았다. 처형장에 가는 도중 심하게 저항해 도중에 총살당했다. 베리야를 서둘러 처형한 건 그만큼 그의 존재가 두려웠음을 방증하는 것이었다.

의 증산을 주장한 반면, 흐루쇼프는 농업 생산의 개선을 주장했다. 사실 흐루쇼프의 정책은 위험했다. 농업은 환경변화에 크게 영향을 받기 때문에 실패할 가능성이 있었고, 만약 그렇다면 그는 정치적 자산을 다 잃을 수 있었다. 그러나 그는 대중적 지지 기반을 넓히기 위해 대담하게 농업을 선택했다. 아직은 소련에서 농민들의 존재는 절대적이었기 때문이었다. 그의 승부사적 기질을 엿볼 수 있는 대목이었다. 흐루쇼프는 이 과정에서 과거 농업 정책 실패의 책임을 정부 기관에 돌렸다. 그런 점에서 흐루쇼프는 영리했다. 그리고 이런 전략은 이후 모든 실패와 문제를 스탈린 탓으로 돌리는 방식에 그대로 적용됐다.

말렌코프가 내세운 소비재 생산 정책도 나름대로 성공했다. 생활이 윤택해진 중류 시민층과 도시인들 그리고 관료들은 그 정책을 크게 환영했다. 그러나 군부는 그건 중공업을 경시하고 경공업 체제로 전환하는 것이며, 결국 국방 예산 삭감으로 이어지는 것이라 이해했기에 당연히 반발했다. 한편 반대파는 그가 우파로 편향하고 있다고 비판했다.

정부기관지 《Izvestiya이즈베스티야》[7]는 말렌코프를 지지하는 반면, 당기관지 《Pravda프라우다》는 흐루쇼프를 지지하면서 마치 당과 정부의 대립처럼 보일 정도로 두 진영의 편 가름이 또렷해졌다. 결국 마지막 승리는 흐루쇼프의 몫이었다. 양자 대결에서 패배한 말렌코프는 1955년 2월 8일 총리 자리를 내놓고 발전소 장관으로 내려앉았다.[8] 이 결정은 이전에는 패배가 곧 숙청과 죽음이었던 것에 비해 매우 관용적일 수 있음을 상징적으로 보여주면서 소련이 온건해질 수 있음을 대내외에 보여준 효과도 컸다.

---

7) 정식 명칭은 'Izvestiya Sovetov Narodnykh Deputatov SSSR', 즉 러시아어로 '소련 인민대표회의 소식'이라는 뜻으로 소련 정부의 공식적인 전국기관지였다. 나중에 흐루쇼프의 사위인 아주베이[Alexei Adzhubey(1924-1993)가 편집을 맡으면서 쇄신했고, 공산당 기관지 《Pravda》와 더불어 소련 언론의 양대 축을 이루었다.

8) 그러나 그는 곧 정치국에서 강제로 사직당한 후, 소련 내 여러 곳을 전전하다 지금의 카자흐스탄 지역에 있는 수력발전소의 지도자가 됐다. 1961년에는 당적이 박탈돼 공산당에서 추방당했고, 은퇴 이후 모스크바 시내의 아파트에서 연금을 받으며 살다가 86세의 나이로 사망했다.

권력 세습이 위험한 건 전임자를 비판할 수 없다는 점 때문이고, 개인의 우상화가 위험한 건 개혁에 걸림돌이 되기 때문이다. 과거를 털고 과감하게 미래로 나아가기 위해서 때론 전임자의 허물을 비판하고 걸림돌을 제거해야 한다. 흐루쇼프는 소련 공산당에 어울리지 않는 정치적 낭만 때문에 자기 덫에 빠지긴 했지만, 스탈린의 나쁜 유산을 '스탈린격하'로 제거했고, 그 결과 소련 정치의 악화를 막을 수 있었다.

흐루쇼프의 스탈린 지우기

마침내 모든 권력을 움켜쥐게 된 흐루쇼프는 본격적으로 스탈린을 비판하기 시작했다. 스탈린의 흔적을 지워내는 것이 그의 임무인 것처럼 열정적으로 스탈린을 비판했다. 1956년 소련 공산당 제20차 전당대회에서 흐루쇼프는 소련 전역과 전 세계 공산주의국가에서 모인 대표단을 앞에 두고 무려 5시간에 걸쳐 '개인숭배와 그의 결과에 대하여'라는 비공개 연설에서 스탈린의 여러 비행들을 하나하나 까발렸다.

마르크스는 모든 개인숭배를 배격했다면서 시작한 연설은 스탈린을 서기장에서 해임하라는 레닌의 유언장, 스탈린의 키로프Sergei Kirov(1886~1934) 암살[9] 사주, 대숙청, 독소전쟁 당시 스탈린이 저지른 모든 악행 등을 열거했다. 제2차 세계대전에서 나치 독일을 물리친 것을 자랑하던 스탈린에 대해 "우리는 스탈린 덕분에 독일을 이긴 것이 아니라 스탈린이 있음에도 불구하고 이겼다"라며 "스탈린은 천하의 악당이고 도저히 용서받을 수 없는 독재자"라고 비난했다. 스탈린에게 서슴지 않고 '인간백정'이라는 말까지 붙이며 몰아세웠다.

사람들은 이 연설에 큰 충격을 받았다.[10] 이 연설은 분명히 소득이 있었다. 소련의 부조리와 비합리적 요소는 모두 스탈린에게 떠넘길 수 있었고, 스탈린의 공포정치에 떨던 인민들도 마음을 놓고 살 수 있다는 희망을 줄 수 있었다는 점만으로도 충분히 효과적이었다. 무엇보다 스탈린 추종자들을 당과 정부에서 축출함으로써 잠재적 정적들을 한꺼번에 소탕할 수 있었다.

흐루쇼프가 무조건 강경책만 쓴 건 아니었다. 권력과 정책 투쟁에서 지더라도 이전처럼 숙청이나 처형이 아니라, 교외 별장에서 연금을 받으며 조용히 여생을 즐기게 하거나 지방으로 좌천하는 선으로 끝냈다. 이것은 패배자들이

---

9) 볼셰비키 혁명가 키로프는 자신의 사무실에서 레오니트 니콜라예프Leonid Nikolaev(1904~1934)의 총에 맞아 사망했다. 니콜라예프는 30일 뒤 총살됐다. 스탈린과 내무인민위원회가 암살을 공모했다는 설이 대중 사이에 널리 퍼져 있었지만 확실하게 입증되지 않은 사건이었다.

10) 당시 흐루쇼프의 연설을 들은 소련 공산당 고위 당직자들 가운데 심장마비를 일으키거나 후에 자살한 사람도 있다고 할 정도였다.

조직적으로 저항하며 반동하지 않도록 작용했고, 대외적으로도 비인간적이라는 소련의 권력투쟁에 대한 인식을 희석시켰다.

흐루쇼프의 스탈린 비판에 가장 큰 충격을 받은 것은 중국의 마오쩌둥이었다. 하루아침에 국부에서 독재자, 심지어 인간백정으로 추락하는 스탈린에 자신의 모습을 그대로 적용해 보면 끔찍한 일이었다. 그런 흐루쇼프와 소련은 마오쩌둥으로서는 손잡을 수 없는 견원지간이 될 수밖에 없었다. 소련은 완고한 중국을 '교조주의Dogmatism'라고 비판했고, 그에 맞서 중국은 소련을 '수정주의Revisionism'로 비난하면서 공산주의의 양대 축이 날 선 대립을 벌였고, 그런 감정은 더 나아가 국경 분쟁으로 이어지면서, 일촉즉발의 전투적 대치로 이어졌다.[11]

스탈린 사후 동유럽의 몸부림

흐루쇼프는 스탈린의 소련을 지워내고 새로운 소련, 더 강대해진 소련을 꿈꿨다. 그러나 그 일은 결코 만만하지 않았다. 먼저 폴란드가 그를 난처하게 만들었다. 스탈린이 죽고 격하운동이 벌어지자, 동유럽 국가 국민들은 소련의 지령에 따라 움직이며 스탈린의 꼭두각시 역할을 하던 정부를 대놓고 비판하며 저항하기 시작했다. 소련은 1956년 폴란드 포즈난에서 일어난 노동자 폭동

---

11) 소련과 중국의 노선주의 논쟁은 1960년대 이후 양국의 군사·과학·교육 등에서 교류 단절로 이어졌다. 1960년 8월 소련은 중국에 있던 군사고문, 과학기술자들을 전면 철수했고, 마오쩌둥 역시 소련 내의 중국 유학생들을 귀국시키면서 갈등이 극대화됐다. 훗날 양국은 서로를 준準적국으로 간주하며, 1964년부터 국경을 둘러싼 분쟁을 벌였다. 1969년에는 소련과 중국의 국경인 아무르강 지류인 우수리강 유역 영유권을 놓고 무력전쟁을 벌였다. 이는 영토 문제뿐만 아니라 스탈린 사후 심화했던 중·소의 대립을 드러내는 사건이었다. 이 전쟁은 자칫 제3차 세계대전으로 불똥이 튈 수 있는 위험천만한 사건이었지만, 양국 수뇌부의 극적인 타협으로 마무리됐다.

[12]이 정권의 몰락으로 이어지면 동유럽 공산블록이 와해하는 신호탄이 될지도 모른다는 위기의식을 느꼈다. 일반 시민들까지 가담해 시위가 확대하자, 폴란드인이지만 소련군에서 최고계급인 소련군 원수를 지냈고, 전후 폴란드에서 국회의장의 자리까지 차지한 로코솝스키Konstantin Rokossovski(1896~1968)[13]는 1만 명의 병력을 투입해 무자비하게 시위를 진압했다. 일단 위기는 넘겼으나 이 사태는 소련으로서도 곤혹스러웠다.

동유럽 사회주의 국가의 위기는 흐루쇼프의 반反스탈린 연설로 촉발된 것이 분명하다고 정확히 파악한 마오쩌둥은 소련을 강대국 우월주의라고 비난했다. 한편 마오는 흐루쇼프가 폴란드를 무력으로 진압할 의도가 있다는 소식을 받고 주중소련대사 파벨 유딘Pavel Yudin(1899~1968)[14]을 불러, 폴란드에 대한 소련의 무력 개입은 사회주의 진영 전체를 폭발시키는 기폭제가 될 수 있다고 경고했다. 만약 소련이 폴란드에 군대를 투입하면 중국은 즉각 폴란드를 지지할 것이라고 단언했다. 그리고 중국대표단을 모스크바로 보내 다시 한번 그 견해를 전했다. 결국 흐루쇼프는 어쩔 수 없이 무력 개입을 포기하고 고무우카와 타협했다.

---

12) 스탈린 사망 3개월 후 포즈난의 공장 노동자들이 대우개선을 요구하는 파업을 일으켜 가두시위를 하던 중 치안부대가 발포해 시위가 폭동으로 발전했다. 일반 시민들도 합세해 공공기관들을 습격했고, 마침내 군대까지 충돌해 무력으로 진압했다. 폴란드 정부 발표로 54명의 사망자, 300명 이상의 부상자가 발생한 이 사건으로 '10월의 봄Polish October'이라는 정치 자유화가 촉발됐다.

13) 폴란드인 아버지와 러시아인 어머니 사이에 태어난 로코솝스키는 제1차 세계대전 때 러시아군 기병대에 복무하던 중 1917년 볼셰비키혁명이 일어나자 붉은군대The Red Army에 가담했다. 그는 제2차 세계대전의 굵직한 전쟁에서 수많은 공을 세워 소련군의 승리에 큰 몫을 했고 원수로 승진했다. 전후 폴란드 주둔 소련 사령관을 지내던 중 스탈린의 명령으로 폴란드에 귀화한 뒤 폴란드 국방장관을 지냈다. 그러나 폴란드어에는 서툴러서 거의 모든 의사소통과 연설을 러시아어로 했다. 국방장관으로 폴란드 군대를 재건하는 데에 공헌했으나, 소련에 반대하는 폴란드인을 무자비하게 탄압해서 그에 대한 반감이 급증했고, 폴란드의 반소 봉기 후 다시 소련군으로 복귀해서 소련의 국방차관을 지냈다.

14) 파벨 유딘은 마르크스 철학에 정통한 학자 출신으로 1950년 스탈린이 마오쩌둥과 중국 공산주의자들이 얼마나 마르크스주의를 따르고 있는지 확인하기 위해 중국에 파견했던 인물이다.

그러나 곧이어 일어난 헝가리 사태에서는 더 이상 그런 방법으로는 안 된다고 판단했다. 소련과 흐루쇼프는 헝가리가 바르샤바조약기구Warsaw Pact or Treaty Organization 탈퇴와 코메콘 탈퇴, 그리고 중립국 표명 등을 주장하자 도저히 묵과할 수 없었다. 마오쩌둥은 처음에는 흐루쇼프에게 폴란드와 동일한 평화적 입장을 채택하라고 권고했지만, 헝가리 사태가 진정되지 않고 공산주의 체제 자체에 대한 붕괴를 촉발할 수 있다는 조짐이 보일 뿐 아니라 국가보안요원들이 부다페스트에서 사형당했다는 소식에 인내심을 잃었다.

마침내 마오는 소련 군대가 헝가리와 부다페스트에 주둔해야 한다는 입장을 소련에 전했다. 그것은 마오쩌둥과 중국이 헝가리 민주화운동에 대한 소련의 제압을 지지한다는 것을 의미했다. 그러나 마오는 폴란드와 헝가리 사태가 흐루쇼프의 스탈린격하 운동에서 비롯된 것이라는 생각은 바꾸지 않았고, 소련의 강대국 우월주의가 자신들에게도 향할 수 있다는 걸 분명하게 인식하고 있었다.

헝가리혁명은 시간이 갈수록 시민의 개혁 요구에 유리한 방향으로 움직이기 시작했다. 10월 24일 공산당이 지명한 너지 임레 수상이 정치범 석방, 비밀경찰 폐지, 소련군의 부다페스트 철수를 발표하더니, 마침내는 헝가리의 바르샤바조약기구 탈퇴와 코메콘 탈퇴를 선언하자 소련은 더 이상 인내할 수 없다고 판단했다. 폴란드와는 다른 방식을 선택해야 한다고 결정했다. 마오쩌둥의 소련 무력 제압 지지도 어느 정도 영향을 미쳤다. 소련은 너지 임레의 선택을 소련 간섭으로부터의 이탈로 판단했다. 흐루쇼프로서는 헝가리 문제를 해결하지 못하면 공산주의 세계에서의 맹주 역할뿐 아니라 자신의 소련 내 입지도 크게 흔들릴 것이기에 다른 선택이 없었다.

결국 흐루쇼프는 1,000대의 탱크와 15만 명의 병력으로 헝가리를 침공해 너지 임레 정권을 힘으로 무너뜨렸다. 폴란드와 헝가리의 저항을 무너뜨리는 데에는 성공했지만, 그것으로 흐루쇼프가 당초 의도했던 개혁의 밑그림은 어그러지게 됐다.

흐루쇼프 미국을 상대하다

흐루쇼프는 외교적인 부분에서도 스탈린 방식을 벗어나 미국과의 관계 개선을 원했다. 1956년 제20차 공산당대회에서 두 개의 상반된 체제가 평화롭게 공존할 수 있고 어떤 일이 있어도 전쟁은 피해야 한다며 평화공존론을 제시했다. 그러나 말처럼 쉬운 일이 아니었다. 미국의 태도 여부에 따라 달라질 일이기도 했지만, 국내 강경파의 반발도 결코 가볍게 여길 수 없었다. 그런데 헝가리 사태를 유혈 진압하면서 이런 노력이 물거품이 됐다. 그래도 흐루쇼프는 포기하지 않았다. 흐루쇼프 특유의 과시욕도 한몫을 거들었다.

1958년 핵실험금지협상은 그런 결실이었다. 물론 베를린 문제로 서방 세계와 대립하는 건 여전했지만, 흐루쇼프는 양 진영의 관계 개선이 반드시 필요하다고 판단했다. 흐루쇼프는 소련이 더 강대해지기 위해서는 미국을 비롯한 서방과 불필요한 대립과 군비 경쟁으로 경제력과 에너지를 낭비하지 않는 것이 일단은 필요하다고 확신했기 때문이었다. 그것은 스탈린 시대에는 꿈도 꾸지 못했던, 흐루쇼프이기에 가능한 일이기도 했다.

스탈린격하 운동과 폴란드와 헝가리의 저항을 무력화시킨 흐루쇼프에게 잠깐의 안도가 찾아왔다. 그러나 미국과의 경쟁에서는 뒤처지고 있다는 건 분명했기 때문에 한시도 여유를 가질 형편은 아니었다. 그런 상황에서 소련은 1957년 10월 4일 인공위성 스푸트니크1호 발사에 성공했다. 우주선 발사의 성공은 소련과 흐루쇼프에게 미사일 개발, 원자력에 이어 우주 개발에서도 미국을 따돌리고 소련이 선두 주자로 올라서는 감격을 선사했다. 이런 성공에 소련과 흐루쇼프는 크게 고무됐다. 이제 인민의 삶만 개선되면 사회주의 낙원을 실현할 수 있다는 자신감이 생긴 흐루쇼프는 1959년 미국으로 날아가 아이젠하워 대통령과 냉전 이후 첫 미·소회담을 가졌다.

물론 중국과의 갈등과 반목은 더 깊어갔지만, 흐루쇼프는 미국과 협력할 수 있다면 중국쯤은 크게 신경 쓰지 않아도 될 것이라고 판단했다. 그는 흡사 도박사와도 같았다. 1970년까지는 미국을 모든 분야에서 완전히 따라잡고, 1980년이면 완전한 공산주의 사회에 도달할 것이라는 당의 강령은 그렇게 해서 나왔다. 양국 정상회담을 계기로 동서 우호 관계가 진전될 듯 보였다. 그러나 1960년 U-2정찰기격추 사건은 또다시 그것을 무산시켰다.

1957년 8월 소련은 세계 최초의 대륙간탄도미사일ICBM인 R-7 발사에 성공했다. 미국도 그다음 해 ICBM에 성공했다. 그러나 아직은 대륙간탄도미사일이 초저온을 유지해야 하는 액체 추진체를 사용했기 때문에 실전에 사용하는 데에 한계가 있었다. 그런데 소련이 원자폭탄을 갖게 되고 곧이어 인공위성까지 띄우자 우주에서 원자폭탄을 투하할지도 모른다는 공포가 미국을 짓눌렀다. 게다가 철저히 가려진 소련의 무기 개발 상태를 모르고 있었으니 그 공포는 갈수록 커졌다. 그래서 미국은 세계 최고의 기술을 적용한 U-2정찰기를 소련 상공에 띄우고 정찰했다.

미국이 대놓고 정찰기를 소련 상공에 띄운 데에는 자신감이 있었기 때문이다. 즉 고도 21km에 이르는 U-2정찰기는 소련의 지대공 미사일로도 격추할 수 없다는 판단에 따른 것이다. 그런데 그런 U-2정찰기가 우랄산맥 상공 20km에서 격추된 것이다. 처음에 미국은 기상관측기였다고 발뺌했지만, 물증이 드러나자 사과할 수밖에 없었다.

미국과의 우호 관계를 유지하려던 흐루쇼프는 비난을 자제했지만, 소련의 군부와 공산당의 강경파가 반발했다. 아이젠하워가 사과를 거부하자, 1960년 5월에 열기로 합의한 파리정상회담을 무산시키고 1961년 새로 당선된 케네디 대통령과 회담을 갖기로 계획을 변경했다.

그러나 카스트로가 쿠바에서 혁명에 성공하고 미국과 적대관계에 빠지자 상황은 긴박하게 돌아가기 시작했다. 흐루쇼프는 카스트로의 요청을 받아들여 쿠바에 핵미사일을 포함한 미사일기지를 설치하면 미국을 꼼짝하지 못하게 만들 것이라 판단했다. 노회한 아이젠하워도 자신이 주물렀는데 애송이 케네디쯤은 가볍게 제압할 것이라는 자신감도 한몫했다. 그러나 흐루쇼프는 그 '젊은이'를 너무 만만하게 판단했다. 그리고 그 값을 그렇게 빨리 치를 것이라고는 생각하지 못했다.

베트남 응오딘지엠의 몰락

미국도 포기한
베트남의 첫 스텝

어느 나라건 자국의 이익을 중심에 놓고 판단한다. 미국이라고 예외
는 아니다. 그러나 미국이 해당 국가와 국민의 의사를 무시하고 눈앞의
이익에만 급급해서 성급하게 친미 정권을 지지하거나, 심지어 입맛에 들
지 않거나 고분고분하지 않은 정권의 전복을 일삼은 일은 나중에 두고두
고 깊은 상처와 손실을 끼쳤다는 점을 기억해야 한다.

미국이 남미 여러 나라들의 정치에 개입하고 간섭하며 심지어 무력을
지원해 정부를 전복하는 일은 너무나 흔한 일이었다. 또한 이란의 팔라
비 2세Mohammad Reza Pahlavi(1919~1980, 재위 1941~1979) 정권을 비호했던 일
은 나중에 중동지역에서 미국의 영향력을 축소시켰고, 더 나아가 지금도
국제정치의 시한폭탄이 되고 있으며, 이는 베트남에서도 크게 다르지 않
았다.

그런 부도덕에 대해 미국이 국제사회에서 잘못을 인정하고 사죄할 수
있는 날이 와야 최소한의 국제 정의가 가능해질 것이다. 설사 부도덕한
정책을 추진할지라도 무조건 비호하는 일에 매달리지 않고, 충분한 시간
과 성의를 가지고 절차적 정당성을 확보하면서 추진했다면 결과는 많이
달라졌을 것이다.

"모든 사람은 평등하게 태어났다. 사람들은 모두 생명·자유·행복을 추구할 천부의 권리를 조물주로부터 부여받았다."[1]

일본이 제2차 세계대전에서 패망한 직후인 1945년 9월 2일, 하노이의 바딘광장Ba Dinh Square에서 호찌민[2]은 이 문장을 인용하면서, 베트남이 프랑스로부터 독립했음을 공식적으로 선포했다. '미국독립선언서'를 차용한 이 문장이 던지는 무게는 인류 보편적 가치의 실현이라는 묵직한 울림이었다.

호찌민은 미국이 전후 소련의 팽창을 막기 위해 그리스와 튀르키예에 경제와 군사적 원조를 제공한 토대인 트루먼독트린Truman Doctrine[3]에 입각해서 베트남민주공화국을 승인해 주기를 바랐다. 그러나 미국은 그런 호찌민의 기대를 외면했다. 게다가 프랑스는 결코 베트남을 포기할 생각이 없었다. 인도차이나에서의 지배권을 계속해서 유지하고 싶은 프랑스는 베트남을 프랑스연합 내의 독립 주 정도로 두고 싶었다. 따라서 베트남과 프랑스는 강경하게 대립할 수밖에 없었다. 베트남 독립을 인정하지 않으려는 프랑스는 베트남 독립 세력을 무력으로 진압하려 했다.

---

1) 보응웬지압, 강범두 옮김, 『디엔비엔푸: 1945~1954 베트남 독립전쟁 회고록』, 길찾기, 2019.

2) 본명은 응우옌신꿍阮生恭(Nguyen Sinh Cung)으로 1941년부터 베트남 독립운동을 이끌었고 1945년부터 1969년까지 북베트남베트남민주공화국 대통령을 지냈다. 그의 본명을 응우옌아이꾸옥Nguyen Ai Quoc으로 설명한 경우도 있는데, 본명이 아니라 호찌민의 호號인 '아이꾸옥'을 이용한 가명이었다. 그는 평생 독신으로 살았고 소박한 삶으로 존경을 받았으며, '호 아저씨'라는 애칭으로 불렸다.

3) 1947년 3월 트루먼 대통령이 상·하 양원 합동회의에서 그리스와 튀르키예에 군사원조를 제공하고 군사고문단을 파견하자고 요청하는 연설 속에서 밝힌 선언이다. 트루먼독트린은 세계대전 후 미국 외교정책의 기본 원칙으로 공산주의 팽창을 저지하기 위해 자유와 독립을 유지하는 노력을 기울이며, 거기에 부합하는 세계 여러 나라에 대해 군사적·경제적 원조를 제공한다는 정책이었다. 당시 이 원칙에 따라 그리스와 튀르키예의 반공 정부에 미국이 군사적·경제적 원조를 제공했는데, 소련 진영에 대항할 수밖에 없다는 방침을 명백히 밝힘으로써 트루먼독트린은 냉전체제를 시작하는 지표가 됐다는 평가를 받았다.

제1차 인도차이나전쟁과 제네바회담

프랑스는 예전과는 달리 직접 개입하는 건 부담스러워했다. 그래서 응우옌 왕조의 마지막 군주인 바오다이를 내세워 베트남국을 세웠다. 호찌민의 베트남민주공화국은 그것을 인정할 수 없었고, 전쟁은 불가피했다. 그렇게 10년 가깝게 프랑스군은 베트남 독립동맹군과 치열하고 지겹게 전쟁을 이어갔다. 제1차 인도차이나전쟁이 바로 그것이었다. 베트남 인민군은 전력상 열세를 전략적 우월성으로 뒤집었다. [4] 그리고 마침내 1954년 5월 7일 프랑스군이 디엔비엔푸전투에서 회복 불가능할 정도로 치명적으로 패배함으로써 더 이상의 전쟁이 무의미하다는 것을 깨달았다. 그것으로 전쟁은 끝난 것과 마찬가지였다. 특이한 것은 이 전쟁에서 미국이 전쟁 비용의 80퍼센트를 지불했다는 점이다. 그만큼 당시 프랑스 재정 상태는 심각했다.

1954년 4월 26일부터 7월 21일까지 스위스 제네바에서 열린 길고 지루한 제네바회담1954 Geneva Conference[5]을 통해 공식적으로 전쟁의 종결이 선언되고 마침내 베트남 독립이 가능해졌다. 그러나 아직은 완전한 독립이 아니라 일종의 '휴전'의 개념이었다. 이들은 2년 이내에 선거를 통해 통일된 베트남을 수립하

---

4) 보응웬지압Vo Nguyen Giap[또는 보응우옌잡, 1911~2013]은 정규 군사교육을 받지 않은 독립운동가였지만, 탁월한 지휘관의 관점과 신중함과 결단으로 군대를 이끌며, "약점을 먼저, 강점은 나중에 공격한다. 결정적 지점에 대한 공세를 목적으로 전 지역을 포위한다. 외곽을 먼저 쳐서 전선을 열도록 하고 중앙으로 깊숙이 공격한다보응웬지압, 앞의 책, 334쪽"는 전략으로 프랑스군을 무찔렀다.

5) 제네바회담은 두 개의 주제를 다루었는데, 한반도 평화협정과 베트남 분단협약이었다. 첫째 주제는 한국전쟁을 공식적으로 종료하며, 한반도의 재통일을 위한 한반도 평화협정에 대한 것이었으나, 당시에 논의조차 제대로 되지 못했기에 현재까지 잘 알려지지 않았다. 중국의 외교부장 저우언라이가 미국의 국무장관인 덜레스John Foster Dulles[1888~1959]에게 협상을 요구했으나, 덜레스는 논의조차 거부해 더 이상 협상이 진행되지 못했다. 이 때문에 미국이 소련과 중국을 감시하고 견제하며 패권을 유지하기 위해 한반도 통일에 관련된 핵심 주제를 회피했다는 비난을 받았다. 제네바회담 기간 동안 미국은 한반도 통일에 관련된 핵심 주제가 논의되는 것을 회피하기 위해서 고의적으로 전쟁포로 송환, 휴전협정 준수 등 다른 주제를 지속해서 거론했다. 결국 첫째 주제인 한반도 평화협정 체결은 주요 참가국 중 미국 측의 논의 거부로 논의 되지 않았고, 둘째 주제인 베트남 문제만 논의됐다.

는 데에 합의했다.

제네바회담 이후 정전 협정의 이행과 준수를 감시하기 위해 인도, 폴란드, 캐나다 등이 참가한 국제조정위원회가 조직됐다. 미국은 캐나다를 적극적으로 자신들의 편으로 끌어들여 프랑스의 영향권에서 벗어난 베트남을 중국을 견제할 전략적 요충지로 삼으려 했다. 공산주의 확장을 제어하지 못하면 동남아시아 전체가 공산화될지 모른다는 절박감에 미국은 몸이 달았다.

1954년 5월 미국은 남베트남에 대한 경제원조계획을 발표했다. 12월에는 미국·프랑스·남베트남 간 상호방위조약을 추진했다. 이것은 제네바협정이 남북 베트남 모두 군사동맹에 가입할 수 없도록 한 규정을 명백히 위반한 것이었지만, 미국과 프랑스는 그런 것쯤은 가볍게 무시했다.

제네바협정은 통일된 베트남을 수립하기 위해 1956년 7월 이내에 보통선거를 진행한다고 규정했다. 그러나 선거를 하게 되면 호찌민의 당선이 거의 확실했기에 미국의 지원을 받는 남베트남베트남공화국은 총선거를 거부했다. 그래서 협정은 통일정부를 결정하기 위해 베트남 전체의 선거를 연기하는 내용으로 합의하게 됐다. 결국 제네바협정에 따라 베트남은 둘로 분단됐다. 무력 충돌을 막는다는 명분으로 북위 17°선을 경계로 북베트남과 남베트남으로 구분하고, 프랑스군은 베트남에서 철수하기 시작했다. 결국 호찌민은 북베트남의 대통령이 됐고, 하노이를 수도로 삼았다.

베트남의 분단과 미국의 개입

북베트남은 공산주의자들이 주도하는 베트남독립동맹越盟이 주축이 된 반면, 남베트남은 비공산주의자, 가톨릭 신자, 보수주의자, 친서방 성향의 세력이 주축이었다. 북부의 가톨릭신자들이 대거 남쪽으로 내려오고, 정부가 그들을 편향적으로 우대[6]하면서 불교 세력과 갈등을 빚었다. 베트남 국민들은 통

---

6) 베트남 내부에 자신의 지지 계층이 취약했던 지엠은 이들을 적극적으로 수용하고 지원함으로써 자신

일된 베트남의 회복을 희망했지만, 국제정치의 역학 구조는 여전히 그들의 바람과는 무관하게 강대국들의 편의에 따라 베트남을 둘로 갈라놓았다. 1945년 해방 이후 군정을 거쳐 끝내 남북으로 분단된 대한민국과 비슷한 운명이었다.

남베트남을 지원하기로 한 미국의 고민거리는 국왕 바오다이[7]의 무능력과 국민의 불신이었다. 바오다이를 안고 가면 자칫 민심 자체를 잃게 되고 미국은 주도권을 갖기는커녕 양 진영 사이에서 치다꺼리하느라 곤욕을 치르게 될 것이라 판단하고 군사고문단을 파견해 바오다이를 축출하고 미국과 갈등을 빚지 않을 인물을 모색했다. 1955년 10월 23일 미국은 왕정 폐지와 공화국 수립을 전제 조건으로 하는 선거를 관철했다. 그 선거를 통해 바오다이는 자연스럽게 축출되고, 응오딘지엠을 대통령으로 하는 베트남공화국이 수립됐다. 그러나 지엠 정권의 부패와 실정은 연이은 반정부시위를 촉발해서 남북의 협의와 통일이 아니라 오히려 분단을 고착화하는 수렁에 빠져들게 했다.

베트남이 통일되려면 불가피하게 남과 북이 내전을 겪는 과정을 겪을 수밖에 없었다. 그러나 단순히 내전으로 끝날 운명이 아니었다. 미국은 자신이 베트남에서 손을 떼는 순간 남베트남은 곧바로 함락될 것이고, 그렇게 되면 인도차이나의 적화는 시간문제에 불과하며, 결국 동남아에서의 미국의 역할과 패권이 사라질 뿐 아니라 자본주의 블록 전체가 위기에 내몰릴 것이라는 절박감 때문에 점점 더 이 내전에 빠져들 수밖에 없었다.

미국은 최소한 분단된 상태라도 유지돼 남베트남만이라도 미국에 우호적인 정권을 유지함으로써 공산주의의 팽창을 억제하고, 이후 막강한 군사력을 동원하면 장차 북베트남도 점령해 세력을 확장할 수 있을 것이라며 계산기[8]를

의 지지 세력으로 삼으려 했다.

7) 바오다이는 베트남 마지막 국왕으로 프랑스와 일본의 식민 통치 하에서 형식적으로 왕위를 유지했으나, 향락을 추구하는 방탕한 생활 때문에 민심이 이반됐으며, 1955년 왕정 폐지 후 프랑스에 망명해 그곳에서 생을 마감했다.

8) 통계 조작이 베트남전쟁에서의 미국의 오판을 불렀다는 사후 평가가 나왔다. 이전 전쟁과 달리 뚜렷한 전선이 없는 게릴라전에서 미국이 사용한 지표가 적 사망자 수였는데 당시 로버트 맥너마라 국방장관이 이 수치를 보고하라고 지시하자 예하 부대들이 성과를 부풀려 보고했고, 미국은 이것을 토대

두드렸다. 제2차 세계대전을 통해 세계 최강의 자리에 올라선 미국은 냉전이 시작되고 소련에 맞서 경쟁하면서 자본주의 세계의 수호자를 자처하는 동시에 자국의 이익을 극대화하기 위한 군사력 증강에 매달렸다. 공산주의와 소련에 대한 공포가 그것을 부추겼다. 그 결과 군산복합체의 위상[9]은 갈수록 높아졌다. 그러나 미국은 남베트남의 국민들 상당수가 남북 분단의 고착화에 반대하고, 통일 국가에 대한 염원을 갖고 있다는 점을 간과했다.

부패하고 무능한 응오딘지엠 정부

남베트남의 지엠은 1930년대 바오다이 조정의 내무대신을 지냈으며, 독실한 가톨릭신자이며 철저한 반공주의자였다. 그의 가문은 17세기 베트남에서 최초로 가톨릭으로 개종한 집안이었다. 1945년에는 호찌민의 공산군에 체포되기도 했는데, 가톨릭의 지원을 얻기 위해 북베트남 독립 정부에 참여해 달라

로 북베트남이 더 이상 전쟁을 수행할 수 없을 것이라는 '강한 믿음' 때문에 패전할 때까지 미련을 버리지 못했다고 한다. 그래서 베트남전쟁은 나중에 '통계가 망친 전쟁'이란 평가를 받기도 했다. 제2차 세계대전에서 수학통계과 경영학의 도움을 크게 받은 미군은, 특히 병참과 보급에서 이런 분석을 중시했고, 실제로 여기에 참가했던 이른바 '통계적 관리주의자'인 군인들이 제대 후 미국의 많은 기업에 참여했다. 맥너마라 자신이 제2차 세계대전 후 포드사에서 최초로 비 포드 가문 출신 대표가 돼 크게 성공했다. 하버드 경영대학원 출신의 맥너마라는 '미스터 컴퓨터'로 불리며 통계에 근거해 최대 효율을 추구했다. 당시 미군의 소총, 전차, 항공기 등 거의 전 부분을 완전히 뒤집었던 것도 통계와 경영합리화를 통해 비대해진 군부를 축소하는 효과를 도모했다. 실제로 그는 국방부의 운영에 관한 통제권을 넘겨받는 데에 성공했고, 군대를 현대화하며 예산집행절차를 개편했다. 그래서 불필요하거나 낡은 무기체계에 소요되는 비용을 제거함으로써 지출을 크게 줄였다.

9) 미국의 사회학자 밀스Charles Wright Mills(1916~1962)는 대표적 저서인 『파워엘리트 Power Elite』에서 미국의 권력 집단의 실체를 철저히 해부하면서, 미국의 정책을 좌지우지하는 것은 정·경·군의 극소수 유기적 결합이며, 대중과 언론은 들러리에 불과하다고 날카롭게 비평했다. 미국은 남북전쟁과 대공황, 제2차 세계대전 등을 거치며 대자본·정치엘리트·군부가 부상하고 서로 고유한 영역을 넘나들며 연합하는 과정을 보여주었는데, 밀스는 1950년대 이후 노골적으로 군산복합체가 미국 사회를 지배하고 있다고 분석했다.

는 호찌민의 요구를 거절하고, 이후 10년 동안 망명했다. 그러다 1954년 미국의 지원을 받는 남베트남 정부를 이끌기 위해 귀국해서 대통령이 됐다. 대통령이 된 지엠은 친족들로 권좌를 채웠다. 동생인 응오딘누Ngo Dinh Nhu(1910~1963)를 수석보좌관 겸 정보부장관 즉 비밀경찰 책임자로 앉혔고, 사돈인 동생의 장인을 미국대사로, 장모[10]를 유엔참관인으로 파견했다. 지엠의 형 응오딘툭Ngo Dinh Thuc(1897~1984)은 대주교[11]였다.

그에게 베트남은 마치 거대한 '가족 기업'과도 같았다. 그는 전형적인 가톨릭 엘리트에 친親프랑스적인 부유한 식민지 관리 출신이었다. 지엠의 이런 이력은 국민들로 하여금 그의 집권을 프랑스 지배의 연장으로 보게 만들었다. 지엠을 낙점한 미국의 선택은 베트남 국민들에게 완벽하고 새로운 독립의 느낌을 반감시켰다. 게다가 식민 지배에 협력한 자들을 처벌하기는커녕 그들을 우대하고 보호하면서 그들이 카르텔을 형성하도록 방치하는 것이 얼마나 위험한지 여러 나라에서 속속 증명되고 있었지만, 지엠은 그런 것들 쯤은 전혀 신경쓰지 않았다.

국민 다수가 불교 신자인 베트남을 가톨릭 국가로 만들려는 지엠에 대해 국민의 반감은 높아갔다. 게다가 북베트남이 토지개혁에 성공한 것과 달리 거의 아무런 개혁도 이루지 못해 농민의 불만이 고조[12]됐다. 지엠과 그의 정부는

---

10) 신부가 되려던 지엠은 독신주의자였기 때문에 결혼하지 않았고, 동생 누의 아내 쩐레쑤언Tran Le Xuan(1924~2011)에게 퍼스트레이디의 역할을 맡겼다. 공산주의자에 의해 친정 오빠 2명이 살해당하면서 극단적인 반공주의자가 된 쩐은 부정 축재와 권력남용으로 원성이 높았다. 흔히 '마담 누Madame Nhu'로 불렸고, 드래건 레이디Dragon Lady라는 고약한 별명으로 통했다.

11) 지엠의 동생 응오딘깐Ngo Dinh Can(1911~1964)도 사제였고 지엠의 생질인 응우옌반투언Nguyen Van Thuan(1928~2002)은 추기경이었다. 투언 추기경은 공산정권에서 9년 동안 수감 및 가택 연금됐다가 1988년 로마로 망명했다.

12) 1956년 지엠 정부는 미국 지도하에 토지개혁에 착수했다. 그러나 소작제를 폐지하는 게 아니라 단지 인하하는 내용에 그쳤다. 그저 지주의 토지 면적을 부분적으로 제한하는 조치에 불과했다. 심지어 어떤 지역에서는 오히려 소작료를 올리는 방식으로 변형돼 불만이 극에 달했다. 그런데도 지엠 정부는 소수 지주와 다수 빈농이라는 봉건적 사회관계를 해소하기는커녕 조장했다. 베트콩은 이런 문제점을 명확하게 간파하고 자신들의 강령에 '소작료 경감과 점진적 토지개혁'을 분명하게 밝힘으로써

무능하고 부패했는데 오직 반공을 내세우며 공산주의자뿐 아니라 자신의 정적들과 반정부인사들을 체포·구금·처형하는 데 주저하지 않았다.[13] 지엠의 독재와 부패는 오히려 반공주의에 대한 반감을 키웠고, 민심은 이반돼 많은 사람이 남베트남민족해방전선베트콩을 지지하게 만들었다.

베트남의 역사와 국민에 대한 지식과 이해가 거의 없는 미국도 지엠 정권에 대해 불만이 많았지만, 대안이 없어서 그를 지지할 수밖에 없었다. 그런데 한 가지 주목해야 할 점이 있었다. 흔히 미국의 민주당은 대내적으로는 진보적이지만 대외적으로는 팽창주의적이라는 사실이었다.

제1차 세계대전의 월슨, 제2차 세계대전 당시의 루스벨트, 한국전쟁 때의 트루먼이 민주당 소속이었다는 건 결코 우연이 아니었다. 케네디와 존슨 또한 민주당 소속이었다. 거기에는 나름의 이유가 있었다. 대개 민주당 정권은 결코 미국의 전통적인 고립주의에 갇힐 생각이 없었기 때문이다. 적어도 그때까지만 해도 오히려 공화당이 여전히 상대적으로 고립주의 정책을 선호하는 편이었다.

응오딘지엠의 오판과 미국의 판단

북베트남이 남베트남을 무력으로 정복하겠다는 계획에 대해 여러 설이 있었고, 호찌민이 미국의 개입을 유발할 무장 투쟁에 매우 신중한 태도를 보였다는 기록도 있지만, 분명한 건 그들이 1959년부터 캄보디아를 통한 이른바 호찌민 루트를 만들었고 군대를 이동시켰다는 점이다. 일종의 양동작전이었던 셈이었다.

많은 이들의 호응을 얻었다.

13) 지엠 정권의 탄압 대상은 거의 전 분야에 걸쳐 있었다. 베트남 반식민운동에 참여했고 1950년대 들어서는 공산주의 운동과 결별한, 작가이며 비평가였던 응우옌투옹탐Nguyen Tuong Tam(1906~1963)은 정부 전복 음모로 몰려 기소되자 자유를 짓밟는 행동에 반대한다며 음독자살했다.

1963년까지 약 4만여 명의 병력이 이 루트를 통해 남베트남을 공격했다. 1960년 미국에서 새로운 대통령 케네디민주당가 선출됐을 때 전임 대통령 아이젠하워공화당는 베트남을 포함한 해외 문제에서 신중할 것을 경고했지만, 케네디는 자유의 승리를 위해서라면 어떤 일이든 해야 한다고 응수했다. 물론 그런 케네디도 베트남전쟁에 직접 개입하고 병력을 파견하는 데에는 거리를 두려고 애썼다. 1961년 케네디는 오스트리아 빈에서 소련의 흐루쇼프와 만나 베트남 문제를 논의했다. 그러나 아무런 합의점에도 도달하지 못했다.[14]

케네디는 쿠바 사태를 통해 공산주의 세력의 확장을 막기 위해 모든 방법을 강구해야 한다고 판단했다. 그렇기에 베트남에서 역시 공산주의가 승리하는 것을 방관할 수는 없는 일이었다. 하지만 케네디는 미군을 파병하는 것에는 부정적이었다. 대규모 파병으로 발발할 군사적 충돌이 장기화하면 큰 골칫거리가 될 것임을 알았기 때문이었다. 최선의 방법은 지엠의 군대가 게릴라를 완전히 소탕하는 것이었다.

베트남의 게릴라 전술은 프랑스 정규군을 물리치며 능력을 높여왔다. 그들은 전선의 후방을 교란하며 상대를 곤욕에 빠뜨리는 데에 능숙했다. 미국은 거기에 대응하기 위해 미 육군 특수부대를 보내 정해진 타깃을 궤멸하고 빠져나오는 전술이 유효할 것으로 판단했다. 그렇게 해서 북베트남의 침략을 저지할 수 있다면 일단은 성공을 거두는 것이라 여겼다. 그래도 전체적인 전투는 지엠

---

14) 정상회담에 대한 준비가 제대로 마련되지 않은 이 회담은 대표적으로 실패한 회담으로 평가된다. 케네디가 승인한 픽스만침공 사건에서 CIA는 쿠바인 망명 부대 1,500여 명을 비밀리에 쿠바에 보내 카스트로 정권 전복을 꾀했으나 대부분 체포되거나 사살됐다. 이런 상황에서 케네디로서는 급하게 미·소정상회담을 마련해야 했다. 자신의 아들과 동갑인 케네디를 보자마자 흐루쇼프는 픽스만 침공에 대해 케네디를 공격했고, 케네디도 맞받아치면서 거칠어졌다. 둘째 날 회담에서 라오스내전의 평화적 해결에는 합의했지만, 베트남 문제는 합의에 도달하지 못했다. 공동성명도 없이 끝난 회담 직후 케네디는《New York Times》와의 인터뷰에서 "흐루쇼프는 픽스만 사건 때문에 나를 경험도 배짱도 없다고 생각했는지 죽으라고 두들겨 패기만 했다"고 불만을 표시했고, 귀국하자마자 소련과 핵 전면전 때 미국 사망자가 얼마나 발생할지부터 확인했다. 펜타곤미 국방부 추산으로 당시 미국 인구의 약 절반인 7,000만 명이 사망할 수 있으며, 핵미사일 한 발만 대도시 인근에 떨어져도 60만 명이 사망할 것이라는 예상이 나와 케네디도 깜짝 놀랐다고 한다.

의 군대가 맡아야 한다는 전략은 변함이 없었다. 그래서 1961년 부통령 존슨을 사이공에 보내 '지엠은 아시아의 처칠'이라고 추켜세우며 지엠을 확고하게 지지한다고 천명했다.

케네디에게는 사방이 난제였다. 케네디는 미온적으로 대처하면 소련의 공세에 속수무책으로 당할 수밖에 없다는 절박감이 있었기에 어려운 문제일수록 단호하게 대처했다. 쿠바 사태와 베를린 문제는 그렇게 해서 일단 해결했다. 그러나 여전히 케네디는 소련과 우주 경쟁에 조급했고, 만약 소련이 앞서게 되면 우주 전략을 군사적으로 활용할 수 있기에 큰 위협이 될 것이라 판단했다. 케네디로서는 진퇴양난이었다. 너무 적극적으로 대처하면 전쟁을 초래할 수 있고, 소극적으로 대응하면 만만하게 보일 수 있기 때문이었다. 쿠바와 베를린 문제는 단호하게 대처할 수밖에 없었다. 그것은 미국의 안보와 국익에 직결된 문제였기 때문이었다. 그러나 베트남은 달랐다.

그래서 파병 대신 우회적 방식을 택했다. 공식적인 파병이 아니라 홍수방제 인원으로 위장시켜 파병하는 것이었다. 그러나 군사고문단을 증파하는 데에는 적극적이었다. 하지만 그들도 베트남 내전의 본질에 대해 완전히 무지했다. 야금야금 그 인원이 늘어나더니 1963년에 베트남에 주둔한 미군 병사의 수는 1만 6,000여 명에 이르렀다. 그 상태에서 발을 뺀다는 건 어려운 일이었다. 그렇게 미국은 베트남의 수렁에 한 발씩 깊이 빠져들기 시작했다.

전쟁은 피할 수 없었다. 1963년 1월 2일 압박 전투Battle of Ap Bac에서 350여 명의 남베트남민족해방전선 게릴라부대가 세 배가 넘는 남베트남군과 싸워 큰 승리를 거뒀다. 미군 병사는 참여하지 않았지만, 장갑차와 헬리콥터를 지원했는데 속수무책으로 당했을 뿐 아니라 지엠의 총애를 받던 후인반까오Huynh Van Cao(1927-2013) 장군이 게릴라의 공격을 받자 도망가기에 바빴다는 것을 알고 미국은 크게 실망했다. 까오는 쿠데타가 발생할지 모른다는 지엠의 두려움을 덜어주기 위해 쿠데타를 방지하는 일에만 몰두하느라 정작 외부의 적을 막는 데에는 무력했음을 그대로 드러냈다.

미국은 더 이상 지엠을 감싸는 게 능사가 아니라는 걸 깨달았다. 민심 이반은 갈수록 심해졌다. 미국은 은연중 쿠데타가 일어나도 북베트남에 우호적이지 않으면 눈감아줄 수 있다는 태도를 보이면서 지엠에게 종교 정책의 변화를 요구했다. 불교에 대한 불필요한 탄압을 멈추지 않으면 비밀경찰과 특수부대도 지엠 정권을 지킬 수 없다는 점을 분명히 밝혔다. 케네디 정부로서는 남베트남의 안정 확보가 가장 중요한 과제였다.

지엠의 독재와 노골적인 가톨릭 편향은 남베트남 국민 다수가 불교도인 상황에서 민심을 이반하게 만들었다. 가뜩이나 토지개혁에 대한 공약 이행을 실천하지 않아서 불거진 불만은 자연스럽게 베트남민족해방전선NLF이 친親공산주의 성향의 민족주의 단체인 베트민Viet Minh[15]과 합세하는 것을 도왔다. 지엠은 공산주의와 베트콩이 세력을 확장할 수 있는 빌미를 제공했다.

'반공'을 가장 큰 자신의 정치적 모토로 삼은 지엠은 공산주의의 싹을 잘라낼 수 있다고 확신했다. 그 판단에는 미국의 지원을 얻을 수 있을 것이라는 계산이 깔려 있었다. 그러나 지엠이 수많은 불교도를 투옥·처형하자[16] 미국도 더이상 지엠으로는 어렵다고 판단했고, 지엠에 대한 거의 모든 지원을 중단했다. 그리고 그 중단은 군부에 은근한 메시지가 됐다.

1963년 6월 11일 AP통신 사진기자인 맬컴 브라운Malcolm Browne(1931-2012)의

---

15) 훗날 베트콩으로 널리 알려지게 된 것과는 달리 남베트남민족해방전선은 공산주의자가 아닌 지엠 정권에 반대하는 모든 활동가들도 망라돼 있었다. 베트남 공산주의자Vietnamese Communist를 경멸하는 의미의 약자인 베트콩Viet Cong은 NLF가 결성되기 이전인 1958년 1월 지엠이 처음 사용했고, 이후 언론에서 그대로 따라 했다.

16) 지엠은 국민 70퍼센트 이상이 믿는 불교를 노골적으로 차별했다. 가톨릭 교인들에 대해서만 토지를 할당하고, 사업을 밀어주었으며 세금을 감면하는 등의 노골적인 차별 정책을 펼쳤다. 심지어 베트콩 게릴라를 격퇴하기 위해 마을별로 총기를 배포할 때 가톨릭으로 개종하지 않는 경우 총을 주지 않았다. 지엠이 불교도가 공산주의 봉기를 부추긴다는 이유로 수많은 불교도 신자를 탄압·투옥·처형하자 미국 내 여론은 악화했고, 미국은 그에 대한 지원을 중단할 정도였다. 특히 1963년 5월에 지엠은 형인 응오딘툭이 쿠양빈의 대주교로 임명되자 아예 석가탄신일을 금지했고, 승려들에 대한 총격 사건이 발생하는 등 노골적으로 불교를 탄압해 원성이 자자했다.

남베트남의 응오딘지엠의 독재와 노골적인 가톨릭 편향은 국민 다수가 불교도인 상황에서 민심을 이반하게 했다. 1963년 6월 11일 사이공의 중심가에서 틱꽝득 스님이 분신자살을 시도했다. 지엠은 석가탄신일 행사를 못마땅하게 여겨 봉축 행사를 진압하도록 명령했고, 이에 분노한 틱꽝득 스님은 승려들의 침묵시위가 벌어진 날 소신공양으로 정부에 저항했던 것이다.

사진[17] 하나가 전 세계를 경악시켰다. 그날 오전 10시 사이공의 중심가 도로 한복판에서 한 불교 승려가 분신자살을 시도했다.

지엠의 친인척들은 정부의 고위직과 이권단체를 장악하며 대규모의 비리를 저질러서 국민들의 비판을 받고 있었는데, 정부와 경찰은 불교 탄압 정책에 맞서 저항하던 승려들을 무차별 진압하던 차에 1963년 석가탄신일에 그 절정을 맞았다.

석가탄신일[18]은 불교 신자가 대부분인 남베트남 전역에서 큰 행사였는데 지엠은 불교의 행사를 못마땅하게 여겨 봉축 행사를 진압하도록 명령했다. 명분은 종교적인 상징을 내세우고 거리를 행진하는 것이 법에 어긋난다는 것이었다. 당연히 저항을 야기했고 큰 충돌이 일어났다. 그 과정에서 경찰의 총격으로 사망하는 사람까지 생겼다. 이에 분노한 틱꽝득 스님은 불교 승려들이 침묵 가두시위가 벌어진 날 소신공양으로 정부에 저항했다.

남베트남 불교계의 거목 틱꽝득Thich Quang Duk(1897~1963) 스님의 분신은 지엠의 독재와 정권의 일방적인 친 가톨릭 반反불교 정책을 비판하며 불교계의 저항에 불을 붙였다. 그의 분신 사진은 서구 사회에 큰 충격과 함께 경종을 울렸고 남베트남에서는 전국적으로 지엠 정권에 저항하는 도화선이 됐다. 1963년 11월 결국 어수선한 정국을 틈타 군부가 쿠데타를 일으켰다. 지엠은 동생과 함께 군인들에 의해 살해됐다.

한 스님의 항거가 베트남 전체를 한순간에 격랑으로 몰아넣었다. 내전에

---

17) 당시 브라운은 친분이 있던 스님으로부터 시위에 대한 정보를 입수했지만, 특별한 건 아닐 거라고 생각하고 평범한 저가 카메라를 들고 현장에 갔다가 이 사진을 찍었다. '한 장의 사진이 역사를 바꾼다'는 말을 절감할 정도로 이 사진이 미국인들에게 준 충격은 엄청났다. 케네디도 이 사진에 충격을 받았다. 그런데 지엠의 제수이자 퍼스트레이디 역할을 하던 쩐레쑤언이 틱꽝득 스님의 분신에 대해 "승려 한 명이 바비큐가 됐을 뿐이고, 서구화에 항의하면서 미제 휘발유를 사용했다"고 조롱하여 미국을 발칵 뒤집어놓았고 세계적 분노를 유발했다. 그녀의 불손함이 군사 쿠데타의 한 요인이 되기도 했다.

18) 동남아시아의 소승불교 국가에서는 석가탄신일이 음력 4월 15일이다.

그칠지 국제전으로 확산할지 여부는 미국의 손에 달렸다. 케네디의 목숨이 아직은 다섯 달쯤 남아 있었다.

요한 23세의 개혁 드라이브

시대정신의 바다에
몸을 던진 보수 가톨릭교회

익숙한 틀에서 벗어나는 것은 항상 어렵다. 익숙하다는 건 습득하기 위해 쏟아야 할 에너지와 예측되지 않는 위험 요소가 줄어든다는 뜻이다. 보수주의가 안정성을 주는 것처럼 느껴지는 것도 그런 이유다.

제국주의를 호위하던 교회가 제국주의적 사유의 기저에 깔린 문화적·심리적인 밑동을 근원적으로 제거한다는 것은 결코 생각처럼 만만한 일이 아니었다. 그걸 한 '노인'이 해냈다. 얼마나 부담스러웠을까. 그냥 적당히 타협하면서 권한을 누리기에도 남은 삶이 짧지 않았을까.

요한 23세는 남은 삶이 많지 않아서 거기에 모든 힘을 쏟아부을 수 있는 용기와 결단을 발휘했다. 그게 현명하고 용기 있는 노인의 매력이고 꼭 필요한 가치이다. 그는 의연하게 후자를 택했다. 가장 뜨거운 1960년대를 가장 딱딱하고 보수적인 교회가 가장 극적으로 혁신할 수 있었던 것은 시대의 축복이고 선물이었다.

그 정도의 담대함과 혜안을 갖고 낡은 틀을 깨고 미래의제를 이끌어내는 이가 역사를 바꾼다. 그 뿌리는 '시대를 읽는 것' 즉 시대정신을 통찰하는 것이다.

스콧 니어링은 청년 시절 기독교의 신학체계를 거부했는데 기독교가 인류의 대다수를 차지하는 '이교도'들을 냉대하기 때문이었다고 한다. 그러나 니어링은 1920년부터 해마다 연사로 초청받아 보스턴의 공동체교회에서 강연과 토론을 지속했다. 그 교회는 도전적이고 체제 비판적인 메시지들을 50년간이나 전달해온 미국 유일의 교회였다. 그는 교회의 강단이 폭넓은 관심을 대변할 수 있도록 노력했다.

요한 23세가 교황이 된 뒤 가장 먼저 했던 일 가운데 하나는 정원사와 운전기사의 급여를 올려주는 것이었다. 그들의 급여가 20년 전과 거의 똑같다는 걸 놓치지 않았던 건 요한 23세가 가난한 농부의 아들이었기 때문이다. 그걸 본 교황청의 고위성직자들은 요한 23세가 그런 일이나 하다 임기를 마칠 것이라고 생각하며 회심의 미소를 띠기도 했다. 그러나 그들은 요한 23세의 진면목을 전혀 몰랐다. 새로운 교황은 1958년 12월 23명의 새로운 추기경을 임명하면서 유럽 중심의 상부구조를 깨뜨리는 중요한 전환점을 마련했다.

1959년 1월 25일 성바오로수도원에서 교황은 당시 로마에 머물고 있는 추기경들을 초대했다. 대부분의 추기경들은 간단한 다과회나 만찬을 기대할 뿐이었는데 교황의 폭탄선언이 나왔다. 새로운 공의회를 소집하겠다는 것이었다.

공의회는 전 세계의 가톨릭 교구 지도자나 그들의 위임자 및 신학자들이 모여 합법적으로 교회의 신조와 원칙에 관한 문제를 의논·정의·결정하는 회의로 여기서 결정된 사항은 최고의 권위를 지닌다. 교회사 전체로 볼 때 공의회를 개최한 횟수가 그리 많지 않았기에 추기경단은 깜짝 놀랐다. 딱히 공의회를 열어야 할 만큼 당면한 문제가 있는 것도 아니었기에 더더욱 그럴 수밖에 없었다. '뜬금없이' 그것도 '임시 교황'으로 불리던 '늙은' 교황의 선언은 충격을 주

요한 23세는 가톨릭교회의 내부뿐 아니라 격변하는 세상의 흐름을 명확하게 인식하고 있었다. 그는 가톨릭교회가 변화해야 한다고 확신했다. 그래서 보수파들의 집요한 반대와 방해 공작을 뿌리치고 마침내 역사적인 제2차 바티칸공의회를 소집했다. 요한 23세는 교회가 세상의 주인이 아니라 인류의 종이라는 점을 깨우쳐주겠다고 서약했다.

기에 충분했다.

닷새 전 교황은 그 생각을 국무원장인 마르티니 추기경에게 밝혔다. 마르티니 추기경은 교황으로 선출될 것으로 예상됐던 인물이었는데 탈락했지만 여전히 강력한 차기 교황으로 점쳐지던, 얼핏 보면 요한 23세의 라이벌일 수 있는 인물이었는데, 그는 놀라기는 했지만 의외로 적극 찬성했다. 마르티니는 직선적이었고, 그 때문에 여러 추기경들과 대립적이기는 했지만 진보적인 인물이었다.

교회는 당황했다. 어떤 추기경은 교황이 바티칸 경험이 없는 데다 충동적이어서 즉흥적으로 '공의회 개최' 안건을 꺼냈을 거라 말했고, 또 다른 추기경은 교황이 귀가 얇아서 남의 말에 휘둘린 탓이라며 어차피 교황의 나이나 지병으로 볼 때 시간을 끌면 공의회는 물 건너갈 수 있는 것이라고 단언하기도 했다. 그러나 요한 23세는 결코 우발적으로 결정한 게 아니었다.

젊은 교황조차 엄두를 내지 못할 공의회 소집이 갑작스러운 영감의 결과라고 그가 말했지만, 공의회를 소집하는 목적은 분명히 천명했다. 바로 교회를 '현대화Aggiornamento'[1]하는 것이었다.

사실 공의회는 개최하는 것도 어려운 일이지만, 공의회 이후 격변과 혼란이 뒤따른 경우가 교회사에서 비일비재했기에 공의회를 무산시키려는 보수적 태도가 팽배한 것도 엄연한 현실이었다. 그러나 교황은 굴복도 타협도 거부했다.

교황은 기존의 공의회가 상명하달 방식이었던 것을 완전히 뒤바꿔, 공의회에서 무엇을 다루면 좋을지에 대해 세계의 모든 교구 주교들과 기관들에 설문을 보냈다. 그것은 아래로부터의 개혁을 이끌어내려는 속 깊은 의도였다. 어떤 주교들은 의제조차 없이 공의회를 개최하겠다는 것 자체가 허구의 민낯이라며 빈정거렸지만 70퍼센트 가량은 충실하게 응답한 내용을 교황청에 보냈다. 사제의 결혼 허용 문제 등 상상도 하지 못할 것들까지 두루 망라됐으며 교

---

1) 이 단어의 본디 뜻은 '적응'인데 이후 '교회의 쇄신'을 상징하는 용어가 됐다. 요한 23세는 종교개혁 이후 가톨릭교회의 재활성화와 개혁이 필요하다는 점을 솔직하게 인정한 최초의 교황이었다.

황청은 이 답장을 정리해서 책으로 만들었다. 이런 공의회는 과거에는 상상도 하지 못하던 방식이었다.

요한 23세 공의회 소집 요청

16세기 종교개혁의 여파를 수습하기 위해 소집된 트리엔트공의회(1545~1563) 이후 3세기가 지나 제1차 바티칸공의회가 1869년~1870년 비오 9세에 의해 개최됐던 것이 가장 최근의 것이었다.

비오 9세는 1854년 자신이 공식적으로 선포한 '성모 마리아의 동정'과 '교황의 무오류성'을 재확인하면서 당시 사회의 시대정신이었던, 합리주의와 과학에 대한 열광의 오류를 지적하는 '시대착오적인 의제'[2]를 내세웠다. 그런 방식으로 교회의 단결과 교세를 공표하려는 그의 의도는 엉뚱하게 이른바 '문화투쟁'으로 변질했고, 그나마 1870년 보불전쟁 때문에 중도에 폐막했다. 그렇게 외부요인으로 중단된 게 차라리 다행이었다. 그렇게 마감하지 않았다면 어쩌면 파국에 이를지도 모를 만큼 분열과 갈등이 심했고, 내용은 지리멸렬했다. 차라리 시도하지 않느니만 못한 공의회였다.

그런 반면, 요한 23세가 소집하려는 공의회는 의제 자체도 잡지 않고 오히려 각 교구에 묻는 방식이었으니 많은 이들이 아연할 만도 했다. 그러나 젊은 사제들과 열린 사고를 갖는 사람들은 서서히 관심을 높여갔다.

---

2) 19세기 중반의 그리스도교는 보수 세력의 복권과 더불어 과거로의 복귀를 갈망하던 시기였다. 그러나 현실에서는 이성 중심의 합리주의와 계몽주의의 활발한 전개로 자연과학의 발달이 급진전했다. 특히 다윈의 진화론은 과학계 일반뿐 아니라 종교에도 큰 충격을 주었다. 또한 유럽 전역에서 진행된 시민혁명 이후, 자본주의 사회로의 급속한 전환이 전개되면서 노동자 계급의 등장과 사회주의의 전개상이 주목되는 새로운 시대가 열렸는데 이런 현상들이 그리스도교에 더욱 불리하게 작용했다. 또한 이탈리아가 새롭게 왕국으로 통일되면서 야기된 바티칸시국市國의 영토 관련된 분쟁도 비오 9세가 근대화를 비판하고 거부했던 계기가 됐다. 그런 미묘한 문제들이 쌓여 제1차 바티칸공의회 소집됐던 것이다.

이제 누구도 교황의 공의회 개최 의지를 꺾을 수는 없었다. 그러나 여전히 보수적인 교황청 관리들은 교황의 결심을 냉담하게 받아들였다. 공의회 뒤에는 늘 격변과 혼란이 따른다는 것이 정설로 여겨진 상태에서 굳이 그 위험부담을 교회가 안아야 할 까닭이 없다고 여긴 탓이다. 전쟁도 끝났고 비오 12세의 인도로 교회가 성장해왔는데 갑자기 평지풍파를 일으키는 것을 받아들일 수 없었다. 그래서 일부 바티칸 추기경들은 공의회 개최를 지연시킬 수 있는 모든 방법을 강구했다. 그 사이 교황이 서거하거나 마음이 바뀌어 스스로 포기할 수 있게 하는 게 그들로서는 최선이었다.

그들은 요한 23세가 1963년에 공의회를 개최하겠다고 하자 너무 빠르다고 응수했다. 그러자 교황은 오히려 개최 일정을 한 해 앞당겨 1962년 공식적으로 공의회를 소집했다. 반발하는 추기경과 주교들에게는 "공의회는 누가 옳고 누가 그르다는 것을 판단하기 위해 역사적 소송을 제기하는 것이 아니라 한 자리에 모여 분열을 끝내기 위한 것입니다"라며 관철했다.

그렇게 1962년 10월 11일 역사적인 제2차 바티칸공의회가 개최됐다. 다행히 요한 23세는 공의회 첫 회의를 주재할 수 있을 만큼은 오래 살았다.[3] 비록 폐막 선언까지는 그의 몫이 되지 못했지만.

요한 23세는 이전의 공의회와 달리 일반 사제들과 여러 분야의 전문가 일반 신자들까지 초청했는데, 공의회에 참석한 신부들에게 회의에 늘 긍정적인 태도로 임하겠다는 서약을 받았고, 어떤 정죄나 저주, 정치적 적대행위도 무시할 것이며 교회가 세상의 주인이 아니라 인류의 종이라는 점을 깨우쳐주겠다고 서약했다. 게다가 기존의 교리를 재검토하고 시대착오적인 것들은 고치되 새로운 교리는 발표하지 않겠다고 선언했다. 기존의 공의회에서는 보지 못한 혁명적인 모습이었다. 공의회는 과거의 적대행위를 청산하고 교회의 분

---

3) 1962년 9월 23일 요한 23세는 엑스선 촬영과 검사를 받았는데, 그 결과 위암이라는 진단을 받았다. 위암은 그의 가족력이었다. 그러나 당시에는 제2차 바티칸공의회라는 중대한 시기였고, 이 사실이 알려지면 부정적 영향이 있을 거란 판단 때문에 철저하게 비밀로 감췄다.

열에 대한 책임을 인정하며 그리스도교의 일치된 모습을 추구하겠다고 천명했다.

요한 23세는 과거의 낡은 인습과 관행을 거부했다. 그는 권위적인 모습을 없애고 사람들에게 허물없이 다가갔다. 유머 감각도 뛰어난 그는 소탈하고 어떤 차별도 없이 친근하게 다가갔다. 그런 교황을 본 적이 없는 교회는 한편에서는 환호하고 한편에서는 당혹했다. 이들의 당혹감은 곧 이어진 공의회에서 전 세계 각지의 가톨릭 주교들이 한자리에 모여 현장의 목소리를 쏟아내었을 때, 다시 한번 교황청 관료들의 충격으로 이어졌다.

요한 23세의 강력한 개혁 드라이브

요한 23세의 짧은 재임 기간은 미·소 대립이 극심해졌던 시기로 쿠바 사태로 핵전쟁의 위협까지 들먹일 때였고, 아시아-아프리카를 중심으로 한 제3세계가 출현하고, 베트남전쟁의 암운이 드리웠으며, 인종차별 철폐와 남녀평등 등의 요구가 확산하기 시작한 격변의 시대였다.

1962년 쿠바 미사일 배치 문제로 미국과 소련이 첨예하게 대치하고 있을 때, 요한 23세는 흐루쇼프에게 전화를 걸었다. 자존심 때문에 부담스러운 싸움을 먼저 접지 못하는 당사자들에게 타협의 명분을 제공한 것이었다. 교황이 나서자 무신론자인 흐루쇼프도 마음을 조금 열었고, 양국이 양보할 것을 권유하는 교황의 전화에 그는 미국이 양보하면 소련도 양보하겠다며 조건부로 수락했다. 교황은 그 대화 뒤에 케네디에게 전화를 걸었다. 그는 흐루쇼프의 조건을 전하면서 가톨릭 신자인 케네디에게도 양보를 권유했다. 그러면서 미소 양측에 은밀히 소련의 핵미사일 쿠바 배치와 미국의 해상 봉쇄에 관한 '동시 철수'라는 중재안을 제시해 사태 해결의 실마리를 마련하기도 했다.

그런 뒤에 라디오를 통해 전쟁이 아니라 평화가 필요한 때라는 담화를 발표했다. 교황의 권유 때문은 아니었어도 파국을 벗어나야 한다는 긴박한 처지의 두 나라에 명분을 줌으로써 위기에서 벗어날 수 있도록 도왔던 것은 매우 적절했다.

요한 23세는 나중에 흐루쇼프의 딸인 라다 아드주베이Rada Adzhubey(1929~2016) 부부를 교황청에서 접견[4]한 일도 있었다. 교황청 관리들은 종교를 탄압하는 공산주의 소련 지도자의 딸은 교황을 만날 자격이 없다고 반발했지만, 교황은 어떤 차별도 있어서는 안 된다며 따뜻하게 부부를 맞이하고 환담을 나눴다.

요한 23세는 쿠바 사태가 진정되자 1963년 4월에 〈'Pacem in Terris지상의 평화'〉로 시작하는 새로운 회칙을 발표했다. 그 회칙에서 교황은 평화가 모든 시대의 인류가 갈망하는 것이라고 천명했다. 한 세기에 두 차례의 세계대전을 겪으면서 무참한 대학살을 목격한 세계의 시민들은 파괴적이고 무자비한 대량 학살 무기를 통한 대결을 경계하고 있었던 시기에 나온 매우 의미심장한 선언으로 반겼다. 1961년 베를린 장벽의 구축構築과 쿠바 사태 이후 가장 상징적인 선언이었다.

요한 23세는 공의회를 개최하기 이전인 1959년 6월 회칙에서 '베드로 좌를 향해 갈라져 나간 우리 형제'라는 표현을 사용했다. 그리고 다음 해 6월 교회일치 대화를 위한 기구인 그리스도교일치촉진 사무국을 설립했다. 그의 교회일치 운동은 보수적인 가톨릭 지도자들에게 거센 반발을 받았다.

교황은 굴복하지 않았고 1960년 12월에 영국 성공회의 수장인 제프리 피셔Geoffrey Fisher(1887~1972, 재위 1945~1961)[5] 캔터베리 대주교를 바티칸으로 초청했다.

---

4) 흐루쇼프의 사위이자 소련정부기관지《Izvestiya》의 편집인 아드주베이는 당시 순회대사의 자격으로 세계 각지를 순방 중이었는데, 요한 23세가 전 세계 1백여 명의 기자와 바티칸에서 기자회견을 가진 직후 교황 단독알현을 신청했다. 부부는 교황의 내실을 구경한다는 구실로 다른 기자들과 떨어져 교황의 서재로 인도돼 교황을 만났고, 세 사람은 프랑스어로 대담했다. 아드주베이는 바티칸과 모스크바 간의 직접적인 접촉을 제안했고, 교황은 연구해 볼 만한 문제라고 답했다.

5) 피셔 대주교는 다른 개신교 교파들과 협력해 세계교회협의회WCC 결성에 중요한 역할을 했을 만큼 열린 사고를 가진 인물이었다. 그의 후임인 아서 램지Arthur Ramsey(1904~1988, 재위 1961~1974) 대주교도 제2차 바티칸공의회의 국제 정서에 부응해 바오로 6세와 회동하는 등 교회일치운동Ecumenism에 힘썼다.

교황청 관료들이 성공회가 로마교회를 '배반'하고 이탈한 반역자[6]라며 그의 방문을 거세게 반대하자 교황은 대주교를 밤에 바티칸으로 불러 만났다. 역사적인 해후였다.

그리고 1961년 6월에는 동방정교회 아테나고라스 1세Athenagoras I(1886~1972, 재위 1948~1972) 총대주교에 사절을 보냈고, 유대교와의 관계 개선을 위해서도 많은 노력을 기울였다. 이런 일들에는 그가 제2차 세계대전 중 불가리아 대사로 파견되면서 특유의 포용적 언행으로 동방정교회로부터 호감을 얻었던 것과 튀르키예 대사로 있을 때 많은 유대인을 구하는 데에 앞장섰던 일이 도움이 됐다.

요한 23세는 다른 교회의 종교 지도자들을 정중하고 극진하게 맞았고, 그들에게 공의회에 참관인을 파견해 달라고 정식으로 요청했다. 가톨릭 보수 세력뿐 아니라 타종교 지도자들조차도 교황의 이런 태도에 깜짝 놀랐다. 교황은 교회에서 이전까지 공식 전례문에서 사용하던 유대인들을 저주하는 특정한 문구도 삭제했고, 유대인 방문객들을 맞을 때 자신을 '당신들의 아우 요셉'이라고 소개했다. 그는 말로만 그친 게 아니라 용서와 화해를 적극적으로 실천했다.

요한 23세는 가톨릭교회의 내부뿐 아니라 격변하는 세상의 흐름을 명확하게 인식하고 있었다. 그는 가톨릭교회가 변화해야 한다고 확신했다. 그래서 보수파들의 집요한 반대와 방해 공작을 뿌리치고 마침내 1962년 10월 11일 역

---

6) 헨리 8세Henry VIII(1491~1547, 재위 1509~1547)는 루터Martin Luther(1483~1546)의 종교개혁을 반대하는 글을 쓰는 등 가톨릭교회를 수호하는 데에 앞장서 교황청으로부터 '신앙의 수호자Fidei Defensor'라는 칭호를 받기도 했다. 그러나 후사가 없어 캐서린Catherine of Aragon(1485~1536)과의 이혼을 승인해달라고 요청했으나 교황청이 거부하자 1534년 '수장령首長令(Acts of Supremacy)'을 선포하고 로마 교황청과 결별했다. 그래서 바티칸으로부터 '배반자' 혹은 '반역자'라는 비판을 받았다. 성공회는 19세기 이후 세계 여러 국가에 형성된 성공회를 제도적으로 정비하고 현재의 '세계성공회공동체Anglican Communion'로 칭했다. 성공회聖公會는 한자문화권인 대한민국, 중국, 일본 등에서 사용하는 명칭으로, 사도신경의 '거룩한 보편교회The Holy Catholic Church'를 한자로 옮긴 것이다.

사적인 제2차 바티칸공의회를 소집했다.[7] 가장 보수적인 가톨릭교회에 마침 내 엄청난 혁명이 시작하는 사건이었다. 그것은 단순히 교회의 혁명에 그치지 않았다. 어쩌면 1960년대 진보적 흐름의 상징과도 같았다.

---

7) 2014년 4월 27일, 프란치스코 Franciscus(1936~, 재위 2013~) 교황이 요한 23세를 복자 福者(특정한 지역의 가 톨릭교회에서 공경받을 만한 사람으로, 성인으로 인정하기 전 단계를 높여 이르는 말)로 시성함으로써 요한 23세는 제2차 바티칸공의회의 수호성인이 됐다.

해방 아프리카, 그리고 알제리와 콩고

검은 피로 쟁취한
아프리카의 해방

제국주의 시절, 동남아시아 식민지 학교엔 운동장이 없는 곳이 많았다. 땅이 부족해서가 아니었다. 식민지 아이들의 체력이 강해지면 자신들에게 맞서 싸울 수 있다고 여겼기 때문이다. 비열한 제국주의적 발상이었다.

 아프리카의 비극의 뿌리는 식민지가 될 때 유럽 열강들이 제멋대로 합의해서 국경을 분할했기에 여러 부족이 뒤섞인 탓도 있었지만, 교육받은 인원이 너무 부족했기 때문이기도 했다. 유럽 제국주의자들은 사람들을 부려먹기만 했지 의식을 깨우고 성장할 수 있는 교육은 의도적으로 외면했다.

 아무리 풍부한 자원이 있어도 그것을 개발하고 관리하며 운영할 수 있는 인적자원이 부족하면 부가가치를 만들어낼 수 없다. 아프리카가 1차 생산자에만 머문 이유였다. 유럽의 제국주의 국가들은 아프리카에서 교육은 없는 무한정의 착취만 일삼았고, 독립 이후 제대로 된 배상도 보상도 하지 않았다.

 이 가난하고 슬픈 역사의 대륙에 대해 인류 보편적 공감과 자애를 실천할 수 있는 세상은 불가능한 것일까? 유니세프나 굿네이버스 등의 고군분투로 때워질 일이 아니다. 결국 교육이다. 교육 투자와 지원으로 검은 대륙이 일어날 수 있게 해야 한다.

최초의 인류가 출현했던 대륙 아프리카는 500년 가까이 깊은 상처를 안고 살았다. 유럽의 여러 나라들이 마치 자신들의 전리품처럼 유린하면서 아프리카는 오랫동안 신음했다.

아프리카는 유럽의 군사력과 자본에 의해 그 지도자들의 영혼까지 타락하는 지경으로 내몰렸다. 그들은 자신의 이익을 위해서라면 자기 부족을 팔아먹는 일도 서슴지 않았다. 아프리카는 세계 자본주의 체제에 값싼 노동력을 제공하고 저질의 싸구려 제품을 소비하는 시장으로 전락했다. 그러면서 아프리카와 아프리카 사람들은 최하위 계급으로 고착됐다.

아메리카 플랜테이션에서 절대적으로 부족한 노동력을 채우기 위해 아프리카 사람들을 데려다 노예로 부려먹으면서 아프리카는 노예사냥의 전장으로 변했고, 이후에도 수많은 침략과 식민 지배가 이어졌다. 무려 1,500만 명에 가까운 아프리카인들이 노예로 끌려갔다. 그 노동력 손실은 그대로 아프리카의 경제와 사회 기반을 송두리째 흔들었고, 깊은 상처를 남기며 이후에도 큰 영향을 미쳤다. 노예사냥터뿐만 아니라 아프리카 전체가 유럽의 약탈 장소였다. 오랫동안 아프리카는 착취의 대륙이었다.

아프리카 국가들의 독립과 혼란

제2차 세계대전 이후 많은 식민지가 독립했다. 그 절정이 1960년이었다. 봇물이 터진 듯했다. 그러나 아프리카 여러 나라들의 독립은 스스로의 힘으로 쟁취한 것이 아니라, 기존의 식민 강대국들이 쇠퇴하고 시대의 흐름에 따라 포기할 수밖에 없었던 결과물이었다.

갑작스러운 독립은 뜻밖에 많은 문제를 쏟아냈다. 무엇보다 식민 기간 동안 제대로 교육받지 못 한 사람들이 많았고, 서로 다른 부족과 언어 그리고 문화가 충돌하면서 갓 독립한 국가들이 거의 예외 없이 내홍에 시달릴 수밖에 없었다. 유럽의 제국주의 국가들이 자의적으로 국경을 정하면서 찢긴 부족들의 분열적 구성은 내전을 잉태할 수밖에 없었다.

아프리카에서 그들을 지배하고 착취하던 백인들은 떠났지만, 오히려 경제는 피폐해지고 빈곤과 폭력은 일상사가 됐다. 그런 상황에서 새로운 독립국을 지배하는 힘은 자연스럽게 군인들의 손에 쥐어졌다. 군인들은 일반 시민들에 비해 상대적으로 체계적인 교육을 받은 편이었고, 무엇보다 총을 쥐고 있었기에 혼란을 제압하거나 권력을 쟁탈하는 데에 훨씬 유리했다. 그런데 그들은 대부분 식민 지배 국가 군대의 군인들이었다. 그들의 정치적 기반이 자국민이 아니라 식민 지배를 했던 나라들의 유산이었다는 점은 두고두고 아프리카 독립 국가들의 골칫거리가 됐다.

막상 독립은 했지만 너무나 긴 시간 동안 자치의 경험이 없었기에 일거에 빠진 치안과 경제의 공백은 생각보다 심각했다. 그래도 식민지로 남는 것보다는 당연히 독립국가로서 새로운 미래를 맞는 것이 훨씬 행복했다. 그러나 그 행복과 기대는 그리 오래가지 못했다. 독립이 줄 장밋빛 미래와는 너무나 동떨어진 현실이었다. 그런데도 지배 세력은 걸핏하면 모든 허물을 이전의 유럽 지배 탓으로 돌리며 자신들의 정치적 패권을 이용해 잇속만 챙겼다.

시도 때도 없이 식민 지배의 유산을 씻어내야 한다면서 비상사태를 선포해서 국민들을 공포에 떨게 했으며, 강제 노역을 강요하는 건 예사였다. 특히 예전 유럽 국가들이 서로 식민지 쟁탈을 벌이면서 자신들의 입맛대로 지도에 자를 대고 영토를 분할해서 부족이 강제로 찢겼던 국가들에서 서로 다른 부족과 충돌하는 일들이 끊이지 않았다. 그 불안감을 자신들의 정치적 이해관계에 맞춰 최대한 이용한 것이 새로운 지배 세력들이었고 그 수단은 늘 군대였다. 그들의 권력은 거의 전적으로 총구에서 나왔다.

아프리카단결기구 설립과 야운데협약

1963년 5월 25일 에티오피아의 아디스아바바Addis Ababa에서 역사적인 아프리카단결기구Organization of African Unity(OAU)[1]가 설립됐다. 30개 아프리카 국가들이 독립국 정상회의를 열어 아프리카단결기구 헌장에 조인했다. 아프리카 여러 나라들이 통일과 단결을 촉진하고, 주권을 확립하고 독립을 확보하며, 식민주의를 소멸하는 것을 공동의 목적으로 천명했다. 그들은 그 목적을 수행하기 위해 주권의 평등, 내정불간섭, 영토의 보전, 분쟁의 평화적 해결, 파괴 활동의 금지, 해방운동의 지지, 비동맹정책 등의 원칙을 지킨다고 선언했다. 이들 참여 국가들은 '아프리카 문제는 아프리카에 의해서'라는 민족주의 운동의 대원칙으로 결집체를 구성하기로 합의했다.

1963년 7월 20일에는 카메룬의 야운데Yaounde[2]에서 식민 지배를 받았던 아프리카 국가들과 유럽경제공동체EEC[3] 18개국이 모여 협정을 맺었다. 바로 야운데협약Yaounde Convention이다. 아프리카 국가들이 예전에 식민 지배했던 유럽 국가들을 도덕적으로 압박해서 특혜무역관세와 경제개발기금 등을 지원하겠다는 약속을 받은 것이다. 아프리카 국가들로서는 경제적으로 숨통을 틀 수 있는 기회였고, 유럽 국가들에는 겉으로는 식민 지배에 대한 책임을 지겠다는 명분을 내세웠지만, 속내는 예전 식민지국가에 대한 기득권을 유지할 수 있다는 계산에서 나온 합의였다.

문제는 아프리카 국가들이 여전히 일차제품의 생산과 공급의 차원에서 벗어나지 못했다는 점이었다. 유럽 국가들은 산업화를 위한 투자는 외면하고, 엉뚱하게도 아프리카 국가들의 권력자들에게 돈과 무기를 제공함으로써 자신

---

1) 2002년 7월 9일 해체를 선언하고 아프리카연합African Union으로 대체됐다.

2) 야운데는 1888년에 독일이 상아 무역Ivory Trade의 거점으로 건설한 도시로, 제1차 세계대전 중에는 벨기에 군대에 점령됐다. 전쟁 후에는 프랑스령 카메룬의 수도가 됐고, 1957년 독립한 뒤에는 카메룬의 수도가 됐다.

3) 유럽경제공동체European Economic Community는 로마조약Treaty of Rome에 의거해서 1958년 1월 1일 서독·프랑스·이탈리아·벨기에·네덜란드·룩셈부르크의 6개국이 참여하여 발족했다. 그 후 1967년에 각각 독립돼 있던 유럽석탄철강공동체ECSC와 유럽원자력공동체EURATOM을 흡수해 EEC라는 단일체제로 발전하게 됨으로써 EEC가 유럽공동체European CommunityEC라고도 불리게 되는 계기를 마련했다.

들의 영향력을 행사하는 데에만 몰두했다. 제국주의적 속성은 쉽게 사라지지 않았다.

프랑스공동체와 알제리의 독립

1962년 7월 3일 드디어 알제리가 독립했다. 132년의 긴 투쟁 끝에 얻은 값 진 승리였다. 1954년 11월 알제리의 민족해방전선FLN의 주도로 최초의 봉기 가 일어난 이래 민족해방전선은 8년 동안 프랑스군과 치열하게 싸웠고, 프랑 스에서 테러를 일으키며 독립운동을 벌이기도 했다.

사실 프랑스의 입장에서 볼 때 식민지 해체는 전후에 프랑스가 겪은 가장 큰 시련 가운데 하나였다. 프랑스는 이전의 식민 제국을 반¥연합체제로 바꾸 어 식민지들을 흡수하고, 이전의 보호령들에 파리의 정책 결정에 그들의 의견 을 반영할 수 있는 제한된 자치권을 부여한 프랑스연합French Union을 구성했다. 그러나 껍데기뿐인 구성체였다. 프랑스연합의회의 종주국 대표는 보통선거에 서 탈락한 의원들로 채워졌고, 대표를 항상 파견하는 것도 아니었다.

희망이 사라지고 실체를 파악한 식민지들에서는 초조함과 분노가 일었다. 결국 1958년 제5공화국 헌법에 의해 프랑스와 옛 프랑스 식민지와의 특수한 국가 결합체인 프랑스공동체French Community로 개정됐다. 구성국의 독립성을 강 화하기 위해 1960년 6월에 헌법이 다시 개정되면서 프랑스는 여러 식민지의 독립을 인정했다.

그러나 알제리는 예외였다. 프랑스 내에서도 알제리를 독립시켜야 한다는 목소리가 커지기는 했지만, 알제리에 대한 프랑스의 집착은 생각보다 집요했 다. 프랑스는 다른 식민지의 독립은 인정했으면서도 끝까지 알제리는 포기하 지 않았다. 알제리 독립전쟁에 대한 프랑스의 탄압은 극심했다. 악명 높은 외 인부대가 알제리에 진입해서 대규모 학살극을 벌여 전 세계의 비난을 받았음 에도 프랑스는 눈 하나 깜빡이지 않았다. 프랑스는 결코 알제리를 놓아줄 생각 이 없었다. 그러나 역사의 흐름을 멈출 수는 없었다.

세계의 비난 여론이 거세게 일었고, 프랑스에서도 사회당과 공산당은 알제리 독립을 지지했다.[4] 마침내 드골은 "알제리 국민들은 그들의 운명을 스스로 그리고 자유롭게 선택하게 될 것이다"라고 선언했다. 1960년 1월 드골은 에비앙에서 FLN과 협상을 벌여 125만 명의 프랑스 시민을 알제리에서 철수하기로 합의했다. 드디어 알제리가 독립한 것이다.

벨기에로부터의 콩고 독립

알제리 독립 몇 해 전 벨기에의 식민지였던 콩고에서도 1958년 루뭄바Patrice Hemery Lumumba(1925~1961)가 이끄는 콩고민족운동Mouvement National Congolais(MNC)이라는 독립운동 단체가 벨기에로부터 독립하기 위해 싸웠다.

콩고는 베를린회담또는 콩고회담에서 독일에 협조한 몫으로 벨기에가 차지한 식민지로 특이하게도 레오폴 2세의 '개인 식민지'였다. 1885년 레오폴 2세는 아프리카 중부 지역 추장들로부터 땅 200여 만km²를 빼앗아[5] 콩고자유국으로 명명하고 스스로 왕이 됐다. 콩고가 '개인 식민지'가 된 것은 당시 벨기에 의회가 식민지 경영에 반대했기 때문에 국가 차원의 점령이 아닌 레오폴 2세의 사

---

4) 1960년 9월 6일 121명의 지식인들은 잡지 《Vérité-Liberté》에 서명한 공개서한인 '121인 선언'을 발표했다. 모리스 블랑쇼Maurice Blanchot(1907~2003), 클로드 란츠만Claude Lanzmann(1925~2018), 장 폴 사르트르 등 121인은 알제리전쟁을 독립을 위한 정당한 투쟁으로 인정할 것을 촉구하면서, 알제리의 대의가 모든 자유인의 대의이고 투쟁이 식민주의의 대의에 결정적 타격을 가하고 있다고 천명했다. 더 나아가 알제리 국민을 향해 무기를 들기를 거부한 결정을 존중하며 정당하다고 판단한다며 양심적 병역 거부를 지지했다.

5) 레오폴 2세는 1876년 지주회사의 원조 아래 콩고 식민지를 설립하는 데 유명한 탐험가 헨리 스탠리를 기용했다. 스탠리는 이투리 우림지역을 식민지로 만들어달라는 레오폴 2세의 부탁을 받고 이 지역을 탐사한 뒤 400여 원주민 부족과 조약을 체결하자고 제안하면서 노예무역을 근절하고 콩고를 문명화시키는 데에 앞장서겠다며 감언이설로 꼬인 뒤 헐값에 주권 이양조약을 체결하고는 레오폴 2세의 사유지로 만들어버렸다. 스탠리의 명백한 사기행위였다. 그러나 유럽 13개국과 미국의 대표들은 베를린회담을 핑계로 그와 스탠리가 주장한 지역의 대부분의 주권자로서 레오폴 2세를 승인했다.

적인 점령의 형태가 된 것이었다.[6]

당시 세계적 고무 생산의 붐이 일면서 콩고의 원주민들이 가혹한 수탈에 내몰렸는데, 할당량을 채취하지 못할 경우 왕이 보낸 군인들에 의해 손목이 잘렸고[7] 견디지 못해서 도망가면 그의 가족들을 살해했다. 초기에는 이런 만행이 유럽에 알려지지 않았지만, 1900년 초반 영국의 언론인과 그곳에 다녀온 선교사들의 고발로 폭로되고, 특히 시대를 앞서간 식민 체제 반대와 노예제 반대 운동가이며 선교사였던 존 해리스 경Sir John Hobbis Harris(1874~1940)의 연설과 출판을 통해 고발됐다.

자신의 잔혹 행위가 국제적 비난을 사게 되자 레오폴 2세는 1908년 '사유지'였던 콩고의 소유권을 벨기에 정부에 넘겼다. 그러나 레오폴 2세는 이전의 악행에 대한 아무런 사과[8]도 하지 않았다. 다른 아프리카 나라들과 마찬가지로 콩고가 겪어야 했던 고통은 끔찍했다. 그럴수록 독립에 대한 콩고의 열망은 더 뜨거워졌다.

루뭄바는 독립은 벨기에가 주는 선물이 아니라 콩고가 가진 당연한 권리라

---

6) 레오폴 2세는 콩고를 식민 통치해 번 돈으로 브뤼셀에 공원과 궁전 등 여러 건축물을 세웠는데, 후손들은 그를 '건축왕또는 왕 건축업자'이라 부르며 동상을 세우고 그의 이름을 따 거리의 이름을 지었지만, 그의 만행이 드러나면서 동상 철거 요구가 거세졌다.

7) 미국 시인 베이철 린지Vachel Lindsay(1879~1931)는 이 사건을 소재로 한 시를 통해 참상을 생생하게 고발했다.

8) 2021년 콩고 독립 이후 '침묵을 지키던' 벨기에 왕실은 콩고 독립 60주년을 맞아 식민 지배에 대한 국왕의 사과 편지를 콩고민주공화국 대통령에게 보냈다. 그러나 벨기에 국가 차원의 공식 사과가 아니고, 국내외 여론에 떠밀려 유감을 표시하는 정도의 제한된 사과라는 한계를 벗어나지 못했다. 벨기에는 여전히 자신들의 식민 통치로 아프리카의 경제 발전을 이뤘다는 논리를 고수하고 있다. 필리프Philippe Leopold Louis Marie(1960~) 국왕 동생인 로랑Laurent Benoit Baudouin Marie(1963~) 왕자는 레오폴 2세가 '콩고에 가본 적도 없기 때문에' 잔학 행위에 책임이 없다고 말했다. 한 텔레비전 토론회에서 브뤼셀 자유대학 전 총장인 에흐베 아스캥Herve Hasquin(1942~)은 벨기에가 콩고에서 전파한 보건 제도와 사회 기반 시설, 초등 교육 등을 열거하며 "식민지화가 긍정적인 측면이 있다"고 주장하는 등 여전히 제국주의적 사고에서 벗어나지 못했다. 2022년 6월 벨기에 필리프Philippe 국왕이 콩고를 방문해 의회에서 연설하며, 역대 벨기에 국왕으로는 처음으로 과거 식민 지배에 대해 '깊은 유감'을 표명했지만, 공식 사과는 하지 않았다. 배상 요구 제기를 염두에 두었기 때문이었을 것이다.

고 주장하면서 시위를 벌였다. 벨기에는 이들을 체포·투옥했다. 그러나 저항은 사위지 않았고, 나아가 무장봉기로 맞섰다. 벨기에는 군대를 파견해 이들을 무자비하게 진압했지만, 콩고인들의 독립의 열기까지 잠재울 수는 없었다. 벨기에는 미봉책으로 5년 이내에 독립시켜주겠다고 약속했지만, 콩고 국민들과 루뭄바는 그것이 시간 벌기일 뿐이고 벨기에의 손에 놀아날 꼭두각시 정부를 세우기 위한 것이라며 반대했다.

결국 벨기에는 독립을 묻는 총선거를 실시하기로 합의했다. 벨기에가 그렇게 합의한 이유는 루뭄바가 소수 부족 출신이기 때문에 선거에서 그를 물리치고 승리할 수 있다고 믿었기 때문이다. 그러나 벨기에의 기대와 달리 루뭄바가 승리했고[9] 결국 1960년 6월 30일 콩고민주공화국Democratic Republic of Congo(DRC)이 독립했다.

콩고내전, 아프리카의 시련

그러나 곧바로 콩고에 시련이 닥쳤다. 무엇보다 콩고민주공화국의 여러 부족들 간의 갈등이 심화했고, 그중에는 독립에 반대하는 세력까지 있었다. 남부의 카탕가[10]주는 벨기에의 사주를 받아 자신들만의 독립을 선언했다. 그러나 루뭄바는 그것을 용납할 수 없었고, 독립을 인정하지도 않았다. 무엇보다 카탕가주에는 구리·주석·망간·납 등의 지하자원이 엄청나게 매장됐기 때문에 경제적인 이유 때문에라도 놓칠 수 없었다.

카탕가에 있던 벨기에 군대[11]가 콩고민주공화국에 맞섰다. 루뭄바는 유엔

---

9) 루뭄바는 낙천적이면서도 설득력이 뛰어났고, 진실한 태도로 일관해 신뢰를 얻었으며, 일단 결심이 서면 단호한 실천으로 명망을 얻었다. 다른 부족민들에도 그의 진정성은 효과가 있었다.

10) 카탕가는 1960년 7월 11일 레오폴드빌콩고콩고민주공화국의 전신에서 독립을 선포하고 국가로 독립했으나 1963년 소멸했고, 지금은 다시 카탕가주가 됐다.

11) 벨기에군은 국제연합에 의해 철군했지만, 상당수가 용병으로 남아 카탕가주 총리 모이스 촘베 편에서 내전을 수행하고 있었다.

의 평화유지군을 끌어들일 수밖에 없었다. 이 와중에 쿠데타가 일어났다.

루뭄바와 친해서 그의 보좌관이 된 모부투Mobutu Sese Seko[1930~1997]가 군 최고사령관이 됐다. 정부 지도자들의 내부 갈등과 벨기에의 개입으로 혼란이 지속하고 끝내 내전으로 확산하자, 군부를 장악하고 있던 모부투가 1961년 쿠데타를 일으켜 자신의 은인이며 친구였던 루뭄바를 체포하고 죽게 만들었다.[12] 유엔 평화유지군까지 개입했지만, 오히려 문제는 점점 더 복잡하게 꼬여가고 반란은 끊이지 않았다.

1964년 연립정권이 극심한 혼란에 빠지자 망명했던 촘베Moise Tshombe[1919~1969]가 돌아와 총리가 됐지만, 여전히 권력투쟁은 심화했다. 1965년 모부투는 서방의 지원을 업고 또다시 쿠데타를 일으켜 스스로 대통령이 돼 모든 권력을 장악했다.

이런 유형은 비단 콩고만의 문제가 아니었다. 정도의 차이만 있을 뿐 거의 비슷한 처지였다. 독재와 부정부패가 끊이지 않았고, 거기에 서방 국가들도 자신들의 입맛과 이익을 위해 개입하면서 문제를 더 복잡하게 만들었다. 아프리카 국가들 가운데 지하자원이 풍부한 나라일수록 그런 문제가 더 심했다. 결코 쉽게 해결될 수 없는 부족 간의 갈등과 반목을 합리적이고 민주적 방식으로 해결하는 사례는 거의 없었고, 늘 무력 진압과 그에 맞선 무력 항쟁으로 반복됐다. 그리고 그 투쟁은 길고 무망한 내전으로 이어졌다.

그런 패턴이 마치 아프리카의 전형인 것처럼 여길지 모르지만, 그 모든 문

---

12) 루뭄바 피살은 아프리카 대륙을 식민지화했던 유럽 권력의 영향으로부터 벗어나는 일이 얼마나 어려운 일인지를 상징적으로 보여준 사건이었다. 루뭄바를 죽인 건 모부투였지만 그의 배후에 벨기에가 있었다. 이는 이후 거의 모든 아프리카 국가들에서 비슷한 행태로 되풀이됐다. 모부투는 루뭄바를 자신의 손으로 죽이는 게 부담스러워서 카탕가주의 촘베에게 보내 촘베 휘하의 벨기에 용병들이 죽이게 만들었다. 나중에 벨기에 국회 조사에 의해, 벨기에 정부는 2002년 루뭄바의 죽음에 벨기에가 가담했다는 것을 인정했고, 많은 콩고인들은 '콩고 독립의 아버지'를 죽음에 이르게 한 벨기에를 절대 용서하지 못한다고 분노했다.

제의 원인은 바로 아프리카를 힘으로 강탈하고 오랫동안 식민지로 삼았던 유럽 국가들의 야합과 자의적 분할 등에 있다는 것은 거의 모든 국가에 공통된 것이었다. 그들은 아프리카의 폭력이 각 나라 지도자의 성향 때문인 듯 발을 빼지만, 예전 식민 지배를 일삼던 나라가 그들을 키우고 그 뒤에서 피를 빨아먹고 있었다는 건 감춰지지 않는 엄연한 사실이었다.

　애꿎은 국민들만 식민지 이전이나 이후나 똑같이 짐승처럼 살아야 했다. 아프리카의 피눈물을 닦아 줄 나라는 어디에도 없었다. 강대국들에게 아프리카는 배부르면 잠깐 물렸다가 배고프면 언제든 달려들 식탁에 불과했다. 그 못된 습속은 쉽게 사라지지 않았다. 옛 식민지 지배자들이 달면 삼키고 쓰면 뱉는 대륙, 아프리카에는 여전히 뜨거운 태양이 내리쬐고 있었다.

드골과 '위대한' 프랑스

프랑스 전쟁 영웅,
절대 권력을 휘두르다

시대가 인물을 만드는 경우가 있고, 인물이 시대를 만드는 경우가 있다. 시대가 만든 인물이 새로운 시대를 만들어내지 못하면 허명虛名에 불과하고, 인물이 만든 시대가 더 나은 인물을 배양하지 못하면 그 인물이 아까운 일이다. 그러나 어떤 경우이건 자신에 대한 평가가 과하면 시대도 인물도 망친다. 그릇이 아무리 커도 제 맘대로 혹은 제 맘에 드는 것만 골라 담으면 금세 빈 수레가 된다.

지나치게 자아가 강한 지도자는 '언제나' 위험하다. 자신의 사고와 판단은 늘 옳다고 여기기 때문에 독선적이다. 실수를 인정하지 않고 타인의 작은 비판에도 발끈하며 분노한다. 그런 지도자는 '조정자' 능력이 없다. 일방적 명령만 있을 뿐이다. 처음에는 일사불란하게 작동하는 힘이 효력을 발휘하는 듯 보이지만 금세 문제점이 드러나고 후유증에 시달린다. 그 비용은 거의 언제나 그동안 얻었던 이익보다 크다. 기획자Curator 능력도 중요하지만, 리더는 조정자Coordinator 역할을 잘 수행해야 한다. 그래서 아무리 능력이 뛰어나도 독불장군을 지도자로 선택하면 위험에 빠진다.

정치인에게 가장 필요한 덕목은 바로 '착각하지 않는 이성'이다. 위대하고 싶어서 위대해지는 게 아니라 꾸준히 그리고 모두가 동의하는 위대한 일을 하면, 저절로 위대해진다.

드골은 무려 2m에 이르는 장신이었지만, 그의 정치생명은 그만큼 길지는 않았다. 독일과의 전쟁에서 저항운동의 상징이 된 드골[1]은 1945년 11월 헌법 제정의회에서 내각 수반으로 임명되자 프랑스공산당을 제외한 우파만으로 정부를 세웠다. 그러나 그의 고집스러운 생각과는 달리 국민은 좌파와 중도파에 대해 많은 지지를 보냈다.

1946년 6월 총선에서 그가 이끄는 대중공화운동[2]이 원내 제1당이 됐으나, 개헌저지선을 넘지 못했다. 같은 해 11월 다시 치러진 총선에서 드골의 생각과는 정반대로 공산당이 제1당으로 올라서는 이변이 생기자, 드골은 아예 정계 은퇴를 선언하고 미련 없이 떠났다. 그럼에도 그는 여전히 국민들에게 제2차 세계대전의 영웅이었고, 나치 독일과 맞서 싸운, 항전의 아이콘이었다. 드골은 칩거하며 전쟁 회고록을 쓰면서 소일했다.

무너져가는 프랑스의 자존심과 반동의 준동

1950년대의 프랑스는 계속해서 무너지는 자존심을 감내해야 했다. 그럴수록 전쟁 이후 식민지를 독립시키는 데에 주저하지 않았던 영국과 달리 프랑스는 끝까지 식민지를 포기할 생각이 없었다. 그러나 1954년 엄청난 군사비를 쏟아붓고도 베트남 디엔비엔푸전투에서 대패하면서 쫓겨날 수밖에 없었고, 아

---

1) 드골은 1940년 6월 레노Paul Reynaud(1878~1966) 총리 아래서 국방부 육군담당 차관이 됐으나, 독일과의 휴전을 모색하고 있던 페탱 원수가 레노를 축출하고 독일에 항복하자 런던으로 망명해 자유프랑스민족회의를 결성했다. 영국으로 망명한 후 드골은 런던에서 프랑스의 레지스탕스를 독려하며 나치 치하의 프랑스인 동포들을 향해 프랑스어 라디오 방송을 내보냈고, 자신을 중심으로 독일에 맞서 항전을 계속하자고 호소했다. 프랑스 내에서 좌파 정치인들은 그가 가톨릭교도 군인이라며 불신했고, 우파는 페탱을 배신한 반역자로 취급하는 등 부정적 평가를 받았으나 레지스탕스 운동의 지도자로 점점 각인되면서 임시정부 수반의 자리까지 올랐다.

2) 대중공화운동Popular Republican Movement(MRP)은 프랑스의 기독교 민주주의 정당으로 제4공화국과 제5공화국 시기에 존재했으며, 세 명의 총리를 배출했으나 1967년 민주중도로 개편되며 사라졌다.

드골은 1958년 헌법 개정을 통해 막강한 대통령 권한을 확보했다. 드골은 '위대한 프랑스'를 내세워 인기를 모았지만, 그의 통치는 지극히 권위적이었다. 시간이 흐를수록 드골에 환호했던 프랑스 국민들은 서서히 불만을 드러내기 시작했다. 그는 난관에 직면할 때마다 개인적 인기에 의존하면서 국민투표를 꺼내 들었다. 하지만 그런 방식은 시간이 갈수록 염증만 키울 뿐이었다.

프리카의 수많은 식민지들의 독립 요구에 직면했다.

어쩔 수 없이 손을 털어야 하는 상황에서도 알제리만큼은 내줄 수 없다는 여론이 비등했지만, 알제리도 더 이상 프랑스가 움켜쥐고 있을 수만은 없었다. 중도파 내각은 알제리 독립을 은근히 암시했지만, 군부와 극우파는 절대로 알제리를 포기할 수 없다며 대놓고 쿠데타라도 하겠다며 위협했다.

프랑스의 자존심은 수에즈운하를 빼앗기면서 최악의 상처를 입었다. 수에즈는 프랑스의 자랑이고 자존심이며 젖줄이었다. 그 운하를 1956년 이집트의 가말 압델 나세르Gamal Abdel Nasser(1918~1970)가 국유화하면서 프랑스를 바보로 만들었다. 프랑스와 프랑스 국민들에게 수에즈운하는 전쟁을 치러서라도 다시 찾아와야 할 자존심 자체였지만, 만만한 일은 아니었다. 프랑스는 안팎으로 곤경에 처해 있었다.

경제는 엉망이었고, 외환보유고도 바닥을 보이기 시작했다. 이미 예전의 프랑스가 아니었다. 그런 상황에서 프랑스 우파와 군부는 좌파 정부가 알제리 독립 세력과 협상을 시도하는 걸 도저히 묵과할 수 없었다. 마침내 그들은 행동으로 보여주기 시작했다. 시대착오적이었지만 프랑스 내에서는 그들에게 동조하는 사람들이 적지 않았다. 그들은 알제리에서 폭동을 사주하고 코르시카에 공수부대를 보내 점령하면서 파리를 향해 군대를 이동시키며 압박했다. 그들은 드골이 우파의 지도자라고 여기고 있어서 드골을 찾아가 다시 권력을 장악해 달라고 요청했다. 궁지에 몰린 제4공화국은 크게 흔들리기 시작했다.

드골의 부활과 절대권력의 획득

그러나 드골은 이미 큰 흐름을 읽고 있어서 자신이 해야 할 바를 정확하게 인식하고 있었다. 그는 군복을 입고 딱 한 번 진행한 TV 연설로 권력의 향배를 틀어쥐었다. 의회는 해산됐고, 헌법 개정을 요구하며 임시정부의 수반이 된 드골은 공산당의 집권을 두려워한 사회당과 중도 세력의 용인[3]으로 정권을 완벽하게 장악했다.

하지만 드골이 좌파 정부와는 달리 알제리를 끝까지 포기하지 않을 것이라는 우파의 기대는 너무나 싱겁게 꺼졌다. 드골은 알제리 독립을 승인했다. 그것으로 드디어 프랑스는 긴 전쟁의 막을 내리게 됐다. 군부와 극우는 격노해서 드골 암살을 시도했고, 쿠데타까지 모의[4]했지만 대세를 뒤엎기에는 이미 역부족이었다.

드골은 이미 앞서 1958년 헌법 개정을 통해 막강한 대통령 권한을 확보했다. 드골은 제4공화국이 강력한 의회의 권한 때문에 정부가 제대로 일을 할 수 없었다고 판단하고 의회의 견제를 뛰어넘는 막강한 대통령의 권한을 마련하며 의회의 입법권 등 많은 권한을 대폭 축소했다. 이른바 '드골헌법'은 프랑스식 정치체제인 이원집정제를 통해 강력한 대통령이 자유롭게 수상을 지명하고, 의회까지 해산할 수 있는 권한을 갖게 해줬다.

그때까지 이런 헌법과 막강한 권한을 쥔 대통령은 없었다. 드골은 국가의 절대적 권위가 국민에 의해 선출된 대통령에게 전적으로 일임되는 것이며, 자신에게 고유한 최고의 영역을 조정하는 것 역시 대통령의 권한이라는 점을 분명히 천명했다. 드골은 자신의 권위에 어떤 장애도 허용하지 않을 만큼 독선적이었다. 어설픈 타협은 거부했다. 아무도 그의 발목을 잡을 권한이 없는, 거의 전제군주의 수준의 무소불위 대통령이 된 것이다. 이런 막강한 대통령의 권한은 10년 뒤 대한민국의 박정희로 하여금 똑같은 혹은 그 이상의 헌법을 만들

---

3) 프랑스의 좌파들은 반反드골 성향이었지만, 만약 드골의 집권이 저지된다면 프랑스 공산당이 정권을 장악할 것이 두려웠기 때문에 사회당이나 급진공화당을 비롯한 여타 제도권 좌파와 중도 세력들은 결국 '드골의 집권은 작은 불행이나 공산당의 집권은 큰 불행'이란 결론을 내리고 드골의 정권 장악을 받아들였다.

4) 1962년 8월 공군 중령 바스티앵티리Jean-Marie Bastien-Thiry(1927~1963)가 드골 암살을 시도하는 등 군부는 쿠데타와 살해 음모를 계속 시도했지만, 모두 실패에 그쳐 오히려 드골의 위상만 높이는 꼴이 되고 말았다. 바스티앵티리는 프랑스에서 마지막으로 총살형에 처해진 사람으로 이 사건은 프레더릭 포사이스Frederick Forsyth(1938~)의 소설 『자칼의 날The Day of the Jackal』의 모티프가 됐다.

고자 했던 유신헌법의 모델이 됐다.

'위대한 프랑스'와 드골의 권위주의

드골은 '위대한 프랑스la Grandeur de la France'를 중심으로 유럽 민족주의 부흥을 위한 주체적인 활동을 적극적으로 전개했다. 드골은 주저함이 없었다.

1963년을 전후해서 독자적으로 핵무장을 시도했고, 사실상 미국이 좌지우지하는 북대서양조약기구NATO에서 탈퇴했다. 그리고 영국의 유럽경제공동체EEC 가입을 거부하며, 프랑스의 존재감을 과시했다. 그뿐 아니라 미국의 대對 베트남정책을 반대하고, 미·소와 거리를 둔 독자적인 외교노선[5]을 지향했다. 그러나 위대한 프랑스를 프랑스 혼자의 힘으로 이끌어가는 건 불가능했다. 그래서 선택한 것이 바로 서독이었다.

드골은 독선적이었지만 알제리 사태에서 보여준 것처럼 때론 냉철하고 과감한 승부사였다. 드골은 프랑스와 서독[6]의 관계를 개선하는 데에 진력했다. 다행히 서유럽 세계로 완전하게 편입하는 것을 목표로 한 서독의 이해관계와도 맞아떨어졌다. 드골은 서독의 콘라트 아데나워Konrad Adenauer(1876~1967) 수상과 회담을 갖고 양국의 오랜 갈등 관계를 종식하며, 경제와 외교 분야에서 양국이 밀접하게 협력하는 조약을 맺음으로써 훗날 유럽연합EU의 토대가 되는 유럽경제공동체EEC를 창설했다. 드골의 독자노선은 1964년 중화인민공화국을

---

5) 처칠Sir Winston Leonard Spencer-Churchill(1874~1965) 영국 수상이 1943년 이든Anthony Eden, 1st Earl of Avon(1897~1977) 외무장관에게 보낸 비망록에서 드골을 '영국과 미국에 철저히 비우호적인 인사이며, 공산주의에 동조하고 심지어 파시스트적인 성향도 지닌 사람'으로 묘사할 정도로 드골은 프랑스 중심적 자아의식이 지나치게 강했다.

6) 프랑스는 자국과 협력할 국가를 모색했지만, 세계대전의 동맹국 영국은 EEC 가입에 두 차례 거부권을 발동했던 것 등의 이유로 프랑스와 거리를 두고 있었기 때문에 남은 국가는 서독뿐이었다. 마침 서독도 서유럽 세계로의 완전한 편입을 위해서는 프랑스와 협력할 필요가 있었다.

공식적으로 승인[7]함으로써 미국과 외교적 갈등을 빚기도 했다.

드골의 막강하고 권위적인 태도는 그가 보인 이중적 모습 때문에 비판을 받기도 했다. 드골은 1차 집권 때 독일 점령기에 나치 독일에 협력한 인사들을 가차 없이 처벌함으로써 잘못된 과거사를 심판했지만, 2차 집권 때 정작 아시아와 아프리카의 과거 식민 통치와 착취, 징집과 징발 등에 대해서는 아무런 사과나 배상이 없었기 때문이다.

프랑스 정부는 식민지 국민들의 인권을 짓밟은 역사적 죄악에 대해서는 외면했다. 프랑스의 지성인들과 대학생들은 이런 이중성에 대해 비난했지만, 드골과 프랑스 정부는 그런 비난을 가볍게 묵살했다. 그러나 그 묵살은 비판을 사라지게 한 것이 아니라 잠시 수면 아래 머물도록 했을 뿐이었다.

확실히 드골은 프랑스의 망가진 자존심을 회복시키는 것처럼 보였다. 그래서 그의 인기가 치솟았다. 심지어 1965년 대통령 선거 때 드골의 인기가 너무 높아서 좌파 진영에서는 선거를 거의 포기할 지경이었다. 다행히 좌파 단일화에 성공해 좌파 연합 총재인 프랑수아 미테랑François Mitterrand(1916~1996)이 2차 결선투표에서 45퍼센트를 득표함으로써 드골의 간담을 서늘하게 만들었다.

드골의 통치는 여전히 권위적이었다. 그는 언론을 철저하게 통제했으며, 특히 방송은 친정부 논조로 철저하게 길들였다. 그는 자신에 대한 비판을 매우 싫어했다. 드골은 방송이 당연히 그리고 반드시 정부의 목소리를 전달해야 한다는 입장으로 일관했다. 사실 그는 활자매체인 신문과 잡지에는 관대한 듯 보였지만, 그건 방송에 비해 상대적으로 그랬을 뿐 드골 자신은 신문을 불신했고 방송만 장악하면 여론을 통제할 수 있다고 믿었기 때문이었다.

시간이 흐를수록 드골에 환호했던 프랑스 국민들은 서서히 그에게 염증을 느끼기 시작했다. 지나치게 권위적이며 다른 사람의 말을 무시하기 일쑤인데

---

7) 서방 국가로서는 스웨덴이 1950년에 처음으로 중국과 외교 관계를 수립했고, 프랑스는 미국을 비롯한 서방국가들, 특히 프랑스의 전통적 맹방들의 매서운 항의를 무릅쓰고 중국을 승인하고 외교관계를 수립하며 대사를 교환했다.

'위대한 프랑스'는 입으로만 떠드는 구호에 불과할 뿐 정작 체감할 수 있는 실익은 없어 보였다.

시민들은 미국과 소련 사이에서 휘둘리지 않는 것이 프랑스의 자존심을 회복하는 데에는 심리적으로 도움이 됐을지 모르지만, 그 대안에서 프랑스가 얻는 게 무엇인지 묻기 시작했다. 특히 젊은이들은 드골의 독재적 사고와 정치방식, 그리고 과거사 등에 대한 그의 이중적 태도에 대해 비판하는 목소리를 서서히 키워나갔다.

그럴 때마다 드골은 여전히 개인적 인기에 의존하면서 막강한 대통령제의 권한을 마음껏 휘두르며 난관에 직면할 때마다 국민투표를 통해 권한을 재확인하는 방식으로 대처했다. 그것이 드골의 '전매특허'였고 대개는 그것으로 재미를 보았다. 하지만 그런 방식은 시간이 갈수록 염증만 키울 뿐이었다.

1967년 총선에서 드골의 우파는 가까스로 과반을 확보했다. 민심은 싸늘했다. 무엇보다 경제성장률이 집권 이후 최저인 4.4퍼센트로 하락해 경기가 악화하고 실업이 늘기 시작한 것은 위험신호였다. 드골의 권위주의는 그에 반발하는 전후세대와 경제 악화로 인한 노동자들의 불만 앞에서 곧 크게 위협을 받게 될 상황을 피할 수 없게 됐다. 그렇다고 그들에게 굴복하고 물러날 드골은 아니었다. 적어도 드골은 그 위기와 혼란의 시기를 역이용함으로써 그다음 선거에서 압승을 거두었다. 아직은 드골의 시대[8]였다.

---

8) 드골은 임기 내내 수세에 몰릴 때마다 국민투표와 재신임을 결부시켜 돌파하는 방식을 즐겼다. 자신이 제안한 정책에 동의하지 않으면, 사임하겠다는 협박에 사회혼란을 우려한 유권자들이 찬성표를 던졌다. 그렇게 드골은 자신이 원하는 정책을 추진할 동력을 얻고 정치적 입지를 다졌지만, 권위적 포퓰리스트라는 비판을 받게 됐다. 그리고 결국은 그런 태도 때문에 신임을 잃었다.

이집트와 중동전쟁

이집트와 이스라엘,
세계 화약고에 불을 당기다

국제 정세는 언제 판이 바뀔지 모르는 장기판과도 같다. 특히 국가 간 전쟁은 복합적이고 복잡하면서도 때론 우발적이기도 하다. 강대국의 이권이 개입된 경우는 더더욱 그렇다. 영원한 적도 동지도 없다. 단선적 사고가 아니라 종합적 판단 능력을 가진 쪽이 승리한다. 그리고 모든 힘을 효율적으로 집중하고 작동시킬 수 있는 쪽이 승리한다. 그러나 명분을 상실한 분쟁이나 전쟁은 엉뚱한 방향으로 흘러가는 경우가 흔하다.

냉정과 열정이 맞부딪힐 때 이기는 건 냉정 쪽이다. '준비'는 냉정의 몫이지 열정의 몫이 아니다. 열정은 멋져 보이고 금세 에너지를 모으지만 빨리 덥힌 쇠가 빨리 식는 것처럼 결과를 얻어내지 못하면 쉽게 사윈다. 그걸 알면서도 자신에게 유리한 쪽으로만 해석하고 정치적으로 계산하는 방식이 일을 그르친다. 문제는 가끔 그 도박이 엉뚱하게 통하거나 뜻밖의 결과를 얻어내는 경우다. 그러면 그것 때문에 실패에서 배우는 걸 또 놓친다.

이집트 대통령 나세르는 그걸 고스란히 보여줬다. 당시 영국의 앤서니 이든 수상도 크게 다르지 않았다. 다만 나세르는 패배했으면서 얻은 게 더 많았고, 이든은 승리했지만 얻은 건커녕 잃은 것만 남았다는 게 달랐다.

1956년 10월 29일부터 1956년 11월 3일까지 불과 엿새 동안의 짧은 전쟁이 중동뿐 아니라 세계를 발칵 뒤집어놓았다. 바로 제2차 중동전쟁[1]이 벌어진 것이다. 전쟁의 목표는 수에즈운하였다. 이스라엘이 이집트 침공을 개시하자 영국과 프랑스는 기다렸다는 듯 선전포고를 했다. 영국과 프랑스 두 나라에 수에즈운하는 국익에 직결되는 중요한 시설이었다.

수에즈운하 사태의 발발

1956년 7월 26일 밤 이집트 대통령 가말 나세르는 10만 명의 군중이 집결한 혁명 4주년 기념식에서 수에즈운하Suez Canal의 국유화를 선언했다. 나세르는 수에즈운하가 이집트의 희생을 밑천으로 만들어진 것인데 이제까지 외국의 부당한 지배로 착취를 받았다고 지적하며, 이제는 그 부당함을 깨뜨리는 것이 정의라고 선언했다. 그러면서 수에즈운하를 국유화해서 생기는 수입으로 대망의 아스완댐Aswan High Dam을 건설할 수 있다는 담대한 선언을 곁들였다. 나세르는 이 선언으로 서방세계에 도전한 첫 아랍인으로, 단숨에 아랍의 영웅으로 떠올랐다.

수에즈운하는 프랑스와 영국이 소유·운영하고 있었고, 조차租借 기간도 12년이 남아 있는 상태에서 나세르가 아무런 협의도 없이 일방적으로 국유화를 선언하니 당연히 두 나라는 펄펄 뛰었다. 그래서 영국과 프랑스는 이스라엘이 전쟁을 일으키자마자 곧바로 이집트에 선전포고를 했고, 전쟁에서 승리해서 수에즈운하를 되찾아야 한다고 생각했다.

나세르가 일방적으로 수에즈운하 국유화를 선언한 건 나름대로 까닭이 있었다. 당초 미국과 영국은 이집트가 반反소련 대열에 합류하는 조건으로 아스완댐 건설에 재정 지원을 약속했다. 사실 당시 영국의 형편은 전혀 그런 여유

---

1) 아랍권에서는 삼국동맹 공격 또는 카데시작전Operation Kadesh이라 부르고, 이스라엘에서는 시나이전쟁The Sinai Campaign으로 불렀다.

가 없는, 그야말로 제 코가 석 자인 형편이었지만, 수에즈운하를 안정적으로 장악하고 이집트에 대한 자국의 영향력을 지속하기 위해 허세를 부린 것이었다. 그만큼 수에즈운하는 영국에게는 결코 포기하거나 외면할 수 없는 절대 자산이었다.

나세르도 나름대로 정치·경제적 계산이 있었다. 그는 이집트의 농업 생산을 증대하고 산업화에 절대적으로 필요한 전력을 생산할 수 있기 위해서는 이집트의 중요한 자산인 나일강의 효용을 극대화하는 것이 최선이라고 판단했다. 그는 나일강을 효율적으로 조절하고 전력 생산을 증대시키기 위해 아스완에 거대한 댐을 만들어야겠다고 구상했는데, 건설비용[2]이 엄두가 나지 않았기에 두 나라의 재정 지원은 거부할 수 없는 유혹이었다.

그러나 나세르가 소련의 지원을 받는 체코슬로바키아에서 무기를 구입하는[3] 등 점차 반反서방정책을 취하자 두 나라는 당초 약속을 뒤집고 재정 지원을 하지 않겠다고 압력을 가했다. 나세르는 그에 대응해서 수에즈운하를 국유화한 것이었다. 그러면서 미국·영국·프랑스가 수에즈운하를 사용하지 못하도록 화물선 밑창에 구멍을 뚫어 운하 입구에 침몰시킴으로써 자신의 말이 허풍이 아님을 과시했다. 이집트도 운하 사용료를 받지 못하는 손해가 따랐지만, 나세르는 대담하게 일종의 옥쇄玉碎전략을 선택한 것이었다. 그는 이집트보다 영국과 프랑스가 더 몸 달을 것이고, 수에즈운하를 이용해야 하는 다른 나라들

---

2) 나일강의 범람을 통제해 농토를 확보하고, 대규모의 전력을 확보하기 위해 아스완댐을 건설하는 것이 절대적으로 필요했지만, 그 비용이 천문학적이어서 이집트의 재정으로는 도저히 감당할 수 없었고, 영국의 입장에서도 그 부담은 마찬가지였다. 처음 미국이 예상했던 2억7천만 달러도 천문학적인 액수였는데 1970년 소련의 지원으로 댐이 완성됐을 때 그 비용이 10억 달러를 넘을 만큼 엄청났다. 당시 이집트 재정으로는 아예 엄두도 낼 수 없는 규모의 비용이었고, 소련으로서도 엄청난 경제적 출혈로 심각한 타격을 겪었을 만큼 경제적으로 무모한 건설 사업이었다.

3) 이집트보다 훨씬 먼저 이스라엘이 체코슬로바키아를 통해 무기를 수입했다. 당시 이스라엘이 체코슬로바키아를 통해 수입한 무기는 대부분 독일제였는데, 제2차 세계대전이 끝난 후 나치의 무기를 생산하던 체코슬로바키아로서는 재고를 털 수 있는 절호의 기회였기에 양국의 이해관계가 맞아떨어졌다. 그러나 미국과 영국 등은 당시 이스라엘이 체코슬로바키아로부터 '나치의 무기'를 수입하는 것을 꼬투리 잡지 않았는데, 이집트에는 민감하게 대했던 건 냉전이 극대화된 상황과도 무관하지 않았다.

이 두 나라에 여러 유형의 압력을 가할 것이라고 믿었다.

제1차 중동전쟁과 그 후

이스라엘은 이집트의 부상浮上이 불편했다. 이미 두 나라는 전쟁을 치렀던 사이라 대치 관계가 지속되고 있었다. 1948년 5월 14일 이스라엘의 독립선언에 아랍 국가들이 반발했고, 이집트·요르단·시리아가 연합군을 결성해서 이라크와 함께 팔레스타인에 진입하면서 벌어진 제1차 중동전쟁은 이스라엘과 아랍 국가들 간의 전면전으로 확대돼 레바논·사우디아라비아·파키스탄·예멘·모로코가 전쟁에 참전했다.

처음에는 아랍 국가 연합군이 아랍 지역에 대한 통제권을 확보하고 유대인 정착지와 이스라엘 군대를 즉각 공격하며 우위를 점했지만, 곧바로 응전한 이스라엘의 반격에, 밀고 당기는 전쟁을 10개월 동안 치렀다. 전쟁은 이스라엘이 유대인 지구 전체와 아랍인 지구의 60퍼센트를 점령하는 것으로 귀결됐다.

요르단은 요르단강 서안지구를 병합하고, 이집트는 가자지구를 정복했다. 정작 팔레스타인은 모든 것을 잃었고, 각 나라마다 제 잇속으로 적당히 챙긴 해괴하고 탐욕스러운 전쟁이었다. 제1차 중동전쟁으로 일단 최소한의 영토를 확보했지만, 이스라엘은 자신들의 코앞에 있는 가자지구의 이집트 군대가 눈엣가시였다. 호시탐탐 가자지구를 노렸다. 전쟁 이후 두 나라는 계속해서 군비를 강화했기 때문에 언젠가는 터질 수밖에 없는 처지였다.

그런데 이집트에서 나세르가 쿠데타로 집권한 뒤 범汎아랍주의를 제창하면서 제3세계의 비동맹 중립노선[4]을 표방하더니, 점점 반反서방 정책을 추진했

---

4) 1952년 프랑스의 인구학자 알프레드 소비Alfred Sauvy(1898-1990)가 인도차이나반도의 민족해방전쟁을 프랑스혁명의 '제3신분'에 비유하면서 처음 사용한 용어인 '제3세계'가 정치적 용어로 굳어진 것은 1955년 아시아, 아프리카 등의 여러 국가들이 참여한 반둥회의가 계기였다. 대개는 제2차 세계대전 이후 제국주의의 식민 지배에서 해방된 아시아·아프리카·남미 3대륙의 신생국 그룹을 제3세계Third World라 불렀다. 이들 국가들은 서로 이해관계와 정책노선이 달랐지만 민족해방운동을 통한 정치적

다. 그뿐만 아니라 아랍, 아프리카, 그리고 그 밖의 비非아랍권 이슬람국가 등
세 세력의 통합을 주도해서 아랍권의 맹주로 도약하려는 한편 아프리카 여러
나라의 독립운동을 지원함으로써 특히 영국과 프랑스와 각을 세우고 있었다.
미국도 이집트가 소련과 가까워질까 늘 경계하고 있었다.

나세르 그리고 바그다드조약기구

이런 상황에서 영국·프랑스·이스라엘 등이 3국 간 비밀 군사협정을 맺었
다. 이스라엘로서도 가자지구를 얻을 수 있는 기회였을 뿐 아니라 단독 전쟁이
초래할 수 있는 부담, 즉 침략전쟁이라는 국제적 비난과 승부에 대한 부담 등
을 해소할 수 있는 묘책이었다. 두 나라는 이스라엘이 이집트를 도발하도록 사
주하면서 침공계획을 짰다.

한편 미국은 이라크 실권자 알-사이드Nuri al-Said(1888~1958)를 포섭해서 미국
의 압력과 군사적·경제적 지원에 대한 약속을 담보로 바그다드조약기구Baghdad
Pact[5]를 창설하도록 부추겼다.[6] 그것은 중동지역에서 미국의 영향력을 강화하

독립과 신식민지주의 예속에서 벗어나기 위한 경제적 발전을 추구한다는 점은 공통적이었을 뿐 아니
라 냉전체제에서 동·서 어느 진영에도 가담하지 않았다. 전략적 핵심은 비동맹·중립주의라는 두 개의
큰 틀을 공유하는 입장이었다. 이들 국가들은 제2차 세계대전 후 전개된 국제상황에 주체적이고 능
동적으로 참여해 자신들이 겪었던 소외와 희생의 역사적 산물을 민족적 각성과 행동으로 극복한다는
공동의 목표를 공유하고 있었다. 그러나 제3세계는 일종의 냉전의 산물이었다는 점에서 그 틀을 완
전히 깨뜨리지 못하고 주변 역할에 그친 경우가 많았으며, 1990년대 초 소련이 붕괴하고 공산권 국
가들이 소련의 영향권에서 벗어난 이후 그 의미가 퇴색했다.

5) 1955년에 튀르키예·이란·이라크·영국·파키스탄 등 5개국이 이라크의 바그다드에서 맺은 집단방위
    조약기구로 1959년에 중앙조약기구Central Treaty Organization(CENTO)로 개칭했으나, 이라크가 탈퇴한 이
    후 사실상 해체됐다.

6) 이 협정을 주도한 건 미국이었지만, 이스라엘의 치열한 로비와 의회 승인의 어려움 때문에 처음에
    는 미국이 참여하지 못했다. 조직의 본부는 1955년부터 1958년까지 이라크의 바그다드에 있다가
    1958년부터 1979년까지 튀르키예의 앙카라로 이전했다. 북대서양조약기구NATO를 모델로 한 이

는 동시에 아랍권의 맹주를 자처하는 이집트에 대항하는 리더 국가와 세력을 형성함으로써 아랍권의 분열을 이끌어낼 수 있다는 판단에서 나온 것이었다.

제2차 중동전쟁과 그 후

나세르가 수에즈운하를 국유화해서 국제적 위기가 고조된 지 석 달 뒤인 10월 29일 밤 3만 명의 이스라엘 군대가 전격적으로 이집트의 시나이반도를 침공했다. 이스라엘 군의 목적은 적대적인 아랍의 기지들을 파괴하는 것이었다.

이스라엘은 개전 5일 만에 중요 거점을 탈취하고, 수천 명의 포로를 생포했다. 무엇보다 수에즈운하 동쪽의 시나이반도 대부분을 점령함으로써 이스라엘은 지중해로 나갈 수 있는 교두보를 확보했다.

11월 5일에는 영국과 프랑스의 연합 공수부대가 수에즈운하의 관문인 포트사이드Port Said에 투하돼 그다음 날 수에즈운하와 시나이반도를 쉽게 점령했다. 완전한 시나리오를 토대로 한 기습 전략이 성공한 것이다. 제2차 중동전쟁은 이집트가 손쓸 겨를도 없이 전광석화처럼 끝났다. 이집트의 참패였다.

그러나 상황은 영국과 프랑스의 뜻대로 이루어지지 않았다. 전 세계가 이 침략 행동을 비난하고 나서자, 유엔이 철군을 요구한 것이다. 거기에는 소련뿐 아니라 미국도 동참했다.[7] 동시에 세계 여론이 급격히 세 나라에 불리하게

조약기구는 가입 국가들이 상호 협력과 보호를 약속하고, 서로의 문제에 간섭하지 않기로 약속했으며 소련의 남서쪽 국경을 따라 강력한 국가 라인을 구축해서 소련을 봉쇄하는 것이 목적이었다.

7) 당시 미국 정부는 영국, 프랑스, 이스라엘이 자신들과 상의도 하지 않고 전쟁을 벌였다는 것에 극도로 분노했다. 미국은 영국과 프랑스의 과격한 군사행동을 이해하지 못했다. 특히 핵전력을 과시한 소련이 이집트를 감싸며 핵 폭격 위협을 가하자 미국은 고작 수에즈운하 하나 때문에 소련과 핵전쟁을 감수할 까닭이 없다고 판단하고 두 나라에 압력을 가했다. 게다가 영국과 프랑스의 침략은 제국주의적 발상을 버리지 못했다는 국제적 비난을 피할 수 없었다. 미국으로서는 그런 두 나라의 행동이 이전 식민지국가들을 자칫 모두 공산국가로 만들 수도 있다는 점에서 빠르게 종결시킬 필요가 있었다. 소련

작용하기 시작했다.

11월 14일 유엔은 총회를 통해 유엔긴급군UNEF을 파견하기로 결정하고 정전안을 채택했다. 이쯤 되자 영국과 프랑스는 즉각 철수할 수밖에 없었다. 결국 영국과 프랑스는 굴욕만 얻고 아무런 실익도 얻지 못했다.

상황이 급반전된 건 소련이 이집트의 편에 섰기 때문이었다. 소련으로서는 중동과 아랍 지역에서 자신들의 거점을 마련해야 하는데 마땅한 국가를 찾지 못했다. 그런데 이집트가 서방세계와 대결할 뿐 아니라 아랍의 맹주로서의 지분도 어느 정도 있는 데다 금상첨화로 아프리카 대륙에 속해 있으니 이보다 더 좋은 조건을 찾기 어려웠다. 소련은 즉각적으로 반응했다. 영국·프랑스·이스라엘이 공격을 중단하고 철수하지 않으면 세 나라에 핵미사일로 공격하겠다고 협박했다. 흐루쇼프는 핵전쟁을 불사하겠다고 말로는 떠들었지만, 속으로는 불안했다. 실제 배치된 핵미사일은 4발에 불과했다. 그러나 이 협박에 세 나라는 움찔해서 군대를 철수했다.

흥미로운 건 미국의 침묵이었다. 특히 프랑스는 소련의 핵 위협에 대해 미국이 유럽을 보호하지 않을 수 있으며, 신뢰할 수 없다는 걸 깨달았다. 프랑스가 미국과 결별하고 독자노선을 추구하게 된 계기 가운데 하나였다. 프랑스가 독자 핵무장을 결심하게 된 계기도 바로 이 전쟁과 미국의 태도였다. 서독도 이 전쟁을 지켜보면서 냉전체제에서 미국과 소련이 아닌 제3의 힘으로 유럽이 역할을 해야 한다는 생각을 갖게 됐다. 그렇게 해서 1957년 프랑스와 독일이 주축이 돼 유럽경제공동체EEC가 창설됐다.

이 전쟁은 매우 짧았지만 그 결과는 매우 복합적이고 광범위했으며 이후에도 긴 시간의 역사적 요소로 작동했다. 이스라엘은 얻고자 하는 거의 모든 것을 얻었다. 구 예루살렘시, 시나이반도, 가자지구, 골란고원 등 자신들이 꼭

이 무력을 사용해도 미국이 두 나라를 돕지 않겠다고 압박을 가하고 재정 지원 중단과 석유 제재까지 들먹이자 영국과 프랑스는 수에즈운하 점령을 포기할 수밖에 없었다. 이 사건은 엉뚱하게도⑺ 서방세계의 패권이 '완전히' 미국에 넘어갔음을 전 세계에 널리 각인시키는 상징이 됐다.

얻고자 한 것은 모두 획득했다. 이 전쟁은 영국과 프랑스 모두에게 상처만 입힌 채 중동지역에 대한 두 나라의 지배도 끝나게 만들었다. 그러면서 이 지역은 미소 냉전체제의 첨예한 대립지가 됐다.

흥미롭게도 전쟁에 패배한 나세르는 오히려 서방에 도전하고 맞싸운 첫 아랍인이라는 이미지를 드높임으로써 아랍 세계의 영웅으로 떠올랐다. 나세르를 제거하고 수에즈운하를 되찾으려는 영국과 프랑스는 굴욕을 얻은 반면 정작 패전한 나세르는 권력을 강화하는 아이러니가 벌어진 것이었다.

미국은 직접 개입하지 않았지만, 이스라엘의 든든한 후원자로서의 역할을 결코 소홀히 하지 않았다. 미국의 영향력 있는 유대계 미국인 때문만은 아니었다. 미국으로서는 중동지역에 가장 확실한 반反아랍, 비非이슬람 국가를 지원함으로써 중동에서의 영향력을 극대화할 수 있기 때문에 결코 이스라엘을 포기할 수 없었다.

그러나 다른 중동의 아랍권 국가들에는 이스라엘이 자신들의 몸속에 있는 날카로운 가시일 수밖에 없었고, 이집트가 맥없이 무너지는 걸 목격하면서 아랍의 이익을 극대화할 수 있는 방안을 찾게 만들었다. 그렇다고 그들 국가들이 군사적으로나 정치적으로 큰 힘을 갖지 못한 상태에서 뾰족한 수가 없었다. 하지만 그들에게는 점점 더 증가하는 전 세계 석유 수요 전망이 확실했고, 미국과 유럽 몇 나라 중심의 이른바 석유 메이저들의 횡포에 대한 반감이 고조되면서 산유국들이 힘을 합쳐야 한다는 것을 확인하는 계기가 됐다. 그렇게 해서 1961년 드디어 석유수출국기구OPEC가 결성됐다.

이집트와 이스라엘의 갈등과 대립은 언제든 중동에서 전쟁이 터질 수 있고, 그 배후에 소련과 미국이 있다는 점에서 단순한 국지전이 아니라 자칫 세계의 화약고가 될 수 있음을 전 세계에 인식시켰다. 그리고 그 화약고에 하나둘씩 화약이 쌓이고 있었다. 언제 터질지 모르지만 터지고야 말 화약고라는 걸 확인하는 데에 그리 오랜 시간이 걸리지 않았다.

일본의 고도성장과 그림자

진보의 몰락을 불러온
일본의 고도성장

누구나 자신의 치부를 감추고 싶어 한다. 군국주의 일본이 저지른 패악은 아시아 여러 나라뿐 아니라 미국에까지 많은 상처를 안겼다. 합리적 판단이 결여된 군군주의자들은 더 많은 피해가 생기기 전 항복하지 않고 무의미하게 버티다가 소련의 참전을 자초했고, 그 결과 한반도의 분단을 초래했다. 그렇게 일본은 대한민국에 '두 번이나' 상처를 안겼다. 냉전의 최대 수혜국인 일본은 한국전쟁 특수를 발판으로 경제적으로 재기했지만, 일본의 뻔뻔스러움은 변하지 않았다. 도쿄올림픽 이후 한국과 국교정상화를 재개하면서 돈이 필요한 대한민국의 약점을 교묘히 이용했다.

그러나 이제 상황이 변했다. 일본의 경제가 막강할 때는 도저히 따라가지 못할 상대였지만, 이제는 다르다. 일본이 정점에서 서서히 하락하고 있는 건 자기 혁신이 없었기 때문이다. 자민당 독점 체제가 안정을 토대로 경제발전을 이뤘지만, 갈등을 푸는 과정에서 얻게 되는 창의성과, 수습하고 혁신하는 기회를 야금야금 갉아먹었다. 지금 그 값을 치르고 있는 건 일본 좌파의 몰락과 전혀 무관한 게 아니다.

역동성을 상실한 사회의 암세포는 자만과 안정일변의 추구에서 자란다. 역동성은 없고 스스로 개혁할 투지도 없는 일본의 쇠락은 기껏해야 혐한嫌韓정서에 의존해서 내부 결속력을 꾀하는 3류 정치로 타락하는 궤도에 있다. 그 습속을 벗지 않으면 일본의 미래는 그리 밝지 않은 듯하다.

제2차 세계대전 당시 유럽의 전장에서 미국은 연합군의 일원으로 참여했지만, 태평양전쟁은 실질적으로 미국 단독으로 치렀다. 태평양전쟁 당사자인 미국은 특이하게도 승전 후 일본에 전쟁 배상금을 요구하지 않았다. 결과적으로 이런 '관대함'은 일본 경제가 회생할 수 있는 재정적 잠재성을 보호해 주었다. 또한 군사정부가 직접 통치했던 전후 독일과 달리 일본에서의 미군정은 실질적으로는 기존의 정부 조직을 통해 간접적으로 통치했다. 이는 과거 일본정치 체제의 가장 비민주적인 두 요소, 즉 관료제와 일왕제를 존치하게 만들었다. 냉전의 효과를 가장 톡톡히 얻은 게 일본이었다. 그 결과로 향후 일본이 보수화하는 데에 가장 근본적인 뼈대가 됐다.[1] 전범국 일본의 멍에는 냉전체제와 한국전쟁을 계기로 너무나 쉽게 벗겨졌다. 제2차 세계대전 추축국이자 마지막까지 버티다 패전한 일본은 한국전쟁을 기회로 빠르게 회생했다.

한국전쟁 직전인 1949년 일본 점령군 총사령부 경제고문이며 디트로이트 은행장이던 조지프 도지Joseph Morrell Dodge(1890~1964)가 일본경제의 안정과 자립을 위해 금융긴축 재정정책을 지시한 일명 도지라인[2]이 금융완화에 제동을 걸며 공황의 위기가 염려되고 있었는데, 한국에서 전쟁이 발발하면서 상황이 급변했다.

고도성장을 이끈 한국전쟁과 도쿄올림픽

전략물자 사재기로 국제상품 가격이 급상승하고, 미국 특수로 수출이 급증

---

1) 태가드 머피는 『일본의 굴레』에서 전후 10년간의 이례적인 상황들과 고도성장의 정치적·문화적 기반에 대해 독특한 시선으로 서술하고 있다.

2) 1949년 3월 7일에 발표된 도지라인Dodge Line은 전후 일본의 경제적 독립을 이루기 위해 작성한 금융 및 통화수축정책이다. 이 정책은 긴축재정과 부흥금융공사 대출 폐지에 의한 초균형예산을 편성하며, 일본은행대출금 채무상환을 우선으로 하고, 복수환율 개정으로 1달러당 360엔의 단일환율을 유지하며, 전시통제 완화와 자유경쟁을 촉진하는 등 인플레이션은 수습했지만, 국내 수요와 수출이 정체되고 디플레이션이 진행되는 부작용을 낳기도 했다.

했다. 군수물자 제공으로 일거에 생산과 고용이 늘고 그에 따라 이윤이 증가하면서 일본 경제가 회생하기 시작했다. 전력·철강·해운·석탄 등 기초산업 생산 부족 현상도 원료 수입 증가로 해소됐고, 활발한 설비투자와 기술혁신까지 촉진하면서 일본 경제 전체가 활성화하기 시작했다.

한국전쟁으로 얻은 기회 덕분에 일본은 경제적으로만 회복한 게 아니라 국가 조직까지 완벽하게 복구했다.[3] 한국전쟁 기간에 체결된 샌프란시스코조약은 본격적인 냉전 시대의 개막에 몸 단 미국의 양보로 체결되면서, 일본은 제2차 세계대전에 대한 면죄부를 얻었을 뿐 아니라 안보의 핵심 지역으로서의 위상을 보장받음으로써 정치적으로도 많은 이익을 챙길 수 있었다.[4]

1960년대는 일본에 고도성장과 더불어 대변혁의 기회를 주었다. 일본은 1954년 12월부터 1957년 6월까지 31개월 동안 이른바 진무케이키神武景氣 기간 동안 최고의 경기 호황을 누렸다.

1956년에 이미 제2차 세계대전 이전의 수준을 회복한 일본은 TV, 냉장고, 세탁기 등의 가전제품을 대량생산하고 수출함으로써 국민들의 생활수준은 윤택해지고 국제사회에서도 놀라운 경제성장과 성과를 과시했다. 그 절정이 1964년 도쿄올림픽이었다.

아시아에서 최초로 개최한 올림픽[5]은 일본으로 하여금 예전의 자부심을 회

---

3) 태평양전쟁에 승리한 미국은 일본이 다시는 군사적 야욕을 부활하지 못하도록 최대한 공업을 억제하고 일본 전체를 농업국가로 만들 계획을 구상하기도 했었지만, 냉전과 한국전쟁이 미국의 정책을 일본의 산업화를 증강하는 방향으로 선회하게 했다.

4) 샌프란시스코회담에서 일본은 독도 문제를 자기 입맛에 맞게 처리함으로써 두고두고 한일관계의 분쟁의 씨앗을 낳았다. 한국전쟁의 혜택은 일본뿐 아니라 독일에게도 돌아갔는데, 한국전쟁을 통해 유럽에서 소련을 봉쇄할 방안을 강구하던 미국이 독일 경제를 재건시키고 재무장을 허락하도록 이끄는 중요한 결정요인이었다.

5) 1931년 만주사변을 일으킨 일본은 간토대지진에서 회복된 것을 과시하고 만주침략을 비난하는 서양 국가들과 관계를 개선하기 위해서 1932년에 1940년 도쿄올림픽을 유치하겠다고 나섰다. 하지만 내심 득표에 자신이 없던 일본은 경쟁도시인 로마와 헬싱키를 이기기 위해 이탈리아의 파시스트 지도자 무솔리니Benito Mussolini(1883~1945)에게 양보를 요청했고, 일본이 1944년 로마올림픽을 지

복하게 하고, 선진국 대열에 진입하게 했으며, 이후 이자나기케이키いざなぎ景気[6]라는 호황을 가져왔다. 올림픽 이후 일본의 고도 경제성장 시기인 1965년 11월부터 1970년 7월 사이에 약 11.5퍼센트의 경제성장률을 기록했을 정도였다. 이 기간 일본에서는 소비가 급증하고 국내총생산의 증가에 힘입어 세계 2위의 경제 대국으로 치솟게 될 발판을 마련했다.

정경유착, 경제성장과 보수화의 그림자

그러나 경제성장과는 별개로 사회적 불안은 쉽게 가라앉지 않았다. 1955년 자민당이 출범하면서 일본 정치는 보수 우경화의 노선을 보였지만, 좌파의 반발도 만만치 않았다.

학생운동과 좌파는 1960년 새로운 미일안전보장조약 체결을 극렬히 반대했다. 미국은 노골적으로 일본을 반공 전선의 교두보로 삼으려는 속셈을 드러냈다. 이미 암암리에 베트남의 수렁에 발을 담근 미국으로서는 태평양에서 소련의 위협을 감쇄할 강력한 동맹국이 필요했는데, 경제적으로 성장한 일본이 그 역할을 맡아주기를 공공연하게 표명했다. 심지어 공식적으로 군대를 가질 수 없는 일본에 항공모함 양도를 제안[7]할 정도였다.

원한다는 조건으로 무솔리니의 동의를 얻었다. 아시아에서 처음 올림픽 유치에 성공한 일본은 그러나 1937년 중일전쟁을 일으키고 난징대학살을 자행함으로써 도쿄올림픽 보이콧이 거론되던 차에 1939년 히틀러의 폴란드침공으로 세계대전이 일어나자 올림픽이 취소됨으로써 올림픽개최의 꿈이 무산됐다.

6) 1965년 11월부터 1970년 7월까지 57개월 동안 지속된 일본 최고의 경기 호황 현상을 지칭한다. 한편 이 시기를 3C의 시대라고도 불렀는데, 자동차와 전기제품Car, Color TV, Cooler의 소비가 급증했기 때문이다.

7) 그러나 당시 일본으로서는 항공모함 운용의 비용을 감당하기 어렵다는 이유로 미국의 제안을 거절했는데, 사실은 무엇보다 불필요하게 소련을 자극하지 않아야 한다는 일본 내의 속사정이 있었던 게 가장 큰 이유였다.

그런 상황에서 미일안전보장조약 개정 논의는 섶에 불을 붙인 꼴이었다. 이른바 '안보투쟁'은 반공주의 강화에 대한 반감, 그리고 자민당 독주에 대한 불만과 맞물렸다. 자민당은 득표율이 떨어졌지만, 여러 야당이 난립했기 때문에 여전히 자민당 권력은 끄떡없었다. 국민들은 정치에 대해 회의적으로 변하면서 관심을 경제에 돌렸다. 자민당은 그런 심리를 한껏 부추겼다. 일본 경제의 부흥이 그 시기에 맞물리면서 정치적 관심은 갈수록 희박해졌다.

1960년 11월 중의원 선거에서 자민당의 이케다 수상은 소득을 10년 내에 2배로 올려주겠다는 선거 슬로건을 내걸었다. 일본은 트랜지스터라디오, TV 등 여러 전자제품을 수출하면서 가파른 수출 실적을 올렸다. 일본 경제는 정부 주도로 수출 증가에 집중했다. 1960년대에 세계적으로 무역정책의 자유화 추세[8]가 확장한 것도 일본에 큰 도움이 됐다.

그런 상황에서 이케다 내각의 '소득배증倍增계획'의 성공이 현실화하고, 기업의 투자가 늘자 정부는 은행들이 자금을 확보할 수 있도록 저축 장려 캠페인에 나섰다. 일본의 경제는 국가와 기업이 하나의 그룹인 것처럼 움직이며, 그에 비례해 자연스럽게 정경유착의 어두운 그늘을 드리우기도 했다. 기업은 정부가 하라는 대로 하면 되고, 정부는 기업의 요구를 들어주기만 하면 되는 시스템이었다.

국민의 소득이 증가하고 그에 따라 소비도 폭발적으로 증가했다. 도쿄올림픽에 맞춰 등장한 신칸센新幹線[9]은 당시 세계 최고 속도와 기술을 자랑하는 고

---

8) 제2차 대전 이후 세계 경제가 미국을 위시한 자유주의 진영과 소련을 핵심으로 하는 사회주의 공산권으로 양분됐다. 자유주의 진영은 자유무역 확산을 통해 시장경제가 사회주의 계획경제보다 국민을 더 잘살게 해 줄 수 있는 체제인 것을 보여주고자 했다. 또한 루스벨트 대통령 시절의 국무장관 코델 헐Cordell Hull (1871~1955), 뉴딜경제정책 설계자 존 케인스John Maynard Keynes(1883~1946), 제2차 세계대전 직후의 프랑스 외무장관 로베르 쉬망Rober Schuman(1886~1963) 등은 두 차례의 세계대전을 겪으면서 자유무역이 전쟁을 억제하고 평화를 지킬 수 있다는 점을 주장하면서 자유무역에 대한 폭넓은 합의를 도출해낼 수 있었다. 제2차 세계대전 후 유럽의 경제통합도 이런 경제철학적 사유를 바탕으로 이루어졌다.

9) 1964년 10월 1일에 개통된 신칸센은 전후 일본경제 부흥의 상징이자, 세계 최초의 고속철도 시스템이었다. 신칸센이 입증한 새로운 속도는 비행기와 자동차에 밀려 전 세계적으로 도태하던 철도교

속철도로 일본인들에게 큰 자부심을 갖게 한 상징물이기도 했다.

정치의식 퇴화를 불러온 경제성장

이제 일본은 경제 발전을 이루고 일상생활에서도 선진국에 가까운 수준까지 도달하면서 패전의 무력감에서 벗어나 강한 자부심과 성취감을 맛보기 시작했다. 1960년대에 개점된 슈퍼마켓[10]의 등장과 자동차 산업의 부흥과 발전에 따라 도요타, 닛산 등의 신형 승용차 개발 성공에 따른 마이카 시대의 도래로 그 정점을 맛보았다.

일본의 경제성장은 거칠 것이 없는 듯 보였다. 그럴수록 국민의 관심은 정치 문제보다 경제 번영에 쏠렸다. 그렇지 않아도 오랫동안 일본의 봉건적 계급 체제에 익숙한 사람들에게는 변화보다 안정을 통한 성장이 주된 관심사였다. 그렇게 일본인들은 보수정치에 길들었다.[11]

이런 상황이 되자 일본의 좌파 세력은 맥이 빠졌다. 그들은 도쿄올림픽 이후 선진국 대열에 합류할 수 있다는 자신감과 희망이 안정과 경제성장이라는 보수적 태도로 강화하자 설 자리를 잃게 될 우려가 점차 현실화하면서 기존의 방식으로는 시선조차 끌지 못할 것이라는 조바심이 앞섰다.

1960년대 초반 안보투쟁을 통해 강한 존재감을 보였던 대학 자치기구 연합체인 전일본학생자치회총연합전학련은 학생운동 사회에서 중추적 역할을 맡았지만, 각각의 노선과 지향점 등이 통일되지 않아 헤게모니를 쥐기 위한 내부

통을 새롭게 부활시킨 계기가 됐다. 당시 최고속도 200㎞/h의 주행속도와 정시 출발·도착으로 새로운 철도교통의 모델이 됐다. 프랑스의 TGV보다 17년, 독일의 ICE보다 27년 앞선 고속철로 일본인의 자부심이 됐다.

10) 세계 최초의 슈퍼마켓은 1930년 뉴욕 변두리 롱아일랜드에 등장한 'King Kullen'이었다.

11) 상당수의 문화인류학자들과 심리학자들은 일본의 빈번한 지진이 일본인들로 하여금 안정을 추구하게 만들었다고 해석하고, 일부 사회학자들은 에도바쿠후江戸幕府(1603~1868) 시대 무사 계급의 통치를 안정화시킨 봉건사회 시스템에 익숙해졌기 때문이라고 해석했다.

투쟁에 휩싸였다. 그러면서 좌파 계열의 학생들이 조직을 장악하게 됐는데 구성원 대다수가 좌파 정당이나 단체와 이리저리 얽혀 있었고, 조직 자체가 민주적이고 수평적인 게 아니라 수직적이고 위계적인 조직으로 변질했다.

일본 사회와 국민들이 경제성장의 단맛에 길들면서 시위나 집회에 시들한 반응을 보이자 좌파 진영이 조급해지면서 오히려 1960년대 일본의 학생운동 세력은 공산당과 사회당까지 보수적이라고 비판할 만큼 급진적인 좌파 성향이 강해졌다. 그럴수록 경제적 안정과 번영을 추구하는 일본인들의 호응을 얻지 못했다. 두 세력은 완전히 반대의 방향으로 겉돌기 시작했다.

전학련의 '투쟁'이라고 해봐야 기껏해야 피켓 시위나 수업 거부 등의 소극적 방식에 그치는 경우가 많았다. 게다가 물질적 풍요와 함께 서양의 문화와 사고방식을 동경하고 모방하는 청년들은 자유주의적 평등주의와 탈권위적인 가치관과 세계관에 금세 빠져들었다. 군국주의 시대의 획일적이고 전체주의적 성향은 퇴색하고, 개인주의적이고 개성을 추구하는 성향이 강해지면서, 학생들은 전학련의 군사 조직을 방불케 하는 수직적 위계에 거부감을 가졌다. 그럴수록 급진좌파 세력은 조바심을 냈고, 더 강력한 투쟁방식에 몰두하기 시작했다.

그 산물이 바로 전학공투회의전공투였다. 일본의 신좌파는 갈수록 특유의 급진 폭력적 좌익정치 사상과 운동의 방향으로 나아가고 있었다.

흑인민권운동

인종차별 철폐를 향한 행진은
멈추지 않는다

'흑인민권운동' 원고를 쓰는 내내 가슴이 답답하고 먹먹했다. 포버스 주지사나 월리스 주지사는 훗날 부끄러움을 느꼈을까? 그 자손들은 그 아버지, 할아버지가 자랑스러웠을까?

바이틀러의 사진은 사실 매우 익숙한[?] 모습이다. 유럽에서 종교개혁 이후 신·구교의 대립과 갈등 속에서 빈번히 벌어졌던 모습이다. 그 야만을 보면서 환호하고 승리감을 만끽했던 건 16세기 유럽이나 1960년대 미국이나 크게 다르지 않다. 모든 현대인들은 유럽 종교 갈등 때의 그림과 바이틀러의 사진을 보고 분노하고 비난한다. 그러나 여전히 버젓하게 벌어지고 있는 일이 아닌가.

사진 속에서 희희낙락하던 백인들과 그 후손들은 여전히 당당하고 행복했을까? 50센트를 내고 이 사진을 구매한 백인들은 상대적 우월감을 마음껏 느끼며 '못된 깜둥이들'을 저주하며 즐거웠을까? 그런데 지금의 나는 과연 그들과 다를까?

타인의, 그것도 무고하고 약한 타인의 고통을 담보로 해서 누리는 승리감은 정당할 수 없다. 지금도 교묘한 차별이 다양하게 존재한다. 여전히 '앵무새 죽이기'는 반복된다.

1963년 8월 23일 미국의 수도인 워싱턴D.C. Washington District of Columbia의 링컨기념관Lincoln Memorial에서 역사상 최고의 연설 가운데 하나로 꼽히는 연설이 시작됐을 때, 사람들은 깊은 감동을 받았다. "나에게는 꿈이 있습니다"로 시작하는 그 연설은 아프리카계 미국인들 즉 흑인들의 시민적·경제적 권리를 옹호하기 위한, 일명 워싱턴행진March on Washington으로 일컫는, 20만 명에 달하는 인원이 참가한 대규모 행진의 절정이었다.

여러 사람들의 연설이 이어져 청중들이 지치고 반응도 시들해질 무렵 마지막 연사로 나선 마틴 루서 킹 주니어Martin Luther King Jr.(1929~1968) 목사가 연단에 올랐다.[1]

"나에게는 꿈이 있습니다. 나의 꿈은 아메리칸 드림에 깊이 뿌리내리고 있는 꿈입니다. 나에게는 꿈이 있습니다. 언젠가는 이 나라가 모든 인간은 평등하게 태어났다는 것을 자명한 진실로 받아들이고, 그 진정한 의미를 신조로 살아가게 되는 날이 오리라는 꿈입니다. 나에게는 꿈이 있습니다. 조지아주의 붉은 언덕에서 노예의 후손들과 노예 주인의 후손들이 형제처럼 손을 맞잡고 나란히 앉게 되는 꿈입니다. 나에게는 꿈이 있습니다. 이글거리는 불의와 억압이 존재하는 미시시피주가 자유와 정의의 오아시스가 되는 꿈입니다. 나에게는 꿈이 있습니다. 내 아이들이 피부색을 기준으로 사람들 평가하지 않고 인격을 기준으로 사람을 평가하는 나라에서 살게 되는 꿈입니다."[2]

호소력 있고 강한 카리스마를 뿜는 연설은 많은 사람들을 감동시켰고 잠들었던 양심을 일깨웠다. 마틴 루서 킹은 로자 파크스 사건으로 야기된 '몽고메리 버스보이콧Montgomery Bus Boycott'을 주도하면서, 그릇된 인종차별에 저항

---

1) 킹 목사는 미리 준비한 연설 원고를 다 읽은 뒤에 이어진 즉흥 연설을 통해, 시대정신을 짚어내고 미래에 대한 이상을 자연스럽고 실감나게 생각하게 함으로써 청중을 감동시켰다. 그것이 바로 "나에게는 꿈이 있습니다"라는 명연설이었다.

2) 클레이본 카슨, 이순희 옮김, 『마틴 루터 킹 자서전: 나에게는 꿈이 있습니다』, 바다출판사, 2000. 289쪽.

하고 흑인 인권을 위해 싸우는 지도자로 우뚝 섰다. 그는 20세기 '미국의 간디Mahatma Gandhi(1869~1948)'였다. 그의 투쟁이 너무 온건하다고 반발하는 경우도 속출할 만큼 그는 철저하게 비폭력[3] 저항운동을 이끌었다.

사진 한 장과 '이상한 열매'

오랫동안 백인들은 흑인을 노예로 부렸고, 링컨Abraham Lincoln(1809~1865)의 노예해방선언 이후에도, 특히 남부에서는 크게 달라지지 않았다. 차별은 일상이었고, 린치Lynch[4]는 예사였다.

필라델피아 출신의 흑인 재즈 가수 빌리 홀리데이Billie Holiday(1915~1959)[5]가 1939년에 불렀던 노래 〈Strange Fruit이상한 열매〉[6]는, 두 아들을 사산으로 잃은 후 '루이스 앨런Lewis Allan'이라는 필명으로 활동한 시인이며, 유대계 백인 고등학교 교사였던 에이블 미어로폴Abel Meeropol(1903~1986)이 1930년 인디애나주 매리언에서 사진관을 운영하던 사진작가 로런스 바이틀러Lawrence Beitler(1885~1960)가 찍은, 백인 여성을 강간했다는 죄를 뒤집어쓰고 백인들에게

---

3) 맬컴 엑스Malcolm X(1925~1965)는 워싱턴행진에 대해 "살아 있을 때 우리를 좋아하지 않았던, 100년 전에 죽은 대통령링컨의 상像 앞에서 백인들이 주도하는 시위에 왜 흑인들이 열광하는가?"라며 비판했다. 킹 목사의 비폭력주의와 달리 흑인의 자유와 권리를 위해서는 폭력도 불사해야 한다고 주장한 그는 늘 살해 위협에 시달렸고 끝내 암살됐다.

4) 법에 의하지 않고 행하는 잔인한 형벌이나 폭력으로 미국독립혁명 때, 반혁명 분자를 법에 의하지 않고 즉결재판으로 처형한 버지니아주의 치안판사 린치Charles Lynch(1736~1796)의 이름에서 유래한다는 설이 유력하지만 애매한 면이 많다.

5) 본명은 Eleanora Gough Harris로 태어날 당시 아버지가 누군지 몰랐기에 어머니인 세디 페이건Sadie Fagan(1896~1945)의 성을 따라 엘리너 페이건Eleanora Fagan이라 불렸다. 미국 재즈색소폰과 클라리넷 주자로 유명했던 동료 레스터 영Lester Young(1909~1959)이 지어준 'Lady Day'라는 별명으로도 불렸다. 빌리 홀리데이는 세라 본Sarah Vaughan(1924~1990), 엘라 피츠제럴드Ella Fitzgerald(1917~1996)와 함께 재즈 3대 디바Diva로 추앙됐다.

6) 훗날 《TIME》은 이 노래를 20세기 최고의 노래로 선정했다.

살해된 뒤 나무에 매달린 두 흑인 남자의 사진[7]을 보고 충격을 받아 쓴 시에 음률을 붙인 노래였다.[8]

빌리 홀리데이는 이 노래를 불러서 많은 불이익을 당했지만, 끝까지 자신의 레퍼토리에서 빼놓지 않고 불렀다.[9]

남부의 나무에는 이상한 열매들이 열린다
잎사귀와 뿌리에는 피가 흥건하고
남부의 따뜻한 산들바람에 검은 몸뚱이들이 매달린 채 흔들린다
포플러나무에 매달려 있는 이상한 열매들[10]

Southern trees bear strange fruit
Blood on the leaves and blood at the root

---

7) 이 사진은 한 장당 50센트의 가격으로 수만 장이 팔려나갈 정도였다. 바이틀러는 열흘 동안 밤낮으로 인화하느라 꼼짝도 하지 못했다고 한다. 미어로폴은 이 사진 속의 백인들뿐 아니라 이 사진을 보는 백인들이 아무런 죄의식이 없다는 데에 충격을 받았다.

8) 미어로폴은 1937년 뉴욕 교사조합 잡지 《New York Teacher》에 〈Bitter Fruit〉라는 제목으로 시를 발표했다. 그는 바이틀러의 사진을 보고 수일간 아무 일도 할 수 없을 정도로 충격을 받은 후 쓴 시였다. 음악적 재능까지 겸비한 미어로폴은 작곡까지 해 시의 제목을 〈이상한 열매〉로 바꿔 흑인민권운동을 위한 운동가요로 만들었다. 그는 훗날 "흑인에 대한 린치와 불의, 그리고 이를 지속시키는 사람들에 대한 증오 때문이었다"고 말했다.

9) 뉴욕에서 이 노래를 불러달라는 부탁을 받은 빌리 홀리데이는 처음에는 거절했다. 혹시 백인들이 이 노래를 듣고 분노해서 자신에게 해를 끼칠까 두려웠기 때문이었다. 실제로 그녀는 어린 시절 백인에게 성폭행을 당했던 경험 때문에 트라우마가 있었다. 당시 가해자는 40대의 백인이었고 그녀는 열 살이었는데, 경찰은 백인을 처벌하지 않고 오히려 흑인인 그녀를 불량소녀로 몰아서 감호소에 집어넣었다. 홀리데이는 음악가였던 아버지Clarence Halliday(1898~1937)가 흑인이라는 이유로 폐렴 치료도 제대로 받지 못하고 사망하게 되자 이 노래를 부르기로 결심했다. 이후에도 백인들의 협박이 있었지만, 빌리는 무고하게 죽어간 동료 흑인들을 위해 꿋꿋하게 노래했다. FBI는 그녀가 죽을 때까지 집요한 감시와 협박을 멈추지 않았다. 빌리는 흑인이라는 이유와 불온한 노래를 불렀다는 이유로 제대로 대우받지 못하고 가난에 시달리다 죽었다.

10) 도널드 클라크, 한종현 옮김, 『빌리 홀리데이』, 을유문화사, 2007. 279쪽.

Black bodies swinging in the southern breeze
Strange fruit hanging from the poplar trees

미어로폴로 하여금 〈Strange Fruit〉을 쓰게 만든 바이틀러의 사진에서 끔찍한 모습으로 나무에 매달려 죽은 두 청년은 토머스 쉽Thomas Shipp(1911~1930)과 어브램 스미스Abram Smith(1911~1930)였다. 두 청년은 헛소문으로 인해 살인 강간 혐의로 감옥에 갇혔는데 그 소식에 분노한 백인들이 감옥에 난입해 두 청년을 끌어내 폭력을 가하고 나무에 매달아 처형했다. 그러고는 흑인에 대한 경고의 의미로 그대로 방치했다. 남부의 백인들은 나무에 매달려 죽은 흑인의 주검 앞에 모여 기념사진을 찍는 일도 서슴지 않았다. 피해자로 여겨졌던 당사자가 뒤늦게 강간당하지 않았다고 증언했지만, 그 일로 아무도 처벌받지 않았다. 흑인을 향한 백인들의 인종 폭력의 광기를 보여주는 이 상징적인 사진만 남긴 채. 이런 일은 다반사[11]였다. 그게 20세기 중반에도 미국에서 여전히 일어나고 있는 광기였다.

'브라운 대 토피카 교육위원회' 판례

1951년 캔자스주 토피카의 초등학교 3학년인 흑인 소녀 린다 브라운Linda Brown(1943~2018)은 멀리 떨어진 학교에 다니는 게 불만이었다. 가까운 백인학교 섬너Sumner초등학교에 다닐 수 없어 할 수 없이 먼 곳에 있는 흑인학교에 다녀야했기 때문이다. 린다의 아버지는 딸의 전학을 신청했지만, 흑인이라서 안

---

11) 하퍼 리Harper Lee(1926~2016)는 소설 『앵무새 죽이기To Kill a Mockingbird』(1960)에서 백인 밥 유얼 부녀의 모함으로 재판을 받은 흑인 청년 토마스 로빈슨톰을 주인공 진 루이스 핀치스카웃의 아버지 애티커스 핀치 변호사가 백인들의 협박에도 불구하고 진상을 밝혀 무죄라는 걸 밝혀냈으나, 백인 배심원들이 유죄 평결을 내리자 애티커스가 2차 공판에서 무죄를 받아내자고 톰을 다독였지만 톰이 감옥에서 탈옥하다 17발의 총을 맞고 사망한 것을 고발했다. 두 청년 토머스 쉽과 어브램 스미스가 당한 사연은 당시에는 비일비재한 일이었다.

전미유색인지위향상협회는 아홉 명의 흑인 학생을 뽑아 아칸소주의 리틀록 센트럴하이스쿨에 입학을 신청했고, 학교도 입학을 허가했다. 그러나 백인사회는 흑인 학생들의 백인학교 입학을 필사적으로 저지했다. 포버스 주지사는 주 방위군으로 학교를 포위했다. 이에 아이젠하워 대통령은 연방군 투입을 승인했고, 1957년 9월 23일 마침내 아홉 명의 용감한 흑인 학생들은 연방군의 보호 아래 최초로 백인학교에 등교했다.

된다고 거절당하자 소송을 제기했다. 길고 지루한 소송 끝에 1954년 5월 17일 대법원은 공립학교의 인종차별은 위헌이라는 판결을 내렸다.

유명한 '브라운 대 토피카 교육위원회Brown Vs. Board of Education of Topeka' 판례로 무려 58년 만에 '플레시 대 퍼거슨Plessy Vs. Ferguson' 판례[12]를 뒤집었다. 이는 기존의 공고했던 '분리하되 평등하면 된다'는 논리를 허물고, '분리하면 무조건 불평등'이라는 법리를 제시한 것으로, 이 판결은 공공시설에서 인종분리 정책의 철폐를 주장하는 민권운동의 도화선이 됐다.

얼 워런Earl Warren(1891~1974)[13] 대법원장은 "공교육에서 '분리하되 평등하면 된다'는 원칙은 더 이상 존재할 여지가 없다"며 "분리 교육시설은 본질적으로 불공평하다"고 못 박으며 조속히 남부의 불평등한 인종분리 교육을 통합하라고 주 정부에 명령했다. 그러나 남부의 주에 속한 백인학교 3,000여 개 가운데 오직 600여 개만이 그 명령에 응했을 뿐 대다수가 반대하며 저항했다.[14] 달

---

12) 인종분리정책에 대해 '분리하되 평등하다Separate but Equal'라고 판시한 1896년의 미국 대법원판결로 사건의 내막은 이랬다. 1892년 제화공이며 시민운동가인 호머 플레시Homer Plessy(962~1925)가 루이지애나주에서 한 기차의 1등석을 예약해 앉았는데, 차장이 1등석은 백인만 이용할 수 있다며 흑인칸으로 이동하라고 명령하자, 플레시가 거부했다. 보안관은 플레시를 체포하여 벌금을 물리고, 주 법원에서 재판을 받게 했다. 피고 플레시는 백인 혈통이 더 우세한, 흑인의 혈통을 가지고 있는 피부색이 하얀 혼혈인이었다. 1심 판사 존 퍼거슨John Ferguson(1938~1915)은 루이지애나주가 1890년에 흑백분리를 규정한 열차법을 위반했다며 25달러 벌금형을 매겼다. 플레시가 흑인인권단체와 함께 루이지애나 대법원에 항소했으나, 패소했다. 결국 플레시의 변호인단은 인종차별을 금지한 수정헌법 13조·14조 위반이라며 해당 사건을 연방대법원에 상고했다. 그러나 1896년 5월 18일 열린 최종심에서 9명의 연방대법관들이 7대1로-이 판결에서 반대했던 유일한 대법관은 존 마셜 할란John Marshall Harlan(1833~1911)뿐이었다. 1명은 개인사로 불참-퍼거슨의 손을 들어줌으로써 플레시가 패소했다.

13) 캘리포니아 주지사 재직 중 1953년 아이젠하워에 의해 연방대법원장에 임명된 워런은 인종차별 문제와 범죄혐의자의 인권 개선에 새로운 계기를 마련한 대법원장으로 많은 존경을 받았다.

14) 공립학교에서의 인종분리는 위헌이며, 분리된 교육시설은 본질적으로 불평등하다고 결론 내린 대법원은 이듬해인 1955년 두 번째 판결을 통해 빠른 시일 내에 공립학교의 인종통합 실시를 명령했지만, 대부분 학교는 거세게 반발했고, 특히 남부 주에 속한 백인 학교 3,000여개 중 2,300여개는 1957년까지 대법원의 이행명령을 거부했다. 그러나 인종 간 벽은 서서히 무너지기 시작했고, 브라운 판결은 공공시설과 공공장소의 인종분리 폐지를 주장하는 흑인인권운동의 대 전환점을 마련했다.

힌 문이 조금씩 열리는 듯했지만, 여전히 옹벽은 단단했다.

그러다 흑백갈등이 단순히 소송에 그치지 않고 폭동으로 치닫는 일이 1957년에 발생했다. 전미유색인지위향상협회NAACP는 뛰어난 성적과 태도를 기준으로 미니진 브라운Minnijean Brown(1941~) 등 아홉 명[15]의 흑인 학생을 뽑아 아칸소주의 리틀록 센트럴하이스쿨에 입학을 신청했다. '브라운 대 토피카 교육위원회' 판례가 큰 힘이 됐다. 학교도 그 판례를 알고 있었기에 입학을 허가[16]했다.

문제는 아칸소주가 흑백통합을 극렬히 반대하는 곳이었다는 점이었다. 백인사회는 흑인 학생들의 백인학교 입학을 필사적으로 저지했다. 주지사 오벌 포버스Orval Faubus(1910~1994)[17]는 주 의사당 앞에 모여 비난성명을 발표했고, 개학이 되자 주 방위군을 동원해 학교를 포위했다. 명분은 충돌에 따른 폭력 사태 예방이었지만, 노골적으로 흑인 학생 등교를 막기 위해서였고, 백인유권자들을 향한 야비한 정치적 선전 행위였다. 9월 4일 아홉 명의 흑인 학생들은 군인들의 저지로 학교에 들어가지 못했고, 백인 인종차별주의자들은 그들을 모욕하고 위협했다.

입학허가를 내준 교육위원회는 주지사의 결정에 당황했고, 연방판사는 주지사에게 따졌지만 포버스 주지사는 요지부동이었다. 결국 법무장관은 주지사의 직무 정지를 요청하는 청원서를 제출했다. 브라운 판결에 불만을 표했던 보수주의자 아이젠하워 대통령도 리틀록 사태는 외면할 수 없었다. 그는 공수사

그리고 린다 측 변호사였던 서굿 마셜Thurgood Marshall(1908~1993)은 1967년에 미국 역사상 최초의 흑인 연방대법관이 됐다.

15) 원래는 17명이었으나 이들 중 8명은 결국 포기했다. 포기하지 않은 학생들은 '리틀록 나인Little Rock Nine'이라고도 불렸다.

16) 당시 리틀록 해당 학군의 교육감 버질 블러섬Virgil Blossom(1907~1965)의 결정에 따라 학교 이사회가 흑인 학생들의 입학을 '만장일치로' 허가하고, 이후 이른바 블러섬 플랜에 따라 점진적으로 흑인 학생들을 받아들이기로 결정했으나, 수많은 백인 학부모들은 이에 동의하지 않았다. 오벌 포버스는 이 결정을 격렬히 비난했다.

17) '민주당' 소속인 오벌 포버스는 이후에도 계속 당선(1955~1967)됐다.

단 2,000명을 리틀록 센트럴하이스쿨에 투입하는 것을 승인했다. 이것은 미국 역사상 최초로 주 방위군과 연방군이 대치한 사건이었다.

1957년 9월 23일 마침내 아홉 명의 용감한 흑인 학생들은 공수부대의 보호 아래 최초로 백인학교에 등교했다. 그런데 이번에는 그들의 등교를 반대한 2,000여 명의 백인 학생이 등교를 거부했고 흑인 학생 입학 반대파와 찬성파가 충돌하면서 사상자가 발생했다. 정부는 아칸소 주 방위군을 연방군에 편입시켜 주지사의 군사동원 권한을 빼앗고 공수부대원과 주 방위군 1만 명을 투입했다. 그들은 백인 시위대를 무력으로 진압했다.

그렇게 해서 마침내 학업을 마친 어니스트 그린Ernest Green(1941~)이 최초의 흑인 졸업생이 됐다.[18] 인종차별이 일상이던 그 시기에 어니스트 그린의 졸업은 흑인의 인권과 자존심을 반영하는 사건이었다.

'브라운 대 토피카 교육위원회' 판례는 많은 저항에도 불구하고 갈수록 효력을 발휘했다. 1963년 6월 11일 여전히 인종차별로 악명 높은 앨라배마주의 앨라배마대학교에서 당시 주지사 조지 월리스George Wallace(1919~1998)[19]가 비비언 말론Vivian Malone Jones(1942~2005)과 제임스 후드James Hood(1942~2013)[20]라는 두 명의

---

18) 졸업식 날 고등학교의 교장은 어니스트에게 다칠 수 있다는 소문을 핑계로 졸업식에 나오지 말고 졸업장을 집에서 우편으로 받기를 권했지만, '용감한' 어니스트는 교장의 '친절한 위선적 회유'를 거절했다. 훗날 어니스트는 "저에게 졸업은 고등학교의 어느 누구나와 똑같이 크나큰 성취였지요"라고 회고했다. 어니스트는 미시간주립대학교에서 학사 및 석사 학위를 받았다. 1968년에서 1976년 사이에, 그는 필립 랜돌프 교육기금단체Philip Randolph Education Fund의 책임자로 일했고, 1985년부터 리먼 브라더스Lehman Brothers에서 일했다. 1981년에는 탁월한 성취를 기리는 이글스카우트상Eagle Scout Award을 받았다.

19) 그는 '남부의 대통령'으로 통했으며, 앨라배마 주지사를 네 번이나 역임한 뒤, 1968년에는 제3당으로 독자 출마했고, 1972년 민주당 대통령 후보 지명 예비선거에 출마해 유세 도중 저격을 받아 하반신 불구가 됐다.

20) 후드는 입학 후 두 달 뒤 미시간으로 이사했다가 1997년 앨라배마대학으로 돌아와 교육학 박사학위를 받았다. 1996년 윌리스 전 주지사는 후드를 만나 사과했다. 2010년 앨라배마대학은 그의 선구적인 정신을 기리며 윌리스 주지사와 대치했던 장소를 '말론-후드 광장Malone-Hood Plaza'으로 명명

흑인 학생이 등록하려 하자, 수업 등록을 막기 위해 대학 강당의 문을 막았다. 이들이 등록할 것이라는 소식은 미리 알려져 있었고, 특히 앨라배마라는 지역에서 일어날 예정이었기에 백악관에선 두 학생을 위해 당시 미 법무차관 니컬러스 카젠바흐Nicholas Katzenbach(1922~2012)[21]를 파견했음에도 불구하고 일어난 충격적인 일이었다. 이는 월리스 주지사가 흑인 학생의 등록을 막고, 미리 부른 기자들 앞에서 백인 유권자들에게 메시지를 전하기 위한 정치적인 행동이었다.

카젠바흐는 월리스에게 물러서라 했지만 월리스는 거부했다. 결국 카젠바흐는 바로 백악관에 이를 보고했고, 케네디는 즉시 행정명령을 발동했다. 그 내용은 "앨라배마주의 정의에 대한 방해물을 제거하고 불법 조직을 제압할 것을 지원함"이었다. 이에 따라 아칸소에서 했던 것처럼 앨라배마의 주 방위군을 연방군에 편입시켜 주지사에게서 통수권을 빼앗았다. 몇 시간 후 앨라배마주 방위군 사령관 헨리 그레이엄Henry Graham(1916~1999)이 앨라배마대학교에 도착했다. 그는 주지사에게 미 대통령의 명령에 따라 입구로부터 물러설 것을 요청했고, 결국 주지사가 흑인 학생들에게 길을 터주면서 해결됐다. 두 학생은 죽음을 무릅쓰고 대학교에 입학한 것이다.

이 대학에 흑인 학생이 처음 입학한 것은 1956년이었지만, 견디지 못하고 곧 중퇴하고 말았다. 그러나 1957년 이 사건과 비슷한 리틀록사건이 일어나고 흑인들의 교육권이 강조되면서 다시 입학하는 소수의 흑인 학생들이 생겼다. 월리스 주지사는 백인들이 낸 세금으로 운영되는 주립대학에 흑인 학생이 등록하는 게 고까웠다.

앨라배마주는 남부에서도 미시시피주와 더불어 흑백차별이 가장 극심한 곳에 속했다. 케네디 대통령의 개입과 명령으로 사태는 해결됐지만, 시간이 갈수록 흑인들의 분노와 울분은 점점 커졌다.

했다.

21) 그는 훗날 존슨 행정부에서 법무장관을 지냈다.

그린즈버러에서의 반격

노예해방이 공식적으로 선언된 것은 1863년 1월 1일 링컨 대통령에 의해서였다. 그러나 흑백평등이 실질적으로 이루어지지 않았고, 차별도 전혀 달라지지 않았으며, 특히 남부에서의 차별은 여전히 심각한 수준이었다.

1877년 남부에서 북부 연방군이 철수하자 남부의 여러 주는 노골적인 흑인차별 법안들을 만들었고, 결과적으로 예전의 노예제 사회와 거의 다를 게 없었다. 사실 노동력이 부족한 남부로서는 예전의 방식에 대한 미련이 있었겠지만, 그런 법안들은 시계를 거꾸로 돌리는 것이었다. 실제로 이런 일련의 방식은 소수의 대지주를 제외하고는 남부를 더 가난하게 만들었다. 남부는 일상적인 저임금 농업을 고수했는데, 이는 기술의 발전을 막고 생산성 향상을 방해하는 요소가 됐기에 인재와 기술이 몰려들 리 없었다. 결과적으로 남부는 미국에서 가장 가난한 지역이 됐다. 차별법을 고수한 것은 그저 남부 백인들의 심리적으로 우월감을 위해서였을 뿐이었다.

이런 차별은 전쟁 때에도 마찬가지였다. 제2차 세계대전과 한국전쟁에서 흑인들은 따로 부대를 편성했고, 그들에게 작전을 수행할 권한도 부여하지 않았으며, 통솔권은 백인 장교에게만 주어졌다.[22] 흑인들은 머리가 나빠 작전을 수행할 수도 없으며, 통솔을 할 수도 없었고 해서도 안 되는 것으로 여겼다. 온갖 차별과 억압이 전쟁 중에서 일상사였으니 평시에는 말할 것도 없었다.

---

22) 미국내전, 즉 남북전쟁American Civil War(1861~1865) 때 노예해방을 선언한 북부 연방군도 처음에는 흑인을 병사로 받아주지 않았다. '연방을 위한 백인들의 전쟁'이라는 이유였다. 1863년 노예해방선언 이후 링컨 대통령은 흑인의 입대를 허용했고, 전쟁성 장관 스탠턴Edwin Stanton(1814~1869)은 백인 장교들이 유색인 부대를 지휘하게 하도록 결정했다. 1863년 3월 흑인 지원병 연대인 54연대가 창설됐으나, 정식군대로 인정받지 못해 의용군 부대로 편성됐다. 그러나 그들을 지휘하겠다는 백인 장교가 없자 26세의 노예해방론자 로버트 쇼Robert Gould Shaw(1837~1863) 대령을 연대장으로 임명했다. 54연대는 당시 철옹성으로 여겨지던 와그너요새Fort Wagner를 공격하라는 명령을 받았고, 전투 중 쇼 대령을 포함해 병력의 40퍼센트 가량이 전사했으나, 탁월한 용맹성을 인정받았고, 이후 많은 흑인부대가 창설됐다. 이 전투는 1989년 〈영광의 깃발Glory〉이라는 영화로도 제작됐다.

1960년 2월 1일 노스캐롤라이나주 그린즈버러Greensboro의 대형 슈퍼마켓인 울워스Woolworth의 식당 카운터에서 노스캐롤라이나농업기술대학North Carolina Agricultural and Technical State University(A&T)의 흑인 신입생 4명이 '백인전용' 좌석에 앉았다. 의도적 도발이었다. 그 식당은 백인들에게만 음식을 파는 식당이었다. 그들은 감옥에 갈 각오를 하고 도발한 것이었다. 그러나 신고를 받고 출동한 경찰도 그들이 법을 어긴 게 아니어서 어쩌지 못했다. 그들을 도운 백인 사업가 랠프 존스Ralph Johns(1916~1997)가 주선해 주요 언론사 기자들이 현장에 포진해 있었던 것도 작용했다. 흑인 학생들은 만약 그들을 거부하면 흑인을 차별하는 시내 상점에 대한 불매운동을 촉발할 수 있을 것이라 생각했다.

종업원을 불러 커피를 주문했지만, 종업원은 흑인은 거기에서 주문할 수 없다며 거부했다. 종업원은 지배인을 불렀고, 가게에서 나가라는 요구를 받은 학생들은 동요하지 않았다. 기자들까지 둘러싼 상태에서 지배인도 강제적으로 쫓아내지는 못하자 자신감을 얻은 학생들은 그 상점이 문 닫을 때까지 그 자리를 지켰다. 이른바 '그린즈버러연좌항의Greensboro Sit-in'[23]는 그렇게 시작됐다.

다음 날 다른 흑인 학생들까지 데리고 백인전용 좌석을 점거했다. 나흘째 이어지면서 시위대는 300명 가까이 늘었고, 주말에는 인근의 6개 학교 학생들까지 합류했다. 연좌항의는 일주일 만에 남부 전역으로 빠르게 확산했다. 결국 백인 식탁에 앉아서 버티던 흑인 학생들은 체포됐지만, 연좌농성은 더욱 확산했다.

---

23) 처음 '좌석점거Sit-in'를 시작한 흑인 청년 네 사람은 보수 백인들에게 사태의 '원흉'으로 꼽혀 살해 위협에 시달리던 끝에 그린즈버러를 떠날 수밖에 없었다. 네 사람의 흑인 학생들 중 블레어 주니어Ezell Blair Jr.(1941~)는 훗날 교사가 됐고, 프랭클린 매클레인Franklin McClain(1941~2014)은 화학회사에 취직했다. 조지프 맥닐Joseph McNeil(1942~)은 공군 장교가 돼 소장으로 예편했다. 데이비드 리치먼드David Richmond(1941~1990)는 유일하게 그린즈버러로 돌아왔는데, 극심한 따돌림 속에 잡역부로 살다가 49세에 숨졌다. 기자들을 불러 모았던 랠프 존스는 이 사건 직후 사업을 접고 언론인이 돼 나중에 미국흑인지위향상협회NAACP 부회장을 지냈다.

인종차별에 대해 본격화하는 저항

그린즈버러연좌항의는 1956년 몽고메리에서 버스보이콧으로 승리한 이후 소강상태에 빠졌던 남부 민권운동에 새로운 도화선으로 작용했다. 엘라 베이커 Ella Baker(1903~1986)[24]는 이 시위의 중요성을 간파하고 산발적으로 운동을 연계하면서 전 방위의 인종차별반대 프로그램을 적극적으로 수행하고자 했다. 그러기 위해 비폭력학생협력위원회 Student Non-Violent Coordinating Committee(SNCC)[25]를 결성했다. 위원회는 철저하게 비폭력으로 저항했고, 이 운동이 미국 전역으로 확산하면서 백화점, 슈퍼마켓, 도서관, 극장 등에서 인종차별을 폐지하는 성과를 거두기도 했다. 계속해서 새로운 시도도 이어졌다.

1961년 5월 인종평등회의 Congress of Racial Equality(CORE)는 자유의 순례 Freedom Rides 운동을 개시했다. 흑인뿐 아니라 백인도 자원해 참여한 이 프로그램은 버스를 타고 순회하며 저항운동을 벌이는 동시에, 남부와 더불어 그 밖의 지역에서 장거리 교통수단의 인종차별 실태를 조사하면서 잘못된 관행을 깨뜨리고자 했다. 점점 참여자가 늘어서 나중에는 7만 명이 넘는 학생들이 이 운동에 가담했고, 20개 주 백여 개의 도시들이 호응했다.

흑백차별이 가장 심한 곳 중의 하나인 조지아주 남서부의 소도시 올버

---

24) 엘라 베이커는 민중운동이 낳은 최고의 지도자 가운데 한 명으로 풀뿌리 조직화와 민중의 정치 세력화를 강조했다. 그녀는 지도자 중심 집단보다 집단 중심 지도부의 필요성을 역설했다. 이 과정에서 그녀는 참여 민주주의의 개념을 주창했으며, 민중 스스로 결정을 내리고 권위주의적 위계를 탈피해 직접 행동에 나설 것을 촉구했다. 엘라 베이커는 단순한 조력자가 아니라 미국 흑인민권운동이 낳은 당대 최고의 지도자로 칭송될 인물이었음에도 안타깝게도 오늘날 민권활동가와 연구자를 제외하고 그녀의 이름을 기억하는 이들은 거의 없을 만큼 제대로 평가받지 못했다.

25) 비폭력학생협력위원회의 핵심세력은 남부 곳곳의 연좌시위 현장에서 주도적인 역할을 맡았던 학생들로 워싱턴D.C. 시장을 역임한 매리언 배리 Marion Barry(1936~2014), 민주당 하원의원을 지낸 존 루이스 John Lewis(1940~2020), 로자파크스상 수상자 다이앤 내시 Diane Nash(1938~) 등이었다. 다이앤 내시는 "우리는 남부 백인 인종차별주의자들에게 새로운 옵션을 제시했다. 우리를 죽이거나 해체하라"고 외쳤다. 비폭력학생협력위원회는 당시 혁명의 전위부대로 칭송을 받았다.

니Albany에서 대대적인 흑백통합 캠페인이 벌어졌는데, 학생들은 점점 비폭력 노선을 버리고 폭력적으로 충돌했다. 결국 마틴 루서 킹은 불법시위 주도 혐의로 구속되고, 올버니를 떠나게 됐으며 그 과정에서 3,600여 명이 체포됐다.[26] 이런 상황에서 운동이 과열하면서 대규모 폭동으로 연결됐는데, 흑인민권운동 내부에서 노선투쟁과 분열이 생겨서 큰 우려를 낳기도 했다. 노선투쟁은 크게 두 갈래였는데, 폭력에 대한 거부감을 드러내며 비폭력을 지속하자는 의견과 비폭력은 비겁한 타협이며 미봉책의 대응만 낳을 것이라는 반발이 팽팽하게 맞섰다.

흑인에 대한 차별과 폭력으로 유명한 앨라배마주에서 가장 큰 도시인 버밍햄은 흑인 민권투쟁과 그에 반발하는 백인우월주의자들의 대립이 극심한 곳 가운데 하나였다.

1961년 4월 '자유의 기수Freedom Rider'로 불리던 인권운동가들이 워싱턴에서 버스를 타고 인종분리에 항의하기 위해 앨라배마 애니스턴Anniston에 도착했다. 그러나 그들을 맞이한 건 백인우월주의자들이었다. 터미널에서 대기 중이던 인종주의자들이 버스에 불을 질렀다. 그들은 가까스로 탈출한 사람들을 구타했고, 피해자들은 병원에 후송됐으나 치료를 거부당했다.

1963년 노예해방 100년을 기념해 인권운동가들이 앨라배마주의 도시 버밍햄에서 시위에 나서자, 경찰이 동원돼 물대포를 쏘고 개를 풀어 아수라장을 만들기도 했다. 당시 앨라배마주는 조지 월리스 주지사가 취임 선서에서 '오늘도 차별, 내일도 차별, 영원히 차별'을 맹세할 정도로 인종차별이 극심한 곳이었다.

경찰은 시위대를 무차별적으로 체포했다. 어린아이들도 가리지 않고 2,500여 명이나 구속[27]했다. 버밍햄의 인권지도자들은 더 이상의 희생을 막기

---

26) 이 사건을 'Albany Movement'라고 불렀다.

27) 당시 운동본부는 버밍햄의 교도소를 가득 채워 행정을 마비시키고, 버밍햄 상황을 미국 전역에 알리려 했다. 성인들의 참여가 저조하자 수많은 청소년들이 감옥을 향한 시위를 시작했고 호송차조차

위해 대중 집회를 중지했고, 임시협정이 체결됐지만, KKK[28]단은 킹 목사가 묵고 있던 모텔과 그의 형 집을 폭파했다. 버밍햄사건은 전 세계 언론에 전파[29]됐고, 연방정부는 인종차별 금지와 불법화를 위한 강력한 법제화에 서두를 수밖에 없게 됐다.

1963년 9월 15일에는 '침례교회 폭파사건'이 발생했다. 버밍햄 흑인가에 있던 침례교회에서 KKK 단원들이 설치한 다이너마이트가 폭발해 교회에 있던 당시 11~14세 흑인 소녀 4명[30]이 숨졌다. 폭파사건의 여파로 도시 전역에서 폭력이 발생해서 두 명의 흑인 청년이 더 죽었고, 질서를 회복하기 위해 주 방위군이 소집됐다. 폭파사건이 발생한 후 킹 목사는 "이번 비극적 사건은 남부 백인들에게 양심을 찾아주게 될 것"이라고 예언했으나, 범인들에 대한 재판은 무려 14년이나 지난 뒤에야 처음으로 시작됐다.[31] 남부에서 인종차별은

부족해지자 스쿨버스까지 동원됐다.

28) 미국의 비합법적인 백인우월주의 비밀결사단체인 쿠클럭스클랜Ku Klux Klan(KKK)은 1866년 남북전쟁 때 남부의 인종차별주의자들이 결성했다. 이들은 흑인뿐 아니라 흑인해방에 동조하는 백인들에게도 테러와 살육을 저질렀으며, 공식적으로는 1870년 해체됐지만, 여전히 남성 백인우월주의자들을 중심으로 미국 각지에서 활동하고 있다. 이들이 트럼프를 적극적으로 지지한 건 공공연한 비밀이었다.

29) 당시 버밍햄은 뉴스가 철저히 통제됐다. 백인 소유의 《Birmingham News》와 《Birmingham PostHerald》는 시위를 거의 다루지 않았고, 심지어 흑인 소유의 《Birmingham World》조차 '사설'에서 겨우 시위에 반대하는 뜻을 밝혔다. 《Birmingham News》는 수십 년 동안 이 사건을 숨겨 왔고, 2004년에야 한 연구자에 의해 신문사 벽장에서 수천 장의 미공개 사진 필름이 발견돼, 2006년부터 일부를 공개했다.

30) 숨진 흑인 소녀 중 가장 어렸던 캐럴 맥네어Carol Denise McNair(1951~1963)는 백악관 안보보좌관과 국무장관을 지낸 콘돌리자 라이스Condoleezza Rice(1954~)의 학교 단짝 친구였다. 라이스는 당시 약 3.6km 떨어진 자신의 아버지 교회에 있었다.

31) 사건의 첫 번째 재판은 1977년 전직 KKK 단원인 챔블리스Robert Chambliss(1904~1985)가 살인 혐의로 유죄 판결을 받을 때까지 열리지 않았다. 이후, 1980년, 1988년 두 차례 재개됐는데, 챔블리스는 1985년 감옥에서 사망했다. 1997년에 다시 두 명의 전 KKK 단원인 블랜튼Thomas Blanton Jr.(1938~2020)과 체리Bobby Cherry(1930~2004)가 재판을 받았을 때, 다시 시작됐다. 블랜튼은 2001년에, 체리는 2002년에 종신형 판결을 받았다. 네 번째 용의자인 캐시Herman Cash(1918~1994)는 재판을 받기 전

쉽게 해소되지 않을 듯 보였다.

　뉴프런티어 정신을 내세우며 개혁 법안을 의욕적으로 추진했지만, 의회와 충돌하면서 법안들을 제대로 추진하지 못해서 답답했던 케네디는 마틴 루서 킹 목사 등에 의해 촉발된 흑인민권운동을 적극적으로 호응했다. 케네디 재임 중 연방재판소에 최초로 흑인 판사가 취임했고, 흑인 검사가 10명에서 70명으로 대폭 증원됐다. 그리고 오랜 악습이던 투표세를 없앴다.

　흑인이 정치에 참여할 수 없게 만든 수많은 제약이 있었다. 특히 1877년 재건기가 끝난 후 일부 남부 주에서는 선거법에 읽기 능력 시험이 있었는데, 백인에게는 'CAT고양이' 철자를 쓰게 하고, 흑인들에게는 라틴어를 해석하게 하거나[32] 헌법 해석 따위의 질문을 던졌다. 그러면서 흑인을 차별하는 게 아니라 정치를 아는 유권자에 의해 선거가 이루어져야 진정한 민주주의가 실현될 수 있다는 따위의 일고의 가치도 없는 변명을 늘어놓았다.

　투표세는 거기에 대못을 박는 것이었다. 세금을 내는 유권자만 책임 있는 투표를 할 수 있다며 투표세 2달러를 부과해 흑인의 정치 참여를 원천적으로 봉쇄했다.[33] 드디어 그 못된 투표세를 없애 흑인뿐 아니라 가난한 백인도 선거에 참여할 수 있게 된 것이다.[34] 보수파는 투표세 폐지가 민주주의를 '중우정

인 1994년에 사망했다.

32)　백호주의의 오스트레일리아에서 유색인종 이민자들에게 그리스어 시험을 봤던 것과 상통했다.

33)　1890년대까지 많은 남부 주에서는 읽기쓰기 능력시험과 투표세 등 투표를 어렵게 하는 법률을 제정해 흑인들의 투표를 원천적으로 봉쇄했다. 어떤 주에서는 이른바 '할아버지 조항Grandfather Clause'을 만들어 1867년까지 투표권을 얻은 사람과 그 자손에 대해서는 시험이나 투표세를 면제함으로써 백인 투표율은 유지하려 했지만, 그 근거를 마련하지 못한 가난한 백인의 투표권도 빼앗는 엉뚱한 결과도 발생했다. 할아버지 조항에 대해서는 1915년에 연방 최고 재판소가 위헌으로 판결을 내렸다.

34)　1964년 발효한 미국 수정헌법 제24조에서 연방선거에 대한 투표세를 금지했고, 1966년 연방대법원에서 주선거에 대한 투표세도 위헌으로 결정했다. 링컨의 노예해방선언에 따라 수정헌법 제15조에 흑인의 투표권을 인정했으나, 백인우월주의자들은 어떤 비판도 무시하며 여전히 흑백차별을 제도화하는 각종 입법을 쏟아냈다. 1962년 8월 상원과 하원에서 "인두세Poll Tax나 기타조세를 납부하지 않았다는 이유로 시민의 선거권을 거부하거나 박탈할 수 없다"는 수정헌법24조가 통과됐고, 수

치'에 빠지게 함으로써 미국의 발전을 막는다며 공격했고, 일부 여론은 케네디
가 너무 급격한 변화를 선택해서 중산층을 분열시켰다고 비판했다.[35]

지금 생각해 보면, 언급하는 것조차 부끄러운 야만과 폭력이지만, 당시 그
들은 그것이 진정한 애국이고 시민으로서의 의무라고 여겼다. 시대를 읽어내
지 못하면 보수가 아니라 수구가 될 수 있음을 그들은 여실히 보여주었다.

정헌법15조가 제정된 지 100년 만에 사우스다코타주 의회가 1964년 1월 이 법을 통과시켰다.

35) 트루먼이 1948년 군대 내에서 흑백차별을 없앴던 건 제2차 세계대전에 참전해 국가를 위한 의무
   를 수행했다고 생각한 흑인들의 권리 요구에 대한 응답이기도 했다. 인도 수상의 주치의와 자메이카
   외무장관이 미국 남부의 식당에서 출입을 거부당한 것은 세상의 조롱거리가 됐다. 미국의 차별정책
   은 국제사회에서 미국의 위선으로 공격을 받았고, 특히 소련이 외교전에서 선전 카드로 빈번히 써먹
   었기에 미국 정치권이 시대의 흐름을 따를 수밖에 없었던 점도 무시할 수 없었다.

베티 프리던과 여성해방운동

여성, 신화를 깨고
평등의 전선에 서다

양성평등은 남성이 주는 '선물'이 아니며, 남성이 양보하는 '미덕'도 아니다. 눈물겨운 투쟁의 결과이다. 여성은 엄연한 독립적 인격체고 주체적 자아의 주인이다.

1913년 에밀리 데이비슨Emily Davison(1872~1913)은 여성 참정권을 부르짖으며 영국 왕 조지 5세George Ⅵ(1865~1936, 재위 1910~1936)의 말에 뛰어들어 죽었다. 에멀라인 팽크허스트Emmeline Pankhurst(1858~1928)는 자신의 삶 전체를 여성 참정권을 위해 바쳤고, 그녀의 남편은 그것을 응원하고 지지했으며 딸도 어머니의 뜻을 이어갔다.

모든 인간은 부당한 억압과 착취에 대해 책임과 부끄러움을 먼저 느껴야 한다. 모든 차별은 폭력이고 야만이다. 투쟁한 사람들이 마련한 것을 당연하게 누릴 게 아니라, 그를 본받아 그릇된 것에 맞서 싸워야 한다. 거저 얻는 건 없다. 그 권리와 의무에 남자와 여자의 구별은 애당초 부당하고 무의미하며 불필요하다. '차이와 차별'을 지나치게 섬세하게 나누면서까지 구차하게 변명하는 것 자체를 버려야 한다. '차이'는 '생물학적 성Sex'이고, '차별'은 '사회적 성Gender'의 문제이다. 그걸 혼용하는 것이 바로 '범주 오류Category-Mistake'이다.

페미니즘을 불편하게 여길 게 아니라 아직도 페미니즘 논쟁에서 벗어나지 못할 만큼 후지고 천박한 현실이 존재한다는 사실을 불편하게 여겨야 한다. 휴머니즘은 페미니즘의 기본적 대전제이며 동시에 목표이다. 20세기 중후반에야 겨우 조금씩 이루어진 걸 먼저 부끄러워해야 한다.

인류 역사상 가장 중요한 일들 가운데 으뜸과 버금쯤의 서열에 오르내리는 프랑스혁명은, 자유·평등·박애라는 현대사의 가장 핵심적이면서도 인류 보편적 가치를 천명했고, 민중의 힘으로 왕권을 종식하고 제 힘으로 공화정을 수립한, 그야말로 대혁명의 원형이다.

그러나 그 대혁명이 선언한 자유·평등·박애는 전적으로 남성들에게만 해당할 뿐 여성에게는 허용되지 않았고, 혹여 그것을 주장하는 여성이라면 설령 혁명에 지대한 공로가 있다 하더라도 가차 없이 단두대에서 목이 잘리는 일이 예사로웠다. 혁명의 불씨를 지폈던 계몽사상가들이라고 다를 게 없었다. 거의 모든 계몽사상가에게 여성의 정치적 발언과 참여는 도저히 용납될 수 없는 도발이며 패륜이었다.

실제로 루이 16세 Louis XVI(1754~1793, 재위 1774~1792)는 그의 정치적 무능과 국가에 대한 반역죄라는 '정치적 죄목'을 이유로 처형됐지만, 왕비 마리 앙투아네트 Marie-Antoinette(1755~1793)는 낭비, 왕을 타락시킨 죄, 음란, 근친상간[1], 기만, 내통 등 온갖 조작된 거짓 정보에 근거한 '도덕적 죄목'들을 엮어 단두대에서 처형됐다.

계몽철학자 루소 Jean Jacques Rousseau(1712~1778)는 여성에게는 인권이 없으며 인권을 허용해서도 안 된다고 단호하게 정의했다.[2] 여성에게는 아예 정치와

---

1) 그녀가 근친상간했다고 조작된 상대는 할아버지, 삼촌, 아들, 시동생들을 두루 망라했으며, 심지어 그들과 집단성관계를 가졌다는 둥 상상할 수 있는 모든 인물이 거명됐다. 여성이 권력을 갖게 되면 그런 퇴폐와 패악을 저지른다는 왜곡된 여성관이 프랑스혁명 시대의 사고방식이었다.

2) 동시대인에 비해서는 여성을 높이 평가했다는 볼테르 Voltaire(1694~1778)는 근대과학에서 최초의 여성 과학자로 평가되는 샤틀레 Emilie du Chatelet(1706~1749) 후작부인의 연인으로, 그녀의 과학 연구를 도와주기도 하는 등 여성 인권에 관심이 많았지만, 정작 그의 여성관은 편협하기 짝이 없었다. 그는 여성에게는 창의적이고 체계적인 사유가 부족하고 상상력과 인내심도 결여됐다고 비판했다. 샤틀레는 뉴턴 Sir Isaac Newton(1642~1727)의 『프린키피아 Principia』를 명료하게 해석한 책을 써서 프랑스가 영국보다 100년이나 앞설 수 있었다는 평가를 받을 정도였는데도 그랬다. 볼테르뿐 아니라 칸트 Immanuel Kant(1724~1804)조차 여성의 능력을 비하해 샤틀레의 탁월한 성과를 인정하지 않았으며, 여성이 그런 중요한 업적을 남길 수 있다는 건 여성이 턱수염을 길렀다는 것만큼이나 말도 되지 않는 것이라고 깎아내렸다. 샤틀레에 대한 당대의 역사적 평가는 그저 볼테르의 연인이라는 것과 당시 사회적 평판이 나

권력의 영역에 대한 접근 자체를 용납하지 않았고, 철저하게 응징함으로써 관심조차 갖지 못하게 만들었다. 그게 다른 것도 아니고, 현대 세계의 문을 열었다는 프랑스혁명의 속살이었다. 프랑스혁명과 계몽사상이 이럴진대 그 이전은 살펴볼 필요조차 없을 것이다.

'제2의 성'과 '여성성의 신화'

프랑스에서 1949년 여성운동에 중요한 전환점을 마련한 한 권의 책이 출간됐다. 시몬 드 보부아르Simone de Beauvoir(1908~1986)의 『제2의 성 The second sex』이 바로 그 책이다. "여자는 여자로 태어나는 게 아니라 여자로 만들어지는 것이다"라는 날카로운 비판으로 날을 세운, 당시 사회로는 도발적이지만 매력적인 책이었다. '제1의 성'인 남성에 대해 여성은 '부차적인 성'이라는 뜻에서 붙인 책의 제목은 그 자체로 여성의 실존적 선언이었다.

여성이란 독립적이고 고유하며 주체적인 본질을 가진 존재가 아니라 '남성에 의해 만들어진' 것이므로, 여성으로서 진정한 삶과 존재는 스스로 주체적으로 자기 회복을 위해 투쟁해야 한다는 보부아르의 메시지는 세계의 많은 여성들에게 묵직한 울림을 던졌다. 이후 여성이 남성에게 소외된 대상에 그치는 '타자'가 되는 인식의 뿌리를 뽑아내 동등한 존재성을 회복해야 한다는 인식이 점점 더 널리 퍼지기 시작했다.

보부아르는 대립에 의한 차별과 소외의 속살을 예리하게 파헤쳤다. 남자와 여자는 서로 대결한다고 생각하지만, 사실은 각자 자기에 대항해 싸우고 있을 뿐이며, 자기가 싫어하는 자신의 부분을 상대 속에 투사해서 그것과 싸우는 것이라는 심리학적 분석은, 여성의 자유와 실존의 근거를 마련하는 데에 큰 밑돌이 됐다. 남성이건 여성이건 진정한 자유는 내재해 있는 열등감을 벗어나 저

빼다는 가짜 뉴스에 근거한 주석뿐이었다. 정작 에밀리가 계몽주의 사상에 큰 영향을 끼쳤다는 건 애써 무시했다.

베티 프리던은 전업주부로서의 삶을 찬미하고 동경하는 시대적 모순에 주목하면서, 그것을 '여성의 신비'라는 이름의 '신화'에서 비롯한 것임을 발견했다. 그녀는 '행복한 현모양처'는 '조작된 이데올로기'에 불과하고 여성이 남편과 육아에서 해방돼 실질적 성평등과 자신만의 정체성을 찾고 정립해야 한다고 주장하며, 낙태의 권리, 출산 휴가, 채용과 승진에서 양성평등 실현이라는 대담한 메시지를 제시했다.

홀로 자유로울 때 이루어진다는 메시지는 페미니즘이 본격적으로 등장하는 시기의 등대가 됐다.

그로부터 14년 뒤인 1963년, 미국에서도 그에 버금가는, 아니 오히려 행동과 운동이라는 사회적 구체성 면에서는 훨씬 더 큰 영향력을 발휘하게 될 책이 출간됐다. 베티 프리던Betty Friedan(1921~2006)의 『여성성의 신화The Feminine Mystique』가 바로 그 책이었다. 보부아르가 여성이 남성에 의해 만들어진 것을 비판하고 저항해야 한다고 말한 것처럼, 프리던은 여성에게 수동적 역할을 강요하고 남성의 지배에 의존하고 익숙해지게 만드는 의식을 마비시키는 '가정생활의 실체'를 예리하게 파헤치며 비판했다.

프리던은 이념과 심리의 분석에 치중한 보부아르와 달리 대학 동문들을 직접 찾아가 면담하고 조사해서 여성에게 부과되는 불평등과 부조리를 실증적으로 탐구했다. 베티 프리던의 이 책이 특별한 의미를 갖는 것은 당시 미국의 상황과 밀접하게 맞물려 있었기 때문이다.

미국은 놀랍게도 1950년대에 들어서면서 여성의 권리가 오히려 크게 퇴행했다. 부모 세대보다 고등교육을 받는 여성이 크게 늘었고, 여성의 지역사회 참여도 장려되고 있었으며, 대학뿐 아니라 여성을 위한 수많은 교육 프로그램들이 널려 있었는데 정작 사회적 참여는 낮게 나타났다. 그것은 젊은 여성의 야망과 의지가 부족한 점도 한몫을 했고, 사회적으로 극심하게 보수화하는 성향이 강해지면서 엉뚱하게 현모양처의 삶이 가장 이상적인 여성의 삶이라는, 과거 지향적 태도가 일상화했기 때문이었다. 베티 프리던은 전업주부로서의 삶을 찬미하고 동경하는 시대적 모순에 주목하면서, 그것을 '여성의 신비'라는 이름의 '신화'에서 비롯한 것임을 발견했다.

베티 프리던은 이 왜곡된 신화의 파편이 변형된 것이 '성Sex'에 대한 태도에서도 나타나고 있음을 날카롭게 비판했다. 자아실현이 좌절된 여성이 심리적 보상을 얻기 위해 빠지는 성적 탐닉은 오히려 결과적으로 여성이 남성의 소유물이 되고 자기 자신도 성적으로 대상화할 뿐이기 때문에 결코 바람직한 해결책이 될 수 없다며 각성을 촉구했다.

프리던은 실증적 자료를 통해, 여성의 사회 진출이 성적 문란을 야기한다는 통념과는 반대로 현모양처의 삶을 찬미하는 보수적 성적 태도가 만연한 시대일수록 최초 성 경험 연령이 낮아졌다는 사실을 지적하며, 주체성도 자기결정권도 없는 문란한 성생활에 탐닉하는 여성이 오히려 성적 만족도가 더 낮았고, 결여된 주체성으로부터 끊임없이 도피하려 한다는 점도 밝혀냈다. 그녀의 실증적인 연구는 전 방위적이고 전 사회적인 방향으로 뻗어나갔다. 분명히 고등교육을 받은 여성이 증가하면서 '자아-아내-어머니'로서 요구되는 역할 사이에 존재하는 괴리는 혼란스러움을 주기에 충분했다. 문제는 왜 더 적극적인 참여와 행동이 나타나지 않는지 그 근본적 원인을 찾아내는 것이었다.

왜 이들은 부모 세대가 그렇게 힘들게 제도적 평등을 열어 왔음에도 불구하고 그것을 확장하기는커녕 오히려 그 자유와 인권마저 누릴 마음이 없는 것일까, 그러면서 의아하게도 그렇게 이상적인 전업주부로서의 역할을 동경하고 실제로 그런 삶을 살아가는 많은 여성 자신이 알 수 없는, 어쩌면 실체가 없어 보이는, 기묘한 심리적 문제로 고통을 받고 있는가 하는 의문을 추적하기로 했다. 프리던은 그런 여성들을 직접 면담하면서 구체적인 문제의 핵심을 하나하나 찾아냈다. 물론 그녀가 인터뷰한 사람들이 주로 중산층 주부였다는 점에서는 한계를 지녔지만, 그 여성들조차 자신을 설명할 '언어'가 없었다는 점에서 프리던의 진단과 해석이 포괄성을 갖는 데에는 큰 문제가 없었다. 『여성성의 신화』는 관념의 결과물이 아니었다. 실증적 내용을 토대로 한 그녀의 설명에 독자들은 쉽게 이해하고 공감하며 문제의식을 느꼈다.

여성성의 신화를 일깨운 베티 프리던

베티 골드스타인미혼 때의 이름은 1921년 미국 중부의 일리노이에서 태어나 동부의 명문 스미스대학에서 급진적인 교수들로부터 심리학을 배우고 최우등으로 졸업한 이후 진학한 서부의 캘리포니아 버클리대학원[3]에서 남자친구가 생겼는데, 그는 여자가 석사나 박사가 되는 걸 원치 않는 남성우월주의자였다. 그런 남자와는 계속해서 사귈 수 없다고 판단하고 결별한 베티는 박사과정을 중간에 포기하고, 뉴욕으로 가서 노동조합에서 발행하는 신문의 기자 겸 편집인으로 일했다. 1947년 극장 감독 겸 광고회사 중역이었던 칼 프리던Carl Friedan(1925~2005)과 결혼해 베티 프리던으로 이름이 바뀌었다. 아이를 셋 낳았는데, 그녀가 둘째를 임신했을 때 신문사에서 퇴직을 요구해서 여러 잡지사의 프리랜서 기자로 일했다.

그런데 그녀가 전통적인 여성의 삶의 방식에서 조금만 벗어나는 글을 쓰면 '남성' 편집자가 '당연하다는 듯이' 게재를 거부했다. 그녀는 그 처사에 분노했지만 해결책이 없었고, 그럴 때마다 우울해졌다. 베티는 다른 여자들은 어떨지 궁금했다. 마침 모교인 스미스대학 졸업 15주년 홈커밍데이 모임에 갔는데 동창들에게 여성으로서의 삶에 대한 여론조사를 했더니 다들 자신의 현재 삶에 만족하지 않는다는 대답이 돌아왔다.

남들 보기에는 대부분 중상류 이상의 삶을 살고 있어서 선망의 대상일 수 있는 여자들조차 그렇다면 다른 사람들은 어떨지 능히 짐작할 수 있는 일이었다. 그래서 그녀는 본격적인 연구를 해야겠다고 결심했고, 전국의 여러 전문가를 찾아다니며 직접 묻고 답을 모았다. 그렇게 자신의 삶에 대한 관찰과 경험을 분석하고 연구한 것들을 종합해서 1963년 베티 프리던은 여성학에서 기념비적인 책 『여성성의 신화』를 출간했다. 이 책은 '개인적인 것이 정치적인 것이다'라는 2세대 여성운동의 슬로건을 고스란히 담았다.

베티 프리던이 "여성은 중산층 가정이라는 안락한 포로수용소에 '여성성의 신화'라는 이데올로기로 속박돼 있다"고 비판한 메시지의 파장은 미국 사회에

---

3) 신문의 여성지면 편집자였던 베티의 어머니 미리엄 골드스타인Miriam Goldstein Horwitz Oberndorf(1898~1988)은 주부가 되기 위해 직장을 그만두었던 선택에 불만이 많았기에 딸이 자신의 후회를 반복하지 않도록 하기 위해 프리던에게 대학 교육을 받고 직업을 구하도록 가르쳤다.

큰 반향을 불러일으켰다. 그때까지 '가정'은 모든 개인의 궁극적 안식처이며 사회적 근간이라 여겼던 사람들에게 그녀의 메시지는 남성들에게는 불편하고 쓸데없는 문제를 키우는 무모한 도발로 여겨졌지만, 수많은 억압과 차별에 짓눌렸던 여성들에게는 자신들의 문제를 대변해주는 것으로 받아들여졌다.

베티 프리던은, 교육과 독립 그리고 남성과의 평등이 미국 여성들을 여성답지 못하게 만들었다는 주장을 정면으로 반박하면서, '이름도 붙이지 못하는' 이 문제는 사람들이 인식하는 것보다 훨씬 중요한 문제라고 천명했다. 그는 여성들의 내면에서 들려오는 그 목소리를 더 이상 못 들은 척할 수 없으며, 그래서도 안 된다고 단호하게 주장했다.

그녀는 '행복한 현모양처'는 '조작된 이데올로기'에 불과하고 여성이 남편과 육아에서 해방돼 실질적 성평등과 자신만의 정체성을 찾고 정립해야 한다고 주장하며, 낙태의 권리, 출산 휴가, 채용과 승진에서 양성평등 실현이라는, 당대로서는 경악할 만한 대담한 메시지를 제시했다. 그녀의 메시지는 여성운동의 중요한 기폭제가 될 수밖에 없었다. 물론 엄밀히 말하자면 그녀의 메시지가 여성운동을 만들어낸 것이 아니라, 당대 여성의 자각과 불평등에 따른 불만이 구체화했기 때문에 큰 반향을 불러일으켰다.[4]

세계대전 후 싹이 튼 여성의 사회진출

두 차례의 세계대전은 여성의 사회 참여와 경제적 활동의 기회를 제공했다. 남성들이 전쟁에 나간 동안 국내에서 노동력의 공백을 채운 것이 바로 여성이었다. 산업생산이 기계화함에 따라 근력에서 열세인 여성도 충분히 노동

---

[4] 최근 베티 프리던과 그녀의 책을 '자유주의 페미니즘'의 한계라고 하는, 즉 중산층 백인 중심으로 규정되는 기득권 여성의 그들만을 위한 운동이라는 비판과 고정된 시각에 가두는 기존 해석을 거부하는 움직임이 있는 것은 바로 이런 시대적 환경을 고려한 것이다. 그러나 베티 프리던과 이 책의 가장 큰 장점은 그가 살았던 시대와 동시대 여성에 대한 면밀한 분석을 통해 여성문제를 정확히 발견했다는 점이다.

할 수 있는 환경이 만들어진 것도 한몫했다. 또한 많은 여성이 전선에는 직접 투입될 일은 없지만, 후방에서 다양한 방식으로 군대의 역할을 수행했다. 여성은 자신의 노동력을 제공하고 임금을 받음으로써 경제적 독립체가 될 수 있는 경험과 자신감이 생겼다.

그러나 전쟁 이후 군수 공장들은 대부분 문을 닫거나 생산 품목과 방식을 변경했고, 일자리는 당연하다는 듯이 전쟁에서 돌아온 남성들이 다시 차지했다. 그 과정에서 여성이 겪은 배신감과 상실감은 생각보다 컸다.

경제적·사회적 활동을 경험했으며 예전보다 훨씬 높은 수준의 교육을 받은 여성이 증가함에 따라 이런 성 불평등과 차별을 묵과하는 것은 더 이상 용납할 수 없었다.

산업구조의 변화도 한몫을 했다. 제2차 세계대전 후 급속하게 성장한 경제 분야가 바로 서비스 분야였고 적어도 그 분야에서는 남성과 여성이 함께 수행할 수 있는 새로운 유형의 직업들이 생겼다. 하지만 여전히 여성에 대한 사회의 전통적인 고정관념과 선입견은 쉽게 깨지지 않았고, 여성의 실제 생활도 과거와 크게 달라지는 게 없었다. 그러나 1960년대 미국의 민권운동에 고무돼 스스로 더 나은 조건을 얻기 위해 대중 시위와 사회 비판과 같은 운동에 참여하며 적극적으로 노력하기 시작했다. 비록 전시체제 때보다는 축소됐지만, 그래도 1950년대와 1960년대를 거치며 점점 더 많은 여성 근로자들이 다양한 곳에서 노동했다. 괄목할 만한 건 아니었고, 여전히 근로 여성의 평균수입은 남성의 수입에 비해 63퍼센트1963년 기준에 그쳤지만, 유의미한 변화였다.

프리던은 여성에게는 남편을 찾아 결혼하고 자녀를 낳고 기르는 일 이외에 여전히 아무런 출구도 없는 현실과, 사회 전반에 걸친 남녀 불균형과 남성 중심의 사회 구조를 비판하면서, 여성이 새로운 역할과 책임을 추구하고 자기의 개인적 주체성뿐 아니라 직업적·사회적 주체성을 추구하라고 강조했다.

또한 프리던은 전업주부로서의 삶을 동경해 주부가 된 여성의 현실은 행복과 거리가 멀다며, 심지어 그 말로만 듣던 '완벽한 어머니이자 완벽한 아내'로서의 삶을 살아가는 여성을 만나보고 싶어서 물어물어 찾아갔더니 거의 모두 심각한 문제를 안고 있음을 발견했다며 그 어떤 여성도 완벽한 전업주부로서 살아가면서 동시에 행복하고 바람직한 삶을 영위하지 못했다고 지적했다.

결국 여성 스스로가 자신의 정체성을 발견하고 정립하며 자신이 무엇이 될 것인지, 무엇을 해야 하는지 등에 대한 자기실현 욕망을 구현할 수 있는 의욕을 가져야 한다는 것이다. 동시에 남성지배 사회구조에 대한 남성들의 사고의 전환을 촉구했다. 물론 여전히 대다수의 남성은 귓등으로만 듣고 흘려버리고 있었을 뿐이었지만. 프리던은 포기하지도 물러서지도 않았다.

놀라운 점은 이 책에 대해 남성들은 굉장한 관심과 호응을 보였지만, 정작 여성들은 극심한 반감과 적개심을 보였다는 사실이다. 그만큼 여성이 기성의 이데올로기에 얼마나 순치돼 있었는지 알 수 있는 대목이기도 했다.

여성의 사회진출과 민권법

1960년대 들어 여성의 차별을 반대하고 평등을 추구하는 흐름이 서서히 확산하기 시작했다. 그것은 여성 교육이 확산하고, 경제 활동에 참여하는 여성이 늘었다는 점뿐 아니라 케네디 정부의 진보적 정치 성향과도 궤를 같이하는 것이었다. 이 당시 여성운동은 민권운동의 영향을 가장 크게 받았다. 그러나 1960년대 들어 이전의 상류층 중심 여성운동이 이제는 점점 더 확장하는 중류층 여성과 젊은 남녀들에게서 반응이 적극적으로 나타났기 때문에 가속화했다는 점 또한 무시할 수 없었다. 의·약학 발전도 큰 도움이 됐다.

온갖 탄압과 많은 반대에도 불구하고 피임약이 개발됐고, 많은 여성이 출산과 육아의 부담을 스스로 선택할 수 있게 됐다는 점은 이전에는 아예 없었던 혁명적 환경을 만들어주었다. 여성들이 아이를 덜 낳게 되면서 가사와 육아에 들이는 시간과 에너지가 줄었고, 점점 더 발전하는 가전제품들 덕분에 가사노동이 크게 감소해 고된 일로부터 해방될 수 있었다. 그렇게 세상이 바뀌고 있었다. 그리고 그에 따라 여성에게 낮은 지위를 강요하는 기반이 됐던 경제적인 조건도 서서히 변화하고 있었다. 이제 성평등과 여성해방이라는 이슈는 점차 제자리를 잡기 시작했다.

미국에서 여성해방운동에 크게 자극을 준 것은 단연코 1964년의 민권법의 제정이었다. 1964년 7월에 제정된 민권법The Civil Rights Act of 1964은 인종·민족·출신 국가·종교·성별 등에 따른 모든 차별들을 불법화한 기념비적인 법안 가운데 하나였다. 이 법의 주요한 목적은 인종차별을 시정하는 것이었다.

불평등한 투표자 등록 요구 사항을 철폐하고, 학교와 직장 그리고 식당을 비롯한 여러 편의시설에서 인종분리를 금지하도록 하는 것들이 주요 내용이었다. 그러나 '모든 차별 받는 사람들'을 대상으로 한다는 점에서, 그리고 여성의 불평등을 분명하게 언급하고 다루었다는 점에서 민권법이 여성해방운동에 큰 기폭제가 되고 전환점을 마련한 것은 분명했다. 결코 쉬운 일은 아니었다. 이 문제를 제기한 것은 케네디 정부 때였지만, 법안을 마련하고 법률로 제정한 것은 케네디가 암살된 이후 린든 존슨 행정부 때였다. 보수주의자들은 새로운 수정안을 제시하면서 시간을 끌었다.[5]

물론 수정안에도 인종 및 성을 바탕으로 한 차별대우를 불법화하는 내용을 담고 있기는 했지만, 민권법 법안이 다루려는 강도의 것은 아니었다. 이들은 여성의 문제를 집요하게 따지고 들면서 법안 전체의 부결을 바랐다. 마치 여성에게 동등한 권리를 부여하면, 건전한 사회구조가 송두리째 무너질 것처럼 호들갑을 떨면서 기존의 사회적 안녕과 질서가 유지되기 위해서는 결코 여자들이 설치고 나대면 안 된다고 떠들어대며 온갖 수단을 동원해 방해했다. 그러나 결국 법안이 통과됨으로써 여성이 마침내 자신의 권리를 확보할 수 있는 법적 수단을 얻게 됐다.

그 법을 강제하는 데 부여된 공권력은 지지부진했지만 이미 대세는 결정됐고 다양한 보강이 이루어졌다. 의회는 미국 헌법의 여러 다른 부분들에서 법률로 제정한 그 권위를 강력하게 옹호함으로써 민권법이 정착해 제대로 작동할

---

5) 조지아 주지사를 지냈고 오랫동안 상원의원으로 활동한 민주당의 리처드 러셀Richard Russell Jr.(1897~1971) 등 남부 출신 의원들은 무려 83일 동안 필리버스터로 방해했다.

수 있는 지원[6]을 지속했다. 이제는 여성이 자신의 운명을 개선하려는 조치를 스스로 쟁취하는 일만 남았다.

여성들이 뭉쳤다, NOW

베티 프리던은 여성 문제를 분석만 한 게 아니라 권익향상을 위한 실천적 행동에도 적극적으로 나섰다. 이 점에서도 그녀는 탁월하고 위대한 실천운동가였다.

1966년 베티 프리던을 포함한 28명의 여성들이 미국 여성이 미국 사회의 '주류에 전면적으로' 참여하도록 만들 수 있는 조치를 취하기 위해 '전미여성기구National Organization for Women(NOW)'를 결성하고 베티 프리던을 초대 회장으로 선출했다. 창설 첫해에 1,000여 명의 여성이 이 단체에 가입했고, 4년 후에는 1만 5,000여 명의 회원으로 늘 정도로 확장했다.

NOW의 목표는 모든 여자가 남자와 동등한 권한으로 미국 사회의 '주류'에 참가하는 것이었다. NOW는 여성이 일할 기회가 제한돼 있는 것을 지적하며, 일자리를 구하는 여성에 대한 차별 철폐 운동을 전개했다. 그다음에는 여성의 임신 선택권을 위한 운동과 더불어 직장 여성이 아이를 맡길 수 있는 탁아소 설치 운동을 벌였다.

그들은 답답하긴 하지만 한꺼번에 모든 것을 해결하는 것보다 하나씩 실현하면서 확장하는 현실적 전략을 택했다. 이런 전략은 나름대로 성공적인 점도 있었지만, 너무 더디고 온건한 방식이라는 비판도 동시에 받았다. 그러나 NOW는 점점 문제와 영역을 확대하며 정치적·사회적 문제를 결정하는 데에 여성이 평등하게 그리고 적극적으로 참여할 수 있도록 하는 투쟁을 지속해서

---

6) 특히 인종차별에 관해서는 보다 적극적이어서 존슨 행정부도 법안 통과 후 미국 역사상 최초로 흑인인 서굿 마셜을 대법관으로 임명하고 일부 장관도 흑인을 임명했다. 또한 1965년에는 남부에서 자행하던 문자해독능력 테스트 등도 폐지했다.

전개했다. 그들은 여성의 권리 주장을 위한 대규모 시위도 벌였다. 그저 입 다물고 있으면 아무것도 변하는 게 없다는 것을 깨달은 여성의 목소리는 점차 당당하고 전략적으로 변모해갔다.

NOW의 주장에 동조하는 남성들도 조금씩 늘었지만, 여전히 상당수의 남성은 이런 여성운동에 대해 못마땅한 태도를 노골적으로 드러냈다. '현대판 마녀들'이라고 조롱하기도 했다. 그들은 여성이 남편과 자녀를 기쁘게 하는 것 이상의 것은 없다며 가정은 여성에게 최고의 '직장'이고, 남편은 밖의 직장에서 받은 급여를 지급하는 '고용주'라고 고리타분하게 반박하는 경우도 허다했다.

여성이 존재가치를 인정받지 못해 고통을 당하고 있다는 것을 외면하는 남성들의 속셈은 자신들이 지금까지 누려온 특권과 일자리의 독점적 기회가 줄어들까 두려운 것[7]이었다.

NOW 창설을 계기로 여권운동단체들이 급속히 늘면서 계약권·소유권·고용·임금·재산관리·성·출산·승진 등의 문제에서 여성을 차별하고 기존의 낮은 지위를 강요하는 법률과 관습을 철폐하는 운동은 점점 더 많은 호응을 얻었다.

여성운동이 활발해짐에 따라 여성이 남성에 비해 연약하고 수동적이며 의존적이라는 통념은 서서히 무너지기 시작했다. 또한 남성보다 합리적이지 못하고 매사에 감정적이라는 사회의 지배적 고정관념도 변화하기 시작했다.[8]

이런 변화에 따라 여성도 원하면 노동할 수 있고 경제적으로나 심리적으로 독립할 수 있기 위해 더 많은 자유를 쟁취해야 한다는 의식이 싹텄다. 더 나아가 성적 욕망의 대상으로서의 여성이 아니라 성적 주체로서의 여성이 될 수 있음을 분명하게 천명했다.

---

7) 21세기 대한민국에서 벌어지고 있는 안티페미니즘의 여러 요소 가운데 하나는 여성의 사회적 진출이 확장함에 따라 그 자리를 빼앗기고 있다는 남성들의 협량한 조바심과 불안이었다는 점도 이와 크게 다르지 않을 것이다.

8) 여성들에게는 고작 예술 분야 한 귀퉁이만 허용하던 유럽에서도 과학은 오랫동안 '금녀의 영역'이었다. 퀴리 '부인Marie Curie(1867~1934)'은 극도의 예외적 존재였다.

동일 노동 동일 임금, 대거넘 노동자들

1968년 영국 대거넘Dagenham의 포드자동차 공장에서 여성 봉제 노동자 187명이 남녀 동일 임금을 주장하며 파업을 벌였다. 이른바 '동일 노동 동일 임금Equal Pay for Equal Work' 투쟁이었다. 그녀들에게 지지를 나타낸 '동료' 남자 직원들도 있었지만 '그깟 일'해봤자 얼마나 받느냐며 일이나 하라고 조롱하는 여성들도 있었다. 그녀들에게 적대감을 노골적으로 드러낸 여자들 상당수는 전업주부로 남편이 포드 직원이었는데 여성 노동자들 때문에 자기 남편이 일자리를 잃었다고 생각했다.

보편적 동일 임금을 쟁취한 것은 대거넘 여성 봉제공들의 파업과 당시로서는 파격적인 '여성장관'인 고용부장관 바버러 캐슬Barbara Castle(1910~2002)[9]의 노력 덕분[10]이었다. 여성과 남성이 동일한 업무를 하는 것에 대해 동일한 임금을 받을 권리가 있다는 외침이 '법적으로는' 아직 실현되지 않았지만, 대거넘파업은 여성 평등에서 중요한 사건이었고, 사실상 영국의 현대 여성운동의 효시가 됐다. 한편 미국에서 동일임금법Equal Pay Act이 통과된 것은 1963년 케네디 정부에서였고, 영국의 경우 1970년에 법안이 통과됐다. 프랑스는 1946년, 독일은 1949년에 동일임금법을 통과시켰고, 신생 독립국 인도는 일찌감치 1947년에 그 법안을 통과시켰다.

1960년대에 여성들이 본격적으로 목소리를 내고 권리를 주장하며 사회적

---

9) '캐슬 오브 블랙번의 여남작Baroness Castle of Blackburn'인 바버러 캐슬은 1945년부터 1979년까지 노동당 소속 국회의원을 지냈으며, 윌슨Harold Wilson(1916~1995) 내각에서 여러 부서 장관 직책을 맡았고, 1990년에는 상원의원이 됐다. 교통부 장관일 때 안전벨트와 음주측정기 도입을 주도했다.

10) 당시 대거넘의 포드 공장에서 자동차 시트를 만들던 여성 노동자들은 비숙련 노동자로 분류됐고, 같은 급으로 분류된 남성 비숙련 노동자보다 급료를 적게 받았다. 여성 노동자들이 남성 노동자와 똑같은 임금을 요구하자, 포드자동차는 '경영상의 이유'로 거절했고, 나아가 공장을 옮기겠다거나 영국에서 철수하겠다며 영국정부를 압박했다. 이에 영국 사회 전체가 요동쳤고, 남성 위주의 당시 영국의 노동조합도 등을 돌렸다. 파업을 주도한 여성 노동자들에게는 엄청난 협박과 압박이 가해졌다. 그러나 바버러 캐슬 장관의 정치적이고 정책적인 결단으로 남녀의 '동일 노동 동일 임금실제로는 남성의 92퍼센트'이라는 역사적 전환이 열렸고 이후 전 세계 여성 운동사에 큰 영향을 끼쳤다.

참여에 적극적으로 대응하기 시작한 것은 베티 프리던의 책을 비롯한 많은 저술들의 세례 덕분도 있었지만, 인종차별에 대한 적극적인 투쟁을 목격하면서 약자가 자신의 권리를 포기하는 것이야말로 가장 위험한 것이라는 것을 공감했고, 용기를 얻었기 때문이다. '보호받고' 있다는 그릇된 사고가 어떻게 왜곡되고 강요돼 왔는지를 깨달았을 때 차별을 인식하고 차별의 원인을 자각하게 되면서 연대할 수 있었다.

1960년대 대한민국에서의 여성운동은 미미했다. 수많은 여공의 노동력이 절실했음에도 불구하고, 그들을 저임금의 솜씨 좋은 노동력으로만 여겼다.[11] 여성의 인권에 대한 의식 자체가 열악했다. 여성의 취업은 공장 직공, 버스 차장, 사환의 역할까지 떠안은 경리 등에 제한돼 있었고, 결혼하면 퇴직하는 것이 당연하게 여겨졌다. 은행의 경우 대리 직급조차 아예 여성에게는 허락되지 않았다. 1970년대 후반 들어서 비로소 여성 대리가 출현했는데, 그 최초의 여성 대리는 그 자리를 '쟁취'하기 위해 결혼을 포기해야만 했다. 곳곳에 '유리천장Glass Ceiling'이 깔려 있었고 여성해방은 요원했다.

성평등 담론이 본격화한 것은 1980년대 들어서였다. 1985년 당시 민주화 운동에 참여했던 여성평우회, 여성의 전화 등 14개 여성단체가 '민족·민주·민중과 함께하는 여성운동'을 주제로 세계여성운동과 연결해 세계여성의 날 기념 제1회 '한국여성대회'를 개최했고, 1987년 2월 '한국여성단체연합'이 창립됐다.

1987년 6월항쟁으로 사회적 민주화의 봇물이 터진 이후 1988년 한국여성노동자회는 3·8여성대회 기념행사를 시작했으며, 전국민주노동조합총연맹은 2000년부터 독자적으로 '전국여성노동자대회'를, 한국노동조합총연맹은

---

11) 당시 구로공단과 가리봉공단은 '수출한국'의 요람이었고 수많은 노동자, 특히 여성의 헌신과 희생으로 채워졌다. 그러나 지금 거기에 그들을 기억하는 기념관이나 박물관 하나 제대로 없다. '낡은' 공장 밀어 없애고 아파트와 빌딩 건설하는 데에만 혈안이었기 때문이다. '가리봉역'은 행정상 가산동이라는 핑계와 새로운 첨단산업단지 성격을 강조한다며 '가산디지털단지역'으로 개명했다. 부동산 가치를 고려했을 때 '가리봉'에 대한 불편한 시선을 고려했기 때문이었을 것이다.

1996년부터 세계여성의 날 기념 전국여성노동자대회를 개최하고 있다.

세계사적인 맥락에서 보면 20여 년의 공백이 있었던 셈이다. 그 빈칸을 어떻게 채울 것인지에 대한 고민과 성찰이 필요하다.

레이첼 카슨과 국가환경정책법

침묵의 봄,
세상을 깨우다

환경문제는 곧바로 우리의 목숨을 요구하지는 않는다. 그래서 그 문제를 일으킨 사람들은 거리낌 없이 마음껏 이익을 취한다. 한참 지나서야 문제의 심각성을 깨닫고 개선을 요구하지만, 이익의 마지막 단물까지 빨아먹고 싶은 사람들은 끝까지 밀어붙인다. 피해는 고스란히 다른 사람들이, 특히 다음 세대들이 떠안고 비용까지 지불해야 한다. 그게 환경문제의 비극이다. 국제사회에서도 마찬가지이다. 그래서 뻔뻔스럽게도 공해산업을 가난한 나라로 옮기면서 산업화에 일조한다며 온갖 생색까지 낸다.

프레온가스CFCs도 선진국들은 마음껏 쓰고 나서 1970년대 중반 오존층을 파괴한다며 금지시켰다. 그 사이 자신들은 수소불화탄소HFC 등 대체재를 마련했다. 그리고 구매를 강요하며 온갖 규제로 장벽을 세웠다.

오늘날까지 논쟁이 되는 아마존 열대우림 문제도 마찬가지이다. 기후 문제에 대한 협약도 자국 산업의 이익을 위해 언제든 손바닥 뒤집듯 한다. 트럼프가 미국의 소수 자본가의 이익을 위해 파리기후협약Paris Climate Agreement(또는 Accord de Paris)을 탈퇴한 것이 대표적이다. 환경과 생태 그리고 기후의 문제는 더 이상 한 특정지역에 국한되는 것이 아니다. 촘촘한 고리로 연결돼 있다. 우리 모두 지구라는 같은 행성에 살고 있는 '지구 시민'이기 때문이다.

낯선 정적이 감돌았다. 새들은 도대체 어디로 가버린 것일까? 이런 상황에 놀란 마을 사람들은 자취를 감춘 새에 대해서 이야기했다. 새들이 모이를 쪼아 먹던 뒷마당은 버림받은 듯 쓸쓸했다. 주위에서 볼 수 있는 몇 마리의 새조차 다 죽어가는 듯 격하게 몸을 떨었고 날지도 못했다. 죽은, 고요한 봄이 온 것이다.[1]

해양박물학자 레이첼 카슨의 『침묵의 봄Silent Spring』의 시작을 알리는 글인 〈내일을 위한 우화Fable for Tomorrow〉의 한 대목이다. 이 구문은 세상에 묵직한 울림을 던졌다. 그녀는 이 책에서 DDT의 폐해가 얼마나 위험한지를 생생하게 고발했다.

악마의 입김, DDT

DDTDichloro-Diphenyl-Trichloroethane는 제2차 세계대전 때 말라리아와 티푸스를 일으키는 모기를 박멸하는 데 혁혁한 공을 세운 잘 알려진 살충제다. DDT는 군대뿐만 아니라 민간에서도 여러 해충으로 인해 일어나는 다양한 질병을 예방하는 데에 널리 사용됐고, 강력한 효과를 거뒀다. DDT는 특히 곤충이 많이 서식하는 열대지방에서 벌어진 전쟁에서는 절대적이었다. 초기에는 인간에게는 피해가 없는 것으로 알았다. 정확히 말하자면, 피해가 없는 게 아니라 아직 밝혀지지 않았을 뿐이었고, 설령 피해가 있어도 대충 감추면 되는 것이라 여겼다.

DDT가 본격적인 살충제로 개발된 것은 1939년이었는데, 1941년 스위스에 엄습한 콜로라도감자딱정벌레[2]를 성공적으로 퇴치하면서 효능이 입증됐

---

1) 레이첼 카슨, 김은령 옮김, 『침묵의 봄』, 에코리브르, 2011. 26쪽.

2) 제2차 세계대전 중에 프랑스군과 독일군은 서로 콜로라도감자딱정벌레를 대량 살포해 적진의 식량을 파괴했다. 감자 농사를 망치는 콜로라도감자딱정벌레를 퇴치하기 위해 사용된 최초의 화학 살충제는 파리스그린Paris Green이라는 유기비소 화합물로 구리와 비소, 그리고 아세트산염의 복합물이었다. 그러나 비소 중독 때문에 피해가 더 컸다. 그것을 완전히 대체한 게 바로 DDT였으니 당시에 이것

다. DDT의 매력은 해로운 곤충에는 매우 강하고 빠른 독성 작용으로 효과를 볼 수 있는 반면, 유용한 식물과 온혈동물, 즉 사람이나 가축에게는 독성이 별로 없으면서도 효과가 오래 지속된다는 점, 또는 그런 착각이었다. 게다가 값이 싸다는 장점 덕에 빠르게 그리고 널리 쓰였다.

제2차 세계대전 이후 DDT는 지중해 지역에 널리 퍼졌던 말라리아모기를 박멸하는 데에도 효과적으로 쓰였는데 DDT를 뿌리자 말라리아가 현저히 감소하면서 많은 인명을 구제했다. 그 덕에 DDT의 살충 능력을 처음 발견한 스위스 화학자 파울 헤르만 뮐러Paul Hermann Muller(1899~1965)는 1948년에 노벨 생리학의학상을 받았다.[3]

하지만 완벽할 수는 없었다. 말라리아 같은 질병 퇴치까지는 효과적이었는데 정작 농업 분야에서 살충제로 사용되기 시작하면서 문제가 생기기 시작했다. 그러나 아직은 아무도 그 부작용[4] 문제에는 주목하지 않았다.

레이첼 카슨의 준엄한 경고

매사추세츠주에 사는 저널리스트이며 조류학자인 허킨스는 정부 소속 비행기가 모기를 방제하기 위해 숲속에 DDT를 살포한 후에 자신이 기르던 많은 새들이 죽자 당국에 항의했다. 그러나 당국은 DDT가 무해하다며 허킨스가 주

에 얼마나 열광했을지 짐작할 만하다.

3) 1874년 DDT를 처음 발견한 건 오스트리아 화학자 오트마 자이들러Othmar Zeidler(1850~1911)였지만, 당시에는 이 물질이 지닌 생리학적 작용에 대해서는 거의 몰랐다. 스위스 염료회사 가이기사JR Geigy Company의 화학연구원이던 뮐러가 1935년부터 이상적 기준을 갖춘 살충제를 찾다가 곤충에게는 강하고 빠른 독성 작용을 갖되 식물과 온혈동물에는 무해하며 값이 싼 DDT를 발견했고 1940년 스위스에서 특허를 출원하면서 DDT의 권리가 뮐러에게 돌아갔다.

4) 뮐러는 곤충에 의해 독극물이 흡수되는 방식은 온혈동물의 흡수방식과는 완전히 다르기 때문에 안전한 살충제를 발견하는 것이 가능하다고 믿었기 때문에 대단히 안정된 이 화학물질이 동물 체내에서 분해되지 않고 축적될 수 있으며, 아주 위험한 수준에 도달할 수 있다는 점을 고려하지 않았다.

장한 인과관계는 성립하지 않는다면서 그녀의 항의를 묵살했다. 화가 난 허킨스는 1958년 1월《Boston Herald》에 항의 편지를 기고하면서, 친구인 레이첼 카슨에게 그 편지의 사본을 보내 상세하게 설명했다.

다른 저작과 연구에 몰두하고 있던 레이첼 카슨은 친구 허킨스의 편지를 받고 사태의 심각성을 직감하며 그동안 중단하고 있었던 살충제 사용의 실태를 다시 탐구하고, 그 위험성을 알리는 책을 쓰기로 결심했다.[5]

레이첼은 허킨스가 전한 편지를 읽으며 생각보다 내용이 심각했고, 정확한 조사와 연구가 뒷받침되지 않으면 막강한 화학기업들의 저항에 맞설 수 없다고 판단하고, 직장인 미국어류야생동물국United States Fish and Wildlife Service(FWS)을 그만두고 이 문제에 전념했다. 직장까지 포기했다는 건 말 그대로 그녀의 삶 전체를 쏟아붓기로 했다는 뜻이었다.

레이첼은 철저하게 사례를 조사했고, 도서관을 섭렵하며 자료를 찾았다. 그 결실이 책의 맨 뒤에 주요정보 목록으로 실렸는데 색인이 거의 600개에 달할 정도였다. 그녀는 단순히 조사만 한 게 아니었다. 레이첼은 살충제에 노출된 사례를 철저히 추적했고, 생태적 위협의 증거도 충분히 확보했다. 세포분열, 돌연변이, 화학약품 등의 전문 용어에 대해서는 전문가인 교수나 학자들을 통해 검증받았다. 레이첼은 생태계의 연쇄 고리 과정을 면밀하게 조사했다. 그 연쇄 고리는 이랬다.

숲의 느릅나무에 피해를 주는 해충을 잡으려고 뿌린 DDT가 여러 곤충과

---

5) 레이첼 카슨은 『침묵의 봄』 서문에서 1958년 1월 허킨스의 편지를 받고 자신이 오랫동안 조사 연구했으면서도 방치해뒀던 일들을 다시 시작해야 되겠다고 결심했다고 밝혔다. 그녀는 1956년 이후 이전까지 해양의 자연사에 관한 연구에서 방향을 바꿔 미국어류야생동물국에서 근무할 때부터 느껴왔던 합성 살충제의 문제에 대해 본격적으로 관심을 갖기 시작했다. 이미 1938년에 쓴 글에서도 독극물과 오염에 대한 관심이 표명됐고 전쟁 중 미국어류야생동물국에서 어류와 수산업에 관한 글을 쓰는 동안 허킨스가 쓴 해양 어류들에 잔존해 있는 DDT에 관한 글도 읽고 살충제의 위험을 걱정했다. 그러나 1952년 아이젠하워 행정부가 연방정부의 통제를 축소하고 뉴딜정책 때부터 시작된 환경보존 정책을 완화하고 관련 연구비를 삭감하면서 현실적인 어려움을 겪었다. 당시 내무장관 더글러스 맥케이Douglas McKay(1893-1959)는 환경보존주의자들을 극도로 싫어했고, 천연자원에 대한 연방정부의 통제를 최소화하는 데에 앞장섰다. 이런 상황들이 레이첼에게는 큰 장애였다.

거미를 죽였다. 그 과정에서 DDT는 나뭇잎에 붙었고, 가을에 떨어져 썩은 이 파리에 묻은 흙을 지렁이가 먹었다. 그중에서 살아남은 지렁이는 겨울을 넘기고 봄에 날아온 종달새에게 먹혔다. 그 결과 DDT가 뿌려진 후 2년 만에 어떤 지역에서는 400마리에 달했던 종달새가 20마리로 줄어들었다. 문제는 이런 방식이 종달새에만 그치지 않는다는 점이었다. 생태계 전체에 적용됐다.

이처럼 오염물질은 생태계의 먹이사슬을 따라 '생산자-1차 소비자-2차 소비자-최종 소비자' 순으로 이동한다. 문제는 화학적 구성의 고리가 견고한 DDT를 비롯한 몇몇 유해물질은 쉽게 분해되지 않는다는 점이다. 게다가 배설되지도 않는다. 그래서 최종 소비자로 갈수록 축적된 오염물질의 농도가 더욱 높아져 심한 경우 생명을 잃기도 한다.

그토록 인체에 무해하다고 떠들었던 그 DDT는 반감기가 2~15년에 이르는, 분해가 잘 안 되는 오염물질로 대부분은 흙 속에 고스란히 남아 있었다. 쉽게 사라지지 않는 화학적 독극물인 DDT의 반감기는 호수의 물에서 56일이며, 강물에서는 28일이나 걸린다는 것도 찾아냈다. 물과 만나서도 그렇게 반감기가 길다면 하물며 토양에서는 더 말할 것도 없었다. 살충제가 분해되는 과정에는 흘러 없어지거나, 휘발, 광분해 그리고 생물분해가 있지만, DDT는 분해가 힘들며, 화학적으로나 물리학적으로 속성을 그대로 유지한다는 문제점을 갖고 있었다. 그러나 당시 이 문제에 주목한 사람들은 거의 없었다. DDT의 또 다른 문제는 먹이사슬에 의해 상위 포식자들의 지방질에 축적[6]된다는 점이었다.

이런 일련의 과정이 바로 환경 파괴의 과정이었고, 우리가 모르는 사이에 작은 생명들이 서서히 죽어가는 것이 현실이라고 레이첼은 경종을 울렸다. 그녀는 "만약 우리가 현재의 문제를 정확하게 알고 느끼지 못한다면 미래의 지구에 어떤 사태가 닥쳐올지 모른다"고 경고했다. 당시까지 이런 강력한 경고

---

6) 게다가 곤충들이 화학 살충제에 대해 점점 강한 내성이 생기는 현상이 나타나고 내성이 생긴 곤충들을 죽이기 위해 더 강한 살충제를 더 많이 뿌리게 되는 악순환이 반복되면서 화학 살충제에 의한 자연 질서의 파괴가 인간을 비롯해 포유류와 조류 등을 포함한 생태계에 총체적인 위기를 몰고 왔다.

는 없었다.

전방위적인 비난의 파도를 넘다

그러나, 아니 당연하게도 레이첼 카슨의 작업은 환영받지 못했다. 특히 듀 폰DuPont을 비롯한 화학기업의 반발은 상상을 초월할 정도였다. 그들로서는 기업의 이익을 가로막는 레이첼의 주장은 결코 좌시할 수 없는 것이었다. 레이첼 카슨이 책을 출간하기 전《Newyorker》에 축약본으로 3회에 걸쳐 책의 내용을 게재했기 때문에 책이 나오기 전부터 많은 시선을 끌었다.

먼저 미국 농무부United States Department of Agriculture(USDA), 정확히는 농무부 산하 농업연구청Agricultural Research Service(ARS)이 이 문제 때문에 발칵 뒤집혔다. 그녀의 주장이 농약 살포에 대한 농무부의 정책을 강하게 비판한 것이었기 때문이었다. 심지어 FBI에서는 국가기관에 대한 비판에 다른 의도가 있었는지 등을 밝히기 위해 조사에 나섰다.

농무부장관은 대통령에게 '결혼도 하지 않은 한 독신 여성'이 쓸데없이 유전학에 관심이 많다며, 비난하는 보고를 올리기도 했다. '히스테리를 부리는 멍청한 암염소'라거나 '집단 학살자'로 부르면서 조롱하는 건 애교 수준이었다. 말라리아 희생자를 언급하면서 벌레와 새가 중요한지 인간의 생명이 중요한지 따지는 세력도 많았다.

농무부, 화학공업 회사, 대농장주가 연대해서 레이첼 카슨을 비판하며 고소하겠다고 협박했다. 그들은 이 책을 깎아내리기 위한 홍보물 제작에도 나섰다. 어떤 화학회사는 출판사를 명예훼손으로 고소하겠다고 협박해서 출판사 호턴미플린하코트Houghton Mifflin Harcourt Company는 보험을 들고서야 겨우 이 책을 출판할 수 있었다. 한 권의 책의 출간되는 걸 막기 위해 대규모로 그리고 조직적으로 모든 수단을 다해 이처럼 훼방한 사례는 찾기 어려웠다. 1962년, 그래도 끝내 책이 출간됐다.

책의 출간을 막을 수 없게 되자 화학업계는 살충제가 환경에 해를 끼치기

환경문제는 곧바로 우리의 목숨을 요구하지는 않는다. 그래서 문제를 일으킨 장본인은 거리낌 없이 이익을 취한다. 한참 지나서야 문제의 심각성을 깨닫고 개선을 요구하지만, 그들은 마지막 단물까지 빨아먹고야 만다. 피해는 고스란히 다음 세대로 전가된다. 그게 환경문제의 비극이다. 국제사회에서도 마찬가지이다. 뻔뻔하게도 공해산업을 가난한 나라로 옮기면서 산업화에 일조한다며 온갖 생색을 낸다.

는커녕 오히려 시민과 농가에 모두 유익하다고 역공을 펼쳤다. 적반하장도 유분수였다. 그들은 레이첼의 주장은 현대문명을 중세암흑기로 되돌려놓자는 혹세무민이라고 폄하했다.[7] '기업의 광고에 의존하는' 언론은 마치 자신들의 일인 양 레이첼 비난에 앞장섰다. 일부 과학자들은 박사학위도 없는 비전문가라며, 비전문가가 자신들도 아직 완전히 합의를 보지 못하고 있는 내용으로 대중들을 상대로 엉터리로 선전하는 것이라 주장했다.[8]

"카슨은 자신이 저주하는 살충제보다 더 독하다"라고 극언하는 신문도 속출했다. 악의에 찬 반反기업적 선전이며, 비과학적인 사이비 환경보호론자의 환상이라는 비난뿐 아니라 심지어는 자본주의 경제에 타격을 가하려는 공산주의자의 책동이라는 주장까지 나왔다. 매카시즘의 여파가 채 가시지 않았던 시절이었으니 그 비난은 꽤 심각한 위협이 될 수도 있었다.

《Science》와 《New York Times》뿐 아니라 심지어 에세이를 가려 뽑아 수록하고 독자 수기를 투고 받는 《Reader's Digest》조차 레이첼의 책을 부정확하고 감정적인 표출을 쏟아낸 것에 불과하며, 지나치게 단순화한 오류에 가득한 책이라고 평가하는 기사를 실었다. 전국해충방제협회는 레이첼을 조롱하는 노래를 만들어 배포하기까지 했다.

가히 전 방위적으로, 그것도 강력한 권력과 부를 총동원하며 한 여성 과학자를 포위해서 십자포화를 맹렬하게 쏟아부었다. 전례를 찾기 어려운 일이었다.

---

7) 『침묵의 봄』이 베스트셀러가 되고 많은 사람들이 환경과 생태에 관심을 갖게 되면서, 이 책은 위대한 고전이 됐으나 반론도 계속 제기됐다. 2004년 《New York Times》는 카슨의 '쓰레기 과학Junk Science'이 아프리카 어린이들을 죽이고 있다고 비난했다. 카슨을 히틀러Adolf Hitler(1889~1945)에 비유하는 경우도 있었고, 녹색 테러Green Terror라는 표현도 있었다. 그러나 주목할 결과도 나왔는데, DDT가 말라리아와 발진티푸스로부터 5억 명 이상의 목숨을 구해냈던 실적이 취소됐다는 점이었다. 이는 DDT의 심각한 유해성에 대해 보편적 동의가 있음을 의미하는 것이었다.

8) 환경문제와 운동을 못마땅하게 여기며 부정적인 시각을 유도하는 사람들은 흔히 환경운동을 '유사과학Pseudo-Science'으로 낙인찍고, 전형적인 비과학성과 비전문성을 부각하려 든다. 이른바 '프레임 논쟁'으로 끌고 가는 것이다. 그들은 많은 과학자가 환경운동에서 활동하고 있다는 것은 애써 무시한다. 오히려 환경운동에 반대하는 세력에 유사과학에 현혹된 자들이 더 많다.

그러나 정작 자신의 일에 대한 신념과 과학자로서의 객관성에 대한 확고한 신념을 갖고 있던 레이첼 카슨은 이런 비난들에 대해 일일이 반박할 필요성을 느끼지 않았고 흔들리지도 않았다. 게다가 그녀를 향한 비난과 공격들이 오히려 이 책을 더욱 유명하게 만드는 역효과를 낳았다. 오늘날로 치자면 노이즈 마케팅이 된 셈이다. 책은 단숨에 베스트셀러 1위에 올랐고, 책을 읽은 사람들은 정부의 살충제 살포 계획에 대해 항의했다. 환경단체에 가입하는 시민들이 폭주했다. 방송국에서는 이 책으로 특집 프로그램을 만들겠다고 나섰고, 신문들도 살충제로 인한 다양한 피해 사례들을 심층 취재했다. 언론의 비난과 정부와 화학업계, 그리고 일부 과학계의 거센 방해도 끝내 그녀를 막지 못했다.

침묵을 깨고 반격을 시작하다

레이첼 카슨의 『침묵의 봄』은 대대적인 환경운동을 촉발했다. 1962년 7월 레이첼의 경고에 대해 전해들은 케네디 대통령은 자신의 과학자문이던 와이즈너Jerome Weisner(1915~1994)[9] 박사에게 살충제의 사용 실태를 조사하기 위한 대통령과학자문위원회의 특별 패널을 구성하도록 지시했다. 지시를 받은 과학자문위원회 위원들은 DDT 문제를 연구한 뒤, '미스 카슨'이 대체로 옳고 살충제 사용을 엄격하게 통제할 시간이 왔다고 대통령에게 보고했다.[10] 과학자문위원회의 살충제 사용 실태 조사 보고를 받은 케네디 대통령은 이 문제에 적극적으로 대응했다.

---

9) 제롬 와이즈너는 전자공학 교수로 케네디에 의해 과학자문위원회Science Advisory Committee 의장으로 선임됐다. 그는 1971년부터 10년 동안 MIT 총장을 역임했다.

10) 『침묵의 봄』을 읽은 미국 상원의원 게이로드 넬슨Gaylord Anton Nelson(1916~2005)은 케네디 대통령에게 자연보호 전국순례를 건의했으며, 1970년 4월 22일 하버드대학생 데니스 헤이즈Denis Hayes(1944~)와 함께 지구의 날 선언문을 발표하고 행사를 주최했다. '지구의 날Earth Day(4월 22일)' 제정에 『침묵의 봄』이 한 몫을 한 셈이다. 지구의 날은 유엔이 정한 세계환경의 날6월 5일. 1972년 제정과는 달리 민간이 제정한 기념일이다.

각 주 단위로 40여 종이 넘는 살충제규제 법안이 제출됐다. 미국 농무부와 화학회사들의 조직적인 방해에도 불구하고, 1964년 '야생보호법Wilderness Act'이 통과됐다. 그러나 그해 병마에 시달리던 레이첼 카슨은 책이 출간된 지 2년 만에 암으로 세상을 떠났다. 그녀가 『침묵의 봄』을 쓰기 시작할 때는 개인적으로 매우 어려움이 많았던 시기였다. 십이지장궤양, 축농증, 바이러스성 폐렴, 악성 종양 등의 질병을 앓고 있었을 뿐 아니라, 평생의 조력자이자 스승이자 친구였던 어머니를 잃은 직후였다. 그러나 그녀는 끝까지 자신의 소명을 외면하지 않았다. 거듭되는 큰 수술, 병마와 고통, 힘겨운 생활 속에서도 결코 좌절하지 않고 세상의 불의, 거짓, 탐욕에 맞서 의연하게 싸웠다.

그녀의 위대한 '시대의 양심과 통찰력'은 감추고 싶은 진실을 파헤치며 세상을 조금씩 깨우기 시작했다. 그녀가 세상을 떠난 후 1969년 미국은 '국가환경정책법National Environmental Policy Act(NEPA)'을 제정했고, 암연구소는 DDT의 암 유발 증거를 제시함으로써 각 주의 DDT 사용 금지 정책을 이끌어냈다. 한 권의 책이 말 그대로 '세상을 바꿔 놓았던 것'이다.

카슨은 생전의 여러 강연에서 전문가주의에 빠진 과학자들이 일반 시민들에게 올바른 과학적 사실을 알려야 할 도덕적 의무에 소홀하다고 비판하면서, 학술적 울타리를 벗어나 더 나은 세상을 위해 보다 적극적으로 과학 연구 결과를 활용해야 한다고 강조했다.

그녀는 여러 살충제를 비롯한 과학 연구의 산물들이 무분별하게 사용됨으로써 비극적 결과를 초래하는 것을 알리기 위해 자신이 조사 연구한 것을 최대한 대중적으로 알기 쉽게 설명하려고 노력했다. 그래서 이 책은 누구나 쉽게 읽고 공감할 수 있었다. 과학책으로서 드물게 경험할 수 있는 미덕이었다. 또한 카슨은 책을 쓰면서 최대한 과학적 사실을 정확하게 전달하기 위해 엄청난 주의를 기울였다. 혹시라도 유사과학의 빌미를 주지 않아야 과학계에서 널리 받아들여질 수 있다는 것을 염두에 두었다.[11]

---

11) 카슨이 자신의 책에 대해 가해질 것이라 예상된 화학회사와의 소송에 대비한 것이기도 했지만, 그

이 책의 가장 큰 공적은 과학에 대한 맹신과 기술 발전에 대한 무분별한 숭배가 의도하지 않은 부작용을 낳을 수 있다는 인식의 경고를 확산시킨 점이다.

DDT나 농약 같은 문명의 이기들이 우리의 무지와 무관심 때문에 어떻게 남용되고 있으며, 어떻게 나쁜 결과를 초래할 수 있는지 경계해야 한다는 각성을 환기하는 데 이 책만큼 크게 영향을 끼친 것은 찾아보기 쉽지 않다.

케네디 대통령은 대통령, 정부, 산업계의 결집된 힘도 사회에 헌신적인 한 여성의 지식을 억제할 수 없었다고 강조했다. 케네디의 그 말은 매우 감동적이고 상징적이었다. 아직은 여전히 환경의 문제를 크게 실감하지 못했지만, 조만간 전 지구적인 화두로 떠오를 것을 예측하는 이들도 서서히 증가하기 시작했다.

농약 같은 '문명의 이기'들이 의도하지 않은 부작용을 낼 수 있다는 것을 깨달은 것만으로도 큰 변화를 낳았다. 기술 발전이 늘 좋은 결과를 이끌어낸다는 신화에도 균열이 가기 시작했다. 과학기술에 대한 맹목적 믿음이 얼마나 위험한지 깨닫게 해 준 것만으로도 레이첼의 이 책은 대단한 반향을 이끌었다. 1960년대 레이첼 카슨의 이 책은 사람들이 비로소 환경의 문제에 한걸음 바짝 다가가도록 인도했다.

녀는 평소에 자신의 글이 철저하게 과학적 사실에 기초해야 한다는 신념을 갖고 있었다.

케네디 그리고 쿠바 사태와 통킹만

케네디의 선택,
위기와 진보의 이중주

위대한 미국의 대통령이었는지에 대한 의견은 분분하지만, 적어도 그 시대에 케네디만큼 진보적 정치관을 갖고 미래에 대한 비전을 제시하며, 그것을 뒷받침하는 메시지를 확고하고 멋지게 던진 정치인은 드물었다.

사생활의 문제는 차치하고, 그는 40대의 젊은 대통령이 앞 세대와 뒤 세대를 이어주는 확실한 고리가 될 수 있다는 것, 그리고 미래의 세대가 살아갈 세상을 변화시킬 수 있음을 보여줬다. 나이만 젊다고 젊은 지도자가 되는 게 아니다. 생각이 낡고 수구적인, 생물학적으로만 젊은 정치인들이 얼마나 많은가. 1960년대는 젊은 대통령을 뽑았다. 유권자들이 시대정신을 읽어냈기 때문이었다. 이제는 어느 나라에서나 젊은 대통령이나 수상이 예사롭다. 그렇다고 그들이 다 진보적인 건 아니다. 정치는 현실이고 균형이니까. 그러나 적어도 케네디처럼 담대하게 미래를 바라보자고 외치고 실천하는 이는 찾기 어렵다.

단순히 케네디가 젊은 나이에 죽어서 신화가 된 게 아니다. 그가 던진 희망과 비전 그리고 진보적 실천을 목격했기에 그의 죽음이 신화가 된 것이다. 신화여서 허물이 덮어지는 게 아니라 허물보다 더 큰 가치가 담겨서 신화가 된 것이다.

쿠바 사태가 촉발한 미국과 소련의 대치와 긴장을 전 세계가 숨죽이며 지켜봤다. 그런 상황에서 케네디도 흐루쇼프도 일방적으로 물러설 생각이 없었다. 만약 우발적으로라도 전투가 벌어진다면, 그래서 서로 엄청난 미사일 공격을 주고받고 급기야 핵무기까지 동원된다면, 도저히 상상으로도 감당할 수 없을 엄청난 재앙이 될 것은 불 보듯 훤한 일이었다.

미국의 케네디 대통령도 소련의 도발을 도저히 묵과할 수 없었지만, 소련의 흐루쇼프 서기장도 서방 세계와의 대결에서 쉽게 꼬리를 내릴 수는 없는 노릇이었다. 무엇보다 만약 사태가 소련이 원하는 대로 큰 충돌 없이 쿠바에 미사일기지를 갖게 된다면, 언제든 미국을 굴복시킬 수 있는 최고의 카드를 쥐는 셈이니 더더욱 그랬다.

소련으로서는 쿠바 미사일기지에 매달릴 수밖에 없었던 까닭이 있었다. 흐루쇼프는 냉정하게 판단했을 때, 당시 소련의 핵무기는 미국과 대등하게 겨룰 상태는 아님을 알았다. 그리고 사정거리의 문제, 즉 중·단거리탄도미사일로는 미국 본토 타격이 불가능한 상태였던 소련의 입장에서는 쿠바 미사일기지에서 미국까지 단 20분 만에 핵폭탄을 날려 보낼 수 있다면, 군사적으로 우위에 있을 수 있었기 때문에 결코 포기할 수 없는 카드였다. 게다가 미국은 이미 튀르키예와 이탈리아에 주피터미사일을 배치해 모스크바를 사정권[1]에 두고 있었기 때문에 자신들도 워싱턴을 사정권에 두는 대응책이 필요하다는 정당성을 확보할 수 있다고 여겼다.

미국은 여전히 세계 최고의 경제 대국인 반면 소련은 전후 복구에 집중하고 있었다. 그런 전략적 우위를 점하지 않고서는 도저히 승산도 실익도 없다고 판단했다. 당시 소련은 최소한의 전쟁억지력을 갖는 핵무기만 갖추고 있었던 상태였다. 미국과 비교해서 3 대 1의 절대적 열세였다. 그런 비대칭성이 소련을 불안하게 만들었다.

---

1) 1958년에 미국은 영국에 사정거리 2,500㎞ 내외의 토르미사일, 1961년에는 튀르키예에 사정거리 1,000㎞ 내외의 준중거리탄도 주피터미사일을 배치함으로써 핵 공격을 가할 수 있는 미사일 100기 이상을 모스크바를 향해 조준하고 있었다. 아직은 양국이 ICBM의 '실전 배치' 이전 단계였다.

소련으로서는 전쟁이 발발하면 경제력도 그렇지만 핵무기 경쟁에서 절대적으로 불리했다. 본디 핵무기에 관해서는 공식적으로 발표하지 않는 게 원칙이지만, 미국은 베를린 사태에서 소련을 위협할 목적으로 소련과의 군사적 경쟁에서 절대적 우위에 있다는 것을 과시하기 위해 비대칭적인 핵무기의 현황을 발표했다. 소련을 비롯한 전 세계가 미국의 엄청난 핵무기 수에 깜짝 놀랐다. 그럴수록 소련으로서는 쿠바 카드의 가치가 더 커졌다.

흐루쇼프는 일단 소련이 쿠바에 핵미사일기지를 가졌다는 사실을 알게 되면 미국과 케네디가 비밀리에 협상을 요청할 것이라고 판단했다. 소련 지도부와 군부도 그런 전략에 대한 환상을 공유했다. 그러나 만만하게 보았던 케네디의 단호함에 움찔 놀랐다. 케네디가 소련의 행위를 '배신'이라며 공개적으로 규탄하며, 모든 수단을 동원해서라도 막을 예정이라는 정보를 입수한 흐루쇼프는 진퇴양난에 빠졌다. 물론 케네디도 핵전쟁만은 최후의 선택으로 여기며 피하고 싶었다.

소련지도부는 당황했고 군부는 미국이 쿠바를 공격하면 전술핵무기를 써서라도 반격해야 한다고 주장했다. 일촉즉발의 대위기와 긴장이었다. 어느 쪽이건 일단 전술핵무기를 사용하는 순간 핵전쟁[2]은 피할 수 없는 필연이었다. 그 극단의 예측[3]에 미국도 소련도 곤혹스러웠다. 그렇다고 물러서는 모습을 보이면 대내외적으로 도저히 회생할 수 없는 곤경에 빠질 것이었다.

두 나라는 극도의 긴장 관계를 유지했다. 그것은 누가 겁쟁이인지 가리는 일종의 '치킨게임 Game of Chicken'과도 같았다.

---

2) 만약 핵전쟁이 일어났다면 대체로 두 나라에서 1억 명 이상의 사망자가 발생했을 것이라는 예상이 나왔다.

3) 역사학자 아서 슐레진저Arthur Schlesinger(1917~2007)는 미국의 U-2정찰기가 쿠바의 소련 핵미사일 사진을 입수한 1962년 10월 16일부터 양국이 극적으로 타협하는 10월 28일까지의 13일이 인류 역사에서 가장 위험했던 순간이었다고 평가했다.

케네디, 해상봉쇄로 선제 조치를 취하다

케네디는 1962년 10월 16일 국가안보위원회United States National Security Council (NSC)를 소집했다. 선제공격과 쿠바의 소련 미사일 묵인이라는 두 개의 선택이 미국에 주어졌다.

군부는 선제 타격을 요구했다. 그러나 케네디는 의전 따위는 무시하면서 얼마든지 다른 의견을 내놓을 수 있는 분위기를 조성하고 열린 토론을 유도했다. 케네디는 경직된 사고보다 유연하고 집단지성을 최대화할 수 있으려면, 자신의 인내가 필요하다는 것을 잘 알고 있었다. 케네디와 국가안보위원회는 6일 동안 가능한 선택을 나열하고 각각의 결과를 검토하면서 가장 나쁜 선택부터 제외해 나갔다. 케네디의 이 선택은 절묘한 해법이었다.

열린 토론은 집단지성을 이끌어 냈고 제3의 대안으로 해상봉쇄가 결정됐다. 시간도 벌었다. 만약 케네디가 독재적 인물이었거나 군부에 휘둘리는 문약한 인물이었거나 소통 능력이 없이 권위적이었다면, 전쟁이 일어났을 것이 거의 확실했다. 일단 해상봉쇄를 결정한 뒤, 10월 22일 국민들에게 상황을 알리고 조처를 발표했다. 국민과 소통하고 여론을 확보하는 것이 얼마나 중요한지 잘 아는 케네디다운 판단이었다.

케네디는 전 미군에 최고경계령을 발동하고 항공모함 8척과 90여 척의 대규모 함대를 동원해서 쿠바의 영해를 봉쇄했다. 그리고 미사일기지 건설에 사용될 자재를 실은 모든 선박을 강제 수색하라고 명령했다. 전투기도 집결했다. 어느 쪽이건 총알 한 발이라도 발사되는 순간 급속히 핵전쟁으로 갈 것이라는 건 피차 잘 알았다. 해상봉쇄는 새로운 위기의 시작을 의미했다.

핵전쟁의 공포가 미국 시민들에게 몰려왔다. 10월 24일 미사일 부품을 실은 소련 선박 20척이 정선停船 근처까지 다가왔다. TV에서는 공포의 카운트다운을 중계했다. 소련의 선박들이 3마일, 2마일, 그리고 1마일까지 접근했다. 이제 선을 넘으면 예고대로 발포할 것이고, 그러면 핵전쟁이 시작되는 것이었다. 모두가 손에 땀을 쥐며 주목했다. 흐루쇼프는 미국의 해상봉쇄를 국제법 위반으로 규탄하고 비난하며, 자국 선박에 미국의 해상봉쇄를 무시하고 쿠바로 진입하라고 명령했다.[4] 일촉즉발이었다.

나토와 바르샤바조약기구에도 비상이 걸렸다. 그러나 미소 양국 모두 전쟁으로 돌입하는 데에는 큰 부담을 느꼈기 때문에, 초강경한 입장을 겉으로 보였을 뿐 문제 해결을 위한 비밀 교섭에 나섰다. 한동안 교착상태가 지속됐다.

도브리닌과 로버트 케네디의 만남

교착상황에서 10월 26일 흐루쇼프가 먼저 해결책을 제시했다. 흐루쇼프는 먼저 미국이 쿠바를 침략하지 않을 것을 약속하는 대신에 소련은 미사일·폭격기 등을 쿠바에서 철수할 것을 제안했다. 다음날 소련은 튀르키예의 미국 미사일기지도 철수할 것을 요구했다.

국가안보회의 참석자들은 흐루쇼프의 제안을 거부해야 한다고 주장했다. 특히 튀르키예의 미사일 철수는 북대서양조약기구NATO 동맹국들의 반발을 초래할 것이 너무나 자명하다는 이유였다. 그뿐만 아니라 그 선택은 미국의 협상력을 약화하고, 굴복으로 비쳐 여론의 질타를 받을 것이라고 경고했다. 엎친 데 덮친 격으로 이번에는 쿠바 상공에서 정찰 활동을 하던 U-2정찰기가 소련의 미사일에 격추돼 조종사가 사망한 사건이 발생했다. 국가안보회의와 군부는 강경한 대응을 요구했다.

쿠바의 카스트로는 흐루쇼프에게 미국의 공습이 임박했다며, 소련이 미국에 핵공격을 감행해줄 것을 요청했다. 케네디는 케네디대로 흐루쇼프는 흐루쇼프대로 내부 강경파들의 지청구에 시달렸다. 당시 미국은 대충 감만 잡았지 정확하게는 몰랐지만, 이미 쿠바에는 98개의 소련 전술핵무기가 배치돼 있었다.

---

4) 대외적으로는 이렇게 발표했지만, 흐루쇼프는 소련의 선박들에 선을 넘지 말라고 지시했다. 소련도 문턱을 넘는 행위의 결과를 잘 알고 있었다.

미리 쿠바에 주둔하고 있던 소련의 쿠바 지역 사령관인 이사 플리예프Issa Pliyev(1903~1979)는 전술핵무기를 무기고에서 꺼내 트럭에 실으라고 명령을 내리며 전쟁을 준비했다.

플리예프는 위기를 통제하고자 했던 흐루쇼프와 생각이 달랐다. 그러나 흐루쇼프는 플리예프에게 핵의 발포권이 자신에게 있음을 분명하게 주지시켰다. 케네디와 흐루쇼프, 두 사람 가운데 한 사람이 생각을 달리하면, 곧바로 인류의 재앙이 터질 상황이었다. 극적이 반전이 없는 한 재앙은 피할 수 없는 듯 보였다.

그때 케네디가 먼저 움직였다. 동생인 당시 법무장관 로버트 케네디Robert Francis Kennedy(1925~1968)에게 은밀한 채널을 가동해서 미국 주재 소련대사 아나톨리 도브리닌Anatoly Dobrynin(1919~2010)[5]과 비밀리에 만나도록 했다. 케네디는 도브리닌과 자주 만났다. 그래서 동생인 로버트 케네디를 그와 만나게 하기에 수월했다.

비밀 채널은 지도자와 직접 연결할 수 있어야 하고 고의로 역정보를 흘리면 안 되며, 대통령이 지명하는 대리인은 외교와 정치에 대한 안목이 뛰어나야 한다. 다행히 두 사람은 그 조건에 부합했다. 두 당사자는 상대의 의도를 읽고 협상의 쟁점을 조율해나갔다. 이 만남에서 로버트 케네디는 도브리닌에게 소련이 핵미사일과 폭격기 등을 쿠바에서 철수하면, 봉쇄를 풀고 쿠바에 대한 불가침을 선언하겠다고 제안했다. 그러자 도브리닌은 튀르키예에서 미사일 철수도 요구했다. 그 요구에 대해 로버트 케네디는 NATO동맹국의 동의를 얻는 시간이 필요하기 때문에 4~5개월 걸릴 것이라고 화답했다.[6] 로버트 케네디는

5) 도브리닌은 전설적인 외교관으로 1962년부터 1986년까지 무려 24년간 소련의 미국주재 대사로 근무했다. 미국에서는 도브리닌을 '공개된 스파이'로 지칭하면서도 그의 유연성과 전문 외교관으로서의 협상 능력을 높이 평가했다.

6) 케네디는 이 채널을 통한 튀르키예의 미사일 철수 약속을 비밀로 했기 때문에, 협상의 승자가 됐다. 흐루쇼프도 체면을 세웠지만, 공개할 수 없는 거래의 내용 때문에 이후 정치국 위원들로부터 많은 비판을 받았다.

소련이 신속한 답변을 내놓지 않자, "지금 군부는 싸우려고 환장해 있고, 대통령은 더 이상 군부의 공습 요구를 거부할 수 없는 상황이라서 아마도 앞으로 12시간, 최대 24시간 내에 모종의 결정을 내릴 수밖에 없다"고 압박하며 다음 날까지 답을 달라고 재촉했다.

흐루쇼프도 군부의 압력에 직면해 있었지만, 군부의 압력을 협상력을 높이는 수단으로 활용한 것은 오히려 케네디 쪽이었다. 흐루쇼프는 즉각 로버트 케네디의 제안을 수용했다. 결국 두 나라는 파국을 피해야 한다는 인식을 공유하고 합의에 접근했다. 이 협상은 특별한 비밀 채널이기에 문서가 아닌 구두 약속이었고 비밀을 지키기로 약조했다. 마침내 미국과 소련은 서로 상대의 요구를 수용하면서 체면을 세울 수 있는 고도의 협상을 통해 극적으로 타협했고, 쿠바 위기는 큰 고비를 넘겼다.[7] 참으로 긴박하고 위태로웠던 13일의 시간이 그렇게 마무리됐다.[8]

위기 뒤 기회, 케네디 민권법의 시작을 열다

케네디 대통령은 전쟁 직전까지 내몰린 쿠바 사태라는 위기를 단호하게 대처함으로써 평화롭게 해결했고, 떨어졌던 지지도를 어느 정도 회복했다. 유럽에서의 베를린 사태와 카리브해에서의 쿠바 사태를 극복하고, 1963년 8월 모스크바에서 미국·소련·영국이 부분적 핵실험금지조약Partial Nuclear Test Ban Treaty(PTBT)[9]을 성사시키면서 새로운 정치적 의욕을 보였다.

---

7) 미·소의 쿠바 사태는 대충 봉합했다는 점에서 성공적인 위기관리 대응은 아니었다는 평가가 이어졌다. 그러나 때로는 '대충' 봉합해야 서로가 동의할 수 있는 국가 간 협의가 무수히 많다는 점을 고려하면 어쩌면 오히려 최상의 해결이었는지도 모른다.

8) 쿠바 사태를 통해 미·소 양국은 직접 소통하는 채널의 필요성을 공유하고 이듬해인 1963년 핫라인을 설치했다. 크렘린과 펜타곤 사이에 소통 수단을 마련한 것이다.

9) 이 조약은 부분적, 즉 '지하를 제외한' 모든 핵실험을 금지함으로써 핵무기 경쟁을 억제하고, 핵폭발에 의한 방사능 강하물의 환경오염을 방지하는 것을 목적으로 삼았다. 그에 비해 포괄적 핵실험금지

케네디는 모든 사람이 동등한 권리를 가져야 한다는 보편적 사고에 적극적인 편이었다. 인종차별에 대한 문제는 케네디 정부의 중요한 국내 논점이 됐다.

1963년 6월 20일 케네디 행정부는 모든 인종·민족·출신 국가·소수 종교·여성에 대한 분리와 차별을 불법화하는 '민권법The Civil Rights Act'을 발의했다. 이 법은 불평등한 투표자 등록 요구 사항의 적용과 학교와 직장 그리고 모든 편의 시설에서의 인종분리를 종식한다는 내용이었다. 이 법안이 제안되자 미국 전체가 뜨거운 논쟁에 휩쓸렸다. 미국 연방 상원 역사상 가장 길었던 논쟁이 계속됐다. 보수 정치인들은 이 법안의 처리를 최대한 지연하면서 사문화시키거나 그 범위와 영향을 최소화하기 위해 온갖 수단을 다 동원했다.

반발은 항의시위로 이어졌고 백인들이 다수를 차지하는 지역에서는 대부분 인종차별을 지지하는 정치인에 대한 지지가 늘어났다. 그럴수록 인종 간 갈등과 폭력은 증가했다. 결국 케네디가 제안한 민권법은 연방의회를 통과하지 못했다. 미국은 1년 내내 이 문제로 몸살을 앓았다.

그러나 그다음 해인 1964년, 보다 강화한 항목이 추가된 수정안이 후임인 린든 존슨Lyndon Baines Johnson(1908~1973) 대통령의 주장으로 통과됐다. 민권법은 연방법률 시행기관에 고용·투표·공공시설 이용에 있어서 인종적 차별을 방지할 수 있는 권한을 부여했다. 이 법을 통해 노예해방선언이 공표된 지 100년 만에, 인종차별이 '법적으로' 철폐됐다.

이로써 흑인뿐 아니라 아시아계 미국인, 히스패닉Hispanic계 미국인, 미국 원주민에 대한 인종차별까지 모두 법적으로 금지됐다.

조약Comprehensive Nuclear Test Ban Treaty(CTBT)은 모든 핵실험을 금지해 새로운 핵무기 개발과 기존 핵무기의 성능 개선을 막기 위해서 마련한 것으로, 1996년 9월 유엔 총회에서 조약안이 채택됐으며, 5대 핵 강국인 미국·러시아·중국·영국·프랑스를 포함해 154개국이 서명했다.

혼돈의 시절을 건너가는 케네디

대내외적으로 격변의 시기를 지나던 케네디에게 시련은 의지를 불러일으키는 동인이 됐다. 각 진영의 이해가 첨예하게 부딪치는 경우가 대부분이라 어느 하나 소홀하거나 만만하게 다룰 수 없었고, 이런 사안들은 연쇄작용으로 끊임없이 불거졌다.

구시대의 잔재와 완벽히 결별하고 새로운 시대를 열어젖힌 시발점이 되는 시대를 지도자로서 앞서간다는 건 결코 쉬운 일이 아니었다. 다행히 1960년대 초반 케네디라는 강력한 리더십은 그 초석을 단단히 하는 역할을 감당했다. 한 걸음 내디딜 때마다 반대세력은 증가했고, 그들의 저항은 강도를 더해갔다. 그러던 중 1960년대의 중반을 맞이하는 시점에서 풍운의 이 젊은 지도자는 암살자의 총탄에 쓰러졌다.

케네디가 재임하던 시기는 냉전이 심화하고 있을 때였다. 미국과 소련은 여러 곳에서 다양한 양상으로 대립하고 있었고, 특히 공산주의가 확산하는 것에 대해 미국을 비롯한 서방세계의 두려움이 커지고 있었다. 케네디는 취임사에서 우방국들에 대해 불변의 우호 관계를 유지할 것을 약속했고, 식민 통치에서 벗어나 자유 진영에 들어온 신생국들을 지켜내겠다고 다짐했다. 특히 이들 국가들에 평화봉사단을 파견해 민간 차원에서도 함께 도움을 줄 수 있는 대안 마련에도 소홀하지 않았다. 그러면서 그 국가들에서 독재자들이 민주주의를 망가뜨리는 것을 좌시하지 않겠다고 강조했다.

케네디가 취임사에서 천명한 가치는 분명히 전후 민주 진영 국가들에 큰 희망을 주기에 충분했다. 아이젠하워 때에도 상대적으로 무관심했던 중남미 국가들과 '진보를 위한 동맹Alliance for Progress'[10]을 결성하며 우방 외교를 돈독하

---

10) 케네디 정부는 전임 아이젠하워 정부와는 달리 국제사회에서 제3세계의 저개발 국가들이 시장 원리에 바탕을 둔 경제발전과 자유 민주주의 정치발전을 이룰 수 있도록 적극 지원하겠다고 공언했다. 그를 위해 제안한 정책이 '진보를 위한 동맹'이었다. 전형적인 미국의 민주주의 확장정책Enlargement Policy이었다. 그러나 케네디 행정부는 보슈Juan Bosch(1909~2001, 대통령 재임 1963. 2. 27~1963. 9. 25) 정부가 추

게 하는 데에 투자했다.

그러나 베를린 사태와 쿠바 사태는 조금만 방심하면 미국이라도 언제든 위기에 빠질 수 있고, 그에 따라 자유 진영 전체가 위험에 처할 수 있다는 것을 상기시켰다. 케네디 시대의 미국은 소련보다 한 발 뒤늦게 우주 비행과 개발에 참여했지만, 아폴로 계획으로 다행히 소련을 따라잡고 기어이 인류 최초로 달 표면을 밟을 수 있는 토대를 마련했다. 그렇게 자신감을 회복한 동시에, 미국의 과학기술이 여전히 소련보다 우월하다는 것을 과시할 수 있었다.

베트남도 골칫거리였다. 그는 베트남 문제에 직접 개입할 생각은 없었던 듯하다. 그는 베트남에서 전쟁이 확산하는 것을 원치 않았다. 케네디는 베트남에서 철수할 생각까지도 했지만, 군부와의 관계가 껄끄러운 상태에서 긁어 부스럼이 되지 않을까 걱정했다. 전임 아이젠하워가 프랑스의 요청에도 불구하고 파병을 거부하고 장비와 물자만 지원했던 것도 미국이 개입해서 얻을 이해관계를 냉정하게 따졌기 때문이었다.[11]

그런데 갈수록 베트남의 상황이 걷잡을 수 없을 만큼 빠르게 전개됐다. 북베트남과 남베트남 민족해방전선의 공세는 거세졌고, 지엠 정부의 부패와 무능은 갈수록 심화했다. 결국 미국은 지엠 정부의 제거를 승인했다. 그러나 지엠의 제거로 문제가 해결되지는 않았다. 지엠이 죽은 뒤에도 계속해서 여러 내각이 바뀌며 불안정은 계속됐고, 남베트남의 정치적 혼란은 베트콩의 활동을 더 거세게 만들었다.

미국의 입장은 애매모호했다. 그런 상황에서 케네디의 선택은 매우 중요한 것이었다. 그런데 그 케네디가 암살됐다.

진한 일련의 개혁적 민주화 정책이 미국이 도미니카에서 누리던 정치·경제적 패권을 위협한다고 판단하자 곧 도미니카의 민주화 전파 정책을 포기했고, 암암리에 보수 정부를 전복하는 정책으로 선회했다. 이는 결국 케네디 정부의 미국이 민주주의 전파 정책을 포기하는 계기가 됐다.

11) 그래서 베트남전쟁에 빠져들지 말라는 아이젠하워의 충고에 대해 케네디는 자유를 수호하기 위해서는 주저하지 않겠다고 일축했지만 그건 자신의 의지를 표명하고 자유 진영에 자신이 아이젠하워보다 자유 수호자의 역할에 더 충실할 것이라는 케네디의 정치적 레토릭이었다고 보는 견해가 많다.

케네디의 죽음, 그리고 통킹만 사건

1963년 11월 22일 다음 대통령 선거의 유세지인 텍사스주의 댈러스에서 컨버터블을 타고 퍼레이드를 하는 중에 암살자[12]의 총격에 케네디가 쓰러졌다. 미국뿐 아니라 전 세계가 그의 죽음에 충격을 받았다. 케네디 암살은 진보 정치가 기존의 이익집단에 얼마나 받아들여지기 힘든 것인지 상징적으로 보여줬다.

케네디의 뒤를 이은 부통령 린든 존슨은 일종의 강박관념이 있었는데, 젊은 케네디의 불안함을 능가하는 노련한 정치인으로서의 안정감과 강력한 지도자상을 가져야 한다는 것이었다. 그러면서 케네디의 진보성을 담보하면서, 미국의 보수적 가치를 동시에 발휘할 수 있는 대통령의 모습을 과시하고 싶었다.

그는 단순히 대통령직을 계승한 운 좋은 부통령 출신이 아니라 미국이 자신감과 우월감을 회복할 수 있도록 하는 대통령이 돼야 한다고 믿었다. 존슨은 뉴딜진보주의자였기 때문에 기본적인 정치철학은 케네디와 비슷했다. 특히 케네디가 구상했던 빈곤의 문제를 해결해 '위대한 사회Great Society'를 달성하고 싶었다. 그러면서도 존슨은 가능하면 케네디와 차별화될 수 있는 전략을 선택했다.

1964년 선거에서 공화당의 보수정치인 배리 골드워터Barry Goldwater(1909~1998)를 큰 표 차이로 밀어내고 당선된 존슨은 정부 개입을 통한 빈곤의 퇴치에 나섰다.

가난한 농민들을 위해 정부 지원금을 주고 저소득층에는 집세 보조금을 지급했으며 '노인의료보험법Medicare Act'을 제정해 65세 이상의 노인을 도왔다. 존슨은 정치적 진보주의를 하나씩 실현해내고 있었다. 그러나 문제는 바깥에 있

---

12) 케네디는 리 오즈월드Lee Harvey Oswald(1939~1963)의 총격으로 사망했다. 오즈월드는 이틀 뒤 다른 교도소로 호송되는 과정에서 잭 루비Jack Ruby(1911~1967)에게 사살됐다. 4년 뒤 잭 루비는 교도소에서 사망해서 암살의 배후가 끝내 밝혀지지 않았고, 케네디 암살은 여전히 역사상 거대한 비밀 중 하나로 남아 있다. 1991년 허리우드 영화감독 올리버 스톤Oliver Stone(1946~)은 영화 〈JFK〉를 만들어 이 문제를 새삼 상기시키기도 했다.

었다. 케네디와 차별화에 신경 쓴 존슨은 베트남전쟁에 적극적으로 개입하기 시작했다.

미국은 베트남전쟁에 이미 한 발을 담근 상태였지만, 아시아의 전쟁에 지상군을 개입시키고 싶지는 않았다. 지상군을 개입시키는 순간 미국으로서는 양발을 모두 담그게 되는 상황이었다. 냉전체제에서 미국의 방식은 적국을 완전히 굴복시키는 것보다 상대의 의지에 영향력을 미쳐, 계속해서 미국에 항전하는 것보다는 '강요한 조건'을 수락하는 것이 오히려 이익이라는 걸 깨닫게 하는 것이었다. 군이 전면전을 치르지 않더라도 특정한 목적을 달성할 수 있는 방법이 최선이라는 걸 한국전쟁을 통해 뼈저리게 느낀 미국의 선택이었다.

그러나 베트남전쟁은 갈수록 공산주의를 신봉하는 북베트남의 기세가 커지고, 반면 남베트남은 갈수록 지리멸렬해지는 상황에서 미국이 그저 방관만 하기도 어려웠다. 미국은 북베트남을 정복하는 게 아니라 남베트남이 공산주의 침략에 맞서 지켜낼 수 있기만을 원했다. 그런 상황에서 '통킹만Gulf of Tonkin 사건'이 터졌고 중요한 전환점이 됐다.

존슨은 1964년 8월 2일과 4일 베트남 통킹만에서 미국 제7함대 구축함 두 척이 북베트남군의 어뢰정의 공격을 받았다며 미 해군에 북베트남에 그 보복으로 폭격하라는 명령을 내렸고, 의회에서는 압도적으로 '통킹만 결의안'을 채택했다. 그렇게 미국이 베트남전쟁에 본격적으로 개입했다.

그런데 통킹만 사건은 조작이었음이 밝혀졌다. 8월 2일 북베트남측과 미 구축함 매덕스 함과의 교전은 있었으나 어뢰정의 선제공격도 없었고, 심지어 4일에는 북베트남의 함정조차 없었으며, 교전에서 미국 해군의 피해는 경미했고 전사자도 없었다는 사실이 밝혀졌다. 북베트남은 교전이 당시 전쟁 중이던 남베트남 함선으로 오인했기 때문이었다고 밝혔지만, 이미 전쟁에 개입할 구실을 찾던 미국은 이 빌미를 놓치지 않았다.

미국은 베트남이 공산주의 정권에 넘어가는 것을 방관할 수 없었다. 그렇다고 설불리 개입했다가 소련과 중국을 자극해 자칫 제3차 세계대전으로 확전

될 수도 있었기에 고민하던 미국은 통킹만 자작극으로 전쟁의 명분을 만들어 냈다. 1995년이 돼서야 당시 국방장관이던 로버트 맥너마라는 통킹만 사건이 거짓이었음을 자백했다[13] 공산주의 정권이 베트남을 차지하는 걸 받아들일 수 없는 미국 정부와 전쟁을 통해 경제적 이익을 취하려는 미국의 군수업체들이 정부 관료들에게 집요하게 로비한 결실이 손을 잡은 것이었다.

미국 의회의 통킹만 결의는 존슨과 미 군부의 빠르고 적극적인 참전 의지를 강화시켰고, 베트남전쟁의 대전환을 만들어낼 도화선이 됐다. 1965년 2월 미국은 B-52폭격기를 동원해 북베트남에 대한 대규모 폭격에 나섰다. 곧이어 대규모의 육군과 해병대를 파견하면서 본격적으로 베트남전쟁이 시작됐다.

소련은 이 상황을 좌시하지 않았다. 소련은 미국의 북베트남 폭격을 계기로 북베트남에 대한 대규모 원조를 확대했다. 소련은 지대공미사일·미그기·각종 대공포 등 무기를 공급했고 소련의 기술자와 군사고문단을 파견했다. 남·북베트남 간의 내전은 이렇게 미국과 소련의 '국제' 대리전쟁으로 변질·확장하기 시작했다.

미국은 그렇게 베트남전쟁이라는 수렁에 점점 더 본격적으로 깊숙이 빠져들기 시작했다.

---

13) 2003년 미국, 영국, 오스트레일리아 등으로 구성된 연합군 측의 이라크 침공 구실 역시 근거도 없는 이라크의 '대량살상무기 보유'라는 거짓 명분이었다. 미국의 전쟁 목적은 석유와 중동지역의 장악이었다. 후대에 나온 이 전쟁에 대한 평가에 따르면, 전쟁을 일으킨 이유는 어처구니없게도 후세인을 쫓아내려고 거짓 정보를 제공한 이라크 망명자들의 말만 믿고 다른 정보들을 무시한 미 정부 수뇌부의 총체적 무능 때문이었다고 한다.

개혁가 흐루쇼프의 퇴장

소련의 개혁 행진,
일단멈춤

미래의제를 제시하고 로드맵을 마련한다고 해서 저절로 개혁이 이루어지는 건 아니다. 정치철학을 뒷받침해 줄 지지 세력이 견고해야 하고, 정책의 일관성을 유지해야 한다. 보수와 진보를 함께 아우른다는 건 이상에 그치기 쉽다. 보수의 안정성은 정책의 일관성에서 마련되는 것이지 기득권을 고수하는 데에서 오는 것이 아니다. 진보는 대개 기대로 시작해서 걱정으로 변모하고 궁극에는 절망과 분노로 실패하는 경우가 많다.

한 개인의 퍼스널리티Personality에 의해 좌우되고, 좌충우돌을 반복하면서 반대 세력만 늘리는 정치력으로는 실패할 수밖에 없다. 그 불안을 위력으로 다스리는 게 독재다.

대부분의 개혁이 혁명에 이르지 못하는 건 정치력 부재와 권력에 대한 집착에 기인한다. 그럼에도 불구하고 흐루쇼프가 정적을 처형하지 않은 선례를 만든 건 당시 소련의 정치 환경에서 보면 대단한 일이었다. 그 정도의 아량과 배포가 있는 정치인도 드물었다.

리센코의 망령이 흐루쇼프의 발목을 잡은 것이나 대약진운동의 실패가 마오쩌둥의 뒷덜미를 잡아챈 것이나 결국 본인의 탓도 있지만, 부족한 과학적 사고 체계와 낡은 경제 방식에서 벗어나지 못한 낙후한 시스템 때문이었다. 그런데도 그것으로 인민의 삶의 문제를 해결하면 모든 것이 자기 뜻한 바대로 이루어질 것이라고 믿는 착각 탓이기도 했다. 허물 많았던 흐루쇼프의 반에도 미치지 못하는 정치가들은 말해 뭐하겠는가.

흐루쇼프는 분명 이전의 소련 지도자 레닌이나 스탈린과는 다른 인물이었다. 유머 감각도 있었고, 세계정세의 흐름을 정확히 직관하는 능력도 있었다. 그러나 무엇보다 그가 스탈린과 달랐던 가장 큰 차이는 정적을 죽이지 않았다는 점이다. 죽음을 강요하고, 걸핏하면 시베리아 유형을 남발하며, 아무 연고도 없는 곳에 달랑 몸뚱이만 떨어뜨리는 스탈린 공포정치의 사슬을 끊었다는 것만으로도 그는 분명 새로운 유형의 소련 지도자였다.

강경파와 온건파 사이에 낀 흐루쇼프

어쩌면 흐루쇼프에게 그것은 내부의 반대 세력을 키우는 암세포가 됐는지도 모른다. 쿠바 사태 당시, 흐루쇼프와 공산당은 쿠바 핵 기지 건설을 취소해야 한다고 주장했지만, 군부와 강경파는 건설을 강행해야 한다고 맞섰다.[1] 흐루쇼프는 미국과의 전면전은 자칫 소련의 붕괴를 초래할지 모른다고 판단했고, 쿠바로 향하는 수송선단에게 방향을 돌려 소련으로 귀환하라는 명령을 내렸다. 군부와 강경파는 펄펄 뛰었다. 군부에서는 다시 오지 못할 기회를 제 발로 걷어차는 흐루쇼프의 나약함이 도마 위에 올랐고, 당내에서도 미국과 타협했다는 부정적인 인식이 퍼지고 있었다. 국내에서만 그런 게 아니었다.

스탈린격하 운동에 충격을 받은 마오쩌둥의 중국은 가뜩이나 마음에 들지 않았던 흐루쇼프였는데, 미국과 타협하는 모습을 보고 비겁하다고 규탄했다. 마오는 흐루쇼프를 수정주의자라고 비난했다. 두 나라 관계는 빠르게 냉각됐다. 그러면서 여러 공산주의 국가들에 마오쩌둥이 제대로 된 공산주의자이며,

---

1) 흐루쇼프의 계획은 소련 사회의 광범위한 개혁을 요구하는 것으로 인민주의와 평등을 강조하는 유토피아적 성향이 강했으며, 경제 우선순위를 재조정해서 소비재공업을 앞세우고 전반적 생활수준 향상을 꾀했는데, 이는 중공업 투자의 감소와 국방예산 감축으로 이어졌기에 군부의 반발이 팽배했다. 국방예산 감축을 위해서는 미국과의 관계 개선을 전제했기에 흐루쇼프가 미국을 상대로 데탕트Détente[긴장완화]와 평화공존을 추진했던 것은 군부의 반발을 극대화했다. 쿠바 사태와 타협은 강경파와 온건파 모두에게 어그러진 시그널로 비쳤다.

유불리에 따른 타협을 거부하는 용감한 지도자라는 인식을 심어주었다. 마오가 국가주석에서 물러났음에도 불구하고 그의 '왜곡된 신화'는 전파됐고, 공산주의 국가뿐 아니라 서방세계의 진보적 인사들 가운데서도 마오에 대한 호감[2]이 커졌다. 그에 반비례해서 흐루쇼프의 위상은 좁아졌다.

소련공산당 내에서는 애당초 흐루쇼프가 일으킨 쿠바 사태가 그의 모험주의 때문이라고 여기는 온건파들이 제법 있었다. 소련은 서방보다 더 거대한 재래식 전력을 증강해 전쟁억지력을 확보하는 게 기존의 방식이었다. 제2차 세계대전 때 독일의 침공을 받았던 상처를 잊을 수 없었던 소련의 강박관념이었다. 흐루쇼프는 이미 세계 최강의 경제력을 갖춘 미국과 재래식 무기 경쟁을 한다는 건 밑 빠진 독에 물 붓는 것과 크게 다르지 않다고 여겼다. 무엇보다 흐루쇼프는 경제를 일으켜 세우기 위해 예산을 조절해야 했다.

군부는 재래식 무기 비용을 줄이고 핵화학 무기 위주로 군대를 재편하려는 시도에 반감을 가졌다. 그건 예산뿐 아니라 인력의 감축과도 직결되는 것이었기 때문에 불만이 많았다. 당내에서도 경제 효율성을 높이겠다는 흐루쇼프의 정책이 당의 내부 구조를 바꾸고 인력을 조정하자 여기저기 불만이 터져 나왔다.

냉·온탕을 오가는 그의 정치는 결국 강경파와 온건파 모두의 지지를 잃었다. 흐루쇼프의 입지는 갈수록 좁아지고 흔들렸다. 호의적인 면으로 해석하면, 그들이 흐루쇼프만큼 세계의 흐름을 크게 읽어내지 못했기 때문이며, 다른 면으로 해석하면 흐루쇼프의 독선과 성급함이 빚어낸 결과였다. 달리 말하자면, 내부의 문제를 해결하기 위해 외부로 눈을 돌렸고, 외부의 위기를 해결하기 위해 내부의 문제로 되돌리는 난맥상에 빠졌던 결과였다. 거기에 더해 체계적인 교육과정을 밟지 못한 흐루쇼프의 지적 결핍[3]도 한몫했다.

---

2) 훗날 프랑스의 68혁명 때 깃발에 체 게바라와 함께 가장 많이 등장한 인물이 바로 마오쩌둥이었다.

3) 흐루쇼프는 어렸을 때 가정 형편이 좋지 못해 학교를 다니다 말다를 반복해서 문맹에서 벗어나지 못했고, 20대 후반에서야 겨우 글을 읽고 이름을 쓸 수 있었다고 한다. 이후에 따로 대학을 나오지도 않

인민을 우선한 흐루쇼프 경제정책

　기존의 소련에 비춰보면 대담한 흐루쇼프의 경제정책은 인민의 생활 개선에 초점에 맞춰졌다. 그는 스탈린이 집착했던 중공업에 대한 편향적 투자를 버리고 경공업에 대한 투자를 증가시켰다. 아무리 경제성장률이 높아도 인민의 생활이 뒷걸음질 친다면 당도 국가도 제 역할을 하지 못하는 것이라는 게 흐루쇼프의 신념이었다. 그는 경제성장률도 높이면서 동시에 생활수준도 향상하려면 경공업이 활력을 띠고 건강과 의료 수준도 높이면서 무엇보다 농업을 괄목할 수준으로 향상하는 것이 급선무라고 여겼다.

　흐루쇼프 시대에 소련 인민의 평균수명이 크게 는 것은 결코 우연이 아니었다.[4] 흐루쇼프는 제2차 세계대전 때 독일의 침공으로 도시의 주거지가 크게 파괴된 까닭에 심각해진 주택난을 해소하기 위해 최대한 빠른 기간에 아파트를 대량으로 건설해서 무상으로 공급했다. 그리고 일반인도 '다차Dacha(러시아 별장)'를 무상으로 받아 사용할 수 있게 만들었다. 이런 흐루쇼프의 과시는 엄청난 비용을 소진하게 했지만, 스탈린 시대에는 꿈도 꾸지 못했던 현실에 흐루쇼프에 대한 인민의 인기는 높아졌고 기대는 점점 더 커졌다.[5]

　그러나 기대가 무산되면 인기는 한순간에 꺼지기 마련이다.[6] 흐루쇼프가

　아서 최종 학력도 무학이었다. 그러나 지적 능력이 탁월해서 그의 정적들도 인정할 정도였다. 나중에 건설에 관심을 가져 스탈린공업학교에 입학해 건설학을 배우기도 했다.

4) 제2차 세계대전 이후 스탈린 시대 말기부터 흐루쇼프 시대 말기까지 소련 국민의 평균수명 증가율은 세계 최고 수준이었다. 흐루쇼프의 국민 생활수준 향상 정책은 후임인 브레즈네프 시대보다도 더 나았다. 특히 의료정책과 의료수준은 브레즈네프 시대보다 훨씬 더 높았다. 흐루쇼프 시대에는 경제성장률도 높았고 동시에 생활수준도 빠르게 향상돼 소련은 비로소 살 만한 나라가 됐다는 평가를 받았다.

5) 1961년에 흐루쇼프는 비록 소련이 당장은 서방에 뒤지고 있을지도 모르나, 자신의 계획을 통해 10년 내에 주택 부족이 사라지고, 소비재가 풍부해지며 인민들은 물질적으로 지원받을 것이라고 호언장담했다. 그렇게 되면 소련은 20년 내로 마침내 절정에 이르러, 자본주의 주요국들을 능가하게 될 것이고 오히려 그 나라들이 소련에 한참 뒤처질 것이라고 주장했다.

6) 흐루쇼프는 1955년부터 서방과의 무역과 문화 교류를 증대시켜 관계를 개선하고 경제발전을 꾀했

품은 이상은 담대했다. 계속해서 감소하던 농업 생산량을 획기적으로 증대하지 않으면 인민의 삶은 나아질 수 없으며, 그로 인해 모든 것이 불안정해지면 체제 유지와 국가 위상도 흔들릴 수 있다고 판단했다. 이 문제를 해결하기 위해 황무지를 개간해서 농경지를 넓히고 다양한 용도를 가진 옥수수 증산에 집중하며 새로운 농업기술을 도입하는 것이 급선무라고 생각했다.

흐루쇼프는 카자흐스탄, 카프카스, 시베리아 등지의 광대한 미개척지를 염두에 두었다. 1,200만 헥타르에 달하는 엄청난 규모의 땅을 농지로 개간할 생각이었다. 그러나 그 두 곳은 광대하지만, 매우 춥거나 건조한 곳이어서 실제로 농사를 짓는 게 어려운 곳이었다. 흐루쇼프가 특별히 옥수수를 염두에 둔 건 옥수수가 단위면적당 생산량도 높고 인간과 가축 모두 먹을 수 있어 식량과 사료로 함께 사용할 수 있는 다목적성 때문이었다.[7]

흐루쇼프의 발목을 잡은 농업의 실패

흐루쇼프는 1959년 제7차 경제개발계획[8]을 발표했다. 그는 사회주의 유토

으나, 1956년 스탈린격하 운동으로 촉발된 헝가리사태를 유혈 진압하면서 관계가 다시 악화했고, 쿠바 사태로 미국과도 틀어지면서 그런 시도들이 모두 무산됐다. 흐루쇼프에게는 주도면밀함이 아쉬웠다.

7) 아이오와주 쿤 래피즈Coon Rapids에서 농장을 경영하던 로즈웰 가스트Roswell Garst(1898-1977)는 획기적 수확량을 가진 새로운 하이브리드 옥수수 종자를 개발했다. 그는 지역신문에 흐루쇼프에게 사절단을 아이오와에 보내 식량생산의 방법을 배워가라는 공개서한을 게재했다. 농업에 관심이 많은 흐루쇼프가 실제로 사절단을 보냈고, 그를 소련에 초청하기도 했으며, 1959년 미국을 방문했을 때 직접 쿤래피즈의 가스트 농장에 들렀다.

8) 소련은 1920년대 후반부터 2~10년 단위로 다양하게 경제개발계획을 수립하고 나름의 목적을 수행했다. 흐루쇼프는 1956년에 수립한 5년의 제6차 경제개발계획이 지나치게 낙관적인 목표 설정 때문에 중도 폐기하고, 이전과 달리 제21차 소련공산당회의에서 승인받는 절차를 밟아 1959년 7개년경제개발계획을 발표했는데, 이를 1961년 제7차 경제개발계획으로 통합했다. 이 계획은 1970년까지 미국을 따라잡고 추월할 수 있다는 슬로건으로 선전됐으며, 기존의 중공업 일변도에서 살짝

피아를 실현해 20년 내에 미국을 따라잡겠다고 장담했다. 그것이 흐루쇼프의 원대한 꿈이었고 의욕적인 목표를 담은 경제정책이었다.

흐루쇼프는 철저하게 경제를 최우선으로 삼아 당조직을 공업을 관장하는 조직과 농업을 관장하는 조직으로 이원화했다. 그러나 불행히도 1963년의 소련 농업은 최악이었다. 대기근에 가까운 재앙이었다. 정부는 긴급하게 밀을 수입해서 배급했다. 풍요는커녕 오히려 곡물을 수입해야 하는 처지가 된 소련은 자존심을 구길 수밖에 없었다. 그토록 농업정책을 강조한 흐루쇼프였기에 더욱 곤혹스러웠다. 기대치가 한껏 올랐다 한꺼번에 꺾인 인민은 흐루쇼프에 대한 지지를 철회했다. 그럴수록 흐루쇼프는 조급해졌다.

흐루쇼프의 농업정책 실패를 가속한 인물이 바로 트로핌 리센코Trofim Lysenko(1989~1976)[9]였다. 그는 일찍이 스탈린 시대에 종자를 냉각시키는 '춘화春化처리Vernalization'를 하면 추위를 이기는 품종이 나올 수 있다는 가설을 신봉한 사이비 과학자였다. 리센코가 선택적 실험 조작을 통해 그럴싸하게 보이는 결과를 만들어서, 가설을 합리화하자 당이 그것을 수용했고, 멀쩡한 종자들까지 춘화처리를 했다. 불행 중 다행으로 많은 양은 아니었다.

그런데 흐루쇼프 시대 들어 처녀지 개간 운동을 전개하는 중에 다시 리센코의 주장이 수용됐다. 결과는 끔찍했다. 대다수의 멀쩡한 종자들은 얼어 죽었다. 그런데 리센코는 실패를 자인한 게 아니라 오히려 겨우 살아남은 종자들이 획득형질을 갖게 됐다며 황무지에 대거 심었다. 그로 인해 춘화처리가 개간 농지 전 지역으로 확대되면서 소련의 농사는 안타깝게도 완전히 망가졌다. 리센코의 주장을 유사과학이라고 비판한 과학자들을 숙청한 까닭에 리센코의 말도 되지 않는 이론을 걸러내고 제지할 합리적 세력이 없었다. 농업에 대한 흐루쇼프의 도박은 재앙에 가까운 완벽한 실패로 끝났다. 집단농장 체제의 비효

벗어나 화학제품·소비재·천연자원 등의 전환을 포함했다.

9) 스탈린 시대 '공산주의 생물학의 독재자' 리센코는 라이벌 학자들을 제거하기 위해 누명을 씌워 밀고했고, 소련과학계를 장악했다. 그의 후성유전학Epigenetics(또는 후생유전학)은 정통유전학을 핍박하며 소련 과학계를 크게 퇴행시켰다. '과학과 정치의 잘못된 만남'의 대표적 사례였다.

율까지 실패에 한몫했다.

수확물이 없으니 굶어 죽을 판이고 그토록 타도의 대상이라 외쳤던 미국과 유럽에서 엄청난 양의 식량을 수입하게 되면서 소련과 흐루쇼프는 완전히 체면을 구겼다. 흐루쇼프에게는 수많은 농민으로부터 원망을 사게 된 결정적 사태였다. 결과적으로 리센코가 흐루쇼프의 멱살을 잡은 셈이었다.

1963년의 기근은 소련의 경제에 큰 타격을 입혔을 뿐 아니라 소브나르호즈Sovnarkhoz(지역경제회의)개혁 자체를 흔들었다. 소브나르호즈개혁은 흐루쇼프가 이전의 중앙집권 방식의 연방 운영의 문제를 지적하며 각 지역들이 자신들의 이익에 기반을 두고 경제적 행정을 짤 수 있게 함으로써 소련 전체의 생산을 증대할 수 있게 한다는, 일종의 지방 분권화를 보장한 대담한 개혁이었다.[10]

흐루쇼프는 스탈린 시대에 억압된 자발성과 자율성을 풀어주고 확대하면 충분히 생산 증대가 가능하다고 보았다. 공산주의의 소련으로서는 파격적인 선택이었다. 당연히 공산당의 관료들은 반발했지만, 흐루쇼프는 반대파를 제거하면서 끝까지 밀어붙였다. 과도하게 중앙집권화한 산업 분야의 의사결정권을 지역에 분배하는 것은 기존의 중앙 관료 중심의 체제를 해체하고, 지역 당기구를 자신의 세력 기반으로 삼았던 흐루쇼프의 정치적 야망과도 맞물렸던 것인데, 1963년의 대기근과 농업정책 실패는 모든 걸 수포로 돌아가게 만들었다. 이것은 흐루쇼프의 정적들에게 좋은 먹잇감이 됐다.

반反흐루쇼프 세력이 이 기회를 놓칠 리 없었다. 흐루쇼프의 경제정책 실패는 그의 정치적 기반까지 무너뜨렸다. 경제정책의 실패는 흐루쇼프의 즉흥적 성격에 따라 뒤죽박죽 일관성 없이 방향이 바뀌고, 지역 당기구들의 지원을 위한 소브나르호즈개혁이 비효율적인 탓도 컸다. 특히 리센코의 사이비 과학을 따른 대가는 너무 혹독했기 때문에 흐루쇼프는 그 책임에서 벗어나기 어려웠다. 소련 경제는 거의 파멸의 문턱까지 오갔다.

---

10) 각 지역이 소브나르호즈라는 경제행정구역으로 재편되고 거기에서 독자적 계획과 집행을 할 수 있도록 만든 분권화 체제로, 각 지역의 경제·행정상의 자율성을 보장해주는 파격적 내용이었다.

흐루쇼프의 정책들은 집단지도체제를 무시한, 거의 그의 독단적 판단에 좌우됐다. 흐루쇼프로서는 그런 판단의 결정이 불가피했겠지만, 결과적으로 큰 패착이었다. 게다가 냉정하고 이성적인 성향이 아니라 즉흥적이고 극에서 극으로 달리는 스펙트럼은 다른 소련 정치인은 고사하고 정작 자신도 통제하지 못했기 때문에 그 폐해가 걷잡을 수 없었다.

대외정책 실패와 흐루쇼프의 몰락

평화공존을 강조했던 그의 외교정책은 냉·온탕을 오가며 당과 관료의 신뢰를 상실했고, 군부는 미국에 대해 온건했다는 불만과 군축으로 인한 불안감이 팽배했다.

흐루쇼프는 가능한 한 미국과 직접 맞붙는 전쟁이나 경쟁은 최대한 피하는 것이 유리하다고 판단했지만, 한편으로는 군부를 달래기 위해서뿐 아니라 공산주의의 승리를 위해 군사력을 키워야 한다는 모순에 빠졌다. 미국이 거대한 생산력을 갖추고 있었기 때문에 이에 대응하는 재래식 전력을 갖춘다는 것은 미국의 경제에 미치지 못하는 소련의 경제에 큰 부담이 된다고 판단했기 때문이었다.

그런 판단에 따라 흐루쇼프는 미국을 제압하기 위해서 핵무기와 대륙간탄도미사일ICBM 등 전략무기를 확충하는 방향으로 전략을 잡았다. 그러나 그것은 재래식 전력의 감축을 야기할 것이 자명했고, 제2차 세계대전을 거치며 비대해진 군부의 반발을 초래했다.

흐루쇼프는 자신의 집권을 도왔던 측근이었지만 군부를 대변하며 반발하는 국방장관 게오르기 주코프Georgy Konstantinovich Zhukov(1896~1974)를 해임하고 말리놉스키Yakovlevich Malinovskii(1898~1967)를 임명해 군을 개편하고, 육군 교리도 핵과 미사일 중심으로 바꿨으며, 재래식 전력을 감축하고 새로운 전략무기들로 교체했다. 이것은 소련 군대의 현대화에 크게 영향을 주었지만, 군부의 반발을 야기함으로써 흐루쇼프의 몰락에 한몫을 했다.

흐루쇼프의 야심은 담대하고 시대에 걸맞은 것이었지만, 기득권을 유지하려는 소련공산당과 군부의 저항은 결코 만만하지 않았으며, 그가 어떤 중요한 결정을 내릴 때마다 묘하게도 국제정세도 그의 편이 아니었다. 물론 그것을 읽어내는 능력이 부족했기 때문일 수도 있었지만, 운도 따르지 않았던 점도 있었다.

게다가 미국, 중국과의 관계 악화가 반복됐다. 특히 미국과의 관계에서 쿠바 사태 때 보여준 태도는 모험주의로 받아들여져 온건파의 지지마저 상실했다. 이런 상황에서 경제정책의 실패는 소련 인민들의 지지를 상실하게 만든 결정적 계기였다. 그의 정치적 능력의 한계를 더 이상 감출 수 없었다.

흐루쇼프의 개혁 기반 전체가 이렇게 흔들리는 상황에서 보수 원로들인 공산당 제2서기 레오니트 브레즈네프Leonid Brezhnev(1906~1982)와 제1부총리 셸레핀Alexander Shelepin(1918~1994), 국가안보위원회KGB의 세미차스트니Vladimir Semichastny(1924~2001) 국장 등이 흐루쇼프를 실각시키기 위한 쿠데타를 모의했다. 거사 일은 흐루쇼프가 휴가로 모스크바를 비웠을 때였다. 이들은 쿠바 위기, 대중 관계 악화, 농업정책 실패 등의 과오를 묻기 위해 소련 최고소비에트 상임위원회 특별회의 소집을 요구했다. 그 위원회의 위원장이 바로 브레즈네프였다. KGB 국장 세미차스트니는 흐루쇼프가 브누코보 공항에 도착했을 때, KGB 요원들을 동원해 그를 연행했다.[11] 그리고 상임위원회에서 흐루쇼프에 대한 불신임투표가 토론 없이 가결됐다.

흐루쇼프는 브레즈네프 등의 공격에 못 이겨 무능을 이유로 자진 사임하는 것에 동의했다. 겉으로는 사임이지만 본질은 쿠데타였다. 그것으로 흐루쇼프의 정치적 삶은 끝났다. 전광석화처럼 흐루쇼프는 당과 정부에서 모든 권력을 빼앗겼고, 브레즈네프가 소련 공산당 중앙위원회 제1서기가 됐다. 1964년 10월 13일의 일이었다.

---

11) 흐루쇼프는 브레즈네프 등의 쿠데타 모의를 보고받았지만, 조치를 취하지 않았다. 나중에 그는 혼란을 만들지 않기 위해 순순히 물러났다고 토로했다. 악화된 건강도 그런 결정에 영향을 미쳤을 것이고, 그의 후계자 역할을 할 사람이 없었다는 점도 고려했을 것이라는 분석이 따랐다.

케네디는 암살로, 흐루쇼프는 쿠데타로 사라졌다.[12] 두 주역의 퇴장으로 국제 정치는 새로운 양상으로 전개될 수밖에 없게 됐다.

---

12) 흐루쇼프의 통치 시기는 분명 소련 역사상 보기 드문 몇 안 되는 해빙기였고, 이 당시에 성장한 청년세대가 나중에 글라스노스트·페레스트로이카의 주축이 됐다. 대표적 인물이 바로 미하일 고르바초프Mikhail Sergeyevich Gorbachev(1931~2022)였다. 글라스노스트Glasnost(개방정책)와 페레스트로이카Perestroika(경제개혁)는 개방과 재건·개혁이란 뜻으로 1985년 고르바초프가 공산당 서기장에 취임한 이후 실시한 개혁정책이다.

킨제이보고서와 PLAYBOY

누구나 궁금한
섹스를 묻기 시작하다

여성의 권리에 대한 우선권을 조금만 거론해도 역차별 운운하는 '수 컷'들이 있다. 물론 일부 남성은 독점적 우월성을 누린 건 앞 세대들이지 자신들은 아무런 혜택도 받지 못했는데 불이익까지 감수해야 하는 건 부당하다고 볼멘소리로 주장한다. 그러나 지금까지 여성이 받은 총체적 불평등과 불이익에 비하면 새 발의 피에 불과하다. 지금은 그 오랜 불평등과 불이익에 대해 사회 전체가 반성하고 빚을 갚는 것이다. 거기에 약간의, 아주 약간의 '이자'가 붙는 경우도 있다.

1960년대의 용기와 연대 의식의 반만 닮아도 아직도 시대착오적으로 빚어지는, 본질에서 벗어난 페미니즘 논쟁이나 안티페미니즘의 꼴사나움은 피할 수 있다.

1948년과 1953년 순차적으로 발행된 보고서가 세상을 발칵 뒤집어 놓았다. 말벌을 전공한 인디애나대학 동물학과 교수가 작성한 어느 한 생물의 성행위에 관한 보고서였다. 앨프리드 킨제이Alfred C. Kinsey(1894~1956) 박사의 〈킨제이보고서Kinsey Reports〉[1]는 지구상 생물의 한 종인 '인류'의 수컷의 성행위〈Sexual Behavior in the Human Male〉, 1948와 암컷의 성행위〈Sexual Behavior in the Human Female〉, 1953를 상세히 연구한 결과를 묶은 보고서이다.

성性(Sex)이라는 단어의 사용 자체가 어려웠던 시대임을 고려하면, 그 내용이 가히 충격적이었다. 이 책은 성의 금기를 깬 최초의 저서로, 지금까지도 가장 정확한 성보고서로 인정받고 있다.

킨제이가 던진 섹스라는 화두

킨제이 박사는 10년이라는 기간 동안 무려 1만 2천여 명과 일대일 면담을 하고, 이중 5,300여 명에 대한 통계자료를 간추려 보고서를 작성했다. 자위행위, 혼외정사, 동성애, 매춘 등에 대한 세밀한 통계자료를 담은 이 책을 읽고 사람들은 경악했다. 이전까지 금기시하던 성생활에 대한 체계적 접근을 통한 연구 결과엔 인간 본연의 모습이 적나라하게 드러나 있었기에 일반인들의 충격과 보수집단의 분노는 가늠할 수 없을 정도로 컸다.

〈킨제이보고서〉에 따르면, 남성의 평생 성교 횟수 평균이 3,831회였고, 유부남 4명 가운데 1명이 혼외정사를 경험했으며, 37퍼센트가 동성애를, 8퍼센트가 수간을 경험했고, 남성의 75퍼센트는 성관계 시작 후 2분 이내에 사정을 하는 조루증에 시달린다고 밝히고 있다. 보고서에는 이와 같은 성행위와 관련한 내용을 방대한 데이터를 근거로 가감 없이 제시하고 있었다.

이렇게 성행위 횟수도 자세하게 다루고 심지어 인종별·국가별 성기의 크

---

1) 1948년 출간된 〈킨제이보고서〉의 도서명은 『American Sexual Behavior and the Kinsey Report』 Greystone Press 이다.

기를 비교하며 그 결과까지 그대로 담아내자, 보수적인 학자, 정치인, 종교인들이 벌떼같이 일어나 이 책과 킨제이 박사를 한 묶음으로 비판했다. '악마'라는 비평쯤은 후렴구처럼 들릴 수준이었다. 그러나 킨제이는 그런 비판에 굴복하지 않았고, 오히려 1953년에 후속편인 〈Sexual Behavior in the Human Female여성의 성적 행동〉이라는 보고서를 발표했다. 이 보고서에서 킨제이 박사는 미국 여성 두 명 중 한 명이 혼전 성관계를, 네 명 중 한 명이 혼외정사를, 다섯 명 중 한 명이 동성애를 경험했다는 통계치를 발표해서 또다시 충격을 안겼다.

이 보고서가 전편보다 충격적이었던 이유는 '여성'의 '성행위'라는, 당시로서는 용인할 수 없는 도발적인 제목과 내용 때문이었다.

모든 저주와 비판이 한꺼번에 쏟아졌다. 미국 정부는 물론이고 연구를 지원했던 록펠러재단에서도 연구비 지원을 끊었다. 그럼에도 킨제이는 자신의 연구를 포기하지 않았다. 하지만 킨제이는 연구와 함께 여론과 싸우는 것에 너무나 많은 에너지를 빼앗겼고, 엄청난 스트레스를 감당해야 했다. 결국 겹치는 과로를 이겨내지 못한 그는 1956년 62세의 나이로 사망했다.

하버드대학을 졸업하고 인디애나대학에서 생물학 교수로 재직하던 킨제이 박사가 이 충격적 연구에 관심을 갖게 된 계기는 1938년 결혼 위생학 강좌를 맡은 일에서부터였다. 그는 당시 인간의 성적 행동에 대한 과학적 연구가 거의 없었다는 점과 수업에 참여한 학생들뿐 아니라 대다수의 미국인이 성에 대해 상상할 수 없을 만큼 무지하다는 사실에 충격을 받았다. 그리고 거기에는 과도한 보수성과 위선이 개입돼 있음을 알았다.

1873년에 제정됐지만 여전히 유효했던 시대착오적인 법률인 콤스톡법Comstock Act[2]을 추종하는 세력들의 위세는 피임 방법 등을 가르치는 성교육

---

2) 남북전쟁에 참전했고 뉴욕 기독교청년회YMCA에서 일했던 앤서니 콤스톡Anthony Comstock(1844~1915)은 1873년 성공적인 로비활동으로 외설적인 우편물 운송을 엄격히 금지하는 '콤스톡 법'을 제정하는 데 성공했다. 그의 성姓에서 따온 별명 '콤스토커리Comstockery'나 '콤스토키즘Comstockism'은 도덕적인 검열과 동의어로 쓰였다.

조차 처벌할 수 있을 만큼 막강했다.

그런 상황에서 킨제이는 많은 사람에게 "자위행위는 일주일에 몇 번 하는가?", "지금까지 상대한 섹스파트너 수는 몇 명이나 되는가?", "당신은 어떤 때 오르가슴을 느끼는가?" 등등 차마 입 밖으로 꺼내지도 못하고 혼자만의 비밀로 간직하거나, 죄의식에 사로잡혔던 내용들을 물었다. 은밀하던 욕망을 공론의 주제로 꺼낸 킨제이의 보고서는 충격과 동시에 파장도 일으켰다.

남성의 92퍼센트, 여성의 62퍼센트가 자위행위를 즐긴다는 대답은 죄의식에 갇혀 고민하던 사람들에게 해방의 신호탄이 됐다. 그토록 신봉하던 '순결 이데올로기'도 여성의 절반 정도가 혼전 성관계를 경험했다는 데이터 앞에서는 흔들릴 수밖에 없었다. 가정을 지키는 것이 가장 신성한 미국의 가치라고 여겼던 사람들에게 여성의 26퍼센트가 혼외정사를 즐긴다는 결과가 준 충격은 엄청났다. 심지어 금기어 자체였던 동성애 문제까지 다뤘으니 더더욱 그랬다.

매카시즘 광풍이 휩쓸던 때였기에 그는 요주의 인물로 찍혔고, FBI에서 그의 뒤를 캘 정도였다. 그러나 킨제이의 연구는 막혔던 봇물이 터지듯 성에 대한 거리낌 없는 논의가 본격화하기 시작한 중요한 계기가 됐다.

킨제이 박사의 보고서는 사람들을 경악시켰지만, 한편으로는 그가 인터뷰했던 사람들의 솔직한 대답을 통해 사람들은 자신들이 스스로 갇혀 있었던 굴레를 객관화하기 시작했고, '죄도 아닌데 죄로 만들어' 숨통을 조이던 것의 실체를 깨닫기 시작했다. 성은 부끄러운 게 아니며, 자연스러운 본능이자 기쁨의 원천이라는 '뒤늦은' 깨달음은 사람들을 성적 억압에서 탈출하게 도왔다. 성적 억압과 도덕적 위선이 서로 밀접한 관계를 맺고 있다는 것을 깨달은 상태에서 감추고 부끄러워하는 건 둘째 치고 죄악이라는 두려움에 시달리게 만든 억압에 계속해서 순응하는 건 억울한 일이었다.

〈킨제이보고서〉는 대중들에게 성적 억압을 벗어나 섹스가 마땅히 누려야 할 행복이라는 인식의 대전환을 이끌었다. 쾌락으로서의 성을 입에도 담지 못했던 미국 사회의 보수성과 위선을 완전히 까발린 셈이었다. 자신들이 성에 대해 상상하지 못할 만큼 무지하다는 것을 인식한 대중들은 한편으로는 경악하면서도 다른 한편으로는 해방감을 느꼈다.

섹스 산업의 포문을 연, 플레이보이

이런 변화를 재빠르게 포착해서 사업으로 연결한 게 바로 휴 헤프너였다. 1953년 휴는 성인잡지 《PLAYBOY》를 창간했다. 킨제이 박사의 두 번째 책 『Sexual Behavior in the Human Female』가 공개된 해와 일치하는 건 결코 우연이 아니었다. 혼전순결, 혼외정사 금지 등 전통적인 미국 중산층의 청교도적 성윤리가 위선과 억압으로 작동됐다는 것이 세상에 밝혀진 것과 밀접한 관련이 있었다. 헤프너는 영리한 사람이었다. 대학원을 졸업하고 《Esquire》에 입사했지만, 월급 인상 문제로 뛰쳐나와 은행에서 600달러를 빌리고 투자자들을 모아 《PLAYBOY》를 창간했다. 당시 최고의 섹스 심벌인 매릴린 먼로Marilyn Monroe(1926~1962)가 가난한 무명 시절 촬영했던 누드사진을 사들여 표지로 실은 이 잡지는 미국에서 최초로 컬러 누드사진을 올린 대중매체가 됐다.

사실 휴 헤프너는 대중의 거부와 혐오, 그리고 사회적 압박 때문에 계속해서 출간할 수 있을지 확신이 서지 않았기 때문에, 이 잡지에 발행인의 이름, 발행 날짜, 간행 번호 등을 넣지 않았다. 하지만 잡지는 대성공을 거뒀다. 이제 사람들은 드러내놓고 자유롭게 성적 관심을 표현하기 시작했다.

《PLAYBOY》는 남성의 눈으로 여성을 대상화한다는 비판에서 결코 자유로울 수 없지만, 이후 성 담론이 적극적이고 자유롭게 전개되고 성해방으로 이어졌다는 점에서는 분명히 시대적 의미를 갖고 있었다. 성해방은 남녀 모두에게 해당되는 것이지만, 상대적으로 이전까지 여성에 대한 성적 억압이 훨씬 더 컸다는 점에서 그것이 여성 해방을 가속할 힘을 제공할 것이라는 전망이 이어졌다.

"모든 남성과 여성은 평등하게 창조됐다"라는, 1848년 스탠턴Elizabeth Stanton(1815~1902)이 외친 이 문장은 1960년대에도 여전히 유효한, 아직 실현되

휴 헤프너의 성인잡지 《PLAYBOY》와 킨제이 박사의 두 번째 보고서
가 같은 해에 공개된 건 결코 우연이 아니었다. 전통적인 미국 중산
층의 청교도적 성 윤리가 위선과 억압으로 작동하는 것이 드러난 시
기였기 때문이다. 《PLAYBOY》는 남성의 눈으로 여성을 대상화한다
는 비판에서 결코 자유로울 수 없었지만, 적극적인 성 담론이 성 해
방으로 이어졌다는 점에서 시대적 의미를 갖고 있었다.

지 않았지만, 언젠가는 반드시 성취해야 할 분명한 인권선언이다.

이전의 여성운동이 참정권을 쟁취하는 데에 집중했다면, 1960년대의 여성운동은 생물학적 분석과 더불어 경제적·심리적·문화적 분석 등 다양한 여성의 문제와 여성운동의 모든 분야로 확대했으며 실천적 측면에서도 크게 변모하기 시작했다.

젠더Gender^{사회적 성3)} 인식의 출발

여성운동은 '평등한 인간으로서의 인권운동'이란 점에서 인종차별에 따른 불평등 타파와 밀접하게 관련될 수밖에 없었으며, 실제로 큰 영향을 받았다는 점이 1960년 미국 여성운동의 특징이라 할 수 있다. 흑인의 차별과 여성의 차별은 '차별'이라는 본질에서는 동일하다는 인식이 싹텄던 것이다. 그러나 여성해방운동이 결코 쉽게 그리고 광범위하게 수용된 것은 아니었다. 설령 관념적으로는 해방됐다 해도 현실의 벽이 엄연히 존재하는 상황 앞에서는 무기력했다. 『여성성의 신화』는 바로 그런 문제를 정확하게 진단했다.

베티 프리던은 여성에게는 '남편을 찾는 것과 아이를 낳는 것' 외에는 의사표현의 방법이 없다고 비판하고, 여성이 새로운 일을 찾고 역할을 수행해야 한다며 가정 바깥의 일을 남성 전유물로 여기는 인식의 감옥에서 벗어나야 한다고 주장했다. 이로 말미암아 수많은 여성이 개인적으로나 직업적으로 정체성을 찾을 수 있는 큰 계기가 됐다. 그럼에도 불구하고 경제적으로 보면, 1963년 기준 여성의 임금은 남성의 임금의 평균 65퍼센트에 불과했다. 아직은 여성운동이 주로 백인 중산층 여성 위주였지만, 1960년대의 용광로는 금세 모든 여성이 적극적으로 참여하는 새로운 양상으로 진화할 것이라는 희망이 보이기

---

3) 젠더는 1995년 유엔 주최로 베이징에서 열린 세계여성대회에서 성별을 지칭할 때 '섹스'를 대체하는 용어로 채택, 권장하면서 공식적으로 널리 쓰이기 시작했다. 1930년대에 이르러 이미 정신분석 분야 등 학술 문건에 젠더가 등장하기 시작했으며, 젠더 개념이 영미 중심으로 역사학·인류·철학·심리학·자연과학 등 모든 분야에 도입해서 널리 쓰이게 된 것은 1980년대부터이다.

시작했다.

케네디 정부는 1960년대의 여성 문제에서도 진보적 정책에 적극적이었다. '여성지위자문위원회Commission on th Status of Women'가 운영되면서 〈American Women 미국 여성들〉이라는 보고서가 프리던의 책과 함께 소개됐는데, 이 보고서는 당시 미국 사회의 여성의 지위를 분석하면서 정치·경제·교육 등 다양한 지위에 대한 내용들을 상세하게 다루었다.

케네디는 임기 중에 암살됐지만, 그의 정치철학은 1963년의 '동등임금법Equal Pay Act'과 1964년 '민권법'의 통과로 조금씩 가시화하기 시작했다. 특히 민권법은 단순히 흑인들의 권리에 그치지 않고 여성에게 자신의 권리를 스스로 보호할 장치를 보장하고 있었다는 점에서 큰 변화였다. 물론 완전한 여성의 평등권을 위해서는 여전히 미흡한 점이 많았는데, 연방정부 역시 이 문제에 대해 그다지 적극적이지는 않았다. 1966년 베티 프리던과 페미니스트 시민권 운동가 에일린 허낸데즈Aileen Hernandez(1926~2017) 등이 중심이 돼 결성한 전미여성기구NOW의 창설은 본격적인 여성운동이 조직적으로 부상하기 시작한 것을 상징했다. NOW는 "미국 여성을 모든 책임과 특권을 이용해서 미국 사회의 주류에 올려놓음으로써 진정한 의미에서의 남성과 여성의 파트너십 형성을 그 목표로 한다"고 자신들의 존재 이유와 방향을 분명하게 밝혔다.

NOW의 목적이 '미국 여성이 미국 사회의 주류에 완전하게 동참할 수 있도록 하기 위해서'임을 분명하게 밝힌 것은, 다른 시선으로 보면 여전히 여성은 주류에서 배제된 상태라는 것을 역설적으로 고백하는 것이었다. 그것은 단순한 평등이 아니라, 모든 권리를 주류의 구성원으로서 누려야 한다는 적극적인 선언이었다.

여성운동이 중산층 젊은이들에게 호응을 얻으면서 그 기저에 깔린 저항정신이 표출되기 시작했고, 이는 여성운동을 이전과는 크게 달라진 양상으로 변화하게 했다.

킨제이 박사의 연구는 단순히 정치적·경제적 차별에 대한 비판을 넘어 성혁명을 촉발하는 중요한 계기가 됐다. 그리고 피임약 개발과 판매가 큰 힘을 제공했다. 무엇보다 베티 프리던이 책의 서문에서 밝힌 것처럼, 여성이 사회의 영향을 받기도 하지만 반대로 사회를 변화시킬 수도 있다는 믿음을 갖게 된 것이 이전과는 크게 다른 점이었다. 이런 이유로 이전보다 더욱 적극적이고 구체적인 여성운동 프로그램이 추진됐다. 여성에 대한 공정한 임금, 균등한 고용기회 보장, 탁아시설 확충, 그리고 더 나아가 낙태의 합법화 등을 위한 관련 법률 개정 운동이 이 시기에 활발하게 이루어진 것은 꽤 진일보한 성과였다.

급진주의적 여성해방운동을 주도한 사람들은 그런 방식이 너무 온건하다고 비판했지만,[4] 이후 다양한 여성단체들이 조직되고 차별에 대한 법정 소송 등 갈수록 적극적인 양상으로 진화했다.

여성학으로 확산하는 여성해방의 정신

그러나 아직도 가야 할 길은 멀었다. 서구여성사의 위대한 개척자로 평가되는 거다 러너[5]는 미국 여성에 관한 주제에 대해 미국의 역사가들이 너무나 무지하다는 사실에 놀랐다. 미국 여성사에 대한 연구는 소수의 학자들에 국한됐고, 그나마도 단편적인 경우가 많았다. 그러나 1960년대 폭발한 여성해방운동은 이런 제한적이고 소극적인 여성 의식에 커다란 변화를 가져왔다. 그래서 여성에 대한 다양한 연구가 잇따랐다.

여성사 연구와 더불어 여성학이 대학에서 독립된 과목으로 개설된 게 바로

---

4) 급진 여성주의자들Radical Feminists은 가부장제에 대한 날카로운 비판에 집중했다. 가부장제는 인류 시작부터 존재한 가장 근본적인 억압인 여성차별에서 비롯된 것이기 때문에 기존의 사회적 규범과 기관에 도전해서 가부장제를 철폐해야 한다고 주장했다. 티그레이스 앳킨슨Ti-Grace Atkinson(1938-)의 팸플릿 〈Radical Feminism급진여성주의〉(1969)가 대표적이었다. 그러나 베티 프리던은 급진여성주의가 극단적 표현 방식으로 인해 반발과 역풍을 불러 오히려 여성운동을 약화시킬 수 있다고 비판했다.

5) 거다 러너는 여성에 대한 차별이 어떻게 형성됐는지 주목한다. 남녀의 '차이'에서 여성의 열등한 부분을 과장해서 반복하면서 이데올로기가 형성됨으로써 '차별'이 굳어진 것이라고 진단한다. 그녀의 『가부장제의 창조』와 『역사 속의 페미니스트』는 여성의 역사에 대한 중요한 저술들이다.

1960년대였다.[6] 이런 변화는 페미니스트 정치의 토대를 마련했고, 페미니스트 정치의 구현은 다시 여성사와 여성학에 대한 발전에 힘을 실어주었다. 러너의 분석에 따르면, 이 시기에 많은 학자들이 유명한 여성들의 정체성과 그들의 활동을 낱낱이 기록하고 여성과 관련된 중요한 이슈나 주제 등을 정리하기 시작했다.

1960년대에 새로운 여성운동의 물결이 여성학을 탄생시켰던 것은 당시 여성들이 민권운동·인종차별·학생운동·반전운동·반문화운동 등에 열심히 참여하면서 여성문제에 대한 새로운 인식에 눈을 떴고, 유독 남녀관계에 대해서만 전통적 가치를 고집하는 가치관에 의문을 제기하는 등 열정적인 운동을 줄기차게 펼친 결실이었다.

이를테면, 연설은 주로 남성이 도맡았고, 여성은 타이핑하는 일만 했던 기존의 관행 등에 의문을 제기했다. 남성들은 그게 당연하다고 여겼지만, 이제 여성들은 그런 관념과 관행에 분노를 느끼며 저항하기 시작했다. 이런 상태를 방치하면, 계급이나 인종 문제가 해결된다 해도 여성문제는 고스란히 남게 된다는 것을 깨달은 여성들은 자신들이 주체가 됨으로써만 문제를 해결할 수 있다고 판단했다. 그러기 위해서는 여성운동을 이론적으로 뒷받침하기 위한 학문연구가 필수적이라고 느꼈다.

이런 자각과 운동을 통해 여성학은 학문적 독립성을 얻었고, 여성사와 여성학을 가르치는 대학들이 점차 늘기 시작했다. 이것은 여성의 문제가 학문의 영역에서 독립성·자주성·체계성을 갖는다는 점에서 의미심장한 변화였다. 여성학의 등장은 어떤 분야가 학문적 체계와 독립성을 갖는다는 것을 의미했고, 그런 점에서 획기적인 전환점이 될 수 있다는 것을 새삼 일깨워 주었다.

그러나 여전히 권력과 자본은 남성들이 독점하고 있었고, 어디에서나 유리

---

6) 대한민국에서 처음 '여성학'이 대학 학부 교양과목으로 개설된 건 1977년 이화여자대학교에서였고 1982년에 개별학과로 독립, 대학원에 처음 여성학과가 개설됐다. 아시아에서는 최초로 대학원에 여성학 과정이 생긴 것이었다. 이화여자대학교에서는 본격적 여성학 과목 개설 이전에도 기존 학문을 여성을 여성의 눈으로 새롭게 바라보자는 의식에서 '여성과 직업', '여성운동사', '여성사회학' 등의 과목을 개설했다.

천장Glass Ceiling이 존재 존재했으며, 가정에서의 역할과 의사결정 구조도 크게 달라지지 않았다. 킨제이의 보고서는 남성이건 여성이건 똑같이 성적 욕구의 주체라는 점을 밝혔음에도 불구하고, 《PLAYBOY》는 남성의 자본과 권력으로 생산되고 소비되는 시장성에 더 깊게 뿌리를 박고 있었다.

1960년대 여성사는 사회구조 자체가 성의 관계성이라는 '정치적 관계'에 어떻게 규정돼 있는가 하는 문제와 가부장제와 자본주의라는 이중구조 속에서 이중적으로 착취당하고 있는 현실을 어떻게 비판하고 저항하며 깨뜨려야 할 것인지 등에 대한 목표 의식을 부각했다. 이른바 Women's Live 운동은 여성 차별의 근본 원인을 제도가 아니라, 남성과 여성의 성평등 관계에서 찾아야 한다고 주장했는데, 이는 근본적 페미니즘 사상이 등장하도록 이끌었다.

그러나 특이하게도 1960년 중반 미국에서의 여성해방운동은 대중적인 관심에서는 멈칫하며 후퇴했다. 그 원동력을 회복시켜준 것은 유럽의 페미니즘이었다. 이것은 여성의 종속적 위치에 대해 투쟁의 필요성과 연대 의식을 촉진시켰다. 거기에 미국에서는 민권법 문제가 겹치면서 흑인과 여성의 인권에 대해 정치적으로 각성된 여성 의식으로 진화하고 실천의 방식에 대해 다양한 방식으로 전개되는 발판을 모색했다.

그 핵심은 투쟁을 선언하는 구체적인 정치활동에 있었다. 그동안의 여성운동은 다양하고 질서나 체계도 없고, 조직이 허술하고 엄격한 원칙이 없으며, 지도자도 없을 뿐 아니라, 여성해방에 대한 관심도 그 갈래와 형태 그리고 행동방식이 제각각이라는 한계 때문에 체계와 지속성이 없었던 게 사실이다. 물론 한 가지는 분명하고 일관적이었다. 모든 여성들이 한결같이 억압돼 있다는 점이었다. 그리고 거기에서 얻어지는 이익은 남성들이 불공정하게 독점한다는 사실이었다. 실제로 급진적 페미니스트들은 NOW 같은 조직들이 남성 지배적인 지위 체계의 모방에 불과하다고 비판하기도 했다.

점차 여성들은 사회의 기본적인 불평등이 계급보다는 성에 기초한 차별에 기인하며, 따라서 주요한 변화는 정치영역에서 차별을 타파하고 수정하는 방

향으로 가야 한다는 데에 동의했다.[7] 급진적이건 점진적이건 여성해방운동의
핵심은 바로 그것이었다.

---

7) 캐럴 허니시[Carol Hanisch(1942-)]는 개인의 삶 속에서 벌어지는 모든 일은 실상 정치[권력]와 깊게 연결돼 있
   다며 "개인적인 것이 정치적이다"라고 주장했다. 이렇게 정치집단으로서 여성을 본격적으로 내세우
   며 사회 전반적인 제도 개선을 요구하고, 획기적으로 인식을 전환해야 한다는 촉구의 흐름이 1960
   년대 여성운동이 이전과 다른 점이었고, 비로소 여성운동이 일시적 현상이 아니라 역사적 현상임이
   분명해졌다.

홍위병과 해서파관

마오쩌둥의 권력을 향한
혈血의 장정長征

신념과 독선은 종이 한 장 차이에 불과하다. 거기에 권력에 대한 집착이 가해지면 수단과 방법을 가리지 않게 된다.

스탈린격하 운동에서 보인 불안감 때문에 마오쩌둥이 문화대혁명을 기도했다는 건 문제의 본질과 마오의 인성을 지나치게 거죽만 본 것이다. 내 손으로 일으킨 나라이니 종신 권력을 쥐고 있어야 하고, 그 영광이 오로지 자신에게만 귀속돼야 한다는 착각이 권력 욕망에 대한 합리화로 포장됐을 뿐이다. 마오쩌둥은 그의 바람대로 '죽는 날까지' 중국의 지도자 자리에 앉았다. 후대인들은 공이 70이고 허물이 30이라고 하지만, 그건 중국공산당이 세운 국가에 대한 자존심 때문이고, 굳이 마오를 스탈린처럼 끌어내려 내홍을 겪는 것보다 그의 존재를 인정하고 중국의 안정을 마련하는 게 유리하다는 덩샤오핑의 속 깊은 계산 덕분이었다.

자신은 가장 거대한 공산주의 국가 건설의 대업을 이룬 것에 대한 강한 자부심을 가졌을지 몰라도 그 때문에 치러야 했던 대가는, 단순히 중국의 퇴행에 그치지 않고, 1960년대의 큰 흐름에 역행했다는 점에서는 비판의 여지가 무한하다. 좌충우돌하다 모든 것을 잃게 됐던 흐루쇼프의 의제 설정이 더 시대정신에 가깝다.

실용주의자인 류사오치와 덩샤오핑은 무너진 민생 경제를 회복시키기 위해서는 어느 정도의 일탈도 수용하려는 유연성을 갖고 있었다. 그래서 과감하게 자본주의 정책의 일부를 채용한 정책을 도입했다. 그들의 실용주의 정책이 하나둘 실효를 거두기 시작하자 마오쩌둥은 위기감을 느꼈다. 여전히 군부는 자신의 수중에 있었지만, 민생 경제가 회복되면 인민과 당 조직의 지지가 류와 덩의 세력에게 넘어가는 건 필연임을 본능적으로 직감한 마오는 더 늦기 전에 두 사람을 제거하는 것이 권력을 되찾기 위한 가장 시급한 문제라고 인식했다.

마오, 권력 투쟁을 선포하다

1962년 9월 베이징에서 열린 중국공산당 제8기 10차 중앙위원회전체회의8기 10중전[1]가 본격적인 투쟁의 신호탄을 쏘아 올리는 선언의 무대로 초대됐다. 그 회의에서 마오는 부르주아 세력을 타파하고 자본주의를 타도해야 하는 때라고 선언했다. 그런데 엉뚱하게도 마오는 그 선봉에 청소년이 나서야 한다고 주장했다.

"우리는 계급투쟁이 계속되고, 반동 계급이 부활할 가능성이 있다는 사실을 인정해야 한다"고 경고하면서, "우리는 우리의 경제를 강화하는 한편 당 간부들과 일반 대중, 중·하급 관료뿐 아니라 젊은이들을 올바로 가르쳐야 한다"고 주장했다. 이 발언은 겉으로는 별문제가 없어 보였다. 당연한 말이고 특히 전임 주석으로서 반동 세력의 부활에 대한 경고는 누구나 수긍할 내용이었다. 그러나 마오쩌둥이 "모름지기 한 정권을 뒤집으려면 먼저 여론을 형성하고, 이데올로기 방면의 작업을 해야 한다. 혁명적 계급도 그렇고 반혁명 계급도 그렇다"고 언급한 것은 이데올로기 투쟁을 선언한 것과 동시에 권력 투쟁을 선

---

1) 마오쩌둥이 주관해 개최한 회의로 중앙위원회 위원 82인, 중앙위원회 후보위원 88인이 참석했다. 회의에서 마오는 '계급·형세·모순과 당내 단결 문제에 관해'라는 주제로 연설하며 계급투쟁을 강조했다. 그는 대약진운동에 대해 회의적이고 부정적인 풍조에 대해 비판하면서 더불어 철학·경제학·역사학·문예영역 등에서의 전 방위적 비판 운동을 제기했다.

언한 것과 다름없었다.

류와 덩의 독주를 막기 위해서는 경제가 아니라 공산주의 이념의 반동 세력으로 몰아 몰락시키는 것이 최선임을 간파했기 때문이다. "계급투쟁을 잊지 말라"는 구호가 그해 5월부터 사회주의교육운동으로 나타났다. 그러나 류와 덩은 마오의 말 한마디 한마디가 자신들을 비롯한 당권파를 겨냥한 것임을 명확하게 인지하지 못했다. 듣기에 따라 민감한 주장이고 불편하기는 했으나, 늘 해오던 말을 좀 더 포괄적으로 이야기하는 것쯤으로 치부했다.

그도 그럴 것이 류사오치는 늘 자신이 결연한 혁명가라고 자부했으며, 마오 주석을 계승할 자격이 충분하다고 여겼을 뿐 아니라, 심지어는 그것을 증명하기 위해 마오보다 더 극단적인 좌파의 길로 선회하고 있었기 때문이었다.

실제로 류사오치는 아내 왕광메이王光美(1921~2006)와 함께 사회주의교육운동을 강화하면서, 부패관료와 불순분자 색출에 심혈을 기울였다. 그 과정에서 500만 명 이상을 처벌하고, 7만여 명의 목숨을 요구할 만큼 맹렬하게 공산주의 이념에 충실했다고 확신하고 있었으니, 마오의 말에 자신의 목을 노리는 비수가 숨겨졌을 거라곤 크게 의식하지 않았다.

그래서 마오쩌둥이 "중국에 흐루쇼프 같은 인물이 등장할 경우 우리는 어떻게 해야 할 것인가?"를 물었을 때 류사오치는 주저하지 않고 "문제는 바로 고위층에 있다"고 화답했던 것이고,[2] 곧바로 여름부터 시작된 사회주의교육운동을 직접 이끌었건 것도 나름대로 자신의 공산당에 대한 열정과 충성심을 보여주는 것이라 여겼기 때문이었다.

홍위병 부활의 시동을 걸다

그러나 마오의 계산은 치밀했다. 어린 청소년에게 타도의 목표를 제시하며

---

2) 마오는 흐루쇼프의 스탈린격하 운동에 충격을 받았는데, 류는 마오의 동요를 가볍게 생각했다. 아니, 어쩌면 류는 그 격하 운동이 바람직한 것으로 여겼을 것이다.

독려하는 것이 어른을 동원하는 것보다 훨씬 더 효과적이라는 걸 꿰뚫고 있었다. 무엇보다 이들은 집단최면의 대상으로는 적격이었다. 그는 정권을 뒤집으려면 먼저 여론을 형성하고, 이데올로기 작업해야 한다는 것을 본능적으로 체득한 인물이었다.

마오가 계급투쟁을 강조하고 수정주의를 비판하는 것으로 반대파에 대한 공격을 개시하면서, 청소년들로 구성된 홍위병이 본격적으로 조직되고 움직이기 시작했다. 마오쩌둥은 자신을 끌어내린 정적들의 정치적 생명을 끊어버리고, 다시 한번 권력을 자신의 수중에 넣기 위해 중국 전체에 내분을 일으키는 것쯤은 대수롭지 않다고 여겼다. 더 나아가 그런 과정을 거쳐야 불순세력을 제거하고 제대로 된 국가와 사회를 정립할 수 있다고 믿었다.

마오는 홍위병을 최대한 자신의 수족으로 활용했다. 홍위병이 갑자기 생긴건 아니었다. 이미 1927년 마오가 조직했던 부대의 이름이었다. 그러나 지금의 홍위병은 군인과 급진적인 대학생 심지어 고등학생까지 가입된 혁명적 집단이었다. 그들은 중국에 남아 있는 모든 낡은 요소들을 제거하고 당과 정부 안에 스며들고 있는 자본주의적 요소들을 쓸어버려야 한다고 주장했다. 물론당연히 마오의 사주와 명령에 따른 것이었다.[3]

왜 젊은이들이 마오의 손짓 하나에 그렇게 극렬하게 류와 덩의 세력을 공격했을까? 그 뿌리를 관료제가 제공한 측면도 있었다. 대약진운동의 실패는마오의 잘못된 정치적 판단 때문이었지만, 관료제의 폐해 때문이기도 했다.

관료들은 책임을 회피할 수 있다면 어떤 것이라도 거의 본능적으로 찾아냈고, 문제를 해결할 능력은 없으면서 사리만 차지하고 있었기에 인민의 신뢰는 이미 바닥을 치고 있었다. 게다가 무능한 관리들이 버티고 있으니, 젊은이들이 관료가 될 길은 좁았다. 당연히 젊은이들은 관료제에 대한 반감이 팽배했

---

3) 때로는 마오쩌둥조차 이들을 통제하지 못할 정도였다. 홍위병은 마오가 심혈을 기울여 보존하라고 특별지시까지 내렸던 중국의 민족 영웅 원숭환袁崇煥(명나라 말기 무장으로 후금에 승리해 제갈량에 비견됐다. 1584-1630)의 묘를 훼손하고, 남송 초기의 무장으로 금나라 침공을 무찔렀고 구국영웅으로 추대됐던 악비岳飛(1103~1141)의 묘를 파헤치고 불태우며 상像을 부숴버릴 정도였다.

다. 중국 각지에서 공산당에 대한 비판과 탈당이 예사로웠고, 심지어 홍콩으로 망명하려는 행렬이 쇄도할 정도였다.

사태가 그 지경에 이르자 류와 덩은 이것을 심각하게 받아들였다. 그것은 사회주의 체제에 대한 도전일 뿐 아니라 자신들의 정치권력에 맞서는 것이라 여겼다. 관료에 대한 비판은 당에 대한 비판으로 이어질 것이고, 결국은 국가의 수뇌부를 겨누리라는 것을 명확하게 인식하고 있었기 때문이다. 사실 이런 인식은 마오에게서 배운 것이기도 했다.

쌍백운동 실패의 교훈

마오는 중공업 우선 정책과 중앙집권 관리체제에 대한 비판이 제기됐을 때인 1956년부터 1957년까지 이른바 쌍백운동雙百運動, 즉 백화제방百花齊放(백 가지 꽃을 일제히 피게 한다)과 백가쟁명百家爭鳴(백 가지 학파의 의견이 일제히 분출돼 서로 다투도록 한다)을 제시했다.

겉으로는 예술의 발전과 과학의 진보를 촉진하며, 중국의 사회주의 문화의 번영을 촉진하겠다는 야심 찬 운동이었다. 이보다 더 완벽하고 생산적인 제안이 있을까? 그러나 예술과 과학에서 자유롭게 논쟁해야 하며, 다른 풍격風格이나 학파를 금지하는 것이 발전에 해롭다는 데서 출발한 이 운동은, 교묘하게 변질해 마오가 관료주의·분파주의·주관주의를 제거하는 정풍整風운동으로 전개됐다. 적어도 겉으로는 당내의 오류에 대해 자유롭게 비판하는 것이 가능했다.

"말하는 데에는 죄를 묻지 않는다言者無罪"라고 확약까지 했다. 그러나 급기야 비판의 범위가 마오의 권력과 관료주의에 대한 비판으로 확장되고, 베이징대학에 중국공산당을 비판하는 대자보가 내걸리자 마오는 돌연 태도를 바꾸고 강경한 입장으로 선회했다.[4] 그런 돌변은 마오에게는 일도 아니었다. 결국 중

---

4) 쌍백운동은 1950년대 후반 동유럽에서 반공주의와 자유화운동 과정에서 유혈 폭동이 일어나자 중

국공산당은 반反사회주의적 독초를 일거에 제거하겠다며, 반反우파 투쟁으로 전환하며 당을 비판하는 세력에 대한 공격을 개시했다.

천체물리학자 팡리즈方勵之(1936-2012)[5]와 작가 딩링丁玲(1904~1986)[6] 등 수많은 학자와 예술가들을 포함한 30여만 명의 지식인들이 우파로 낙인찍혀 노동수용소나 감옥에 갇혔고, 대다수는 하방下放됐다. 이것은 공산당 일당독재를 강화시켰고, 지금까지 복수정당을 허용하지 않는 중국 정치의 환경을 낳았다.

청년들은 마오와 중국공산당의 이런 변덕을 기억하고 있었다. 그리고 관료제가 그 일익을 담당했다고 믿고 있었다. 그런 믿음은 류의 시대에도 여전했다. 그래서 류와 덩은 젊은이들이 관료제를 비판하는 것을 방치하면, 그 칼끝이 마지막에는 자신들을 겨눌 것이라는 걸 본능적으로 인식하고 공권력으로 반정부적인 학생 세력을 가차 없이 제압했다. 그럴수록 반감은 증폭됐다. 악순환이 되풀이되고 있었다.

국공산당이 사상의 유연성을 일정 부분 허용해야 한다는 판단에서 비롯된 것이었다. 그래서 1957년 5월 1일부터 《人民日報인민일보》에 사상의 자유를 허용한다는 글을 게재했고, 공산당에 대한 비판도 어느 정도 자유롭게 가능하도록 했다. 그러나 갈수록 비판의 수위가 높아지자 불과 38일 만인 1957년 6월 8일 중국공산당은 태도를 급변해 반 우파운동으로 선회해 그동안 비판적 입장을 개진했던 지식인들을 탄압하기 시작했다.

5) 팡리즈는 1955년 중국공산당에 입당하고 중국과학기술대학에서 교수를 지냈으나 문화대혁명 때 숙청됐다가 마오쩌둥이 죽은 후 복권돼 교수로 돌아왔다. 덩샤오핑의 중국식 사회주의 체제의 문제에 대한 글을 발표하며 정치 개혁을 요구했고, 베이징과 상하이 등지에서 대학생들의 시위에 영향을 미치자 덩샤오핑은 공개적으로 그를 비판하고, 공산당에서 축출하고 교직에서도 제명했다. 1989년 톈안먼天安門사태 때 덩이 인민해방군을 동원해 시위를 진압하자, 아내와 함께 베이징의 미국대사관으로 피신했고 미국으로 망명했다.

6) 딩링은 『소피의 일기』 등 대담하고 예민한 젊은 여성들을 형상화하는 작품들을 썼고, 하층민과 현실 문제에 관심을 나타내는 많은 작품들을 발표했다. 마오쩌둥 일파의 미움을 받아 반당 집단으로 비판을 받으며 당적을 박탈당했다. 문화대혁명 때 베이다황北大荒으로 보내져 20년간 노동 개조를 받기도 했던 딩링은 공산주의자였으면서도 공산주의의 박해를 받은 중국의 작가로 평가됐다. 1986년 병으로 사망하기 전 1979년에 복권됐다.

문화대혁명의 전령, 홍위병

홍위병紅衛兵(Red Guards)도 처음에는 일종의 반反관료적 태도를 띤 조직이었다. 마오는 청소년과 청년이 자본주의 세력이 당과 사회에 침투하는 것을 막고 퇴치해야 한다고 연설했다. 그 세력이 당 내부에 있다는 건 결국 류사오치와 덩샤오핑을 표적으로 삼고 있다는 것을 노골적으로 드러낸 것이었다. 이것은 노골적인 정치투쟁의 선언과 다름없었다.

소외되고 핍박받는다고 느낀 청년들이 거기에 호응했다. 마오는 어린 학생들까지 동원하며 선동했다. 아니, 엄밀하게 말하자면 마오는 최대한 그들을 이용하는 방식을 선택한 것이었다. 마오의 옹호를 받고 있다고 느낀 홍위병은 마오에 대한 충성심을 넘어 그를 신격화하기 시작했다. 문화대혁명이 본격적으로 시작된 것이다.

문화대혁명의 행동대원이 된 홍위병은 마오의 적은 인민의 적이며 중국의 적이고 마땅히 끌어내 처단해야 할 대상이라고 확신했다. 홍위병에게는 1962년 9월의 중앙위원회전체회의에서 마오가 계급투쟁을 새삼 강조하면서 수정주의를 비판하고 개혁파를 공격하는 것이 바로 행동 개시를 의미했다. 권력의 위기를 느낀 마오가 부르주아 세력의 타파와 자본주의 타도를 위해 청소년이 나서야 한다고 주장했을 때, 이미 전국에 청소년으로 구성된 홍위병이 조직된 상태였다. 마오의 지시에 따라 어린 홍위병이 전국을 휩쓸기 시작했다. 야만의 '문화'가 중국을 휩쓸기 시작한 것이다.

문화대혁명의 방아쇠를 당긴 해서파관

'공식적인' 문화대혁명의 발단은 한 편의 역사극이었다. 베이징 부시장 우한이 쓴 『해서파관』이었다. 그는 후스胡適(1891~1962)[7]의 제자로 명나라 역사에

---

7) 후스는 미국 컬럼비아대학에 유학해 박사학위를 받고 귀국해 베이징대학 교수를 지내며 백화운동구

대한 독자적 해석으로 일찍이 학계의 주목을 받았던 학자였다.

우한은 1960년대 『담력사극談歷史劇』에서 역사극 논쟁을 벌이기 시작했다. 그의 주장에 따르면, 첫째, 역사극의 인물과 사실은 반드시 역사적 근거가 있어야 하고, 둘째, 역사주의와 애국주의 교육에 대한 역사극의 역할을 중시해야 하며, 셋째, 역사극의 창작은 역사적 사실에 근거하면서 역사적 진실과 예술적 진실의 통일이 필요하다는 것이었다. 즉 역사인물과 역사사건을 현실에 맞춰 시대적으로 이해하고 해석하는 과정에서 사실史實을 어떻게 다루어야 하는가를 둘러싼 논쟁에 불을 붙인 것이다.

우한이 역사적 진실을 강조하는 역사극의 개념을 제시한 것과 대조적으로 리시판李希凡(1927~2018)[8] 등은 역사인물을 현재에 맞춰 해석할 수 있다면 사실史實은 고려할 필요가 없다고 보았다.

결국 이런 논점의 대립은 역사가와 극작가의 대립이었고, 역사극 문제는 중화인민공화국의 역사적 정통성을 확보하기 위한 역사 정립 작업과 밀접한 관계를 맺고 있는 문제였다.

1959년의 마오는 악명 높은 명나라 가정제에게 죽을 각오를 하고 간언하다가 파면된 해서를 배우라고 교시하는 등 해서를 매우 높이 평가했다. 마오의 속셈은 대약진운동 실패에 대한 핑계를 만들기 위해서였다. 해서의 충심을 높이 사기도 했겠지만, 그보다는 해서를 인용하면서, 자신은 죄가 없고 거짓 보

어체 문학 운동을 펼쳤다. 장제스의 중화민국 주미대사를 지냈고, 중국공산당이 중국을 점령하자 1949년 미국으로 망명했다. 중국공산당은 후스를 합류시키기 위해 상당한 공작을 했고, 그의 제자 우한 등을 파견해 후스를 설득하려 했지만 거절당했다. 후스는 1958년 타이완에 정착해 중앙연구원 원장을 역임했다. 후스는 문화대혁명 때 우한이 해서파관 사건으로 참혹하게 조리돌림당하는 것을 보고 우한이 길을 잘못 들었다고 논평하며 안타까워했다.

8) 산둥대학을 갓 졸업한 리시판은 란링藍翎(1931~2005)과 함께 쓴 논문에서, 당시 『홍루몽』 연구의 대가 위핑보兪平伯(1899~1990)이 홍루몽이 조설근曹雪芹(1724?~1763?)의 자전적 소설이라고 한 것은, 계급투쟁이 없는 자산계급의 유심론이라고 비판함과 동시에 유물론적 토대가 없다고 지적했는데, 이 관점이 마오쩌둥의 높은 평가를 받았다. 마오는 홍루몽을 계급투쟁으로 보면서 홍루몽을 읽지 않으면 중국 봉건사회를 이해할 수 없다고 비판했다.

고를 올린 부하들이 잘못한 것이라는 논리를 합리화하기 위한 속셈이었다. 상하이에서 해서를 다룬 후난성의 경극을 본 마오쩌둥이 크게 감명을 받고 "해서는 황제를 매도했지만, 그것은 충심에서 나온 말이다. 충성스러우며, 강직하고, 아첨하지 않고 간언하는 해서 정신을 제창하지 않으면 안 된다"고 말했던 것은 바로 그런 계산이기도 했다.

우한에게 『해서파관』을 쓰도록 지시한 것도 마오쩌둥이었다. 이 역사극은 성의 행정과 군사를 책임진 해서가 가난한 농민들의 토지를 부당하게 빼앗은 지방 권력자를 응징하고 농민에게 그 토지를 돌려주게 했다는 역사적 사실을 묘사한 이야기였다. 이 경극이 많은 사랑을 받자 마오는 배우와 작가를 초대해 함께 식사하며 격려했다.

1965년 젊은 문화평론가 야오원위안姚文元(1931~2005)은 『해서파관』을 강하게 비판하며 정쟁의 무대에 등장했다. 야오는 해서라는 청백리를 농민의 구원자로 묘사한 것이 계급적 관점을 모호하게 만들었으며, 결국 혁명이 필요 없다는 계급조화론을 꾀하는 것이라고 비판했다. 사실 야오에게 그런 비평을 쓰도록 한 것도 마오였다. 우한을 칭찬한 것도 비판한 것도 결국 마오의 손바닥 안에서, 그의 편의와 목적에 따라 이루어졌다. 야오원위안의 『해서파관』에 대한 비판은 마오의 사주에 따른 매우 음험한 것이었고, 이것을 빌미로 중국 대륙은 문화대혁명의 회오리 속에 휩쓸리게 됐다.

얼핏 보면 하찮은(?) 희곡 한 편이 어떻게 문화대혁명이라는 엄청난 파장을 일으켰을지 짐작하기 어렵다. 거기에는 두 가지 요소가 담겨 있었다. 하나는 사회주의 이데올로기를 어떻게 정립하느냐에 대한 문화적 기준을 마련하는 것이었고, 다른 하나는 정적의 제거를 위한 고도의 계산이었다.

마오는 친親류사오치 계열의 당시 베이징 시장 펑전彭眞(1902~1997)을 먼저 제거하기 위해 이것을 이용했다. 펑전이 있는 한 베이징을 장악하는 건 불가능했기 때문이다. 이른바 해서파관 사건은 역사에 대한 해석 투쟁과 더불어 펑전 밑에서 베이징 부시장으로 있는 우한을 먼저 쓰러뜨리려는 계산에서 비롯된 것이었다

그 이전에 1959년 루산회의 때 국방부장 펑더화이가 마오에게 직언하다 파면된 이후 이상한 기류가 퍼졌다. 해서가 펑더화이로, 가정제가 마오쩌둥으로 비춰지기 시작한 것이다. 1962년 7천인대회에서 실제로 많은 사람이 펑더화이를 해서에 비유하는 걸 보고 마오는 충격을 받았다. 그래서 〈해서파관〉의 공연을 금지했지만 출판본은 계속해서 나왔고, 그것을 조직적 반당 음모로 간주한 마오는 대약진운동과 관련해 마오를 비판한 류사오치가 배후에 있다고 여겼다.

이 작품을 문화대혁명의 불쏘시개로 만든 주인공은 마오의 아내 장칭江靑(본명 李淑蒙, 1914~1991)이었다.

1939년 유부남인 마오가 여배우 장칭과 결혼하겠다고 하자 공산당이 발칵 뒤집어졌고, 가까스로 30년 동안 정치에 관여하지 않겠다는 약속으로 결혼한 장칭은 대외적 정치활동에 거의 나타나지 않았다. 1963년, 장칭은 '중국 전통 예술 형식'에 '프롤레타리아 주제'를 접목하고자 하는 경극京劇 운동을 후원하면서 활발한 정치활동을 벌이기 시작했다.[9]

〈해서파관〉을 관람한 장칭은 이 작품이 중대한 정치적 과오를 지닌 연극이라고 비판했다. 봉건시대 관리를 미화한 것은 우파에 의한 자본주의 부활의 음모라며, 마오에게 반혁명 연극이라고 설득했다. 처음에는 마오도 아내의 극단적 해석을 거부했으나, 류사오치와 덩샤오핑에 대한 감정이 극도로 나빠지면

---

9) 1. 마오쩌둥과 허즈전賀子珍(1910~1984)의 부부관계가 해제될 때까지 장칭은 마오쩌둥의 부인 자격을 인정하지 않는다. 2. 장칭은 마오쩌둥의 기거와 건강, 두 가지를 책임진다. 향후 그 누구도 당 중앙에 장칭 동지와 유사한 권한을 요구할 수 없다. 3. 장칭은 마오쩌둥의 개인적인 업무만 관장하고 앞으로 20년 간 당의 직책을 맡거나 업무에 간여하지 못 한다 등의, 장칭의 외부 활동을 제한한 조항인 이른바 약법삼장約法三章이 해제된 것은 미국 언론인 애너 스트롱Anna Louise Strong(1885~1970)의 중국 방문을 기회로 공식 석상에서 장칭이 마오쩌둥의 부인으로 정식 등장함으로써 깨졌다. 장칭은 처음에는 경극에 비판적이었으나 입장을 바꿔 경극을 후원하면서 정치력을 키우는 발판으로 삼았으며, 홍위병을 지휘하면서 '무산계급의 위대한 기수無産階級偉大騎手'로 칭송됐다.

서 그녀의 말에 마음이 쏠리기 시작했다.[10]

1965년 2월, 마오가 장칭을 상하이로 보내『해서파관』을 고발하도록 했다. 장칭을 상하이로 보낸 건 '마오 주석의 좋은 학생'이라 불리던 심복이며 극좌파 문인이던 커칭스柯慶施[1902~1965][11]가 상하이의 시장이었기 때문이었다.

마오쩌둥의 지시에 따라 선전부에 속한 야오원위안과 장춘차오張春橋[1917~2005][12]가 장칭을 돕기 위해 나섰다. 야오는 베이징 부시장인 우한이 지주계급 국가를 미화하고 혁명을 불필요한 것이라 주장한 것이며,『해서파관』은 프롤레타리아 독재와 사회주의에 반대하는 독초라고 맹비난했다. 이 논쟁을 둘러싸고 양 진영이 치열하게 맞섰다. 그러나 권력의 화신 마오쩌둥은 이미 그보다 더 큰 그림을 그리고 있었다.

'해서파관 사건'으로 베이징 시장 펑전, 총참모장 뤄루이칭羅瑞卿[1906~1978],[13] 판공청 주임 양상쿤楊尚昆[1907~1998], 정치국 후보위원 루딩이陸定一[1906~1996] 등이 숙청당했다. 이른바 '5·16사건'이었다.

---

10) 1961년 베이징에서 마오와 함께 〈해서파관〉 경극을 본 장칭은 그것이 정치적으로 민감한 문제를 잘못 해석할 수 있음을 간파하고,《新華通訊신화통신》과《人民日報》등의 선전 담당자들에게 이런 문제점을 지적했으나, 이때만 해도 마오가 〈해서파관〉을 칭찬하고 있을 때여서 모두가 장칭의 요청을 거절했다.

11) 커칭스는 2대 상하이 시장으로 재직하면서 장춘차오, 야오원위안 등 상하이시 출신 인사들이나 이른바 사인방들을 후원했다. 그는 한때 저우언라이 총리의 자리를 위협한 거물이었다. 상하이시 기관지인《解放日報해방일보》사장과 편집인을 지낸 장춘차오는 커칭스의 정치 비서였고, 야오원위안도 혁명위 부주임이었다. 커칭스는 이들이 중앙정치국에 입성하는 데에도 큰 도움을 제공했다. 커칭스는 펑더화이가 마오쩌둥을 비판할 때 격분해, 마오에게 강력한 응징을 부추긴 인물이기도 했다.

12) 이른바 사인방四人幇은 장칭을 비롯해 정치국 위원이었던 야오원위안, 중국공산당 중앙위원회 부주석 왕훙원王洪文[1935~1992], 정치국 상임위원 겸 국무원 부총리 장춘차오 등이다. 1976년 9월 마오쩌둥이 사망한 지 한 달 만에 화궈펑華國鋒[1921~2008]이 당 주석 겸 당 중앙군사위원회 주석이 됐다. 화궈펑은 장칭을 중심으로 한 '상하이 문화대혁명파 4인'을 쿠데타 음모 혐의로 체포했다. 이들의 체포로 문화대혁명은 막을 내렸다.

13) 뤄루이칭은 문화대혁명 시기 자신에게 가해지는 비난을 견디지 못하고 건물에서 뛰어내리다 중상을 입었다.

마오쩌둥은 새롭게 '문화대혁명'을 영도할 소조小組를 조직할 것을 요구했다. 이때 4인방들이 본격적으로 득세했다. 본격적인 권력투쟁이 시작됐는데 그 과정과 내용은 거의 내전에 가까웠다.

민족사에 한 번 더
상처를 낸 어설픈 화해

힘이 없으면 업신여김을 당한다. 개인 사이에만 그런 게 아니다. 국제 관계에서는 더 엄혹하다.

생뚱맞게 '독립을 인정한다'는 1951년의 샌프란시스코조약도 어처구니없는 일이지만, 강대국 미국과 부흥하는 일본이라는 강자에 비해 정치적으로나 경제적으로 약자인 대한민국이 일본과 맺은 수교는 온갖 문제를 안고 있었다. 미국의 압력과 돈에 대한 조급성 때문에 다른 세부적 조항에 대해 너무 어수룩하게 대했다는 비판에서 벗어나기 어렵다. 그 돈으로 경제 발전했으니 족하지 않은가 반문하는 이들은 그걸 너무 경시했다. 1882년의 제물포조약처럼 불평등 요소들이 곳곳에 숨어 있고 두고두고 우리의 발목을 잡았으며 앞으로도 그럴 것이다.

그럼에도 박근혜 정부는 한일관계를 '정상화'해야 한다며 일본이 달랑 10억 엔을 떠넘기며 강제징용, 전쟁성노예 등 모든 문제를 '포괄적으로' '불가역적으로' 해소하자는 걸 덥석 물었다. 아마도 중국에 대항하기 위한 '한·미·일 삼각동맹' 체제 구축에 몸 단 미국의 압력이 작용한 탓이었겠지만, 너무 물렁하고 허술하게 대처했다. 그러면서 냉각된 한일관계를 해소할 초석을 마련했다고 허세까지 부렸다. 내치는 언제든 바로잡을 수 있지만, 외교는 한 번 어그러지면 두고두고 값을 치른다. 외교에서는 티끌조차 가볍게 여길 수 없다.

쿠데타로 집권한 박정희 장군이 민간인으로 옷을 갈아입고 대통령이 된 후, 1964년 3월 한일국교정상화회담이 빠르게, 그러나 성급하게 추진됐다. 3월 24일 서울대학교 학생들이 하야토 일본 수상과 이완용李完用(1858~1928)[1]의 허수아비를 만들어 '제국주의자 및 민족반역자 화형 집행식'이라는 이름으로 불태우고 한일회담을 즉각 중지할 것을 요구하며 가두시위에 나섰다. 부산과 대구 등 여러 대도시에서도 학생들이 호응해 대대적인 항의시위가 잇따랐다.

한일회담과 5·16군사쿠데타를 묶어서 함께 성토하며 격렬한 시위가 벌어지자 경찰이 신속하게 이들을 해산시키는 과정에서 100여 명이 부상하고 200여 명의 학생들이 연행됐다. 그러나 시위는 꺾이지 않았고, 전국 주요 도시에서 계속됐다. 그 절정이 6월 3일이었다.[2] 1만여 명의 학생과 시민이 경찰저지선을 뚫고 광화문까지 진출한 것이다. 시위대가 성급하고 굴욕적인 한일회담을 반대하며 정권 퇴진까지 요구하자 대통령 박정희는 서울시 전역에 비상계엄령을 발동했다.

모든 학교는 휴교하고 통금이 연장됐으며, 영장 없는 압수·수색·체포·구금이 일상이 됐다. 학생과 민간인 그리고 언론인이 구속되고 정국은 꽁꽁 얼어붙었다.

샌프란시스코강화조약과 미·일의 합작

한일국교정상화가 박정희 정부에서 처음 시도된 건 아니었다. 한국전쟁이 한창이던 1952년부터 제기됐던 문제였다. 지정학적으로 가까운 두 나라가 마

---

1) 이완용은 대한제국 내각총리대신으로 을사늑약·기유각서·정미7조약·한일합방조약을 체결해 대한제국을 팔아넘긴 을사오적의 주역이다. 1907년 한일신협약정미7조약에 서명해 행정권을 일제에 넘겼고, 1909년에는 독단으로 기유각서를 교환해 사법권을 넘겼으며, 마지막으로 1910년 한일병합조약을 체결함으로써 나라를 팔아넘기고 일본제국의 후작 작위를 받았으며, 총독부 중추원 부의장 등을 지내며 내선일체內鮮一體 정책에 앞장선 대표적 매국노였다.

2) 그래서 이 시위 사태를 6·3항쟁이라고 불렀고 참가자들을 중심으로 이 세대를 6·3세대라 불렀다.

냥 미수교 상태로 남아있을 수는 없는 노릇이었다. 여기에는 미국의 입장과 입김이 크게 작용했다.

1951년 9월 미국과 일본은 샌프란시스코강화조약Treaty of San Francisco[3]을 체결하고 동맹국 관계를 설정했다. 미국으로서는 한국전쟁을 통해 냉전이 언제든 열전으로 바뀔 수 있음을 실감했고, 소련을 비롯한 공산주의 국가를 견제하기 위해서는 전략적 요충지를 확보하고 일종의 방어 블록을 구축해야 한다고 판단했다.

특히 한국전쟁을 치르면서 일본을 병참 거점으로 삼았던 미국으로서는 일본과의 새로운 관계를 정립해야 한다고 여겼기 때문에 일본에 최대한 유리한 내용들을 수용했다. 샌프란시스코강화조약을 통해 일본은 피점령 상태에서 벗어나 서방 세계의 일원이 됐지만, 일본의 침략으로 피해를 입은 아시아 여러 나라들이 반발했다. 이것은 두고두고 이후의 외교적 분쟁의 씨앗을 뿌린 셈이었다.[4]

태평양전쟁에서 승리한 미국은 일본을 중심으로 한 아시아 지역의 경제 블록을 기획하고 있었는데 냉전과 한국전쟁을 경험하면서 일본의 전략적 가치에 주목했기에 군사와 경제를 묶는 블록 형성을 기획했다.

샌프란시스코강화조약 이후 미국은 9월 8일 미일안전보장조약을 체결함으로써 한·미·일 동맹 체제를 구축했다. 더 나아가 한국전쟁 중에 일본의 무기 제조를 허가하고, 1954년에는 자위대 창설을 통한 일본의 재무장도 허용했다. 미국은 대한민국에 일본과의 외교 정상화를 요구했지만, 이승만과 국민의 반일 정서 때문에 진척될 수 없었다. 그렇다고 마냥 미뤄둘 수만도 없었다. 그야

---

3) 이 조약 제4조에 의해 일본은 대한민국의 '독립을 인정'하고 한국 정부와 재산과 청구권에 관한 특별 약정 의무를 부담하기로 했다. 이에 따라 두 나라는 1951년 말부터 국교 정상화와 전후보상문제를 논의했다.

4) 대한민국과 북한은 전승국이 아니었기 때문에 강화조약에 초대받지 못했으며, 필리핀과 인도네시아는 강화조약과는 별도로 배상협정이 진행돼야 한다고 주장했다. 이 조약으로 대부분의 나라는 일본에 대해 배상청구권을 포기하게 됐지만, 그것은 자국의 자발적 선택이 아니라 타국의 야합에 의한 것이었기에 분쟁의 빌미가 됐다.

말로 '뜨거운 감자'였다.

미국의 압력이 아니더라도 일본은 대한민국과 수교가 필요했다. 그래서 일본이 더 적극적이었다. 일본은 식민지배와 패전의 책임과 배상 따위는 접어두고 자신의 이익에만 집중했다. 일본의 입장에서 한국전쟁은 여러모로 이익이었다. 한국전쟁은 일본의 경제 부흥에 엄청난 혜택을 주었다. 어차피 미국이 '일본을 중심으로' 아시아의 군사 및 경제 블록을 구상하고 있으니, 자연스럽게 아시아에서 주도권을 행사할 수 있게 됐기 때문이다.

일본이 가장 두려운 것은 소련의 존재였다. 이미 사할린을 비롯한 여러 섬을 빼앗긴 일본으로서는 소련의 침략 의도를 막고 북해 4도를 되돌려 받는 게 최선이었는데, 소련을 등에 업은 북한이 한반도를 장악하게 되면 목적을 이룰 수 없을 것 같았다. 그렇기에 중국까지 포함된 공산 진영으로부터의 방파제로서 대한민국과의 수교는 필수적이었다. 그뿐 아니라 자신들의 경제성장과 영향력 확대를 위해 대한민국을 시장으로 확보하는 것도 매력적이었다.

한일정상화 회담 소사

미국과 일본의 바람과는 달리 대한민국의 반응은 여전히 적대적이고 미온적이었다. 심지어 대한민국은 1952년 '인접해양에 대한 주권선언[5]'을 '일방적으로' 발표하고 해당 수역에 침입한 일본 선박을 나포하기 시작했다.

1952년 2월 제1차 한일회담 이후 진전이 별로 없었다. 특히 이승만 정부의 완강한 반일 감정은 큰 걸림돌이었다. 적어도 그 걸림돌을 치우기 위해서는 국민감정도 동의할 수 있는 내용이어야 하는데 그것을 받아들이기에는 너무나 부담이 컸다. 전시작전권을 쥔 미국의 압력도 통하지 않았다.

---

5) 일명 '이승만 라인'으로 불리는 이 수역은, 한반도 주변수역 50~100해리 범위로 국제해양법협약에 의해 새로 도입된 개념인 배타적경제수역EEZ의 외측 한계보다 안쪽에 있고 독도를 라인 안쪽에 포함하고 있었다. 이승만 정부는 1953년 어원자원보호법을 제정해 이 수역 내에서 외국선박의 불법어로 행위를 엄격히 단속했다.

제1차 회담을 주선한 것은 연합군 최고사령부 외교국장 시볼드William Sebald(1901~1980)[6]의 중개였다. 1951년 10월 21일 예비회담을 거쳐 1952년 본회담이 시작됐으나 양국의 이견 차가 너무 커서 2개월 만에 중단됐다.

제2차 회담은 그다음 해 개최됐으나 평화선 문제와 재일교포 강제 퇴거 문제로 3개월 만에 다시 중단됐다.

같은 해 10월 6일 다시 개최된 제3차 회담에서는 일본의 수석대표 구보타 간이치로久保田貫一郎(1902~1977)가 "일본의 36년간의 조선 통치는 조선인에게 유익했다"[7]는, 이른바 '구보타 망언'으로 결렬됐다.

제4차 회담은 3년 뒤 예비회담을 거쳐 1958년 4월 15일에 개최됐지만, 이번에는 재일교포 북송 문제로 난항을 거듭했다. 그리고 자유당 정권이 4·19혁명으로 붕괴됨으로써 아예 회담이 중단됐다. 이후 민주당 정부가 한일회담 재개를 추진해 1960년 10월 25일 제5차 회담이 개최됐지만, 5·16군사쿠데타로 정권이 무너지면서 다시 중단됐다. 당시 민주당의 총리 장면은 일본에 23억 달러의 배상금을 요구했지만, 일본이 거절했다.

박정희 정부와 한일국교정상화회담

쿠데타를 일으킨 군사정부는 새로운 투자재원이 필요했는데 설상가상으로 미국의 원조가 대폭 삭감됐던 터라 일본의 자본을 유치하는 것이 절박했다. 이런 처지는 일본을 동맹의 중심으로 삼아 한반도의 안정을 꾀하고 공산주의 세

---

6) 시볼드는 해군사관학교를 졸업하고 주일미국대사관 무관으로 배속됐다가 1933년부터 고베神戸에서 변호사로 생활했다. 전쟁 발발 후 다시 무관으로 귀속했고, 1945년 주일미국대사가 됐다. 대사 퇴임 후 계속 일본에 머물며 활동하다 1950년에는 대사급 도쿄 주재 연합군 최고사령부의 미국 정치고문 역을 맡았다. 그는 전형적인 친親일본파였다. 시볼드는 샌프란시스코강화회담 초안에 명시됐던 '독도를 대한민국 영토로 반환한다'는 내용을 삭제하도록 주도한 장본인이기도 했다.

7) 구보타는 일본인이었지만 똑같은 말을 하는 대한민국의 학자와 정치인들이 많은 것은 기가 찰 노릇인데, 그들이 거의 다 이른바 '뉴라이트' 진영에 속했다는 건 결코 우연이 아닐 것이다.

력을 견제하려는 미국의 전략에 부합하는 것이어서 미국의 강력한 지원을 받았다. 그리고 일본의 입장에서는 자본의 해외 진출을 꾀하는 입장과 부합했다. 거기에 일본군 장교 출신으로 일본에 대한 친근함을 가졌던 박정희의 개인적 정서도 이전까지의 걸림돌이었던 반일 감정에 발목 잡히지 않을 요소였다.

박정희 정부는 경제개발계획의 실현을 위해 일본과 국교를 정상화하고 지난 식민시대에 대한 보상금[8]이 절실했기에 적극적으로 회담에 임했다.

1961년 10월 20일 재개된 제6차 회담이 양국의 이견과 국내의 반대로 진전이 더디자 박정희는 중앙정보부장 김종필金鍾泌(1926~2018)을 일본에 특사로 파견해 오히라大平正芳(1910~1980) 외상과 비밀회담을 갖고 타결조건에 합의토록 했다.[9] 이 회담에서 서로 이견을 조정해 무상공여로 3억 달러10년 분할 지급, 대외협력기금 차관 2억 달러, 민간 차관 1억 달러를 제공하는 것으로 합의됐다. 이로써 협상 타결에 급급했던 대한민국은 '청구권자'에서 '원조 수혜국'으로 전락하고 말았다.

박정희 정부로서는 회담 타결로 '돈'을 얻는 것이 가장 시급했기에 부차적인 조항들에서 많은 양보를 했다는 평가를 받았다. 이로써 대한민국과 일본의 국교 정상화가 눈앞에 놓이게 됐는데 이 비밀회담에서 대일 청구권 문제, 어업 문제, 문화재 반환 문제 등에서 일본에 지나치게 양보했다는 내용이 드러나자 굴욕적인 한일회담을 반대하는 시위가 다시 격렬하게 일어났다.

---

8) 대한민국이 일제 침략과 식민지배에 대한 '배상금'을 요구하자 일본은 식민통치 기간에 조선을 발전시켜줬는데 무슨 배상이냐며 적반하장으로 대응했다. 일본은 '배상' 대신 '보상'을 주장했다. 잘못에 대한 사과가 수반되는 '배상'이 아닌 손해에 대한 물적 보완의 성격인 '보상'이었고 심지어 일본은 '독립축하금'으로 주겠다고 했다. 그러나 카이로회담(1943)에서 장제스의 요구로 '조선인이 노예상태에 놓여 있음을 유의해 앞으로 조선을 자유독립국가로 할 것'을 결의함으로써 일본의 사고가 국제정서에 완전히 위배된 것임을 확인할 수 있었다.

9) 박정희 정권이 들어서자 당시 일본 총리 이케다 하야토는 즉각 한국의 신정부를 지지한다고 천명했고, 박정희 의장은 1961년 11월 22일 케네디를 만나러 미국에 가는 길에 이케다를 만나 협조를 요청했다. 김종필은 오히라와 협상하면서 자신이 이완용으로 불려도 어쩔 수 없다며, 조금 적은 액수더라도 빨리 공장을 세우고 기술을 배워 경제발전을 이뤄야 한다고 강변했다.

대학생뿐 아니라 고등학생까지 시위에 나서자 정부는 전국 34개 대학과 119개 고등학교에 휴교령을 내렸다. 그러나 시위는 점차 확산하기만 했다. 5월에는 학생들이 한일회담에 깊숙이 관여하며 회담 성사를 종용한 미국을 비난하기 시작하더니 미국이 한일회담에 개입하지 말 것을 촉구하는 등 반미시위로까지 확산했다.

그러나 1965년 6월 22일 전국에 갑호비상령이 내려진 가운데 한일협정이 정식으로 조인됐다. 이 조인으로 시위는 더욱더 거세졌고 참여하는 계층도 넓어졌다. 이런 저항 속에서 한일협정 비준안이 1965년 8월 14일 국회에서 여당 단독으로 날치기 통과됨으로써 양국의 국교는 '정식으로' 회복됐다. 그러나 이 날치기 통과에 분노한 시민과 학생들의 저항과 시위는 더 격렬해졌고, 결국 무장군인의 진압과 군대의 학원 점령으로 실패하고 말았다.

성급한 한일협정은 대한민국으로서는 두고두고 골칫거리가 될 처지였다. 과거사 문제를 전혀 해결하지 못했고 전쟁성노예[10] 문제와 징용피해자의 개인 청구권[11] 문제, 독도 문제 등이 두고두고 양국의 발목을 잡게 만들었다.

당시 세계 최빈국이던 대한민국에 돈을 빌려줄 곳은 거의 없었기에 외부 자본이 절대적으로 필요한 정부의 입장에서는 어차피 넘어야 할 국교정상화라면 자본이 절실히 필요한 처지에서 타결하는 것이 유리하다고 여겼을 것이다.[12] 그리고 그것이 대한민국의 산업화와 경제발전에 마중물이 된 것은 부인

---

10) 당시에는 정신대挺身隊라 불렀는데 사전적으로는 '어떤 목적을 위해 자진해서 몸을 바치는 부대'라는 뜻으로 '결사대'라는 의미로 쓰였다. 철저히 일본의 왜곡된 시선이다. 그 후 '위안부'라는 이름으로 대체됐는데 그 명칭 또한 일본의 시각에서 작명된 것이다. 국제적으로도 전쟁성노예War Sex Slave로 통칭한다. 그러나 놀랍게도 여전히 대한민국에서는 '위안부'라는 모욕적인 용어가 통용된다.

11) 일본은 1965년 한일협정과 보상금 지급으로 일괄 타결됐다는 입장이지만, 2018년 대한민국 대법원은 징용피해자의 개인청구권은 포함되지 않았다고 판결함으로써 한일관계가 급속하게 악화했다. 일본은 대법원판결 이전에 박근혜 정부와 강제징용과 전쟁성노예 문제에서 이른바 '불가역적인' '포괄적' 합의를 빌미로 10억 엔을 지급하기로 함으로써 향후 양국 관계에서 악영향을 끼치게 됐다. 이 타협 역시 한·미·일 동맹체계를 강화해야 하기 위해서는 과거사 문제를 털어내야 한다고 판단한 미국의 압력이 개입했을 것이라는 해석이 많았다.

12) 1965년 12월 27일 민주공화당 전당대회 치사에서 박정희 총재는, 민주공화당 정부가 운명을 걸

할 수 없었다. 거기에 군사 경제적 블록화가 절실했고, 베트남전쟁에 한국군의 파병을 원했던 미국의 종용과 압력, 새로운 시장으로서의 한국이 필요한 일본의 이해관계가 한꺼번에 맞물리면서 타결된 것이었다. 새로운 동북아시아 상황이 어떻게 전개될지 관심이 쏠리기 시작했다.

고 국교정상화를 추진하고 타결했으며, 지금 하지 않으면 다른 정부가 들어서더라도 꼭 해야 할 문제일 뿐 아니라 다른 정부가 지금보다 더 유리한 조건으로 할 수도 없을 것이라고 합리화했다.

흑인민권운동의 수난

폭력의 폭풍에도
사위지 않는 검은 불꽃

악은 언제나 집요하고 부지런하다. 그리고 악은 결코 스스로 포기하거나 반성하는 법이 없다. 그럼에도 정의는 멈추지 않는다. 이것이 인류가 진화하고 진보하는 역사의 방식이다. 그러나 그 정의의 진보에는 수많은 죽음과 핍박이 따랐음을 기억해야 한다.

엄밀히 말하자면 흑인들이 미국에 밀입국한 게 아니라 강제로 잡아다 노예로 판 것에서 비롯한 일이다. 따라서 먼저 '사죄'하고 용서를 구해야 하는 것이었다. 그러나 강자의 오만은 사죄는커녕 해방은 '선언'하되 계속해서 실질적으로 노예로 살기를 강요했다. 흑인민권운동은 최소한의 권리에 대한 최소한의 요구였다. 그러나 그마저도 엄청난 대가를 치른 요구였다.

형태나 현상만 다를 뿐 본질은 똑같다. 그리고 언제나 악은 다양한 얼굴로 바뀐다. 악의 'Face Off'는 끝이 없다. 그 모습을 항상 감시해야 한다.

하지만 우리는 늘 속는다. 그걸 깨달았을 때는 이미 악은 다른 얼굴로 변신한다. '부지런하고 집요한 악'을 물리쳐야 불필요한 희생을 줄이고 정의를 실현할 수 있다. 늘 다른 얼굴로 바꾸는 악의 속도와의 격차를 줄이고 궁극에는 악의 걸음보다 앞서갈 수 있어야 기다렸다가 악에 철퇴를 내려칠 수 있다. 지금도 여전히 그렇다.

'메러디스 입학사건'의 주인공 메러디스의 대학생활은 결코 장밋빛이 아니었다. 온갖 음해와 따돌림의 연속이었다. 등교와 수강의 문제에 그치지 않았다. 기숙사 바로 위층에 있는 학생들이 밤새 농구공을 튀기며 소음 공해를 일으키는 등 이런 괴롭힘은 두 학기 내내 계속됐다. 1966년 메러디스는 흑인민권운동에 대한 지지를 호소하고, 흑인들의 선거인 명부등록을 격려하기 위해 홀로 테네시주 멤피스에서 미시시피주 잭슨까지 약 350킬로미터에 이르는 '두려움에 저항하는 행진Meredith March Against Fear', 일명 '메러디스 행진[1]'을 벌였다.

행진이 시작된 이튿날인 6월 6일 오브리 노벨Aubrey Norvell(1925~2016)이라는 백인우월주의자가 메러디스를 저격[2]했다. 메러디스는 다행히도 목숨은 건졌고, 6월 26일 1만 5천 명의 잭슨 시민들 앞에서 인종 사이의 평등을 외침으로써 행진을 마무리했다. 여전히 인종차별 반대와 온전한 흑인해방은 목숨을 걸어야 하는 위험한 싸움이었다.

맬컴 엑스의 분투와 암살

메러디스 행진 전 해인 1965년 2월 21일 맬컴 엑스가 암살됐다. 미시간주 랜싱에서 어린 시절을 보낸 맬컴 리틀Malcolm Little은 자신의 집이 KKK단에 의해 불타는 것을 경험했고, 그 2년 뒤에는 아버지 얼 리틀Earl Little(1890~1931)이 살해당하고, 어머니는 정신병원에 입원하는 아픔을 겪었으며, 열세 살의 어린 맬컴은 위탁 가정을 전전해야 했다. 여러 해를 소년원에서 보냈던 그는 1946

---

1) 밥 딜런의 1963년 앨범에 수록된 노래 가운데 〈Oxford Town〉은 1962년 옥스퍼드시의 미시시피대학 메러디스의 이야기를 다루고 있다. 이 노래는 은유적이고 시적인 밥 딜런의 다른 노래와는 달리 직접적이고 공격적인데 가사에서 바로 드러나듯, 인종차별이 벌어지는 미시시피를 '모든 사람에게 치욕적인 곳이며 '태양희망이 빛나지 않는 곳'이라고 거침없이 비난했다. 밥 딜런은 이 노래를 1960년대 워싱턴대행진을 비롯한 모든 흑백차별 폐지 시위와 집회에서 단골 레퍼토리로 정하고 불렀다.

2) 그는 5년 형을 선고받았을 뿐이었다. 그나마 그가 미시시피주에서 처음 체포된 백인이며 흑인에게 총을 발사한 죄로 유죄평결을 받은 최초의 인물이었다는 점만 유의미했다.

년 강도죄로 복역[3]하면서 무슬림으로 개종했으며 자신의 성을 '엑스X'로 바꿨다. 기존의 성은 백인노예주가 지어준 것이고, 자신의 뿌리가 되는 아프리카에서의 성이 무엇인지 모르기 때문에 미지수 X를 성으로 삼은 것이다.

맬컴은 감옥에서 흑인 이슬람 종교단체인 '네이션 오브 이슬람Nation of Islam'에 가입했으며, 출소 후 미국 전역을 돌며 순회강연을 했고, 곧 가장 영향력 있는 연사가 됐다. 그가 속한 '블랙 무슬림Black Muslim'[4]은 흑인의 우월성과 백인의 타고난 사악함을 주장했다. 맬컴은 백인들의 흑인 착취에 반대하는 통렬한 웅변과 화려한 연설 솜씨로 수많은 지지자를 얻었다. 대다수 흑인민권운동이 비폭력저항을 강조한 것에 불만이었던 그는 온건한 시민권운동을 비웃거나 비난했고, 흑백통합주의와 흑백평등주의 모두를 거부했다. 맬컴은 대신 흑인분리주의, 흑인의 우월성, 흑인의 자립을 요구했다. 그러면서 흑인들은 자기방어를 위한 폭력을 사용해야 한다고 서슴없이 주장했다. 이 때문에 대부분의 민권운동 지도자들은 맬컴을 배척했다. 백인 인종차별주의자들에게 맬컴은 '가장 위험하고 사악한 검둥이'였다. 1964년 10월 맬컴은 흑인분리주의에 대한 신념을 포기하고 블랙 무슬림을 떠나 정통 이슬람으로 개종했다.

그를 둘러싸고 양 세력 간의 적대감이 증폭했고 폭력 사태가 빈번했다. 맬컴의 목숨도 위협을 받았다. 결국 그는 할렘 지구의 한 무도장에서 열린 지지자 집회에서 예전에 그가 속했던 네이션 오브 이슬람 회원 세 명에게 암살됐다. 맬컴은 살았을 때보다 오히려 죽음 이후 더 유명(?)해지고 더 많은 영향력을 얻었는데 그것은 그가 살해되기 직전 여러 차례 인터뷰를 나눴던 알렉스 헤일리Alex Haley(1921~1992)[5]가 1965년에 출간한 『The Autobiography of Malcolm

---

3) 청년 맬컴은 부당한 흑인 대우와 의무 부과에 저항해 병역을 거부했고, 1946년에는 불법 침입과 기물 파손 혐의로 징역형을 받았다.

4) 블랙 무슬림은 백인의 기독교에 맞서 이슬람을 흑인들의 종교로 내세우며 백인 지배로부터의 독립을 호소한 급진주의 단체였다.

5) 1939년 미 해군 소위로 임관해 제2차 세계대전과 한국전쟁에도 참전한 그는 중령으로 예편한 뒤 1959년 소설가로 등단했다. 『뿌리Roots』(1976)로 세계적인 작가가 됐다. 이 작품은 헤일리 자신이 밝힌 바에 의하면, 그의 외가 쪽의 이야기를 바탕으로 쓴 소설로 1767년 감비아에서 납치돼 미

X맬컴 엑스 자서전』 덕분이었다. 그 책이 널리 읽히면서 특히 흑인 청년들 사이에서는 맬컴이 그들의 사상과 행동의 영웅으로 떠올랐다. 흑인민권운동가에 대한 위협과 살해 시도는 끊이지 않았다. 수많은 운동가가 목숨을 잃었다.

맬컴 X의 암살은 종교적 영향력과 인권운동이 배경이었다면, 케네디 암살은 군산복합체가 그 배경이었고, 더불어 그의 진보적 정치가 초래한 불편함과 불이익에 의한 반감 탓도 있었다. 가히 1960년대는 '암살의 시대'였다. 그 정점은 1969년 마틴 루서 킹 목사 암살이었다.

챔피언 무하마드 알리의 분노

열렬한 흑인민권운동가들만 박해를 받은 것이 아니었다. 여전히 흑인은 노골적인 차별과 불이익을 받아야만 했다. 1967년 4월 28일 입영 영장을 받은 권투선수 무하마드 알리Muhammad Ali(1942~2016)가 휴스턴의 신병 집결지에 나타났다.

신체검사를 마친 뒤 루이지애나기지로 이동해야 했던 26명의 신병들의 인원을 점검하던 장교가 '캐시어스 클레이'라는 이름으로 불렀다. 그는 대답하지 않았고, 대답을 거부하면 징집을 거부하는 것으로 간주해 5년 이하의 징역에 처해질 수 있다는 경고를 받았지만, 알리는 끝까지 대답하지 않았다. 캐시어스 클레이는 더 이상 자신의 이름이 아니었다. 그는 백인들이 멋대로 지어준 이름을 거부하고 무하마드 알리로 이름을 바꿨기 때문이다.

캐시어스 클레이Cassius Marcellus Clay Jr.는 1960년 로마올림픽에서 복싱 헤비급 금메달을 땄다. 올림픽 영웅으로 미국에 돌아갈 때만 해도 그에게는 꽃길만 보였을 것이다. 그러나 그 설렘은 오래 가지 않았다. 고향의 식당에서 '검둥이'라는 이유로 쫓겨나자 분을 이기지 못하고 금메달을 오하이오강에 던져버렸

국에 노예로 끌려온 쿤타 킨테와 그의 후손들의 삶과 고난을 서술하고 있다. 1965년에는 『The Autobiography of Malcolm X』의 대필자로 널리 알려졌다.

다.[6] 흑인의 선택은 둘뿐이었다. 순박하고 충직하게 백인들의 비위를 맞추며 살아가는 '착한 흑인'이거나, 평화를 위협하는 불평분자 혹은 '위험한 검둥이'로 낙인찍히거나.

알리는 더 이상 착한 흑인으로 굴욕적으로 살기를 거부했다. 그리고 백인들이 지어준 이름을 버렸다. 마치 맬컴 엑스가 그랬던 것처럼. 그는 《Sports Illustrated》와의 인터뷰에서 베트콩은 자신을 '검둥이Nigger'라고 부르지 않는다며 이렇게 말했다.

"미국에서 흑인들은 개만도 못한 취급을 받는다. 그런데 왜 그들은 내게 군복을 입고 베트남까지 가서 싸우기를 원하는가. 만약 내가 입대해서 베트콩과 싸우는 것이 2,200만 명이나 되는 미국 흑인들의 자유와 평등을 보장할 수 있다면, 미국 정부는 나를 징집할 필요도 없다. 그렇게 된다면 나는 당장 내일이라도 스스로 입대할 것이다. 나는 당신들이 아니라 내가 원하는 챔피언이 되겠다. 베트콩은 우리를 검둥이라고 부르지 않는다. 그런 베트콩과 싸우느니 흑인을 억압하는 세상과 싸우겠다."[7]

알리의 폭탄선언은 미국을 발칵 뒤집어 놓았다. 알리는 1967년 4월 28일 병역 거부로 인해 징역 5년의 중형을 선고 받았고, 세계권투협회WBA는 기다렸다는 듯이 알리의 챔피언 타이틀을 박탈했다. 심지어 여권까지 압수해서 원정 경기도 할 수 없었다. 그러나 그 선택 하나로 인해 자신의 모든 것을 잃을 위험에 처했지만 알리는 의연했다. 형식적으로 군복만 입으면 입대로 간주하겠으며 복싱을 계속 할 수 있게 해주겠다고 회유했을 때도 그는 자신은 백인들이 함부로 다룰 수 없는 검둥이가 되겠다고 반박했던 결기를 포기하지 않았다. 오죽

---

6) 훗날 정말 그랬는지에 대한 논쟁이 일었다.

7) 《Sports Illustrated》, 1967년 3월호. 앤드루 샤오·오드리아 림 엮음, 김은영 옮김, 『저항자들의 책』, 쌤앤파커스, 2012. 401쪽에서 재인용.

하면 '무하마드 알리'라는 이름은 일종의 미국에 대한 배신이라며 비난하던 전 헤비급 챔피언 플로이드 패터슨Floyd Patterson(1935~2006)이 나서서, "이건 아니다. 알리는 옳은 일을 하고 너무 큰 대가를 치르고 있다"며 분노했을까.

헤비급 타이틀을 25차례나 방어한 위대한 챔피언 복서 조 루이스Joe Louis(1914~1981)와 비교하면서 알리를 비난하는 보도가 잇따랐다. 루이스는 제2차 세계대전이 발발하자 자원입대해서 병역 의무를 이행했다. 두 챔피언의 비교는 너무나 뚜렷했다. 그러나 조 루이스가 백인 선수를 KO시키고도 백인들의 거부감을 피하기 위해 기쁜 표정을 짓지 못했고, 사소한 꼬투리라도 잡힐까 두려워서 백인 여성과 기념사진조차 찍지 않았다는 건 언급하지 않았다. 실제로 '착한 흑인' 루이스는 은퇴 후 생활이 어려워서 도박장에서 도어맨 노릇까지 해야 했다. 미국 정부는 알리를 회유했다. 형식적으로 입대하고 권투는 계속해서 할 수 있게 해주겠다고 제안했지만, 알리는 거부했다.

이후 많은 흑인들이 베트남 사람들은 자신들을 검둥이라고 부르지 않는다며 전쟁을 멈추라고 외쳤다. 인종 차별의 문제가 반전운동과 맞물리게 된 매우 결정적이고 상징적인 사건의 주인공이 바로 무하마드 알리였다. 특히 베트남전쟁의 수렁에 빠진 미국에서 많은 청년들이 징집되면서 차별받는 흑인들의 참전이 예민한 화두가 됐다. 제2차 세계대전이나 한국전쟁에서 수많은 흑인 병사가 참전하고도 철저하게 차별받았지만, 그럼에도 불구하고 전쟁이 기존의 차별을 완화했던 것처럼 베트남전쟁은 흑인 청년들을 회유해야 하는 미국 정부로서도 외면할 수 없는 국면을 초래했고, 이후 반전운동과 맞물리면서 인종 문제와 전쟁의 부도덕성에 대한 사회적 비판을 증폭시켰다.

흥미로우면서도 주목해야 할 지점은 흑인민권운동의 성장이 백인들이 주로 다니던 대학에서 촉매 역할을 했다는 점이다. 기존의 부조리에 대한 청년들의 진보적 태도가 봇물 터지듯 쏟아진 데에는 미국의 기성 좌파의 위축도 한몫했다. 그들을 옥죈 건 매카시즘이었다. 한순간에 미국을 아수라장으로 만들었던 매카시즘의 최대 피해자는 좌파 세력이었다.

터무니없던 매카시즘은 매우 빠른 시간에 끝났고, 그 종말도 허망했다. 그러나 좌파들에게 남겨진 공포와 위축은 좀처럼 사위지 않았다. 그 공백을 채운 게 청년들이었다.

청년 신좌파의 태동과 자유언론운동

'민주사회학생연맹Students for a Democratic Society(SDS)'[8]에는 대담함과 열정이 넘쳤다. 이들이 중심이 돼 보수적인 기성세대와 맞서 싸웠던 대표적인 전장戰場이 버클리대학[9]이었다. 지금이야 진보의 대명사처럼 평가되지만, 당시 버클리대학은 대학 내에서 정치적 선전을 허락하지 않을 만큼 보수적이었다. 하지만 학생들은 단념하지 않았다. 마리오 사비오Mario Savio(1942~1996)등이 주축이 돼 언론운동을 벌였다. 1960년대 버클리를 뜨겁게 달궜던 '자유언론운동Free Speech Movement(FSM)'은 학생운동과 시민운동을 대표하는 기념비적인 사건이었다. 자유언론운동의 뿌리는 1950~60년대의 민권운동Civil Rights Movement이었다.

남부에서 흑인들의 불복종 운동에 크게 자극받은 북부의 백인 학생들은 점차 사회 문제에 눈을 뜨고 적극적으로 참여하기 시작했다. 버클리에서도 여러 학생 단체들이 학교 바깥의 사회 문제, 특히 인종차별을 철폐하기 위해 활동하기 시작했다.

이에 맞서 1964년 9월 학교 측은 교내에서 모든 정치적 행위를 금지하는 새로운 학칙을 발표하자 학생 단체들은 아예 학칙을 어기는 것으로 직접 행동

---

8) SDS는 미국의 학생운동 단체이자 미국 신좌파의 주요 갈래 중 하나로 1960년대에 형성됐다. 1970년대 이후로는 신공산당운동으로 이어졌다.

9) 제2차 세계대전 이후 미국은 산업에서 요구하는 기술과 인재를 공급하기 위해 많은 투자를 했는데, 그중에서도 버클리는 총아라고 할 수 있었다. 정부는 버클리에 아낌없는 지원을 퍼부었는데, 1959년 총장이던 클락 커Clark Kerr(1911~2003)에 의해 캘리포니아주 고등학교에서 상위 1/8 안에 속하는 학생들에게만 입학을 허가하는 정책이 통과되면서 버클리는 돈과 인재가 몰리는 거대한 대학이 됐다. 버클리가 서부의 명문으로 급부상하면서 대학당국은 오만하고 권위적인 태도를 노골적으로 드러내 학생들뿐 아니라 교수들과도 갈등을 겪었다.

에 돌입했다. 1964년 10월 1일 결국 '인종평등회의CORE'의 선전물을 나눠주던 잭 와인버그Jack Weinberg(1940~)[10]를 학교 경찰이 연행하면서 자유언론운동의 시발점이 됐다. 와인버그가 경찰차 안으로 연행되는 도중 누군가 "앉자!"고 외쳤고, 모여 있던 수백 명의 학생들이 경찰차를 둘러싸고 앉았다. 이는 경찰뿐만 아니라 학생들 자신도 전혀 예상치 못한 행동이었다. 긴박하면서도 지루한 대치가 이어졌다. 이른바 '버클리 좌파'들은 연좌 농성에 돌입했다.

그런 방식은 바로 흑인민권운동에서 배운 것이었다.[11] 이런 움직임은 학생들이 사상과 표현의 자유를 쟁취해 권위주의와 맞서 싸우도록 독려했다. 존 바에즈Joan Baez(1941~)[12]가 이들을 찾아와 연대하는 공연을 했다.

바에즈의 아버지는 멕시코계 물리학자였는데 핵무기 제조를 적극적으로 반대했다. 그녀가 인종차별을 반대하고, 반전평화운동가로 활동하게 된 데는 아버지의 영향도 컸고, 자신의 학창 시절 백인 학생들이 그녀가 피부가 상대적으로 까무잡잡한 멕시코계라고 따돌렸던 개인적 경험도 한몫을 했다. 학생들뿐 아니라 학부모들까지 아버지 영향을 받은 그녀의 정치적 발언을 비난하며 그녀를 경멸했다고 한다.

나중에 가수가 됐을 때도 흑인 출입을 제한한그녀는 멕시칸과 아일랜드계 혼혈이었는데도 공연을 경험하며 인종차별의 심각성을 크게 경험한 그녀에게 결정적인 영향을 미친 건, 마틴 루서 킹의 연설과 비폭력운동의 메시지였다. '신념에 따라

---

10) 와인버그는 뉴 레프트 운동가였으며 반전운동을 이끌었고 이후 지금까지 노동운동과 환경문제 활동가로 활약하고 있다.

11) 대표적인 사례가 그린즈버러와 내슈빌에서 있었던 연좌농성이었다.

12) 존 바에즈의 아버지 앨버트 바에즈Albert Baez(1912~2007)는 멕시코에서 태어나 감리교 목사인 아버지를 따라 두 살 때 미국으로 이주했고, 학부에서는 수학을, 스탠퍼드대학에서 수학으로 석사, 물리학으로 박사학위를 받았다. 그는 학위과정 중 지도교수와 함께 X선 회절현미경을 개발하는 등 X선 연구의 권위자로 각광받은 과학자였지만, 1950~60년대 냉전시기에 군수산업체의 파격적 제안을 뿌리치고 교육자로 남았던 신실한 평화주의자였다. 캠브리지 스미소니언 천체물리학연구소에 재직했고 훗날 MIT 교수 등을 지냈으며, 유네스코에서도 일하며 중·후진국 과학교육 개선사업에도 힘을 쏟았다. 바에즈의 어머니 존 브리지 바에즈Joan Bridge Baez(1913~2013)는 스코틀랜드 출신으로 극작가였다.

행동할 수 있어야 한다'는 영감이 존을 움직였다. 그런 존이 버클리에서의 농성에 연대의 의미로 공연한 것은 청년들을 한껏 고무시켰다.

학생들이 대학 본부를 점령하고 대안교육 프로그램을 운영한 것은 혁명적 몸짓이었다. 그러나 끝내 대학에 난입한 경찰들에 의해 끌려 나갔고 상당수가 체포됐다. 그렇게 좌절되는 듯했다. 그러나 오히려 더 많은 학생이 참여하면서 급기야 수업 거부의 불길이 번졌고, 학생들과 교수들에게 고압적으로 대한 대학 당국에 분노한 교수들까지 농성과 휴업에 동참하면서 국면이 갑자기 빠르게 전환됐다. 결국 보수적이던 캘리포니아대학 이사회는 버클리대학의 총장 스트롱Edward Strong(1901~1990)을 해임하고 학생들의 요구를 수용했다. 단결된 힘이 마침내 승리한 것이다.

이 사건은 흑인에 대한 차별반대운동이 더 이상 흑인들과 소수 진보 인사들의 문제가 아닌 보편적 인권 문제로 확대하고 있음을 보여주었다. 이런 과정에서 백인들의 지지와 참여가 결정적인 전환점이 됐다.[13]

39세의 젊은 나이, 마틴 루서 킹의 죽음

이런 역동적 움직임에도 뿌리 깊은 인종차별은 사라지지 않았으며, 오히려 마지막 발악으로 운동가들을 위협하고 있었다. 킹 목사도 그 마수에서 벗어나지 못했다.

---

13) 그러나 여전히 흑인분리주의와 인종주의가 대중운동으로 발전하지 못했고, 대다수 흑인 지도자들은 주류 정치, 특히 민주당을 통해 공동체의 이해관계를 추구했다. 백인들 대다수는 차별하지는 못했지만, 마음속으로는 여전히 불편한 상태가 잔존하고 있었다. 엑스터Exeter대학 역사학 교수인 제러미 블랙Jeremy Black(1955~)이 '20세기 후반의 인구학적 변화가 미국 공공문화의 성격에 중요한 다문화주의로 귀결됐지만, 2016년 도널드 트럼프의 대통령 당선은 그 한계와 문제점을 그대로 드러낸 것'이라고 평가한 것도 그런 점을 함축하는 것이었다.

"나에게는 꿈이 있습니다. 언젠가는 이 나라가 모든 인간은 평등하게 태어났다는 것을 자명한 진실로 받아들이고, 그 진정한 의미를 신조로 살아가게 되는 날이 오리라는 꿈입니다. … 나에게는 꿈이 있습니다. 내 아이들이 피부색을 기준으로 사람들 평가하지 않고 인격을 기준으로 사람을 평가하는 나라에서 살게 되는 꿈입니다."

'베트남을 넘어서Beyond Vietnam-A Time to Break Silence'라는 연설[14]을 한 지 꼭 1년 뒤인 1968년 4월 4일 마틴 루서 킹 목사가 암살된 것이다. 흑인들의 파업을 지원하기 위해 테네시주 멤피스를 방문한 그를 맞이한 것은 백인의 총탄이었다. 킹 목사는 그날 저녁 멤피스 로레인Lorraine모텔의 발코니에서 백인우월주의자 제임스 얼 레이James Earl Ray(1928~1998)[15]에게 저격당했다.

인종차별 반대, 민권법 투쟁, 노동운동 등으로 체포와 투옥, 그리고 암살 위협이 반복됐고, 1964년에는 노벨평화상을 수상했으며, 반전운동에도 큰 영향력을 행사한 킹 목사는, 특히 FBI국장 에드거 후버Edgar Hoover(1895~1972)에게 위험인물이자 제거 대상이었다.[16] 그를 노리고 있던 세력은 너무나도 많았다. 그를 저격한 총탄은 오른쪽 뺨을 뚫고 척수를 지나 어깨에 박혔다. 킹 목사는 총에 맞은 지 1시간 뒤인 7시 5분 39세의 젊은 나이에 절명했다.[17]

킹 목사는 단순한 항의운동을 강력한 개혁운동으로, 지역적 분쟁을 전국적 범위의 도덕적 쟁점으로 발전시켰다. 그는 온갖 협박과 위협 속에서도 당당하게 행동하며 흑인자유운동을 이끌었다. 킹 목사는 흑인 대중을 일깨우고 백인

---

14) 킹 목사는 이 연설에서 전쟁이 시민사회와 정부 간의 약속을 망가뜨리고 있다며 시민권 투쟁에 나섰던 사람들이 반전의 목소리를 내야 한다고 호소했다. 그에게 평화는 백인 미국인, 흑인, 전쟁에 끌려간 병사, 그들과 싸우는 베트남인까지 포함하는 대담하고 광범위한 것이었다. 그러나 이 연설로 그를 따르던 상당수의 사람들이 애국주의를 내세우며 반전을 주장하는 킹 목사에 등을 돌리기도 했다.

15) 레이는 99년 형을 선고받았지만, 킹 목사의 유족들은 레이가 킹 목사를 암살한 동기가 없다며 그의 범행에 의구심을 품었고, 둘째 아들은 TV인터뷰에서 존슨대통령이 암살사건의 배후인물이라고 주장했다. 테네시주 형사법원 조 브라운Joe Brown(1947~) 판사는 당시 킹 목사의 몸에서 채취된 총알과 발견된 레이의 라이플에서 나온 총알이 다른 종류라는 검사 결과를 공식 발표했다.

16) FBI연방수사국의 최장수 국장으로 8명의 미국 대통령을 정보정치와 공작정치로 벌벌 떨게 했던 후버는, 킹의 노벨상 수상 결정에 크게 분노했다고 한다. 그는 끊임없이 킹 목사를 제거하기 위해 온갖 공작을 자행했다.

17) 1986년 미국 의회는 그를 기리기 위해 생일에 맞춰 1월 셋째 주 월요일을 국경일Martin Luther King Jr. Day로 정했다. 개인의 탄생일이 전국적인 휴일이 된 건 초대 대통령 조지 워싱턴George Washington(1732~1799) 이래 두 번째 일이다.

의 도덕적 양심에 호소하며 연방정부에 정치적 압력을 가하며 가시적 법제화를 이끌어냈다.

킹 목사의 죽음은 오히려 그의 신념과 메시지가 더 넓게 퍼지고 더 강하게 연대하는 힘을 길러냈다. 그의 죽음은 끝이 아니라 오히려 새로운 전진의 거대한 시작이었다. 멈추지 않을 행진이었고, 꺼지지 않을 불꽃이었다.

바오로 6세와 교회혁명의 완수

통찰에서 반성으로
논쟁을 넘어
스스로 완결한 혁명

가장 보수적인 집단이 스스로 혁명적으로 변화한다는 건 그렇게 하지 않으면 죽는다는 절박감 때문이거나, 통찰력을 가진 리더가 좌고우면하지 않고 핵심으로 돌진하기 때문일 것이다. 통찰력을 가진 리더가 자신의 권력으로 밀어붙이면 내부의 저항 때문에 어그러질 수 있기에, 때로는 의제를 설정하지 않고 아무런 제약 없이 치열하게 토론하면서 저절로 합의에 이르는 방식을 취하기도 한다.

　제2차 바티칸공의회는 단순히 특정한 종교에서 일어난 자기혁신의 사례로 가둬둘 일이 아니다. 그 절차와 과정에서 보여준 치열한 논쟁과 과감한 결단이 어떻게 문제를 해결할 수 있는지, 그 파급력이 어떠한지 보여주는 소중한 역사적 경험이다.

　문제는 이렇게 가장 보수적인 집단인 가톨릭교회가 스스로 개혁했음에도 불구하고 여전히 과거의 울타리와 인습에서 벗어나지 못한 채 시대정신을 오독하는 세력들이 득세하고 있었다는 점이다. 그리고 그것은 우리의 현재에도 여전히 그렇다.

1963년 6월 3일 모든 계층 사람들로부터 호감을 사며 '착하신 교황 요한'으로 불리던 요한 23세가 서거했다. 그는 고령에도 불구하고 탁월한 비전과 판단력으로 제2차 바티칸공의회를 소집했던 교황이었으나, 기존의 많은 고위 성직자들이 기피한 인물이기도 했다. 그들은 공의회를 질질 끌어 요한 23세가 중간에 죽으면 유야무야 뭉갤 생각까지 했다. 당연히 후임 교황이 누가 될 것인가에 온 관심이 집중됐다.

밀라노 대주교였던 조반니 바티스타 몬티니Giovanni Battista Montini 추기경이 여섯 차례의 투표 끝에 새로운 교황으로 선출됐다.[1] 그가 바로 바오로 6세Pualus VI(1897~1978. 재위 1963~1978)였다. 몬티니 신부는 오랫동안 국무원에서 일했고,[2] 나중에 비오 12세가 된 에우제니오 파첼리Eugenio Pacelli 추기경의 비서였기에 교황의 측근으로 일했다. 그는 꼼꼼한 일처리와 함께 강단이 있다는 평가를 받았다.[3]

---

1) 1958년 요한23세 교황 선출 때 당시 많은 사람은 유력한 차기 교황 후보로 밀라노 대교구장인 조반니 바티스타 몬티니를 생각했지만, 당시 추기경에 서임되지 못해서 콘클라베에 참석하지 못했다. 교회법으로는 이론적으로 모든 가톨릭 남성이면 사제가 아니어도 교황이 될 수 있는 자격이 있지만, 전통적으로는 추기경단 가운데 한 사람이 교황으로 선출되는 것이 오랜 관례였기 때문에 몬티니는 자연스럽게 후보 선상에서 배제됐다. 요한 23세는 교황이 되자 곧바로 몬티니 대주교를 추기경에 서임했을 만큼 깊은 신뢰를 갖고 있었다.

2) 몬티니는 1916년에 사제로 서품되고 1922년부터 교황청 국무원에서 오랫동안 활동했다. 1948년 교황청 외교업무 총괄 책임자로서 대한민국 정부 수립의 국제적 합법성 승인을 위해 장면을 정부 수석대표로 하는 대한민국 정부 대표단을 지원하는 데에도 많은 노력을 기울였다.

3) 제2차 세계대전 당시 각국에서 밀려오는 전문과 보고서 등 외교문서 회신을 당시 국무원장이던 파첼리 추기경과 국무원에 있던 몬티니 신부가 처리했는데 전후에 수만 통의 회신을 일일이 재검토해 봤더니 하나의 오류도 없었다고 한다. 그리고 그는 히틀러나 무솔리니가 협박했으나, 그때마다 거부해서 두 독재자에게는 기피인물이었다.

바오로 6세 제2차 바티칸공의회 속개하다

1953년 12월 추기경 서임에서 빠진 몬티니 몬시뇰[4]은 1954년 밀라노의 대주교 알프레도 슈스테르Alfredo Schuster(1880~1954) 추기경이 선종하자 후임 대주교로 임명됐다. 당시 이탈리아에서 가장 큰 교구였던 밀라노는 온갖 사회문제로 혼란스러웠다. 그 임명은 그가 교황의 눈 밖에 났다는 신호로 해석되기도 했다. 교황청의 요직이 아닌 교구 직책을 맡았기 때문이었다. 그는 스스로 '노동자의 대주교'로 칭하며 황폐해진 교구를 회복시키고 교회에 등을 돌린 노동자들이 교회로 돌아올 수 있도록 전력을 다했다. 그가 불의에 대한 교회의 입장을 언급할 때는 칼날 같은 날카로움이 감돌았다. 그는 상대적으로 그리고 사회적으로 진보적인 입장을 드러냄으로써 교회 내외에서 그에게 불편함을 느끼는 이들도 꽤 많았다.

그런 인물이 공의회가 진행 중인 상태에서 교황에 선출된 것이다. 모두 그에게 주목했다. 한쪽은 공의회를 대충 빨리 끝내기를, 다른 한쪽은 공의회를 지속하기를 바라면서.

새로운 교황에 선출된 바오로 6세는 공의회 해산을 기대했던 보수주의자들의 바람을 단호하게 거부했다. 그는 6월 22일 '존경받은 전임 교황의 뜻을 이어' 제2차 바티칸공의회를 속개하겠다고 약속했다.[5] 교회 혁신의 대의는 이미 대세였음을 재확인한 것이다.

그는 교회법을 개정하고, 사회정의 문제, 국제평화 문제, 교회일치 문제 해결에 매진했다. 핵심은 교회의 쇄신과 그리스도교의 일치, 그리고 현대 세계와의 대화였다. 그뿐 아니라 일반 신도의 방청을 허락하고, 네 명의 의장을 임

---

4) 몬시뇰Monsignor은 교황의 명예 전속 사제로 확정된 가톨릭 성직자들에 대한 경칭으로, 호칭으로만 쓰일 뿐 그 자체가 지위를 나타내지는 않는다. 오늘날에는 지역 교구장의 도움으로 주교품을 받지 않은 나이 많고 덕망 높은 본당 사제와 교회에 큰 공을 세운 원로 사제에게 부여하는 명예 칭호가 됐다.

5) 요한 23세가 당시 밀라노 대주교였던 몬티니바오로 6세에게 공의회 소집의 뜻을 가장 먼저 밝혔다고 한다. 그러면서 "시작은 내가 하지만, 마무리는 당신이 지어야 할 것 같다"며 웃었다고 한다.

가장 보수적인 집단이 스스로 혁명적으로 변화한다는 건 절박감 때문이거나, 통찰력을 가진 리더가 핵심으로 돌진하기 때문일 것이다. 제2차 바티칸공의회는 단순히 특정한 종교에서 일어난 자기 혁신의 사례로 가둬둘 일이 아니다. 그 절차와 과정에서 보여준 치열한 논쟁과 과감한 결단이 어떻게 문제를 해결할 수 있는지, 그 파급력이 어떠한지 보여주는 소중한 역사적 경험이다.

명했으며 비밀 완화를 시도하는 등 중요한 절차상 개혁을 도입하기도 했다. 그것은 이전에 없었던 새로운 혁신의 모습이었다.

1963년 9월 29일에는 공의회의 제2차회기가 개회됐고, '전례에 관한 헌장Sacrosanctum Cincilium(거룩한 공의회)'과 '사회 매체에 관한 교령Inter Mirifica(놀라운 기술)'이 반포됐다. 그렇게 1963년 12월 4일에 제2차회기가 마감됐다. 세계는 교회가 과연 어디까지 변할지 궁금했다.

바오로 6세는 무슨 일이 있어도 전쟁을 피해야 한다고 강조했다. 전쟁은 고귀한 생명을 빼앗아 갈 뿐 아니라, '인류복지에 쓰여야 할 예산'을 무의미하고 비생산적인 데에 낭비하는 것이기 때문에라도 막아야 한다며, 불의와 불균형 문제에 대해 날카롭게 지적했다. 특히 그는 가난한 사람들의 문제에 관심을 보이면서, 바티칸의 모든 보물을 팔아서라도 가난한 사람을 도와야 한다고 강조했다.

바오로 6세는 공의회에 더욱 박차를 가했다. 공의회는 가톨릭교회의 썩은 부분을 들춰내고 도려내는 대수술을 자처함으로써 대격변의 수준으로 교회를 환골탈태하는 대담한 수순을 계속해서 밟고 있었다. 교회는 더 이상 세속 권력을 탐하지 않고 정치적으로도 신자들에게 가톨릭정당에 투표하지 않으면 생기던 불이익 조항을 제거했다. 교회는 전통과 권위에 호소하는 시대착오를 범해서는 안 된다는 합의에 한 걸음씩 나아갔다.

이런 모습은 이미 요한 23세가 격변하는 세상의 흐름에 주목해 가톨릭이 변화해야 한다는 시대적 당위를 읽어냈을 때에도 엿보였다. 공의회가 소집되고 세계 각지에서 온 주교들이 현장의 목소리를 쏟아냈을 때, 당시 참석했던 교황청 관료들이 충격을 받았다는 건 그만큼 바티칸의 고위 성직자들이 사회와 사목 현장에서 크게 괴리돼 있음을 의미했다.

공의회가 거듭된 회의와 토론을 통해 점점 더 진보적인 방향으로 기울고 있음을 알게 됐을 때, 교회도 세상도 불안감보다 기대와 희망이 더 컸다는 것만으로도 공의회는 이미 충분히 그 역할을 하고 있는 것으로 보였다.

교회일치와 종교의 자유를 선언하다

제2차회기가 끝나고 제3차회기가 시작되기 전 휴회기간 동안 바오로 6세는 교회일치를 위한 여행을 떠났는데, 예루살렘에서 동방정교회 총대주교인 아테나고라스와 두 차례의 회담을 가졌다. 화해의 구체적 단초를 마련한 것이다.

제3차회기의 특징들 가운데 하나는 일반 신도 대표가 공의회에 참석했다는 점이다. 물론 참관인 자격이었지만, 이전에는 없었던 파격적인 것이었다.[6] 이 회기 동안 핵심적 쟁점은 '갈라진 교회의 화해와 일치'였다. 보수주의자들이 반발했지만 교회에 관한 헌장과 교회일치에 관한 교령을 약간 수정하며 누그러뜨렸다.

마지막인 제4차회기는 1965년 9월 14일부터 12월 8일까지였다. 주요 의제는 '종교의 자유'였는데 진보주의자와 보수주의자 간 타협을 통해 통과됐다. 이 회기 동안 거의 모든 것이 다양하게 논의되고 마무리됐다. 그리고 회기 막바지에 1054년에 자행했던 동방정교회와의 상호 파문을 취소했다.

1965년 12월 8일 역사적 제2차 바티칸공의회는 4개의 헌장, 9개의 교령, 3개의 선언문을 공포하고 역사적 대단원의 막을 내렸다.

이 공의회를 통해 드디어 전 세계 모든 국가의 교회들은 라틴어가 아닌 자국어로 미사를 봉헌할 수 있게 됐으며, 동방정교회와 화해하고 개신교를 형제 종교로 인정하는 등 다른 종교에 열린 태도를 가짐으로써 종교의 자유와 일치를 추구할 수 있게 됐다. 이것은 그동안의 반목과 갈등을 스스로 해소할 수 있게 만들었을 뿐 아니라, 국제 질서와 다양한 사회적 양상에 영향을 끼쳤다.[7]

---

6) 부분적으로 그리고 상당히 영향력을 발휘할 수 있는 평신도 참여의 영역을 마련했다. 즉 전문적인 분야에서 성직자들이 세밀하게 알 수 없는 분야, 예를 들어 매스컴이나 경제 등의 전문가들이 자문에 참여함으로써 현실 부분에서 일반 신도들에게 적극적인 역할을 부여했다.

7) 공의회는 놀랍게도 세계의 여타 종교에 대해 그들의 비非그리스도교의 전통 속에 이어온 정신적 가치를 인정하고 칭찬하는 입장을 밝혔다. 또한 신자와 비신자를 막론하고 모든 사람들에게는 인간성의 고결함과 자유로움에 대한 경의를 표시하고, 신앙을 전파하기 위해 강압적 수단을 사용하는 것을

여러 종교가 서로 다른 입장과 교리 때문에 화해와 일치에 이르기는 어려웠음에도 어느 정도 소통의 기반을 조성한 건, 분명히 부분적으로는 종교의 자유를 인정하지 않는 공산주의 국가들에 대한 '공동의 대응'이 필요했기 때문이었지만, 공의회 정신은 그것을 뛰어넘는, 그 이상의 의미와 가치를 대담하게 선언한 것이었다. 공의회는 단순히 이런 공동의 현실적 목표에 그치지 않고 종교가 사회에서 어떤 역할을 해야 하는지를 천명했다. 그래서 교회가 빈곤과 분쟁 등 여러 사회 문제들에 책임지는 자세를 가져야 한다고 선언함으로써 현실을 외면하는 교회의 구태를 과감하게 벗어나기를 촉구했다.

시대정신을 증폭한 공의회의 기적

바오로 6세는 전임 요한 23세와 마찬가지로 유럽 중심의 교회라는 편협한 사고를 무너뜨리는 데에 매진했다. 그는 재임 기간 중 추기경단을 꾸준히 늘리면서 특히 제3세계 출신[8]을 발탁하는 데에 힘을 쏟음으로써 가톨릭교회의 보편성을 구현하고자 노력했다.

사회적 변화에 가장 둔감한 종교, 그것도 가장 보수적 색채가 강한 가톨릭교회에서 이렇게 혁명적인 변화가 있을 것이라고 예상한 이들은 그리 많지 않았다. 그만큼 충격파도 컸다. 단순히 교회 안의 혁신에 그치지 않았던 것이다. 그러나 이 공의회의 의미를 제대로 파악하기 위해서는 왜 공의회가 개최됐는지 되새겨봐야 한다.

냉정하게 말하자면 1960년대의 가톨릭교회는 중대한 기로에 놓여 있었다. 급변하는 시대 상황에 따라 변화할 것인가 아니면 여전히 전통을 고수할 것인가를 선택해야 했다.

배격하는 입장을 천명했다.

8) 1969년 대한민국 최초의 추기경인 김수환 추기경을 임명한 교황이 바로 바오로 6세였다.

1869년의 제1차 바티칸공의회는 시대착오적으로 근대화를 거부하며 교권과 교황무류성[9] 따위에 집착함으로써 외면을 받았고, 교회는 제1, 2차 세계대전에서 자신들의 안위에만 관심을 가졌을 뿐 전쟁을 억지하거나 비판하는 역할을 외면했다는 도덕적 치명상을 입었다. 그리고 공산주의의 확장으로 종교가 크게 위축되는 상황도 심각했다. 게다가 전후 베이비붐 상황에서 피임에 반대하는 비타협적 태도로 일관하는 등 시대의 흐름에 둔감했다. 젊은 신자들이 교회를 떠났거나 관심을 버렸다.

그런 상황을 방치하고 기존의 길을 갈 것인가, 아니면 새로운 쇄신을 통해 시대의 흐름에 맞춰 변화하거나 더 나아가 시대를 선도할 것인가의 고민이 끊임없이 대두됐지만, 스스로 변화할 엄두를 내지 못했다. 다행히 요한 23세의 혜안과 용기가 새로운 공의회를 소집하게 하고 바오로 6세의 현명함이 공의회를 지속하게 함으로써 교회가 스스로 변화하고 쇄신할 수 있음을 보여준 것이다.

결국 1960년대의 역동성이 가장 보수적인 교회를 변화시켰고, 그런 교회의 자기 쇄신은 다시 세상을 변화시킬 수 있는 전환점을 마련한 것이다. 1965년이 마감되는, 즉 1960년대의 딱 한복판의 순간에 이루어진 역사적 선택이었다.

안타깝게도 그 점을 놓치고 그저 전례의 변화 등 지엽적인 문제에만 매달리는 교회가 여전히 존재하고 있다. 가장 보수적인 집단으로 평가받는 가톨릭 교회가 외부 요인 없이 스스로 혁명했다는 것은 1960년대의 진보와 개혁의 시대정신을 상징하는 사건이었다. 가장 보수적이고 폐쇄적인 종교가 스스로 혁명의 의제를 던지고, 머리를 맞대 오랫동안 논의하며, 결국 혁명을 이뤄낸 것은 기적에 가까운 놀라운 역사 그 자체였다.

---

9) 교황무류성 혹은 교황무오설Papal Infallibility은 교황이 교회의 수장으로서 신앙이나 도덕에 관해 장엄하게 결정을 내리는 경우, 성령의 특은으로 결코 오류가 있을 수 없다는 이론으로, 흔히 중세 때의 교리로 알고 있으나, 중세에는 이것을 정통교리로 받아들인 적이 없고, 1867~1870년의 제1차 바티칸공의회에서 교리적으로 정의된 것이다.

반문화와 히피, 그리고 사랑의 여름

절망을 노래하라,
저항하라,
그리고 사랑하라

모든 것으로부터의 자유와 억압에 대한 저항이 정치적 테제가 아니고 문화적 운동으로서 히피만큼 강력하게 등장한 경우가 또 있을까? 기성 세대는 무모한 도전이고 방종이며 타락의 징후라고 개탄하고 억압했지만, 어쩌면 히피즘은 1960년대가 낳은 가장 극적이고 대표적인 필연적 산물이었을 것이다. 그 시대에 살면서 히피정신을 외면한 사람들의 삶은 얼마나 건조했을까. 히피정신이야말로 1960년대의 상징적 문화현상일 것이다.

그러나 삶은 현실이기에 청년들의 자유로움도 현실의 삶에서 무한히 구가할 수는 없었다. 마음껏 히피의 낭만을 즐겼던 청년 대다수가 취업·결혼 등의 현실 생활에 젖어들면서 그것은 잠깐 누리고 벗어나는 것이 현명한 것이라고 적당히 합리화했다. 그러나 단순히 그것만은 아닐 것이다. 그다음 시대라고 자유를 갈망하는 청년세대가 없는 건 아니니까.

히피의 바이블이었던 헤르만 헤세Hermann Hesse(1877~1962)의 『황야의 이리Steppenwolf』(1927)를 읽다가 잠시 창밖 하늘을 보았다.

지금도 '그 청년들은', 그리고 지금의 청년들도 히피정신을 느낄 수 있을까? 그 시대를 히피즘으로 무장하고 살았던 청년들은 지금 무엇을 하고 있을까? 그 히피들 다 어디 갔을까? 그 정신을 간직하며 살고는 있을까?

1960년대의 미국은, 좋게 말하면 역동적이었고 나쁘게 말하면 혼돈과 갈등이 지배했다. 세계대전의 후유증이 거의 사라지고 전후 10여 년 넘게 누렸던 풍요도 서서히 빛을 잃었다. '자유로운 개인'이라는, 근대와 현대를 관통하는 인류 보편의 가치는 오히려 20세기의 끔찍한 두 차례의 전쟁으로 유보됐거나 심지어 퇴행했지만, 그렇다고 해서 결코 사라진 건 아니었다. 불평등과 차별을 극복하고자 노력했고 포기하지 않았다. 완고한 구조에서 비롯한 차별이었기에 일말의 진전은 있었지만, 기득권의 저항과 반동은 오히려 더 거세졌다.

기성세대에 대한 존경과 기대는 사위었고, 새로운 변화에 대한 갈망은 갈수록 높아졌다. 그러나 현실은 폭력과 암살의 연속이었고, 인종 갈등과 여성 해방의 열망과 갈등이 빚어낸 혼란을 시원하게 해결하지도 못했다. 미국은 살금살금 베트남전쟁에 발을 담그더니, 결국엔 본격적으로 참전하고 말았다. 참혹하고 무모한 전쟁의 참상이 보도되면서 전쟁에 대한 회의와 혐오도 고조됐다. 그에 비례해 청년의 분노와 절망감은 증폭했다.

60년대 미국 사회를 배회하는 허무와 무기력

이런 시대에서 미국 청년 상당수는 당시의 상황에 대해 부정적이었다. 그들은 평화와 자연 회귀를 외쳤다. 그들은 관념적이고 이데올로기적인 이성보다는 자유로운 감성과 쾌락을 추구했다. 정치적으로는 1960년대에 본격 등장한 신좌파The New Left에 호감[1]을 가졌다. 청년들은 전통적인 미국의 청교도적 도덕성을 불신했다. 그것은 불필요한 억압과 강요된 위선적 도덕[2]에 불과하다

---

1) 미국의 신좌파는 유럽처럼 정치·경제·사회의 영역보다 문화의 영역에서 적극적으로 수용하고 반응했다.

2) 킨제이보고서가 던진 충격이 이 세대에는 이미 자연스러운 현상으로 받아들여졌고, 엘비스 프레슬리의 로큰롤이 보여준 파격성과 선정성에도 열렬히 호응할 만큼 자유로웠다.

고 여겼다. 다양한 분야에서 새로운 문화가 퍼지고 있었다.

1960년대 청년문화의 특징 가운데 하나는 규범에 대한 불신과 혐오였다. 그런 태도는 기성세대가 구축한 주류문화에 대한 반감을 자연스럽게 잉태했다. 1960년대 중반을 넘어가면서 이런 흐름이 일종의 반문화운동으로 부상한 것은 너무나 자연스러운 일이었다.

청년세대는 기성세대에 비해 열린 사고를 가졌다. 상대적으로 보다 높은 수준의 교육을 받을 수 있었던 덕분이기도 했고, 전쟁의 공포와 참혹함, 그리고 전쟁이 빚어낸 비인간성에 대한 혐오를 직접 겪지 않았기에 더욱더 진취적인 사고를 했기 때문이었으며, 기성세대에 대한 비판적 사고를 가졌기 때문이었다.

그들은 인종차별과 성불평등에 대한 비판과 해결에서 기성세대들보다 적극적으로 수용하는 태도를 취했다. 1960년대에 성행했던 인종차별에 대한 저항과 여성해방에 대한 동조에 이 세대들의 적극적이고 진보적인 태도의 도움이 있었음은 분명하다.

1960년대의 미국의 청년들은 전 지구적 격변[3]이라는 현실을 경험했고, 다양한 도전과 변화를 마주해야 하는 상황을 직시했다. 이는 현실에 안주하려는 기성세대에 대한 실망을 가중시켰다. 케네디 대통령에 이은 그의 동생 로버트 케네디의 암살, 맬컴 엑스의 암살, 마틴 루서 킹의 암살과 그 이전에도 횡행했던 린치, 여성해방운동에 대한 반발과 비난 등은 기성세대 권력에 대한 회의를 불러일으키기에 충분했다. 청년들을 분노하게 만든 또 하나의 결정적 요소는 베트남전쟁 발발과 징집 그리고 그 전쟁의 부도덕성 등으로 인한 갈등이었다.

청년들은 분노와 절망감에 휩싸였다. 그들은 당시 상황에 대해 부정할 수밖에 없었다. 이런 움직임은 정치와 경제 등 사회에 직접적인 참여와 행동보다 문화적 태도로 나타났다. 히피는 그런 태도의 산물이며 동시에 상징이었다.

---

3) 10년이라는 시간 속에서 볼 때 1960년대 미국 청년들이 겪은 변화만큼 다양하고 극적인 곳은 없었고, 그런 시대도 없었다.

모든 것으로부터의 자유와 억압에 대한 저항이 정치적 테제가 아니
고 문화적 운동으로서 히피만큼 강력하게 등장한 경우가 또 있을까?
기성세대는 무모한 도전이고 방종이며 타락의 징후라고 개탄하고
억압했지만, 어쩌면 히피즘은 1960년대가 낳은 가장 극적이고 대표
적인 필연적 산물이었을 것이다. 그 시대에 살면서 히피정신이야말
로 1960년대의 상징적 문화현상일 것이다.

돌아갈 곳을 찾아 떠도는 푸른 영혼, 히피

어원이나 갈래 등에 대한 설이 분분하지만 통상적으로 '히피Hippie'는 1960년대 미국과 유럽에서 10~30대 위주로 발생한 하나의 문화풍조 및 그것을 따르는 사람들을 총칭하는 것이다. 히피들은 기존의 규범과 질서에 저항했다. 그들에게 보수적 가치와 물질문명은 타도해야 할 대상일 뿐이었다. 그들은 전후 기성세대가 우쭐대던 기술주의와 업적주의 등의 물질문명에 대한 맹신적 태도에 저항하고 조롱했다.

장발, 샌들, 온갖 색깔의 천으로 마음대로 만들어 입은 옷[4]이 그들의 외모를 대변했고, 마리화나와 LSD 등의 마약을 거리낌 없이 사용했다. 그들은 전쟁보다는 평화[5]를 강조하고 자유와 평등을 비롯한 '자유로운 개인'의 가치를 최상위에 두었다. 히피는 사랑을 외쳤다. 그들의 이런 흐름에 대해 비틀스는 〈All you need is Love〉로 화답[6]했다. 이른바 히피룩도 비틀스 멤버들의 패션에서 많은 영향을 받았다. 비틀스는 히피문화의 결속 지점을 마련하는 데에 상당한 역할을 했다.

히피는 이 밖에도 자연에의 귀의[7]를 강조하면서 자연스럽게 반체제 자연찬미의 경향을 띠었으며, 이것은 탈사회적·탈규범적 행동으로 이어졌다. 기존의 질서에 대한 히피의 저항은 심지어 전통적인 가정의 구성과 구조를 거부하고 저항하며, '해피 빌리지Happy Village'를 조성해 자신들끼리의 공동체 생활을

---

4) 의상학자들은 '히피룩Hippie Look'이 인디언 복장을 모방한 것이라고 평가하기도 했다.

5) 당시 학생운동이나 청년운동이 힘을 얻으며 종종 폭력투쟁으로 발전한 것과는 달리 히피는 철저히 무대응 무저항을 원칙으로 행동했다. 그래서 초기에는 히피가 새로운 문명을 개척할 집단으로 비춰지기도 했다.

6) 비틀스의 음악은 서구 청년들에게만 영향을 준 게 아니었다. 체코슬로바키아 자유화 운동, 즉 '프라하의 봄' 당시 시민들은 〈Hey Jude〉를 시위대의 상징곡으로 사용했다. 그래서 훗날 "소련은 비틀스 때문에 무너졌다"는 말이 나돌 정도였다.

7) 헨리 데이비드 소로Henry David Thoreau(1817~1862)는 히피들의 우상이 됐고 『월든Walden』은 경전으로 통했다.

모색하기도 했다.

극단적인 히피의 태도는 때로는 현실적 급진주의로 진화[8]하는 경우도 있었지만, 대부분은 허무주의와 초월주의에 탐닉함으로써 자신들이 비판한 사회 제도와 질서, 그리고 정치적 구조를 구체적으로 변화시키는 행동이 아니라, 현실을 외면하고 공허한 자기 탐닉에 머무르게 되면서 그 호응의 확산을 스스로 차단한 결과를 초래하기도 했다. 그런 점에서 히피는 하나의 집단이나 공공의 현상이 아니라 지극히 사적이고 취향의 문제라는 평가를 받기도 했다.

샌프란시스코가 히피 운동의 중심지가 된 것은 1967년 히피공동체 'Summer of Love사랑의 여름'가 샌프란시스코 근처 헤이트-애시베리Haight-Ashbury교차로 부근에 집결했기 때문이었다. 캘리포니아를 비롯한 일부 주에서 히피문화의 중요한 축이었던 LSD가 금지약물로 지정되자 갈 곳이 없어진 히피들 가운데 이상주의자들이 헤이트가에서 공동생활을 시작한 것이다. 10만 명의 인파[9]가 그곳 주변으로 몰렸다.

무직자와 거지들이 아니라 예술가, 대학교수 등 지식인들이 상당히 많이 참여해서 새로운 문화 현상임을 강력하게 어필했다. 샌프란시스코에만 국한된 게 아니었다. 뉴욕, 로스앤젤레스, 필라델피아, 워싱턴D.C.를 비롯한 다른 여러 도시들과 유럽의 각 도시에서도 비슷한 상황이 연출됐다.

---

8) 『급진주의자를 위한 규칙Rules for Radicals』의 저자이며 지역사회 조직화의 창시자로 널리 알려졌고 히피운동에 영향을 끼친 솔 앨린스키Saul Alinsky1909~1972는 1930년대 후반부터 시카고의 빈민대중운동을 시작했다. 이후 그는 전국에서 빈민지역 공동체 조직운동을 전개했고, 1950년대 후반부터는 미국 민권운동의 핵심지도자가 됐다. 특히 1960대 후반에는 중산층 운동을 통한 민주주의 개혁을 시도했으며, 히피정신의 현실적 접목을 부단히 시도했다. 시카고에서 활동했던 버락 오바마가 자신의 정신적 멘토였다고 토로하면서 앨린스키가 다시 널리 알려졌다.

9) 이 모임은 미국 역사상 가장 많은 젊은이들이 단기간에 이동한 것으로 기록됐다. 당시 미국 전역에서 샌프란시스코로 향하는 '해피투어Happy Tour'라는 상품이 판매되기까지 했다. 이 시기에 몬터레이 국제 팝 뮤직 페스티벌Monterey International Pop Music Festival이 개최돼 최대 9만 명에 이르는 관람객을 유치했다. 이게 2년 뒤 우드스톡페스티벌로 이어졌다.

자유의 천국, '사랑의 여름'

샌프란시스코는 히피 혁명의 본거지로 떠올랐다. 히피가 주도한 반문화Counter-Culture[10]는 빠른 속도로 번져 세대를 넘어 널리 인정됐다. '사랑의 여름'은 제퍼슨 에어플레인Jefferson Airplane[11] 밴드 등 예술인들이 중심이 돼 전혀 모르는 타인과의 자유연애, 공동생활을 추구했는데 신선함과 동시에 충격을 안겼다.[12]

'아름다운 세상을 만들어가자'는 단 하나의 희망만으로 모여 반전과 공동체, 친환경을 록 음악과 함께 외친 '사랑의 여름'은 1969년 우드스톡페스티벌에서 정점에 달했다.

히피로 상징되는, 극단적인 자유를 추구하고, 기존의 사회질서에 대해 비판하고 저항한 청년 세대의 등장은 매우 신선하고 충격이었다. 단순히 한 무리의 청년 세대가 일으킨 반문화운동이 아니었다. 그들은 구체적으로 베트남전쟁의 개입과 참전에 대한 당위성에 대한 명백한 해명을 요구하고, 도처에 만연했던 문제들, 즉 인종·성·계층·이념 등에서 야기되는 온갖 차별과 억압 그리고 갈등에 대해 집단적으로 비판하며 보수적 이념 일색의 지배문화에 저항했다.

히피문화는 단순히 문화의 돌연변이 현상이 아니라 1960년대 미국 학생운동과 신좌파운동의 궤적과 맞물려 있다는 점에서 주목받아야 마땅하다. 그런

---

10) 반문화는 사회의 지배적인 문화에 반대하고, 적극적으로 도전하는 문화라는 개념으로 사용되며, '대항문화'라고도 하며 1960년대의 미국의 히피, 동성애해방운동, 여성해방운동 등이 이에 속한다.

11) 1965년 결성된 사이키델릭 록 그룹으로 포크뮤직에도 탁월했다. 포크와 록을 섞은 그들의 데뷔 공연은 신선한 충격을 주었다. 제퍼슨 에어플레인은 1960년대 당시 히피문화의 대변인이자, 도어즈The Doors, 그레이트풀 데드Grateful Dead 등과 함께 최고의 사이키델릭 록 밴드로 꼽혔다. 1967년 발표한 〈Somebody To Love〉와 〈White Rabbit〉이 큰 인기를 끌었고, 1980년대에는 스타십Starship 으로도 활동했다.

12) 당시 히피에 대해 노골적 반감을 가졌던 보수주의자들은 히피들의 성적 방종과 난교 등을 부각하며 비난의 근거로 삼기도 했지만, 자신들의 견해를 뒷받침하기 위한 과장의 측면이 강했다.

태도가 미국뿐 아니라 유럽에까지 확산하고 동조하는 양상을 낳았던 것이다.

유럽에서는 그 양상이 미국과는 상당히 달랐다. 그들은 자신의 인생에 대한 선택을 사회적 관습 등에 맞추기를 거부하고, 자신의 주관적 신념과 철학에 맡기며,[13] 기존의 모든 질서를 갈아엎으려 했다. 그들은 자유와 전복을 꿈꿨다. 그 절정이 한곳에 모여 폭발한 것이 바로 '68혁명'이었다.

---

13) 1950년대 중반부터 1970년대 후반까지 히피문화에 심취한 유럽 청년들은 버스를 타고 아시아로 떠나는 '히피 트레일Hippie Trail' 열풍에 휩싸였다. 유럽에서 출발해서 중동-인도-네팔-동남아시아로 향하는 다양한 루트가 이들의 순례지였으며, 불교에 대한 호의적 감정을 품고 돌아왔다. 이후 동양의 신비주의와 요가 등에 대한 적극적 태도를 낳기도 했다. 물질문명에 저항하는 정신문화의 탐닉이 유럽 히피문화의 특징이었다.

제3차 중동전쟁 '6일전쟁'

피와 눈물이 흐르는
땅을 탐하다

맞붙어 있는 나라들끼리 전쟁을 완전히 피하고 지낼 수는 없다. 한 번으로 끝나는 경우도 없다. 영원한 승리도 드물다. 그런 조건에서 사는 건 제로섬Zero-Sum게임과 같다. 민족이나 부족이 다르면 무한 루프에 빠진다. 거기에 종교까지 다르면 아예 타협은 불가능하다. 이 모든 악조건들이 한 세트가 된 게 중동전쟁이었다.

때론 절박감이 승패를 결정짓기도 한다. 이스라엘이 그랬다. 굴러들어온 돌이 박힌 돌을 빼내는 모양이어서 이곳의 전쟁은 누가 누구의 편에 서느냐에 따라 바라보는 방식이 완전히 다르다. 흥미롭게도 대한민국 사람들은 이 전쟁을 주로 이스라엘의 편에 서서 바라보는데, 이는 미국의 시선, 기독교의 시선인 듯하고, 나아가 선진국과 후진국의 대립구조로 보기도 하는데, 거의 일방적이다. 이 전쟁에서 거기 얽힌 나라들의 국제관계를 잘 읽어내야 한다. 그러면 여러 역학관계를 복합적이고 다층적으로 이해할 수 있다. 반면교사로 삼을 일이지 맹목적 응원은 부작용만 낳는다.

1948년~1949년 제1차 중동전쟁[1]은 이스라엘의 독립전쟁이기도 했다. 전쟁의 결과 이스라엘은 유대인 지구 전체와 아랍인 지구의 60퍼센트를 점령했다. 1956년의 제2차 중동전쟁은 수에즈운하를 둘러싼 전쟁으로, 영국과 프랑스의 영향력은 크게 쇠퇴하고, 전쟁에 패배한 이집트의 나세르는 오히려 권력을 강화했으며, 이스라엘은 인구와 면적이 확장됐다. 두 차례의 전쟁은 일단락됐지만, 이 지역에서는 작게는 이집트와 이스라엘, 넓게는 아랍세계[2]와 이스라엘 간에 끊임없이 영토를 둘러싼 갈등이 일어날 수밖에 없었다. 이 지역의 전쟁은 쉽게 그리고 완전히 종식될 수 없는 태생적 문제를 안고 있었다.

세 번째 중동전쟁을 준비하는 이집트와 이스라엘

제2차 중동전쟁에서 군사적으로 완패한 이집트는 이스라엘에 복수하기 위해 대규모 전쟁 준비에 나섰다. 무엇보다 소련의 지원이 든든한 힘이 됐다. 소련으로서는 중동지역에서 자신의 영향력을 행사하기에 이집트는 더할 나위 없이 훌륭한 파트너였다. 이집트가 이스라엘에 승리를 거둔다면, 외교적인 측면뿐 아니라 군사적인 면에서도 유익하다는 판단으로 최신예 무기[3]와 최신 장비를 아낌없이 지원했다. 이집트는 이스라엘과의 전쟁 준비와 동시에 팔레스타인 게릴라를 물밑에서 지원했다.[4]

---

1) 흔히 '중동전쟁'으로 부르는 이 전쟁을 아랍-이스라엘전쟁이라고 부르는 경우도 점차 많아지고 있다. '중동'이란 용어 자체가 유럽의 시각일뿐더러 범위가 애매하고 자의적이라는 비판이 늘고 있다.

2) 우리가 편의적으로 부르는 '아랍세계'의 실체는 모호하다. 아랍이라는 명칭의 보편성과 차이점이 복잡하기 때문이다. 그래서 이스라엘과 반反이스라엘 국가로 보는 것이 가장 객관적이다. 그러나 편의적으로 '중동전쟁'으로 부르고 반反이스라엘 국가들을 아랍권 혹은 아랍세계로 부르기도 한다.

3) 소련은 이집트에 최신예 미그23전투기와 SAM지대공미사일 등의 전략물자를 아낌없이 지원했다. 샘미사일은 이스라엘 공군에 공포를 안겨주었다. 당시 소련으로부터 이 정도의 최신 무기를 지원받는 나라는 거의 없었다.

4) 그러나 팔레스타인이 군대를 조직하는 데에는 도움을 주지 않았다. 이집트뿐 아니라 다른 아랍 국가

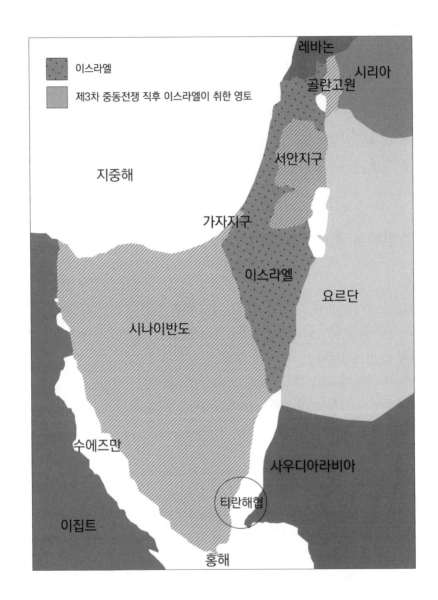

레바논

시리아

골란고원

이스라엘

제3차 중동전쟁 직후 이스라엘이 취한 영토

서안지구

지중해

가자지구

이스라엘

요르단

시나이반도

수에즈만

사우디아라비아

티란해협

이집트

홍해

제3차 중동전쟁 직후 이집트와 이스라엘 주변 지도 (1967년)

이스라엘을 노리고 있는 건 이집트뿐이 아니었다. 요르단은 서쪽 접경과 예루살렘 동쪽 사이에 위치한 서안지구West Bank를 두고 지속적으로 이스라엘과 신경전을 벌였고, 시리아는 남서쪽 접경과 이스라엘 북동부 사이의 골란고원Golan Heights을 두고 이스라엘과 다투고 있었다. 심지어는 이 지역과 직접적인 관계가 없으면서도 아랍권에서 영향력을 확보하기 위해 기회를 노리던 이라크도 공공연하게 이집트를 지원하겠다고 나섰다. 늘 그렇듯 이스라엘은 사방으로 적들에 둘러싸였다.

이스라엘은 적대적인 아랍 국가들에 둘러싸인 좁은 영토 문제를 해결해야 한다는 절박감을 떨치지 못했다. 지난 제2차 중동전쟁 때 어렵사리 점령한 시나이Sinai지역도 국제적인 압력과 이집트와의 화해 과정에서 돌려주었다. 사실 점령하고 있다 하더라도 현실적으로 관리하기는 어렵다는 판단도 한몫을 했다.

특히 이스라엘의 입장에서는 물렁한(?) 이집트나 해볼 만한 시리아와 달리 조직력과 장비가 만만치 않은 요르단이 골칫거리였다.

지리적으로도 요르단은 이스라엘의 동쪽으로 깊숙이 들어온 혹과 같아서 마음만 먹으면 요르단이 서쪽으로 진격해서 불과 수십 킬로미터를 가로질러 지중해로 진출할 수 있고, 그렇게 되면 이스라엘은 국토가 둘로 나뉠 뿐 아니라, 해안 거점을 상실하게 된다는 고민이 깊었다. 이스라엘로서는 생존을 위해 뭔가 적극적인 방법을 모색해야 한다는 절박감을 갖고 있었다.

지난 전쟁에서 승리한 이스라엘은 생존을 얻었지만, 거센 국제 여론의 압박을 우려해 섣부르게 전쟁을 일으키거나 도발하는 건 위험했다. 게다가 이전과 달리 이집트를 비롯한 주변 아랍 국가들의 국방력도 크게 개선돼 도박을 걸기가 쉽지 않았다. 특히 소련의 전폭적인 지원을 받은 이집트의 지대공SAM미사일은 이전과는 달리 이스라엘 전투기에 막대한 타격을 주었다.

이미 여러 차례 이 미사일로 피해를 입은 이스라엘은 이집트의 방공망을

들도 팔레스타인이 정규군을 갖는 것은 극도로 꺼렸다.

무력화할 방법을 모색해야 했다. 허점을 찾아 아주 **빠른** 시간에 제공권을 장악하지 않고는 승산이 없어 보였다. 기습공격이 필수였다. 그러나 기습공격은 선전포고도 없는 선제공격이라 국제적 비난을 받을 소지가 컸다. 그러니 누군가 자신들의 **뺨**을 때려주면 좋겠다고 여기고 있던 차에 팔레스타인해방기구PLO[5]가 시리아에 근거지를 마련하고 게릴라전을 전개했던 것이다.

6일 만에 끝난 제3차 중동전쟁

이스라엘은 제2차 중동전쟁에서 승리했지만 원하는 바를 더 얻지 못하며 새로운 기회를 엿보고 있었다. 이집트는 소련의 군사고문단과 최신장비를 도입하고 있을 뿐 아니라 물밑에서 팔레스타인 게릴라를 지원하고 있었기에 골칫거리였다. 요르단은 서안지구를 두고 대치하며 이스라엘을 긴장시켰다. 골란고원을 두고 시리아와도 잦은 무력충돌이 반복되고 있었다. 이스라엘로서는 그런 긴장의 고착상태를 선제적으로 깨뜨려야 자신들의 생존을 확보할 수 있다고 판단했고 모든 정보력을 동원해서 전쟁을 준비했다.

1967년 6월 4일 이스라엘은 PLO 게릴라전에 대한 보복을 명분으로 시리아전투기 6대를 격추시키며 응징했다. 의도적인 도발이었다. 하지만 시리아가 곧바로 대응하는 것을 자제하면서 전쟁이 확대하지는 않았다. 이스라엘을 둘

5) PLOPalestine Liberation Organization는 1964년 독립국 팔레스타인을 수립하기 위해 세워진 기구로 유엔과 100여 개 국가들로부터 팔레스타인을 대표하는 유일한 '법적 조직'으로 인정받고 있다. PLO의 가장 큰 고비는 1972년 뮌헨올림픽 때 과격단체 '검은 9월단'의 이스라엘선수단 테러사건과 1976년 우간다의 엔테베공항에서 일어난 에어프랑스 납치와 인질사건이었다. 이 사건들로 PLO 역시 국제사회의 비난을 받았고, 미국과 이스라엘은 PLO를 국제테러조직으로 지정했으나, 1991년 마드리드 평화회담 이후 해제했고, 1993년 PLO와 이스라엘은 유엔 안전보장이사회의 결의를 상호 수용함으로써 PLO는 이스라엘의 존립권을 인정하고, 이스라엘은 PLO를 팔레스타인을 대표하는 유일한 기구로서 인정했다. 오슬로협정에 따라 요르단강서안과 가자지구를 팔레스타인 영토로 인정하는데 2012년 기준으로 PLO는 팔레스타인의 요르단강 서안의 자치정부 지역을 관할하고 가자지구는 하마스가 통치하고 있다.

러싼 세 나라를 한꺼번에 상대해야 하는 전쟁의 위험성은 여전했다. 선제공격에 대한 주저와 패배의 불안 때문에 굳이 전쟁을 원하지 않았지만 아랍의 맹주를 자처하고 이스라엘에 대한 복수의 칼을 갈던 이집트의 나세르가 이것을 좌시할 리 없었다.

6월 5일 가뜩이나 전쟁 준비에 몰두했던 이집트가 대규모 병력을 시나이 지역으로 파견하면서 제3차 중동전쟁의 서막이 올랐다. 이집트와 시리아, 요르단은 이스라엘이라는 공동의 적을 두고 함께 싸웠다. 이스라엘로서는 병력을 분산해 대처하는 게 어려웠다. 이집트, 요르단, 시리아가 동시에 이스라엘을 공격하면 병력이 충분하지 않은 이스라엘로서는 곤혹스러울 처지였다. 그러나 정작 시리아는 방관하며 뒤늦게 뛰어들었기에 주력을 이집트와의 전쟁에 투입할 수 있었다. 1차적 목표는 이집트 공군력의 무력화였다. 최단시간에 이집트 공군기지를 타격하기 위한 전략을 마련해야 했다.

제2차 중동전쟁 이후 이스라엘은 모든 정보력을 총동원해 주변국뿐 아니라 국제정세의 흐름까지 면밀하게 들여다보고 있었다. 이스라엘로서는 인적자원도 부족하고 영토도 비좁기 때문에 장기전이나 소모전은 자신들에게 절대 불리하다는 걸 알았다. 그래서 선제공격이 늘 그들의 전략적 결정이었다.

이집트의 유능한 장교들도 이스라엘에 선제공격을 당하기 전에 자신들이 선제공격을 해야 유리하다고 주장했지만, 군 지도부는 그런 요구를 묵살했다. 나세르의 입장에서는 섣불리 이스라엘에 전쟁을 선포했다가 또다시 큰 곤욕을 치를 수도 있었기에, 전쟁보다는 아랍의 맹주로서의 이집트의 입지를 다지는 것이 중요했고, 그러기 위해서는 이스라엘과의 적당한 긴장 관계가 그에게 차라리 유리하다고 판단했다.

나세르는 '아랍의 맹주'라는 타이틀을 위해 왕당파와 공화파가 내전 중이던 예멘에 정규군 절반 이상을 파병한 상태였는데, 그나마도 승전은커녕 계속해서 심각한 손실만 겪고 있어서 이러지도 저러지도 못하는 곤혹스러운 처지였다. 겉으로는 굳건한 '삼국동맹'인 듯 보였지만 전쟁에 제대로 대비한 곳은 요르단뿐이었다. 시리아는 군부 내 쿠데타에 버금가는 정권 다툼에 빠져 있는 상태였다.

당시 미국은 전쟁 가능성을 낮게 보았다. 그러나 소련이 아랍 국가들을 지원한다면 문제가 달라질 것이라 판단했고, 자칫 제2의 베트남전쟁으로 번질 수 있다는 우려 때문에 전쟁이 일어나지 않기를 바라며 예의주시하고 있었다.

전쟁이 일어나기 직전인 1967년 5월 말, 나세르는 이스라엘 선박에 대해 티란Tiran해협을 봉쇄하겠다고 선언하고, 이스라엘과의 국경에 군을 전진 배치했다. 진짜 전쟁을 벌이기보다 대내외적 선전의 의도가 강했지만, 6월이 되자 이스라엘과 주변국들 간의 긴장이 고조됐다. 이런 상황에서 이스라엘 공군이 시리아전투기를 격추한 것이다.

이스라엘의 입장에서는 어차피 일어날 전쟁이라면 최대한 자신들에게 유리한 상황에서 전개되는 전쟁의 판을 짜야 했다. 선제공격의 핵심 대상은 상대의 공군력이었다. 이스라엘은 이것을 '예방적 공습'이라고 지칭하며 자신들을 합리화했다. 이집트[6] 공군이 선제타격을 가하기 전에 자신이 먼저 선제공격을 하는 것이 절대 유리하다고 판단한 이스라엘은 1967년 6월 5일 이스라엘전투기들이 레이더망을 피해 초저공비행으로 사막을 날아[7] 이집트의 공군기지에 침투해 기습 폭격을 감행하도록 했다. 이집트공군의 450여 대 항공기의 80퍼센트에 가까운 300여 대를 파괴하고, 기지와 레이더 시설 등에도 맹폭을 가했다.

제3차 중동전쟁이 시작된 것이다. 이집트 공군이 초토화되는 데에 고작 3시간밖에 걸리지 않았다. 지상전도 다양하게 전개됐다. 이집트는 제2차 중동전쟁 당시 돌파구였던 시나이반도 방면 국경선에 강력한 군대를 주둔시키며 대비했지만, 이스라엘 육군의 공격을 막아내지 못했다. 또다시 수에즈운하의 주요 거점들을 빼앗겼다.

---

6) 당시 이집트는 '아랍연합공화국'으로 불렸다.
7) 이스라엘은 사전에 이집트 군대의 동태를 철저하게 조사해서 레이더 기지의 교대 시간을 노려 발진할 정도로 치밀했다.

이스라엘은 모든 전선에서 초고속으로 전쟁을 수행했다.[8] 이스라엘은 팔레스타인 남서쪽 가자Gaza지구와 시나이반도를 점령했을 뿐 아니라, 동예루살렘과 요르단강 서안지구에서 요르단군을 몰아냈고, 이집트군과의 공조 타이밍을 놓치고 눈치를 보다 뒤늦게 뛰든 시리아군에게도 타격을 가해 골란고원을 점령했다. 딱 엿새 동안 마무리한 전광석화 같은 전쟁이었다.

첫날은 이집트를 기습 공격해 전과를 올렸고, 다음날 가자지구를 공격했으며, 셋째 날에는 예루살렘을 점령했다. 넷째 날에는 다시 시나이반도를 점령하고, 닷새째에 골란고원까지 장악하고, 엿새째에 전쟁을 종결했다. 그래서 '6일전쟁'이라는 이름을 얻었다. 이스라엘의 완벽한 승리였다.

이스라엘의 완벽한 승리

이스라엘은 이 전쟁을 길게 끌고 갈 수도 없고, 국제사회가 그렇게 되도록 방관하지 않을 것을 알았다. 특히 미국으로서는 이스라엘을 외면할 수는 없겠지만, 베트남전쟁의 수렁에 빠진 상태에서 다른 전선을 만드는 것만큼은 결사적으로 막을 것이 분명했기에 빠르게 적을 타격하고 최대한 유리한 조건으로 전쟁을 종결짓는 것이 최선이라는 걸 너무나 잘 알고 있었다.

이스라엘의 완벽한 승리였고, 승리의 전리품은 엄청난 영토였다. 이 전쟁 과정에서 이집트는 여전히 거짓 선전으로 자신의 승전을 떠들어댔고, 요르단과 시리아에 이스라엘을 공격해달라고 요청했다. 이스라엘은 이것을 알면서도 모른 척했다. 그렇게 방치하는 게 국제여론을 자신에게 유리한 방향으로 끌고 갈 수 있다고 여겼기 때문이었다. '공격받는' 이스라엘이라는 프레임을 만들어야 자신들이 '저지른' 전쟁이 마치 정당방위인 것처럼 보일 수 있다는 계산이

---

8) 이스라엘 기갑부대의 진격 속도를 병참부대가 따라가지 못하자, 헬리콥터로 물자를 보급하는 경우도 허다했다. 이집트군을 포로로 잡아도, 무장해제만 시키고 풀어준 상태로 목표를 향해 기동할 정도로 이스라엘은 기동성에 사활을 걸었다.

깔린 대응이었다. 이전 전쟁에서 시나이반도를 되돌려줘야 했던 국제사회의 압력을 잊지 않았기에 계산된 태도였다.

1967년 6월 11일 휴전협정이 체결됐다. 아랍연합군의 손실은 엄청났다. 이스라엘의 영토는 이전보다 3배나 커졌다.

세 차례의 중동전쟁에서 아랍연합 세력은 신생 독립국 이스라엘에 번번이 농락당하며 패전을 거듭했다. 이스라엘은 대승했고, 전쟁의 결과도 흡족했다. 그러나 이 과정에서 아랍 세력의 결집을 막을 수 없었다. 당시 아랍 국가들에는 정치적·경제적·종교적으로 꽤 이질적인 요소들이 작용하고 있을 뿐 아니라, 아랍의 주도권을 둘러싼 미묘한 경쟁과 갈등으로 분열돼 있었다. 이스라엘은 그것을 최대한 이용해서 전쟁을 효과적으로 수행할 수 있었다.

그러나 전쟁이 반복되고 아랍의 자존심이 상처를 입을수록 아랍의 결집은 갈수록 끈끈해졌다. 전쟁마다 패전하는 부끄러움을 씻기 위해서라도 전력을 다해 군비를 증강하고 훈련을 강화해 반드시 이스라엘의 코를 납작하게 누르겠다는 결의를 다졌다.

세계 경제는 나날이 성장하고, 그럴수록 석유 의존도가 높아짐에 따라, 산유국인 아랍 국가들은 자신들이 엄청난 무기를 갖고 있음을 깨닫기 시작했다. 이 지역에서의 전쟁은 더 이상 국지전이 아닌 국제전으로 확산할 우울한 기운이 감돌았다.

1962년 왕족이 아니면서 놀랍게도 사우디아라비아의 석유장관이 된, 32세의 하버드 출신 아메드 야마니Ahmed Zaki Yamani(1930~2021)는 1968년 '석유 금수조치'를 언급하며, 중동국가들이 세계 석유시장을 장악한 서구 기업들에 반기를 들 수 있음을 알렸다.[9]

---

9) 1973년에는 야마니 장관 주도로 중동 산유국들이 석유 공시가격을 직접 끌어올렸다. 1972년 배럴당 2.5달러 선이던 유가는 1974년 11.6달러까지 상승했다. 그러나 야마니는 이후 석유문제가 국제사회에서 과도하게 큰 영향력을 행사하는 것에 외교적 부담을 느껴 감산 반대를 주도했다.

세상을 뒤흔든 68혁명

세상의 모든 금지를
금지하라

혁명은 전복이다. 뒤집어져야 하는 낡은 사고, 가치, 제도가 존속하는 것은 단순히 관성의 힘 때문이 아니다. 거기에 안주하며 이익을 챙기는 이들이 그것을 움켜쥐고 있기 때문이다. 그걸 스스로 포기하는 경우는 거의 없다. 그래서 혁명이 필요하고 또 혁명이 가능한 것이다.

쿠데타는 정권을 찬탈하기 위해 기도하지만, 혁명은 정권을 노리는 게 아니다. 진정한 혁명은 고인 물을 쏟아내는 것이고, 썩은 세상을 갈아 엎는 것이다. 처음부터 의도하지 않은 혁명이 때론 더 무섭고 위대한 건 그게 시대정신에 대한 반응임을, 과정 중에 혹은 나중에라도, 깨닫게 되기 때문이다. 그게 빠지면 혁명은 거짓이다. 68혁명이 던진 파문이 강렬했던 것도 그 때문이다.

모든 혁명은 양면성을 갖는다. 68혁명도 마찬가지이다. 그러나 그것이 긍정적인 영향을 더 많이 끼쳤기에 지금도 기억하고 소환한다.

대한민국은 68혁명에 거의 영향을 받지 않았다. 그러기에는 세상과의 소통이 막혔고, 국내 상황은 그것을 보고 읽을 여유를 주지 않았다. 가치의 전복이 없었다는 건 막힌 혈을 뚫어보지 못했다는 것을 의미한다. 그게 대한민국의 비극이었다. 그러나 1987년 6월항쟁과 승리는 민주주의 대한민국의 극적 변화를 쟁취할 수 있는 기폭제였다는 점에서 혁명에 버금가는 성취였다. 하지만 여전히 우리에게 빈칸으로 남아있는 1960년대의 세상, 특히 68혁명의 시대정신을 지금도 되짚어보지 못하는 건 매우 아쉬운 대목이다.

"모든 금지를 금지하라!"

아무도 그것이 혁명이라고 생각하지 않았다. 그러나 어느 누구도 그것이 혁명임을 부정하지 않는다. 권력을 찬탈한 쿠데타도 아니고, 야당이 여당의 권력을 빼앗은 것도 아니며, 교활한 음모나 치밀한 기획의 결과물도 아니었다. 그러나 그 어떤 혁명보다 현대사에 훨씬 광범위하고 오래, 그리고 지속적으로 영향을 끼쳤다. 이런 사례는 역사적으로 찾아보기 쉽지 않다.

1968년 봄 프랑스 파리에서 학생들과 청년들을 중심으로 시작해서 5월까지 지속하면서 프랑스 사회 전체를 뒤집어놓은 혁명이 그것이다. 1968년에 일어났기에 흔히 68혁명[1]으로 지칭하거나, 5월에 절정을 이루었기에 '5월혁명'으로 부른다.[2]

혁명인 줄 몰랐던 조용한 시작

혁명은 아주 사소한 일에서 비롯했다. 아무도 2개월 뒤의 상황을 상상도 하지 못했다. 1968년 3월 파리의 낭테르Nanterre대학[3]에서 작은 분규가 일어

---

1) '68혁명'이라는 용어가 논란이 되기도 한다. 우리는 흔히 68혁명 또는 '5월혁명'이라고 부르지만, 정작 프랑스 등에서는 '68운동' 혹은 '5월 학생운동' 등으로 부른다. 당장 가시적인 체제나 권력이 바뀌는 등의 정치적 변화가 일어나지 않았다는 점에서, 그리고 경제적으로도 별다른 대안이 나타나지 않았다는 점에서 특히 그렇다. 그래서 '68운동'이라고 부르기도 하지만 장기적인 면에서 봤을 때 지속적인 변화가 나타나도록 한 전환점이라는 점에서 '혁명'이라는 명칭이 무색하지 않다. 우리에게 익숙한 까닭에 68혁명으로 부르기로 하지만 그 운동이 끼친 영향은 가히 혁명으로 불러도 손색이 없기에 이 책에서는 혁명으로 지칭한다.

2) 시기나 장소의 특정이 중요한 것이 아니라 관계성에 초점을 맞추는 관점도 있다. 68혁명의 리더였던 다니엘 콩방디Daniel Cohn-Bendit(1945-)는 '1968년'은 파리나 베를린에서가 아니라 미국의 서해안에서 시작된 것이라는 점을 시인했다. 1964년 가을 캘리포니아 버클리에서 시작된 청춘반란이 학내 언론 자유 제한에서 비롯됐다는 점과 낭테르대학 사태가 비슷했다.

3) 1970년 법령에 의해 지금은 파리 10대학으로 이름이 바뀌었다.

났다.

학생들은 남학생이 여학생 기숙사를 자유롭게 방문할 수 있게 해달라고 요구했다. 남학생의 여학생 기숙사 출입금지는 부조리하기 때문에 마음껏 사랑할 수 있는 자유를 달라는 요구였다. 당시 낭테르대학은 매우 권위적이었다. 어른들의 눈에는 그저 철없는 아이들의 도를 넘은 요구에 불과했다. 대학 당국은 학생들의 '철없고 부도덕한' 요구를 일축했다. 학생들은 대학 당국의 거부가 구시대적 권위주의의 산물이라고 공격했다. 당시 낭테르대학 기숙사에는 소수의 활동적이고 급진적인 학생들이 있었는데, 이들이 주동이 돼 대학의 여학생 기숙사를 점령하면서 대학 당국과 정면으로 맞붙었다.

이 사건은 남학생이 여학생 기숙사를 자유롭게 출입하는 것으로 해결되는 듯 보였다. 그런데 여기에서 지펴진 작은 불꽃이 금세 전 프랑스로 들불처럼 번졌다. 아무도 의도하지 않았지만 곧 모두의 문제로 번지게 될 운명이었다. 그게 1960년대의 시대정신이었다.

'여학생 기숙사 사건'에서도 그랬지만, 낭테르대학 자체가 크게 주목받는 곳은 아니었다. 낭테르대학은 제2차 세계대전 이후 출생한, 이른바 베이비부머들을 위한 교육기관으로 급하게 설립된 곳 가운데 하나로, 주변 환경이 매우 열악했다. 낭테르대학은 북아프리카 이민자들이 대거 이민 오면서 거주지를 마련한 파리 외곽, 판자촌과 임대주택단지가 있는 황무지 위에 세워졌다. 주로 북아프리카 이민자들이 살던 천막촌은 제대로 된 수도시설이나 변변한 도로도 없는 황량한 지역이었다. 오랜 역사와 전통 그리고 높은 지명도를 가진 다른 대학들과는 달라도 너무나 달랐다. 그래서 그 대학 학생들은 늘 차별과 소외감을 느끼고 있었다.

청년들 특히 대학생들은 사회 현실의 모순과 위선의 문제에 민감하게 반응한다. 그들은 자본주의 체제에서 약자들이 어떻게 살고 있는지 목격하면서, 현실을 비판하고 자신들의 문제로 공감했으며, 그에 따라 분노도 함께 증폭했다. 게다가 1960년대 후반의 프랑스는 분명 현대화의 노선을 선도하거나 충실히 따르고 있었지만, 도덕적 코드는 1940년대에 머물러 있다는 평가를 받고 있었다. 청년들은 그런 고루한 도덕적 태도를 비웃었다. 낭테르대학의 여학생

기숙사 사건은 청년들에게 잠복해 있던 불만이 드러난 사건이었다.

이 불씨가 들불로 번진 계기는 얼마 뒤 파리에서 일어난 아메리칸익스프레스 파리지사 습격사건[4]이었다. 어찌 보면 이 사건은 파리시 당국이 자초한 일이기도 했다. 당국이 두 달 넘게 지속된 시위를 중단시키기 위해 낭테르대학을 임시 폐교하자, 청년들이 거리로 뛰쳐나가 아메리칸익스프레스 파리지사를 습격했기 때문이다. 다니엘 콩방디를 비롯한 6명의 청년들이 그곳을 습격한 것은 두 달 전 미국의 베트남 침공에 대한 항의 표시였다.[5] 그리고 그것은 프랑스 기성세대의 위선과 모순에 대한 비판의 표현이었다. 기성세대가 걸핏하면 거론하는 레지스탕스 행동도 결국은 전쟁 때문이고, 전쟁은 탐욕과 방관 속에서 비롯한 것이라는 점에서, 기성세대는 전쟁에 대한 원죄를 갖고 있다는 잠재적 분노가 표출된 것이기도 했다.

'찻잔 속의 태풍'으로 그칠 수도 있었다. 그러나 습격한 청년들이 성조기를 불태우다 체포되고 모두 징계를 받자 학생들이 분개했다. 학생들은 경찰이 대학에 진입하자 그에 맞서 거리로 뛰쳐나왔다.[6]

---

4) 엄밀한 의미에서 본다면 68혁명의 본질은 바로 이 사건에서 비롯된 것이라 보는 견해들이 많다. 낭테르대학의 사태는 여학생 기숙사 출입 문제라는 사소한 일에서 비롯했지만, 이 사건은 구체적 사회 문제, 특히 국제 문제에 대한 프랑스 청년세대의 도발이었다는 점에서 그렇게 보는 경향이다. 그러나 낭테르대학 사태의 본질은 기성세대의 권위주의에 대한 도전이었으며 그 과정에서 학생들이 보인 행동 양식은 68혁명의 본질과 상통한다는 점에서 결코 가볍게 볼 사태는 아니었다.

5) 프랑스인들은 과거 그들의 식민지였던 인도차이나의 주도권을 미국에 빼앗기는 상황이 불편했다. 그 불편한 감정이 미국의 베트남전쟁에 대한 반감, 즉 반전운동으로 전개된 면이 다분했다.

6) 유럽에서 오랜 금기사항이었던 경찰의 대학 진입은 대학의 자율성을 완전히 무시한 처사였다. 학교 당국이 경찰을 투입하자 그때까지 학생들의 과격한 행동에 반대했던 교수들까지도 학생들에게 동조하게 됐다. 이것은 매우 중요한 전환점이 됐다.

낭테르대학을 넘어 전국으로 확대하는 시위

5월 5일 문제의 발단이 된 낭테르대학에 휴교 조처가 내려지자 그 사건을 계기로 프랑스 전역에서 대학생들의 시위가 이어졌다. 낭테르대학에서 보여줬던 청년세대의 '행동'이 대외적으로, 구체적으로 표출된 것이다.

5월 7일, 학생들의 계속되는 시위를 가라앉히기 위해서 드골은 "거리에서 폭력이 난무하는 것을 더 이상 관용할 수 없다. 왜냐하면 폭력은 결코 어떤 대화의 방법도 아니기 때문이다"라는 성명을 발표했다. 드골은 여전히 자신의 권위를 믿었다. 그러나 3만여 명의 학생들은 '인터내셔널가The Internationale[7]'를 부르며 파리 시내를 행진했다. 다급해진 당국은 학생 지도자와 정부 관리들 사이에 회담을 이끌어냈지만, 어떤 합의점도 찾지 못했다.[8] 게다가 프랑스의 여론은 정부에 적대적으로 변해가고 있었다.

루마니아 방문에서 돌아온 드골은 다음날인 5월 19일에 "개혁에는 찬성하지만 난장판은 묵과할 수 없다"는 성명을 다급하게 발표했지만, 이미 불길은 사월 기세가 아니었다. 이 불길에 엄청난 기름이 부어졌다. 학생들의 움직임에 호응하면서 5월 20일~5월 25일에 걸쳐 노동자들이 총파업에 나선 것이

---

7) 프랑스 국가인 라마르세예즈La Marseillaise가 프랑스혁명의 애국주의 전통을 상징한다면, 인터내셔널 가는 1871년 파리코뮌Paris Commune 시기의 노동민중과 사회주의를 상징한다고 할 수 있다. 파리코 뮌은 파리 시민들이 세운 사회주의 자치정부로 노동자 계급이 세운 세계 최초의 민주적이고 혁명적 인 자치 정부로 역사상 처음으로 사회주의 정책을 실행에 옮겼다는 평가를 받았다. 인터내셜가는 철 도노동자인 외젠 포티에Eugene Pottier(1816~1887)가 작사했고, 1888년에 가구세공인이던 피에르 드게테 르Pierre De Geyter(1848~1932)가 작곡했기에 노동계급의 국제주의를 상징하는 노래답게 작사·작곡자도 노 동계급 출신이란 점에서 사회주의 진영에서 선호했다.

8) 조르주 퐁피두Georges Pompidou(1911~1974) 수상은 5월 13일에는 대학 문을 열겠다고 선언했다. 그러 나 5월 13일, 수십만 명의 대학생, 고등학생, 그리고 노동자들이 파리와 지방에서 대대적인 시위로 맞섰다. 드골은 퐁피두의 인기가 올라가자 사회개혁 문제 이견을 빌미로 퐁피두를 해임하고, 뮈르 빌Gouvernement Couve de Murville(1907~1999) 재무장관을 새 수상에 임명했다. 퐁피두는 드골의 정계 은퇴 후 대통령에 당선됐다.

쿠데타는 정권을 찬탈하기 위해 기도하지만, 혁명은 정권을 노리는 게 아니다. 진정한 혁명은 고인 물을 쏟아내는 것이고, 썩은 세상을 갈아엎는 것이다. 처음부터 의도하지 않은 혁명이 때론 더 무섭고 위대한 건 그게 시대정신에 대한 반응임을, 과정 중에 혹은 나중에라도, 깨닫게 되기 때문이다. 그게 빠지면 혁명은 거짓이다. 68혁명이 던진 파문이 강렬했던 것도 그 때문이다.

다.[9]

결국 드골 정권이 강력하게 진압에 나섰고, 이에 맞서 드골 정권의 권위주의에 염증을 느끼고 반발한 시민들까지 가세하면서 프랑스 전체가 요동쳤다.[10] 이런 분위기 속에 프랑스 전역 거의 모든 도시에서 노동자, 학생이 대규모 시위에 동참하기 시작했다.

청년들의 저항의 발단이자 핵심은 바로 드골의 권위주의와 기성세대의 위선에 대한 총체적 비판이었다. 저항이 점점 더 확대·심화하고, 이 시위가 냉전과 베트남전쟁 등의 시대적 문제와 결부하면서, 전 세계의 청년세대를 저항과 해방의 열망에 휩싸이게 만들었다. 이 들불을 가연加燃한 것이 바로 100만 명의 노동자들이 일으킨 파업이었다.

노동자 파업으로 정치적 위기의 국면으로 접어들자, 5월 24일에 드골은 국민투표를 제안하고, 부결되면 퇴임하겠다는 의사를 밝혔다. 여전히 드골다운 승부수였다. 그러나 시위는 계속됐다. 5월 25일과 26일에 노동자·사용자·정부 3자 대표자들은 파리 시내 그르넬가에서 협상을 시작했다. 그 결과 5월 27일, '그르넬협정Accords de Granelle'[11]을 발표했다.

---

9) 반자본의 기치 하에 학생과 노동자가 연대하는 건 드문 일이었다. 그것은 청년세대, 즉 학생과 노동자가 정치적 좌파와 거리가 있었기 때문인데, 당시 노조 지도부는 정부와 협상을 시도했고, 학생 세력과 연대를 단절했다. 그러자 청년노동자들이 노조지도부를 불신하고 기성노동세력과 단절을 선언하며 학생들의 시위에 동참했다.

10) 2018년 5월 프랑스에서 에마뉘엘 마크롱Emmanuel Macron(1977-) 정부의 개혁 정책에 반대하는 대대적인 시위, 일명 '노란조끼 운동Mouvement des Gilets jaunes'이 일어난 것도 68혁명 9년 후에 태어난 마크롱이 권위주의적 지도자 행세를 하며, 제왕적 대통령으로 군림하려 한다는 비판과 은행가 출신으로 자본가의 편인 마크롱이 공공 분야를 무너뜨리고 있다는 비판에서 비롯된 것은 매우 의미심장한 일이었다.

11) 그르넬협정은 최저임금을 35퍼센트 증가시켰는데, 농업의 경우에는 56퍼센트가 인상됐고, 몇몇 산업에서는 임금이 최대 72퍼센트 인상됐다, 주당 노동시간을 단축하며, 연금수혜 가능연령 즉 은퇴연령을 더 낮추며 가족수당과 노인수당을 인상하고, 노동조합의 권리를 확장 보장하는 내용을 담았다. 게다가 파업 참가자들은 점거 기간 동안 통상 임금의 절반의 받을 수 있었다.

젊은 노동자의 가세와 시위의 확산

왜 젊은 노동자들은 기존의 노동조합을 불신하고, 청년대학생들과 함께 저항했을까?

1950년대 중반까지 프랑스는 경제적 위기와 베트남과 수에즈운하 등에서 벌인 전쟁의 후유증을 겪었지만, 이후 프랑스는 이른바 '영광의 30년Trente Glorieuses(1945~1975)'이라 불리는 경제 호황을 누렸다. 특히 1958년부터 매우 빠른 경제성장을 보이기 시작했다.

프랑스의 제조업이 가파르게 증가하고 사회가 산업화함에 따라 이농현상이 두드러지게 됐는데, 1946년에 약 750만 명이던 농업 종사 인구가 1968년에는 단지 300만 명 정도만 남을 정도로 경제 상황과 고용 형태가 크게 변화했다. 경제가 성장함에 따라 1960년대 중엽부터 프랑스의 절반 이상의 가정들이 냉장고·자동차·텔레비전을 소유하게 되면서, 이전까지는 생산의 주체였던 노동자들이 소비의 주체가 됐다. 노동자들에게 새롭게 인식된 소비는 풍요의 열망을 갖게 했고, 이것을 충족시키지 못하는 경제적 불만도 함께 널리 퍼져나갔다.

이런 상황에서 1966년부터 경제성장이 둔화했고 1968년에 접어들자 실업률이 갑작스럽게 증가해 고용 상황이 악화했는데도 기존의 노동조합 지도자들은 이 문제에 대한 젊은 노동자들의 요구와 인식에 둔감했다. 이것이 청년 노동자들을 68혁명에 대거 참여하게 만들었던 것이다. 그러나 당시 집권 세력과 기성세대는 그 점을 경시했다. 결국 젊은 노동자들은 자신들의 불만을 쏟아낼 수 있는 기회를 맞아 분노와 열정을 쏟아내었다. 이들의 가세로 소요는 빠르게 그리고 강력하게 확산했다.

집권 세력과 보수 우파가 그저 수수방관만 한 건 아니었다. 그들은 '철없는 것들'의 선동과 소요로 '위대한 프랑스'가 몰락하는 것을 도저히 용납할 수 없었다. 그들은 다양한 방식으로 반격에 나섰다.

드골의 반격, 드골주의자들의 반동

5월 30일, 드골은 서독의 바덴바덴에 주둔하고 있는 프랑스 사령관인 자크 마쉬Jacques Massu(1908-2002) 장군을 만나서 유사시에 군대를 동원하겠다는 약속을 받고 돌아와 국회를 해산하고 국민투표에 관한 보고서를 발표했다. "전체주의 기도에 시민 행동으로 맞서 달라"는 드골의 호소에 수십만 명의 드골주의자가 호응해 친 드골 시위대가 맞불을 놓았다. 이때부터 사태는 급속하게 반전되기 시작했다. 5월 31일, 퐁피두 내각이 개편되고, 6월 23일과 30일로 선거일이 확정 발표됐다. 그에 맞춰 드골주의자들의 시위가 프랑스 전역에서 전개됐다.

그 기세에 눌린 듯 6월 4일에서 6일 사이에 노동자들의 파업이 급격히 수그러들기 시작해, 프랑스전기가스공사EDF-GDF, 석탄공사, 국립철도회사SNCF 등이 파업을 풀고 정상 업무로 복귀했다.

6월 7일에 드골은 텔레비전과 라디오 동시 방송을 통해 "프랑스인들이여! 투표를 통해 대통령을 중심으로 공화국 안에서 단결하자"라고 호소했고, 6월 10일부터는 국회의원 선거전이 시작됐다.

공교롭게도 선거전이 시작된 바로 그 날, 르노자동차 공장에서 폭력적인 충돌 사태가 발생해 한 고등학생이 익사체로 발견되면서, 다음날 이에 대한 항의로 대규모 시위가 발생했다. 70여 개의 바리케이드가 세워지고, 400여 명이 부상을 당했으며, 1,500여 명이 소환됐다. 다시 과격한 시위가 발생하지 않을까 걱정했지만, 다행히 사태가 수습되는 양상으로 전개됐다. 한편, 고등학교는 문을 열고 수업이 정상화했다.

6월 13일에는 급진적 좌파 학생 조직이 불법 판정을 받아 강제 해산당했으며, 6월 16일에는 소르본대학을 점거하고 있던 학생들도 경찰력에 의해 강제로 학교 밖으로 쫓겨났다. 6월 18일에는 10만 명 이상의 자동차공장 노동자들이 파업을 풀고 작업을 재개했다.

그리고 6월 23일과 30일의 선거에서 드골주의자들이 압승하고, 좌파 정당의 후퇴로 끝났다. 혁명은 그렇게 허망하게 실패했다. 소란과 위기는 그렇게 마무리되는 듯 보였다.

68혁명의 정신적, 정서적 배경

68혁명은 우발적인 것도 단순한 것도 아니었다. 두 차례의 세계대전은 사회가 항상 진보하는 것만은 아니라는 점을 실증적으로 보여줬다. 언제든 퇴행할 수 있으며, 인간의 존엄성과 가치가 추락할 수 있음을 알게 했다.

프랑크푸르트학파Frankfurt School[12]의 비판철학은 사회가 정반합의 과정을 거쳐 점점 더 나은 방향으로 '나아가야 한다'는, 헤겔Georg Hegel(1770~1831)의 변증법적 시각은 당위가 아니라 희망 사항에 불과했을 뿐이라고 비판했다. 낡은 질서와 체제가 '점진적으로' 개선된다는 건 허위의 변명이거나 레토릭에 불과할 뿐이라는 주장이었다. 청년들은 구체제를 비판적으로 분석한 프랑크푸르트학파의 시각을 자신들의 입장을 옹호하는 데에 사용했다.[13]

---

12) 1930년대 이후 등장한 프랑크푸르트암마인Frankfurt Am Main대학의 사회연구소를 중심으로 한 네오마르크스주의 사회이론가 집단으로, 자본주의와 소련 사회주의를 모두 비판하며 또 다른 사회 발전 과정의 가능성을 제시하고, 실증주의·유물론·결정론의 한계를 극복하려고 노력했다. 이 용어는 단지 프랑크푸르트 사회연구소와 관련이 있었던 사상가를 가리킨 데서 나온 것으로 정작 본인들은 자신을 프랑크푸르트학파라는 말을 쓰지 않았다. 대표적인 학자로 호르크하이머Max Horkheimer(1895~1973)를 필두로 아도르노Theodor Adorno(1903~1969), 프롬Erich Fromm(1900~1980), 마르쿠제Herbert Marcuse(1898~1979), 하버마스Jürgen Habermas(1929~) 등이 있다.

13) 학생들과 신좌파가 당시 사회가 보수에 정체됐다고 여겨, 구체제를 비판적으로 바라보기 위해 프랑크푸르트학파의 시각을 수용했던 것은 분명했다. 그러나 정작 프랑크푸르트학파의 대표적인 철학가인 아도르노는 처음에는 68혁명을 지지했으나 그들의 과격한 움직임을 보자 반대로 돌아섰고, 하버마스는 학생들의 폭력적인 시위는 집단적 마조히즘이며, 학생운동은 좌파파시즘에 불과하다고 비판했다. 하버마스는 이 발언으로 곤욕을 치러 극렬한 학생운동권들의 적이 됐고, 부르주아 반동 지성인으로 매도되며 프랑크푸르트대학을 떠나 슈타른베르크의 막스플랑크연구소로 옮겨야 할 정도였으며, 이 사건은 하버마스에 대한 좌파 진영의 비판 문제가 곧 자신들의 잘못에 대한 비판을 수용하지 않는다는 좌파운동진영의 편협성이 지적되는 계기를 마련했다. 하버마스의 '의사소통 행위 이론'은 이 사건을 겪은 후 오랜 세월의 사색과 탐구를 거쳐 탄생했다.

혁명은 결코 생각의 변화에 의해서만 이루어지는 것이 아니다. 청년들은 기성세대가 세계대전을 끔찍하게 겪고 견뎌낸, 존경할 대상이 아니라, 전쟁을 일으킨 당사자라고 평가절하했다. 이런 비판은 대담하다 못해 도발적인 것이었다. 이들의 불만과 도발에는 도덕적 억압에 대한 반발과 더불어 경제적인 문제도 크게 작용했다.

확대된 대학교육의 기회는 양면적이었다. 이전에는 대학교육을 받은 사람들이 상대적으로 좋은 기회를 얻었고, 상위계층으로 편입할 수 있는 기회를 누렸지만, 전후에 대학이 대거 세워지면서 대학을 졸업해도 원하는 고급 일자리를 얻기가 힘들어졌다.[14] 이른바 '고학력 무직자'라는 새로운 문제가 불거지면서 불만이 고조됐다. 또한 대학 교육을 받은 사람들이 많아질수록 사회를 분석하고 비판하는 능력이 커짐에 따라 정부의 잘못된 정책에 대해 적극적으로 비판하는 집단이 커졌다.[15]

청년세대가 기성세대의 위선과 모순에 대해 실망한 것도 큰 몫을 했다. 기성세대는 망했던 프랑스를 자신들의 손으로 다시 일궈냈다는 자부심이 넘쳤다. 그들은 전후 부역자들을 처단하는 데에 노력했지만, 이런저런 이유로 나치 독일과 비시 정권에 부역한 자들이 여전히 정치·경제의 여러 곳에서 요직을 차지하고 있었다. 특히 프랑스의 알제리 정책에서 드러난 자기모순에 대해 청년들은 신랄하게 비판했다. 이런 상황에 불을 질러댄 것은 베트남전쟁 이슈였다.

프랑스로서는 예전 자신들의 식민지였기 때문에 베트남에 대한 관심이 지극했다. 명분도 빈약한 베트남전쟁이 당사국인 미국에서도 강력한 반전운동으로 저항을 받고 있었던 차에 미디어를 통해 접한 전쟁의 참상은 청년들로 하여금 반전운동에 적극적으로 가담하게 만들었다.

---

14) 당시 프랑스는 1968년까지 10년 동안 인문과학 계열 대학생은 3.5배, 사회과학 계열 대학생은 4배 증가했다. 그러나 교육 인프라는 거기에 미치지 못해 질적 저하와 고용 진입 난제에 직면했다.

15) 당시 냉전으로 인한 획일적 사회 분위기와 함께 시대에 뒤떨어진 대학교육 체계와 지나치게 권위적인 교수들의 태도는 학생들에게 염증을 느끼게 만들었고, 그런 불만이 교육정책에 대한 비판으로 이어졌다.

전후 세대는 전쟁의 참상을 경험하는 대신 물질적 성장의 열매를 맛본 세대였다.[16] 이들은 소비자본주의의 달콤한 맛과 쓴맛을 동시에 맛보았다. 기성세대는 이들이 결핍과 곤경을 경험하지 않고 풍요만 맛본다며 젊은 세대의 안이함과 나태함을 비난했지만, 정작 청년들의 자유에 대한 갈망과 소비자본주의가 빚어낸 모순과 갈등에 대한 반항을 공감하지도 이해하지도 못했다. 청년들의 입장에서는 기성세대가 오히려 물질 만능주의에 빠져 오로지 자신들의 이익만을 추구하며 자본주의의 틀 안에 스스로를 가두고 있다고 보았다. 거기에 권위주의까지 얹어졌다고 여겼으니, 기성세대에 대한 반감은 결코 무시해도 될 만큼 가벼운 게 아니었다.

청년들은 물질적 풍요보다 정신적 자유를 갈망했다. 그리고 프랑스뿐 아니라 서구 세계에 전반적으로 쌓여온 사회적 모순이 사회적 위계질서와 전통문화 등으로 거짓 포장되고 있다며 날카롭게 비판했다. 그들은 사회적 모순을 제거하고 인격적인 삶의 조건을 더욱 개선해야 한다는 시대정신을 공유하고 있었다. 그건 누가 가르치고 배워서 터득하는 게 아니라 시대 속에 호흡하면서 자연스럽게 습득되는 형질과도 같았다. 전 세계 청년들의 뜨거운 환영을 받은 로큰롤 뮤직 등 새로운 문화적 세례를 받아 기존의 질서와 체제에 순응하기보다 오히려 그것들을 경멸하고 외면하는 사조도 이들의 반항에 영향을 끼쳤다.

이런 새로운 사회운동은 노동운동이나 정치적 활동이 위계적 조직에 기반한 것과 달리 가치관과 일상생활 양식의 변화와 문화 혁신을 자유롭게 추구하면서 수평적 네트워크를 통한 시민의 직접행동을 주요 행동수단으로 활용했다. 그래서 기존의 중앙집권적 권위주의에 저항하고 자율성에 근거한, 억압과 소외가 없는 사회를 다양하게 추구하는 민주적 사회운동으로 퍼지기 시작했다.

그런데 권위주의적인 드골과 프랑스의 관료주의는 자신들이 엘리트라는 지나친 우월감[17]을 갖고 과도한 중앙집권적 시스템을 구축했다. 거기에 더해

---

16) 이른바 '영광의 30년' 시기에 프랑스 가계 소비는 한 세대 동안 약 2.7배나 증가했다.

17) 대표적인 경우가 국립행정학교Ecole Nationale d'Administration(ENA) 출신이 최상위층 공무원 요직 대부분

권위적인 드골 체제는 사회의 다양한 욕구와 변화를 충족시키는 정책을 펴지 못하고 구태의연한 정책으로 국민들을 실망시켰다. 즉, 변화를 읽어내는 데에 실패한 것이다. 68혁명에서 주목해야 할 대목 가운데 하나이다. 청년들은 더 이상 소수 엘리트의 과도한 우월감과 경직성을 용납하지 않았다.

방종이 아닌, 차별과 억압, 착취에의 비판

68혁명을 냉소적으로 평가하는 사람들은, 그 발단이 낭테르대학에서 여학생 기숙사에 자유롭게 드나들게 해달라는, 이기적인 태도와 성적 방종에서 비롯된 것이라고 꼬집기도 한다. 그런 이들은 하나만 보고 둘은 보지 못한 셈이다. 청년대학생들의 요구는 기성세대의 무감각한 차별의 실체를 벗겨내는 도발이었다. 기성세대는 여전히 19세기적 전통에 갇혀 보수성을 갑옷처럼 입고 있는 자신들에 대해 청년들이 그런 사고 자체가 차별과 억압을 낳고 있음을 인식하라고 비판하고 있는 걸 몰랐다.

기성세대는 근대 서방 사회의 모순들이 1960년대에 들어 본격적으로 인식되기 시작했고, 행동으로 나선 대표적 사례의 하나가 성차별과 성적 억압에 대한 비판이며 그것 자체가 도도한 시대정신임을 애써 무시했다.

이런 요소들이 복합적으로 작동돼 표출된 것이 낭테르대학 문제였음에도 불구하고 철없고 부도덕한 청년 세대의 치기와 방종으로 폄하한 것은 스스로의 모순을 인식하지 못함을 고백하는 것에 불과했다. 남녀 분리와 성적 억압이 68혁명의 직접적 원인의 하나였다는 건, 폄하의 구실이 아니라 오히려 당당하

을 장악한 것이다. ENA는 프랑스 정부가 고급공무원 양성을 목적으로 세운 그랑제콜Grandes Ecoles[프랑스의 엘리트 교육기관]로 처음에는 파리에 있었으나, 1991년 스트라스부르로 이전했다. 프랑스 내에서 소수 엘리트로 양성된 이 학교 출신들의 폐쇄성이 비판을 받게 되자 본인도 ENA 출신인 마크롱은 2022년에 ENA를 해체하겠다고 약속했다. 사회불평등 해소를 촉구한 '노란조끼 시위'가 2년 만에 맺은 결실이다.

고 호소력 있는 설득이었다.[18]

　청년들은 권위적이고 위선적인 권력을 혐오했고, 심지어 기존의 좌파 사회주의자들이나 프랑스 공산당조차 구좌파로 규정할 만큼 도전적이었다. 이들 신좌파 청년들은 기존 정치체제와 도덕관습에 대한 전반적 반란을 꾀했다. 그들은 정치와 삶이 분리되지 않고 문화와 정치가 하나로 만나는 것을 추구했으며 궁극적으로 개인적 해방과 집단적 해방을 동시에 겨냥한 '일상의 혁명'을 꾀했다. 그래서 구좌파가 사회적 인권보장에 기여한 것은 부인할 수 없는 사실이었지만, 청년들과 신좌파는 구좌파가 자본주의가 교묘하게 작동시키는 배금주의와 물질적 풍요에 길들게 만드는 체제에 순응하고 자신들의 권력을 구축하는 데에만 몰두한다고 비판했다.

　구좌파의 기성세대는 도무지 신좌파 청년들의 사고를 이해할 수 없었기 때문에 그들 눈에 비친, 기존의 질서 자체를 붕괴시키려는 청년들의 태도가 못마땅했다. 이전 좌파 진영에서는 찾아보기 힘든 현상이었다.

　청년들은 기성세대 구좌파와는 달리 억압과 착취의 개념 자체를 다르게 보았다. 정치와 경제의 영역에 국한하지 않고, 문화, 제도, 도덕규범, 인종 문제와 성적 억압에 대해서도 비판과 저항을 거두지 않았다. 이들은 일체의 권위를 거부하고 완벽한 평등을 요구했다. 성소수자 문제에 대해서도 주저하지 않았다.[19] 이제 더 이상 어떤 금기도 받아들일 수 없다는 것을 분명히 밝혔다.

　"금지하는 것을 금지하라"는 그들의 구호가 이 모든 것들을 함축적으로 담고 있었다. 그래서 더 나아가 "불가능한 것을 요구하라"며 "다른 세계는 가능하다"는 적극적 담론으로 확장했던 것이다. 청년들은 두려워하지 않았다. 그들은 무모할 만큼 행동에 적극적으로 나섰다. 다니엘 콩방디의 외침은 그것을

---

18)　68혁명은 '거대한 진격'으로 남녀의 교제방식과 주거 및 삶의 양식까지 가로지르며 기존의 거의 모든 것을 뒤흔들었는데 운동 내부에서 남성의 권위주의와 독단에 환멸을 느껴 새로운 여성운동의 깃발도 우뚝 솟아난 것은 1960년대의 시대정신과 완전히 결합하는 것이었다.

19)　당시까지만 해도 입을 열 수 없었던 여성, 장애인, 성소수자 등 사회적 약자 혹은 소수자들이 전면에 나설 수 있는 큰 기반을 마련한 것도 68혁명의 큰 의의 중 하나였다고 평가될 만큼, 이 문제는 가볍거나 시시껄렁한 문제가 아니었다.

상징적으로 표현했다.

"지금, 여기서 결심하라. 결심은 당신 몫이다.
혁명은 너 자신을 위해 하는 것이다."
C'est pour toi que tu fais la revolution.

대학과 노동의 연대, 그리고 이웃 나라로

68혁명은 대학의 위기에서 사회적 위기로 확장하는 새로운 패턴을 확립했다. 학생 시위가 노동자 시위로 이어지고 관련 당국의 위기로 격화하는 방식은 향후 거의 모든 학생운동 혹은 청년운동의 전형이 됐다. 68혁명에서 대학생이 중심이 된 특별한 이유가 있었을까?

고등교육 기회의 확장과 그에 못 미치는 일자리의 문제가 전부는 아니었다. 제2차 세계대전 직전까지 10만 명 정도에 그쳤던 프랑스의 대학생 수는 1968년에는 거의 50만 명을 넘을 만큼 급증했다. 그들은 졸업 후 취업 문제뿐 아니라 재학 상태에서도 이미 열악한 대학의 수준에 분노했다.[20] 이런 분노와 절망이 시위에 가담하는 내적 증폭제였다.

사실 이전까지의 프랑스는 서구사회에서도 보수적이었던 편이었다. 스위스를 제외하고는[21] 유럽에서 여성참정권이 가장 늦게 허용됐으며(1944년), 심지어 1965년 이전까지는 여성은 공식적으로 남편의 동의가 없으면 은행 계좌를 만들 수도 없었다. 프랑스에서 경구피임약을 합법화한 것이 1967년일 정도였다. 게다가 보수적인 가톨릭교회의 영향력도 강했다. 그런데 그러던 교회도

---

20) 대학 인구의 양적 팽창은 심각한 학내 문제들을 야기하며 질적 수준을 떨어뜨렸다. 1966년 스트라스부르 대학생연맹의 성명서는 경제적·정치적·심리적·성적·지적인 면에서의 대학문화의 문제를 지적하면서, 교육의 질적 저하가 학생들이 원하는 바가 아님을 명확하게 주장하고 있었다.

21) 놀랍게도 스위스는 1971년에야 완전한 여성의 투표권을 허용했다.

1965년의 제2차 바티칸공의회를 통해 혁신했으니 교회와 신자의 반성적 성찰이 뒤따른 것 또한 이런 변화에 영향을 주었다.[22]

대학생들은 이전의 좌익과 공산계열을 구좌파로 규정하고 비판하며 자신들은 신좌파로 정의했다.[23] 거기에 구좌파의 대표 계층이던 청년·노동자들이 기성세대 노조와 결별하고 신좌파에 가담하면서 68혁명이 대전환을 이루며 전국적으로 전개됐다. 청년세대와 노동자들의 결합은 비록 불가피하게 과격성을 띄기는 했지만, 엄청난 폭발력과 확산력을 발휘했다. 그들에게는 '권위주의적 권력과 불평등의 구태'라는 공동의 적이 있었다.

1960년대 드골 정부가 내세운 청사진은 미국에 대한 의존에서 탈피하고 새로운 산업 근대화를 이룩하며 '위대한 프랑스'라는, 강대국의 면모를 회복하는 것이었지만, 현실은 그의 바람과는 너무나 거리가 멀었다. 정치·경제·사회·문화 등 거의 모든 면에서 혼란과 그것을 제압하려는 억압이 반복될 뿐이었다. 게다가 사상적으로는 극좌에서 극우까지 범위와 계층이 너무나 다양했다. 거기에 노동문제와 인종문제도 해결되지 않은 상태에서 자신들의 식민지였으나 패전 끝에 물러난 베트남전쟁 문제는 대의도 명분도 얻지 못한 상황이었다. 알제리도 결국은 프랑스의 손을 떠났지만 뒷맛은 개운치 않았고 아무런 사과도 배상도 없었기에 도덕적 비난이 고개를 들었다. 단순히 국내 문제에만 국한된 반항이 아니었다.

---

22) 68혁명이 갈수록 과격해지고 심지어 체 게바라와 마오쩌둥의 깃발을 올리며 폭력으로 치닫자 제2차 바티칸공의회에 함께 참여했던 라칭거Joseph Ratzinger[1927~, 훗날 베네딕토 16세, Benedictus XVI 교황, 재위 2005~2013] 신부는 빠르게 이들과 손절하고 보수적 안정성을 교회가 바로잡아야 한다고 여긴 반면, 한스 퀑Hans Küng[1928~2021] 신부는 68혁명은 과거의 모순에 대한 분노와 저항이며, 그것은 변화의 과정에서 필연적인 것이라고 여겼다. 두 사람이 죽을 때까지 다른 노선으로 갈라지게 된 분기점 가운데 하나가 바로 68혁명을 바라보는 입장의 차이였다.

23) 프랑스 공산당을 중심으로 한 구좌파들이 시위대를 조롱했기 때문에 이들이 프랑스 공산당에 적대감을 표시했으며, 이를 계기로 구좌파와 신좌파가 분열했다. 68혁명을 '신좌파혁명'으로 부르게 된 것도 이와 무관하지 않다.

낭테르대학의 일시 폐쇄와 이에 대한 항의로 5월 3일 소르본대학 학생들의 동조 시위를 기점으로 시작된 학생과 노동자의 시위와 파업은, 프랑스를 넘어 이탈리아와 독일 등으로 빠르게 번져갔다.

낭테르대학의 사례는 학생들이 학교를 점거하는 게 하나의 유행처럼 만들었다. 이제 시위는 해협을 건너 영국과 대서양 너머의 미국으로 확대됐고, 인도와 남미에서도 거센 저항을 불러일으켰다. 일본도 예외는 아니어서 도쿄와 오사카 등에서 대학을 점거하는 일이 연이어 일어났다. 이제 이 혁명은 단순히 자본주의 서방세계에 그치지 않고 사회주의 동유럽에도 영향을 미쳤다. 68혁명은 가히 세계적 혁명이었다.

위기의 순간에 던진 드골의 승부수는 이번에도 통했다. 6월 30일 총선에서 드골이 압승한 결과가 나왔다. 혁명의 과격한 불길에 대해 불안감을 느끼기 시작한 시민들의 피로감과 자칫 무정부상태에 빠질지도 모른다는 공포가 총선에서 드골의 정당에 더 많은 표를 던지도록 만들었다.

그러나 드골은 판세를 읽었다. 그리고 1969년 4월 28일 국민투표에서 패배한 드골은 대통령직을 사임하면서 정치에서 완전히 물러났다.[24] 일찌감치 패배로 종식된 듯 보이기도 했지만, 여전히 뜨거웠던 68혁명은 그렇게 끝났다.

68혁명은 결코 패배가 아니었다

혁명의 성공 여부를 권력의 획득으로 본다면 68혁명은 명백한 실패였다. 그러나 그 영향력은 결코 가볍지 않았고 패배적이지 않았다. 독일의 역사가

---

24) 드골의 사임은 반동주의가 득세할 요인을 제거하는 역할을 했다는 점에서 매우 중요한 계기였다. 내각제의 수상도 아닌, 그것도 막강한 권한을 갖고 있는 대통령이 자신의 자리를 포기한다는 것은 생각보다 가벼운 일도 쉬운 일도 결코 아니다.

잉그리트 길혀홀타이Ingrid Gilcher-Holtey(1952~)는 『68혁명 세계를 뒤흔든 상상력: 1968 시간여행』에서 68혁명을 '기존의 지배질서에 맞서 대항 구상을 내세운 최후의 저항운동'이라 평가했다. 한나 아렌트Hannah Arendt(1906~1975)도 자기 세대가 1848년 혁명에서 배운 것처럼 다음 세기의 아이들은 1968년에서 배울 것으로 보인다고 평가했다. 68혁명은 기존의 정당과 의회를 비롯한 제도의 범위를 거침없이 뛰어넘었다. 사르트르는 다니엘 콩방디와의 대담에서 68혁명의 주체들이 상상력을 권좌로 보냈다고 평가했다.[25] 흥미롭게도 68혁명을 전후해 유럽의 사유방식에 급진적 변화가 일어났는데 독일에서는 근대의 이성중심주의를 비판하는 비판이론이 발흥했고, 프랑스에서는 해체론이 새로운 지적 담론으로 자리를 잡았다. 푸코Michel Foucault(1926~1984)의 해체론은 이성중심주의가 억눌렀던 폐해를 지적하며 그 반대축으로 배제됐던 비이성·비상징성·비합리성의 영토를 회복시켰다. 이렇게 68혁명의 영향은 다양하고 전 방위적이었다.

미국의 사회학자이며 역사학자인 이매뉴얼 월러스틴Immanuel Wallerstein (1930~2019)은 19세기에 발생한 반체제적인 사회주의 운동과 민족주의 운동이 20세기 초반에 이르면서 궁극적인 목적에 이르는 필수불가결한 매개 수단으로서 국가권력의 획득에 대한 중요성을 강조했다고 설명한다. 청년 학생들과 노동자들이 권력을 획득하는 건 거의 불가능한 일이다. 그러나 그들의 체제 저항과 비판은 '해결의 부분'이 아니라 '문제의 일부'가 됐다는 점에 주목해야 한다. 그래서 68혁명은 반체제운동의 전 세계적 정치활동에 나타난 실제적인 문제를 명확히 인식시켰다.

월러스틴은 이런 이유로 68혁명을 인종주의, 성차별, 그리고 기타 이와 유사한 악에 대한 '삼중의 승리'라고 진단했다.

역사적 전환점으로서의 68혁명은 성차별, 인종주의 및 다른 형태의 억압적 불평등이 여전히 존재한다 할지라도, 문제를 제기한 것 자체만으로도 이미 커다란 성과라는 것이다. 68혁명은 소외받고 억압받는 계급과 집단에 관심을 갖

---

25) 사르트르의 이 말은 파리 시내의 여러 건물 벽에 "상상력을 권좌로!"라는 그래피티Graffiti로 표현됐다.

고, 좀 더 인간답게 살기 위해 끊임없이 도전하고 행동하는 것이 핵심이었고 그것을 중요한 유산으로 남겼다.

68혁명에 대해 긍정적인 평가만 있는 건 결코 아니다. 68혁명에 대한 부정적 입장을 유지하는 이들은 당시뿐 아니라 지금도 여전히 존재한다. 그들은 당시를 무질서와 파괴의 끔찍한 악몽으로, '혁명'이 아닌 '난동'으로 기억한다. 폭력성과 무정부상태에 대한 비난을 피할 수는 없다. 그것은 너무나 명백한 사실이다. 다만 그게 더 큰 폭력과 사회적 패닉을 만들어냈는지 아니면 새로운 동력으로 작동된 게 더 큰지에 대해서는 냉정하게 평가해야 한다.

이혼 경력[26] 등의 화려한 사생활에 헝가리 출신 유대계 뿌리가 있는, 이전 같으면 주류에 편입될 수 없었을 니콜라 사르코지Nicolas Sarkozy(1955~) 전 프랑스 대통령이 대통령에 당선될 수 있었던 것도 68혁명의 덕분이었다고 할 수 있다. 사람들은 사르코지가 교양을 결여한 격한 성격과 카를라 브루니Carla Bruni(1967~)와의 품위를 벗어난 결혼생활[27]에도 불구하고, 프랑스 대통령직을 수행할 수 있었다는 사실 자체가 68혁명이 가지고 온 큰 변화의 결과 중 하나였음을 지적했다. 그러나 '성과주의'를 내세운 사르코지는 2007년 대선 유세에서 68혁명을 도덕과 권위, 국가 정체성 위기의 근원으로서 청산돼야 할 유

---

26) 사르코지와 세실리아Cecilia Ciganer-Albeniz(1957~)는 1996년 각각의 배우자와 이혼한 뒤 결혼했는데, 세실리아가 20대에 24세 연상인 방송인과 결혼할 때 파리 외곽 뇌이쉬르센Neuilly-sur-Seine의 시장이던 사르코지가 주례를 맡았고, 그때 사르코지가 첫눈에 반해 밀애를 즐기다 3년 후 결합해 살다 7년 뒤에 결혼한 것이었다. 두 사람은 사르코지가 대통령에 당선된 후 얼마 되지 않아 이혼했다. 사르코지는 역대 프랑스 대통령 가운데 첫 번째로 재임 중 이혼한 대통령이 됐다.

27) 이탈리아 출신의 패션모델이자 가수인 브루니는 롤링스톤스의 리더 믹 재거Mick Jagger(1943~), 에릭 클랩튼Eric Clapton(1945~), 케빈 코스트너Kevin Costner(1955~), 뱅상 페레Vincent Perez(1964~) 등과 수많은 염문을 뿌렸다. 엽기적인 건 19세 연상인 유명 출판인 장-폴 앙토방Jean-Paul Enthoven(1949~)과 동거하던 중 그의 아들인 7세 연하 철학자 라파엘 앙토방Raphael Enthoven(1975~)과 사랑에 빠진 것인데, 이때 라파엘은 유부남이었고 그의 아내 작가 쥐스틴 레비Justine Levy(1974~)는 임신 중이었다. 라파엘과 브루니는 이후 동거하고 아들을 낳고 살다 2007년 파국을 맞았다. 그 시기에 사르코지의 엘리제 궁 만찬에서 눈이 맞아 결혼했다.

산으로 지목하며, 프랑스의 발전을 위해서는 '빌어먹을' 주 35시간 노동제를 뜯어고쳐야 하고, '권위가 있는 학교'를 회복해야 한다고 주장하면서 무상교육을 철폐하고, 공권력을 회복하겠다고 선언했다.

이에 대해 68혁명의 주역이었던 콩방디 의원[28]은 혁명 40주년을 기념한 2006년 《Libération 리베라시옹》지에 기고한 글에서 대놓고 사르코지에게 이런 야유를 보냈다.

그렇다. 당시 국영 라디오와 TV에 자유와 자율의 바람을 불어넣은 게 우리 죄다. 그게 사르코지 대통령을 기분 나쁘게 했나 보다. 학교와 대학과 공장 안에서 자율과 민주주의를 꿈꾼 게 우리 죄다. 집에서처럼 직장에서도 정의와 평등을 꿈꾼 게 우리 죄다. 그게 사르코지의 기분을 잡치게 했나 보다. 드골주의자, 마르크스주의자, 공산주의자, 노동조합과 경영자의 독단을 제어한 것이 우리 죄다. 여성과 남성이 자유로이 자기 몸에 대해 결정하는 오늘날의 세상, 여성들이 낙태를 선택할 권리를 가진 오늘날의 세상을 만든 것이 우리 죄다. 분명히 사르코지에게 기분 좋은 일은 아닐 것이다. 평등과 연대와 자유의 욕망을 가졌던 것이 우리의 어쩔 수 없는 죄다. 환경주의적이고 사회복지적인 세계화를 꿈꾼 것이 우리의 어쩔 수 없는 죄다. 진공청소기[29]가 모든 것을 해결할 수 없고, 경찰이 모든 것을 할 수 없다고 믿은 게 우리의 어쩔 수 없는 죄다.[30]

여전히 68혁명은 '현재진행형'이었던 것이다.[31]

---

28) 프랑스와 독일 이중국적을 가졌고 5월운동 이후 추방됐던 다니엘 콩방디는 본디 비마르크스 계열 자유지상주의적 극좌파였으나 사회민주주의로 전향하고 녹색운동 지지자가 됐으며 나중에 유럽헌법의 발의자가 됐고, 2009년에 유럽의회 의원으로 선출됐다.

29) 사르코지가 2005년 내무장관 시절 파리 근교 슬럼 지역인 방리외Banlieue[대도시 외곽지역]의 비행청소년을 쓸어버리겠다며, '톨레랑스 제로Tolerance Zero[무관용 원칙]'를 선언하면서 붙은 별명이었다.

30) 《동아일보》[2009. 9. 25]에서 재인용.

31) 그래서 알랭 바디우Alain Badiou[1937-]는 온전한 삶의 변화를 실질적으로 만들어내는 힘은 정치의 영역에 있는데, 68년 5월 이후 대다수의 정치조직은 해체되고 혁명의 주역들은 하나둘 의회정치에 투항하면서 혁명적 정치는 포기됐다고 비판한다. 바디우는 68혁명 이후 10여 년간 마오이스트로 활동

구좌파를 비롯한 권위적 구체제를 돌파한 혁명

68혁명은 프랑스의 국내 문제로 국한된 것이 아니라 국제적으로 확산해 신좌파라는 새로운 세력과 정치문화를 등장시켰다. 그것은 국제적 성격으로 확장했다는 의의와 대량소비적 자본주의에 대한 거부, 즉 기존 질서에 대한 거부라는 가치를 지녔다.

68혁명 연구의 권위자인 조지 카치아피카스George Katsiaficas(1949~)는 이를 '에로스 효과Eros Effect'[32]라고 정의했다. 68혁명 당시 청년들은 소비주의에 대한 문화적 순응, 여성 차별, 그리고 소수 집단에 대한 차별 등에 의문을 제기하고 비판하면서 전 세계적 반란을 동반했고, 이는 문화적 자각을 전개하는 데 도움을 주었다. 이런 자각은 각국의 대학생들로 하여금 일상생활의 작은 문제에 대한 원인 찾기에서 시작해 전 사회적 반란을 일으키게 했다. 이들의 투쟁은 기존의 구좌파와는 확연히 구별된 것이었다.

'제도화된' 구좌파는 소련의 국가사회주의적 경향에서도 볼 수 있듯이 관료적이고 권위적이었다. 중앙당의 방침에 국민들이 따라야 했으며, 여기에는 개인의 개성과 문화적 차이는 존중되지 않았다.[33] 비록 68혁명 당시의 대학생들은 자본주의 체제에 대한 반란을 일으키고, 마르크스, 레닌, 마오쩌둥의 전통

했다. 그러면서 바디우는 "오늘의 세계는 상품과 돈의 지배 아래 정신의 일반화된 부패를 인정하라고 우리에게 요구한다. 그것에 반대하는 오늘날의 주된 정치적 덕성은 용기다"라고 말하며, 우리에게 여전히 저항이 필요하다고 역설한다. 바디우는 포괄적으로 68혁명을 '진리적 사건'이라고 보며, 그 사건들에 대한 충실성을 지키는 것이야말로 윤리적인 것이라고 주장한다.

32) 기존 사회학의 전염효과Contagion Effects(한 국가에서 발생한 금융위기 등이 여타 국가에 파급되는 현상)에 대응하는 개념으로 '해방을 향한 본능적 욕구에의 자각'이 당대의 사회적 현실을 뛰어넘어 시간과 공간을 초월해 나아가는 현상이라고 정의되는 것으로, 마르쿠제를 차용한 것이었다. 카치아피카스는 『신좌파의 상상력』에서 이를 민중이 스스로 역사의 방향을 바꿀 수 있다는 직관적 믿음으로 일시에 자발적으로 봉기하는 현상으로 지칭했다. 프랑스 파리코뮌, 5·18광주민중항쟁, 그리고 1999년 세계 여러 나라 사람들이 미국 시애틀에서 벌인 신자유주의세계화 반대시위 등이 대표적 사례다.

33) 당시 노동조합의 방식이 그랬다. 그러니 젊은 노동자들에게 외면당하는 것은 어쩌면 당연한 일이기도 했다.

적 좌파이론에 호의적이긴 했지만, 그들의 관심은 '모든 권위에 대한 도전'이었다. 여기에는 전통적 좌파의 권위주의도 벗어날 수 없었다.

프랑스의 청년들은 과거 프랑스의 식민지였던 베트남에서 미군의 공격에 맞서 싸우는 베트남 민중의 투쟁에 감명받았다. 청년들의 이런 기존 질서에 대한 비판과 저항은 프랑스 68혁명과 전 세계적 학생 봉기를 이어주는 중요한 매개가 됐다.

프랑스 68혁명은 기본적으로 기존의 사회질서에 대한 거부로부터 출발했으며, 비록 '앙시앵레짐Ancien Regime(구체제)'까지 완전히 걷어내지는 못했지만, 기존의 질서에 대한 거부가 자본가에 대항하는 노동자들과 연대돼 새로운 문화를 만들어냈고, 그것이 현재 프랑스 사회의 중요한 사회적 밑거름이 됐다는 사실은 부정할 수가 없다.

구좌파와는 확연히 구별되는 양상으로서 성의 해방, 여성해방, 노동해방, 그리고 억압받는 소수민족의 해방 등 다양하고 풍부한 사회적 이슈를 제시했고, 이를 혁명 동안 캠퍼스에서 모든 민중들과 함께 토론하며 새로운 이념을 만들어 나갔다. 많은 학자들이 애써서 연구한 이론들을 무시한 채 그들은 새로운 학문적 성과와 이념·사상을 민주적으로 생산해 나갔던 것이다.

하지만 혁명은 실패했다. 그러나 68혁명은 단일한 사건이 아니라, 다양한 정치·사회적 경향이 결합한 여러 값을 갖는 사건이라는 점에 주목해야 한다. 68혁명은 낡고 권위적인 기성세대의 옹벽을 깨뜨렸을 뿐 아니라, 공장· 학교· 가족이라는, 자본주의를 지탱하는 세 가지 축과 맞서 싸우고자 했다.[34] 결국 신좌파는 '승리 속에서 패배'했다. 동시에 '패배 속에서 승리'했다. 적과 싸워 이겼지만, 그 적은 더욱 직접적인 형태의 자본주의 지배자가 됐다. 하지만 그 혁명이 점화한 불꽃은 사위지 않았으며 '실패한 혁명'은 그 실패의 원인과 이유에 대한 반성적 성찰을 이끌어냄으로써 다양한 대안을 모색하게 만들었다는

---

34) 그러나 결과적으로 이 세 영역은 모두 후기산업사회 단계로 이행됐다. 공장 노동은 아웃소싱으로 대체되거나, 포스트 포드주의Post Fordism적인 수평적이고 의사소통이 강화된 팀 체제로 재편되며, 보편적 공교육은 유연화된 사교육에 의해 대체되고 있다. 또한 전통적 가족의 자리에는 다양한 형태의 유동적인 성적 배열이 들어서고 있다.

점에서 '성공한 혁명'이었다.[35]

실패를 각오한 혁명의 의지 '위대한 거부'

현대사회의 결함과 차별이 깊어질수록 그 혁명이 외친 해방과 평등이라는 이념이 소환됨으로써 여전히 유효한 가치로 진화하고 있다. 실패와는 무관하게, 아니 어쩌면 실패했기에 더더욱, 68혁명은 세계적 차원의 혁명이었다.

월러스틴이 "이제껏 세계적 혁명은 단 둘뿐이었다. 하나는 1848년에[36], 또 하나는 1968년에 일어났다. 둘 다 실패로 끝났지만 둘 다 세계를 뒤흔들어 놓았다"고 단언했던 건 단순화의 오류에 빠진 자의적 평가가 아니었다.

월러스틴 이전에 이미, 68혁명의 이념적 근거를 제공했다는 평가를 받는, 프랑크푸르트학파의 마르쿠제는 이상사회란 '억압이 없는 현실원칙'이 관철되는 사회라고 강조하면서, 두려움 없는 최고의 평등한 자유를 얻기 위한 투쟁의 의미로 '위대한 거부'를 역설했다. 그 위대한 거부는 바로 혁명과 전복顚覆의 '동인이명同人異名'이다.

68혁명을 주도했던 청년들은 다양한 가치를 녹여내 진화를 이루어내며 빈부격차의 타파라는 평등주의를 확실하게 계승하면서 생태주의, 여성주의, 소

---

35) 1970년대의 문화연구의 주류를 형성하게 된 구조주의는 68혁명의 실패를 위시한 정치적 저항운동의 쇠퇴와 맞물려 있는데, 문화의 형성과 전체 사회구조를 밀접히 연결하는 해석의 시각을 모색하게 했다. 구조주의가 현상적 사건이나 행위 배후의 심층적 원리나 체계 즉 구조의 존재를 가정하는 것은 68혁명의 실패에 대한 성찰의 결과물이기도 했다. 즉 인간이 역사의 주체나 역사 발전의 원인이 아니며, 인간의 행위나 실천이 구조에 의해서 조건 지워진다는 구조주의는 그런 점에서 시대를 읽어내고 해석하는 새로운 방식의 출현이었던 셈이다.

36) 1848년 혁명Revolutions of 1848, 또는 국민국가들의 봄Spring of Nations은 프랑스의 2월혁명을 비롯해 빈 체제에 대한 자유주의와 전 유럽적인 반항운동을 모두 일컫는 표현으로, 1848년은 프랑스혁명으로 달성된 자유·평등의 근대 시민사상이 정착하고, 산업혁명의 진전에 의한 자본주의경제가 급속히 발전했으며, 노동자계급의 성립에 의한 사회주의가 넓게 전개되는 등 새로운 시대를 펼칠 바탕이 마련된 해였다.

수자운동 등으로까지 발전시킨 담대한 시대정신을 주도했다.[37] 그들은 노동해 방뿐만 아니라 모든 인간 특히 주변부의 사회적 약자에 대한 연대와 해방을 추구했다.

68혁명은 프랑스라는 좁은 의미에서 본다면 드골 정부의 실정과 사회의 모순 그리고 기성세대의 고루한 권위 의식과 위선에 대한 저항운동이라고 요약할 수 있다. 동시에 세계사적 의미로 본다면 기존의 가치와 질서에 대한 비판이라고 할 수 있다.

68혁명은 인간다운 삶이 무엇인지를 묵직하게 묻는 시대의 물음이었다. 자본주의 생산체제와 분배구조, 그리고 그에 따른 물신숭배, 인간소외 등에 대한 저항과 비판이었다. 이런 문제들은 전후 세계 거의 전부가 겪고 있던 문제였기에 연소성과 전염성이 매우 강했다. 이에 대해 크리스 하먼Chris Harman(1942~2009)[38]이 『세계를 뒤흔든 1968』에서 내린 평가는 의미심장하다.

"세상이 완전히 뒤집힌 것은 아니었지만 강력하게 뒤흔들렸다. 그 충격파는 많은 사람들의 마음 속에 있던 족쇄를 끊어내면서, 사회가 완전히 뒤바뀔 수 있으며 무엇이든 가능하다는 믿음을 심어주었다."[39]

68혁명은 실패했지만 나비효과처럼 세계 여러 곳에서 다양한 방식으로 호응됐다. 한마디로 요약하면 68혁명은 반권위주의적인 가치혁명이고 일상생활

---

37) 물론 이런 해석에 맞선 비판적 입장은 당연히 존재한다. 개인주의를 부추겨 80년대 신자유주의적 세계화의 길을 열어놓았다는 지적이 바로 그것이다. 솔 앨린스키는 68혁명에는 명확한 비전도 기반도 없었고, 그들은 사회를 바꾸는 데엔 관심이 없었다고 비판했다. 앨린스키에 따르면 그들은 그들 자신의 일과 자신을 발견하는 것에만 관심을 두고 있으며, 그들이 원하는 것은 폭로Revelation였을 뿐 혁명Revolution이 아니었다고 예리하게 비판했다.

38) 하먼은 영국의 사회주의 정치 운동과 언론 등 다양한 분야에서 활동했으며, 영국 사회주의노동자당 중앙위원이었다. 그는 또한 주간지 《Socialist Worker》와 계간지 《International Socialism》의 편집자이기도 했다.

39) 크리스 하먼, 이수현 옮김, 『세계를 뒤흔든 1968』, 책갈피, 2004. 10쪽.

에 이르기까지 변화를 촉발한 문화대혁명이었다는 점에서 사회 전체를 근본적으로 변화시킨 사건이었다. 그것은 "나는 반역한다. 고로 나는 존재한다"는 슬로건에 그대로 드러났다.[40] 68혁명은 '상상력이 빚은 저항과 혁명의 역사'로 오랫동안 기억될 것이다. 68혁명은 비록 짧은 시기에 일어난 질풍노도였지만, 1960년대의 모든 문제들이 압축된 상징이었다.

"금지하는 것을 금지한다."
Il est Interdit D'interdire.

"이건 우리 모두의 문제이다."[41]
Cela Nous Concerne Tous.

과연 우리는 이렇게 섹시한 혁명 구호를 다시 만나볼 수 있을까?

---

40) 이 표어는 미국의 반전운동을 이끈 사회개혁가이며 정치활동가인 톰 헤이든Tom Hayden(1939~2016. 그는 나중에 캘리포니아주 하원의원과 상원의원을 지냈다)이 알베르 카뮈에게서 가져온 말이었다.

41) 오제명 외, 『68·세계를 바꾼 문화혁명』, 도서출판 길, 2006. 153쪽에서 재인용.

미라이학살과 반전운동

미국의 베트남전쟁,
반인륜의 범죄가 되다

독립전쟁을 제외한 모든 전쟁은 사악하다. 특히 대리전쟁은 더더욱 그렇다. 냉전시대에 상대의 확장을 막아야 한다는 절박감과 오판, 오만과 탐욕은 스스로를 자승자박의 함정에 빠뜨렸다. 약자도 마찬가지이긴 하지만, 강자의 판단력에 냉정함이 결여되면 인지부조화를 넘어 확증편향에 빠지기 쉽다.

권력자가 국민을 장기판의 졸로 생각하는 게 파시스트이다. 상대의 고유한 역사성과 자존감을 무시하는 게 제국주의 근성이다. 그게 꼭 강대국에만 해당하는 것도 아니다. 오만하고 민주주의적 절차를 무시하는 모든 권력의 공통 속성이다. 그 값이 만만치 않다. 문제는 그걸 사후事後에야 깨닫는다는 것인데, 그것마저 금세 까먹고 반복한다. 악순환의 고리를 깨뜨리는 게 지혜고 국제관계에서도 강대국에 먼저 요구되는 몫이다.

베트남전쟁은 단순한 냉전시대의 국지전 중 하나가 아니었다. 제국주의와 맞서 싸우고 승리한 20세기 최후의 전쟁이기도 했다. 아무리 전쟁이라 해도 도덕성과 명분마저 허위로 분식된 베트남전쟁이 반전주의를 잉태한 것은 필연이었다.

1968년 1월 30일 북베트남군이 테트Tet(음력설) 축제일에 맞춰 대규모 기습공격을 감행했다. 그들은 베트남민족해방전선NLF이 자신들을 후원하기 위해 남쪽에서 호응해서 총봉기가 일어날 것이라고 예상했다. 예상과는 달리 NLF의 대규모 봉기는 없었다. 그러나 북베트남군의 공세는 그것보다 훨씬 더 큰 효과를 얻었다.

미국과 미국인들로 하여금 베트남전쟁을 계속해서 수행하는 것이 옳은지, 더 나아가 과연 전쟁에서 승리할 수 있을지에 대한 불안감을 주었다는 것만으로도 이미 목적은 충분히, 아니 어쩌면 그 이상으로 달성한 셈이었다. 특히 사이공에 있는 미국대사관이 무장 공격을 받는 장면을 TV로 시청한 미국인들의 충격은 엄청났다.

미국은 베트남전쟁에 어떻게 빠져들었나

처음부터 베트남전쟁에 깊숙이 개입할 의도는 없었던 미국은 겉으로 드러내지 않고 군사고문단을 파견하는 등의 방식으로 남베트남 정부를 후원했다. 하지만 그것은 명분을 얻지 못해서 그랬을 뿐, 이미 프랑스가 베트남을 독립시키지 않고 끝까지 움켜쥐려 전쟁을 했을 때도 미국은 상당한 비용을 대고 있었다. 호찌민이 이끄는 북베트남이 주도권을 쥐게 되고, 사회주의 정권이 집권하게 되면 냉전의 대결에서 크게 위축될 수 있었기 때문이었다. 북베트남이 1960년 12월 NLF라는 조직으로 남베트남의 공산주의자들을 장악하자, 미국은 비전투 군사 요원을 파견했다.

갈수록 남베트남 정부가 수렁에 빠지자 지엠 정부를 전복하고 자연스럽게 미국이 베트남 상황의 전면에 나설 수밖에 없었다.

1964년 8월, 미국이 베트남전쟁에 본격적이고 직접적으로 개입하는 계기가 된 사건이 발생했다. 북베트남의 어뢰정이 통킹만에서 미국의 제7함대 소속 구축함 매덕스Maddox함과 C.터너조이C. Turner Joy함을 공격한 것이다. 당시 존슨 대통령은 이 보고를 받고 미 해군에 보복 폭격을 하라는 명령[1]을 내렸다.

1965년 이후 미국의 베트남전쟁 개입은 점점 더 규모가 커졌다. 초기에 미국의 참전은 주로 공군력[2] 위주였다. 1965년 3월부터 1968년 11월까지 미군이 북베트남에 퍼부은 폭탄, 미사일, 로켓이 무려 1백만 톤[3]이었다. 그러나 베트콩의 세력은 더 강화되는 반면, 남베트남 정부군의 무능은 갈수록 심화했기 때문에 미국의 점증하는 개입도 밑 빠진 독에 물 붓는 격이었다.

미국이 본격적인 지상군을 파병한 것은 1965년[4]이었다. 미 공군이 주둔한 비행장이 몇 차례 공격을 받게 되자 미군 지상군이 직접 공군 기지를 방어해야 한다는 명분으로 3,500명의 미 해병대가 다낭에 상륙한 것이 그 시작이었다. 당시 미국 여론[5]은 파병을 압도적으로 지지했다. 이런 여론을 등에 업고 곧바

---

1) 미국 의회는 거의 만장일치로 통킹만 결의안을 채택함으로써 사실상 대통령에게 미국이 베트남전쟁에 전면적으로 개입할 수 있는 공식적 권한을 부여했다. 이로써 미국의 참전을 공식화한 셈이었다. 그러나 훗날 이 사건 자체가 미국의 조작이었음이 밝혀졌다. 1995년에 당시 북베트남 사령관 보응웬지압은 자신들이 매덕스함을 공격한 것은 인정했지만, 그 이후의 공격은 없었다고 주장했다. 실제로 북베트남 어뢰정의 선제공격은 없었으나, 존슨 정부는 군사적으로 개입할 명분을 만들기 위해 통킹만 사건을 조작한 것으로 드러났다. 2005년 기밀 해제된 미국국가안전국의 보고서에도 8월 4일의 어뢰정 공격은 없었다고 기록돼 있다.

2) 미 공군 참모총장 커티스 르메이[Curtis LeMay(1906~1990)]는 베트남 전역에 대한 폭격을 지시하면서 "그들이 침략을 멈추지 않으면 우리는 폭격으로 그들을 석기시대로 돌려놓을 것"이라고 떠벌였다. 제2차 세계대전에서 융단폭격과 십자전투대형 등 고도의 폭격 전술을 개발하면서 전략폭격에 대한 전문가로 이름을 떨친 르메이는 걸핏하면 '석기시대' 운운하며 공군의 위력을 과시했다. 르메이는 1968년 조지 C. 월리스가 미국독립당으로 대통령선거에 나섰을 때 부통령후보로 출마했다.

3) 베트남전쟁 기간에 미군이 사용한 폭탄은 총 700만 톤에 달했다.

4) 미국이 공식적으로 베트남에 미군을 주둔시킨 건 1962년 미국태평양사령부 소속으로 베트남 군사원조사령부U.S. Military Assistance Command Vietnam를 창설하면서 시작됐다. 본격적으로 전쟁에 개입한 것이 바로 1964년 통킹만 사건이었다.

5) 1964년부터 1967년까지 미국 내 베트남전쟁에 대한 여론은 굉장히 좋은 편이었다. 대부분의 미국인은 미국이 이기고 있다고 믿었다. 그러나 1968년 구정대공세의 실상이 낱낱이 드러나고 여러 학살, 그리고 미국대사관이 베트콩과 북베트남군에게 공격받는 모습이 그대로 방영되면서 급격하게 반전의 흐름으로 바뀌기 시작했다. 특히 대사관 공격은 미국인들에게 큰 충격을 주었다.

로 그해 12월 20만 명을 추가로 파병했다. 점차 미군의 전략이 남베트남군 지원과 방어에서 직접적인 공격과 독자적인 작전 수행으로 전환되면서, 미국의 전쟁 개입은 나날이 노골화됐다.

미국은 '세계의 경찰이며 자유세계의 수호신'이라는 명분을 내세우며 전쟁을 독려했고, 점점 더 깊은 늪에 빠져들었다. 수많은 미국의 청년이 그 전쟁에서 목숨을 잃었다. 그럼에도 미국은 자신이 승리하고 있으며, 전쟁은 곧 종식될 것이라 선전했다.

1967년 남베트남에 주둔한 미군 병력은 38만 9,000명에 달했다. 게다가 우세한 무기와 장비의 비대칭성을 고려하면, 그 선전이 과장이 아닌 듯 보였다. 그런 상황에서 1968년 1월의 대공세는 미국의 희망과는 거리가 멀다는 걸 전 세계에 보여주었으며, 전쟁이 결코 쉽게 그리고 빨리 끝나지 않을 것이라는 걸 증명해 보였다.

더불어 과연 '베트남 내전'에 미국이 엄청난 비용과 희생을 감내하면서까지 개입하는 것이 도덕적으로 정당한지에 대한 회의를 불러일으키기에 충분했다. 그렇다고 미국이 그 상태에서 발을 뺄 수는 없었다.

진퇴양난의 미국이 맞이한 두 개의 전선

미국은 여전히 베트남전쟁의 성격을 충분히 파악하지 못해 계속 고전하고 있었다. 이런 상황에서 북베트남을 제압하기 위해 더 많은 병력이 필요했던 다급해진 미국은 동남아시아조약기구Southeast Asia Treaty Organization(SEATO)에 파병을 요청했다. 대한민국[6], 오스트레일리아, 뉴질랜드, 태국, 필리핀이 파병 요청[7]

---

6) 미국 다음으로 많은 병력을 보낸 대한민국의 파병은 존슨 대통령이 직접 방한해 요청한 결과였다. 사실은 그 요청이 있기 전 1961년 당시 국가재건최고회의 의장인 박정희가 케네디에게 파병을 제안했던 바 있다. 그러나 당시 케네디 정부는 그 제안을 거부했다.

7) 북대서양조약기구NATO 회원국인 캐나다와 영국은 파병을 거부했으며, 서독·영국·캐나다·이란·스페인·브라질 등은 미국이 주도한 연합군을 지원하는 것으로 그쳤다.

에 응했다. 미군은 이렇게 파병된 동맹국 군대와 함께 연합작전을 전개했다. 한편 웨스트모얼랜드William Westmoreland(1914~2005)[8] 장군 등 미군 지휘부는 본국에 병력 증강과 군대의 증파를 요청했다.

하지만 미국에서의 여론은 이미 싸늘해지기 시작했다. 그리고 남베트남 정세는 여전히 불안했고, 그들의 정부는 줄곧 무능하고 부패했다. 이제 전쟁은 마치 미국과 그 동맹국들이 수행하는 것처럼 보였다.

미군과 남베트남군을 포함한 연합군은 군사적인 면에서는 압도적 우위를 점했다. 그러나 남베트남 정치지도자의 무능과 군 지휘관들의 부패는 고질적이어서 연합군은 정치·사회적인 측면에서는 열세를 면치 못했다. 무엇보다 미군은 게릴라전의 성격을 띤 이 전쟁에서 현지 주민들의 지지를 얻지 못해 계속해서 낭패[9]를 거듭했다. 승리의 소식은 없고 지루한 전투가 반복되면서 미군 전사자와 부상자의 수는 갈수록 늘어만 갔다.

미국의 여론이 베트남전쟁에 대해 비판적으로 바뀌자, 존슨 대통령은 전쟁에 대한 뉴스를 정부가 검열 통제함으로써 악화한 여론을 잠재우려 했지만, 오히려 국민들이 정부의 공식 발표를 믿지 않는 결과만 초래했다. 이제 미국은 밖에서는 북베트남군과 베트콩, 그리고 안으로는 자국 국민들의 반전 정서에 맞서 싸우는 두 개의 전선을 맞게 됐다.

1968년에 가장 많은 미군이 남베트남에 주둔했는데, 무려 54만3,000명[10]

---

8) 웨스트모얼랜드는 제2차 세계대전에 참전했고, 1952년부터 1953년까지 한국전쟁에 참전해서 제187공수여단을 지휘했던 백전노장이었다. 그는 1964년부터 1968년까지 베트남전쟁을 지휘했다. 웨스트모얼랜드의 전략은 포격과 제공권에 기초했기에 비전투원인 민간인에게 대규모 피해를 입히는 결과를 낳았다.

9) 미군이 고전한 세 가지 요인이 있었는데, 밀림전에 익숙하지 않았을 뿐 아니라 사이공에서 40km 떨어진, 총 길이 200km 이상인 지하도시에 가까워 도저히 찾아내기 어려운 구찌땅굴Cu Chi Tunnel, 다양한 부비트랩, 그리고 일명 호치민루트가 바로 그것이었다. 미군이 이 땅굴을 찾아내기 위해 군견을 동원하자 베트콩은 땅굴 입구에 고춧가루를 뿌려 개가 냄새를 맡지 못하게 했다.

10) 정작 전투부대는 8만 명에 불과했다.

이었다. 정부의 검열과 통제에도 불구하고 베트남전쟁의 실상이 다양한 방식으로 보도됨으로써 "작은 승리를 위해 미국인의 생명을 물 쓰듯 한다"는 비판이 제기되기도 했다. 또한 막대한 전쟁의 비용은 미국의 재정을 악화시키는 요인이 됨으로써 정부와 의회의 회의론[11]도 고개를 들기 시작했다.

자꾸만 늘어가는 전사자와 부상자에 비례해 전쟁에 대한 회의와 반대도 증가했다.[12] 당시 미국은 징병제였는데, 돈 많은 집안의 자녀들은 징집에서 제외되거나, 주 방위군으로 편입[13]됐다. 그도 여의치 않다면, 외국으로 유학하는 방식[14] 등으로 징병을 회피했다. 결국 돈 없고 권력이 없는 일반인들과 유색인종들이 끌려갔기에 그 분노는 더 컸다.

언제 끝날지도 모르고 의미와 가치도 퇴색한, 남의 나라 전쟁에 개입해서 애꿎은 미국 청년이 목숨을 잃는 것에 대한 반대가 갈수록 커지며 반전운동의 기운이 거세졌다. 평화주의를 내세운 히피들의 호소도 크게 한몫했다.

인륜을 저버린 미라이학살과 반전시위

반전운동의 가장 큰 기폭제는 베트남에서 벌어진 무자비한 학살의 실체가

---

11) 2017년 미 의회조사국CRS에서 발간한 '미국의 주요 전쟁비용 보고서'에 따르면 한국전쟁에 3,200억 달러가 투입된 반면 베트남전쟁에는 6,860억 달러가 투입됐다. 그리고 2003년 이라크전쟁에 투입된 전쟁비용은 3조 달러를 넘었다.

12) 1975년 종전까지 미군 전사자는 5만8,220명이었고 부상자는 15만 명을 넘었다.

13) 43대 대통령 조지 부시George W. Bush(1946-)는 텍사스주 방위군 항공경비대에 입대했다. 문제는 입대하기 위해 응시한 비행 적성시험에서 성적이 좋지 못했는데도, 경비대 후보 명단 최상위에 올라 주 방위군이 됐다는 것이다. 부호에 유력정치인이었던 부친의 '아빠 찬스' 의혹이 그를 따라다녔다.

14) 42대 대통령 빌 클린턴Bill Clinton(1946-)은 1968년 조지타운대학을 졸업하고 2년간 영국 옥스퍼드대학에서 로즈Rhodes장학생으로 유학했는데, 병역 기피 도피성으로 의심받았다. 그래서 선거 기간 내내 치킨호크Chickenhawk 논란에서 벗어나지 못했다. 치킨호크는 미국에서 사용되는 정치 관련 속어로, 전쟁 등 군사 활동에 크게 찬성하고 있지만 종군해서 전쟁 지역에 간 적이 없는 정치인·관료·평론가 등을 말한다.

폭로된 것이었다. 그 대표적인 것이 1968년 3월 16일 남베트남 미라이My Lai에서 미군에 의해 저질러진 민간인 대량 학살이었다. 상당수의 여성과 어린이가 포함된 비무장 민간인 수백 명이 미군에 의해 학살됐는데, 성폭행과 고문, 심지어 사체 훼손 등이 자행돼 충격을 주었다.

1967년 12월 남베트남에 투입된 미 육군 23보병사단의 찰리 중대에서 중대원 5명이 부비트랩에 의해 사망했고, 1968년 구정대공세 때 남베트남 NLF 48대대가 미군을 공격해서 미라이를 비롯한 손미Son My지역을 장악하자, 미군이 대규모 반격에 나섰다. 미군은 손미지역의 '모든 것'을 게릴라 용의자로 간주하고 진압하도록 명령을 내렸다.

찰리 중대는 공격용 헬리콥터로 미라이에 진입했지만, 적군을 찾을 수 없자 가옥을 수색해 모든 마을 사람들을 한 곳에 몰아세우고 자동화기로 학살했다. 수백 명의 민간인이 학살[15]됐으며, 이 중에는 도망치는 여성과 어린이들을 추격해서 사살한 경우도 포함돼 있다. 미군은 임산부와 갓난아기 심지어 그 마을에 있던 가축까지 모조리 학살했다. 어처구니없는 것은 이런 민간인 학살을 도망치는 적군 사살로 처리했다는 것이다.

이 사건이 미국 내에서 큰 이슈가 된 것은 1969년 11월 '미라이학살My Lai Massacre'에 대한 특종 보도 때문이었다.[16] 미국의 여론은 급격히 악화했다. 미

---

15) 최소 109명에서 최대 560명의 민간인이 학살됐다는 보도가 따랐다.

16) 미라이학살은 학살이 일어난 지 1년 뒤 찰리 중대에 배속된 종군사진사 로널드 해벌Ronald Haeberle(1940-)이 찍은 학살 사진이 《The Plain Dealer》지를 거쳐 《LIFE》를 통해 1969년 세상에 공개되고, 1969년 11월 12일 시모어 허시Seymour Hersh(1937-)에 의해 《Washington Post》에 특종 보도되면서 미국 내에서 큰 이슈가 됐다. 미국 정부는 미라이학살에 대한 진상규명에 나섰고, 이 학살에 가담했던 이들이 재판에 회부돼 총 26명의 군인이 이 학살에 관여한 것으로 판명됐다. 그러나 법적으로 유죄 판결을 받은 이는 캘리William Calley Jr(1943-) 중위뿐이었다. 사건에 가담했던 갓 스무 살의 로널드 이병이 군 복무를 마치고 제대해 대학에 들어갔는데, 이 순간을 잊을 수 없어 허시 기자에게 사건 전체를 털어놓고, 허시는 조지아주 군사기지 포트 베닝에서 미라이학살 사건으로 재판이때만 해도 미라이학살은 외부에 보도되지 않은 상태였다 받은 캘리와 인터뷰를 하는 등 추적하면서 사건을 밝혀냈다. 당시 국수적인 애국주의에 빠져 무용담만 쏟아냈던 기자들은 허시 기자를 미치광이라고 비난했다. 이 사건이 보도되고 반전여론이 들끓자 허시를 매국노로 비난하며 반역죄로 구속해야 한다는 '동료' 언론

라이학살에 앞서 1968년 2월 12일 퐁니와 퐁넛에서도 대규모 민간인 학살이 있었으며, 베트남의 옛 수도인 후에에서는 구정대공세 당시 NLF에 의한 민간인 희생자 수만 4,062명에 이를 정도로 엄청난 학살[17]이 벌어졌다.

미국에서 반전운동과 시위는 1965년부터 발생했다. 처음에는 규모가 그리 크지 않았다. 첫 집회는 3만 명 정도였다. 버클리대학에서 열린 베트남전쟁에 관한 합동토론회가 이틀 동안 열렸는데 여러 연사들이 반전운동에 대한 강연을 개최했고, 1만2천여 명의 대학생들이 참석했다.

처음에는 대학가에서 일어나는 작은 규모였던 반전운동이 점차 확대한 것은 1968년 구정대공세가 미국 전역에 방송되면서부터였다. 이때부터 많은 시민들이 참여[18]했다. 반전운동이 탄력을 받은 것은 흑인인권운동과 맞물렸기 때문이기도 한데 가난한 백인들뿐 아니라 대다수의 흑인들이 지옥 같은 전쟁에 끌려갔다는 점이 부각됐기 때문이었다.

즉 이 전쟁은 무의미하다는 문제에 더해 계급과 인종의 불평등의 모순을 드러낸 것이다. 그리고 흑인인권운동을 이끌던 마틴 루서 킹 목사가 이 점을 분명하게 지적하면서 많은 사람들이 가담했다.

1967년 4월 4일[19] 킹 목사는 뉴욕의 리버사이드교회에서 '왜 미국인들은 베트남전쟁에 반대해야 하는가'를 밝히는 주제로 연설했다. 그는 전쟁이 선량한 시민들을 전선으로 내몰고 정부와 시민사회 간의 약속을 무위로 돌리고 있

인도 많았다. 그러나 허시는 "진실이 곧 국익"이라며 뜻을 굽히지 않았다. 허시는 이 보도로 1970년 퓰리처상을 수상했으며, 이후에도 탐사저널리스트로서 국방과 안보 문제에서 30여 년간 미국 정부와 국방부, 정보기관의 추악한 음모를 잇달아 폭로해 세계적인 명성을 얻었다.

17) 후에대학살Massacre at Hue은 공산 세력의 잔학성을 부각하는 선전에 많이 사용됐는데, 자유진영과 공산진영 양측 모두 자신에게 유리한 방식으로 보도했고, 과장과 왜곡이 뒤범벅이었다는 전후 평가를 받았다.

18) 1970년에는 미국 전국에서 거의 500만 명이 참여했다. 그러나 실제로 반전운동이 한 것은 거의 아무것도 없다는 비판적 평가를 받기도 했다.

19) 킹 목사는 정확히 1년 뒤인 1968년 4월 4일 암살당했다.

다고 비판하며, 민권법 투쟁에 참여했던 사람들이 침묵을 깨고 양심에 따라 반전의 목소리를 내야 한다고 주장했다. "침묵은 곧 배반을 의미한다"는 그의 메시지는 묵직한 반향을 울렸다. 특히 가난 때문에 그리고 흑인이라는 이유로 전쟁에 끌려가 아무 원한도 없는 베트남인들을 죽여야 하는 전쟁에 반대한다고 천명했다.[20]

그리고 여성해방운동 또한 반전운동과 연결됐으며 반전시위대를 향한 경찰의 무자비한 폭력적 진압이 더 많은 분노를 야기했다. 경찰의 과잉 진압은 부작용만 낳았다. 베트남전쟁에 대한 반전시위는 비단 미국에서만의 일이 아니었다. 유럽에서도 이 전쟁에 대한 회의와 분노가 거세게 일었다. 그 대표적 사례가 바로 프랑스의 68혁명이었다.

1968년 말의 미국 대통령 선거에서 가장 이슈의 하나가 바로 베트남전쟁이었다. 재선을 노리는 존슨에게는 베트남전쟁의 개입과 확산의 주범이라는 딱지가 붙었다. 반전운동에 참여했던 사람들은 반反존슨 전선을 형성했고, 결국 존슨은 재선 출마를 포기했다.

공화당의 리처드 닉슨은, 존슨의 부통령으로 존슨 대신 나선[21] 민주당의 휴버트 험프리Hubert Humphrey(1911~1978)에 근소한 차이[22]로 승리해 대통령에 당선됐다. 근소한 차이의 승리는 닉슨의 당선에 반전운동이 결정적 영향을 미쳤음을 보여준 셈이었다.

---

20) 이 연설은 뜻밖의 돌출 상황을 연출하기도 했는데, 킹 목사를 지지했던 많은 사람들도 전쟁에 반대하자는 그의 주장에 등을 돌린 것이다. 백인 자유주의자들뿐 아니라 흑인 유명인사들 상당수도 애국주의를 내세워 킹 목사를 외면하기 시작했다.

21) 당시 강력한 후보였던 로버트 케네디가 후보 지명을 위한 선거 유세 중 캘리포니아주 로스앤젤레스의 앰배서더 호텔에서 연설 후 암살돼 험프리가 지명됐는데, 유권자들은 험프리를 존슨의 입장과 동일한 것으로 여겼다.

22) 총투표인 수로 따지면 닉슨이 43.4퍼센트, 험프리가 42.7퍼센트, 앨라배마 메러디스 사건의 주인공 조지 월리스가 13.5퍼센트였다. 월리스가 민주당 예비선거에서 문제가 되자 탈당하고 미국독립당American Independent Party(AIP)을 창당해 후보로 출마했기에 결과적으로 민주당 표를 분산시키는 결과를 초래했다.

전쟁의 양상은 갈수록 미국에 불리하게 전개됐다. 시간이 갈수록 미국 군부도 전쟁에서 승리하지 못할 것이라는 판단을 하기 시작했다. 이제 서서히 미국도 발을 뺄 준비를 하고 있었다. 길고 긴 베트남전쟁의 막이 서서히 내리기 시작했다.

둡체크와 프라하의 봄

인간의 얼굴을 한 사회주의, 프라하의 봄

약자의 설움은 애처롭다. 타이밍도 천운이다. 미국이 베트남전쟁에 휩쓸려 있지 않았다면, 서유럽의 민주주의 국가들이 68혁명의 열병에 휩싸여 있지 않았다면 어찌 됐을까? 역사에서 가정법은 무의미하고 허망하기까지 하지만, 체코슬로바키아의 고립무원은 타이밍도 맞지 않은 불운의 탓도 있었다.

타이밍을 읽어내는 것도 지혜고 그것에 따라 판단하고 행동하는 것이 제대로 된, 그리고 실천의 결실을 얻어낼 수 있는 용기이다. 소련의 탱크는 프라하의 저항을 눌러버리는 데에는 거칠 게 없었지만, 체코슬로바키아의 증오와 분노라는 깊은 단절을 초래했다.

동유럽 공산 블록을 언제까지 탱크로만 지켜낼 수 있을까? 그 헛된 믿음이 20여 년 뒤에 소비에트연방이 해체된 이후 동유럽 국가들이 러시아와 결별하도록 만들었는지 모른다. 소비에트연방 해체 뒤 옛 영광을 되살리고 싶은 허위의식과 영토와 자원에 대한 욕망이 러시아로 하여금 우크라이나 침공으로 이끈 것도 언젠가 그 값을 치르게 될지 모를 일이다.

무력은 일시적인 점유에 불과할 뿐이다. 브레즈네프의 위세보다 프라하의 봄을 더 기억하고 있다는 사실 하나만으로도 체코슬로바키아의 도전과 저항은 위대했다. 그 봄은 처연해서 더 아름다울 수 있었다. 늘 봄은 겨울 뒤에 있다.

오스트리아-헝가리 제국이 제1차 세계대전에서 패배 후 윌슨Thomas Woodrow Wilson(1856~1924)의 민족자결주의 원칙에 따라 해체·독립하게 됐고, 체코와 슬로바키아는 합병해서 1918년 체코슬로바키아[1]가 탄생했다. 그리고 제2차 세계대전 이전에 나치 독일에 점령된 체코슬로바키아는 강제로 독소전쟁獨蘇戰爭에 참전해서 큰 희생을 치렀다. 소련이 체코슬로바키아를 점령한 독일군을 공격·패퇴시켜 체코슬로바키아가 다시 독립하게 됐지만 공산화하면서 소련의 위성국이 됐다. 이후 체코슬로바키아 국민들은 소련의 간섭과 통제에 강한 반감을 가졌지만, 감히 맞서 싸울 엄두는 내지 못했다. 이미 1956년에 폴란드와 헝가리가 소련의 손아귀에서 벗어나려다 무참하게 짓밟힌 것을 목격한 학습효과도 무시할 수 없었다.

스탈린 사후, 체코의 겨울은 끝나가고

1953년, 스탈린의 죽음은 체코슬로바키아에도 희망으로 보였다. 스탈린의 독재적 철권이 사라졌으니 위성국가로서 소련의 눈치를 볼 일도 줄게 될 것이라는 바람이었다.

그러나 체코에는 여전히 노보트니Antonin Novotny(1904~1975)가 정권을 장악하고 있었다. 그는 단호한 스탈린주의자였다. 독일 점령 기간 동안 감옥 생활을 했던 노보트니는 1948년 2월 스탈린주의자들이 체코슬로바키아 정부를 접수할 때 주도적인 역할을 맡았다. 체코슬로바키아 국민들은 스탈린 사후에도 여전히 스탈린주의를 포기하지 않는 노보트니에 대한 반감이 커졌다.

당시 소련에서는 스탈린격하 운동이 벌어지고 있음에도 불구하고, '공산권 우등생'인 체코슬로바키아에서 다른 동유럽 국가들보다 스탈린의 유산에 대한 비판이 늦었던 것도 노보트니가 건재했기 때문이었다. 그러나 전기가 찾아

---

1) 정확한 명칭은 체코슬로바키아 제1공화국First Czechoslovak Republic으로 1918년에서 1938년까지 존재했다.

왔다.

1961년 10월 소련공산당 제22차 대회에서 흐루쇼프가 거듭해서 스탈린을 비판하면서 1950년대에 스탈린이 저질렀던 숙청에 대한 재심 요청이 거세졌고, 동유럽의 소련 위성국들에서도 비슷한 양상이 조금씩 나타났다. 체코슬로바키아에서도 강고했던 노보트니 정권의 힘이 조금씩 허물어지기 시작했다. 1967년 6월 체코슬로바키아 작가동맹 제14기 회의에서 노보트니 정권의 반동적인 신문법과 이념 통제에 대한 작가들의 비판이 쏟아져 나왔다. 그들은 대담하게 당과의 전면대결을 선언하며, 공산당 독재가 헌법을 무력화시키면서 일당독재에만 골몰하고 있다고 비판했다.

체코슬로바키아 국민들은 더 이상 소련의 꼭두각시 노릇에 충실한 노보트니 정권에 대한 반감을 억누르지 못했다. 마침내 학생들이 시위에 나섰다. 그러나 당국은 시위 학생들에게 최루탄을 발포하고, 체포된 학생들에게는 모진 고문을 가했다.[2] 분노한 시민들은 강경 진압과 고문 책임자를 처벌하라고 요구했고, 이는 정치적 파장으로 이어졌다.[3] 공산당 내부에서도 더 이상 방치할 수 없다는 결론에 도달했고, 1968년 1월 노보트니가 경제난에 대한 책임을 지고 사임하고[4] 개혁파인 알렉산드르 둡체크Alexander Dubcek(1921~1992)를 새로운 당 제1서기로 선임했다.[5]

---

2) 처음 시위의 목적은 대학의 기숙사 생활 조건을 개선하라는 것이었는데, 강제 진압과 고문이 자행되자 시민들이 분노했다. 권력자가 흔히 빠지는 함정, 즉 사태의 본질을 파악하지도 않고 관행적으로 먼저 제압부터 하려는 악습이 일을 키운 셈이었다.

3) 이것은 체코슬로바키아에서 국가권력에 대해 공공연하게 행동으로 나선 항의로는 최초의 일이었다.

4) 사임이라기보다 실질적으로는 해임된 노보트니는, 2월 '친위쿠데타' 실패 후 대통령직도 루드비크 스보보다Ludvik Svoboda(1895~1979)에게 넘겼으며, 연말에는 당직과 당적도 상실했다. 노보트니는 1971년 스탈린주의자가 다시 집권하면서 당에 복귀했는데, 축출된 둡체크에게 관용을 베푸는 조건으로 이루어졌다.

5) 1967년 12월 둡체크는 소련의 브레즈네프를 프라하로 초대했는데, 노보트니에 대한 반대가 상당한 데에 놀란 브레즈네프가 노보트니 실각을 지지하게 됐다.

둡체크, 인간의 얼굴을 한 사회주의를 시도하다

둡체크는 어렸을 때 소련에서 살았고, 중학교를 마치고 귀국해서 제2차 세계대전 때는 나치 독일에 맞서 공산계열 레지스탕스로 투쟁했으며, 1939년 공산당에 입당했다. 1948년 체코슬로바키아에서 무혈쿠데타가 일어나 공산화된 이후 슬로바키아 공산당에서 두각을 나타낸 둡체크는 스탈린 사망 후 소련에서 정치학을 전공했으며 귀국해 1955년 체코슬로바키아공산당 중앙위원회 멤버가 돼 활동했다.

당 제1서기가 된 둡체크는 '인간의 얼굴을 한 사회주의Socialism with a Human Face'라는 슬로건으로 개혁을 가동하기 시작했다. 그는 과감하게 다당제를 도입하고, 보도·표현·이동의 자유를 허용했으며, 강제로 하나가 된 체코슬로바키아를 두 개의 개별 공화국으로 이루어진 연방으로 개편했다.[6] 곧이어 공산당 이데올로기 위원장을 추방했으며, 공산당이 독점하던 내무장관과 검찰총장을 해임했다. 또한 재판의 독립을 보장하고, 형식에 불과한 것이 아닌 실질적인 의회 제도를 확립해 민주적인 선거제도를 통해 근본적인 개혁으로 체코슬로바키아를 변화시키려 했다.

둡체크는 공업과 농업 부분에서도 과감한 개혁을 도입하고 특히 소비재 생산 증대를 약속했다.[7] 대외정책도 자주독립에 바탕을 두겠다고 천명했다.[8] 또한 과거에 권리를 박탈당한 모든 시민에게는 완전한 복권을 약속했다. 공산당

---

6) 둡체크는 슬로바키아인이었다. 그에 반해 극작가로 체코슬로바키아 사회주의공화국Czechoslovak Socialist Republic의 마지막 대통령이었으며, 체코슬로바키아 연방공화국Czech and Slovak Federative Republic 의 초대 대통령을 역임한 바츨라프 하벨Vaclav Havel(1936~2011)은 체코인이었다. 둡체크가 시도했던 연방은 소련의 개입으로 무산되고, 소비에트연방이 해체된 이후인 1993년에 체코와 슬로바키아로 분리됐다.

7) 둡체크는 공산주의가 착취 계급의 지배에서 노동 인민을 해방하는 것만 의미하는 것이 아니며, 어떤 자유주의 체제보다도 개인의 풍족한 삶을 위해 더 많은 것을 제공해야 한다고 선언했다.

8) 서방국가들과 좋은 관계를 유지하는 동시에, 소련 및 다른 동유럽의 공산주의 국가들과도 협력한다는 것을 밝힘으로써 자신들이 일방적으로 친親서방정책을 쓰는 것이 아니라는 점을 분명히 했다.

의 권력독점 포기 선언과 경제 수정주의와 민주주의의 도입은 바로 '프라하의 봄Prague Spring'[9] 그 자체였다. 드디어 체코슬로바키아 국민에게 새로운 희망이 보이는 듯했다.

그러나 둡체크는 신중했다. 그가 이끄는 당의 새로운 노선은 비非스탈린화와 민주화였는데 언제 어디에서 어떤 반발과 간섭이 들어올지 몰라서 경계하고 있었다. 둡체크에게 고민스러운 건 모스크바 방문이라는 '관례'였다. 자신의 개혁에 대해 소련이 못마땅하게 여기고 있다면 어떤 압력으로 옥죌지 모르기 때문이었다. 한 달 동안 고민 끝에 이틀에 걸친 '의무적 방문'을 결정했다.

놀랍게도 소련뿐 아니라 다른 동유럽 국가들도 체코슬로바키아가 '체제 내에서' 개혁하는 것을 이해해 주었다. 용인이나 승낙이 아니라 '이해해 준' 것을 확대 해석한 둡체크는 자신감을 얻었다. 그는 점점 대담한 행보를 이어갔다.

1956년의 헝가리와는 달리 1968년 체코슬로바키아의 민주화는 가능할 듯 보였다. 둡체크는 공산당 개혁파에 의한 점진적 민주화의 가능성을 제시했다. 그러나 그것이 자칫 사회주의 노선에 대한 중대한 도전일 수 있다는 우려 또한 동시에 커지고 있었기에 조심스럽게 행보를 이어갔다. 어쨌든 방향은 분명한 듯 보였다.

프라하의 봄의 시작을 알린, 2000어 선언

1968년 6월 27일 체코의 자유파 인사 70인이 뭉쳐 '2000어 선언The Two Thousand Words'을 발표했다.[10] 작가들의 이 대담한 행동에 자극받은 학생과 시민이 시위에 나섰다. 드디어 프라하에 봄이 온 것이다.

---

9) '프라그Prague'는 체코슬로바키아의 수도 프라하Praha의 영어명이다.

10) 1968년 4월 공산당에 의한 개혁의 지침인 행동강령에 이어진 것으로 작가이자 언론인인 루드비크 바출리크Ludvik Vaculik(1926~2015)가 작성한, 시민사회가 개혁을 지지하고 기대한다는 내용의 선언이었다.

프라하의 봄이 가능했던 것은 단순히 소련에 대한 반감과 스탈린주의자 노보트니에 대한 반발 때문만은 아니었다. 1960년대의 체코슬로바키아 경제가 오랜 침체 상태에 빠져 있어서 불만이 한껏 고조됐고, 특히 슬로바키아 민족은 자치권을 제한받고 있다는 사실에 분개한 상태였다. 그런 점에서 둡체크의 개혁은 체코슬로바키아 국민들에게 뜨거운 호응을 받을 수밖에 없었다.

소련의 위성국가로서 소련과 공산주의 독재의 억압에 반감을 가졌던 사람들은 이런 개혁의 태도를 지지하면서도, 한편으로는 기대에 미치지 못하는 속도에 속을 태우기도 했다. 둡체크를 비롯한 개혁파들도 전후 공산정권의 형태를 전면적으로 비판한 것은 아니었다. 그들은 신중했고, 모든 개혁은 체코슬로바키아 공산당의 지도하에 진행돼야 한다고 강조했다. 무엇보다 1956년 헝가리 자유화 운동이 무참하게 짓밟힌 역사가 그들에게 신중에 신중을 거듭하게 했다.

그러나 이미 기대에 부푼 국민들은 그런 점진적 개혁에 만족할 수 없었다. 사람들은 즉각적인 개혁을 요구했고 결국 둡체크도 그런 요구를 수용할 수밖에 없었다. 만약 그 개혁이 무사히 이루어질 수만 있다면 그보다 바람직한 건 없었다. '2000어 선언'이 바로 그 시점에서 나왔다.

그 선언을 작성한 바출리크는 개혁의 주도권을 '인민'이 잡아야 한다고 촉구했다. 이 선언에 대해 둡체크와 당 그리고 내각은 비판적 태도를 보였다. 양자 간에 틈이 보였던 것이다. 그러나 그것으로 양 세력이 충돌에 이르지는 않았다. 서로 답답해할 뿐. 이런 상황에서 수많은 논의와 논쟁이 반복됐다. 이전에는 상상할 수도 없었던 일이 버젓하게 일상이 되면서 체코슬로바키아에 부는 자유의 바람은 세계의 이목을 끌기 시작했다.

이쯤 되자 소련과 다른 동유럽 공산주의 국가들은 점점 체코슬로바키아의 상황에 대해 불편함과 두려움을 느끼기 시작했다. 무엇보다 체코슬로바키아에서 부는 바람이 다른 나라들에 불씨를 옮길 수 있다는 것보다 두렵고 위험한 일은 없었다. 소련은 협상을 통해 체코슬로바키아에 영향력을 행사하려고 나섰다. 헝가리, 불가리아, 동독 등도 체코슬로바키아 상황이 매우 불편했다.

소비에트연방 해체 뒤 옛 영광을 되살리고 싶은 허위의식과 영토와 자원에 대한 욕망이 러시아로 하여금 우크라이나 침공으로 이끌었다. 무력은 일시적인 점유에 불과할 뿐이다. 브레즈네프의 위세보다 프라하의 봄을 더 기억하고 있다는 사실 하나만으로도 체코슬로바키아의 도전과 저항은 위대했다. 그 봄은 처연해서 더 아름다울 수 있었다. 늘 봄은 겨울 뒤에 있다.

1968년 5월 체코슬로바키아 공산당 정부의 개혁안에 반발한 바르샤바동맹이 모스크바에서 둡체크를 배제하고 정상회담을 개최한 것은, 이들이 체코슬로바키아 상황과 둡체크의 정치 성향에 대한 극도의 불신을 드러낸 것이었기에 둡체크의 체코슬로바키아는 안팎으로 내홍을 겪을 수밖에 없었다. 이미 1968년 6월 하순쯤 체코슬로바키아 영토에서 바르샤바조약기구 군대가 합동 훈련을 빙자해서 군사 개입할 것이라는 소문이 나돌기 시작했다. 그러나 체코슬로바키아는 적어도 겉으로는 개혁 의지를 강조했고 시민들은 그것을 강력히 지지하며 타국의 간섭이나 압력에 굴하지 않겠다고 선언했다. 하지만 시간이 흐를수록 불안했다.

둡체크는 소련과의 회담을 통해 자신들은 결코 바르샤바조약을 탈퇴하지 않을 것이며, 코메콘에 따르겠다고 거듭 약속했다. 헝가리가 그 문제 때문에 소련의 개입과 침략을 초래했던 것을 염두에 둔 방책이었다. 다만, 소련 측이 요구한 체코슬로바키아 개혁프로그램 포기 요청은 거부했다.

소련과의 회담 후, 1968년 8월 3일 브라티슬라바Bratislava에서 만난 소련, 동독, 폴란드, 불가리아, 헝가리, 체코슬로바키아 대표들은 '브라티슬라바 선언Bratislava Declaration'을 통해 프롤레타리아 국제주의와 마르크스-레닌주의에 충실할 것을 약속하고, 반 공산주의 세력에 맞서 함께 투쟁하겠다고 선언했다.

그러나 이 선언이 체코슬로바키아의 안전을 보장해 주는 건 아니었다. 안팎으로 얽혀 있는 복잡한 상황은 여전했다. 체코슬로바키아 공산당 내부에서는 열성적인 개혁파와 반개혁적 보수파가 양분돼 내부 갈등이 심화하고 있었고, 소련의 요청을 거부했던 도박이 실패로 돌아갈 운명에 처했기 때문이었다.

브레즈네프 독트린과 프라하의 침묵의 저항

소련은 체코슬로바키아의 개혁을 묵인하면 한 나라에 그치지 않고 공산권 전체로 민주화의 열기가 파급될 것을 우려했다. 그것은 소련으로서는 받아들일 수 없는 상황이었다. 마침내 소련은 "사회주의 진영 전체의 이익을 위해서는 개별 국가의 주권은 제한될 수 있다"는 '브레즈네프 독트린Brezhnev Doctrine'[11]을 앞세워 체코슬로바키아에 20만 명의 군대[12]를 보내 침공했다. 당시 체코슬로바키아 총인구가 1천만 명 정도였으니 엄청난 병력이었다.

처음에는 소련도 군대를 보내 제압하는 것에 부담을 느꼈다. 헝가리사태 때 엄청난 국제적 비난을 자초했던 일도 그렇지만, 서방국가의 개입을 걱정했기 때문이었다. 그래서 브레즈네프는 미국 대통령 존슨에게 서신으로 얄타회담과 포츠담회담의 조약을 준수할 의도가 있는지 물었고,[13] 미국은 소련의 속셈을 알면서도 이에 화답했다.[14]

영국, 프랑스, 서독 등 서유럽 국가들도 68혁명의 여파로 각국의 사회적 불안이 고조된 상태라 체코슬로바키아의 상황에 신경 쓸 처지가 아니었다. 미국이 개입하지 않을 것이라는 확신이 서자 브레즈네프는 주저하지 않고 체코슬로바키아에 침공해서 둡체크를 비롯한 개혁 세력을 제거하기로 한 것이다.[15]

---

11) 브레즈네프가 1968년 11월 13일의 폴란드공산당 제5차 전당대회 연설에서 체코슬로바키아 침공에 대한 국제적 비난을 반박하면서 군사개입을 정당화하며 내세운 주장이다. 사회주의 국가의 주권이란 그 나라의 발전 방향이 다른 사회주의 국가와 국제공산주의운동의 이익에 충돌하지 않는 범위 내에서만 보장된다는 일종의 주권제한론이었다. 브레즈네프 독트린은 1980년대 후반 고르바초프가 동유럽에 군사력을 사용하지 않으면서 유명무실하게 됐다.

12) '사회주의 진영 전체'라는 구색을 갖추기 위해 소련군 단독 침공이 아니라 바르샤바조약기구의 5개국 연합군대로 편성했다.

13) 특히 얄타회담에서 폴란드 동부 영토 대부분을 소련에 병합하기로 합의하는 등의 동유럽의 영토에 대한 미·영과의 합의를 확인한 것은, 체코슬로바키아 문제를 소련의 영토 문제로 볼 것인가, 유럽의 문제로 볼 것인가를 떠보려는 의도였다.

14) 미국이 이 문제에 방관적 선택을 하게 된 것은 베트남전쟁이 절정에 이른 상황이었기 때문이었다. 세계경찰을 자처한 미국의 상존하는 딜레마는 두 개 이상의 큰 전쟁을 동시에 수행하는 것이었다. 소련으로서는 미국의 방관이 가장 결정적인 도움이 된 셈이다.

15) 소련으로서도 이 문제는 단기간에 종결해야 한다고 판단했기에 대규모 군대를 보냈던 것이다. 봉기

바르샤바조약기구의 연합군을 앞세워 소련이 침공하자 체코슬로바키아 국민들은 비폭력저항으로 맞서 투쟁했다. 1969년 1월 19일 프라하의 바츨라프 광장 위쪽에 있는 국립박물관 앞에서 대학생 얀 팔라흐Jan Palach(1948~1969)가 소련의 침공에 항의하며 분신자살했다.[16] 뜻밖의 광범위한 저항에 소련도 멈칫했다.[17]

체코슬로바키아는 제2차 세계대전 때 독일에 일찌감치 항복함으로써 도시가 파괴되는 것을 피했던 역사를 갖고 있다. 항복은 분하고 부끄러운 일이었지만, 도시를 구할 수 있었다고 애써 위안했던 프라하 시민들은 소련이 침공했을 때도 군사적 저항을 하지 않아서[18] 프라하를 파괴에서 구했지만, 그렇다고 맥없이 주저앉지만은 않았다. 바르샤바조약국 연합군이 공항, 항만, 도로를 점령하고, 방송국 등을 장악하며 유력인사를 감금·살해했을 때, 체코슬로바키아 사람들은 거의 유일하게 기대를 걸었던 서방세계의 외면과 방관에 낙담했지만, 결코 저항을 포기하지는 않았다.

가 장기화하면 결국 서방의 개입을 불러오며 자칫 동독까지 여파가 미칠 수 있다는 생각 때문에, 체코슬로바키아 국민의 지지를 받던 둡체크를 예전 헝가리의 너지 임레처럼 처형하지 않고 소련으로 연행하는 방식의 숙청으로 그쳤으며, 제압은 하되 인명 피해는 최소화하는 방향으로 선회했다.

16) 얀 팔라흐의 분신자살 약 한 달 후인 2월 25일에는 같은 장소에서 또 다른 대학생 얀 자이츠Jan Zajic(1950~1969)가 분신자살했고, 1969년 4월에는 이흘라바에서 에브젠 플로체크Evzen Plocek(1929~1969)가 또다시 분신했다. 1970년 체코슬로바키아를 떠나 독일로 간 천문학자 루보시 코호우텍Lubos Kohoutek(1935~)은 1969년 8월 22일 자신이 발견한 소행성을 '1834 팔라흐'로 명명하는 것으로 팔라흐의 '죽음의 저항'을 기렸다.

17) 그래서 소련은 둡체크를 축출하려는 당초 계획을 취소하고, 8월 20일 밤 그를 체포해 모스크바로 연행해서, 모스크바 의정서에 강제 서명하도록 했다. 그러나 둡체크가 서기장 직을 계속 맡도록 동의했으며, 심지어 개혁개방계획도 계속할 수 있도록 허용했다. 하지만 서방국가뿐 아니라 공산권국가에서도 반발하는 경우가 있고 심지어 소련에서도 모스크바 붉은 광장에서 침공 반대 문구가 적힌 깃발을 들고 시위하는 일 등이 발생하자 다시 강공책으로 선회했다.

18) 체코슬로바키아 정부는 군과 국민들에게 저항하지 말라고 당부했고, 정치 보복을 지나치게 하지 않는 조건으로 순순히 투항했다. 그들로서는 소련의 침공을 막아낼 군사력이 없는 상황에서 무모한 저항이 초래할 대가를 극소화하는 것을 선택할 수밖에 없었다.

그들은 맨몸으로 소련의 탱크에 맞섰고, 도로의 표지판을 뽑아 바리케이드로 삼아 버렸다. 지하방송으로 저항을 독려했고 침략군에게는 음식을 팔지 않는 등 소극적 저항도 마다하지 않았다. 그들의 저항은 눈물겨웠다. 그들이 할 수 있었던 저항은 침공한 소련과 바르샤바동맹국 병사들 앞에서 청춘 남녀들이 과시적으로 애정 표현을 교환하고, 도로의 표지판을 바꿔서 혼동을 주었으며 러시아어를 알면서도 못 알아듣는 척하는 것 등이 거의 전부였다.

그런 일들이 예사롭게 벌어졌다. 무력으로는 제압당할 수밖에 없지만 정신만은 굴복당하지 않겠다는 처절한 저항이었다. 당시 '저항의 십계명'[19]은 처절한 그들의 심정을 고스란히 담고 있되 의기는 분연했다. 프라하의 비폭력 맨손 저항은 비장했다. 그러나 그것으로 끝이었다. 불과 6개월의 짧은 봄이었다.

그 짧은 봄을 안타까워하는 이들은 많았지만, 서방 세계 어느 누구도 행동으로 지원하지는 않았다. 그렇게 둡체크의 개혁도 프라하의 봄도 열매는커녕 꽃봉오리도 피우지 못한 채 곧바로 겨울로 접어들었다. 그러나 그 봄은 영원히 사라지지 않을 계절로 승화할 것이었다.

---

19) 1. 우리는 배운 것이 없다. 2. 우리는 아무것도 모른다. 3. 우리는 아무것도 없다. 4. 우리는 줄 것이 없다. 5. 우리는 아무것도 할 줄 모른다. 6. 우리는 팔 물건도 없다. 7. 우리는 해줄 것이 없다. 8. 우리는 무슨 말인지 모른다. 9. 우리는 배반하지 않는다. 10. 우리는 잊지 않을 것이다.

올림픽과 검정장갑

금메달보다 값진
저항의 검정장갑

부당하고 비인격적인 차별행위를 반성하기는커녕 거기에 항의했다는 이유만으로 선수를 귀국시키고 위험에 노출한 미국의 행위나, 올림픽정신이 인간의 존엄성을 고양하는 데에 영향을 미쳐야 한다는 시대정신은 커녕 정치적 표현 금지 조항을 어겼다는 이유만으로 메달을 박탈하려던 국제올림픽위원회의 옹졸함은 두고두고 비난과 조롱의 대상이 됐다.

언론의 편협함과 선동은 오히려 시대정신을 읽어내지 못하는 언론이 얼마나 추악하고 위험한 것인지 새삼 보여줬을 뿐이다. 멕시코올림픽에서 누가 메달을 많이 땄고 어느 나라가 가장 많은 금메달을 획득했는지 기억하는 이들은 별로 없고 의미도 별로 없다. 그러나 흑백차별에 대한 세 사람의 용기 있는 항의와 그 메시지를 기억하는 사람들은 많다. 토미 스미스와 존 칼로스의 용기가 바로 1960년대 정신이며, 피터 노먼 등의 연대와 동료의식이 진정한 올림픽정신이었다.

부당한 차별에 대해 분노하고 저항하는 것, 그 현실을 부끄러워할 줄 아는 것, 그리고 그 부끄러운 사슬을 끊어내는 것에 공감하고 연대하는 것, 그것이 바로 인간의 의무이고 용기이다. 1960년대의 가치와 행동이 바로 그것이었다.

1936년 히틀러가 독일의 근대성과 개방성을 부각하면서 아리안족의 우수성을 과시하는 선전장으로 활용하려 했던 제11회 하계올림픽인 베를린올림픽에서 미국의 흑인 육상선수 제시 오언스James Cleveland 'Jesse' Owens(1913~1980)가 육상 100미터 등 네 종목[1]에서 금메달을 획득함으로써 히틀러의 코를 납작하게 눌렀다. 제시 오언스는 미국의 영웅이 됐다. 그러나 그는 미국으로 돌아와 백악관에 초대되지 않았다. 아니, 초대되지 못했다. 남부 백인 표를 의식한 프랭클린 루스벨트 대통령의 뜻이었다.[2] '흑인' 오언스의 굴욕은 채 30년도 지나지 않아 1960년 로마올림픽 복싱에서 금메달을 획득한 '검둥이 캐시어스 클레이 무하마드 알리로 개명'에게도 여전히 차별과 냉대로 반복됐다.

베를린올림픽 마라톤에서는 '조선청년' 손기정孫基禎(1912~2002)이 금메달을, 남승룡南昇龍(1912~2001)이 동메달을 획득했다. 손기정은 금메달리스트의 환희와는 어울리지 않을 우울한 표정으로 고개를 푹 숙였고이 모습이 1968년 멕시코올림픽에서 블랙파워 설루트의 모티프가 됐다, 화분으로 일장기를 가렸다. 게다가 일장기 말소 사건 때문에 그들은 조선에 돌아와 환영은커녕 일시 체포됐다. 혹시라도 그들이 조선인들을 결집시킬까 두려웠던 일본군국주의자들은 그들이 다시는 육상을 하지 않을 것이며 조선 학생들과 집단행동을 하지 않겠다는 각서를 쓰게 하고 풀어줬다. 영웅들은 스포츠에서의 영광은 잠깐뿐이며 현실에서는 지속적으로 차별 받아야 한다는 것을 맛보아야 했다.

---

1) 제시 오언스는 베를린올림픽에서 육상 100m·200m·400m계주·멀리뛰기 종목에서 우승해 4관왕이 되며 육상계의 전설이 됐다. 그는 육상 경기가 인종과 정치 문제를 해결하는 데 도움이 되리라 믿었다. 그가 죽은 다음 해인 1981년 그의 이름을 딴 제시오언스상Jesse Owens Award이 제정돼 미국 육상 최고의 상으로 자리 잡았고 지금도 그 해 최고의 육상선수에게 시상되고 있다.

2) 루스벨트는 오언스에게 축전도 보내지 않았다. 제시 오언스는 "히틀러는 나를 모욕한 적 없다. 나를 모욕한 건 미국의 루스벨트였다"라고 비꼬았다. 나중에 오언스만을 위한 환영 리셉션이 뉴욕의 월도프아스토리아호텔에서 열렸는데 백인 전용인 엘리베이터를 타지 못해 오언스는 화물용 승강기를 사용할 수밖에 없었다.

인권을 위한 올림픽 프로젝트, 블랙파워 설루트

1968년 10월 12일부터 27일까지 멕시코의 수도 멕시코시티에서 제19회 하계올림픽이 개최됐다.

무하마드 알리가 징집을 거부하면서 스포트라이트를 받던 1967년 미국의 흑인선수들은 캘리포니아 버클리캠퍼스에서 사회학자이며 코치였고, 민권운동가인 산호세대학 해리 에드워즈Harry Edwards(1942~)[3] 교수의 주도로 '인권을 위한 올림픽 프로젝트Olympic Project for Human Rights(OPHR)'라는 단체를 결성했다.

그는 미국의 인종차별을 세계에 알리기 위해 흑인선수들이 올림픽을 보이콧해야 한다고 주장했다. 결국 어쩔 수 없이 흑인선수들은 멕시코올림픽에 참가할 수밖에 없었지만, 내심 '화이트 아메리카'의 광대가 되기를 거부하기로 다짐했다. 그리고 상징적인 사건이 남자 육상 200미터 시상대에서 벌어졌다.

둘 다 흑인인 금메달리스트 토미 스미스Tommie Smith(1944~)와 동메달리스트 존 칼로스John Wesley Carlos(1945~)는 목에 검은 스카프와 묵주를 두르고 양말 차림으로 시상대에 올랐다. 토미 스미스의 기록은 19초 83으로 당시 세계신기록이었다. 그들은 성조기가 게양되고 미국 국가가 연주되는 동안 '고개를 숙이고' 검정장갑을 낀 오른쪽 주먹을 하늘로 치켜들었다. 바로 '블랙파워 설루트Black Power Salute'였다.

신발을 신지 않은 양말 차림은 흑인에 대한 린치와 빈곤을, 스미스가 목에 두른 검은 스카프는 흑인의 자존심을, 칼로스의 묵주는 백인우월주의자들에게 린치당한 흑인들을 위한 기원을, 검정장갑은 '블랙파워'의 위대함을, 오른손은 흑인의 힘을, 왼손은 흑인의 단합을 상징하는 것이었다. 이른바 '검정장갑 사건'이었다.

이 돌발사태에 많은 사람들이 당황했다. 국제올림픽위원회IOC와 미국 사

---

3) 에드워즈는 1967년에 『The Revolt of The Black Athlete』을 저술하고, 1980년 멕시코올림픽의 블랙파워 설루트를 주제로 『The Struggle that Must Be』이라는 자서전을 집필했다.

회가 발칵 뒤집혔다.[4] 정치적 태도를 금지한 올림픽헌장에 위배된다는 비판이 쏟아졌다. 정작 왜 그들이 그런 퍼포먼스를 해야 했으며, 그 행동의 의미가 무엇을 뜻하는지, 무엇을 반성해야 하는지는 뒷전이었다. 이 돌발행동에 가장 극적으로 그리고 의연하고 멋지게 대처한 것은 은메달리스트인 오스트레일리아의 피터 노먼Peter Norman(1942~2006)이었다.

인권운동에 발걸음을 보탠 영웅들

영문을 모르고 시상대에 올랐던 노먼은, 금세 상황을 파악하고 그들과 연대한다는 뜻으로 관중석에서 동그란 OPHR 배지를 얻어 가슴에 달고 다시 시상대에 올랐다.[5] 피터 노먼은 백인임에도 불구하고 두 흑인 선수들의 항의에

---

4) 당시 IOC위원장은 미국의 에이버리 브런디지Avery Brundage(1887~1975)였다. 그는 박애주의자였으나 IOC 위원장 때 내렸던 여러 결정으로 많은 비난을 받기도 했다. 1936년 베를린올림픽 때 미국올림픽위원회(USOC) 위원장이던 그는 당시 올림픽에서 유대계 독일인이 배제됐기에 보이콧해야 한다는 주장을 묵살했으며, 인종차별을 비판하며 흑인선수들이 올림픽 보이콧을 모의하자 매국노라고 거칠게 비판하며 몰아세웠다. 이후에도 그는 히틀러의 나치 체제를 옹호하는 발언으로 미국우선위원회America First Committee에서 제명되기도 했다. 브런디지는 1968년 멕시코올림픽 때 토미 스미스와 존 칼로스를 선수촌에서 추방하고, 출장정지 처분을 내렸으며 아파르트헤이트 정책을 이유로 로디지아Rhodesia 공화국이 올림픽에서 제외되는 것을 반대해 강한 반발을 샀다. 그는 정치와 분리된 올림픽 정신을 강조했지만, 그것을 방패로 국제기구로서 해야 할 마땅한 결정을 퇴행시켰다는 비난을 받았다.

5) 오스트레일리아의 여러 언론에서 노먼을 처벌하라는 요구가 있었으나, 감독 줄리어스 패칭Julius Patching(1917~2009)은 그 요구를 단호히 거부했다. 오스트레일리아 올림픽위원회는 2006년 세상을 뜬 노먼의 50년 전 용기 있는 행동을 기려 최고 영예인 공로훈장을 추서하면서 그가 평생 인권에 대한 믿음을 지켰다고 추모하며 그날의 용기 있는 행동을 결코 잊어서는 안 된다고 기렸다. 한편 오스트레일리아 올림픽위원회는 노먼에게 불이익을 줬다는 사실을 줄곧 부인해 왔지만, 2012년 오스트레일리아 정부는 1972 뮌헨올림픽 당시 노먼이 대표로 선발됐음에도 올림픽에 보내지 않았다고 공식적으로 사과했고, 의회도 노먼이 인종차별에 대한 국제적 관심을 부른 데 대해 언론과 경기단체로부터 배척을 당하는 등 너무 가혹한 처벌을 당했다며 사과했다. 그나마도 오스트레일리아 올림픽위원회의 사과는 2008년 그의 조카인 맷 노먼Matt Norman(1970~)이 〈SALUTE〉라는 다큐멘터리를 제작하면서 그의 일화가 사람들에게 다시 회자되자 비로소 사과한 것이었다.

멕시코올림픽에서 누가 메달을 많이 땄고 어느 나라가 가장 많은 금
메달을 획득했는지 기억하는 이들은 별로 없고 의미도 별로 없다. 그
러나 흑백차별에 대한 세 사람의 용기 있는 항의와 메시지를 기억하
는 사람들은 많다. 토미 스미스와 존 칼로스의 용기가 바로 1960년
대 정신이며, 피터 노먼 등의 연대와 동료의식이 진정한 올림픽정신
이었다.

동조해 같이 항의한 것이다.[6] 당시로서는 매우 파격적인 행동이었다.

금메달리스트 스미스는 우승하면 미국인이 되고 그렇지 못하면 '그냥 검둥이'가 되는 현실을 그냥 놔둘 수는 없다고 말했다. 그는 "우리가 죽더라도 역사는 남는다"며 자신들의 결정과 행동에 자부심을 나타냈다. 그러나 두 사람은 메달 박탈 위협을 당했고,[7] 선수촌에서도 쫓겨났으며, 곧바로 미국으로 돌려보내졌다.[8] 미국에 돌아와서도 그들이 직면한 것은 비난과 차별이었으며, 직업을 구할 수도 없었고, 심지어 살해위협에 시달려야만 했다.[9] 그러나 그들의 희생은 결코 가볍지 않았다.

자신도 흑인혼혈이며 여자 육상 100미터와 400미터 계주에서 모두 세계신기록으로 우승한 와이어미어 타이어스Wyomia Tyus(1945~)는 자신의 금메달을 그 두 사람에게 바친다고 발표했다. 그녀는 1964년 도쿄올림픽에 이어 멕시코올림픽에서 최초로 올림픽 100미터 2연패를 달성한 올림픽 영웅이었다.

또한 모든 멤버가 백인으로 구성된 미국 조정팀[10]은 "우리의 '동료'가 불공

---

6) 피터 노먼은 어릴 적부터 아버지와 함께 차별받는 유색인종 극빈자들을 위해서 무료급식을 실시하는 등 인권운동에 적극적이었다. 피터 노먼은 자신의 행동에 대한 자국 정부의 모욕적인 대우를 모두 감내했고, 스미스와 칼로스를 비난하면 복권시켜주겠다는 제의를 수차례나 받았으나 모두 거절했다. 피터 노먼이 과도한 문책을 받고 경원시 됐으며, 선수와 코치로 여러 팀을 전전하며 생활고에 시달리다 신념을 지킨 대가로 모두에게 잊힌 채 2006년 64세의 나이에 심장마비로 쓸쓸히 사망했을 때, 스미스와 칼로스가 오스트레일리아로 날아가 함께 그의 관을 들었던 장면은 많은 감동을 주었다.

7) 브런디지 위원장은 이들의 메달을 박탈해야 한다고 강력히 주장했지만 실현되지는 못했다.

8) 두 사람은 귀국하는 길에 공항에서 토마토 세례를 받아야 했고, 이후에도 백인들의 암살 협박에 시달리면서 오랫동안 어쩔 수 없이 은둔생활을 이어갈 수밖에 없었다.

9) 이후 미국에서 흑인 인권이 신장하면서 이 두 선수들은 인종차별에 반대한 용기 있는 행위를 한 선각자로 평가받게 됐으며, 2005년 캘리포니아대학 산호세캠퍼스에 이 두 사람의 동상이 세워졌는데 2위 자리가 비어있다. 이는 피터 노먼 본인의 요청에 의한 것으로, 자신은 전혀 중요한 사람이 아니며 동상을 본 사람이 그 자리에 서서 자신이 무엇을 할 수 있는지 생각할 기회를 가졌으면 한다는 노먼의 바람을 담은 것이라고 한다. 학생회는 "두 사람의 행동을 세상에 밝히고 알려야 한다"고 제막의 목적을 밝혔다.

10) 당시 미국 조정 팀은 전원이 백인인 하버드대학교 팀이 주축을 이루고 있었다.

정과 불평등을 알리기 위해 한 행동에 지지를 표한다"는 성명을 발표함으로써 연대에 동참했다.

인종차별은 이제 더 이상 미국만의 국내 문제가 아니었다. 이미 프랑스 68 혁명에서도 모든 불평등과 차별을 없애야 한다는 선언이 터져 나왔고 많은 이들이 이 문제에 주목하던 차에 멕시코올림픽에서의 '블랙파워 설루트'는 빠르고 강력하게 인종차별의 문제를 부각했다.

일단 밖으로 표출되기 시작한 용암은 더 이상 땅속에 가둘 수 없었다. 1968년 멕시코올림픽에서 미국의 흑인선수들이 보여준 블랙파워 표현은 미국이 왜 인종차별을 부끄러워해야 하는지를 전 세계에 보여준 위대한 퍼포먼스였다.

1·21사태와 동백림사건

남북 긴장이 도운
독재자의 장기집권 음모

대한민국의 헌법은 시작부터 농락과 유린의 역사였다. 초대 대통령이란 자는 제헌의회에서 제정한 헌법을 제 입맛에 맞춰 사사오입이라는 해괴한 짓으로 망가뜨렸다가 끝내 그 자리에서 끌려 내려와야 했고, 군사 쿠데타로 민주주의 정부를 전복한 자는 자신의 정권 연장을 위해 또다시 같은 짓을 반복함으로써 헌법의 준엄하고 숭고한 가치를 짓이겼다.

남한에 단독이나마 민주주의 정부를 수립하는 데에 공헌한 점을 인정한다 하더라도 이승만은 역사에 지은 죄가 더 크다. 절대빈곤에서 탈출할 수 있는 경제로 발전시키는 데에 공헌한 점이 박정희의 공이라 하더라도 그가 헌법을 유린하고 '내가 벌인 걸 내가 마무리 하겠다'라거나 '나 아니면 안 된다'라는 독선으로 정권을 연장한 것은 결코 씻을 수 없는 허물이다. 특히 1972년 유신헌법으로 '10월 유신'이라는 친위쿠데타로 종신집권을 획책하고 민주주의를 유린한 것은 더더욱 큰 허물이다.

공과 허물에 대한 냉정한 평가로 아직도 갑론을박하는 것은 진영의 차이나 그들의 공과의 무게에 대한 미묘한 평가 기준의 문제를 떠나 민주주의의 본질이 무엇인가에 대한 성찰이 결핍됐기 때문이다.

1968년 1월 20일 오후 10시경 대한민국의 수도 서울 중심의 북쪽 관문에서 갑자기 엄청난 폭음이 들렸다. 기관단총을 난사하는 소리와 수류탄 폭발음이 연이어 터졌다. 자하문고개 초소에서 벌어진 일이었다. 북한의 124부대[1] 소속으로 게릴라전 특수훈련을 받은 북한군 무장공비 31명이 야간을 이용해 대한민국 국군 복장으로 군사분계선을 넘어 세검정을 거쳐 자하문고개 초소에 다다랐다. 초소 검문이 이어지자 이에 불응하면서 검문 경찰에게 기관단총을 쏘고 수류탄을 던졌다. 그들은 심지어 지나가던 버스에도 수류탄을 던졌다.[2] 이날 밤 현장을 지휘하던 종로경찰서장 최규식崔圭植(1932~1968) 총경과 제1보병사단 15연대장 이익수李益秀(1923~1968) 대령 등이 교전 중 사망했으며, 민간인 5명도 살해됐다.

자하문고개 초소는 청와대 바로 뒤에 있는 중요한 요충지였다. 그들은 대한민국 대통령 박정희를 살해하기 위해 남파된 살인병기들이었다. 만약 자하문고개 초소에서 검문이 없었거나, 정체가 드러나지 않고 통과했더라면 대한민국의 대통령이 생활하고 집무하는 청와대가 습격을 받아 끔찍한 일이 발생했을 것이었다.

서울시민뿐 아니라 모든 국민이 큰 충격에 빠졌다. 이들을 잡기 위해 비상경계태세가 내려져 군경합동 소탕작전 끝에 29명이 사살되고, 1명은 북으로 도주했으며, 1명은 생포됐다. 생포된 한 명이 바로 김신조金新朝(현재는 '김재현'으로 개명, 1942~)였다. 이 과정에서 민간인 포함 30명이 사망하고 52명이 부상당했다. 이 사건이 바로 '1·21사태'였다.

---

1) 북한 민족보위성현 국방성 정찰국 소속 특수부대.

2) 시내버스 2대가 길을 따라 올라오는 것을 보자 이를 군의 지원 병력으로 오인한 무장공비들은 경찰 병력에게 총기를 난사하고 버스에 수류탄을 던진 뒤 사방으로 흩어져 달아났다.

김신조의 1·21사태의 여파

북한은 왜 이런 무모한 짓을 자행했을까? 베트남전쟁이 심화하면서 미국 단독으로 감당하기 힘들게 되자 우방국들에 참전을 요청했다. 존슨 대통령이 직접 대한민국을 방문해 대한민국의 베트남 파병과 참전을 요청했다. 그에 대한 경제적 대가는 거부하기 어려운 막대한 것이었고, 대한민국 군대의 현대화 지원이라는 당근도 매력적이긴 했으나, 만약 거부하면 주한미군을 빼내 베트남에 보낼 수도 있다는 암묵적 압력도 무시할 수 없었다.

'휴전' 상태에서 남의 나라 전쟁에 참전한다는 건 위험했다. 군부 내에서도 난색을 표하는 편이 많았다. 그러나 미국의 파병 요청을 무시하거나 거부하는 건 어려웠다. 그래서 자유민주주의 진영의 사수와 실전 능력 향상 등의 명분을 내세워 참전하기로 했다. 1965년 8월 국회에서 제3차 파병 동의안이 가결됨에 따라 처음으로 전투부대를 파병한[3] 이후 평균 5만 명의 병력을 유지했다.[4] 해병대청룡부대까지 포함됐으니 한국군의 중요한 전투 자원이 그만큼 줄어든 셈이었다.

북한으로서는 남한의 전력이 약해진 기회를 놓칠 수 없었다. 끊임없이 비무장지대에서 도발했고, 어선을 납치하는 일이 다반사였다. 북한은 계속된 도발로 대한민국을 흔든 뒤, 정예요원을 남파해 청와대, 미국대사관, 육군본부, 교도소 등을 습격하면 지휘통솔 능력을 상실하게 되니 남한을 쉽게 점령할 수

---

3) 1964년 9월 12일 제1이동외과병원 및 태권도 교관단으로 구성된 제1차 파병단이 사이공에 도착한 이후, 1965년 3월에 건설지원단인 비둘기부대가 파병됐고, 10월에는 제2해병여단 즉 청룡부대가, 11월에는 수도사단 즉 맹호부대 본대가 파병됐다. 1966년 10월에는 브라운각서 조인에 따라 제9사단 즉 백마부대가 추가 파병됐다. 브라운각서는 1966년 3월 7일에 주한미국대사 브라운Winthrop Brown(1907~1987)과 대한민국 외무장관 이동원李東元(1926~2006) 간에 체결한 각서로, 대한민국의 베트남 추가 파병과 한국군 현대화와 대한민국 경제발전에 대한 미국의 지원 등 16개 항으로 구성됐다.

4) 누적 파병 총인원은 약 32만 명으로, 최종 피해는 전사자 5,099명, 부상자 11,232명, 고엽제 피해자 159,132명으로 나타났다.

있으리라 여겼다.

1·21사태로 발칵 뒤집힌 대한민국 정부는 향토예비군을 창설하고 육군 제3사관학교와 전투경찰대를 신설했다. 그리고 684부대를 창설했다.[5] 고등학교와 대학교에는 '교련'이란 이름의 정규과목으로 군사훈련 수업을 개설했다. 또한 이 일을 계기로 주민등록번호가 탄생했다.[6] 청와대를 보호하기 위해 인왕산·백악산북악산·청와대 앞길 등에서 일반인 통행이 금지되고, 북한산과 도봉산 사이의 우이령에 민간인 출입이 금지된 것도 이 사건의 여파였다.

한편 북한은 1월 23일 원산 앞바다에서 미군 정보수집함 푸에블로Pueblo호를 나포했다. 미군 정보수집함의 납치는 미국에도 충격을 주었다. 기존의 모든 정보 체제를 송두리째 바꿔야 하기에 곤혹스러웠음에도 북한의 도발에 즉각적으로 대응하지 못하는 난감한 처지였다. 미국으로서는 베트남 문제만으로도 골치가 아픈 상황에서 이러지도 저러지도 못하고 애만 태웠다.

부정선거와 무장공비의 도발

1·21사태는 대통령 박정희에게 큰 충격을 주었다. 그러나 동시에 그에게는 기회였다. 그는 국면을 준準전시상황으로 바꾸면서 국가안보 우선주의를 강조했다. 특히 박정희는 미국이 푸에블로호 사건에만 적극적으로 반응하면서, 정작 청와대 습격사건인 1·21사태에는 소극적이었다는 사실에 분노했다. 미국 측에서 혹시 이것을 빌미로 북한의 도발이 군사 행동으로 이어질까 계속 감시하며 통제하려 하자 박정희는 처음으로 미국에 작전권 환수를 요청했다. 한국

---

5) 684부대는 1·21사태에 대한 복수를 위해 중앙정보부가 만든 부대였으나 계획이 취소돼 무관심 속에 부대와 부대원들이 방치됐다. 1971년 '실미도사건'은 고된 훈련을 받고 이렇게 방치돼 박탈감과 배신감에 분노한 부대원들이 저항한 사건이었다.

6) 1968년 5월 주민등록법을 개정해 기존의 신분증명서인 도민증 대신 전 국민에게 새로운 식별번호를 부여했다. 주민등록과 번호의 본래 목적은 간첩 식별을 위한 것으로 처음에는 12자리였다가 1975년 지금의 13자리로 바뀌었다.

군 단독으로 작전을 통제할 필요를 절실히 깨달았기 때문이었다. 그러면서 그는 이런 상황을 자신의 정치적 야욕 실현에 최대한 이용했다.

1967년 5월의 대통령선거에서 공화당의 박정희 후보가 신민당의 윤보선 후보를 누르고 당선됐다. 이 선거는 특히 지역감정을 악용한 대표적 사례이자 시발점이 됐다. 수도권·충남·호남은 윤보선을, 강원·충북·영남·제주는 박정희를 일방적으로 지지했다. 결국 수적으로 우세한 이것을 '계산해' 지역감정을 유발하는 선거전략을 노골적으로 실행했다 영남권의 몰표가 박정희의 당선을 도운 셈이었다.

이어 치른 총선거에서 여당인 공화당은 관권과 금권을 총동원한 부정선거로 개헌선을 넘는 의석을 확보했다. 여당이 부정선거를 불사했던 것은 꿍꿍이가 있었기 때문이었다. 즉 두 번만 허용되는 대통령의 중임 제한을 철폐하고, 박정희의 연이은 집권을 가능하게 하기 위해서는 헌법을 고쳐야만 했기 때문이다. 이승만이 그랬던 것처럼 박정희도 '3선 개헌'의 유혹에 빠졌다. 야당·대학·시민사회단체 등에서 거센 반발이 일었다.

이런 상황에서 무장공비가, 그것도 대담하게 대통령을 직접 살해하기 위해서 남파됐고, 청와대 뒤통수까지 내려왔다는 것은 충격적이었다. 그리고 그 사건은 집권을 연장할 수 있는 발판으로 사용하기에 적격이었다. 게다가 이 사건의 충격이 채 사위기도 전에 동해안에 침투한 무장공비의 출현[7]은 대통령을 중심으로 최우선적으로 안보에 힘써야 한다는 여론을 형성하기에 적절했다.

동백림사건, 정치공작과 3선 개헌

이미 중앙정보부는 1·21사태 한 해 전인 1967년 7월 온갖 무리수를 동원해

---

7) 1968년 10월 30일부터 11월 2일까지 3차례에 걸쳐 무장공비 120명이 울진·삼척 지역에 침투해 12월 28일 대한민국 국군에 소탕되기까지 약 2개월간 게릴라전을 벌인 사건이다. 울진·삼척무장공비침투사건은 한국전쟁 휴전 이후 최대 규모의 도발이었다.

'동백림사건동베를린사건'[8]을 기획해, 국내외로 큰 파문을 일으키며 당시 거세게 일었던 부정선거 규탄시위를 일거에 냉각시켰다. 그것을 바탕으로 지속적인 경제 발전을 위해서는 불가피하게 박정희 정권이 지속돼야 한다는 여론을 형성했다.

그러나 3선 개헌 시도는 여당인 공화당 내에서도 반발을 일으켰다. 헌법을 무시하고 강제로 뜯어고치는 것은 설득력이 없었다. 게다가 독립하고 헌법이 만들어진 지 겨우 20여 년밖에 되지 않은 것을 마음대로 수정하는 건 심각한 문제였으며, 이미 이승만 정권이 그것 때문에 몰락한 것을 경험한 터라 이런 반발은 결코 가볍게 묵살할 수 있는 것이 아니었다.

그러나 박정희와 그 추종 세력들은 조금도 주저하지 않았다. 김종필을 중심으로 한 공화당 내 개헌반대파를 제명하거나 협박·회유 등의 숙당肅黨 작업을 통해 가볍게 제거하고, 개헌에 매달렸다.[9]

1969년 7월 야당과 재야 세력이 합세해 '3선 개헌 반대 범국민투쟁위원회'를 구성해 전국 각지에서 3선 개헌 반대 시위를 주도했다. 그러나 어떤 반대에도 정부와 여당은 끄떡하지 않았다.

---

8) 1967년 중앙정보부는 "문화예술계의 윤이상尹伊桑[1917~1995], 이응로李應魯[1904~1989], 학계의 황성모黃性模[1926~1992], 임석진林錫珍[1932~2018] 등 194명이 대남 적화공작을 벌이다 적발됐다"고 발표했다. 이들이 1958년부터 동베를린東伯林소재 북한대사관을 왕래하며 이적 활동했으며, 일부는 간첩 활동을 해왔다는 것이었다. 고문·조작·납치 등으로 1969년까지 끌었고 그해 재판에서 사형 2명을 포함한 실형 15명, 집행유예 15명, 선고유예 1명, 형 면제 3명을 선고했으나, 최종심에서 간첩죄가 인정된 사람은 한 사람도 없었다. 유학생·해외교민·예술가 등을 자국에서 강제로 납치·연행·고문한 것에 대해 서독과 프랑스가 강력히 항의했고, 결국 1970년에 모두 석방했으나 국제사회에서 국가 신인도가 추락하고 윤이상, 이응로 등을 위한 국제사회의 탄원운동 등으로 대한민국은 인권후진국으로 낙인찍혔다.

9) 당시 중앙정보부장이던 김형욱金炯旭[1925~1979]은 야당 의원을 협박·회유해 변절시키고, 공화당 내 반대파 의원들을 이른바 국민복지회사건을 공작해 제거하거나 협박·회유해서 개헌반대를 포기하게 만듦으로써 3선 개헌에 가장 큰 공을 세웠다. 공화당 내 반대파 의원들이 개헌안 통과 이후, 김형욱을 정보부장에서 해임해야 한다는 조건으로 동의한 경우도 있었고 박정희도 그의 위력을 부담스러워했기 때문에 김형욱을 해임했다. 이에 앙심을 품은 김형욱은 나중에 미국으로 망명해서 죽을 때까지 박정희 정부를 곤혹스럽게 만들었다.

결국 1969년 9월 14일 새벽 국회에서 농성 중인 야당 몰래 공화당 의원들끼리 국회 제3별관에 모여 날치기로 개헌안을 통과시켰다. 얼마나 급했는지 의사봉도 마련하지 못해 주전자 뚜껑을 내리치며 가결을 선언할 정도였다. 이에 경악하고 분노한 야당은 원외투쟁에 나서 정권 타도를 외쳤고, 대학생뿐 아니라 고등학생들까지 규탄시위를 벌였으며, 미국과 일본에서는 교포들과 유학생들의 반대시위도 이어졌다. 그러나 박정희 정권은 대학에 휴교령을 내리고 경찰을 투입해 압박의 끈을 더 조였다.

　　결국 10월 17일 국민투표가 실시됐고 65.1퍼센트 찬성으로 3선 개헌안이 최종 통과됐다. 박정희의 장기집권의 막이 올랐다. 그가 과연 3선에 만족할지조차 의심하는 사람들이 많았지만, 아직은 그런 의심에 동조하는 것이 대세는 아니었다. 그러나 이미 그의 마음속에는 종신집권의 꿈이 모락모락 피어나고 있었다.

메데인 남미주교회의와 해방신학

하늘의 영광을 위해
땅 위의 평화를 외치다

'해방신학'이라는 낱말만 들어도 날을 세우며 경계심 가득한 시선으로 바라보는 일들이 여전하다. 일본제국주의의 사슬에서 벗어나 '해방'의 기쁨을 맛보았으면서 왜 그 용어를 신학에 사용하면 경기를 일으킬까? 일부 과격한 면과 마르크스주의적 측면이 있는 건 사실이지만, 왜 그 이론이 나왔는지, 핵심적 메시지가 무엇인지를 묻고 따질 생각조차 하지 않는다.

대드니 불온하고 과격하고, 부당하게 소유한 것을 버리라고 하니 고까운 거다. 사회적 모순과 부조리를 어떻게 종교적으로 고민하고 성찰하며 행동할 것인지 따지는 것이 복음의 해석임을 스스로 외면하는 것이다.

주교들은 고위성직자인데 남미에서 그들이 모여 이 문제에 대해 의제를 생산했다는 건 자신들의 모든 기득권과 교회 내에서의 위상을 포기하겠다는 뜻이었다. 그렇게 함으로써 자기희생의 표상이 된 것이었다. 이제는 그 위세가 사위었다고 안심할 게 아니라 정말 해방신학이 낡고 시대착오적이라서 버리는 게 마땅한 것인지, 해방신학이 비판한 사회적 모순과 불의는 과연 사라졌는지를 냉철하게 성찰해야 한다.

스콧 니어링은 1922년 2월 뉴욕의 렉싱턴 오페라하우스에서 토론회에 참여했는데 뉴욕의 파크애비뉴에서 사목하는 존 헤인즈 홈즈John Haynes Holmes (1879-1964) 목사가 소개한 재미있는 일화를 한 사례로 들었다. 자기 교인 가운데 한 사람이 유산 처분 문제를 상의하기 위해 변호사를 찾아가 유산의 일부를 진보적인 학교에 기증하고 싶다고 했다. 변호사는 그렇게 하겠다고 약속했다. 그 다음에 진보적인 신문과 고아들을 위한 진보적인 단체에 기증하고 싶다고 말했다. 변호사는 또 그렇게 하겠다고 약속했다. 마지막으로 진보적인 교회에도 돈을 좀 보내고 싶다고 하자 변호사가 말했다. "진보적인 교회라고요? 그런 교회는 이 세상에 없습니다!" 그 변호사가 훗날 메데인주교회의를 목격했다면 그렇게 단호하게 대답하지는 못했을 것이다.

1967년, 그러니까 제2차 바티칸공의회 헌장이 반포된 2년 후 교황 바오로 6세는 〈민족들의 발전 촉진에 관한 회칙Populorum Progressio〉을 발표하면서 탐욕은 가장 뻔뻔스러운 비도덕적 행위임을 비판하며 제3세계의 인간발전을 촉구했다. 이 회칙에서 교황은 자본주의의 문제점들을 비판하고 부유한 국가와 빈곤한 국가 사이의 갈등을 지적했다. 이 회칙에 가장 열렬하게 반응한 것이 남미의 주교들이었다. 그것은 그만큼 남미에서 빈부의 격차가 심하고 그로 인한 갈등의 사회적 문제가 일상이었기 때문이었다.

이미 브라질의 에우데르 카마라Dom Helder Pessoa Camara(1909~1999) 대주교[1]가 공의회 전 회의에 4차례 참석하면서 특별히 이 문제에 대해 헌신했기 때문에, 그리고 남미에서 교황이 지적한 문제가 너무나 심각한 상황이었기에 이들의 뜨거운 반응은 예상된 일이기도 했다. 특히 남미주교회의CELAM가 그다음 해인

---

1) Dom은 이름이 아니라, 고위 성직자나 귀족에게 붙이는 경칭이다.

1968년 콜롬비아 메데인Medellin에서 제2차 총회를 준비하고 있었기에 교황의 회칙은 이들에게 중요한 좌표로 여겨졌다.

메데인 남미주교회의

남미는 오랫동안 가톨릭교회가 막강한 영향력을 행사해온 대륙이었다. 스페인과 포르투갈은 남미를 침략해서 자신의 식민지로 삼으면서 약탈과 착취를 통해 부를 축적했다. 이후 공식적으로는 모든 남미 국가들이 두 나라로부터 독립했지만, 여전히 거의 모든 권력과 부는 유럽계 후손들 손에 쥐어져 있었다. 상당수의 교회와 대다수의 고위성직자들은 이런 지배계급과 밀착해 자신의 권리를 사회적으로뿐 아니라 종교적으로도 서로 후원하고 심지어 유착하는 일도 흔했다.

스페인과 포르투갈은 선교를 빙자하여 침략을 합리화했다. 상징적으로 말하자면 그들은 원주민들에게 성서를 주고그것도 강제적으로 대신 땅을 **빼앗았다**. 그게 남미와 교회의 '노골적이면서 은밀한' 역사고 현재였다.

그러나 많은 사제들과 여러 교회는 남미의 가난과 사회적 불평등으로 고통받고 있는 이들에게 집중했다. 그 대표적인 인물이 바로 카마라 대주교였다. 그는 "내가 가난한 이들에게 먹을 것을 주면 그들은 나를 성자라고 부른다. 그러나 내가 왜 가난한 이들이 굶주리는지 물으면, 그들은 나를 공산주의자라고 부른다"라고 말하며 사회구조적 모순에 대해 날카롭게 비판했다.

메데인에서 열린 남미주교회의는 가난한 사람들에 대한 우선적 선택과 연대를 강조하고 교회의 현실 참여에 새로운 계기를 마련했다. 이 주교회의가 제2차 바티칸공의회의 영향을 크게 받았다는 걸 부인하는 사람들은 없었다.

실제로 공의회를 완성한 교황 바오로 6세는 직접 메데인까지 비행기를 타고 날아왔다. 그는 역사상 남미를 방문한 첫 번째 교황이 됐다. 교황의 남미 방문은 남미가 더 이상 유럽의 호주머니도 변방도 아니라는 걸 상징했다. 그는 직접 "우리는 가난하고 굶주린 민중의 그리스도를 구현하고자 한다"고 밝히며

주교들을 격려했다.

주교들은 주교회의장 창밖으로 보이는 가난한 사람들의 참상을 직접 목격했다. 메데인에 모인 주교들은 남미에 군사독재가 득세하면서 민중들에게 비참한 삶을 강요하는 현실에서 시대의 징표 속에 드러나는 신의 뜻을 받들었다.

메데인문헌의 의미

남미의 주교들은 〈메데인문헌Medellin Documents〉에서 민중이 제도화된 폭력에 억압당하고 있다는 사실을 분명하게 천명했다. 주교들은 그런 구조는 공정한 분배는 외면하고 무한한 이윤을 추구하는 구조이기 때문에 경제적 독재와 국제적 통화제국주의를 생산한다고 비판했다.

주교들이 특별히 지적한 것은 '개발독재'의 문제점이었다. 주교들은 사회복지는 외면하고 경제발전에만 치중하는 '제도화된 착취'가 고착화하는 현실을 개탄했다. 그들은 남미에 널리 퍼진 개발독재가 대중의 정치 참여를 제한하는 불의와 부조리를 낳고 그런 부조리 때문에 평화가 없다면서 그런 탐욕에서는 정의도 사랑도, 하느님도 배척된다고 비판했다.

제2차 바티칸공의회가 선언적으로 '혁신Aggiornamento'을 천명했다면, 메데인 주교회의는 '해방과 참여'[2]로 화답하며 구체적으로 대안을 모색하기 시작한 것이었다. 그리고 주교들은 교육 기회의 비대칭성, 즉 높은 문맹률이 소수 엘리트가 지배하는 남미 정부를 옹호하는 데에 악용되고 있기 때문에 개혁과 실천의 바탕에는 우선적으로 '해방하는 교육'이 있어야 한다고 밝혔다.[3]

---

2) 보수우파는 '해방'이라는 용어에 과민하게 반응했다. '프롤레타리아 해방'처럼 공산주의 용어를 대놓고 언급하는 것 자체가 친 공산주의자의 속셈을 드러낸 것이라고 거세게 비판했다. 그것은 '해방신학'에 대한 알레르기적 반응에 고스란히 이어졌다.

3) 메데인주교회의가 파울루 프레이리Paulo Freire(1921~1997)의 영향을 받아 '해방하는 교육'에 주목한 건 남미의 문맹률이 높아 소수 엘리트 카르텔의 지배가 만연했다고 판단했기 때문이었다. 민중이 교육받지 못하면 민주정치에 참여할 희망을 품을 수 없었기에 특별히 교육을 강조한 것이다. 교육이 있어

남미의 지배 세력들은 자신들의 기득권을 유지하기 위해서는 대중을 암흑 속에 내버려 두는 것이 낫다고 여겼다. '가르치면 대든다'는 생각이 그들의 뇌 속에 깊이 박혀 있었다. 그래서 언제나 공중보건과 교육은 예산 순위에서 최하위에 머물렀고 억압과 통제의 수단인 군대와 경찰에는 가장 막대한 예산을 편성했다.

거기에 교회도 가담했다. 교회는 가난한 사람들을 돌보는 대신 권력자들을 옹호하고 그들을 보호하는 데에 앞장섰다. 교회는 많은 가톨릭 학교를 운영했지만, 부유한 상류층 자녀들을 선호했고 남미의 여러 국가들에서 예수회가 운영하는 이른바 명문대학들은 부유한 사람들의 몫이었다.

메데인회의에 참석한 주교들이 '의식화 교육'[4]을 지지한 것은 바로 이런 상황에 대한 인식의 결과였다. 사람들은 일단 자신들이 궁핍한 이유를 제대로 알게 되면 바로 행동하기 시작한다. 주교들은 거기에 주목했고 극우세력은 그것을 트집 잡아 비판했다.

메데인주교회의가 국가권력과 부유층에서 벗어나 분명하게 '가난한 이들'을 선택한 것은 당연하지만 대담한 일이었다. 〈메데인문헌〉에서 주교들은 교회와 사제가 부자로 보이는 것은 부자와 결탁했기 때문이라고 스스로 비판했다. 그러면서 가난한 사람들은 삶에 필수적인 것들마저 절대적으로 부족해서 불안하고 힘겨운 삶과 싸우고 있음을 직시하고 '구조악'의 결과인 가난을 극복하기 위해서는 가난한 이들과 '우선적으로 연대'할 것을 천명했다.

메데인주교회의에서 주목해야 할 특이한 점은 사제들을 주교에게 복종시

야 '해방'과 '참여'가 비로소 가능하다는 선언이었다.

4) 보수우파 세력이 이들 주교들을 마르크스주의자들이라고 공공연히 비난한 가장 큰 핑계 가운데 하나가 바로 이 '의식화 교육'이었다. 그러나 프란치스코 교황은 2014년 6월 이탈리아 신문 《Il Messaggero일 메사제로》와의 인터뷰에서 "공산주의자들이 우리의 깃발을 훔쳐 간 셈입니다. 가난한 이들의 깃발이 바로 그리스도인이기 때문입니다. 복음의 중심에 가난이 있습니다"라고 단호하게 대답했다. 현대에도 프란치스코 교황을 불편하게 여기는 사람들의 생각은 1960년대 남미교회를 바라보던 시선과 크게 다르지 않다.

키는 여러 가지 교회법적 전통의 폐지를 주장했다는 점이었다.[5] 그런 주장의 배경에는 고위성직자인 상당수의 주교들이 권력자와 결탁해 기득권 옹호에 앞장설 때 '순명'의 의무[6]를 악용하는 경우가 많았기 때문이다.

남미주교회의가 가난과 사회적 불평등 때문에 고통 받는 이들에게 집중한 것은 시대정신을 명확히 읽어냈기 때문이었다. 그것은 당시 남미의 상황에서 꼭 필요한 일이었다. 이미 지난 제2차 바티칸공의회에서 비非유럽권 주교들이 대거 참석해 마지막 회기 동안 교회가 더 이상 서구교회의 독점으로 간주해서는 안 될 뿐 아니라 교회가 전통적 견해로부터 벗어나 세상의 흐름을 읽어내야 하는 '젊은 교회'로 나아가야 한다고 천명한 것도 남미주교회의에 큰 영향을 끼쳤다.

해방신학의 시작

메데인주교회의와는 별도로, 그러나 직간접적인 영향을 받아 새로운 신학이 정립되기 시작했다. 바로 해방신학이었다. '해방신학Liberation Theology'은 1960년대 후반 남미의 가톨릭 신학자들을 중심으로[7] 연구한, 그리스도교 신학 운동이 정의롭지 못한 정치·경제·사회적 조건과 상황으로부터의 해방으로 이해하고, 그것을 실천하는 방향으로 나아가야 한다는 진보적인 신학운동이었다. 해방신학의 교리를 한마디로 압축하면, 교회의 사회참여를 강조한 것이

---

5) 이 때문에 남미에서 1960년대 말에 많은 사제와 수녀들이 다른 대륙의 성직자들보다 많이 서약을 깨고 결혼했으며, 심지어 좌익 단체를 구성하고 사회주의 정부를 공공연히 지지하는 사제들이 속출했다.

6) 사제와 수도자들은 서품과 종신서원 때 '청빈·독신·순명'을 서약한다. 그러나 남미교회에서 '순명'을 악용하는 경우가 많아 비판을 받았다. 이런 악용에 대해 진보적 사제들은 보수적 주교들의 사임을 요구했고, 반체제적인 사제들은 보수적인 볼리비아 주재 교황대사의 퇴거를 요구하기까지 했다. 이런 '소란' 때문에 1972년 이후 많은 주교들이 메데인문헌의 정신에서 황급하게 뒷걸음질쳤다.

7) 이후에는 진보적인 개신교 신학자들이 참여함으로써 초교파적인 운동으로 확장됐다.

다. 메데인주교회의에서 제3세계가 희생한 대가로 산업화한 국가들이 부유해지고 있음을 역설한 〈메데인문헌〉을 발표함으로써 이를 공론화한 것은 필연적으로 해방신학이라는 새로운 신학적·철학적 토대를 마련했다.

페루의 신학자이며 도미니크수도회 사제인 구스타보 구티에레스Gustavo Gutierrez[1927~]의 『해방신학』[1971]이 바로 그 결실이며 모범적 토대였다. 뒤를 이어 브라질의 레오나르도 보프Leonardo Boff[1938~], 엘살바도르의 혼 소브리노Jon Sobrino[1938~], 그리고 브라질의 한국계 학자인 성정모成定模[Jung Mo Sung, 1957~] 등도 지속적으로 해방신학에 대한 연구를 이어갔다.

해방신학은 단순히 남미 각국의 국내적 모순과 부조리만 비판한 것이 아니라 선진국에 대한 후진국의 종속화와 그로 인해 발생하는 빈부 격차의 근본적 원인을 제거하기 위해 선진국들이 도덕의 회복과 복음적 반성을 통해 그 모순과 부조리를 극복하도록 도와야 하는 것이 마땅하다고 지적했다. 또한 인종과 성의 차별을 철폐하고 인간성을 억압하는 구조악과 사회적 모순에서 해방될 수 있기 위해서는 적극적으로 정치에 개입하거나 참여해야 한다고 주장했다.

이들 가운데 더 이상 외곽에 스스로를 가두지 않고 직접 정치에 뛰어들거나 더 나아가 필요하다면 계급투쟁도 불사해야 한다는 급진적 측면까지 밀어붙이는 세력도 등장했다. 혁명의 정당성을 위해 폭력의 사용도 무방하다는 과격한 주장은 기존의 종교관을 송두리째 흔들 만큼의 충격을 주기도 했다.[8]

---

8) 이런 급진적 입장을 고수한 일부 사제들은 직접 게릴라로 활동하기도 함으로써 충격을 주었고, 결국 해방신학에 대한 비판과 제약을 초래했다. 실천적 해방신학의 상징적 존재였고 가톨릭 신앙과 마르크시즘 이념의 접점을 모색했던, 콜롬비아의 카밀로 레스트레포Camilo Restrepo[1929~1966] 신부는 게릴라에 참가해서 전사했다. 또한 니카라과의 에르네스토 카르데날Ernesto Cardenal Martinez[1925~2020] 신부를 비롯한 몇몇 사제들은 마르크스주의를 지지했으며, 에르네스토의 동생인 페르난도 카르데날Fernando Cardenal[1934~2016] 신부는 산디니스타 민족해방전선FSLN 동지로서 소모사Anastasio Somoza Debayle[1925~1980] 독재정부를 무너뜨리고 오르테가Daniel Ortega[1945~] 정부에서 형제 신부가 문화부장관과 교육부장관을 각각 지내며 혁명 공약 이행에 헌신했다. 당시 교황 요한 바오로 2세Johannes Paulus II [1920~2005, 재위 1978~2005]가 사제가 무슨 정치냐고 힐난하자 사제라서 현실에 등 돌릴 수 없다고 맞섰고, 결국 두 형제 사제들은 1984년 성직에서 함께 쫓겨났다. 훗날 파라과이의 페르난도 루고Fernando

이들의 주장에 과격성이 있는 것은 부인할 수 없지만[9] 해방신학이 서구 신학자와 교계 지도자들로 하여금 제3세계가 안고 있는 문제들에 관심을 갖게 했으며 보수적인 서구 신학의 변화를 초래한 점은 획기적인 일이었다.[10]

해방신학이 남미를 중심으로 발달한 건 분명히 지역적 특수성이 크게 작용했다. 남미는 15세기 말 유럽인들의 침략 당시부터 19세기까지 오랫동안 스페인과 포르투갈의 식민통치를 받았고, 독립한 이후에도 그들에 뿌리를 둔 기득권자들과 결탁한 군사독재가 지속됐다. 남미에서는 고질적이고 심각한 수준의 빈부 격차와 사회적 불평등이 만연했다.[11] 부패와 부조리가 일상사였던 남미의 경제·사회적 불평등과 부조리를 더 이상 교회가 외면할 수 없었던 도덕적 반응의 결과가 해방신학으로 나타난 것은 일종의 역사적 필연이었다. 남미 인구 대다수가 가톨릭교도라는 점도 해방신학이 남미에서 발생하고 발전할 수 있는 배경이 되기도 했다. 그런 점에서 메데인주교회의가 던진 메시지는 결코 가볍게 넘길 것이 아니었다.

흔히 해방신학이 마르크스주의적 색채가 농후하다고 비판하고, 실제로

Lugo Mendez(1951-)는 파라과이에서 가장 가난한 지역인 산페드로 교구의 주교로 있으면서 빈민과 인디오의 권리를 옹호하고 토지개혁을 주장해 2008년 대통령이 되기도 했다.

9) 1984년과 1986년에 보수적인 입장을 취한 교황 요한 바오로 2세의 로마교황청은 해방신학과 마르크스주의 이데올로기 사이의 연관성을 우려하는 경고 문건을 발표했고, 이후 해방신학의 영향력이 급속히 줄었으며 교회 내에서 많은 제약을 받았다. 이런 입장은 해방신학의 배경과 현실에 대한 고려를 무시했거나 소수의 과격성에 대해 확대 해석하는 일반화의 오류를 범한 것이기도 했으며 여전히 유럽 중심의 사고방식에서 벗어나지 못했다는 비판을 받기도 했다.

10) 남미의 해방신학은 대한민국에서 민중신학운동에 큰 영향을 끼쳤다. 개신교에서는 1970년대에 서남동徐南同(1918-1984)과 안병무安炳茂(1922-1996) 등에 의해 진보 신학의 위상을 강화했으나, 이후 점차 세력이 위축되는 양상이다. 아이러니하게도 바티칸에서 반半공식적으로 비판과 제약을 받았던 해방신학이 한국가톨릭 일부에서는 '가톨릭정의평화연구소'를 중심으로 연구가 계속되고 있다.

11) 브라질의 경우 국민의 10퍼센트밖에 안 되는 특권층이 독일의 32배나 되는 넓은 토지를 차지하고 있고, 그 외의 많은 사람은 소작인도 아닌 노예로 전락해서 비참하게 살아가고 있었다.

상당수의 해방신학자와 사제들이 그런 성향을 보이기도 했다.[12] 해방신학을 그리스도교 구원의 신학으로 평가한, 아르헨티나 출신 에두아르도 피로니오Eduardo Pironio(1920~1998) 추기경과 브라질 주교회의를 설립한 카마라 대주교는 비폭력과 평화를 강조하며 군사정권의 반동성을 비판함으로써 민주주의와 인간성 회복이라는 복음적 가치를 강조하고 실천했다. 해방신학을 비판하는 사람들이 정작 왜 해방신학이 출현했는지에 대해서는 의도적으로 외면하는 건 자기모순적인 태도라는 비판에서 벗어날 수 없었다.

메데인주교회의와 해방신학은 분명 제2차 바티칸공의회의 영향을 크게 받은 것이었지만, 더 넓게 보면 1960년대가 감당해야 했던 시대상황에 대한 분명한 종교적 성찰이었다. 기존의 보수주의적 태도에 갇히지 않는 이들의 입장이 일부 과격한 행동과 이념성 때문에 비난과 비판을 받았지만 해방신학이 던진 메시지는 1960년대 정신을 상징하는 것임은 분명했다.

---

12) 1980년 열렬한 반공주의자 요한 바오로 2세는 브라질의 엘데르 카마라 대주교를 은퇴하게 하고, 보수적인 대주교로 교체했다. 새로 임명받은 대주교는 진보 성향의 신학교를 폐교하고, 해방신학 성격의 신학교 교수 해고로 해방신학을 탄압했다. 이에 대한 저항으로 레오나르도 보프 신부는 성령은 차별을 허무는 평등의 영이라고 주장해 로마가톨릭교회의 교권주의를 비판하다 면직됐다.

일본좌파 전공투, 신좌익, 적군파

폭력만을 내세운 혁명, 좌파의 몰락을 가져오다

극단은 서로 통한다는 게 가끔은 맞는 듯하다. 일본의 극우와 극좌의 사고구조는 래디컬 내셔널리즘Radical Nationalism으로 상통한다.

모든 학생 혁명은 실패한다. 그건 필연이다. 권력에 대한 야욕이 없거나 정치 경험이 없는 상태에서 권력을 쥘 수 없기 때문이다. 그럼에도 불구하고 궁극적으로는 성공하는 까닭은 자기희생과 대의에 대한 신념이 미래를 바꾸고, 사람들이 그 가치를 공유하고 인정하기 때문이다. 단순히 액션-리액션의 반복이 아니어야 한다.

일본 좌파의 실패는 군국주의 우파의 유산을 청산하지 못한 기존 체제의 한계 때문이기도 했지만, 자기 시대의 본질을 명확하게 인식하고 미래의제를 제시할 수 있는 생산력을 갖지 못한 채 자기존재감에 대한 조급함만 있었기 때문이다. 늙은 구렁이들이 포진해 있는 정치구조에서 낡은 물을 퍼내는 정치적 역량을 키우지 못한 업보이다. 극단적 폭력성으로 과격함을 드러내면 항상 자멸하게 되는 걸 일본의 극좌파들이 보여준 셈이다.

1960년대의 시대정신이 일본에 스며들지 못한 건 안정과 번영만 누릴 수 있으면 다른 모든 것을 포기할 용의가 있다는 심리적 대체 욕망의 거래 때문이었는지도 모른다. 좌우의 대립과 투쟁을 통해 진화할 수 있는 역동성을 키울 수 있는 기회는 일본에서 그렇게 조용히 사라진 셈이다.

흔히 신좌파The New Left로 불린 급진적 학생들은 기성 체제의 가치와 제도를 전부 부정하며 엘리트 중심의 사회와 과도한 중앙집권체제를 비판했다. 자칭 진보에 대해서도 마찬가지였다. 체제가 빚어낸 통제적이고 비인간적 관료 제도는 신뢰할 수 없기 때문에 이들은 그 대안으로 분권화와 자치권을 통한 작은 공동체 사회[1]를 세워야 한다고 강조하기도 했다. 그런 신좌파의 메시지가 가장 잘 압축적으로 실천된 것이 프랑스의 '68혁명'이었다.

68혁명과 신좌파는 공통적으로 자본주의 사회의 부속품으로 전락한 개인의 개성을 회복하기 위해서는, 엘리트들의 우월감을 토대로 하는 권위주의와 억압과 규제를 일삼는 전체주의를[2] 타파하고, 소외의 상태에서 벗어나 인간적 정체성을 회복하기 위해 혁명적인 변화를 일으켜야 한다고 주장했다. 그 과정에서 학생들이 선봉에 서는 것은 당연한 것으로 여겼다.

그들은 기성세대와는 달리 '기득의' 권력이나 자산을 쥐고 있지 않기 때문에 새로운 변화와 혁신을 따르기에 상대적으로 유리한 입장이었다. 청년들이 68혁명에서 '직업 혁명가' 체 게바라를 외친 건 그를 '행동적 영웅'으로 간주했기 때문이었다.[3] 혁명의 성공 여부에 대한 논란 따위에는 무관심한, 그 뜨거운 에너지와 구체제·구질서 타파 외침에 환호한 세계의 많은 청년들이 68혁명에 호응했다. 각국의 청년들은 스스로를 이른바 신좌파로 선언하며 기존의 틀을 깨뜨려야 한다고 주장했다.

프랑스의 68혁명 이전인 1964년부터 1965년 사이 미국에서는 대규모 시위와 학생운동이 일어났다. 이들은 권위적이고 억압적인 대학 분위기에 반발

---

1) 솔 앨린스키는 『급진주의자를 위한 규칙』에서 지역사회 조직화를 강조했고, 그의 조직 기술은 북미 지역의 가난한 지역사회의 생활 조건을 개선하는 데 초점이 맞춰졌다. 앨린스키의 아이디어는 1960년대 일부 미국의 대학생들과 젊은 반문화운동 세력들에게 받아들여졌고, 캠퍼스와 다른 곳에서의 조직 활동에 활용됐다. 《TIME》은 미국의 민주주의가 앨린스키의 아이디어에 의해 달라지고 있다고 평가했다.

2) 그러나 정작 드골은 '68소요'를 일으킨 자들을 전체주의를 꾀하는 자들이라고 비판했다. 그만큼 전체주의가 포괄적 의미로 쓰이고 있음을 보여주는 대표적인 사례이다.

3) 그들이 '이념적 영웅'으로 삼은 것은 알제리혁명을 분석한 흑인 정신병리학자 프란츠 파농이었다.

하며 저항하는 시위를 벌였다. 특히 이들은 민권운동과 베트남전쟁 반대 세력과 연대하면서 당시 많은 대학들이 내세웠던 학생들의 교내 정치활동 금지에 격렬하게 저항했다.

미국 신좌파 학생조직인 '민주사회학생연맹Students for a Democratic Society(SDS)'의 회장인 폴 포터Paul Potter(1935~1981)는 워싱턴D.C.에서 주최한 베트남전 반대 집회에 모인 2만 5천여 명의 군중 앞에서, "현재의 체제를 변화시켜야, 오늘은 베트남에서 전쟁을 일으키고 내일은 남부에서 살인을 저지르거나, 모든 사람을 대상으로 드러나지 않는 수많은 악행을 저지르는 세력을 저지할 희망을 가질 수 있다"고 연설했다.

이런 저항을 통해 미국의 청년들은 정치적 주체성을 자각하고 대학의 다양성을 확보하는 데에 영향을 미쳤으며, 이런 모습이 프랑스 68혁명에 직·간접적으로 영향을 끼쳤다. 어쩌면 그 모습이 프랑스 68혁명의 전조를 알린 것이라 해도 지나치지 않을 것이었다. 이렇듯 1960년대 신좌파 운동은 당시 청년 세대 특히 대학생들에게 큰 호소력으로 다가갔다.

일본의 우경화와 신좌파의 등장

신좌파 운동과 프랑스의 68혁명은 일본에도 영향을 미쳤다. 일본은 군국주의에 의해 발발했던 태평양전쟁 패망 이후 우익의 힘이 크게 위축됐다. 그런 점에서 진보세력과 좌파가 성장할 수 있는 매우 좋은 여건을 갖고 있었다. 그러나 안타깝게도 그들은 보수우파를 대체할 수 있는 새로운 대안세력으로 자리 잡지 못했다. 태평양전쟁에 몰두한 군국주의 일본에서 진보와 좌파는 사회에 해를 끼치는 불온한 존재로 감시·억압됐을 뿐이었기에 그들이 배양되고 성장할 수 있는 환경 자체가 조성되지 못한 탓도 컸다.

패배감에 억눌리던 일본을 되살려낸 것은 한국전쟁을 통한 경제 특수였다. 1956년에는 거의 전쟁 이전 수준으로 회복할 만큼 빠르게 성장했다. 빠른 경제성장이 특히 다양한 전자 가전제품들이 가정으로 들어오면서 윤택한 생활수준을 누리면서 패전 후 풀 죽었던 일본인들은 자부심을 되찾기 시작했다.

트랜지스터를 발명한 것은 미국이었지만, 트랜지스터라디오를 히트시킨 것은 일본이었다. 일본은 빠르게 세계 시장으로 진출했다. 1964년 도쿄올림픽은 일본을 다시 선진국 대열에 진입시킨 상징이며 전환점이었다. 1965년 이후 '이자나기 케이키景氣'의 호황세가 일본의 성장에 불을 질렀다. 그럴수록 사람들의 관심은 오로지 경제에 쏠렸다.

1955년 자유민주당자민당[4]이 출범하면서 보수정치인들은 사회적 안정과 지속적 경제 발전이 일본인들에게 가장 중요하다는 것을 일찍이 설득했다. 경제 발전을 내세운 그들의 전략은 잘 먹혀들었다. 그것이 확실한 보수 우파의 부활을 가능하게 했다. 정치와 사회가 보수적 색채를 강하게 띨수록 좌파의 입지는 좁아졌다. 자민당 정권의 압박과 경제적 안정과 번영을 선택한 유권자들의 성향은 가뜩이나 위축된 좌파를 초조하고 강경하게 만들었고, 그에 반비례해 사회적 동요로 인해 시민들은 좌파에 대한 지지를 거둬들이기 시작했다.

1960년 일명 신안보조약으로 불린 미일안전보장조약은 일본을 반공전선의 교두보로 삼는 전환점이었다. 이것은 두 가지 의미를 함축하는 것이었다. 하나는 냉전체제에서 일본이 반공전선의 선봉이 되는 것은 민주주의와 자본주의의 첨병이 된다는 뜻이고 민주주의가 아니라 자본주의에 방점이 찍힌 그것은 그 사회가 불가피하게 보수우경화할 수밖에 없는 토대를 마련하는 것이었다. 또 다른 하나는 격렬한 반대에도 불구하고 조약이 체결됨에 따라 좌파의 좌절과 실망은 다른 대안을 모색하게 만들었다는 점이다.

1960년 안보투쟁 이후 자민당의 독주에 대한 국민의 불만으로 자민당의 득표율을 감소시켰음에도 불구하고 특이하게도 야당의 분열로 자민당 정권이 오히려 더 강력해졌다. 시간이 흐를수록 국민들은 정치에 더 이상 변화의 희망

---

4) 패전 후 일본 정치계는 자유당·민주당·사회당의 3분 체계였다. 이합집산을 반복하면서 1955년 민주당이 총선에서 승리했지만, 과반수를 확보하지 못하고, 총선 이후 좌우로 분열된 사회당이 통합해 민주당에 맞먹는 거대 정당이 되자, 내심 사회당이 자유당과 연합할까 불안했던 민주당은 1955년 총선을 기점으로 원내 3당으로 전락한 자유당과 그동안의 라이벌 관계를 청산하고 전격적으로 합당을 결의하면서 자유민주당이 탄생했다.

에 대한 기대를 포기하고, 그에 반비례해 경제에 대한 관심은 계속해서 커져 만 갔다. 일본인들에게 정치적 무관심과 경제적 관심은 일란성 쌍생아와도 같 았다.

그렇게 국민들의 무관심 속에 갈수록 위축되는 좌파에게 유럽에서 전해진 68혁명의 소식은 새로운 희망의 메시지였다. 자민당 출현과 함께 일본 공산당 과 사회당 등이 폭력혁명 노선을 포기하자 이들을 '기성 좌파'라고 맹비난했던 세력들이 더 급진적 노선을 추구한 것은 어쩌면 자연스러운 일이었다. 그들은 직접적인 행동과 투쟁을 중시했다. 일본에서 부르는 '신좌파' 혹은 '신좌익'의 명칭은 유럽이나 미국에서처럼 사상적 토대로 전개된 대안적 역할로서가 아니 라 단순히 정당 위주의 기성 좌파들보다 과격하다는 의미로 일본의 언론들이 포괄적으로 지칭한 것이었다. 따라서 이들에게 사상적 성찰과 개혁의 구체적 로드맵 따위는 중요하지 않았다.

마르크시즘에 대한 입장의 차이도 뚜렷했는데 사상적으로 상당히 빈약했 다는 점은 공통적이었다. 그러니 신좌파 내의 통합은 어려웠고 내분이 반복됐 으며 기회주의와 모험주의 그리고 종파주의 등이 뒤섞이며 결집력이 약화하는 걸 방치할 수밖에 없었다. 그들을 하나로 묶을 유일한 대안은 폭력을 불사한 행동이었다.[5]

탄압에 저항하는 전공투

1968년 충격적인 사건이 폭로됐다. 일본 국세청 도쿄지국은 니혼대학日本 大學[6]에서 대학 당국이 부정 회계로 축적한, 용도가 불분명한 22억 엔이라는

---

5) 일본 경찰백서에 따르면 신좌파신좌익는 단순히 '극좌 폭력집단'을 지칭하는 것이었고, 일본 공산당은 이들을 사이비 좌파 혹은 가짜 좌파 폭력집단이라고 매도할 정도였다.

6) 니혼대학은 1920년에 설립된 일본 최대 규모의 사립대학으로 도쿄에 본부를 두고 있으며, 각 학부 가 여러 캠퍼스에 분산돼 있고 독립성이 높기 때문에 종합대학이 아닌 단과대학의 연합이라고 불리 기도 한다.

엄청난 금액을 숨겨놓은 것을 밝혀냈다. 분노한 학생들이 거세게 항의하는 시위를 벌였다. 그러나 대학은 진실을 밝히거나 사과는커녕 오히려 온갖 수단을 동원해서 학생들의 시위를 탄압했다. 대학 당국자들은 우익 학생단체와 단과대 응원단, 심지어 체육회 학생까지 동원해 폭력을 행사하도록 사주했다. 그러나 제대로 진압은 못 하고 오히려 이들에 분노한 학생들의 숫자가 증가하자 그들은 학생들을 쫓아내고 문을 걸어 잠그는 치졸한 방법을 선택했다. 2,000여 명의 학생들은 학교 밖에서 시위를 벌였다.

니혼대학의 문제는 프랑스의 낭테르대학과 비슷한 점이 많았다. 전후 베이비붐으로 학생 수는 급증했으나[7] 시설은 따르지 못했고 교수도 절대 부족했다. 이런 문제를 비롯해 공금 은닉 사건 등에 대해 니혼대 전공투가 대학 당국에 단체협상을 요구했는데, 난데없이 체육회 학생들이 일본도를 들고 난입하면서 아수라장이 됐다. 유혈사태를 진압하기 위해 경찰기동대가 출동했는데 칼을 휘두른 체육회 학생들이 아니라 전공투 학생들만 무력 진압해 체포하자 학생들의 분노는 극에 달했다. 이런 상황에서 전학공투회의[8]를 중심으로 더 치열해진 좌파운동 세력은 갈수록 확대돼 곧 도쿄대로 불이 옮겨 붙었고, 그 정점이 도쿄대 야스다강당 점거로 발화했다.

1960년대 일본의 여러 대학 단체들이 연대해서 구성한 학생운동조직인 전공투의 핵심의 하나인 도쿄대 전공투는 대학의 해체와 자기 부정을 내세우며 투쟁했다. 전공투는 메이지明治 이래 국책으로서 추진돼 온 일본의 과학·기술 전체 과정을 중심적으로 담당해온 도쿄대 자체를 문제시했다. 그들은 과학과 국가의 유착을 끊고[9] 새롭게 변화하기 위해서는 대학의 자기 부정이 필수적이

---

7) 니혼대학은 10년 사이에 정원을 3배로 늘렸다. 시설과 교수의 증원이 없는 상태에서 엄청나게 증가한 등록금이 대학의 부정 회계로 축적된 것이다.

8) 이때 전학공투회의에서 '전학'이란 '전국학생'이 아니라, '한 학교의 전체 학생' 대부분이 참여했다는 의미로 쓰였다.

9) 군국주의 일본이 타락하게 된 것은 국가가 과학을 통제하고 길들이며 전시체제에 동원하는 데에 몰두했기 때문이며, 자율성을 상실한 과학의 입지로는 건전한 교육과 사회 구성이 불가능하다는 원론

라고 주장했다.[10] 그러나 그들의 요구는 공허하고 쌀쌀한 무대응으로 묵살될 뿐이었다. 논리와 대화가 불가능하고 무의미하다고 판단한 전공투는 실력 투쟁을 내세워 가두 폭력시위를 일삼으며 존재감을 유지하려 했다. 이런 방식이 반복되면서 대중들로부터 호응은 고사하고 기피의 대상으로 전락하자 이들은 더 조바심이 나기 시작했다.

신좌파의 도쿄대 야스다강당 점거

시작은 조금은 엉뚱한(?) 데서 불거졌다. 도쿄대학교 의학부에서 인턴 제도를 폐지하면서 의대생들의 불만이 크게 고조되는 일이 생긴 것이다. 이에 의학부 전공투를 결성하고 무기한 동맹휴업을 선언했는데 교직원들과 다툼이 벌어져 17명의 학생이 제명을 당했고, 게다가 현장에 없던 학생들까지 덤터기를 썼다. 공교롭게도 그 학생들은 대부분 대학 당국이 요주의 인물로 주목하던 학생들이어서 대학의 고의성이 충분히 의심될 상황이었다. 하지만 대학은 자신들의 결정을 번복하지 않았고, 결국 당국과 학생들이 강하게 충돌하게 됐다.

당시 일본의 많은 대학에서는 수업료 인상 반대와 '학원민주화' 등으로 학생들이 무력 투쟁을 전개한 학원분쟁이 자주 일어났다. 전공투의 학생들은 대학과의 단체교섭에서 자신들의 주장을 관철하기 위해 강경책을 썼고, 교섭이 타결되지 못하면 학내에 바리케이드 봉쇄로 맞서는 일들이 비일비재했다. 이런 현상은 전국 각지의 대학으로 파급돼 도쿄만 해도 55개 대학이 바리케이드 봉쇄에 들어가곤 했다. 이런 상황에서 도쿄대에서 일명 '인턴투쟁'이 터진 것

적인 비판이었다.

10) 도쿄대 해체와 같은 슬로건을 공공연한 장소에서 입 밖으로 꺼낸 것은, 9월 16일 의학부 단체교섭 석상에서 한 학생이 "이런 도쿄대라면 없는 게 낫다"라며 비통한 얼굴로 말한 것이 처음이었다고 당시 핵심적으로 참여했던 학생이 증언했다. 그들이 도쿄대 해체를 입에 담은 것은 제국주의 일본 백년의 역사에서 도쿄대가 저지른 반국민적인 과거와 교수들에게 받은 굴욕과 분노와 함께 자신들이 그런 도쿄대의 일원인 것에 부끄러움을 느꼈기 때문이었다고 회고했다.

이다. 그리고 인턴 투쟁은 곧 '도쿄대투쟁'으로 확대됐다.[11]

1968년 3월 12일에는 의대본부를 점거했고, 3월 27일에는 야스다安田강당을 일시 점거했다. 이 때문에 다음날의 졸업식이 무산됐다. 일은 해결되기는커녕 자꾸만 꼬여갔다. 학생들은 갈수록 과격해지고 요구사항은 점점 높아졌다. 그렇게 된 건 대학 당국의 대처가 미흡하거나 강압적이고 고압적인 태도를 띄고 있었기 때문이기도 했다. 학생들은 야스다강당을 반복해서 점거했다. 6월 15일에는 의학부 학생들이 다시 야스다강당을 점거하자 대학은 경찰력을 동원했다. 그러나 경찰력 동원은 오히려 학생들의 반발만 키웠다. 대학의 거듭된 무능과 치졸함은 학생들의 분노를 증폭시켰고 결국 도쿄대 학부 전체가 파업하기로 결의하고, 주요 건물들이 봉쇄됐다.

강당을 점거한 학생들은 제명 철회를 요구했다. 그러나 점거 이틀 뒤 총장이 공권력 투입을 요청했고, 기다렸다는 듯 경찰기동대가 투입돼 학생들을 폭력적으로 끌어냈다. 학교의 강경책과 전공투의 폭력성이 악순환하면서 해결은 고사하고 상황은 점점 더 꼬여만 갔다. '신좌익' 학생 250여 명이 야스다강당을 바리케이드로 봉쇄하고 '제국주의 망령이 배회하는 반동 대학'인 도쿄대 해체를 주장했다. 이제는 징계 취소가 아니라 반反대학 투쟁으로 변모하면서 총장실을 점거하고 강당, 총장실, 시계탑에는 적기赤旗를 게양했다. 심지어 정문에는 마오쩌둥의 초상화를 내걸었다. 마치 프랑스 68혁명을 옮겨놓은 듯했다.

도쿄대 학부 전체가 총파업에 들어가자[12] 권위적인 오코치가즈오大河内一男 [1905~1984] 총장은 사임했지만, 전공투는 점거를 풀지 않았고 야스다강당 앞에서 7천여 명의 학생들이 총궐기대회를 열었다. 메이지대학을 비롯한 도쿄의

---

11) 그러나 이 투쟁은 당시에는 의학부의 특수한 문제라 생각돼 다른 학부에서는 별로 화제가 되지 않았고, 3월에 징계처분이 나왔을 때도 대학 전체 규모의 큰 관심이 일어나지는 않았다. 그러나 대학의 '과도한 반응'이 가뜩이나 분노해 있던 수많은 운동권 대학생들을 자극했고, 이 사건을 계기로 야스다강당 점거 사건으로 확전된 면이 있었다. 당시 도쿄대학이나 니혼대학 당국이 유연하게 대응했더라면 악화를 막을 수도 있었다는 점에서, 일본의 전후 기성세대들의 사고에는 여전히 군국주의적 태도가 완전히 씻기지 않았음을 엿볼 수 있었다.

12) 도쿄대가 1877년 개교 이후 전체 학부가 총파업을 벌인 것은 이것이 처음이었다.

여러 대학들도 참여하면서 규모가 커졌다. 그런데 또 일이 이상하게 꼬이기 시작했다.

11월 22일 전공투 계열 학생 7천여 명과 일본공산당 계열의 민청民靑학생 7천여 명이 대립한 것이다. 전공투 내부에서 바리케이드 봉쇄 반대를 결정하면서 봉쇄는 중지됐다. 일단 민청이 승리한 듯 보였다. 아마도 민청계열에 패배했다기보다는, 민청계열과 충돌하더라도 강행하고자 하는 의지를 내부에서 합의하지 못하고 붕괴된 것이라는 추측이 난무했다. 가장 치열한 전선에서의 내부의사 결정도 이런 식으로 우왕좌왕하는 게 당시 일본 좌파의 현실이었다.

도쿄대는 극단의 방법을 선택했다. 12월 29일 일본 문부과학성은 1969년 도쿄대 입시 중지를 발표했다. 도쿄대에 진학하려는 학생들과 학부모들은 패닉에 빠졌고, 급진적 학생운동을 강력하게 비판하는 입장으로 선회했다. 야스다강당을 점거한 전공투 학생들은 대학 당국의 정책뿐 아니라 정부가 지나치게 미국의 눈치를 보며 휘둘리는 점을 비판하고 베트남전쟁에 대한 반대를 강력하게 주장했다.

이 사태는 프랑스에서 낭테르대학의 점거사태와 아메리칸익스프레스 파리지사 점거, 그리고 이후 벌어진 사태를 한 데 묶은 느낌이었다. 대학생뿐 아니라 대학원생, 재수생, 고등학생까지 참여했다는 점에서도 프랑스의 68혁명과 유사했다. 그러나 프랑스에서와는 달리 일본에서는 노동자의 전면파업은 일어나지 않았다. 일본의 노동자들은 파업할 생각도 없었고, 그럴 엄두도 내지 않았으며 설령 시도했어도 즉시 진압됐을 것이라는 조롱도 있었지만, 아무런 반응도 없을 만큼 그들은 그 문제에 무관심했다.

새로운 총장대행 가토이치로加藤一郎(1925-1994) 교수는 민청계열과 파업수습과 학원정상화를 합의했지만, 전공투는 여전히 점거를 지속하고 있었다. 1969년 1월 16일 대학은 정식으로 경찰에 바리케이드 철거를 요청했다. 이튿날 경시청은 8개의 경찰기동대를 동원해 의대본부와 의대도서관에서 철거를 시작했다. 경찰기동대 8,500명이 야스다강당에 투입되자 학생들은 격렬하게 저항했다. 이들은 공사장 안전모를 쓰고 공사장에서 사용하는 대형망치를 휘두르며 화염병과 벽돌, 심지어 독극물을 경찰에 퍼부었으며 강당에 불을 질렀다.[13] 경찰도 이에 맞서 최루탄과 물대포로 응수하며 헬기까지 동원했다. 결국 치열한 공방전 끝에 야스다강당이 '함락'됐다. 1월 19일 새벽 경찰이 대강당을 제압했고 오후 늦게 옥상에서 마지막으로 저항하던 90명의 학생을 검거함으로써 야스다강당 점거 사태는 끝났다.

도쿄대 초유의 이 사건은 학교뿐 아니라 일본 사회에 큰 충격을 안겼다. 무엇보다 좌파 학생들의 폭력적 성향이 빚어낸 점거와 투쟁의 방식은 스스로 대중의 지지를 멀리하게 만드는 전환점이 됐다는 점에서 프랑스의 68혁명의 어설픈 흉내에 그치고 말았다는 비판에서 자유로울 수 없었다. 스스로를 '신좌익'이라 표방하며 공산당을 보수정당이라 비판한 전공투가 폭력혁명과 가두투쟁을 주도했던 건 미국의 '일기예보관들the Weatherman'[14]과 흡사했다.

비폭력 혹은 불복종 운동으로 전개된 방식에 회의를 느끼고 즉각적인 폭력혁명을 주장한 민주학생연합이 1967년 도시게릴라의 창설을 선언한 이후 구체적으로 실천했던 '일기예보관'들은 미국 사회가 너무 부패해서 점진적 변화로는 부족하기 때문에 기존의 것들을 파괴해야 한다고 주장했다. 이들은 '미식축구 헬멧'을 쓰고 시카고 시내에서 자전거 체인으로 경찰을 공격하는 등 전국의 도시와 대학에서 폭력 사건을 유발했다. 그러나 어느 곳에서건 과격한 투쟁은 시민들로부터 외면을 당했으며 자멸을 초래했다.

---

13) 야스다강당은 사건 이후 23년 동안 폐쇄됐고, 지금도 그 강당에는 그 상황을 '기록'하기 위해 아직도 불에 그슬린 흔적부터 깨진 유리까지 그날의 흔적이 그대로 남겨졌다.

14) 웨더맨Weatherman의 '분노의 날들Days of Rage'은 1968년 4월 킹 목사 암살과 8월 시카고 민주당 전당대회 이후 계속적인 폭력시위를 주동했다. 반전 인권운동 진영의 타깃이 된 시카고 민주당 전당대회, 이른바 '피의 전당대회'에서 격렬한 유혈 충돌이 벌어졌을 때, 시카고 링컨파크에 모인 시위대는 수만 명이었다. 이들은 이듬해인 1969년에 '시카고 세븐'으로 불리던 주동자 재판 직후 베트남전쟁에서 하루에 2천여 명이 죽어 가는데 피켓 들고 온건한 시위나 하고 있다며, '전쟁을 국내로'라는 슬로건을 내세우고 대규모 폭력시위를 조직했다. '웨더맨'은 밥 딜런의 1965년 싱글 〈Subterranean Homesick Blues〉의 가사 "바람이 어디로 부는지 알려고 예보관을 둘 필요는 없다"는 구절에서 따왔다고 전해진다. 자신들을 역사의 바람을 알려주는 존재로 지칭하며 붙인 이름이었다. 영화 〈The Trial of the Chicago 7〉은 시카고 세븐 재판을 다뤘다.

야스다강당 점거 및 방화 사건은 일본 학생운동 과격화의 중대한 분수령이 됐다. 시민들은 이들의 과격성에 냉담해졌고 입지가 축소된 신좌익은 전공투보다 더 과격한 성향으로 치달렸다. 바로 적군파의 등장이었다.[15]

좌파의 마지막 비명, 적군파

적군파는 1970년의 안보투쟁을 위해 1969년 결성된 단체로 정식 명칭은 '공산주의자동맹적군파'이다. 일본 공산주의자동맹의 극좌파들이 혁명전쟁을 위한 '군대'를 결성한 것이다. 전공투가 대학의 개혁과 사회의 모순을 비판하고 개선을 요구하는 데에 집중했다면, 적군파는 혁명에는 군사적인 행동이 필수적이며 혁명전쟁을 수행함으로써 혁명을 쟁취한다는 모토를 따르는 극단적 행동주의자들이었다.

적군파는 1969년 히비야日比谷 야외음악당에서 열린 전국 전학공투회의 집회에 처음 얼굴을 내밀었는데, '봉기'를 관철하고, '전쟁'에 승리해야 한다는 극단적 주장으로 참가자들을 뜨악하게 할 정도였다. 테러도 그들에게는 혁명전쟁을 위해서라면 기꺼이 자행할 수 있는 것이어야 하며, 때로는 그것만이 마르크스-레닌의 이상을 세상에서 실현할 수 있다는 정치적 목표를 공공연하게 주창했다.

겉으로는 '일본의 제국주의'에 반대하는 것이었지만, 궁극적으로는 일본에 의한 세계 사회주의 혁명의 달성을 내세웠다.[16] 당연히 기존의 일본 사회당이

---

15) 이듬해인 1970년 3월 31일 적군파는 도쿄 하네다공항에서 일본항공JAL의 요도호淀号를 납치해 북한으로 날아감으로써 일본 국내에서 완전히 외면당했을 뿐 아니라 국제적으로도 맹렬한 비난을 자초했다. 적군파는 무장강도 행위도 마다하지 않았고, 내부 강화를 빌미로 서로 인민재판을 하고 죽이는 일까지 서슴지 않았다. 결국 1972년 아사마산장浅間山荘사건으로 마지막 연합적군 세력 전원이 체포됨으로써 완전히 붕괴해 소멸했다.

16) 적군파는 일본제국주의를 비판하면서 일본 혁명을 완수해서 당과 군대를 만들어 혁명 일본을 세계 혁명 최고사령부로 삼아 '혁명의 적'인 '미제美帝'와 '환태평양 혁명전쟁'을 수행하는 것을 최종 단계

모든 학생 혁명은 실패한다. 권력에 대한 야욕이 없거나 정치 경험이 없는 상태에서 권력을 쥘 수 없기 때문이다. 그럼에도 불구하고 궁극적으로는 성공하는 까닭은 자기희생과 대의에 대한 신념이 미래를 바꾸고, 사람들이 그 가치를 공유하고 인정하기 때문이다. 일본 좌파의 실패는 미래의제를 제시할 수 있는 생산력을 갖지 못한 채 자기존재감에 대한 조급함만 있었기 때문이다.

나 공산당과의 관계가 뒤틀릴 수밖에 없었다. 그들을 구좌파로 몰던 신좌파가 이들에 비하면 양반일 정도였으니 온건한 좌파까지 적군파의 과격성과 위험한 사상에 대한 반감이 자신들에게 불똥으로 옮길까 전전긍긍할 지경이었다. 적군파는 다른 파벌과 구별하기 위해 스스로 '작업용 헬멧'에 붉은 바탕 흰 글자로 '赤軍적군'이라 쓰고 다녔다.

1969년 적군파는 도쿄와 오사카에서 파출소들을 습격[17]함으로써 자신들의 전술을 시험해봤다. 그것은 일종의 도시게릴라 전술이었다. 이후 파출소뿐 아니라 우체국 등 여러 공공기관을 대상으로 하는 공격행위들을 이어갔다. 적군파는 칼, 사제폭탄, 화염병 등으로 무장하고 수상 관저를 습격한다는 계획을 세웠다.[18] 그 '연습'을 위해 야마나시山梨현의 작은 도시 코슈甲州의 외딴 산속에서 군사훈련 중 정보를 입수한 경찰이 급습하면서 습격조 전원이 체포돼 미수에 그쳤지만, 이 사건이 일본 국민들에게 던진 충격은 엄청났다. 적군파는 '정예돌격대'가 체포됨으로써 세력이 급격하게 약화해 회복불능의 상태에 이를 정도로 위축됐지만, 포기하지 않았다.

그들은 다음 해 국제근거지를 마련하겠다는 '원대한 포부'를 실행할 방법

로 삼았다. 일본제국주의를 비판하면서 그들이 저질렀던 '새로운 태평양전쟁'을 도모한다는 게 허무맹랑하고 모순적이었지만 이 방식이 만주사변의 주범 이시하라 간지石原莞爾(1889-1949)의 '세계최종전쟁론'의 영향을 받았기 때문임을 고려하면, 귀축영미鬼畜英米의 결의로 맞서 싸운다는 대동아공영권의 극좌파버전인 셈이었다. 귀축영미는 귀신과 가축 또는 악귀와 짐승 같은 영국과 미국이란 뜻으로, 제2차 세계대전 당시 일본제국주의자들이 쓰던, 일본인의 우월감을 고취하기 위한 선전 용어였다. 이시하라는 『세계최종전쟁론』에서 세계의 운명을 결정짓는 엄청난 전쟁이 일어나 모든 세계가 하나로 통합되고 재설정된다며, 이 전쟁은 역사상 최대 총력전으로 이뤄지며 동양의 대표인 일본과 서양의 대표인 미국이 서로 맞붙어 전 세계의 패권을 겨루는, 말 그대로 '마지막 전쟁'이 된다고 예측했다. 그는 최종전쟁 이후에는 거의 모든 인류가 전쟁의 어리석음을 깨닫고, 무력충돌을 하지 않을 것이며, 문명은 급속도로 발전하게 될 것이라고 주장했다.

17) 적군파는 이 습격을 '도쿄전쟁'과 '오사카전쟁'이라고 불렀다.

18) 역대 일본의 수상들 가운데 6명이 암살당했다. 대표적인 경우가 5·15사건으로 1932년 5월 15일 해군 극우파 청년 장교들이 무장한 채 수상 관저를 습격해 이누카이 쓰요시犬養毅(1855-1932) 수상을 암살했다. 이 사건은 일본의 정당 정치를 쇠퇴시킨 계기가 됐다.

을 찾고 있었다.[19] 결국 그 포부는 일본의 모든 좌파의 숨통을 끊는 무리수가 됐다.

일본 좌파는 보수우파를 비판하고 공격하면서도 정작 정치적 대안을 제시하지 못했고, 오히려 극단적인 청년들로부터 비겁한 기성 좌파로 몰리면서 입지를 상실했다. 청년 중심의 신좌파는 현실 문제에 대한 큰 정치적 판단력과 성숙한 행동으로 사회를 변화시키는 데에는 아무런 역할을 수행하지 못했다. 단지 충돌하고 격렬하게 시위하면서 존재감을 드러내는 방식을 벗어나지 못했다. 그럴수록 대중의 외면은 필연적이었다.

도쿄대 담벼락의 "연대를 구해 고립을 두려워하지 않는다連帶を求めて孤立を恐れず"는 구호가 무색하게도 그들은 연대를 외쳤지만, 그들에게 돌아간 것은 고립뿐이었으며 궁극적으로는 일본에서의 건강한 좌파 운동까지 몰락시키는 악재가 됐다.

극렬한 내분을 겪으면서도 자신만 옳다며 어떤 타협도 거부한 편협성만 노출하며 폭력을 미화하는 모험주의를 선택한 것 등으로는 대중의 공감을 결코 얻을 수 없었다. 결국 극좌가 대다수의 좌파를 소멸시켰으며, 이후 진보 세력의 여지마저 뭉개버렸다. 명분도 잃고 힘도 잃는 연속된 악수惡手는, 그들의 의도와는 정반대로 일본의 '우경화 일변도'와 '정치 무관심'을 심화시켰을 뿐이었다.

그렇게 일본은 우경화의 길을 줄기차게 걸으면서, 언젠가는 탄력과 추동력을 상실하게 될 날이 올 거라는 사실을 알지 못 했다. 단지 아직은 경제 번영의 샴페인을 터뜨릴 일에 가슴 설레고 있을 뿐이었다.

---

19) 1970년 4월 일본도로 무장한 9명의 적군파 테러리스트가 여객기 요도호를 납치해서 북한으로 간 것은 '반미국가' 북한에 적군파의 국제근거지를 마련한다는 계획에서 비롯한 것이었다.

문화대혁명

마오의 노욕,
혁명의 이름으로 퇴행하다

권력의 화신. 권력을 위해서라면 피도 눈물도 없고, 목숨을 나눴던 동지도 언제든 무색하게 만들 수 있는 괴물. 권력의 사유화는 그의 시대와 사람, 그리고 문명 전부를 망가뜨린다. 그게 '마오 동지'의 최악의 유산이었다.

　그 마오 동지의 손가락 하나 눈짓 한 번으로 뛰쳐나가 명령을 수행하던 광폭한 사냥꾼 홍위병은 그때의 야만에 대한 회한을 지금 어떻게 느끼고 있을까? 7,80세 내외의 노인들이 된 그들이 지금 누리는 대국굴기大國崛起 중화의 꿈과 물질적 번영이 오히려 자신들이 척결한 덩샤오핑의 정책 덕분이라는 것을 실감하면서 여전히 그때의 행동을 합리화할까?

　마오쩌둥의 문화대혁명과 홍위병의 난동은 1960년대의 가장 반시대적인 모습이었다. 자유와 저항의 세례와 전파는커녕 완벽하게 그 반대로 향했던 반문화적이고 야만적인 반동이었다.

　1960년대 흐루쇼프의 대담한 도박이 소련에 미친 영향은 훗날 고르바초프의 페레스트로이카와 글라스노스트로 부활하고 새로운 러시아로 전환한 반면, 덩샤오핑의 개방정책으로 부강해진 현재의 중국에서 시진핑이 내부는 철저하게 통제하면서 '중국인들만의 꿈'인 중국몽中國夢을 외치며 거들먹거리는 것도 1960년대 시대정신을 제대로 경험하지 않았기 때문일 것이다. 시진핑 자신이 대표적인 문화대혁명 희생자이면서도 권력의 화신으로 노골적으로 본색을 과시하고 있지만 그게 어디까지 갈 것인가 물음을 던질 수밖에 없다.

"옛것은 모조리 숙청하라!"[1]

1966년 8월 16일 한 군중집회에서, 마오의 확실한 오른팔이 된 심복 린뱌오는 학생들에게 "착취 계급의 모든 낡은 사고와 낡은 문화, 낡은 전통, 낡은 관습'을 타도하라"고 촉구하면서 선동했다.

그에 앞서 마오쩌둥은 자본주의를 추구하며 신성한 공산주의 이념을 망가뜨리는 주범이 자신의 정적이라고 규정하며, 인민 실제로는 홍위병에게 혁명정신을 되살리라고 외쳤다. 겉으로는 혁명의 이념을 회복하는 것이었지만, 실질적인 목표는 류사오치 등에게 넘긴 권력을 되찾고 그들을 파멸시키는 것이었다. 마오는 어린 학생들을 대거 동원했다. 그는 학교의 문을 닫아버리고 학생들을 홍위병으로 뛰쳐나가도록 조종했다. 교사와 교수는 옛것을 고수하는 존재이므로 타도해야 할 대상이 됐다.

마오는 어린 중학생들까지 선동했다. 8월 1일 마오는 칭화대학교의 한 부설중학교에 다니는 어린 학생들에게 직접 편지를 써 보내며 그들을 지지한다는 뜻을 전했고, 그들에게 "저항은 정당한 행위이다"라며 조언하기를 서슴지 않았다. 학생들은 마오의 편지에 환호했다. 대학이건 중학교건 유일하게 인정되는 단체는 공산당과 공산주의 동맹, 소년선봉단이 전부였다.

문화대혁명이 내세운 목표는 '파사구破四舊', 즉 낡은 사상, 낡은 문화, 낡은 풍속, 낡은 관습을 타파해 사회주의를 굳건히 세우고 자기희생적인 '사회주의 문화'를 창조해야 한다는 것이었다. '문화'대혁명이라는 명칭이 붙은 건 그런 사유 때문이었다. 이런 낡은 네 가지의 병폐를 망라한 것이 자본주의이고 따라서 거기에 빌붙어 중국을 타락시키는 세력, 즉 '주자파走資派'를 제거해야 한다는 명분을 만들었다.

흥미로운 건 이들이 내세운 '문화'대혁명이라는 명칭과 '낡은 것의 타파'라

---

1) 프랑크 디쾨터, 고기탁 옮김, 『문화대혁명, 중국인민의 역사 1962~1976. 제3부』, 열린책들, 2017. 172쪽. "옛것은 모두 숙청하라 문화, 교육, 정치, 너희들 부모까지도"라는 것은 문화혁명 당시의 대표적 슬로건 가운데 하나였다.

는 목표가 중국 정부의 교묘한 대외 선전으로 인해 유럽의 청년들, 특히 기성 세대의 고루함에 넌더리내면서 투쟁하던 대학생들과 젊은 노동자들에게 그럴 싸하게, 심지어 프랑스혁명의 동양판처럼 여기게 만들었다는 점이다. 68혁명 때 시위대가 마오쩌둥의 초상화를 깃발로 삼았던 건 바로 그런 선전에 속았기 때문이었다. 당시 유럽의 청년들은 이름만 '문화'대혁명일 뿐 실상은 야만도 그런 야만이 없는, 철두철미한 권력 투쟁에 인민들을, 그것도 나이 어린 학생들을 권력을 탐하는 개인의 불쏘시개로 쓴 반문화적인 유사 쿠데타라는 걸 거의 몰랐다.

문화대혁명의 서막이 오르다

권력의 화신인 마오쩌둥은 자신이 죽고 나면 소련에서의 스탈린격하 운동처럼 내몰릴지 모른다는 공포를 느꼈고, 그럴수록 기필코 권력을 다시 손에 쥐고 중국의 공산주의 목표를 실현해야 한다는 조바심에 사로잡혔다. 그에게 가장 큰 장애는 당연히 류사오치와 덩샤오핑이었다. 특히 그들이 내세운 농업과 경·상공업 위주의 경제정책이 성공해서 당과 인민의 호감을 얻게 되는 건 결코 좌시할 수 없었던 마오는 두 사람을 자본주의 노선을 부활시키는 '주자파'로 몰아세우기로 했다. 류와 덩의 경제적 실패 가능성이 별로 없으니, 아예 이데올로기 투쟁으로 몰아가서 싸우는 것이 절대적으로 유리하다는 계산이었다. 어렵사리 마련한 공산주의 가치를 허무하게 무너뜨리고 구체제의 모순으로 퇴행하는 것을 막기 위해서는 이념 투쟁에서 승리하는 것이 필수적이라고 판단한 마오에게 마침 베이징의 대학생들을 위시한 청년들이 류와 덩의 탄압으로 불만이 고조된 상황은 고무적이었다.

마오는 이들을 조종하고 더 나아가 어린 홍위병을 내세워 중국 전체를 뒤흔들기로 결심했다. 차도살인借刀殺人[2]의 전략이었다. 마오는 류사오치를 비판

---

2) 남의 칼을 빌려 사람을 죽인다는 뜻으로, 음험한 수단을 비유적으로 이르는 말.

권력을 위해서라면 피도 눈물도 없고, 목숨을 나눴던 동지도 언제든
무색하게 만들 수 있는 괴물. 권력의 사유화는 그 시대와 사람, 그리
고 문명 전부를 망가뜨린다. 그게 마오의 최악의 유산이었다. 마오쩌
둥의 문화대혁명과 홍위병의 난동은 1960년대의 가장 반시대적인
모습이었다. 자유와 저항의 세례와 전파는커녕 완벽하게 그 반대로
향했던 반문화적이고 야만적인 반동이었다.

했다가 우경 기회주의자로 몰려 류에게 된통 당한 칭화대학생 콰이다푸[3] 등을 영웅으로 내세우며 류사오치를 비판하게 만들었다. 마오쩌둥과 류사오치의, 생사를 건 투쟁이 본격화하기 시작했다.

이미 『해서파관』을 자신의 입맛대로 시기와 상황에 따라 다르게 해석하고 이용한 마오쩌둥은 저우언라이[4], 장칭, 야오원위안 등을 통해 수많은 선전매체를 동원해 류의 세력에 맹공격을 퍼부었다. 선전전으로 기선을 제압하지 않고서는 정권의 탈취가 불가능하다고 여겼던 마오는 홍위병을 선동했다.

1966년 5월 16일 마오쩌둥은 부르주아 계급의 자본주의 요소가 공산당을 지배하고 있으니 이를 제거해야 한다고 주장했다. '선언적 의미에서' 문화대혁명의 시작이었다. 그는 중국 전역의 홍위병을 완전히 장악하고 조종했다.

마오쩌둥은 1966년 7월 27일 홍위병 대표단들이 자신에게 보낸 편지에서 '조반유리造反有理' 즉 '모든 반란에는 이유가 있다'는 구절을 승인함으로써 본격적인 권력투쟁을 이끌었다. 마오는 공산당 내의 우파를 척결해야 한다는 논평을 《人民日報인민일보》에 발표했는데, 그것은 류와 덩에 대한 선전포고였다. 이른바 주자파 반동 반당 세력을 척결하라는 명령이었다. 그렇게 문화대혁명이 본격적으로 시작됐다.

1966년부터 2년 동안이 홍위병 활약의 절정기였다. 홍위병은 당이 아닌 마

---

3) 콰이다푸는 1966년 5월 말 무산계급혁명과 조반정신을 고취하는 내용들을 담은 대자보를 읽고, 칭화대학 공작대에게 공개토론을 요구하면서 공작대를 타도하고 홍위병이 학교위원회 권력을 쟁취해야 한다고 주장했다. 이런 도발에 대해 류사오치의 부인 왕광메이는 그가 권력을 잡으려 한다고 비난했다. 콰이다푸는 칭화대 교정에 모인 학생들 앞에서 조리돌림을 당하고 기숙사에 감금됐다. 이후 베이징에서만 1만 명이 넘는 학생들이 우파분자로 몰렸고, 이로 인해 학생들 사이에서는 류가 중국에서 가장 미움 받는 지도자로 전락했다.

4) 저우언라이의 정치적 역할은 크게 축소돼 그가 싫어한, 교리적이고 자기 파괴적인 정책을 대변하는 서글픈 역할밖에 할 수 없었다. 탁월한 외교관이기도 했던 류사오치의 몰락과 저우언라이의 위축은 1967년 중국의 모든 외교를 부재 상태로 만들었다. 홍위병이 외교부를 점령하고 수색하는 일이 공공연하게 벌어지고, 모든 해외 주재 대사들도 소환돼 정치적 재교육을 받아야 했다. 마오이스트들은 중국 주재 소련대사관을 몇 달 동안 포위하는 일도 서슴지 않았다.

오쩌둥 개인에 대한 숭배를 맹세하면서 베이징으로 몰려가 대규모 집회를 열고, 당과 정부 및 모든 기관의 지도부를 공격하면서 권력을 탈취하려 했다. 이 과정에서 폭력은 물론이고 살인도 마다하지 않았으며, 어느 누구도 이들을 통제하거나 간섭할 수 없었다. 홍위병의 위협과 테러는 야만 그 자체 혹은 그 이상이었다.

공자의 무덤과 사당도 파괴를 피할 수 없었고[5] 수많은 역사 유물과 유적은 물론 쯔진청紫禁城(자금성)도 이들의 만행을 피하지 못했다.[6] 4천 년 중국의 찬란한 역사가 한순간에 다 사라져버렸다. 역사상 그런 야만은 없었다. 이 모든 야만은 마오쩌둥이 홍위병의 어떤 행위도 제지해서는 안 된다는 지시가 있었기에 가능한 일이었다. 1969년까지 중국은 사실상 무정부 상태에 가까웠다.

문명의 모든 것을 삼킨 지옥의 홍위병

1967년 1월에 상하이는 거의 모든 행정이 마비됐고, 2월 5일에는 상하이 인민공사 임시위원회가 수립됐다. 그것은 일종의 코뮌Commune의 성격이었기에 충격적인 일이었다. 중국 내에 공산당과 정부 이외에 또 하나의 새로운 국가 운영 주체가 탄생했다는 의미였기 때문이다. 상하이시는 간부들을 배제하고 인민들이 직접 행정을 관리했다. 행정과 치안의 공백은 무정부 상태의 혼란

---

5) 홍위병은 공자의 묘를 파헤쳐 봉분을 없애고 평탄하게 만들었으며, 묘비·비석·공자상도 도끼로 깨부 쉈고, 1300년 된 공묘孔廟 대성문大成門의 현판도 떼어내 부쉈다.

6) 홍위병은 쯔진청을 완전히 파괴하려 했으나 저우언라이가 강력하게 막아서 방화 등의 피해는 막았지 만, 고궁에 보관하던 귀중한 사료들은 홍위병의 마수에서 벗어나지 못하고 소실돼 엄청난 역사적 피해를 안겼다. 쯔진청의 외성 역할을 하던 베이징 성곽도 폭탄으로 날려버렸고, 쯔진청의 황성과 내성도 전부 헐어냈다. 문명파괴자로서의 모습을 가진 홍위병이 저지른 반달리즘Vandalism의 흔적들은 지금도 많이 발견할 수 있다. 반달리즘은 문화·예술 및 공공시설을 파괴하는 행위 또는 그런 경향을 일컫는 용어이다.

이었다.[7] 그럴수록 홍위병은 더욱 기승을 부렸다.

홍위병은 많은 정부 고위 공무원들이 거주하던 중난하이 호수 주변에 집결해 공산당 지도자들의 퇴진을 요구했다. 류사오치는 마오쩌둥의 대약진운동 실패로 인해 바닥까지 추락한 중국의 경제를 되살리기 위해 노력했지만 그를 눈엣가시로 여긴 마오는 여전히 막후에서 온갖 방해를 멈추지 않았다. 장칭은 문화대혁명을 이끌면서 노골적으로 류사오치의 '처단'을 요구했다.

> "류사오치는 반혁명분자이자 반역자이며 첩자입니다. 그는 혁명을 배신했으며, 수 많은 동지들을 사지로 몰아넣었고, 동지들을 적에게 팔아넘기는 이적 행위를 했 습니다. 그를 축출해야 합니다!"[8]

류사오치에 대한 장칭의 비판과 선동에는 아무런 증거도 없었지만 이미 흥분한 홍위병은 그 말에 즉각적으로 움직였다. 마오쩌둥과 장칭에 의한 주자파 비판은 홍위병에게 가장 확실한 먹잇감을 준 셈이었다. 류사오치와 덩샤오핑은 주자파의 괴수로 몰렸다.

결국 류사오치는 1966년 국가주석과 당 부주석에서 물러나고, 1968년에는 중앙정부에서 실각했으며 당에서 제명당했다. 그는 모든 공직을 박탈당하고 감옥에서 모진 고문과 구타에 시달렸다.

그는 베이징에서 가택연금 당했는데 7월 18일 홍위병이 자택을 습격해 폭행을 가하며 온갖 수모를 안겼다. 그의 집은 난방도 금지됐고 의료처치도 없었다. 결국 당뇨병과 폐렴 등의 지병이 악화하면서 1969년 11월 12일 류사오치

---

7) 노회한 마오쩌둥은 2월 말에 상하이 사태를 지지하던 입장을 바꿨다. 상하이식의 코뮌형 권력기구가 전국적으로 퍼지면 자신은 물론이고 공산당과 중화인민공화국 존립 자체가 흔들릴 수 있다고 판단했 기 때문이다. 그는 즉각 장춘차오에게 상하이인민공사를 혁명위원회로 개조할 것을 지시했다.

8) 로스 테릴, 양현수 옮김, 《장칭:정치적 마녀의 초상》, 교양인, 2012, 528쪽. 로스 테릴은 류사오치 와 왕광메이의 가택을 수색하여 그들에게 불리한 자료를 찾아내도록 한 배후가 장칭이었으며, 특히 장칭은 왕광메이가 영부인 행세하는 것에 대한 질투와 증오에 휩싸여 그녀가 일본의 첩자라고 조작 하여 몰아세웠다고 지적하고 있다. 같은 책 439~456쪽, 609쪽.

는 허망하게 삶을 마감했다.[9]

류와 덩의 당과 정부의 주역이었던 이들도 야만적 폭력에서 벗어날 수 없었다. 수많은 간부가 주자파로 몰려 약탈·폭행·수모를 당해야 했으며,[10] 견디다 못해 자살을 택하는 경우도 잇따랐다. 모든 정적을 순식간에 제거하고, 다시 권력을 장악한 마오쩌둥은 그제야 사태를 수습하기 위해 인민해방군의 개입을 명령했다. 통제 불능의 홍위병이 중국 전역을 뒤흔들어놓는 것을 더 이상 방치하면 감당할 수 없는 상황이 올 것을 우려했기 때문이다.

다행히 마오를 절대적으로 따르던 홍위병은 인민해방군의 중재를 따랐고, 마오는 홍위병에게 농촌으로 내려가 가난한 농민들의 삶을 체험하라는 새로운 지령을 내렸다. 그것으로 중국을 휩쓸었던 문화대혁명의 광풍이 서서히 소멸하기 시작했다.

공식적으로는 문화대혁명의 기간을 1966년 이후의 10년이라 하지만 실질적으로는 이때 끝난 것과 다름없었다. 그러나 그 후유증이 최소한 10년은 갔으니 그런 공식적인 문화대혁명 기간도 타당한 정의라 할 수 있겠다.

대혁명의 여파 그리고 평가

마오쩌둥의 무모하고 집요한 권력욕이 빚어낸 문화대혁명은 류사오치가

---

9) 중국 정부는 류사오치의 사인을 병사라고 발표하고 급하게 유해를 화장했다. 1976년 마오쩌둥 사망 이후 1980년에 류사오치의 명예가 먼저 회복됐고, 1981년 전국인민대표대회에서 그를 존경했던 덩샤오핑에 의해 복권됐다. 한편 문화대혁명 당시 덩샤오핑은 스스로 자아비판했다는 점이 인정돼 공식적인 비난은 피할 수 있었지만, 장시성江西省 신젠현新建縣으로 유배돼 3년 동안 트랙터 공장의 노동자로 살아야 했다.

10) 당의 고위 간부이며 국무원 부총리였던 시중쉰習仲勳(1913-2002)도 실권과 하방을 피할 수 없었으며, 그의 아들 시진핑習近平(1953-)도 량자허梁家河촌으로 하방해 토굴집에 살면서 궂은일을 감당하며 힘겹게 살아야 했다.

겨우 살려낸 중국 경제 회복의 성과를 한꺼번에 다 까먹었다. 1967년 마이너스 5.7퍼센트, 1968년 마이너스 4.1퍼센트의 경제성장률이 그것을 그대로 드러냈다. 그러나 류사오치의 실용경제정책을 주자파로 몰아세워 축출한 마오쩌둥으로서는 류와 덩의 경제정책을 밀고 갈 수 없었고, 사회 혼란이 어느 정도 진정되자 홍위병을 농촌으로 하방해 농어촌 개발을 진행하는 것이 고작이었다.

한 사람의 권력욕이 한 나라의 모든 것을 완전히 거꾸로 돌리는 야만이 20세기에 일어났다는 것 자체가 놀라운 일이었다. 경제성장의 부침이 극심했고, 큰 틀에서 보자면 중국의 경제는 뒷걸음질 칠 수밖에 없었다. 그에 비해 타이완과 홍콩은 안정적으로 경제성장을 거듭해 이미 중국을 따라잡았고, 북한도 이 시기에 고도 경제성장을 이룩했으니[11] 중국의 경제 몰락은 더 대조적으로 돋보였다.

문화대혁명은 역사상 보기 드문 재앙이었고, 중국사의 비극이었을 뿐 아니라 인류 전체에게도 끔찍한 재난이었다.

최근 중국에서 문화대혁명에 대해 새로운 해석이 나오고 있는 건 불가피한 일이기도 하다. 개혁개방 이후 빈부의 격차가 극심해지자 문화대혁명 시기의 극좌투쟁을 긍정적으로 회고[12]하는 이들도 있다. 마오쩌둥 추종자들 가운데에는 문화대혁명이 있었기에 개혁개방이 가능했다는 억지 주장[13]까지 하는 걸

---

11) 이 시기에 북한이 중국보다 훨씬 더 잘 살아서 조선족들을 중심으로 북한에 가서 좋은 물건을 구하는 일도 흔했다. 당시 김일성은 중국의 문화대혁명을 '믿을 수 없는 광기'라고 표현하며 부정적으로 평가했다.

12) 덩샤오핑이 이끈 개혁개방정책 이후 빈부의 격차가 극심해지자 중국의 많은 가난한 농민들과 노동자들이 문화대혁명과 마오쩌둥 시대에 '상대적' 박탈감이 덜했다는 식으로 억지 해석하는 방식이다. 이런 해석이 고개를 드는 것 자체가 빈부 격차의 증가가 현재 중국의 큰 사회적 문제가 될 수 있음을 함축하는 것이다.

13) 이른바 중국 신좌파新左派의 주장이다. 이들은 문화대혁명 기간에 산업이 급속도로 성장했고, 이것이 이후 고도성장을 가능하게 했다고 주장한다. 그들은 마오가 문화대혁명 때 자본주의 지향적인 특

보면 중국의 기성세대는 자신이 겪은 문화대혁명에 대한 부정적인 해석과 평가로 부채 의식을 갖는 걸 부담스럽게 느끼는 듯하다.

그러나 중국공산당이 문화대혁명에 대해 내린 '공식적인' 평가에 따르면, "문화대혁명은 좌편향의 과오이며, 이런 과오가 거대한 규모로 장기간 지속된 것에 대한 책임은 마오쩌둥 동지에게 있다"고 명확하게 정의하고 있다. 그러면서 그것을 덜어내기 위해 린뱌오와 장칭 등의 반동세력 등에게 포섭돼 마오쩌둥의 잘못된 지도하에서 행해져서 당과 인민에 수많은 재난과 혼란을 범했다고 분명히 밝히고 있다.[14] 중국에서는 공산당의 입장이 역사해석의 기준이 된다는 점에서 문화대혁명을 단호히 부정적 의미로 낙인찍었다는 건 명백한 일이다.

문화대혁명으로 중국의 위상은 위축됐고, 경제적으로는 크게 하락했다. 아직은 중국이 문을 열고 세계로 나아가기에는 요원했다. 그런 중국에게 다행스러운 것은 미국이 기존의 정책을 바꿔 소련과의 경쟁에서 소련을 고립시키기 위해 중국을 끌어들이는 전략을 세우기 시작했다는 점이다.

1971년 일본 나고야名古屋에서 열린 세계탁구선수권대회를 계기로 마련된 무대에서 헨리 키신저Henry Kissinger(1923~)와 저우언라이가 '주연급 조연'으로, 리처드 닉슨과 마오쩌둥이 '조연급 주연'으로 나선, 이른바 '핑퐁외교乒乓外交(Ping-Pong Diplomacy)'인데, 아직은 내분을 수습하고 재건하기에도 정신이 없었다. 마오쩌둥의 귀환만 확실했을 뿐이었다.

권 관료제의 폐해를 우려한 것은 옳았다고도 주장한다. 교묘한 짜깁기 식 견강부회이다.

14) 그러나 중국공산당은 '문화대혁명의 지도자 마오쩌둥'과 '혁명의 영웅 마오쩌둥'을 분리함으로써 체제의 정당성을 확보하려고 하고 있다. 마오의 개인적 과오와 마오의 사상을 분리한 것이다. 그것은 마오쩌둥이 중화인민공화국 수립에 절대적으로 기여했고, 그의 사상이 곧 당의 지도 이념이기 때문이었다. 마오를 부정하고 싶어도 그것은 자칫 공산당 자신의 존재 근거를 부정하는 것이 되기 때문에 굳이 격하운동으로 부담스러운 비용을 치르는 것을 피하기 위한 고육지책이기도 했다.

아파르트헤이트와 넬슨 만델라,
그리고 오스트레일리아

인종차별의 시대착오,
마침내 대가를 치르다

세계 역사에도 별종은 있다. 그리고 별종 짓에도 나름의 이유와 근거가 있다. 그러나 남의 땅을 힘으로 빼앗고 그게 마치 태초부터 자기네들의 소유인 듯 우기며 천년만년 다 쥐고 살 것이라 여기는 건 사악하고 웃기는 일이다. 1960년대는 더 이상 그걸 용납할 수 없음을 보여줬다. 심지어 당연한 것으로 여겼던 기성세대의 권위와 우선권조차 부정되고 투쟁하는 시기였다. 모든 문을 닫아걸고 나만 지키면 될 것이라는 착각이 당장은 통할지 모르지만, 더 많은 값을 치르고 나서야 문을 열어야 하는 상황이 온다. 그게 역사적 필연이다.

오스트레일리아는 그래도 고립의 값이 시대착오적이라는 걸 깨닫고 얼른 포기했지만, 남아프리카공화국은 질기게도 버텼다. 문제는 그 버틴 시간에 비례해서 억울하게 당한 약자들의 피해와 분노가 오래가고 그것을 해소하기 위한 사회적 비용이 증가했다는 점이었다.

시대착오는 언제나 어리석고 부당한 일이다. 그래서 우리는 '세계시민'으로서 늘 그들에게 되물어야 한다. '백인으로 태어난' 게 그리도 대단한 일이냐고. 지금도 그 선택이 옳았다고 생각하느냐고. 왜 그때 그렇게 생각하고 행동했느냐고. 그리고 그 질문은 다시 지금의 우리 자신에게 돌아온다. 모든 순혈주의는 종국에는 자기파멸이나 쇠락이라는 값을 치르게 된다.

1960년대는 불평등, 차별, 왜곡, 권위, 전통 등에 대한 반발과 저항이 한꺼번에 터져 나온 뜨거운 시대였다. 그러나 지구상의 모든 나라와 사람들이 다 그랬던 건 아니다. 식민지에서 이제 막 독립한 국가들엔 그림의 떡이었거나 차단됐던 정보였다. 가난한 나라들에 그런 저항은 아직 사치였다. 그러나 거기에 해당하지 않는 두 나라는 여전히 자신들의 입장을 굽히지 않았을 뿐 아니라 오히려 더 폐쇄적인 정책을 고수했다. 바로 남아프리카공화국과 오스트레일리아였다.

남아공의 아파르트헤이트, 나 홀로 인종차별

미국과 유럽에서 인종차별 철폐 문제가 뜨겁게 달궈지던 시절 그와는 정반대의 입장을 강화한, 아프리카의 최남단에 있는 남아프리카공화국Republic of South Africa(RSA)은 1961년 영연방Commonwealth of Nations에서 탈퇴하고 공화국을 수립했다. 남아공은 소수의 유럽계 백인 이주민의 후손들이 정치, 경제, 군사 등 거의 모든 권력을 장악했다.

17세기 케이프 식민지가 만들어지면서 네덜란드인들이 남아프리카에 대거 이주했다.[1] 특히 남아프리카로 이주해온 백인들은 당시 유럽에서의 종교분쟁으로 인한 갈등과 탄압을 피해서 온 개신교 성향의 사람들이 다수였다. 프랑스의 칼뱅주의자 개신교도인 위그노Huguenot도 그 한 축이었다. 남아프리카에 정착한 후손이 칼뱅파 교회 신자들이 중심이 된 것도 그 때문이었다.[2] 그들은 자

---

1) 이들의 후손을 '보어인Boers' 혹은 '아프리카너Afrikaners'라고 불렀다. '보어'는 네덜란드어로 '농부'라는 뜻이다. 1652년 얀 반 리베크Jan Van Riebeeck(1619~1677)가 데리고 온 네덜란드 농부들에서 유래된 이름이다. 아프리카너는 유럽에서 종교적 자유를 찾아 남아프리카에 정착한 개신교도가 합류해 형성된 민족 집단을 지칭하는 명칭으로 쓰였다.

2) 그래서 남아프리카가 영국의 식민지가 됐지만, 비非영국계 세력이 컸다. 1899년 10월 네덜란드계인 보어인들이 영국군 남아프리카 수비대 증강에 반대해 전쟁을 일으킨 것이 '보어전쟁Boer War(1899~1902)'이었다. 당시 보어인은 9만 명이 채 되지 않은 반면 남아프리카 주둔 영국군은 거의 50

신이 토박이도 아니면서도 흑인 원주민의 영토와 재산을 빼앗고 지배했다.

남아프리카를 지배한 보어인에게는 원초적인[?] 고민이 있었는데 그 가운데 하나는 혼혈로 인해 자신의 순수혈통이 더럽혀질지 모른다는 불안과 다른 하나는 수적으로 절대다수인 원주민에게 공격받을 수 있다는 공포였다. 그들이 선택한 해결책은 철저한 차별과 가혹한 처벌이었다. 18세기부터 20세기에 이르기까지 흑인에 대한 백인의 차별과 억압은 일상적인 것이었다.

"백인과 흑인을 격리하는 것과 차별하는 것은 별개의 문제이다"라는 논리[3]는 미국 등에서는 1960년대 들어서면서 조금씩 허물어졌지만, 남아프리카에서는 오히려 더 강화됐다. 그렇게 강화된 원인은 바로 그들의 원초적 고민과도 밀접한 관계가 있었다. 남아공을 지배한 친 영국 지배자들도 이들과 크게 다르지 않았다.

남아프리카의 흑백분리와 차별을 일컫는 아파르트헤이트Apartheid가 법률적으로 공식화한 것은 1948년 남아프리카공화국의 백인 정권에 의해서였지만,[4] 이미 19세기부터 존재했던 용어였다. 그것은 온갖 제한과 차별 그리고 규제가 흑인들을 다루는 방식이었다.

당시 통행법Pass law은 백인과 유색 인종의 거주 구역에 흑인의 접근을 아예 차단하고 통제하는 법률이었다. 1910년대에는 흑인의 토지거래권을 박탈하는 등 백인의 이익만 보호하는 철저한 차별정책이 발효됐다. 그뿐 아니라 백인과 타他인종 간의 혼혈을 풍기문란법으로 다스리는 등 흑백의 차별은 너무나 뚜

만 명이었다. 일방적 승리로 끝날 것이라는 예상을 뒤엎고 보어인들은 무려 2년 넘게 버텼다. 영국이 남아프리카에 눈독을 들인 건 당시 금본위제 경제에서 남아프리카의 트란스발Transvaal이 세계 최대 금광단지였기 때문이었다. 영국은 제2차 보어전쟁(1899~1902) 당시 트란스발을 점령해 식민지로 만들었고, 1910년에는 남아프리카연방의 한 주로 편입시켰다.

3) 미국에서도 '분리하되 동등한Separate but Equal'이라는 주장은, 1896년 연방대법원의 '플레시 대 퍼거슨' 판결에서 유지한 적이 있었으나, 현실에서 인종분리는 곧 차별과 다를 바 없다는 지적을 받았고, 1950년대에 위헌으로 판결돼 폐지됐다.

4) 당시 최초의 보어인 정부를 수립하고 아파르트헤이트를 추진한 총리 다니엘 말란Daniel Malan(1974~1959)은 '무려' 신학박사 출신이었다. 그는 비非백인을 노골적으로 탄압한 국민당의 독재자였다.

렷하고 견고했다.

1922년 백인 탄광노동자의 파업에 대한 강경진압으로 1924년 총선에서 보어인이 주축이 된 국민당에 정권이 넘어가면서 갈수록 심화했다.

제2차 세계대전 때 당시 영국의 자치령이던 남아프리카연방의 수많은 백인 남성이 영국군에 차출돼 전쟁에 투입되면서, 경제에서 그들의 빈 자리를 흑인이 채우게 되고 그에 따라 경제적 역할이 커짐에 따라 권익 향상을 요구하는 일이 벌어졌다. 전쟁이 끝난 후 돌아온 남아공의 백인은 자신들의 일자리와 백인 위주의 사회 질서가 위협받고 있다고 느꼈다. 그런 불안감이 빚어낸 산물이 바로 아파르트헤이트였다.

아파르트헤이트는 모든 사람들을 인종별로 등급을 매겨 백인, 흑인, 유색인, 인도인 등으로 나누고,[5] 인종별로 거주지를 분리했다. 백인은 다른 인종과의 결혼을 금지[6]했으며, 출입 구역을 분리하는 법률을 차례로 제정하면서 노골적인 백인지상주의를 표방[7]했다. '차별이 아니라 분리에 의한 발전'이라는 해괴한 논리가 아파르트헤이트를 합리화하는 근거였으니 시대착오적인 것이라 많은 사람들이 비난했지만, 당시의 남아프리카공화국의 백인들은 그런 시

---

5) 영국의 식민지 인도의 젊은 변호사였던 간디가 남아공에서 동족인 인도인들의 법률문제를 해결해주기 위해 1년간 체류했는데, 변호사 신분인데도 유색인이라는 이유로 온갖 수모를 당했다. 그는 재판정에서는 터번을 벗으라는 행정장관의 명령을 거부해 법정에서 쫓겨났고, 기차에서는 1등석 표를 샀음에도 3등석으로 옮겨 앉으라는 백인의 말을 거부해 기차에서 내던져지기도 했다. 심지어 마차에서는 백인 승객을 위한 공간을 마련하기 위해 내려서 걸으라는 명령을 거부해 구타당한 적도 있었다.

6) 1949년 인종간혼인금지법과, 1950년 흑백간성관계금지특히 흑인남성과 백인여성과의 성행위와 혼혈 임신 출산은 '순수 백인의 피가 더럽혀진다'고 여겨 엄히 처벌했다한 배덕법Immorality Act 개정과 인종별시설분리법 제정은 통행법 강화와 더불어 아파르트헤이트를 강화했는데, 그 때문에 많은 부부가 강제로 이혼당해 가정이 파탄 나는 일이 흔했다. 흑인과 성관계 가진 백인들도 감옥에 가는 일이 속출하자 백인 사회 내에서도 이에 대한 반발이 야기될 정도였다.

7) 인류학자이자 언어학자이며 원주민문제 담당 장관을 거쳐 1958년~1966년에 총리를 지낸, 아파르트헤이트 개념의 주창자인 베르너 아이젤렌Werner Eiselen(1899~1977)은 인종분리와 백인 우위가 그때까지의 방식으로는 더 이상 지속될 수 없다며, 소수 백인에 의한 지속적인 흑인분리 및 통제는 비용이 많이 들고 지속하기 어렵기 때문에, 아예 백인국가와 흑인국가로 분할해 버리자고 제안하기까지 했다.

선쯤은 전혀 개의치 않았다. 결국 이런 비민주적 행보에 영국이 비난하고 나서자 남아공은 국민투표를 통해 아예 영연방에서 탈퇴해 버렸다.[8]

ANC, 아프리카민족회의의 분투

아파르트헤이트는 크게 둘로 나뉘었다. 정치적 분할을 지칭하는 대大아파르트헤이트와 인종을 분리하는 소小아파르트헤이트가 그것이었다.

대다수의 흑인은 홈랜드라고 불리는 구역마치 게토처럼으로 격리됐고, 설령 도시에 살더라도 외곽의 흑인전용 주거지에 살아야 했다. 흑인은 대도시 중심가에 사는 것 자체가 불법이었다. 급기야 1970년에는 홈랜드에 거주하는 흑인의 남아공 국적을 박탈했다.[9] 남아공에 살고 있지만 '법률상' 외국인이 된 이들은 더더욱 힘겨운 삶을 살아야 했다. 이들은 자기 나라에서 '외국인 노동자'로 더 낮아진 임금을 받아야 했다. 남아공의 '아파르트헤이트 정권'은 단순한 인종차별 정권이 아니라 유사 파시즘에 가까운 폭압적인 정권이었고, 백인조차 답답함을 느낄 정도였다.[10] 그렇다고 흑인이 이 모든 상황을 순순히 받아들

8) 아파르트헤이트 정책 시행의 건설자로 불린 네덜란드 출신 헨드릭 페르부르트Hendrik Verwoerd(1901~1966) 박사는 아파르트헤이트가 흑인과 백인이 사이좋은 이웃으로 지낼 수 있는 유일한 대안이라는 논리를 내세워 보어인들의 지지를 얻으려 했다. 그는 젊은 보어인들의 표를 사기 위해 선거 연령도 만 21세에서 18세로 낮추었으며, 1950년 원주민 담당 장관을 거쳐 1958년 남아프리카 연방 수상이 됐고, 1961년에는 보어인의 숙원이던 영연방왕국을 이탈하고 공화국을 수립하는 일을 주도했다. 그는 1966년 케이프타운의 의사당에서 그리스계 경비원에게 칼로 찔려 암살당했다. 남아공 정부는 그의 이름을 따 일부 공항 및 도시의 이름에 '페르부르트'라는 이름을 넣었으나, 1994년 ANC 정권의 출범 이후 아파르트헤이트 잔재를 없앤다는 의미로 그의 이름을 남아공 전역에서 지웠다.

9) 남아공 정부는 홈랜드에 사는 흑인들이 '외국인'이기 때문에 흑백간성관계금지에 해당하지 않는다고 함으로써 카지노와 매춘을 조장하게 방치하고는 홈랜드의 흑인들이 도박과 섹스에 물들었다고 비난했다.

10) 그러나 백인들이 느끼는 답답함은 경직된 반공주의 일변도와 과도하게 엄격한 종교적 엄숙주의에

인 건 결코 아니었다. 그들의 투쟁은 눈물겨웠다. 그 중심에 '아프리카민족회의African National Congress(ANC)'가 있었다.

ANC는 1912년 시인이며 교육자였던 존 두베John Dube(1871~1946)와 솔 플라티에Sol Plaatje(1876~1932) 등이 창당한 남아공의 사회민주주의 정당으로 인구의 대부분을 차지하면서도 심각하게 인종차별을 당해온 남아공 흑인의 권리를 지키고 아파르트헤이트를 철폐하기 위해 오랫동안 투쟁했다. 그러나 아파르트헤이트 정책은 갈수록 더 치밀하고 배타적인 방향으로 치달을 뿐이었고, 아예 투표권이 배제된 흑인으로서는 정치적으로 해결할 수 있는 대안이 원천적으로 봉쇄된 상태가 지속됐다.

남아공 백인 정부는 아프리카민족회의를 테러 단체로 규정하고 활동가들을 무자비하게 체포·구금하고 고문을 가하며 살해도 서슴지 않았다. 심지어 그들의 시체를 불태우기도 했다. 또한 구성원들을 매수해 내분을 조장했다.[11]

백인들 사회에서도 과도한 아파르트헤이트가 부작용을 낳을 수 있다며 개선을 요구하는 소수의 백인이 있었지만, 그들은 다수로부터 철저히 외면당했다. 오히려 통행법을 강화해 모든 남아프리카공화국 국민에게 신분증명서류를 휴대하도록 강요했는데 흑인에게는 그것이 백인 거주 지역 출입을 통제하는 '여권'과도 같았다. 급기야 케이프주에서는 유색인종과 흑인의 투표권을 박탈하는 법안을 상정해 통과시켰다. 국민의 다수를 차지하는 유색인종과 흑인들이 아예 투표권조차 행사할 수 없게 된 것이다.

남아공에서는 백인만이 누릴 수 있는 독점적 요인만 되면 차별이건 처벌이건 가리지 않았다. 남아프리카에서는 대학에서도 인종집단별로 분리하는 교육

대한 반발에서 비롯된 것이었다. 심지어 TV가 종교적으로 불온하고 도덕적 타락을 초래한다는 이유로 금지됐다가 1976년에야 풀릴 정도였다.

11) 이런 사례들은 인종차별이 종식되고 '진실과 화해위원회TRC'에 의해 과거사 청산이 공개 청문회로 진행되면서 밝혀졌다. 1984년 인종차별 반대투쟁을 주도해서 노벨평화상을 수상했고, 1994년 발족한 진실과 화해위원회 위원장이 된 데즈먼드 투투Desmond Tutu(1931~2021) 성공회 대주교에 의하면 백인 의사들은 민족회의를 탄압하는 경찰에게 상처가 남지 않는 고문 방법을 가르쳐 주었다고 폭로했다.

이 일반적이었다. 결국 하나의 나라지만 백인국가와 흑인국가가 완전히 분리되는 양상으로까지 악화했다.

저항의 이름들, 넬슨 만델라와 브람 피셔

1960년대의 차별에 대한 전 지구적인 저항과 투쟁의 흐름에서 남아프리카 공화국은 개선은커녕 개악되는 '1960년대의 갈라파고스'로 고립되는 방식을 선택했다. 저항이 전혀 없었던 건 아니다. 흑인 원주민들은 자신들의 권리를 위해 용감하게 싸웠지만 번번이 처절하게 진압됐다.

냉혹한 백인들은 ANC의 지도자인 넬슨 만델라Nelson Rolihlahla Mandela (1918~2013)를 비롯한 여러 투사의 저항에 가혹한 처벌과 응징으로 대응했다. 그러나 만델라는 굽히지 않고 맞서 싸우며 외쳤다.

"우리는 평등한 정치적 권리를 원한다. 그것이 없다면 우리의 무력함은 영구적이 될 것이기 때문이다. [⋯] 모든 국민에게 참정권을 주면 한 인종이 지배하게 되는 결과가 나타날 것이라는 주장은 사실이 아니다. 평생토록 나는 아프리카 민중들의 투쟁에 나 자신을 바쳤다. 나는 백인들이 지배에 대항해 싸웠을 뿐만 아니라 흑인들의 지배에 대항해서도 싸웠다. 나는 모든 사람들이 동등한 기회를 가지고 조화를 이루며 함께 살아가는 민주적이고 자유로운 사회에 대한 이상을 가슴에 품고 있다. 이 이상이 바로 내가 살아가는 희망이며, 내가 이루고자 하는 소망이다. 하지만 필요하다면, 나는 이 이상을 위해 기꺼이 죽을 준비도 되어 있다."[12]

만델라는 1962년 체포돼 1964년 국가반란죄로 무기징역을 선고받아 투옥돼 제거된 듯했지만, 그는 옥중에서도 투쟁을 포기하지 않았다. 1960년대의

---

12) 앤드루 샤오·오드리아 림 엮음, 김은영 옮김, 『저항자들의 책』, 쌤앤파커스, 2012. 360~361쪽.

시대정신의 저항과 해방이 만델라에게는 감옥에서의 외침이 됐다.[13]

양식 있는 백인들도 국민당의 시대착오적인 아파르트헤이트 정책을 비판하며 억압받는 흑인을 돕기도 했다. 보어전쟁의 영웅으로 영국 식민지 시절 초대 자치정부 총리였으며 남아공 내무장관을 지낸 아브라함 피셔Abraham Fischer(1850~1913)[14]의 손자이며 유력 정치인이었던, 브람 피셔Bram Fischer(1908~1975)는 보장된 부귀영화를 포기하고 ANC에 적극적으로 협조하며 흑인 차별에 저항해 넬슨 만델라의 변호를 맡았다. 남아공 변호사협회 회장이었던 브람은 만델라와 그의 동료들을 변호하는데 헌신했고, 결국 남아공 정부의 보복으로 자신도 종신형을 선고받고 만델라를 따라 감옥에 갇혔다.

남아공에서 워낙 거물인사였기에, 남아공 정부가 정치적 부담 때문에 그에게 추방과 망명을 조건으로 석방을 제의했지만, 브람은 "나의 조국은 남아프리카공화국이다. 내 정부와의 정치적 마찰 때문에 내가 조국을 떠나야 할 이유는 없다"며 그 제의를 거부하다 병보석으로 석방된 이후 2주 만에 죽었다. 그러나 아직은 그런 백인들은 소수였으며, '동료 백인들'은 그들을 백안시했다.

극소수 국가를 제외하곤 전 세계가 남아프리카공화국의 시대착오적이고 반인권적인 아파르트헤이트 정책을 비난하면서 온갖 제재를 가했다. 남아공은 국제연합(UN)에서 1945년 가입 이래 강제 축출되고 지위권마저 상실했다.[15] 국제축구협회FIFA와 국제올림픽위원회IOC는 남아공의 월드컵과 올림픽 참가를 금지했으며 1960년 로마올림픽 이후,[16] 남아공은 국제사회에서 수교를 맺지 못하는 외톨이 신세가 됐다.

---

13) 아파르트헤이트는 1990년부터 1993년까지 벌인 남아공 백인 정부와 흑인 대표인 아프리카민족회의와 넬슨 만델라 간의 협상 끝에 급속히 해체하기 시작했고, 민주적 선거에 의해 남아프리카공화국 대통령으로 당선된 넬슨 만델라가 1994년 4월 27일에 완전 폐지를 선언함으로써 공식적으로 종식됐다.

14) 네덜란드 발음으로 '피스허르'로 읽는다.

15) 그래서 한동안 유엔 안보리이사회에 참여할 수 없었다.

16) 1957년에는 아프리카네이션스컵에 참여하려다가 쫓겨났다.

1960년대 이후로 남아프리카공화국이 국제적으로 철저하게 고립되고, 이웃 국가인 앙골라, 모잠비크와 적대관계가 되자[17] 남아프리카공화국은 자국 방어를 핑계로 핵무기개발에 착수했다.[18] 그러나 이런 조치는 핵확산을 꺼리는 국제사회의 비난과 제재를 자초하는 자충수가 됐다.

흥미로운 점은 남아프리카항공South African Airways(SAA)에 유난히 에어버스 A340 기종이 많다는 사실이다. 그것은 레소토Lesotho를 제외한 주변 국가들이 남아공의 고약한 아파르트헤이트 정책에 강하게 항의해 영공을 열어 주지 않았기 때문이었다. 이로 인해 남아공에서 중동, 인도나 홍콩 등지로 가기 위해서는 인도양을 건너야 했고, 유럽으로 가기 위해서도 아프리카 대륙을 거치지 않고 대서양으로 빙 둘러서 가야 했다.[19]

이 밖에도 남아프리카공화국이 국제사회에서 받은 제재는 수없이 많았지만, 끝내 아파르트헤이트를 포기하지 않았다.[20] 남아공 바로 위의 로디지아지

---

17) 당시 앙골라는 나미비아독립운동을, 모잠비크는 아프리카민족회의를 지원했기 때문에 남아공과 매우 불편한 적대적 관계였다.

18) 남아공은 1980년대 말까지 총 6기의 핵무기를 개발했는데 개발 프로젝트가 진행되는 도중 대통령에 의해 추가 핵무기 생산계획이 취소되기도 했다. 1989년 대통령에 당선된 클레르크Frederik Willem de Klerk(1936~2021) 정부는 핵확산금지조약 가입과 핵무기 폐기를 추진했고, 1991년까지 정해진 일정에 따라 보유한 모든 핵무기를 폐기했다.

19) 국제항공 규정에 따르면 2발 제트엔진 항공기의 경우 고장 시 나머지 한 개 엔진으로 운항할 수 있는 시간을 정해서 항공기 별로 비상착륙할 공항에서 정해놓은 시간 이상을 비행할 수 있어야 한다. 이를 'ETOPSExtended-range Twin-engine Operational Performance Standards'이라 한다. 남아프리카항공은 그런 규정의 적용을 피하기 위해 4발 제트엔진 항공기를 많이 운용했다. 그래서 남아프리카항공이 에어버스 A340 기종을 많이 운용했던 것이다. 이런 이유로 남아프리카항공은 수요가 나지 않는 구간을 운항할 때에도 4발 제트엔진의 대형기를 사용할 수밖에 없었다.

20) 남아공의 노벨상 수상자 9명 가운데 6명의 수상 이유가 아파르트헤이트와 관련돼 있다. 1960년 평화상을 받은 앨버트 루툴리Albert Luthuli(1898~1967), 1984년 수상자 데즈먼드 투투Desmond Tutu(1931~2021), 1993년 공동수상자 넬슨 만델라 & 프레데리크 빌럼 데 클레르크는 아파르트헤이트 철폐를 주도했거나 적극적으로 나섰다는 이유로 노벨상을 받았고, 1991년 문학상의 네이딘 고디머Nadine Gordimer(1923-2014)와 2003년 문학상 수상자 존 맥스웰 쿳시John Maxwell Coetzee(맞춤법 상으로는 쿠체로 쓴다. 1940-)도 아파르트헤이트 체제 시절의 남아공의 모습을 생생하게 묘사했다는 이유로 노벨상을

금의 짐바브웨도 흑인들의 정치 참여를 허락하지 않아 국제사회로부터 승인받지 못했지만, 악명 높은 흑백분리 정책을 악착같이 고수했다.

오스트레일리아의 아파르트헤이트, 백호주의

오스트레일리아도 남아프리카공화국의 악랄한 아파르트헤이트에는 미치지 못하지만, 비非백인들의 이민을 금지하는 정책인 백호주의White Australia Policy(WAP)를 여전히 고수하고 있었다. 오스트레일리아의 백호주의는 이미 1960년대 들어서면서 서서히 개방적 자세로 전환하기 시작했다는 점에서 남아프리카공화국과는 달랐다.

1930년대 오스트레일리아 인구 98퍼센트가 영국-아일랜드계였고, 백인이라도 그리스나 이탈리아 등에서 이민 온 사람들을 하층민으로 취급했다. 그 아래에 있는 계층이 바로 아시아계였다. 아시아인의 이민을 막기 위한 방법 가운데 하나는 어학시험이었다. 백인에게는 면제된 이 시험에서 영어를 아는 아시아에게는 그리스어 시험을 치르게 하는 식으로 대놓고 아시아인의 이민을 차단했다.

그러나 두 차례의 세계대전에 참전하고 한국전쟁과 베트남전쟁에도 참전하면서 오스트레일리아의 고립주의는 조금씩 퇴색했고, 백호주의에 대한 반발과 갈등이 오스트레일리아에도 결국에는 부담과 손실을 초래한다는 걸 깨달았다. 물론 그 배경에는 아시아의 힘과 역할이 갈수록 증가했다는 점도 작용했다.

특히 인접한 인도네시아의 반감은 오스트레일리아로서도 부담스러웠다. 두 나라는 보르네오섬을 둘러싼 전쟁과 동티모르 문제 등으로 갈등을 겪었다. 오스트레일리아가 더 이상 아시아태평양 지역에서 고립된 채 존립하는 것이 불리하다는 걸 깨닫기 시작하면서 백호주의도 조금씩 퇴색하기 시작했다.

받았다.

1960년대 들어 오스트레일리아 정부가 박해하고 무시했던 원주민애버리지니에 대해 보다 공정한 대우를 해야 한다는 여론을 수용하면서 오스트레일리아의 차별과 배타성도 조금씩 완화하기 시작했다.

자유의 축제 우드스톡페스티벌

사랑, 평화, 반전의 선율을
자유의 축제 위에 싣고

반전 시위를 진압하러 온 병사들의 총구에 꽃을 꽂았을 때, 이미 청년이 옳았고, 청년이 이겼다. 평화가 전쟁을 이기고 젊음이 낡음을 이기며 자유가 억압에 승리하고 폭력과 차별을 이겨내는 모습은 얼마나 아름다운가.

평화는 평온함만을 의미하는 게 아니다. 시끄럽고 무질서하며 질풍노도 같은 폭풍의 질주도 평화로울 수 있다. 우드스톡페스티벌은 진정한 평화가 어떤 것인지 너무나 자연스럽고 태연하게 보여주었다.

얼핏 난민촌 같은 이 무질서와 열악함을 오히려 자연과의 교합으로 여기고, 모르는 사람들과 함께 어우러져 노래하고 춤추며 마음껏 에너지를 발산하는 전복의 장면이 사람들을 감동시켰다.

1969년 8월 15일 미국 뉴욕주 북부에 있는 베델Bethel평원 근처 화이트레이크의 한 농장에 어마어마한 사람들이 모여들었다. 너무나 많은 사람이 몰려들어 정확하게 셀 수조차 없었다. 대략 30만 명나중에는 50만 명으로 늘어났다[1] 쯤으로 추산했다. 입구가 부서질 정도로 사람들의 행렬은 그치질 않았다.

이 축제는 '3 Days of Peace & Music'이라는 구호만 있을 뿐, 기존의 페스티벌처럼 연례적이고 일정한 규모로 기획된 음악제가 아니었다. 아니, 음악제라기에는 기존의 공연과 감상의 이분법이 통하지 않는, 한마디로 이전에는 볼 수도 없었던 하나의 '사건'이라고 하는 게 적합한 그런 페스티벌이었다.

정식 명칭은 'The Woodstock Music and Art Fair 1969'였다.

우드스톡페스티벌이라는 사건

사실 이 '사건'은 무산될 위기를 넘기고 열린 행사였다. 처음에는 뉴욕주 월킬Wallkill에서 개최될 예정이었지만, 지역 당국과 주민들은 수만 명의 히피들이 몰려들면 마약과 섹스가 난무하는 축제가 될 거라며 거세게 반발했고, 결국 시의회가 공연 허가를 취소하면서 축제 자체가 좌초될 뻔했다.

우여곡절을 거친 축제는 앳된 모습이 채 가시지 않은, 조엘 로젠먼Joel Rosenman(1942~), 아티 콘펠드Artie Kornfeld(1942~), 마이클 랭Michael Lang(1944~2022)[2], 존 로버츠John P. Roberts(1945~) 등 네 명의 청년들이 의기투합해 '저질러본' 기획이었다.[3] 자금도 십시일반 모아서 꾸렸다. 기획도 엉성했다. 그런 상황에서 시작

---

1) 어떤 자료에는 무려 1백만 명심지어 2백만 명이라는 자료도 있다이 모였다는 주장도 있으나, 공간의 물리적 조건을 고려하면 그 장소는 도저히 1백만 명을 수용할 곳이 아니어서 과장일 가능성이 크다.

2) 스물다섯 살의 공연 프로모터 마이클 랭이 당시 우드스톡페스티벌의 총감독이었다. 그는 이미 1968년에 'Miami Pop Festival'을 개최한 경험이 있었다.

3) 콘펠드와 랭은 우드스톡에서 맨해튼으로 이어지는 숲에서 문화박람회와 록콘서트를 포함하는 축제를 계획하고 이 축제에 투자할 사람을 찾던 중, 1969년 2월 뭔가 보람 있는 일을 해보고 싶어 했던 로버트와 그의 친구 조엘을 만나게 된 것이다. 마이클 랭은 훗날 회고록 『우드스탁 센세이션The Road to

부터 좌초될 듯했으니 해결책을 마련하기가 난감했다. 위기의 순간에 구세주가 나타났다.

베델에서 모텔 사업을 하던 엘리엇 타이버Elliot Tiber(1935~2016)가 이들에게 전화해서 베델을 추천한 것이다.[4] 그러나 마이클 랭 등 주최 팀이 모텔 부지에 습지가 많아 부적절하다고 거부하자 타이버는 평소 친하게 지내던 맥스 야스거Max Yasgur(1919~1973)를 설득해서 그의 농장을 새로운 공연 장소로 추천했다. 야스거는 보수적인 유대계 공화당원이었다.[5]

뉴욕대학에서 부동산학을 전공한 그는 1960년대 후반까지 뉴욕 설리번카운티에서 최대 우유 생산자였다. 그는 50만 명의 젊은이들이 자신의 농장[6]에 와서 사흘 내내 흥겹게 음악을 즐길 수 있으니 그저 즐거움과 음악만 누리면 된다고, 자신은 그것을 기원한다고 흔쾌히 승낙했다. 어쨌거나 야스거 덕분에 좌초 위기에서 벗어나 비로소 축제가 열릴 수 있었다.

돈도 넉넉하지 않은[7] 네 명의 청년이 기획한 1회용 축제였으니 시설은 형편없었다. 무엇보다 음악축제임에도 불구하고 음향시설은 낙제 수준이었다. 먹을 것, 마실 것도 부족했고 화장실은 턱없이 부족했다. 설상가상으로 폭우

Woodstock』에서 "우리가 마음을 다해 일을 제대로 하면 사람들이 높은 자아를 드러내고 놀라운 무언가를 만들어낼 것이라고 믿었다"고 말했다.

4) 엘리엇 타이버는 마크 로스코Mark Rothko(1903~1970), 테너시 윌리엄스Tennessee Williams(1911~1983), 트루먼 커포티Truman Capote(1924~1984) 등과 어울리며 평일에는 맨해튼에서 인테리어 디자이너로 일하고, 주말에는 베델에서 부모님의 모텔사업을 돕고 있었다. 그는 축제 기간 모텔로 돈을 벌고 매각할 생각이었다. 그러나 그는 우드스톡페스티벌 이후 완전히 다른 삶을 살게 돼 극작가로 많은 영화와 연극 작업을 했고 대학에서 희곡과 연기를 가르치는 교수가 됐다.

5) 공화당 지지자인 야스거가 베트남전쟁 반대를 외친 우드스톡페스티벌에 공간을 제공한 건, 베트남전쟁 참전을 결정한 게 민주당 정권이라고 여겼기 때문이었다는 건 아이러니한 일이다.

6) 사실 이 농장은 우드스톡에서 조금 떨어진 곳이었다.

7) 입장객 절반 이상이 펜스를 부수고 무료입장했기 때문에 티켓 판매 수입은 지미 헨드릭스에게 지불한 3만 2,000달러 개런티 등 출연료와 무대시설 비용에 미치지 못해 공연 자체는 130만 달러라는 어마어마한 적자를 기록했다.

가 쏟아졌다. 갑작스러운 폭우로 농장은 거의 진흙 뻘밭이 됐다. 그런데도 축제에 몰려든 청년들은 꼼짝도 하지 않고 오히려 그 자체를 축제의 이벤트로 즐겼다. 폭우가 만들어낸 갑작스러운 물웅덩이는 청년들이 물장구치는 놀이터로 변했고, 진흙 뻘밭은 히피들의 낭만적 놀이터로 변신했다. 그들은 악천후와 열악한 환경 속에서도 별다른 사고 없이 자신들의 열린 세상을 마음껏 즐겼다.

야스거 농장은 '우드스톡네이션Woodstock Nation'으로 명명되면서 이전에는 듣도 보도 못한 '공화국'으로 탈바꿈했다. 그런 상상 밖의 감응이 가능했던 건 바로 히피문화 덕분이었다. 그들은 이 돌발 상황이 오히려 잘 정제되고 기획되며 완벽한 시설을 지원하는 상업주의적 축제가 아닌 증거라며, 거기에 위축되거나 불평하는 건 적어도 자신들의 신념에는 어울리지 않는다고 여겼다. 아니, 오히려 그걸 즐기는 것이 바로 히피정신임을 당당하게 표출하고 구가할 수 있는 것으로 만들어버렸다.

히피정신과 우드스톡페스티벌

어떻게 이런 일이 가능했을까? 1960년대의 미국은 인종차별 반대, 여성해방, 베트남전쟁 반대 등 수많은 문제가 한꺼번에 터지면서 몸살을 앓았다. 청년들은 기성세대의 사고방식과 가치에 대해 대놓고 저항했다. 그러나 어느 하나 제대로 해결된 것은 없고 갈등만 커졌다. 그에 대한 불만이 고조되면서 피로감이 쌓인 상태에서 1960년대에 새롭게 어필한 로큰롤과 포크뮤직 축제를 기획한 것은 절묘했다.

무엇보다 1960년대 후반 히피의 적극적인 태도와 맞물리면서 이 축제가 가능했던 것인데 이들 대부분은 적극적으로 사회적 운동에 참여하는 것보다 소극적이고 개인적인 가치와 문화에 충실한 편이었다. 그들을 묶어준 연대의 끈은 '사랑·평화·반전'이었다. 그런 그들에게 우드스톡은 해방구요, 그들만의 공화국이었으며, 히피문화의 절정이었다. 공연, 마약, 사랑이 가득한 축제였다.

평화는 평온함만을 의미하는 게 아니다. 시끄럽고 무질서하며 질풍
노도 같은 폭풍의 질주도 평화로울 수 있다. 우드스톡페스티벌은 진
정한 평화가 어떤 것인지 너무나 자연스럽고 태연하게 보여주었다.
얼핏 난민촌 같은 이 무질서와 열악함을 오히려 자연과의 교합으로
여기고, 모르는 사람들과 함께 어우러져 노래하고 춤추며 마음껏 에
너지를 발산하는 전복의 장면이 사람들을 감동시켰다.

이런 양상에 대해 기성세대는 못마땅했다. 그래서 온갖 트집을 잡으며 훼방했고, 언론은 이들이 보인 일탈의 모습을 과장해서 보도함으로써 반감을 증폭시켰다. 그러나 그들의 눈에는 무질서, 폭력, 난교, 추잡함 등으로 가득해 보이는 이 축제에 참여한 젊은이들은 놀랍게도 폭력과 약탈 따위의 악행을 전혀 보이지 않았다.[8]

누가 봐도 도저히 받아들이기 힘들 것만 같은 열악한 상태에서 그걸 불평하고 싸우기는커녕 마음껏 즐기고 화합하는 모습은 그 자체로 충격이었다. 수십만 명이 먹고 마시고, 마약을 하며, 섹스하고, 발가벗고 다니는 일이 다반사인데, 큰 범죄가 일어나지 않았다.[9] 그 자체가 신선한 충격을 주었고, 히피와 청년들에 대한 삐뚤어진 시선을 크게 바꾸게 하는 원동력이 됐다.

우드스톡페스티벌에 참여한 뮤지션들의 면면도 다양했다. 세계 정상급 뮤지션들이 대거 참여했다.

존 바에즈, 멜러니 사프카Melanie Safka(1947~), 산타나Santana, 제퍼슨 에어플레인Jefferson Airplane, 지미 헨드릭스Jimi Hendrix(1942~1970)[10], '광기의 소울' 조 코커Joe Cocker(1944~2014), CCRCreedence Clearwater Revival, 재니스 조플린Janis Joplin(1943~1970)

---

8) 엄밀히 말하자면 우드스톡페스티벌의 역사적 의미가 부각되면서 널리 알려지진 않았지만, 마약 과다 복용으로 인한 사고를 비롯해 두세 건의 사망 사고도 발생했고, 10대 청소년이 침낭 속에서 자다가 트랙터에 치여 죽는 끔찍한 사고도 있었다.

9) 그러나 4개월 뒤 캘리포니아의 알타몬트Altamont에서 열린 롤링스톤즈The Rolling Stones의 무료 록밴드 공연 중에 사람이 살해당하는 사건이 발생했다. 롤링스톤즈는 히피 시대를 상징하는 우드스톡페스티벌의 열기를 이어가려고, 무료공연을 열었는데 무슨 까닭인지 경호와 경비를 미국의 최대 바이커 갱 조직인 헬스엔젤스Hell's Angels에 맡겼다. 공연 중에 메러디스 헌터Meredith Hunter(1951~1969)라는 흑인 청년이 술 취한 상태에서 리볼버를 소지하고 무대로 접근하다 헬스엔젤스 단원들에게 쫓겨나길 반복했는데, 헬스엔젤스 단원들의 폭력적 추방에도 불구하고 다시 돌아오더니, 이번에는 리볼버 권총을 뽑아 들었고, 헬스엔젠스 단원이 휘두른 칼에 찔려 죽었다. 우드스톡페스티벌이 '사랑과 평화'를 세상에 알린 것과 달리, '무질서와 폭력'이 점철된 이 공연은 히피 역사에 종언을 초래하는 단초가 됐다.

10) 이 공연에서 지미 헨드릭스가 미국을 조롱하며 미국국가 〈The Star Spangled Banner〉를 연주하면서 기타줄을 자신의 이로 물어뜯으며 연주했던 사건은 우드스톡페스티벌의 일대 전설로 남았다.

등 레드 제플린(Led Zeppelin)도 참여할 예정이었지만 공연 몇 달 전에 취소했다 수많은 뮤지션들이 무대에 올랐다.

그러나 유명 가수나 그룹보다 무명 가수나 그룹이 더 많았다. 이들은 이른바 언더그라운드 뮤지션들로 하위문화로 지칭되던 카운터컬처의 전사들로 지배문화에 저항하는 상징이 됐다. 당대 최고의 뮤지션들이 참가했던 이 페스티벌은 전쟁과 냉전으로 물든 60년대에 휘둘렸던 젊은이들의 억눌렸던 열정을 터뜨리게 했다.[11]

처음에는 3일로 기획된 행사가 관객들의 반응이 뜨거워지자 이들의 호응에 하루를 연장해야 했다. 네 젊은이들은 지미 헨드릭스 등에 지급한 고액의 출연료 지출로 공연은 적자를 보았지만[12] 나중에 부가 상품을 판매해 큰돈을 벌었다. '자본주의적 상식'에 따르면 이 정도 규모의 축제를 기획하려면 엄청난 자본이 필요하다. 그런데 네 명의 청년이 의기투합해 이런 축제를 기획한다는 것 자체가 무모했고, 결국은 '실패와 성공'의 양면을 다 드러냈지만, 돈이면 다 된다는 서구 자본주의에 대한 전복적인 태도로 시대정신을 포착했다는 것만으로도 매우 큰 사회적 의미를 갖는 것이었다.

우드스톡페스티벌은 1969년 첫 행사 자체로 이미 신화가 됐다. 그것은 20세기의 가장 큰 문화적 사건이었고 결정체였다. 1960년대의 모든 가치와 사건 그리고 변화가 그 축제에 농축됐다. 새로운 전복이 위험하고 불안한 게 아니라 신나고 멋지며 미래의 가능성을 보여줄 수 있다는 사실만으로도 그것은 1960

---

11) 기성세대에 대한 저항은 단지 구호로만 그친 것이 아니라, 저항의 상징으로 록뮤직과 자유를 선택했던 것이 이 페스티벌의 정신이었다. 그러나 그 자유에 마약까지 들어 있었고. 이미 당대에 천재적 기타리스트로 평가받던 지미 헨드릭스가 1년 뒤인 1970년에 약물 과다복용으로 요절한 것은 참으로 안타까운 일이었다.

12) 원래 이 페스티벌은 예약하면 18달러, 현장에서 구매하면 24달러로 책정됐지만, 예상을 초과하는 사람들이 몰려들어 프리콘서트가 됐다. 그러나 이미 표를 구매한 사람들이 환불을 요청하거나 항의하는 일이 거의 없었다고 한다.

년대의 문화를 상징하는 아이콘이 됐다.

폭우 한 방에 진흙탕이 돼버린 열악한 상황에서도 아무도 그것을 탓하거나 불평하지 않고, 오히려 더 자유롭고 즐거운 축제를 누리는 청년세대의 가능성은 불안한 미래가 아니라 희망과 기대의 미래가 어떤 것인지 보여주기에 충분했다. 그것이 바로 1960년대 낙관주의와 청년 연대의 상징이 됐다.

음악이 단순한 감성의 향유가 아니라 시대정신을 대변하고 문화가 세상을 바꿀 수 있는 가능성을 보여줬다는 점에서 우드스톡페스티벌은 1960년대의 뜨거움이, 가장 '무질서한 질서', '문란하되 파괴적이지 않은 욕망'으로 마음껏 표상된 상징이었다. 그것은 단순한 하나의 축제에 그치지 않고 1960년대 문화를 집약하는 '진정한 문화대혁명'이었다.

1969년은 변화에 대한 갈망이 극에 달했을 때였다. 그 갈망이 마음껏 표출된 우드스톡페스티벌은 젊음, 음악, 자유, 평화 그리고 역사 그 자체였고, 곧 다시 돌아갈 수 없는 이상향 혹은 향수의 대상이었다. 우드스톡페스티벌의 성공은 시대의 반항적인 혁명이 평화롭고 자유로운 세상으로 승화할 수 있음을 보여주었다.

아폴로11호와 달착륙

인간,
드디어 달에 착륙하다

마침내 인간은 지구 밖 우주의 달에 발을 디뎠다. 불과 10여 년의 짧은 시간에 엄청난 에너지를 쏟아서 이룬 혁명적 성과였다.

　　그러나 여전히 작은 행성 지구에서는 서로 반목하고 갈등하며 죽고 죽이며 누군가의 것을 빼앗는 일이 멈추지 않았다. 힘센 나라들이 식민지 경쟁하듯 우주를 차지하는 일에 집착하고, 그 과정에서 축적한 기술을 무기에 적용하는 일이 자연스러운 일이 돼버린 세상을 만들기도 했다.

　　그래도 더 선한 일에 그 능력을 쓸 수 있도록 하는 인간의 집단지성과 이성이 우리를 진화시킬 수 있다는 희망을 접지 말아야 한다. 1960년대 그 짧은 시기에 인류는 지상에서 엄청난 일들을 겪었다. 그 시기는 짧았지만 이후의 더 엄청난 변화의 전환점이 됐다.

"한 인간에게는 작은 걸음이지만, 인류에게는 위대한 도약입니다." [1]
That's one small step for a man, on giant leap for mankind.

1969년 7월 20일, 인류 역사상 전무한 일이 일어났다. 드디어 인간이 달에 도착한 것이다. 아폴로11호Apollo-11의 달착륙선 이글호[2]가 '고요의 바다'[3]라고 명명한 달 표면에 사뿐히 그리고 아름답게 착륙했다. 지구의 수많은 사람들이 환호했다. 달에 첫발을 내디딘 미국의 우주비행사 닐 암스트롱Neil Alden Armstrong(1930~2012)은, 인간의 달 착륙을 시청하고 있던 7억 명의 '지구인들'에게 위와 같은 멋진 메시지를 전했다. 지구에 있는 대다수의 사람들이 전율했다.

짧은 이 한 문장만큼 인간의 위대한 도전을 함축하는 말은 없을 것이다. 인간이 드디어 지구라는 행성 밖 우주의 한 위성[4]에 첫발을 내디딘 것이다. 그것은 끝이 아니라 시작이고 위대한 도약일 것임을 모두가 확신하고 있었다. 암스트롱이 달 표면으로 내려간 지 15분 후, 올드린도 이글호 계단으로 내려갔다. 그는 달에 발을 내디딘 두 번째 인류가 됐다. 그는 달의 모습을 '장엄하고 황량한 풍경'이라고 표현했다.

---

1) 앤드루 스미스, 이명현·노태복 옮김, 『문더스트』, 사이언스북스, 2008. 41쪽. 한동안 '한 인간a Man'이 아니라 '인간Man'으로 써오기도 했지만 훗날 암스트롱이 '한 인간'의 의미로 'a Man'이라고 말했는데 관제소에서 들을 때 'a'를 제대로 못 들은 것 같다고 밝히면서 잘못 인용된 구문이 수정되기도 했다.

2) 달착륙선은 미국의 국장國章의 흰머리수리에서 착안해서 이글Eagle로, 사령선의 이름은 자신들의 달 탐험을 미 대륙을 발견했던 콜럼버스에 비견해 콜롬비아Columbia로 명명했다.

3) 착륙 지점은 이전에 달에 착륙했던 탐사선들이 보낸 지형의 데이터를 바탕으로 비교적 평평한 지역인 '고요의 바다Mare Tranquillitaits'로 결정했다.

4) 달은 행성이 아니라 행성 주위를 도는 별인 위성Satellite이다. 행성Planet은 스스로 빛을 내지 못하고 태양 주위를 도는 별이고, 천구 상에 고정돼 스스로 빛을 내는 별은 항성Fixed Star이라고 한다.

케네디의 약속, 유인우주선 달착륙

우주탐사 경쟁에서 소련의 선제 성공으로 큰 충격을 받고 자존심이 크게 상했던 미국으로서는 아폴로11호가 달에 착륙하고 인류 역사상 최초로 비행사가 달에 발을 디딤으로써 자존심을 회복했을 뿐 아니라 우주 경쟁에서 소련을 제치고 주도권을 쥘 수 있게 됐다. 그리고 1960년대 미국을 뒤흔든 수많은 갈등과 사건들도 이 한 방으로 녹아버리는 듯 보였다. 베트남전쟁의 우울한 전망도 달 착륙 성공에 흠집을 낼 수 없었다. 무엇보다 불과 8년 만에 이 놀라운 일이 벌어졌다는 것에 미국의 충족감은 완벽하게 채워졌다.

소련의 스푸트니크1호가 성공하면서 체면을 크게 구겼던 미국은 1961년 케네디 대통령이 대대적인 지원과 집중으로 우주탐사계획을 완성해 1960년대가 지나기 전에 인간을 달에 착륙시킨 뒤 지구로 무사히 귀환시키겠다고 했던 약속[5]을 마침내 지키게 된 것이다. 케네디는 이 연설 후 2년 뒤에 암살됐지만, 미국 정부와 NASA미국항공우주국는 계속해서 '아폴로 계획'[6]을 수행했고 마침내 케네디의 약속을 실현했다. 물론 250억 달러라는 엄청난 예산을 쏟아부은 결실이기도 했다.

달이 미국과 소련의 우주 경쟁에서 타깃이 된 건 너무나 자연스러웠다. 지구에서 가장 가까운 위성이기 때문이었다. 우주로 처음 인공위성을 쏘아 올린 건 소련이었다. 1957년 10월 3일 스푸트니크1호가 로켓에서 발사돼 지구 주위의 궤도로 진입하는 데에 성공했다. 그것은 전 세계에 충격을 주었다. 무엇보다 미국이 받은 충격은 엄청났다. 1959년 소련은 무인 우주탐사선 루니크2호를 달에 발사했고, 같은 해 루니크3호는 달의 뒷면을 촬영했다.

---

5) 케네디는 연설에서 "나는 이 나라가 1960년대가 지나가기 전에 달에 인간을 착륙시킨 뒤 지구로 무사히 귀환시키는 목표를 달성해야 함을 믿는다"라고 말했다.

6) '태양의 신'인 아폴로라고 명명한 것은 소련의 루니크프로젝트가 달의 신 '루나'의 명칭을 사용했기 때문에 태양을 상징하는 '아폴로'라고 지었다고 한다.

소련은 유인우주선도 먼저 쏘아 올렸다. 1961년 4월 12일 유리 가가린이 보스토크1호를 타고 지구 궤도를 돈 것이다. 소련의 우주탐사는 늘 미국을 앞섰다. 1966년 1월에는 무인 우주탐사선 루니크9호가 '폭풍의 바다' 달 표면에 착륙했다. 달에 내린 최초의 우주탐사선이었다. 그러나 거기에는 사람이 타고 있지 않았다. 미국에는 이 상황을 역전시킬 단 하나의 기회만 남았다. 바로 '유인' 우주탐사선을 쏘아 올려 최초로 달에 인간을 내려놓는 것이었다.

닐 암스트롱과 '버즈' 올드린의 치명적 미션

1969년 7월 16일 오전 8시 32분 플로리다의 케네디 우주센터John F. Kennedy Space Center(KSC)에서 아폴로11호가 발사됐다. 아폴로 계획의 9번째 미션[7]이었다. 마침내 케네디가 약속했던 60년대의 마지막 해인 1969년에 발사된 아폴로11호에 탑승한 닐 암스트롱과 에드윈 '버즈' 올드린Edwin 'Buzz' Eugene Aldrin Jr.(1930~)[8] 두 우주비행사가 과연 달에 발을 내딛게 될 것인지 전 세계의 눈이 그곳에 쏠렸다.

세 우주인[9]은 달로 향하는 동안 TV로 우주에서 본 지구의 모습과 운동, 요

---

7) 아폴로 2호와 3호가 없기 때문에, 11호가 9번째가 되는 미션이었다. 아폴로11호는 아폴로 계획의 다섯 번째 유인 우주비행인 동시에 세 번째 유인 달탐사이기도 했다.

8) 달에 도착한 '최초 인간'의 명예를 닐 암스트롱이 차지하면서 달착륙선 이글호의 조종사였던 올드린은 그에 가려 좌절해야 했고, 이혼과 알코올 중독 등 힘겨운 날을 보냈다. '조명받지 못한 영웅'인 그는 영화 〈토이스토리Toy Story〉의 '버즈 라이트이어Buzz Lightyear'로 소환돼 영화에서 사랑을 받았고, 이후 제2의 전성기를 맞아 전 세계를 돌아다니며 우주개발 분야에서는 러시아와 중국 등과도 적극적인 협력이 필요하다고 주장하며 우주전도사로 활동했다. 올드린은 1979년에 '버즈'로 이름을 바꾸었다. 영화의 버즈는 올드린을 모티프로 삼았다. 암스트롱이 엄청난 유명세와 음모론자들의 괴롭힘으로 사실상 은둔 생활을 선택했던 것과는 대조적으로 올드린은 훨씬 더 적극적으로 민간인들에게 우주개발을 홍보했으며 방송과 저술에도 적극적이었다. 2011년에는 영화 〈트랜스포머 III〉에 특별출연하기도 했다.

9) 마이클 콜린스Michael Collins(1930~2021)는 궤도 위 사령선 콜롬비아호를 조종하고 있었다.

리 등의 활동을 생방송으로 중계했다. 사흘 뒤 세 사람은 달 궤도에 진입했다. 그러나 과연 착륙선 이글호가 성공적으로 달에 착륙할지, 그리고 정말 우주인들이 달에 내려 활동할 수 있을지는 아무도 장담할 수 없었다. 특히 NASA에서는 모의 착륙 때마다 착륙 돌입 시 약간의 문제점이 반복됐기에 긴장할 수밖에 없었다. 예상된 시간보다 지체되면서 연료가 떨어지지 않을까 하는 문제도 이들을 옥조였다.

그렇게 모두가 긴장한 상태에서 착륙선 이글호가 마침내 1969년 7월 20일 8시 17분 40초에 고요의 바다에 착륙했다. 그리고 잠시 후 닐 암스트롱이 이글호에서 내려 달에 첫 발을 내디뎠다. 미국으로서는 길고 긴 우주경쟁에서 일거에 소련에 대한 대역전극을 성공시킨 쾌거였다.

암스트롱은 달 표면에 성조기를 꽂았고,[10] 상처 받았던 미국의 자존심은 완벽하게 회복[11]했다. 아폴로11호는 지구로 귀환해 하와이 근처 바다 위에 무사히 떨어졌고, 미 해군 항공모함 USS호넷이 그들을 맞았다.[12] 닉슨 대통령은 그들을 축복하기 위해 '개인적으로' 직접 호넷호를 방문했다.

아폴로11호의 달 착륙과 인류 최초로 인간이 달에 발을 내디딘 쾌거는 전

---

10) 인류가 공유해야 할 달 표면에 성조기를 꽂은 것은 마치 달이 미국의 영토인 것처럼 보일 수 있는 행위라는 비난 여론도 꽤 많았다. 흥미로운 일은 비행사들이 달 표면에 성조기를 세우고 있는, 동안 닉슨 대통령으로부터 긴급 연락이 들어와 통화를 하는 와중에 닉슨이 통화를 주도하며 긴 메시지를 읽으려 하자, 당시 백악관과의 연락 담당관을 맡고 있던 NASA의 프랭크 보먼Frank Borman(1928~)은 "달 착륙은 각하의 것이 아니고, 케네디 대통령의 유산입니다"라고 말하며, 비행사들의 스케줄이 가득 차 있다고 설명해 전화를 빨리 끝맺도록 설득했다는 점이었다. 프랭크 보먼이 케네디의 후원에 크게 고마워했기에 그랬을 것이다.

11) 아폴로11호의 성공에 자존심을 크게 구긴 소련은 역전을 위해 1971년 6월에 세 명의 우주비행사를 태운 살류트1호를 발사해 무려 23일 동안 우주에 머물렀지만, 세 명 모두 숨진 채 지구에 귀환해서 오히려 망신만 당했다.

12) 여러 관계자들이 암스트롱과 올드린의 생존 귀환 가능성을 낮게 생각하고 있어서 당시 미국 대통령 리처드 닉슨은 연설문 작성자에게 실패의 슬픔을 담은 연설을 준비하라고 일렀으며 유족들에게 전화할 것과 생방송으로 중계될 추도예배 등을 비밀리에 기획했다.

1969년 7월 20일, 인류 역사상 전무한 일이 일어났다. 드디어 인간이 달에 도착한 것이다. 아폴로11호의 달착륙선 이글호가 '고요의 바다'라고 명명한 달 표면에 사뿐히 그리고 아름답게 착륙했다. 달에 첫발을 내디딘 미국의 우주비행사 닐 암스트롱은 멋진 메시지를 전했다.

"한 인간에게는 작은 걸음이지만, 인류에게는 위대한 도약입니다."

세계에 실시간으로 중계됐다. 아직 위성중계가 낯설었던 대한민국에서도 KBS TV가 뉴스특보로 생중계해 모두가 TV 앞에 모여들었다.[13] 미국과 소련의 이른바 'Moon Race'는 후발주자 미국의 승리로 끝났다.

인간의 달 착륙에서도 미국에 앞서고 싶었던 소련은, 달까지 사람과 자원을 보내기 위해서는 미국의 새턴 V로켓 같은 강력한 추력을 가진 발사체가 필요했고, 4단 로켓인 N1을 개발했지만 강력한 성능의 엔진 개발에는 실패했는데, 급한 마음에 온갖 무리수를 동원해 로켓을 발사하기로 했다. 그러나 1969년 2월 21일 첫 번째 N1 로켓은 발사 69초 만에 폭발했고, 1969년 7월 3일의 두 번째 발사도 실패하면서 미국의 달 착륙 모습을 씁쓸하게 바라보고만 있어야 했다.[14]

아폴로11호의 성공은 미국의 힘을 완벽하게 과시했을 뿐 아니라 인류의 꿈을 이룬 것이었고 동시에 새로운 꿈을 안겨주는 것이었다. 이제 지구라는 작은 행성에 갇힌 채 경쟁하는 틀에서 벗어나 우주를 향한 새로운 경쟁의 시대를 열었다.

물론 그것이 평화일지 아니면 새로운 영토 경쟁일지는 아직 아무도 장담할 수 없었다. 이미 미국과 소련 모두 이것을 군사적 전략 무기로 삼을 계획을 차근차근 진행 중이었다. 그러나 우주를 향한 인류의 꿈은 하나씩 확대될 것이며 더 큰 희망을 실현할 수 있다는 낙관의 전망과 힘은 사윌 수 없었다.

1960년대의 인류의 역사는 그렇게 상징적인 해피엔딩으로 서서히 마감하고 있었다.

---

13) 당시 각 시도교육위원회는 임시휴교로 학생들이 집에서 시청할 수 있도록 했으며, 당시 NASA에서 연구원으로 있던 조경철趙慶哲(1929-2010) 박사가 방송해설자로 출연해 '아폴로 박사'라는 별명이 붙기도 했다. 세 우주인은 1969년 11월에 한국을 방문했다. 암스트롱과 올드린은 한국전쟁 때 공군으로 참전했던 인연도 있었다.

14) 1971년 6월 26일 세 번째 발사와 1972년 11월 23일 네 번째 발사도 실패에 그치면서, 소련은 일단 달착륙 경쟁을 포기하고, 이후 우주정거장 건설에 집중하는 것으로 전략을 바꾸게 됐다.

1960대의 마지막 이름, 전태일 열사

스물한 살
마지막 날의 일기

이 청년의 푸른 청춘이 떠안아야 했던 우리의 1960년대, 우리는 무엇을 했고 무엇을 했어야 하는지 기억해야 한다. 그리고 적어도 전태일에게 부끄러워하지 않을 수 있는 삶을 살아야 한다.

올해와 같은 내년을 남기지 않기 위해

나는 결코 투쟁하련다. 역사는 증명한다.[1]

　김주열보다 5년 뒤에 태어난, 만 21세의 청년으로, 평화시장 봉제 공장의 재단사로 일하며 노동자 권리를 위해 고군분투한 전태일全泰壹(1948~1970)이 1969년 12월 31일, 그러니까 1960년대의 마지막 날에 남긴 일기의 일부분이다.

　초등학교도 채 마치지 못할 만큼 힘겨운 가정 형편 때문에 17세 때 무일푼으로 상경해서 청계천 평화시장의 봉제공장에서 재단 보조로 시작해서[2] 재단사가 됐지만, 자기보다 어린 재단 보조 여공들이 너무나 형편없는 급여에, 열악한 노동 환경과 폐렴 등의 질병으로 시달리는 모습을 보고[3] 적어도 세상이 제대로는 돌아가야 한다고 생각했던 청년은, 최소한 헌법에서 보장한 노동의 권리를 누릴 수 있어야 한다고 생각했다.

　그런 청년의 눈을 뜨게 한 희망의 끈은 바로 근로기준법[4]이었다. 그러나 법이 없는 게 아니라 그 법을 제대로 실행하지 않는 현실이 가로막았다. 청년 전태일은 그 법을 알아야 권리를 얻을 수 있다는 생각에 근로기준법을 독학하려 했지만, 온통 한자투성이의 국한문 혼용체라서 낙담했다. 대학을 나왔거나

---

1)　조영래, 『전태일 평전』, (재)전태일재단, 2009. 246쪽.

2)　대구에서 태어난 전태일은 재봉사였던 아버지가 사기를 당하는 바람에 서울로 올라와서 생활 전선에 뛰어든 뒤, 1954년 서울 남대문초등학교에 입학했다. 그의 가족은 처음에 서울역 근처 염천교 밑에서 노숙해야 할 만큼 곤궁했다. 한때 그의 어머니 이소선李小仙(1929~2011)은 만리동 일대를 다니며 동냥도 했다고 한다. 봉제 일을 하던 아버지가 취직해 월세 생활을 했지만, 1960년 다시 대구로 내려갔다. 대구 명덕초등학교당시 청옥고등공민학교에 입학했지만 아버지의 강요로 자퇴하고 재봉 일을 배우다 1964년 동생 전태삼全泰三(1950~)을 데리고 다시 가출해서, 서울 청계천으로 올라와 평화시장의 의류제조회사 삼일사에 견습공으로 취업했다.

3)　1965년에 전태일은 평화시장의 삼일사 재봉사·재단사로 일하다가 강제 해고된 여공을 돕다가 함께 해고됐다.

4)　1953년 5월 10일에 대한민국의 법률 제286호로 제정된, 근로기준법은 근로자의 근로 및 노동에 관한 법률로 근로자 보호를 위한 특별법이다.

대학에 다니는 친구라도 있으면 그것을 읽을 수 있고 내용을 알 수 있을 거라며 한탄하기도 했던 청년은, 그러나 포기하지 않고 해설서를 구입해 밤낮 가리지 않고 읽고 또 읽었다. 너무나도 낯선 법률 용어들은 같은 동네에 사는 나이든 대학생 '광식이 아저씨'에게 묻곤 했다. 그가 읽고 이해한 근로기준법은 허울만 있고 문자로만 존재할 뿐 적어도 '평화시장에는' 존재하지 않았다. 그는 노동자들이 겪는 고통을 자신의 삶으로 고스란히 경험하고 공감하며 인간의 존엄성에 대한 최소한의 권리를 누릴 수 있도록 누군가는 외쳐야 한다고 결심했다.

> 인간을 물질화하는 시대. 인간의 개성과 참 인간적 본능의 충족을 무시당하고 희망의 가지를 잘린 채, 존재하기 위한 대가로 물질적 가치로 전락한 인간상人間像을 증오한다.[5]

1969년 겨울에 쓴 이 일기에서 드러난 것처럼 그는 단순한 노동의 대가를 요구하는 데 그치지 않고, 인격과 인간의 존엄성을 지킬 수 있기를 희망했다. 그것을 위해서라면 자신의 목숨을 바쳐서라도 세상에 외치겠다는 결심을 다지고 또 다졌다.

어쩌면 1960년대의 진정성은 그렇게 청계천 평화시장의 한 청년 재단사에게 가장 또렷하게 스며들고 돋을새김 된 듯했다.

---

5) 앞의 책, 234쪽.

1960s

1960년대 이후 나의 현대사

제3부
미완성 카덴차

Postlude

1960년대는 베이비부머의 시대였다. 이 시기는 전 세계적으로 제2차 세계대전 이후 발전과 성장의 과정을 거치는 시대이기도 했기에 경제의 태동기라고 부르기도 한다. 그러나 청년들은 전쟁의 공포에서 벗어났다는 안도감이나 물질적 풍요에서 오는 포만감에 안주하기를 거부했다. 냉전의 한복판이었던, 그래서 더욱 불안과 의심이 지배하던 시기였던 1960년대가 지금의 우리에게도 여전히 의미를 던져줄 수 있는 건 당시 청년들의 희생과 노력 때문이다.

이 시대가 유의미한 것은 크게 두 가지 이유 때문이다.

하나는 안도와 풍요에 길들지 않고 사회구조적 모순에 대해 비판하고 저항하며 맞서 싸운 가장 용기 있는 시대였기 때문이다. 두 차례의 전쟁이 준 비극은 끔찍하고 엄청났으며 그에 비례해서 전후의 안도감은 이루 말할 수 없이 포근했다. 다시 회복한 경제, 특히 자본주의 시스템이 쏟아내는 엄청난 물질적 풍요는 이전에는 누려보지 못했던 것들이었다. 그러니 누구나 거기에 쉽게 순응하고 더 많은 이익을 추구하는 게 자연스러운 때였다. 그러나 억압과 차별을 받았던 사람들은 용기를 내서 그 부당함에 대해 외치기 시작했고, 피를 흘리면서도 저항을 포기하지 않았다.

1960년대가 유의미한 또 하나의 이유는 적어도 제도적으로는 식민지와 제국주의 잔재가 거의 말끔히 사라진 시대였다는 점 때문이다. 근대 후기와 현대를 관통하면서 전 지구를 유린하며 약탈과 착취의 구조로 짓누르던 제국주의가 극적으로 퇴장했는데, 그 실질적인 전환점이 바로 1960년에 대거 독립한 식민지 국가들의 출현이었다. 물론 그 나라들이 온전하게 제 역할과 힘을 발휘할 수 있는 조건이 마련되지 않은 상태였지만 적어도 모든 나라들이 독립주권국으로서 세계의 동등한 일원이 됐다는 것은 분명히 현대사의 새로운 역사적 전환점이었다.

만약 소련이 농업을 비롯한 경제 개혁에서 실패하지 않고 흐루쇼프의 개혁이 제대로 이루어졌더라면, 마오쩌둥의 탐욕에 의한 야만적인 문화대혁명이 없었고 류사오치와 덩샤오핑의 실용주의가 연착륙했더라면, 세계 최강을 다투는 군사 대국과 세계 최대 인구의 강국이 퇴행을 겪지 않고 조금 더 민주적이고 인간적인 세상으로 진일보했을지도 모른다. 그런 점에서 1960년대 두 강대국의 퇴행은 인류사적 측면에서 볼 때 자산이 아닌 부채이며 아쉬운 대목이다. 그러나 앞으로 다가올 미래에서 그런 우매함을 되풀이하지 않기 위해 반면교사로 삼을 수 있다면 그 또한 1960년대가 역사에 주는 자산이 될 것이다.

무엇보다 1960년대의 가장 중요한 힘은 청년에게서 나왔다. 청년이라고 무조건 기성세대를 들이받기만 한 건 아니었다. 그러나 사회 구조적 모순을 고치기는커녕 그것을 고착화하면서 자신의 이익과 세력을 굳게 다지는 데에만 정신을 쏟은 어른들에게 대놓고 따지고 비판하며 저항하고 맞서 싸운 경우는 이전에는 별로 없었다. 이전 시대에 그들은 힘없고 덜 배운 '어린것들'에 불과했다. 그러나 1960년대의 청년은 달랐다. 그들의 최대의 무기는 저항이었다.

단순히 '이유 없는 반항'이 아니라 행동하는 저항이었고 연대하는 도전이었다. 그 청년들이 '혁명'을 세상에 퍼뜨렸다. 물론 서툴고 어려서 미숙함과 과도함을 보이기도 했다. 그러나 낡은 질서와 체제에 대해 그렇게 당당하고 의연하게, 그리고 용감하고 순수하게 싸운 청년의 시대는 없었다. 그런데 그런 일들이 지구의 여러 곳에서 우후죽순처럼 솟아났다. 그 정점이 68혁명이었다. 그리하여 권위의 시대는 청년의 저항으로 크게 허물어졌다. 자유와 저항은 인류의 역사를 발전시킨 내적 추동력이다. 그 힘이 극대화됐던 시기가 바로 1960

년대였다. 그 시대에 인류는 부당한 억압과 차별에 대해 저항했고 투쟁했다. 당장은 아니지만 그로 인해 수많은 중요한 변화들이 가능해졌다.

어떤 역사건 진보와 퇴행이 공존한다. 각각의 사회가 그 시기의 에너지와 가치를 어떻게 수용했는지를 살펴보면, 그 나라들의 현재의 당위와 미래의 방향성을 읽어낼 수 있다. 1960년대는 그것을 극적으로 보여주었다. 역사의 모든 시간은 다음 시간을 위한 동력과 좌표를 마련한다. 그것을 파악하는 것이 비전이고 그것을 진화시켜 현실화하려는 것이 의제 설정이다. 시대정신을 알아야 미래의제를 도출할 수 있는 건 그 때문이다.

나는 이 책에서 스콧 니어링의 삶을 소환해 그 일부를 마치 '비컨Beacon'이나 '부표Buoy'처럼 이곳저곳에 붙여놓았다. 100년의 삶을 살았던 그가 뜨겁게 활동했던 시기는 1910년대에서 1930년대 사이였다. 아동노동, 여성 권리, 흑인 인권, 석유와 전쟁, 반전·반파시즘 등에 대한 그의 저서들과 강연은 예언자의 외침과도 같았다. 일찍이 그는 기회가 있을 때마다 중요한 사회·정치적 문제에 대해 분명하게 자기 의견을 피력했지만, 그런 문제들이 사회 전반에 널리 인식되기 위해서는 오랜 세월이 필요했다. 스콧 니어링의 선구자적인 예언들이 부각되고 실현되는 시기가 바로 1960년대였다는 점은 지금의 우리에게도 매우 의미심장하다. 그가 미국에서 가장 위대한 '개인적 자유'의 수호자이며 자본주의로 상징되는 문명 전반에 대한 비판을 가한 사회철학자이고, 자연주의자이며, 실천적인 생태론자로 평가되는 원천적인 힘은 바로 이런 삶의 태도에서 비롯했다.

모든 시대에는 그런 예언자들이 필요하다. 그런 예언자를 낳지 못하는 시대는 불행하고, 불임의 미래를 갖게 된다. 나는 그런 의도로 이 책 곳곳에 스콧 니어링을 소환해 두었다.

지금 우리가 살고 있는 현재는 1960년대에 치열하게 투쟁하고 희생하며 쟁취한 가치들을 하나씩 실천해 온 과정의 결과이다. 여전히 목표 달성에는 미흡하지만, 1960년대의 시대정신과 가치, 세계관이 어떤 것이었는지, 그것이 어떻게 실현되면서 인류가 진화했는지를 돌아볼 수 있다.

불행히도 대한민국의 1960년대는 세계와 교류하거나 연대할 수 있는 여건이 아니었고, 이후에도 그것에 대한 반성적 성찰을 소환한 적도 별로 없었다. 인류 역사 특히 현대사에서 결코 건너뛸 수 없는 '불멸의 시대'를 공란으로 남겨둔 상태로 현재와 미래를 산다는 건 현명한 일이 아니며 두려운 일이다.

공부하면 할수록 1960년대는 특별한 시대였다는 것을 깨닫는다. 어떻게 그 짧은 시간에 그 많은 곳에서 그렇게 다양하게 거의 모든 문제가 폭발했을까? 이전에 그런 시기는 거의 없었고 이후에도 다시 찾아보기 어려울 것이다. 정치, 사회, 경제, 이념, 전쟁, 문화, 종교, 인종, 성, 국제관계 등 거의 모든 문제가 총망라됐을 뿐 아니라 그 어느 하나 적당히 넘어가지 않고 완전 연소를 향해 불타오른 시대였다. 그러면서도 혼란과 절망의 부피보다 새로운 질서와 희망의 부피가 훨씬 더 컸다. 그런 점에서 그 시기는 적자가 아니라 흑자인 시대였다.

문제가 터질 때마다 1960년대에서 전개된 사건의 추이와 그 결과를 짚어보는 건 문제 해결의 실마리를 찾는 데 크게 도움이 될 것이다. 1960년대는 기록에 갇힌 역사가 아니라 언제나 소환해서 비법서처럼 들춰보고 거울처럼 비춰볼 수 있는 역사가 아닐 수 없다.

여성과 유색인종을 대놓고 차별하고 능멸하면서도 그것이 옳고 도덕적이라 여겼던 이들이 끝까지 그 신념을 신봉했을까? 그 후손들은 자기 부모들의 그런 신념과 행동에 대해 자랑스러워할까? 매카시의 선동에 놀아났던 사람들과 문화대혁명의 야만에 앞장선 사람들은 어떻게 생각할까? 1960년대 세계의 역사는 과거의 모순과 그릇된 사고에 맞서 싸웠던 시대의 기록이며 그 낡은 것들이 무너져야 하는 당위성을 목격하고 경험한 시간이었다. 그럼에도 불구하고 여전히 그런 편협하고 낡은 사고에 갇혀있다면 그게 바로 시대착오Anachronism이다.

우리는 공식적으로 선진국이 됐으면서도 여전히 나라 밖의 일에 별로 관심도 지식도 없다. 세계사를 제대로 가르치지도 배우지도 않았고 언론에서도 국제 뉴스는 작게 다룰 뿐이다. 지금까지 그런 것 없어도 잘살아왔으니 앞으로도 몰라도 된다는 위험한 변명보다는, 일상적으로 사는 것과는 상관없는 문제까지 읽어내고 더 나아가 동참하고 주도할 수 있으면 더 멋지게 살아갈 수 있지 않을까? 최강의 콘텐츠는 바로 그런 힘에서 생겨난다. 정보 소비의 주체로서 다양한 국제뉴스를 충분히 소비해야 공급이 따른다. 시대정신은 단순히 한 나라가 아니라 전 지구적 시각을 갖추고 있을 때 비로소 파악이 가능하다. 그걸 놓치면 올바른 방향성을 잡기 어렵다. 세계시민권은 그저 돈이 많다고 쉽게 구입할 수 있는 게 아니다.

우리의 오늘은 과거보다 훨씬 더 복잡하고 복합적이며 다면적이다. 세상은 가닥을 파악하기 어려울 만큼 서로 얽혀 있다. 지금은 모든 이익이 그 각각의 매듭의 중심이 돼 있기에 인간의 본질과 삶의 가치 그리고 세상과의 연대를 통한 존재 의미의 확장과 실현은, 일견 실종된 듯 보이기도 하지만, 혼돈이 지나면 언제든 다시 소환될, 그리고 마땅히 소환돼야 할 문제일 것이다.

인류 역사상 가장 뜨겁고 순수했으며 치열했던 1960년대는 지금 우리의 '현대'를 열어준 관문이었다. 과연 우리의 현대는 그 시대가 넘겨준 의제를 얼마나 제대로 실천해 왔을까? 그 시대를 한 발이라도 걸치고 살았던 사람이라면, 그 문 앞에 다시 서서 무엇을 위해 살아야 하는지 성찰해 보고, 지금이라도 시대정신에 한걸음은 디뎌야 할 의무가 있다. 버니 샌더스는 단순하고 무모한 돈키호테가 아니라 그 시대정신을 끝까지 포기하지 않고 실천한 정치인이라는 점에서 1960년대는 여전히 그의 현재 속에 살아 있다. 그래서 나는 그의 정치적·생물학적 생이 다할 때까지 그 '히피 정치인'을 지켜볼 것이다.

그 시대와 전혀 접촉한 적 없이 살아온 사람이라면 이제라도 그 뜨겁고 거셌으며 모든 것이 한꺼번에 활화산으로 폭발했던 그 시대의 역동성을 만나야 한다. 그래서 우리가 이 시대에 그 일의 주역이 되기 위해서 무엇을, 그리고 어떻게 해야 할지 성찰해 보아야 한다. 2060년 미래의 오늘을 위해.

불멸의 10년, 1960년대의 가치와 정신은 박제된 과거가 아니라 여전히 우리에게 생생하게 살아 있는 불꽃이다.

나의 현대사

내가 세상에 태어난 바로 다음 해 1960년대의 역사가 시작됐다. 말귀를 알아듣는 나이가 되자 날마다 신문과 라디오 뉴스를 거르지 않았던 아버지아버지는 일본방송도 자주 들었다가 막내인 내게 뉴스 내용을 차분히 설명해주곤 했기에 세상 돌아가는 이야기가 낯설거나 멀리 떨어진 느낌이 들지 않았다. 세상에는 많은 나라가 있고, 수많은 일이 일어나고 있으며, 머지않아 그런 세상에 문을 활짝 열고 살게 될 날이 오니까 우물 안 개구리처럼 살아서는 안 된다고 말씀하셨다. 초등학교에도 입학하지 않은 막내아들에게.

내게 1960년대에서 가장 또렷한 기억은 1·21사태와 아폴로 11호의 달 착륙이었다. 둘 다 충격과 흥분의 대사건이었지만, 아직은 초등학교 시절이었으니 그 사건이 지닌 진정한 의미를 알지는 못 했다. 당시에는 1960년대에 대한 특별한 감흥은 없었다. 그저 어서 '대망의 70년대'가 와서 '1억불 수출과 1000불 소득'이 이루어지길 소망했을 뿐.

1970년대 초만 해도 그리 다를 건 없었다. 셋째 형까지 중학교 입시에 시달렸던 것과는 달리 우리는 추첨으로 중학교를 배정받았고, 고등학교 입시만 머릿속에 있었다. 그러나 나의 무관심과는 달리 세상은 여전히 충격적인 사건이 벌어졌고, 더욱 가파른 속도로 변하고 있었다. 중학생인 나처럼 여전히 '잘 살아 보자'라는 명제에만 골몰하는 대한민국은 시대정신을 향한 의지를 갖지 못한 상태였다.

전태일의 분신은 보도가 철저하게 통제됐고, 어쩌다 그의 이름이 튀어나오면 사람들은 화들짝 놀랐다. 그 이름을 들먹이면 그 자체로 빨갱이가 될 수 있다는 교육 때문이었다.

중학교 때 난데없이 찾아온 오일쇼크는 모두를 잔뜩 웅크리게 만들었다. 가파르게 상승하는 유가 때문에 난방비라도 줄여서 산업용 전기 생산에 돌려야 한다며 방학의 꽃인 여름방학 한 귀퉁이를 뚝 떼어 겨울방학에 옮겨 붙였다. 오일쇼크가 끝났음에도 여름방학은 줄어든 상태로 쭉 이어졌고, 지금까지 그렇다.

내 나이 60대를 넘어선 2020년대인 오늘의 현실에서 1970년대 초를 돌이켜 볼 때, 강렬한 인상으로 남은 건 등굣길에 신민당사가 있어서 자연스럽게 관심을 가질 수밖에 없었던 야당 대통령 후보를 뽑는 전당대회에서 당시 신민당 총재였던 유진산柳珍山(1905~1974)의 구상유취口尙乳臭('입에서 젖비린내가 난다'는 뜻으로 아직 어리다는 의미)론을 일축하고, 이른바 '40대 기수론'을 외쳤던 40대 정치인 김영삼金泳三(1927~2015), 김대중金大中(1924~2009), 이철승李哲承(1922~2016)이 맞붙은 일이었다박정희도 당시 나이 54세에 불과했다. 40대에도 대통령이 될 수 있다는 게 신기했다. 그러나 야당 후보로 선출된 김대중은 본선인 대선에서 아깝게 패했다. 나는 여전히 40대 기수론의 참신함을 기억하기에 그걸 내세우지 못하는 현재의 우리 현실이 안타깝다.

정치적으로 한 걸음 나아갈 수 있는 기회를 잃게 되면 바로 반동의 역풍이 부는 경우가 많다. 얼마 지나지 않아 날벼락 같은 일이 벌어졌다. 박정희는 유신헌법을 앞세워 10월 유신을 선포하고, 곧이어 비상계엄령을 발동했다. 등교할 때마다 광화문 앞을 막아선 장갑차와 탱크에 잔뜩 주눅이 들었던 공포는 아직도 기억에서 지워지지 않는다. 이른바 '한국식 민주주의'는 그런 식으로 소비됐다. 어린 나이였지만, 그것으로 이 땅에서는 민주주의가 죽었다고 느껐다.

대통령 선거에서 박정희의 간담을 서늘하게 함으로써 최대의 정적이 된 김대중은 지병대통령 선거 유세 때 그가 탄 유세 차량을 '사주된' 트럭이 들이받아 고관절을 크게 다쳤고 이후 평생 다리를 절게 됐다을 치료하기 위해 일본에 갔다가 유신체제가 선포되자 귀국을 포기했다. 그는 실질적 망명 상태로 해외에 머물면서, 반유신과 반정부 활동에 전념하며 미국과 일본을 오갔다. 박정희는 김대중이 일본에서 도쿄 한민통한국민주회복통일촉진국민회의을 결성하려 하자 요원들을 시켜 일본에서 그를 납치했다. 이른바 '김대중 납치사건'이 태연하게 벌어진 것이다. 이 사건으로 정부는 국제적인 비난을 받았다.

지금은 보수언론이 됐지만, 당시 동아일보와 동아방송전두환 때 한국방송공사로 통폐합됐다은 박정희 정부를 비판하는 대표적 언론이었다. 동아일보 기자를 중심으로 유신에 반대하는 언론 운동이 일어났고, 이를 탄압하고자 정부는 광고주들을 협박해 동아일보에 광고를 싣지 못하도록 했다. 결국 동아일보는 광고 없이 신문을 발행할 수밖에 없었는데, 바로 이른바 '백지광고' 사태였다. 중학생이던 우리는 코 묻은 돈 아껴 모아 동아일보에 광고를 실었다. 그러나 당시 해직됐던 기자들 대부분은 끝내 복직하지 못했다.

1971년의 이른바 핑퐁외교를 통해 교류의 물꼬를 튼 미국과 중국은 닉슨이 1972년 중국을 방문하고 마오쩌둥과 회담하면서 영원한 적도 영원한 우방도 없음을 상기시켰고미국과 중국의 정식 수교는 1979년에 이루어졌다, 대한민국도 북한과 회담해 7·4 공동성명을 발표해 남북의 긴장 관계가 해소되는 듯했다. 어린 나이에도 세상 돌아가는 게 정신을 못 차릴 지경이었다. 국제관계가 빠르게 변화하는 걸 전 세계가 실감하기 시작했던 시기였다.

고등학교 역시 추첨으로 배정됐다. 고교평준화와 입시 부담을 덜어준다는 명분이었지만, 중학교 입시 때와 마찬가지로 공부 잘하지 못하는 대통령 아들 때문이라는 소문이 돌았다. 교련 수업이 있었고, 교복 이외에 교련복도 마련해야 했으며, 1년에 한 차례는 열병식과 사열도 통과해야 했다.

봄 소풍으로 서오릉에 가서 '월남' 패망의 소식을 들었다. 우리는 곧 북한이 남침할 것이라 여겼고 바짝 얼었다. 하지만 전쟁의 공포보다 대학입시에 대한 걱정이 더 앞섰을 때였다. 무엇보다 큰형이 베트남에 파병돼 늘 어머니가 이른 아침마다 눈물로 기도하는 것을 보고 자란 탓에 베트남이 멀게 느껴지지 않았다. 형은 이미 철수하기 시작한 백마부대 장병으로 귀국했다. 웃기게도 베트남전에 고무될지 모를 공산주의의 야욕을 규탄하고 김일성이 혹시라도 남침야욕을 갖지 못하게 동대문 운동장에 동원돼 화형식까지 치렀다. 그런 관제 데모는 일상사였다.

이듬해 마오쩌둥이 죽었다. 그의 죽음과 4인방의 몰락으로 비로소 완전하게 문화대혁명이 종결됐고, 뒤를 이은 덩샤오핑은 과감하게 개혁·개방으로 중국을 변화시키기 시작했다. 그러나 여전히 중국은 우리에게 '중공'일 뿐이었고, 방문할 수 없는 금단의 국가에 불과했으며, 거기에서 벌어지는 빠른 변화를 제대로 알지 못했다.

1970년대는 '대통령=박정희'라는 등식이 모든 사람의 뇌리에 박혔던 때였다. 사람들은 대통령을 중심으로 똘똘 뭉쳐야 위기를 벗어날 수 있다고 여겼다. 이미 시범적으로 시도됐던 '서울 사대문 안' 고등학교들의 강남 이전이 보편화됐고, 이른바 영동 대관령 동쪽이라는 '嶺東'이 아니라 '영등포 동쪽'이라는 의미의 永東 개발이 본격화했고, 부동산으로 갑자기 떼돈을 버는 사람들이 속출했다. 돈이 최고라는 인식도 점점 더 노골화됐다. 이른바 '빨간바지' 복부인들이 서울의 부동산을 쥐락펴락하기 시작한 시절이었다.

고등학교를 졸업할 무렵 드디어 100억불 수출이 달성됐다. '대망의 70년대'의 구호로 도배되던 것이 결국 이루어진 것이다. 당시 정부는 1970년대에 들어서면서 대한민국이 연평균 25퍼센트지금 생각하면 이게 말이 되느냐 하겠지만, 당시는 그게 당연한 줄 알았다. 15퍼센트쯤은 껌인 줄 알았던 시절이었다의 수출 증가를 계속하면 1980

년에 적어도 100억 달러 수출을 달성할 수 있고, 1981년에 1인당 국민소득을 1000달러 수준으로 증가시킬 수 있다는 장기 전망을 제시하며 이에 주력할 것을 지시했다. 그런데 이 계획이 3년이나 앞당겨 이뤄진 것이다. 당시 100억 달러 수출 국가는 아시아 국가 가운데 1967년 일본의 기록이 유일했으니 우리가 당시 얼마나 감격했는지 짐작할 수 있을 것이다.

1977년 드디어 1000달러 소득도 달성했다. 중화학공업으로 산업구조를 전환한 대담한 도박이 성공하면서 대한민국 경제의 체질도 크게 바뀌었다. 그러나 사회는 여전히 어둡고 우울했다.

유신헌법으로도 안심하지 못 하던 정권은 '긴급조치'라는 해괴한 초헌법적 폭력을 행사했다. '유신헌법에 대해 어떤 찬·반 의사를 표현하면 안 된다'는 내용으로 입만 벙긋해도 영장 없이 체포·구금됐다. 독재 권력의 비상식적인 공포가 사회를 지배했다.

긴급조치 1호를 발동하고 그것을 보완하는 누더기 입법 행위가 9호까지 이어졌다. 정치적으로만 억압하는 데에 그치지 않았다. 그들은 마음에 들지 않으면 모든 것을 통제하고 억압했다. 남성의 장발과 여성의 노출 등 복장에 대해 간섭하고 강제했으며, 조금이라도 거슬리는 노래엔 온갖 구실을 붙여 금지곡 딱지를 붙여 방송을 불허했다.

통일주체국민회의라는 친위단체에서 대통령이 추천해 만들어진 유신정우회維新政友會는 국회의원의 1/3을 차지하며 원내 제1의 교섭단체가 돼 무소불위로 국회를 마음껏 희롱하고 좌지우지했다. 민주주의도 정의도 압살된 상태에 순치되는 듯했다. 그러나 야당 총재 김영삼이 국회의원에서 제명되는 상황이 되자 부산과 마산에서 시작한 이른바 부마항쟁이 일어났고 결국 박정희는 1979년 10월 26일의 총탄으로 길고 폭력적인 18년의 집권을 마감했다. 대학 시절 첫 번째 휴교는 그렇게 찾아왔다.

1980년 '서울의 봄'은 민주주의를 되찾을 희망의 봄으로 오는 듯했다. 그러나 1979년 12월 12일에 군부의 권력을 장악한 이른바 신군부는 더 큰 음모를 꾸미고 있었다. 서울 시내 중심가를 가득 채웠던 시위는 곧바로 계엄령으로 이 어졌고, 광주에서 무고한 시민들을 무참하게 살해한 신군부는 모든 것을 장악 했다. 두 번째 휴교가 그렇게 찾아왔다.

박정희와 전두환의 시대였던 4년 내내 대학에는 군인이나 경찰이 죽치고 있었고, 심지어 강의실에는 교수와 학생들을 감시하는 사복경찰까지 드나들었 다. 전두환은 노골적이고 야만적인 철권통치를 일삼았고, 언론 통폐합으로 모 든 언론을 철저하게 제 손아귀에 쥐고 마음껏 흔들었다. 물론 거기에 협력해 좋은 자리 차지한 전직 언론인들과 교수들이 온갖 감투를 쓰는 꼴도 봐야 했 다. 그 시절엔 재수 없으면 삼청교육대에 끌려가 목숨까지 잃는 일도 예사로웠 다. 두 번째 겨울공화국이었다.

집권 첫해의 경제는 엉망이었고 엎친 데 덮친 격으로 '3고유가 급등·금리 상승·달 러급등'까지 덮쳤다. 대한민국 경제발전에 큰 암초가 다가왔다.

대학생 시절의 낭만은 별로 없었다. 낭만을 찾기에는 세상이 너무 어둡고 참혹했다. 그래도 취업 걱정은 없었다. 지금 청년들이 들으면 상상도 되지 않 겠지만, 경제성장에 따른 고급 인력의 확보가 급선무인 기업에서는 4학년 졸 업예정자를 여름방학 때부터 입사시켜 마지막 학기는 대학이 아니라 회사로 출근하게 하는 일이 다반사였다. 취업이 보장되니 수업을 마치면 당구장이나 술집으로 달려갔다. 세상은 어둡지만 취업이 보장된(?) 대학생들은 미팅과 모 꼬지에 열심이었다. 억압된 채 살았던 청소년기를 방종의 청년기로 대체하는 것이 어느 정도 묵인되던 시절이었다. 그러나 여전히 정치·사회적 현실은 우 울했다.

민주주의의 퇴보에 분노한 우리는 이른바 의식화 교육에 자연스럽게 스며 들었다. 리영희李泳禧(1929~2010)의 『전환시대의 논리』는 필독서였다. 모든 시위 는 금지됐지만 대학에서는 게릴라 시위가 그치지 않았고, 그때마다 합세하거 나 때론 방관하면서 마음을 졸였다. 최루탄 냄새가 가시지 않았다. 바위에 달

걀을 던지는 심정이었다. 그러나 절망은 사치였고 체념은 자존심의 포기였다. 가끔 종로1가 클래식 음악감상실 르네상스나 명동의 필하모니에서 하루 종일 음악에 파묻혀 지냈다. 취업은 어느 정도 보장됐지만, 경제 상황은 그리 좋지 않았다.

다행히 1985년부터 이른바 '3저'로 호기를 맞았다. 원유가 하락, 달러가치 하락, 국제금리 하락의 국제적 3저는 '국내의 3고'로 이어져 저축률, 기술수준, 경영능력의 상승으로 이어졌고, 어느 정도 성과를 거두면서 경제성장을 이룰 수 있었다. 그렇다고 민주주의에 대한 열망까지 압살할 수는 없었다. 결국 1987년 6월항쟁은 대통령직선제를 핵심으로 하는 변화를 이끌어냈다.

1986년 2월 야당인 신민당신한민주당은 직선제 개헌을 위한 천만인 서명운동을 개시했고 5월에는 인천에서 재야 세력과 운동권이 중심이 돼 국민헌법을 제정하고 헌법제정 민중회의를 소집하도록 요구하는 시위가 당국과 격렬하게 충돌했다. 이른바 '5·3인천사태5·3인천민중항쟁'였다. 시위대는 신민당의 이원집정제 개헌 시도를 반대하며 각성을 촉구했다. 당시 여당인 민정당민주정의당은 12대 총선 이후 급부상한 신민당을 부담스러워하며, 물밑에서 좌경급진세력을 막자며 보수대연합을 시도했지만, 야당과 재야의 강한 반발에 부딪혔다. 결국 철권을 휘두르던 전두환과 민정당도 직선제 개헌을 받아들일 수밖에 없었다. 그러나 그들은 잘 짜인 각본에 따라 '6.29선언'이라는 드라마를 제작하며 치열한 수 싸움으로 김대중·김영삼 두 사람이 연합하는 걸 제어하고 김종필까지 가세하면서 4분하는 전략을 취했다.

3김의 대립과 분열 덕에 어부지리로 승리한 노태우盧泰愚(1932~2021)의 대통령 당선은 민주 진영을 허탈하게 했지만, 정부는 과거 전두환 정권과 차별화된 모습을 보이려고 나름대로 애썼다. 12·12 사태의 주역이었고 전두환과 '일란성 쌍생아'라는 태생적 한계를 지워내기 위해 적어도 겉으로는 노골적인 폭력을 행사하지 않았다. 1988년 서울올림픽은 대한민국의 자존심을 한껏 상승시켰고 노태우 정부는 이른바 북방정책을 적극적으로 펼침으로써 과거 이념적 적성 국가였던 소련(1990년), 중국(1992년)과 수교하는 외교적 전환을 이뤄냈다. 그 전후에 독일이 통일됐고, 소비에트 연방이 해체됐다.

브레즈네프가 죽고 1983년 반反브레즈네프파였던 안드로포프Yuri Andropov (1914~1984)가 자리를 잇더니 이태 만에 죽고, 친親브레즈네프파로 권력에서 멀어졌다 다시 기사회생해 그 자리를 차지한 체르넨코Konstantin Chernenko(1911~1985)도 1985년 3월 사망했다. 불과 3년 사이에 소련의 최고지도자가 둘이나 바뀐 것이다.

이번에는 고르바초프가 당서기장에 선출됐다. 러시아혁명 이후 태어난 최초의 지도자로 젊은 나이답게 그는, 페레스트로이카Perestroika(경제개혁)과 글라스노스트Glasnost(개방정책)를 추진하며 소련의 개혁뿐 아니라 동유럽의 민주화 개혁 등 세계질서에도 큰 변혁을 불러왔다. 흐루쇼프 개혁의 세례를 받고 성장한 그는 세계의 변화를 읽었고 대담하게 변화를 시도했다. 이런 흐름 속에 마침내 1990년 10월 3일 독일이 통일됐다.

독일의 통일은 우리에게도 큰 충격인 동시에 희망이었다. 그러나 지구에 남은 마지막 분단국가라는 감상에 그쳤고, 다음 통일은 우리 차례라는 막연한 기대만 넘쳤을 뿐, 정작 서독과 동독이 통일을 위해 어떤 노력을 기울였고 국민들이 어떻게 통일을 포기하지 않고 노력했는지, 국제정세를 어떻게 읽고 있었는지 따위에는 관심도 없었다. 오히려 통일은 정치적 유불리에 따라 재단될 뿐이었다. 안타깝게도 지금도 크게 다르지 않다. 대담한 상상력이 필요한 시기에 낡은 사고와 당파적 계산에만 골몰하고 치졸하게 대응한다.

야당 국회의원 유성환兪成煥(1931~2018)이 1986년 국회에서 "이 나라의 국시國是는 반공이 아니라 통일이어야 한다"는 내용의 국회 질의서를 사전에 유포했다. 정부는 유성환이 현역 국회의원임에도 불구하고, 이적행위와 사회불안 행위를 했다며 체포·기소해 국가보안법 위반으로 유죄 판결을 받게 만들었다.

세계의 변화에 발맞춰 탐구하고 변화해야 하거늘 군사 정부는 오히려 더 악용하는 일에만 몰두했다.

1991년에는 더 충격적인 일이 일어났다. 소련이 해체된 것이다. 1990년 발트3국에스토니아, 라트비아, 리투아니아의 독립 요구에 대해 소련은 곤혹스러웠다. 개혁파와 보수파의 협공 속에서 고르바초프가 보수로 회귀하는 조짐이 보였다. 발트3국을 독립시키면 다른 곳의 독립 요구를 거절할 명분이 없는 소련은 '신연방조약'이라는 타협안을 내놓았지만, 발트3국뿐 아니라 몰다비아, 아르메니아, 그루지아조지아 등이 거부했다. 보리스 옐친Boris Yeltsin(1931~2007)의 도움으로 연방 해체에 반대하는 군부의 쿠데타를 물리친 고르바초프는 옐친의 압력으로 발트3국 독립에 동의했다. 그리고 소비에트연방은 도미노처럼 무너져 해체됐다.

소련이 해체된 이듬해에 나는 두 아들의 아버지가 돼 있었다. 운 좋게도 또래보다 조금 일찍 내 집을 장만했고, 어렸을 때는 꿈도 꾸지도 못한 '마이카'도 마련했다. 1983년부터 관광 목적의 해외여행이 자유화된 덕에1983년 1월 1일부터 50세 이상의 국민은 은행에 1년간 200만 원을 예치하는 조건으로 1년에 1회 유효한 관광여권을 발급했다가 1989년부터 전면적인 자유화로 확대 해외여행도 마음대로 다녀왔다. 경제적으로는 분명 엄청난 발전을 피부로 느낄 수 있었다.

그러나 한편으로는 영원할 것만 같았던 박정희 시대도 끝났고, 광주학살의 주범인 전두환도 물러났으며, 결코 무너지지 않으면서 늘 우리를 두렵게 할 것만 같던 소련까지 해체됐지만, 안타깝게도 우리는 기존의 방식과 체제에 익숙해서 변화를 제대로 읽어내거나 선제적으로 대응하지 못하고 있는 것이 늘 마음에 걸렸다. 그래서 '정치적 상상력'보다는 정치적 술수나 셈에 휘둘렸다. 공산주의의 맹주가 해체됐음에도 불구하고 그 이후의 방식이 어떻게 바뀔지, 어떤 미래를 만들어야 할지 등에 대해서는 별무관심이었다. 나는 늘 그게 마음에 걸렸다.

이미 나 자신도 그런 방식에 너무 순치된 까닭에 일부러 애쓰지 않고는 딱히 관심을 갖지 않아도 되는 것으로 고착될지 모른다는 게 두려웠다. 예전보다 경제적으로 윤택해져서 마음만 먹으면 쉽게 해외여행을 즐기고 살면서도 여전히 세계의 변화와 흐름에는 무관심하고 무뎌지는 건 아닌지 늘 경계했다.

20세기를 지배했던 이념의 대결은 끝났다. 속도와 효율의 시대였던 20세기에 공산주의는 결코 자본주의를 이길 수 없었다. 이념의 대결이 정치를 지배하면서 한 세기를 지배했을 뿐이었다. 소련이 해체된 뒤 신자유주의가 득세하면서 세계 패권 구도는 승자 독식 게임으로 변했다. 적어도 표면상으로는 공산주의가 평등이라는 점에서는 선언적으로 우월했기에 자본주의가 눈치를 볼 수밖에 없었는데 이제 더 이상 그런 눈치 볼 일이 없으니 노골적으로 독식의 프레임이 판쳤다.

자본주의라고 무조건 옳은 것이 아니며, 언제나 '현실적 최상'도 아니다. 자본주의 역사에서 수많은 수정과 변형 그리고 분화가 이루어져 온 건 늘 끊임없이 세상에 맞춰 성장해왔다는 뜻이다. 그것이 공산주의 정권에서의 사회주의경제의 경직성과 다른 점이었다. 그러나 소련의 해체 이전 영국의 마거릿 대처Margaret Hilda Thatcher(1925~2013)와 미국의 로널드 레이건Ronald Wilson Reagan (1911~2004)이 이끌었던 신자본주의는 소련 해체 이후 마치 복음이라도 되는 것처럼 세계를 휩쓸었고, 승자독식을 당연한 것처럼 여기게 만들면서 왜곡된 자본의 힘을 마음껏 휘둘렀다. 자본과 이익 앞에서는 거의 모든 것이 무릎 꿇었다. '경제=자본=이익'이라는 구조가 최강의 권력이 됐다. 어느 누구도 이 도식을 깨뜨릴 수 없을 것처럼 보였다. 왜곡된 금융자본주의의 위력은 거칠 게 없었다. 2008년 미국 발 금융위기는 그 실체를 드러냈고, 비도덕적이고 탐욕적인 금융자본에 대해 "월가를 점령하라!Occupy Wall Street"는 분노의 시위가 있었지만 끄떡도 하지 않았다. 저항하고 개혁할지 순응하며 길들지 여전히 선택의 문제로 들이민 채.

소련의 해체는 단순히 민주주의·자본주의의 일방적 승리로만 귀결된 것은 아니었다. 냉전과 동서 진영 간의 대립 속에서 어느 한 쪽도 일방적으로 상대를 위협하거나 겁박할 수는 없었다. 유럽의 입장에서는 미국과 소련의 대립 속에서 적당한 이익을 추구할 수 있었고, 국방비에 들어갈 엄청난 비용을 절감해 경제적 부흥과 발전에 쓸 수 있었다.

그런데 소련이 해체되고 미국이 유일한 패권국으로 남자 그런 꼼수가 통하지 않게 됐다. 네오 팍스 아메리카나Neo Pax Americana에 대항해 유럽은 함께 힘을 합쳐 그 일방적 관계에 휘둘리지 않을 저울추를 마련해야 한다는 데에 의견을 모았고, 그렇게 해서 1993년 발효된 마스트리흐트조약Maastricht Treaty에 의해 유럽연합EU이 결성됐다영국은 2020년에 탈퇴.

유럽은 오래전부터 유럽의 통합이라는 '로망'을 갖고 있었지만, 현실화하기에는 여러 장애들이 있었다. 그러나 갑작스러운 소련의 해체와 독보적인 패권을 쥔 미국의 존재 때문에, 유럽은 자신이 미·소 양쪽의 균형점을 저울질할 수 있는 수단을 잃었다는 것을 알았고, 그 때문에 정치·경제적 이익을 담보하기 어렵다는 위기감을 느꼈다. 유럽연합보다 훨씬 이전에 결성된 아세안ASEAN과 달리 유럽연합은 문화적 공통점예를 들어 기독교 문명처럼이 화학적 융해를 가능하게 만드는 요소로 작용하면서 구성을 빠르게 할 수 있었다.

독일이 통일되고 소련이 해체되기 이전에 중국의 개방 정책이 실효를 나타내기 시작하면서 중국의 빠른 발전이 세계를 움직이기 시작했다. 그러나 1989년 중국 인민의 민주화 요구에 호의적이던 후야오방胡耀邦(1915~1989)의 실각과 사망을 계기로 6·4항쟁이 일어났다. 이른바 '톈안먼天安門 사태'로 수많은 사람들이 죽거나 다쳤으며, 왕단王丹(1969~)을 비롯한 반정부 인사들이 체포·구금됐다. 중국 정부는 무자비한 탄압으로 민주화의 싹부터 도려냈던 것이다. 중국에서의 민주화 운동은 그렇게 멀어져 갔고 공산당 일당독재는 여전히 건재했다.

톈안먼 사태 이후에도 끄떡없었던 덩샤오핑은 개혁·개방정책을 포기하지 않았고, 1997년 홍콩이 155년 만에 중국으로 반환됐다. 중국 경제의 빠른 성장은 거칠 것이 없었고, 마침내는 미국과 양강 체계를 구축하며 G2 국가로서의 맹위를 떨치게 됐다.

미국은 소련을 견제하기 위해 중국과 수교하고 경제 개방을 도왔으나, 소련이 붕괴하고 중국이 엄청난 세력으로 급성장하자 이번에는 중국을 견제하기 위한 모든 수단을 동원하는 새로운 세계질서를 모색하게 됐다.

아프리카에서도 극적인 변화가 일어났다. 1994년에는 넬슨 만델라가 대통령에 당선됨으로써 남아프리카공화국은 아파르트헤이트로 대표되는 인종차별에서 완전히 벗어났다. 하지만 아프리카 여러 나라들은 여전히 내전 상태를 종식시키지 못하고 신음했다.

남미는 여전히 독재 정치와 탄압에서 벗어나지 못했다. 칠레의 진보 정치인 살바도르 아옌데Salvador Allende Gossens(1908~1973) 대통령은 미국에 부담스러운 존재였다. 1973년 미국을 등에 업은 군부의 피노체트Augusto Pinochet Ugarte(1915~2006)가 쿠데타를 일으켜 아옌데를 죽이고 집권한 후, 26년 동안 철권을 휘두르며 수많은 민주인사를 학살하고 탄압했다. 다른 여러 남미 국가들에서도 비슷한 일들이 많았으며, 늘 그 배후에는 미국이 도사리고 있었다.

민주주의로 가는 길은 여전히 험난하고 고달픈 일이다. 자유와 정의 그리고 민주주의의 가치는 저절로 이루어지는 것이 아니다. 강한 신념과 헌신 그리고 때로는 강력한 투쟁으로 쟁취하는 것이다. 어렵사리 얻은 그 가치들도 언제나 쉽게 사라지거나 왜곡되고 변질된다는 것을 늘 명심해야 겨우 지켜낼 수 있다.

기존의 사회주의 국가들의 동요와 변화도 점차 확대됐다. 길고 험난한 베트남전쟁에서 승리했지만 경제 개발이 뒤처진 베트남사회주의공화국베트남도

1986년에 개인 경작을 허용하고 외국인 투자를 촉진하는 도이머이쇄신 정책을 추진하기 시작했다. 겉으로는 자본이 이념보다 더 강하다는 인식과 인상을 주는 세상으로 변화하고 있었다. 그러나 안타깝게도 북한은 세습을 거듭하면서 폐쇄적인 정책으로 일관했고, 무모한 핵 개발 등으로 세계로부터 지속적인 제재를 감당해야 하면서 경제가 크게 퇴행했다.

2018년 4월 28일의 감동을 잊을 수 없다. 가까운 지인들과 교외에 모여 쉬고 있었는데 문재인文在寅[1953~] 대통령과 김정은金正恩[1984~] 위원장이 판문점에서 회담을 가졌고, 도보다리에서 다정한 모습을 연출했다. 막연한 미래가 아니라 가능한 현실로 다가온 평화의 기대와 통일의 희망을 갖게 했다. 김정은과 도널드 트럼프 미국 대통령과의 회담은 한반도 평화와 통일에 대한 기대를 한껏 부풀게 했지만 결과는 실망이었다.

무엇보다 한반도 평화와 통일에 대한 꼼꼼한 연구와 담대한 상상력이 절실히 요구된다. 구호를 넘어 '가능한 미래'의 의제와 로드맵을 마련해야 한다. 왜 젊은 세대가 그 문제에 대해 시큰둥한지 반성적으로 성찰하지 않는다면 여전히 구호에 그치거나 '정권안보'의 차원에서 벗어나지 못하면서 대한민국의 미래에 부담을 줄 것이다.

돌아보면 대중문화의 흐름에도 가속도가 붙었다. 내가 기억하는 범위 내에서 처음으로 배우고 흥얼거린 유행가는 김상국金商國[1934~2006]의 〈불나비〉[1965]였다. 집 건너편에 이상李箱[1910~1937]의 친구인 화가 구본웅具本雄[1906~1953]의 친구였다는 간판 그리는 독신의 화가아저씨가 있었다. 그는 뛰어난 아코디언 연주에 노래를 잘 불렀는데 〈불나비〉는 어린 나를 예뻐하며 가르쳐준 노래였다. 부모님은 학교에 들어가지도 않은 꼬마가 유행가를 부른다며 질색했지만, 이상하게도 나는 그 노래가 좋았다. 아마도 '어른들이 부르는' 노래를 부른다는 우쭐함 때문이었던 듯하다. 이후로 계속해서 부르는 유행가들이 변화했다. 그 노래들은 늘어놓아 세우면 하나의 대중음악사가 될 것 같다.

1980년대 미국, 아니 세계의 음악계는 두 사람의 슈퍼스타 마이클 잭슨Michael Jackson(1958~2009)과 마돈나Madonna Louise Ciccone(1958~)의 시대였다.

1970년 비틀스가 공식적으로 해체된 이후 팝뮤직을 압도하는 뮤지션이 없던 공허함을 일거에 해소한 마이클 잭슨은 〈Thriller〉와 〈Beat It〉, 〈Billie Jean〉 등이 팝 차트의 꼭대기를 점령하면서 슈퍼스타가 됐다. 문워크를 비롯한 현란한 춤까지 가미된 그의 음악은 흑인 음악이 마이너가 아니라 메이저로 인정받는 분기점을 마련했다. 마돈나는 비주류의 아이템을 응용해 주류 음악계로 끌어들이는 탁월한 능력을 발휘해 남성 중심의 팝 음악계에서 여성이 중심이 될 수 있다는 사실을 보여주었다. 더불어 기존의 남성 중심적 도덕성과 모순적 태도를 때론 직설적으로 때론 은유적으로 비판하는 메시지를 음악에 담아 여성의 자기중심성을 환기하는 역할을 훌륭하게 수행했다.

두 사람은 음악이 단순한 노래에 그치는 것이 아니라 다양하고 매력적이며 활력 넘치는 퍼포먼스를 수반함으로써 더욱더 멋지게 충족될 수 있다는 것을 보여주었다.

1970년대 대한민국은 분명히 이전에 비해 괄목할 경제성장을 이뤘고, 급격한 사회적 변화가 일었다. 그 혜택을 처음으로 누릴 수 있었던 이른바 '전후세대'는 굶주림의 공포를 벗어나 물질적 풍요를 누리는 첫 세대가 됐고, 청바지, 맥주, 통기타로 집약되는 이른바 '청·맥·통' 문화를 선도했다. 대학가를 중심으로 이전에는 볼 수 없었던 싱어송라이터들이 쏟아지며 다양하고 풍요로운 음악적 실험들이 시도됐다. 처음에는 외국곡들을 옮기던 번안곡 수준이었지만, 점차 창작과 변용의 능력을 가미하면서 청년문화를 중심으로 이끌었다.

이런 문화적 풍토는 새로운 실험과 시장성이라는 얼핏 상호 배척하는 듯 보이는 양상을 상업적 성공으로까지 이끌어낸, 이른바 대학가요제, 강변가요제 등 '가요제' 음악을 통해 음악 시장이 다원화되고 실력도 상승하면서, 소비 위주의 팝송에서 스스로 생산하는 국내 발라드와 댄스뮤직의 전성기가 펼쳐지는 토대를 만들었다. 1992년 혜성 같이 나타나 음악계를 완전 장악하고 불과 4년 만에 해체한 '서태지와 아이들'은 우리 음악계 자체를 바꿔놓기에 충분했다.

팝송 위주의 FM라디오는 완전히 우리나라 음악으로 바뀌었고 팝송은 하루에 한두 시간쯤으로 축소됐다. 그리고 세계시장으로 진출하기 시작했고, 그 정점을 BTS가 찍었다. 대한민국의 문화콘텐츠가 더 이상 세계의 변방이 아니라 중심이 될 수 있다는 것을 목격하는 일은 상상도 못 할 일이었다. 음악뿐 아니라 아카데미상을 거머쥔 〈기생충〉을 비롯해 세계영화제를 휩쓴 작품, 배우, 감독이 지속적으로 배출됐고, 〈오징어게임〉은 새로운 패러다임의 영화와 드라마 시장에서 대한민국의 콘텐츠가 얼마나 매력적일 수 있는지 실증했다. 그리고 이미 그 이전에 〈대장금〉을 비롯한 한국드라마들이 세계에서 끊임없이 방송될 만큼 성장한 것은 대견하고 감격적인 일이다.

20세기 후반 대한민국의 가장 큰 고비는 1997년 외환위기였다. 국제통화기금International Monetary Fund(IMF)에서에 구제금융을 받아야 하는 처지로 몰락했다. 미국은 대한민국의 위기를 최대한 이용해서 자신들의 이익을 꾀하는 데에만 몰두했고, 일본은 우리의 외환 스와프 요청을 싸늘하고 단호하게 거절했다. 결국 그 거대한 파도를 이겨내지 못했다. 그러나 정작 그 일에 대해 책임지는 정치인도 기업가도 없었다. IMF의 요구사항은 가혹했다. 3년 동안 피눈물 나는 구조조정을 받아들일 수밖에 없었다. 대량 해고가 예사였고 모든 경제상황은 주저앉았다. 학교를 졸업한 청년에게는 취업의 길이 바늘구멍처럼 좁았다. 금 모으기로 외환을 충당하는 감동적인 일도 있었다. 그러나 모든 대가는 약자들이 치러야 했다. 정작 그 사태에 책임져야 할 '잘난 사람들'은 여전히 그 자리를 지킨 채 마침내 3년 만에 가혹한 IMF 체제를 졸업했다.

3년 동안 주로 하부구조에 대해서만 가혹한 구조조정을 했을 뿐 정작 중요한 상부구조의 모순을 제거할 타이밍에 IMF 체제를 졸업함으로써 상부의 구조조정 기회는 영원히 사라지고 말았다. 그리고 그들은 승자독식이라는 신자유주의를 신봉하며 모든 이익을 독차지했다. 다만 한 가지 다행스러운 것은 그 전환점에 밀레니엄이 시작됐고 아날로그에서 디지털로 넘어가는 중요한 시기였기에 천재일우의 기회를 잡았다는 것이다. 만약 1997년의 위기가 없었더라도 정부와 기업이 스스로 구조조정하고 변화할 수 있었을까? 단언컨대 절대 불가능했을 것이다. 그런 점에서 위기가 기회상투적인 말이지만 이 때만큼은 딱 들어맞았다였던 셈이다.

대한민국이 IMF 체제를 감내하는 동안 일본은 강 건너 불 보듯 속으로 쾌재를 불렀을지 모르나, 사실은 그것이 일본 몰락의 시점이기도 했다. 두 차례의 경기 호황을 거치며 계속해서 급성장한 일본의 경제력은 마침내 1990년대에 미국에 이어 세계 2위의 순위에 올랐는데, 3위인 독일의 거의 두 배 가까운 수준이었고 대한민국의 10배를 넘었다. 1985년에 세계 재계 순위 10위 안에 5개의 일본 기업이 있었던 게 1990년에는 무려 8개로 증가했다. 일본은 제조의 시대에서 변화의 시대로 전환하는 데에서도 성공했다.

그러나 본격적인 경제버블이 시작되면서 일본 기업의 성장동력이 떨어지기 시작했다. 일본의 자만과 플라자 합의Plaza Accord(Plaza Agreement, 1985)를 비롯한 미국의 적극적인 개입 등으로 일본 기업의 초성장은 동력을 상실하기 시작했다. 특히 아날로그에서 디지털로의 전환에서 빠르게 변화하지 못했다. 워낙 일본 경제력이 막강해서 그런 상황에서도 버텼지만, 시간이 갈수록 그 힘은 지속적으로 떨어졌다. 물론 일본이 여전히 엄청난 해외자산을 보유하고 있다는 건 무시하지 못할 강점이지만, 자기개혁을 하지 못하는 상황이 고착되면서 그것마저 언제 어떻게 사라질지 모른다.

2015년 일본은 중국 GDP의 1/3에 불과한 수준으로 떨어지며 세계 3위를 겨우 지켰는데, 그마저도 그 밑에 있는 독일, 프랑스, 영국 등과의 격차도 갈수록 줄어들었다. 무엇보다 일본 정치의 무기력과 시민들의 정치적 무관심이라는 두 축이 맞물리면서 일본은 변화와 개혁의 동력을 상실함으로써 30년 동안 정체 상태에 머물게 됐다. 어떤 사회나 국가건 역동성을 상실한다는 것이 얼마나 위험한 것인지 적어도 21세기 일본은 확실하게 입증하고 있는 셈이다.

그런 일본을 타산지석으로 삼아 이제는 '자발적 변화와 개혁'의 새로운 도약을 마련해야 한다. 엄격하게 말해 1997년 체제는 외부의 강제적 힘에 의해 개혁할 수밖에 없었던 것이지 우리 스스로 능동적으로 변화하고 개혁한 게 아니다. 이제는 스스로 개혁하고 도약해야 할 전환점을 마련해야 한다. 이른바 콘텐츠의 강조는 그런 전제가 없으면 무망하거나 수명이 짧을 수밖에 없다는 점을 기억해야 한다. 변화의 속도보다 개혁의 속도가 앞서는 것은 거의 불가능한 일이지만, 그것을 예측하고 부단히 낡은 과거의 틀을 벗어내는 일은 언제나 필수적이다.

1980년대 중반 처음 '카폰'이 나왔을 때 카폰 안테나 자체만으로도 성공의 아이콘처럼 보였다. 1992년 '삐삐'로 불리던, 전국광역화된 무선호출기Radio Pager(또는 Beeper)에 이어 1997년 발신전용 이동통신전화인 '시티폰'은 길거리의 풍경을 바꿔놓을 정도였는데, 이제는 세계에서 가장 먼저 상용화된 5G 통신망을 갖춘 스마트폰이 거의 모든 이들의 필수품이 됐다.

내가 고등학교에 다닐 때까지만 해도 전화기가 없는 집들이 많았다. 공중전화를 걸기 위해 늘 동전을 상비했다. 1982년 세계에서 10번째로 개발한 전자교환기인 TDX 사업의 성공을 계기로 집집마다 전화기가 빠르게 가설됐다. 당시 외국에서 시스템을 통째로 들여오는 게 더 '경제적'이라며 자체 개발에 반대한 이들이 많았지만, 반대를 무릅쓰고 기어이 성과를 일궈낸 것이었다.

1984년부터 이동통신사업이 시작됐다. 빠르게 성장한 이동통신사업은 일상생활까지 크게 변화시켰다. '삐삐'와 '시티폰'이라는 간이역을 거쳐 거의 모든 사람이 하나씩 휴대전화를 소유하게 됐고, 그것이 만들어낸 새로운 네트워크와 시스템은 혁명적인 변화와 발전을 이끌었다.

대학 때까지만 해도 전산실에 가야 '알현'할 수 있던 컴퓨터가 책상 위에 하나씩 놓이더니, 들고 다닐 수 있는 노트북으로 진화했고, 이제는 그마저도 스마트폰에 모든 것이 탑재됨으로써 실시간으로 세계의 모든 정보와 접속할 수 있는 세상에 살게 됐다. 이런 환경은 전자 정부를 비롯해 사회를 빠르게 변화시켰고 대한민국의 역동성을 더 가속하는 원동력이 됐다.

그러나 갈수록 사회적 양극화는 심화하고 정치적 갈등은 해소되기는커녕 대립과 갈등이 악화하는 현실의 벽도 높아져왔다. 그것을 어떻게 역동적 에너지로 전환하느냐가 대한민국의 미래를 좌우하는 요소가 될 것이다. 어설픈 신자유주의를 신봉하는 자들이 집권하면서 양극화가 심화한 것은 여전히 대한민국이 치러야 할 꽤 큰 부담으로 작용한다. 정치·경제·사회·문화 등이 지속가능한 발전과 역동성을 통한 도약으로 진화하느냐가 우리의 미래를 결정할 것이다. 그런 갈등과 대립의 상황이 만들어낸 에너지를 어떻게 역동성으로 진화시킬 수 있느냐의 좋은 모델이 바로 1960년대에 압축적으로 나타났다.

물론 모든 것이 긍정적으로만 작동된 것은 아니었고 당장에 해결되거나 해소된 것도 아니었다. 그러나 거의 모든 현대사회의 기준점이 그 시기에 한꺼번에 폭발했고 자연스럽게 거기에 눈을 떴으며 그 신념에 각자의 방식으로 대응했고 긴 시간을 거쳐 내화했다. 대한민국이 이토록 빠르고 강하게 성장한 것은 다행스럽고 고마운 일이다. 그러나 앞으로 지속 발전할 수 있으려면 갈등과 대립을 방치하거나 악용해서는 안 될 일이다.

예를 들어 68혁명 때 아주 조심스럽게 그리고 어떤 이에게는 경악스럽게 열린 동성애 이슈에 대해 서방 세계에서도 긴 시간의 반목을 겪으며 조금씩 진전했고, 이제는 한 나라의 수상조차 당당하게 커밍아웃하는 세상이 됐으며, 적어도 그 세계에서는 더 이상 그 문제로 왈가왈부 시비하면서 에너지를 낭비하지 않고 인격을 훼손하지도 않는다. 그에 반해 우리는 뒤늦은 '차별금지법' 조차 동성애자들의 인권까지 끼워 넣었다며 개신교를 중심으로 극렬하게 반대함으로써 법률 제정이 무망한 상황이다.

상당수의 보수교단에서는 차별금지법을 성소수자들의 타락을 부추기며, 비도덕적이고 반종교적이라고 단정하며 극렬히 반대하고, 한걸음 더 나아가 정치쟁점화하고 있다. 차별금지법 반대가 신앙의 의무이며 시민적 책무라고 여긴다면, 유럽은 말할 것도 없고 미국에서도 대다수의 교회가 성소수자를 차별하지 않고 종교적으로 비난하지 않을 뿐 아니라, 성소수자가 성직을 맡는 일도 수용하는 태도를 어떻게 해석할 것인지 묻고 싶다. 그들이라고 본디부터 성소수자를 차별하지 않고 억압하지 않았던 게 아니다. 그러나 그 차별과 억압에 대한 신념이 정당하지 않다는 보편적 동의가 시대정신임을 깨닫고, 그 편협하고 그릇된 신념을 버렸다. 그게 바로 1960년대 세계사가 증언하고 있는 용기와 희망을 품은 결단이었다.

문제가 터졌다는 것 자체가 의미 있는 일이다. 속으로 감추고 모른 척한다고 해결될 일이 아니기 때문이다. 그런 점에서는 다행스러운 일이다. 그러나 다른 나라들에서는 이미 해결된 문제를 우리는 뒤늦게 문제 삼고 딴죽을 걸며 그것이 도덕적 우월성인 것처럼 착각하는 것은 어찌 볼 것인가. 이 문제는 단순히 종교의 영역에 제한되는 게 아니다. 1960년대의 대중도 그렇게 생각했다. 그러나 시간이 흐르면서 그게 독선이고 폭력이라는 것을 인지했고, 조화로운 관계를 모색하면서 극복했다. 모델로 삼아 해소할 생각조차 짓눌러버리는 것은 우매한 일이다. 10년 후, 20년 후 나의 시대착오적 판단에 어떻게 책임질 것인지, 후회하게 된다면 어떻게 변명할지를 늘 고민해야 한다. 그게 역사를 통해 배우는 교훈이다. 지금 우리가 1960년대를 되돌아보는 것은 과거의 회상이 아니라 미래를 살아갈 좌표로써 성찰하는 것이다.

역사는 결코 안주하거나 정지하지 않는다. 갈수록 고도화하며 막강한 힘을 발휘하는 금융자본의 위력과 기술전쟁은 미국과 중국의 극단적 대립으로 일촉즉발의 상황을 이끌었고, 자유무역과 경제블록의 변화무쌍한 변주곡들은 여전히 우리를 불안과 당혹으로 몰아넣고 있다. 종교가 화해와 평화보다 오히려 정치세력화하면서 분쟁을 촉발하고, 평화와 공존보다 혐오와 갈등을 부추기고 있는 것도 엄연한 현실이다.

과학의 진보와 빠른 변화는 일일이 언급하는 게 거의 불가능할 정도이다. 인터넷과 모바일만큼 우리의 일상 자체를 바꾼 과학적 성과도 드물다. 그것을 선도하거나 이용을 극대화한 신생기업이 세계 경제를 선도하는 것만 봐도 알 수 있다. 인공지능도 꿈이 아니라 이미 현실이다. 생명과학의 발전은 인간의 수명을 과연 어디까지 연장시킬까 궁금할 지경이다. 그러나 그럼에도 불구하고 '코로나 팬데믹'이 세계에 던진 충격과 공포는 여전히 자연 앞에서 인간이 무력할 수 있음을 실감케 했을 뿐 아니라 기존의 대면접촉의 시대가 저물고 비대면 사회가 본격적으로 출현했음을 실감하게 했다.

'자연보호'를 외치기 시작한 것은 자연이 더 이상 재화의 대상이 아니라 삶의 필연적 조건임을 깨달았던 시기와 일치한다. 지금 당면하고 있는 기후의 문제도 충분히 예견하고 어느 정도 대비할 수 있었음에도 불구하고 사후약방문처럼 호들갑 떠는 일부터 반성해야 방책을 마련할 수 있다. 여전히 강대국과 자본의 힘이 그것을 훼방하고 있지만, 이제는 더 이상 방치하거나 늦추다가는 공멸하게 된다는 것을 인식하기 시작한 것은 다행스럽다.

지금 우리가 딛고 있는 시간은 과거 역사에서 엄청난 시간에 축적한 문화와 문명의 성과보다 훨씬 더 많은 것을 생산하고 있는 시간이다. 과거에 머물거나 단편적인 현재에 안주하는 것 자체가 위험한 시대가 됐다.

포스트모더니즘은 이미 하나의 특정한 조류가 아니다. 모든 과거는 해체되고, 다양하고 새로운 도전의 방식으로 대체되는 것은 당연하다. 그 속도가 빠르고 기간이 짧아졌을 뿐.

그러므로 우리는 언제나 'Post+무엇'에 대해 주목해야 한다. 그 'Post'를 알기 위해 'Past'를 찾는 게 바로 역사이다. 청년 세대가 그 주역이다. 청년들이 개인의 자유를 중요하게 여기는 것을 단순히 이기적 태도라고 보는 어른들이 발전을 어그러뜨리고 왜곡으로 변질시킨다. 미래는 그들의 몫이다. 그들의 미래를 망치지 않기 위해서 무엇을 해야 할 것인지 늘 경계해야 한다.

현대의 기준점을 마련한 1960년대의 세계는 뜨거웠다. 수많은 투쟁과 갈등이 있었고 눈부신 진보도 이루었다. 그러나 시간이 지나면서 변질되거나 희석되기도 하고 왜곡되며 엉뚱한 길로 빠지기도 했다. 그럼에도 불구하고 그 시대의 정신은 살아있다. 각자의 삶에서 그 시대정신을 늘 각성하고 한 걸음씩 나아가는 것이 우리의 몫이다.

감히 꿈도 꾸지 못하던 선진국 대한민국이 가진 힘과 가치는 엄청나다. 과거에는 내 조국이 원망스럽기도 하고 안타깝기도 했지만 이제는 다행스럽고 행복하다. 이런 세상은 공짜도 아니었고 누가 준 것도 아니었다. 우리 부모 세대의 헌신과 투쟁 그리고 눈물겨운 노력이 만들어낸 결과이며, 그에 부끄럽지 않게 열심히 살아온 우리들의 열성 덕분이기도 하다는 점에서 뿌듯하다.

한 사람의 평범하고 보잘것없는 삶 속에서 지나온 시간과 세상을 돌아보면서 내가 무엇을 놓치고 살았는지, 어떤 혜택을 누리며 살았는지 깨닫게 된 것은 다행스러운 일이다. 거기에 올바르게 상응하는 것은 그 깨달음을 통해 더 진화한 삶과 더 나은 사회를 실현하는 것이다.

부록

1959년	조봉암 사형집행
1960년	제5차 한일회담, 23억 달러 배상금 요구
	김주열 시신 발견
	4·19혁명
	이승만 하야 성명
	이강석 일가 집단 자살
	이승만 하와이 망명
	제3차 개헌
	민의원 참의원 선거
	제4대 대통령 윤보선, 부통령 이시영
	신민당 창당
1961년	국토종합개발계획 및 경제개발5개년 계획 발표
	5·16군사쿠데타
	백악관, 박정희 초청
	박정희, 워싱턴 실무 방문
	이케다 하야토 일본 수상 회담
1962년	제1차 경게개발5개년계획
	제2차 통화 개혁
	윤보선 대통령 사임
	김종필 오히라 한일협상
1963년	제5대 대통령 선거, 박정희 당선
1964년	제6차 한일회담
	6·3항쟁
	인혁당 사건
1965년	전국 갑호비상령 발동
	베트남 전투부대 파병 결정
	한일협정 비준안 국회 통과
1966년	제2차 경제개발5개년계획 발표
1967년	제6대 대통령 선거, 박정희 당선
	동백림 사건
1968년	1·21사태, 북한무장공비 습격
	북한, 원산 앞바다에서 미군 푸에블로호 나포
	통혁당 사건

	향토예비군 창설
	684부대 창설
	주민등록번호 부여
	울진·삼척무장공비침투사건
	국민교육헌장
1969년	3선개헌반대범국민투쟁위원회 결성
	3선개헌안 날치기 통과
1970년	전태일 열사 분신
1971년	제7대 대통령 선거, 박정희 당선
	서울 일원 위수령
	국가비상사태 선언
1972년	7·4남북공동성명
	10월유신, 비상계엄령
	유신헌법 공포, 박정희 제8대 대통령 취임
1973년	김대중 피랍
	개헌청원 100만인 서명운동
1974년	긴급조치 1호
	민청학련 사건
	제2차 인혁당 사건
	영부인 육영수 피살
	천주교 정의구현사제단 결성
1975년	인혁당 사건 관련자 사형
	장준하 의문사
1976년	3·1명동선언
1978년	통일주체국민회의, 제9대 대통령 박정희 선출
1979년	신민당 총재 김영삼 제명 사건
	부마사태
	10·26사태, 박정희 피살
	12·12사태, 전두환 신군부쿠데타
1980년	서울의 봄
	5·18광주민주화운동
1985년	제1회 한국여성대회 개최
1986년	국시논쟁
1987년	6월항쟁

1987년	제13대 대통령 선거, 노태우 당선
1987년	한국여성단체연합 창립
1988년	서울올림픽
1988년	3·8여성대회 기념행사 시작
1990년	소련과 수교
1992년	중국과 수교
1993년	제14대 김영삼 대통령 취임
1996년	경제협력개발기구(OECD) 가입
1997년	IMF 구제금융
1998년	제15대 김대중 대통령 취임
2003년	제16대 노무현 대통령 취임
2008년	제17대 이명박 대통령 취임
2013년	제18대 박근혜 대통령 취임
2017년	제19대 문재인 대통령 취임
2021년	대한민국 선진국 공식 결정
2022년	제20대 윤석열 대통령 취임

───── 중국 현대사 소연표 ─────

1893년	마오쩌둥 출생
1911년	신해혁명
1913년	위안스카이 대총통 취임
1916년	위안스카이 사망
1917년	쑨원 제1차 광둥정부
1919년	5·4운동
1920년	중국공산당 창당
1921년	쑨원 제2차 광둥정부
1923년	쑨원 제3차 광둥정부
1924년	제1차 국공합작
1925년	장제스 제1차 동정
	5·30운동
	장제스 제2차 동정
1926년	제1차 북벌
1927년	장제스 난징정부 수립
	공산당 난창봉기

	우한정부 난징정부 합병
	하이루펑 소비에트 정권 수립
	마오쩌둥 홍위병 조직
	광둥 코뮌
1928년	제2차 북벌
	난징정부 성립
1930년	남북대전 발발
1931년	만주사변
1933년	푸젠사변
	만저우국 성립
1934년	대장정 개시
1936년	대장정 완료
	시안사변
1937년	제2차 국공합작
	중일전쟁
	충칭정부 수립
1938년	난징대학살
1939년	제2차 세계대전
1941년	태평양전쟁
1942년	정풍운동
1943년	카이로회담
1945년	얄타회담
	포츠담회담
	일본항복
1946년	내전 격화
1947년	타이완 2·28사건
1948년	베이징 점령
1949년	중화인민공화국 수립
	타이완 장제스 국민당 정부
	마오쩌둥 모스크바 방문
1950년	한국전쟁
1953년	제1차 5개년계획 시작
1954년	중화인민공화국헌법
	홍루몽 비판
1956년	쌍백운동(백화제방, 백가쟁명)
1957년	중·소신군사협정

1958년	대약진운동
	인민공사 추진
	마오쩌둥 흐루쇼프 회담
	진먼다오 공격
	마오쩌둥 국가주석직 사임
1959년	국방부장 펑더화이, 마오쩌둥
	공개 비판
	류사오치, 저우언라이, 덩샤오핑
	삼두체제 구축
	우한, 마오쩌둥의 사주로
	『해서파관』 발표 및 공연
	마오쩌둥 해서파관을 핑계로
	대약진운동 실패 변호
1960년	베이다이허회의에서 마오쩌둥,
	인민공사 계획 재천명
1962년	베이징 중국공산당 제8기 10차 중앙위
	원회 전체회의 마오쩌둥 주관
1962년	마오, 해서파관 공연 금지
1965년	장칭, 해서파관 고발
1966년	마오쩌둥, 혁명정신 강화 및 파사구
	타파, 주자파 제거 천명
	칭화대학생 콰이다푸 홍위병 가담
	마오쩌둥, 홍위병 대표단에 서한,
	조반유리 승인
	문화대혁명
1967년	상하이인민공사 수립
	마오, 상하이인민공사 개조 지시
1968년	류사오치 실각
1969년	문화대혁명 정리
	중·소 국경분쟁
1971년	핑퐁외교
	키신저 방중, 저우언라이 회동
1972년	닉슨 방중, 마오쩌둥 회담
1973년	4인방 등장
1975년	덩샤오핑, 4개 현대화 추진, 4대 자유
	공표

	장졔스 사망
1976년	저우언라이 사망
	마오쩌둥 사망
	4인방 체포
1977년	덩샤오핑 복권
	문화대혁명 공식 종결 선언
1979년	중국 베트남 침공
	미중수교
1986년	인민공사 해체
1989년	후야오방 실각
	6·4항쟁, 톈안먼사태
1992년	한중수교
1997년	홍콩반환
2012년	시진핑 당총서기 및 당중앙군사위원회
	주석 선출
2013년	시진핑 국가주석 취임

──────── 일본 현대사 소연표 ────────

1868년	메이지유신
1889년	대일본제국헌법
1894년	청일전쟁
1904년	러일전쟁
1910년	조선병합
1912년	다이쇼 시대
1914년	제1차 세계대전 참전
1919년	베르사유강화조약
1923년	관동대지진
1925년	치안유지법
1926년	쇼와 시대
1931년	만주사변
1937년	중일전쟁
	난징대학살
1940년	난징괴뢰정부
1941년	태평양전쟁

1941년	도조 히데키 내각
1945년	원폭투하
	일본 항복
1946년	신헌법 공포
1949년	도지라인 발표
1950년	한국전쟁 발발
1951년	미국 일본 샌프란시스코강화조약 체결
	미일안보조약 체결
1952년	샌프란시스코강화조약 발효
1954년	자위대 창설
	진무경기케이키 경기 호황 시작
1955년	55년체제 성립
1955년	자유당과 민주당 합당, 자민당 결성
1957년	기시 노부스케 내각
1958년	미국, 미일안보조약 개정 제안
1959년	안보조약개정저지국민회의 결성
1960년	전학련, 신미일안보조약 비준 저지
	안보투쟁 최고조
	이케다 내각 소득배증계획 추진
1960년	기시 노부스케 수상 실각
	이케다 내각 출범
	개정 안보조약 비준동의안 통과
1964년	OECD가입
	도쿄올림픽
	신칸센 개통
	사토 내각 출범
1965년	한일기본조약
	이자나기경기케이키 경기 호황 시작
1968년	니혼대 부정 회계 사건, 대학생 시위
	니혼대 전공투, 당국과 협상 요구
	경찰기동대, 전공투 학생 무력 진압
	도쿄대 의대생 시위
	도쿄대 야스다강당 점거
	도쿄대 오코치가즈오 총장 사임
	문부과학성, 도쿄대 입시 중지 발표
1969년	경시청 야스다강당 진압

	적군파 결성
	적군파 무장 투쟁
	적군파 진압
1970년	적군파 잔당, 하네다공항에서 일본항공
	의 요도호 납치
	오사카 엑스포
1972년	중일수교
	오키나와 반환
	다나카 내각 출범
1976년	록히드 사건
1985년	플라자 합의
1989년	히로히토 일왕 사망
	헤이세이 시대
1991년	장기불황 돌입
1993년	호소가와 연립정권, 55년체제 붕괴
2001년	고이즈미 준이치로 내각
2006년	아베 신조 내각
2007년	후쿠다 야스오 내각
2008년	아소 다로 내각
2009년	하토야마 유키오 내각
2010년	간 나오토 내각
2011년	노다 요시히코 내각
2012년	아베 신조 내각
2019년	레이와 시대
2020년	스가 요시히데 내각
2021년	기시다 후미오 내각

미국 현대사 소연표
(쿠바, 베트남 포함)

1788년	미연방헌법 발효
1789년	워싱턴 대통령 취임
1791년	미연방헌법 수정
1860년	링컨 대통령 당선
1861년	남북전쟁 발발

	쿠바사태 해결
1967년	체 게바라 사망

베트남

1757년	플라시전투
	영국동인도회사 승리
1858년	프랑스 베트남 다낭항구 침입
1859년	프랑스 베트남 남부 사이공 점령
1874년	제2차 사이공조약 체결
1884년	청불전쟁
1885년	청나라 톈진강화조약 체결
1887년	프랑스령 인도차이나 수립
1890년	호찌민 출생
1927년	베트남국민당 설립
1930년	인도차이나공산당 설립
1945년	호치민, 베트남독립 선언
	베트남독립동맹越盟(베트민, Viet Minh)
	결성
1946년	제1차 인도차이나전쟁 발발
1954년	디엔비엔푸에서 프랑스 군 제압
	제네바협정
	베트남민주공화국(북베트남, 越盟)
	베트남공화국(남베트남, 越南)
	미국, 남베트남 경제원조계획 발표
	미국·프랑스·남베트남 상호방위조약
	추진
1955년	남베트남 선거
	바오다이 축출
	응오딘지엠 대통령 선출
1956년	응오딘지엠, 전국 자유선거 거부
	북위 17°선 경계로 분단
1959년	북베트남, 캄보디아를 통한
	호찌민루트 전개
1961년	오스트리아 빈, 케네디 흐루쇼프

	베트남 문제 논의
1963년	압박전투
	북베트남 승리
	틱꽝득 스님 분신
	남베트남 군부 쿠데타
	응오딘지엠 사망
1964년	통킹만 사건
1965년	베트남전쟁 개시
1968년	남베트남 주둔 미군 병력 55만 명 육박
1968년	미군 남베트남 미라이양민 학살
1968년	베트남군 대규모 기습공격
1969년	로널드 해벌 종군기자, 미라이 학살
	특종 보도
1975년	베트남전쟁 종전
1986년	베트남사회주의공화국,
	도이머이(쇄신)정책 추진

소련 현대사 소연표
(러시아, 동유럽자유화운동 포함)

1917년	러시아혁명
	러시아사회주의연방소비에트공화국
1919년	코민테른 창설
1922년	소비에트사회주의공화국연방
1924년	레닌 사망
1929년	트로츠키 추방
1934년	유리 가가린 출생
1936년	스탈린 헌법
1940년	발트3국 병합
1941년	독소전쟁
1947년	코민포름 결성
1949년	코메콘 창설
1950년	중소우호동맹조약
1953년	스탈린 사망
	말렌코프 수상 취임

	흐루쇼프 서기장 취임
1955년	바르샤바조약기구 결성
1956년	흐루쇼프, 소련 공산당 제20차
	전당대회에서 스탈린 비판
1957년	세계 최초 대륙간탄도미사일(ICBM)
	R-7 발사 성공
	인공위성 스푸트니크1호 발사 성공
1958년	핵실험금지협상
1959년	흐루쇼프 방미
	아이젠하워 대통령과 미·소회담
	제7차 경제개발계획 발표
1959년	달 탐사선 루나3호 발사
1960년	우랄산맥 상공에서 미국 U-2정찰기
	격추
1961년	가가린의 보스토크1호 지구궤도 선회
	흐루쇼프 프로그램 가동
1963년	소련 농가 대기근,
	소브나르호즈개혁 실패
1964년	흐루쇼프 실각
	브레즈네프 서기장 취임
1968년	체코슬로바키아
	브레즈네프 독트린
1969년	우수리강 유역 중소 국경분쟁
1979년	아프가니스탄 침공
1980년	모스크바올림픽
1982년	브레즈네프 사망
	안드로포프 서기장 취임
1984년	안드로포프 사망
	체르넨코 서기장 취임
1985년	체르넨코 사망
	고르바초프 서기장 취임
	제네바 미소회담
	페레스트로이카, 글라스노스트 추진
1986년	체르노빌원전 사고
1989년	고르바초프 방중
	몰타 미소회담

	아프가니스탄 철군
1990년	발트3국 독립선언
	소비에트연방 고르바초프 대통령 취임
	시장경제 도입
1991년	러시아 옐친 대통령 취임
	발트3국(에스토니아, 라트비아,
	리투아니아) 독립
	신연방조약 제안
	독립국가연합(CIS) 체제
	소비에트사회주의공화국연방 해체
	러시아연방 수립
1993년	러시아 총선
	마스트리흐트 조약
	유럽연합(EU) 결성
1994년	체첸사태
1996년	옐친 재선
	체첸 철군
1998년	모라토리움 선언
1999년	옐친 사임
	푸틴 총리, 대통령 권한대행
2000년	푸틴 대통령 취임
	체첸 진압
2001년	통합러시아당 출범
2003년	국가두마선거 푸틴 압승
	조지아 CIS 탈퇴 선언
2004년	푸틴 재선
2008년	메드베데프 대통령 취임
2012년	푸틴 대통령 취임
2014년	러시아 우크라이나 크림반도 합병
2018년	푸틴 대통령 재선
	우크라이나 CIS 탈퇴
2022년	우크라이나 침공

폴란드

헝가리

체코슬로바키아

'사회주의' 선언

체코의 자유파 인사 70인,

'2000어 선언' 발표

다당제 도입

보도·표현·이동의 자유 허용

바르샤바동맹 모스크바에서 둡체크

배제하고 정상회담

브라티슬라바선언

바르샤바조약기구 군대 침공

브레즈네프 독트린

얀 팔라흐 분신 자살

프라하의 봄 실패

1970년 둡체크 체코슬로바키아공산당 추방

1989년 슬로바키아 자치권 인정

둡체크 연방의회의장 복귀

1990년 체코슬로바키아 연방공화국

1993년 체코와 슬로바키아로 분리

드골의 프랑스와 68혁명

1890년 드골 출생

1894년 드레퓌스 사건

드골 자유프랑스민족회의 결성

1940년 비시프랑스 수립

1944년 비시프랑스 몰락

1945년 프랑스공화국 임시정부

헌법제정의회 내각 수반 드골 임명

1946년 총선 대중공화운동(MRP) 승리

총선 재선거 공산당 승리

제4공화국 출범

1953년 드골 정계 은퇴

1954년 베트남 디엔비엔푸전투 북베트남 승리

1956년 이집트 나세르, 수에즈운하 국유화

1958년 드골 재등장

신헌법 제정

제5공화국 출범

드골, '위대한 프랑스' 주창

1959년 드골 대통령 취임

1962년 알제리 독립 인정

1963년 프랑스, 핵무장 시도

드골, 서독 아데나워 수상과 회담

1964년 중화인민공화국 공식 승인

1965년 대통령 선거, 드골 당선

1966년 북대서양조약기구(NATO)에서 철군

1967년 총선

드골 우파 과반 확보

1968년 파리 낭테르대학 학내 문제 발생

아메리칸익스프레스 파리지사

습격사건

베트남전쟁 참전 반대

낭테르대학 휴교 조치

대규모 학생시위

68혁명 발발

퐁피드 수상, 휴교 조치 철회 선언

드골, 퐁피두 해임, 뮈르빌 임명

노동자 총파업

드골, 국민투표 제안

그르넬협정

드골, 국회 해산

드골 친위시위 확산

노동자 파업 축소

르노자동차 공장 폭력 사태

드골, 좌파 학생 조직 강제 해산

드골, 총선과 국민투표 승리

1969년 드골, 국민투표 패배, 정계 은퇴

퐁피두 대통령 취임

1970년 드골 사망

1974년 데스탱 대통령 취임

1981년 미테랑 대통령 취임

1995년 시라크 대통령 취임

2007년 사르코지 대통령 취임

| 2012년 | 올랑드 대통령 취임 |
| 2017년 | 마크롱 대통령 취임 |

아프리카
(남아공, 알제리, 콩고, 백호주의 포함)

1488년	아프리카 최남단 희망봉 발견
1884년	베를린회담(콩고회담) 개최
1885년	콩고분지조약 체결
1955년	모로코 독립
1956년	튀니지 독립
1960년	나이지리아 독립
1960년	가봉, 니제르, 마다가스카르, 모리타니,
	베냉(당시 이름 다호메이),
	부르키나파소(오트볼타),
	중앙아프리카공화국, 차드,
	코트디부아르. 콩고공화국,
	카메룬, 토고 등 독립
1963년	아프리카단결기구(OAU) 설립
1963년	야운데협약 체결
2002년	OAU 해체 후 아프리카연합 설립

남아공 아파르트헤이트

1652년	케이프 식민지 네덜란드 이주민 정착
1899년	보어전쟁 영국 승리
1912년	사회민주의정당 창당
1924년	총선 국민당 승리
1948년	아파르트헤이트 공식 추진
	아프리카민족회의(ANC)
	분리정책에 항거
1949년	인종간혼인금지법
1950년	흑백 간 성관계금지한 배덕법 개정
	인종별시설분리법 제정

	통행법 강화
1961년	영연방 탈퇴
	남아프리카공화국 수립
1964년	만델라 투옥
1970년	홈랜드 흑인 남아공 국적 박탈
1984년	투투 노벨평화상 수상
1991년	만델라 출옥
	ANC 의장 선출
1993년	만델라 노벨평화상 수상
1994년	만델라 대통령, 아파르트헤이트 폐지
	선언
1994년	진실과화해위원회(TRC) 발족,
	위원장 투투 대주교

알제리

1516년	오스만제국으로 복속
1827년	파리채 사건
1830년	프랑스 알제리 침공
1848년	프랑스 알제리 병합
1954년	알제리 독립운동 본격화
1954년	알제리 민족해방전선(FLN) 최초 봉기
	알제리전쟁 발발
1960년	프랑스, 알제리 사하라사막에서
	공중핵실험
1962년	알제리 독립
	아흐마드 빈 벨라, 알제리화국
	초대 대통령
1965년	우아리 부메디엔 군부 쿠데타

콩고

| 1885년 | 벨기에 레오폴 2세 콩고지역 사유화 |
| 1908년 | 레오폴 2세, 콩고지역 소유권 |

벨기에 정부에 이양

1958년	루뭄바의 콩고민족운동(MNC)
1960년	콩고민주공화국(DRC) 독립
1960년	벨기에 사주로 남부 카탕가주
	레오폴드빌콩고로 독립 선언
1961년	모부투 쿠데타
	루뭄바 사망
1963년	카탕가주 콩고민주공화국 복속
1964년	촘베 총리 취임
1965년	모부투 제2차 쿠데타 정권 찬탈

오스트레일리아 백호주의

1770년	영국 오스트레일리아 동부 점령
1788년	뉴사우스웨일즈 복속
1788년	영국의 죄수 수송선 잭슨항 도착
1850년	골드러시 시작
1888년	중국계 이민 제한 결의안
1896년	백호주의(WAP) 시작
1901년	호주연방 수립
	이민제한법 통과
	백호주의 법률 제정
1942년	영국과 행정 분리
1948년	영국이주민 호주 국적
1960년	애버리지니 시민권 허락

석유와 중동전쟁

1859년	미국 펜실베이니아주 오일크리크의
	에드윈 드레이크, 석유산업 개시
1870년	록펠러, 클리블랜드에서 오하이오스탠
	더드 석유회사 설립
1923년	스콧 니어링 『Oil and the Germs of
	War』 출간

1928년	영국, 미국, 프랑스 석유회사, 레드라인
	협정 합의
1930년	중동에서 대규모 유전 발견
1948년	이스라엘 독립 선언
	제1차 중동전쟁 발발
	이집트 나세르 쿠데타
	나세르, 범아랍주의 제창, 제3세계
	비동맹중립노선 표방
	영국·프랑스·이스라엘 3국
	비밀 군사협정
1955년	바그다드조약기구 창설
1956년	이집트 나세르, 수에즈운하 국유화
	제2차 중동전쟁 발발
	이스라엘 수에즈 점령
1960년	5개 산유국 석유수출국기구(OPEC)
	결성
1961년	카타르 OPEC 가입
1962년	인도네시아, 리비아 OPEC 가입
1964년	팔레스타인 PLO 출범
1967년	나세르 티란해협 봉쇄 선언
	제3차 중동전쟁 발발, 6일만에 종료
	사우디아라비아 아메드 야마니,
	석유 금수조치 언급
1969년	알제리 OPEC 가입
1971년	나이지리아 OPEC 가입
1973년	에콰도르 OPEC 가입
	야마니 장관 주도 중동 산유국
	석유 공시가격 인상
1974년	아랍에미리트연합 OPEC 가입
1975년	가봉 OPEC 가입

가톨릭교회 개혁 소연표

325년	최초의 공의회 제1차 니케아공의회
787년	일곱 번째 공의회 제2차 니케아공의회

1517년	종교개혁		바오로 6세 선출
1545년	트리엔트 공의회		제2차 바티칸공의회 제2차회기
1648년	베스트팔렌조약		전례에 관한 헌장 〈거룩한 공의회〉,
1854년	비오 9세, '성모 마리아의 동정' 및		사회 매체에 관한 교령 〈놀라운 기술〉
	'교황의 무오류성' 교의 선포		반포
1869년	제1차 바티칸공의회	1964년	제2차 바티칸공의회 제3차회기
1958년	교황 비오 12세 서거	1965년	제2차 바티칸공의회 제4차회기
	요한 23세 선출		'종교의 자유' 등 4개의 헌장,
	요한 23세, 23명의 추기경 임명		9개의 교령, 3개의 선언문 공표
1960년	로마시노드 개최		제2차 바티칸공의회 종료
	그리스도교 일치촉진사무국 설립	1967년	교황 바오로 6세 〈민족들의 발전
	영국 성공회 수장 제프리 피셔		촉진에 관한 회칙〉 발표
	캔터베리 대주교 바티칸 초청	1968년	콜롬비아 메데인에서 남미주교회의
1961년	동방정교회 아테나고라스 1세		제2차 총회 메데인문헌 채택
	총대주교에 사절	1969년	대한민국 김수환 추기경 임명 1971년
1962년	제2차 바티칸공의회 소집		구스타보 구티에레스 『해방신학』
1963년	새로운 회칙 발표		출간
	요한 23세 서거		카마라 대주교, 브라질주교회의 설립

참고도서

1960년대의 대한민국
중국과 문화대혁명
일본의 우경화
케네디 시대의 미국
소련과 흐루쇼프
68혁명과 프랑스, 동유럽자유화운동
베트남전쟁
아프리카
석유와 중동전쟁
백호주의와 아파르트헤이트
뉴 레프트
비틀스에서 우드스톡까지
가톨릭교회의 개혁
인종차별과 흑인해방
여성해방
환경
우주경쟁

1960년대의 대한민국

『1960년대 사회 변동과 자기 재현』, 김경일·이완범·김원·이상록·김복수·정수남, 한국학중앙연구원출판부, 2018

『1960년을 묻다: 박정희 시대의 문화정치와 지성』, 권보드래·천정환, 천년의상상, 2012

『4.19혁명 보도자료집』, 한국일보, 한국일보사, 2012

『4.19혁명과 민주주의』, 이재석·전상숙, 선인, 2012

『4.19혁명론 1』, 한완상, 일월서각, 1990

『4.19혁명』, 김정남, 민주화운동기념사업회, 2003

『4월 혁명 1, 2』, 김병총, 다빛출판사, 2011

『5.16청문회』, 김상구, 책과나무, 2017

『6.3학생운동사』, 6.3동지회, 역사비평사, 2001

『김종필과 박정희』, 고다니 히데지로·김석야, 이명호 엮음, 프로젝트409, 2016

『김종필증언록 1, 2』, 김종필, 중앙일보김종필증언록팀, 와이즈베리, 2016

『김주열』, 편집부, 민주화운동기념사업회, 2003

『남산의 부장들』, 김충식, 폴리티쿠스, 2012

『내 죽음을 헛되이 말라』, 전태일, 돌베개, 1988

『대통령박정희(미국 비밀해제 자료로 본)』, 송승종, 북코리아, 2015

『독재와 민주주의』, 정관성, 가교, 2020

『민주공화당 18년 1962-1980』, 김용호, 아카넷, 2020

『박정희 시대:5.16과 한미관계』, 이상우, 중원문화사, 2012

『박정희 장군, 나를 꼭 죽여야겠소』, 김학민·이창훈, 푸른역사, 2015

『박정희 정권의 역사』, 이윤섭, 필맥, 2011

『박정희 정부의 선택: 1960년대 수출지향 공업화와 냉전체제』, 기미야 다다시, 후마니타스, 2008

『박정희 평전』, 김삼웅, 앤길, 2017

『박정희 평전』, 전인권, 이학사, 2006

『박정희시대의 유령들』, 김원, 현실문화연구, 2011

『박정희와 개발독재시대』, 조희연, 역사비평사, 2007

『불편한 회고: 외교사료로 보는 한일관계 70년』, 이동준, 삼인, 2016

『사료로 본 한국정치와 외교 1945~1979』, 김용직 편, 성신여자대학교출판부, 2005

『살아있는 우리 헌법이야기』, 한상범, 삼인, 2005

『서중석의 현대사이야기2』, 서중석, 김덕련 옮김, 오월의봄, 2017

『시대의 양심』, 예춘호, 서울문화사, 2012

『의제로 본 한일회담』, 국민대학교일본학연구소(최영호 외 9인), 선인, 2010

『일본에서의 한일회담 반대운동』, 김현수, 선인, 2016

『일본의 한반도 외교』, 기미야 다다시, 손석의 옮김, 제이앤씨, 2013

『장면 총리와 제2공화국』, 조광, 경인문화사, 2003

『장면과 제2공화국』, 한국민족운동사학회, 국학자료원, 2003

『장면정권과 민주당』, 이형, 삼일서적, 2005

『장준하』, 박경수, 돌베개, 2003

『전태일 실록 1, 2』, 최재영, 동연, 2020

『전태일 통신』, 전태일기념사업회, 후마니타스, 2006

『전태일 평전』, 조영래, 아름다운전태일, 2020

『주제와 쟁점으로 읽는 20세기 한일관계사』, 정재정, 역사비평사, 2014

『한국 보수 세력 연구』, 남시욱, 청미디어, 2020

『한국현대사산책 1960년대편 3』, 강준만, 인물과사상사, 2004

『한일 양국, 서로를 어떻게 기록했는가』, 한일문화교류기금(기타지마 만지 외 13인), 경인문화사, 2017

『한일관계의 새로운 이해』, 유영렬, 경인문화, 2006

『한일교섭: 청구권문제 연구』, 오오타 오사무, 송병권 옮김, 선인, 2008

『한일국교정상화연구』, 이원덕·장박진·이성·현대송·류미나·안소영·이기태·박창건·유지아·이현진, 대한
    민국역사박물관, 2016

『한일굴욕회담내막』, 김삼연, 불휘, 1996

『한일수교 50년, 상호이해와 협력을 위한 역사적 재검토1,2』, 한일관계사학회(남상호 외 20인), 경인문화
    사, 2017

『한일협정과 한일관계』, 동북아역사재단 한일역사문제연구소, 동북아역사재단, 2019

『한일협정을 다시 본다』, 민족문제연구소, 아세아문화사, 1995

『한일회담 반대운동』, 김기선, 민주화운동기념사업회, 2005

『한일회담과 국제사회』, 국민대학교일본학연구소(조양현 외 10인), 선인, 2010

『한일회담과 반대운동』, 이재오, 파라북스, 2011

『한일회담』, 박진희, 선인, 2008

중국과 문화대혁명

『권력과 여자들』, 안트예 빈트가센, 홍은진 옮김, 한문화, 2004

『그때 중국에선 어떤 일이 있었나?』, 임명현, 돋을새김, 2019

『나, 펑더화이에 대하여 쓰다』, 펑더화이, 이영민 옮김, 앨피, 2018

『덩샤오핑 평전』, 벤저민 양, 권기대 옮김, 황금가지, 2004

『덩샤오핑 평전』, 에즈라 보걸, 심규호·유소영 옮김, 민음사, 2014

『마오 상·하』, 장융·존 핼리데이, 황의방·이상근·오성환 옮김, 까치, 2006

『마오의 대기근』, 프랑크 디쾨터, 최파일 옮김, 열린책들, 2017

『마오의 제국』, 필립 판, 김춘수 옮김, 말글빛냄, 2010

『마오의 중국과 그 이후 1』, 모리스 마이스너, 김수영 옮김, 이산, 2004

『마오쩌둥 1,2』, 필립 쇼트, 양현수 옮김, 교양인, 2019

『마오쩌둥 사상의 극단이 낳은 10년의 천하대란』(e-Book), 임영태, 21세기북스, 2014

『마오쩌둥 주요 문선』, 마오쩌둥, 이등연 옮김, 학고방, 2018

『마오쩌둥 평전』, 알렉산더 판초프·스티븐 레빈, 심규호 옮김, 민음사, 2017

『마오쩌둥과 지식인, 그리고 박해』, 김기효, 신서원, 2020

『마오쩌둥을 다시 생각한다』, 닉 나이트, 피경훈 옮김, 문학과학사, 2019

『모택동 비사』, 주치호, 한림원, 2000

『모택동과 문화대혁명』, 김재선, 한국학술정보, 2009

『모택동과 주은래, 그리고 부의』, 왕칭샹, 김승일 옮김, 경지출판사, 2015

『모택동비록 상·하』, 산케이신문특별취재반, 임홍빈 옮김, 문학사상사, 2001

『모택통 인민의 배반자』, 엔도 호마레, 박상후 옮김, 타임라인, 2019

『무질서의 지배자 마오쩌둥』, 조너선 D. 스펜스, 남경태 옮김, 푸른숲, 2003

『문화대혁명, 또 다른 기억』, 천이난, 장윤미 옮김, 그린비, 2008

『문화대혁명: 중국 인민의 역사 1962~1976』, 프랑크 디쾨터, 고기탁 옮김, 열린책들, 2017

『문화대혁명사』, 진춘밍, 이정남 옮김, 나무와숲, 2000

『문화대혁명』, 백승욱, 살림, 2007

『문화대혁명』, 야부키 스스무, 손승회 옮김, 영남대학교출판부, 2017

『문화혁명과 극좌파』, 손승희, 한울아카데미, 2019

『백 사람의 십 년: 문화대혁명, 그 집단 열정의 부조리에 대한 증언』, 펑지차이, 박현숙 옮김, 후마니타스, 2016

『불멸의 지도자 등소평』, 등용, 임계순 옮김, 김영사, 2001

『붉은 여황 강청』, 양은록, 한민영 옮김, 화서당, 2003

『상하이의 삶과 죽음 1, 2』, 니엔청, 박미숙·박국용 옮김, 금토, 2006

『새로운 황제들』, 해리슨 E. 솔즈베리, 박월아·박병덕 옮김, 증보판 글 박승준, 다섯수레, 2013

『설계자 덩샤오핑』, 알렉산더 판초프·스티븐 레빈, 유희복 옮김, 알마, 2018

『세계사 속의 중국 문화대혁명』, 바바 기미히코, 장원철 옮김, 에이케이커뮤니케이션즈, 2020

『슬픈 중국 인민민주독재 1948-1964』, 송재윤, 까치, 2020

『아틀라스 중국사(개정증보판)』, 박한제·김형종·김병준·이근명·이준갑, 사계절, 2015

『왕단의 중국현대사』, 왕단, 송인재 옮김, 동아시아, 2013

『장칭, 정치적 마녀의 초상』, 로스 테릴, 양현수 옮김, 교양인, 2012

『중국 애국주의 홍위병, 분노청년』, 김인희, 푸른역사, 2021

『중국공산당 100년사』, 김정계, 역락, 2021

『중국발전과 농업문제』, 서완수·하용웅, 북랩, 2021

『중국의 권력투쟁사 1, 2』, 김정계, 평민사, 2002·2009

『중국의 붉은 별』, 에드거 스노, 홍수원·안양노·신홍범 옮김, 두레, 2013

『중국의 엘리트 정치』, 조영남, 민음사, 2019

『중국지 하』, 현이섭, 인물과사상사, 2017.

『중화인민공화국 50년사』, 아마토 사토시, 임상범 옮김, 일조각, 2003

『해서를 찾아서(중국문화혁명연구)』, 이채주, 동아일보사, 2011

『혁명후기』, 한사오궁, 백지운 옮김, 글항아리, 2016

『홍위병』, 가진, 신세림 옮김, 황소자리, 2015

『홍위병』, 션판, 이상원 옮김, 황소자리, 2004

『Mao's China and After: A History of the People's Republic』, Maurice Meisner, Free Press, 1991

일본의 우경화

『나의 1960년대[도쿄대 전공투 운동의 나날과 근대 일본 과학사의 민낯]』 야마모토 요시타카, 임경화 옮김, 돌베개, 2017

『난감한 이웃 일본을 이해하는 여섯 가지 시선』, 김효진·남기정·서동주·이은경·정지희·조관자, 위즈덤하우스, 2018

『논단의 전후사 1945~1970』 오쿠 다케노리, 송석원 옮김, 소화, 2011

『두 번째 전후:1960-1970년대 아시아와 마주친 일본』, 성공회대학교 동아시아연구소 기획, 권혁태·조경희 엮음, 한울아카데미, 2017

『미국은 어떻게 동아시아를 지배했나』, 마고사키 우케루, 양기호 옮김, 메디치미디어, 2013

『미시마 유키오 대 동경대전공투』, 미시마 유키오, 김항 옮김, 새물결, 2006

『민주의 애국: 전후 일본의 내셔널리즘과 공공성』, 오구마 에이지, 조성은 옮김, 돌베개, 2019

『사쿠라 진다』, 시라이 사토시·우치다 다쓰루, 정선태 옮김, 우주소년, 2019

『사회를 바꾸려면』, 오구마 에이지, 전형배 옮김, 동아시아, 2014

『세계최종전쟁론[만주국을 세운 이시와라 간지의 망상이론]』, 이시와라 간지, 선정우 옮김, 길찾기, 2015

『이케다 하야토: 정치의 계절에서 경제의 계절로』, 권혁기, 살림, 2007

『일본 우익의 현대사』, 야스다 고이치, 이재우 옮김, 오월의봄, 2019

『일본외교 어제와 오늘』, 이오베 마코토, 조양욱 옮김, 다락원, 2002

『일본우익사상의 기원과 종언』, 마츠모토 켄이치, 요시카와 나기 옮김, 문학과지성사, 2009

『일본은 어디로 향하는가』, 사토 마사루·가타야마 모리히데, 송태욱 옮김, 열린책들, 2021

『일본의 굴레』, R. 태가트 머피, 윤영수 옮김, 글항아리, 2021

『일본의 불안을 읽는다』, 권혁태, 교양인, 2010

『일본의 침몰과 부활』, 사카이야 다이치, 윤택림 옮김, 전남대학교출판부, 2007

『일본이라는 나라』, 오구마 에이지, 한철호 옮김, 책과함께, 2007

『일본전후사 1945-2005』, 나카무라 마사노리, 유재연·이종욱 옮김, 논형, 2006

『일본전후정치사: 일본 민주주의의 보수적 기원과 전개』, 이시카와 마스미, 박정진 옮김, 후마니타스, 2006

『일본전후정치와 사회민주주의』, 신카와 도시미쓰, 임영일 옮김, 후마니타스, 2016

『일본정치사회의 우경화와 포퓰리즘』, 이종국, 선인, 2021

『일본정치의 우경화』, 나카노 고이치, 고대성 옮김, 제이앤씨, 2016

『적군파』, 퍼트리샤 스테인호프, 임정은 옮김, 교양인, 2013

『전공투』, 기하라 게이지, 편집부 옮김, 백산서당, 1985

『전후 일본의 내셔널리즘과 미국』, 노병호, 신서원, 2014

『전후 일본의 보수와 표상』, 장인성·서동주·임성모·강태웅·한정선·김범수, 서울대학교출판문화원, 2010

『전후 일본의 보수정치』, 편집부, 김명식 옮김, 한울림, 1983

『현대일본을 찾아서2』, 마리우스 B. 잰슨, 김우영 옮김, 이산, 2006

『현대일본의 보수주의』, 장인성, 연암서가, 2021

『현대일본의 체제 이행』, T. J. 펨펠, 최은봉 옮김, 을유문화사, 2001

케네디 시대의 미국

『0시 1분 전』, 마이클 돕스, 박수민 옮김, 모던타임스, 2015

『13일: 쿠바미사일 위기 회고록』, 로버트 케네디, 박수민 옮김, 열린책들, 2012

『1962』, 마이클 돕스, 박수민 옮김, 모던아카이브, 2019

『결정의 본질』, 그레이엄 앨리슨·필립 젤리코, 김태현 옮김, 모던아카이브, 2018

『냉전의 역사』, 이근욱, 서강대학교출판부, 2012

『냉전의 역사』, 존 루이스 개디스, 정철·강규형 옮김, 에코리브르, 2010

『냉전의 지구사』, 오드 아르네 베스타, 옥창준·오석주·김동욱 옮김, 에코리브르, 2020

『들어라! 미국이여』, 피델 카스트로, 이창우 그림, 강문구 옮김, 산지니, 2007

『마녀사냥』, 로버트 그리피스, 하재룡 옮김, 백산서당, 1997

『미국과 냉전의 기원』, 김정배, 혜안, 2001

『미국사 산책 9』, 강준만, 인물과사상사, 2010

『미국의 목가』, 필립 로스, 정영목 옮김, 문학동네, 2014

『미국의 반지성주의』, 리처드 흐프스태터, 유강은 옮김, 교유서가, 2017

『미국의 역사』, E. D. 허쉬 주니어, 신준수 옮김, 역사넷, 2007

『비이성의 세계사』, 정찬일, 양철북, 2015

『아마겟돈 레터』, 제임스 G. 블라이트·재닛 M. 랭, 앤드류 화이트 그림, 박수민 옮김, 시그마북스, 2014

『아무도 말하지 않는 미국현대사』, 올리버 스톤·피터 커즈닉, 이광일 옮김, 들녘, 2015

『양코배기야, 들어봐라!』, 찰스 라이트 밀스, 윤구병 옮김, 장백, 2005

『예정된 위기』, 안병진, 모던아카이브, 2018

『용기 있는 사람들』, 존 F. 케네디, 박광순 옮김, 범우사, 2007

『위대한 협상』, 프레드리크 스탠턴, 김춘수 옮김, 말글빛냄, 2011

『있는 그대로의 미국사 3』, 앨런 브링클리, 황혜성 옮김, 휴머니스트, 2011

『정상회담: 세계를 바꾼 6번의 만남』, 데이비드 레이놀즈, 이종인 옮김, 책과함께, 2009

『제국의 역사』, 백승종, 김영사, 2022

『존 F. 케네디와 마시는 한 잔의 커피』, 마이클 오브라이언, 김로사 옮김, 라이프맵, 2009

『존 F. 케네디의 13일』, 셸던 M. 스턴, 박수민 옮김, 모던타임스, 2013

『존 F. 케네디의 위대한 협상』, 제프리 D. 삭스, 이종인 옮김, 21세기북스, 2014

『체 게바라 평전』, 장 코르미에, 김미선 옮김, 실천문학사, 2005

『체 게바라와 쿠바혁명』, 마이크 곤살레스, 이수현 옮김, 책갈피, 2005

『카스트로의 쿠바』, 그레고리 토지안, 홍인표 옮김, 황매, 2005

『카스트로』, 피델 카스트로, 강문구 옮김, 프레시안북, 2010

『케네디 리더십』, 존 바네스, 김명철 옮김, 마젤란, 2006

『케네디 평전』, 로버트 댈럭, 정초능 옮김, 푸른숲, 2007

『케네디와 말할 수 없는 진실』, 제임스 더글라스, 송설희·엄자현 옮김, 말글빛냄, 2010

『쿠바 미사일 위기』, 이근욱, 서강대학교출판부, 2013

『쿠바 미사일위기의 교훈』, 마이클 돕스, 박수민 옮김, 모던타임스, 2015

『쿠바 혁명사』, 아비바 촘스키, 정진상 옮김, 삼천리, 2014

『킬링 케네디』, 빌 오라일리·마틴 두가드, 김옥수 옮김, 아름드리미디어, 2015

『파워 엘리트』, C. 라이트 밀즈, 정명진 옮김, 부글북스, 2013

『피델 카스트로』, 알브레흐트 하게만, 박상화 옮김, 지식경영사, 2005

『피델 카스트로』, 이냐시오 라모네·피델 카스트로, 송병선 옮김, 현대문학, 2008

소련과 흐루쇼프

『101가지 흑역사로 읽는 세계사』, 빌 포셋·찰스 E. 개넌·더글러스 나일스·폴 A. 톰센·에릭 플린트·해리 터틀도브·짐 워바네스·K. B. 보겐·마이크 레즈닉·테리사 D. 패터슨·윌리엄 터도슬라비치, 김정혜 옮김, 다산초당, 2021

『20세기의 역사』, 마이클 하워드·로저 루이스, 차하순 옮김, 이산, 2000

『개인숭배와 그 결과들에 대하여』, 니키타 세르게예비치 흐루시초프, 박성철 옮김, 책세상, 2006

『결정적 순간들』, 박보균, 중앙북스, 2019

『공산주의의 역사』, 리처드 파이프스, 이종인 옮김, 을유문화사, 2014

『글로벌 냉전의 지역적 특성』, 서울대학교 국제문제연구소, 사회평론아카데미, 2015

『러시아사』, 김학준·장덕준, 단국대학교출판부, 2018

『리센코의 망령』, 로렌 그레이엄, 이종식 옮김, 동아시아, 2021

『소련경제사』, 알렉 노브, 김남섭, 창작과비평사, 1998

『소련사회문화사전』, 국제문제연구소, 서울대학교출판부, 1991

『소련소사』, 헬무트 알트리히터, 최대희 옮김, 창작과비평사, 1997

『스탈린』, 올레크 V. 흘레브뉴크, 유나영 옮김, 삼인, 2017

『실패한 제국 2: 냉전시대 소련의 역사』, 블라디슬라프 M. 주보크, 김남섭 옮김, 아카넷, 2016

『아마겟돈 레터』, 제임스 G. 블라이트·재닛 M. 랭, 앤드류 화이트 그림, 박수민 옮김, 시그마북스, 2014

『예정된 위기』, 안병진, 모던아카이브, 2018

『제국은 어떻게 망가지는가』, 류징화·양쥔밍·쉬지아링·우옌·란치·왕지아펑·정뚜번·하촨안, 한종수 옮김, 아이필드, 2012

『코뮤니스트』, 로버트 서비스, 김남섭 옮김, 교양인, 2012

『쿠바 미사일위기』, 이근욱, 서강대학교출판부, 2013

『크레믈린의 음모: 흐루시초프의 영욕』, 세르게이 흐루시초프, 임인재 옮김, 시공사, 1991

『헝가리 침공과 흐루시초프』, 이웅현, 세종연구소, 1999

『혁명가들』, 김학준, 문학과지성사, 2013

『혁명의 러시아 1891~1991』, 올랜도 파이지스, 조준래 옮김, 어크로스, 2017

『흐루시초프』, 제럴드 섹터 외 엮음, 김국원 옮김, 시공사, 1991

『The Dynamics of Soviet Foreign Policy』, Jonathan R. Adelman and Deborah Anne Palmieri, Harper & Row, 1989

68혁명과 프랑스, 동유럽자유화운동

『1960년대 자서전』, 타리크 알리, 안효상 옮김, 책과함께, 2008

『1968년 이전의 유럽 좌파』, 볼프강 아벤트로트, 신금호 옮김, 책벌레, 2001

『1968년의 목소리』, 로널드 프레이저, 안효상 옮김, 박종철출판사, 2002

『1968년(독일유럽연구총서5)』, 문학사학회(신동규 외 11인), 신동규·이춘입 엮음, 한울아카데미, 2019

『1968』, 타리크 알리, 안찬수, 삼인, 2001

『68 세계를 바꾼 문화혁명』, 오제명·김명석·김길웅, 도서출판길, 2006

『68년, 5월혁명』, 아르노 뷔로, 알렉상드르 프랑 그림, 해바라기프로젝트 옮김, 휴머니스트, 2012

『68혁명 상상력이 빚은 저항의 역사』, 정대성, 당대, 2019

『68혁명 세계를 뒤흔든 상상력』, 잉그리트 길혀흘타이, 정대성 옮김, 창비, 2009

『68혁명, 인간을 세계를 바꿀 수 있을까?』, 차명식, 북튜브, 2021

『격동의 유럽현대사』, 이주영, 삼영사, 2005

『교육과 정치로 본 프랑스사』, 한국프랑스사학회 기획, 홍용진·강미숙·이영림·송기형·김정인·민유기·문지영·이재원·신동규·박지현·박단·이용재, 서해문집, 2014

『권력에 맞선 상상력, 문화운동 연대기』, 양효실, 시대의창, 2015

『권력쟁취 없이 세계를 바꾼 유일한 혁명: 1968년 혁명』(e-Book), 임영태, 21세기북스, 2014

『동유럽 공산주의 역사』, 데니스 하트·김정환·홍석우·김상현·엄태현·김신규·김용덕·이상동, 인문과교양, 2021

『동유럽의 민주화』, 이상환·김웅진, 한국외국어대학교출판부, 2004

『동유럽의 변혁과 언론의 역할』, 정대수, 집문당. 2006

『드골 희망의 기억』, 샤를 드 골, 심상필, 은행나무, 2013

『드골의 외교정책론』, 허만, 집문당, 1997

『드골평전』, 필리프 라트, 윤미연 옮김, 바움, 2002

『드골』, 마이클 E. 헤스큐, 박희성 옮김, 플래닛미디어, 2012

『르몽드 디플로마티크』(한국어판 2021, 5월호), 르몽드 디플로마티크 편집부, 르몽드디플로마티크, 2021

『막다른 길: 프랑스사회사상 그 절망의 시대 1930~1960』, H. 스튜어트 휴즈, 김병익 옮김, 개마고원, 2007

『문명 변환의 정치』, 이매뉴얼 월러스틴, 권기붕 옮김, 경희대학교출판문화원, 2014

『문화는 정치다』, 장 미셸 지앙, 목수정 옮김, 동녘, 2011

『미국 패권의 몰락: 혼돈의 세계와 미국』, 이매뉴얼 월러스틴, 한기욱 옮김, 창비, 2004

『민주주의는 거리에 있다』, 제임스 밀러, 김만권 옮김, 개마고원, 2010

『반란의 경제』, 제이슨 솅커, 최진선 옮김, 리드리드출판, 2021

『반역은 옳다』, 알랭 바디우, 서용순 옮김, 문예출판사, 2019

『상상력에 권력을』 리하르트 파버·에어하르트 슈텔링 외 13인, 정명기 옮김, 메이데이, 2008

『세계를 뒤흔든 1968』, 크리스 하먼, 이수현 옮김, 책갈피, 2004

『신좌파의 상상력』, 조지 카치아피카스, 이재원 옮김, 난장, 2009

『월러스틴의 세계체계분석』, 이매뉴얼 월러스틴, 이광근 옮김, 당대, 2005

『주제로 들여다본 체코의 역사』, 김장수, 아담북스, 2013

『참을 수 없는 존재의 가벼움』, 밀란 쿤데라, 이재룡 옮김, 민음사, 2018

『철학, 혁명을 말하다』, 한국프랑스철학회 엮음, 황수영·정대성·변광배·최원·강초롱·진태원·주재형·도승연·김재인·장태순, 이학사, 2018

『프라하의 봄』, 세이페르트, 양성우 옮김, 동광출판사, 1984

『프랑스 5월혁명』, 편집부, 백산서당출판부, 1985

『프랑스 대통령 이야기』, 최연구, 살림, 2008

『프랑스의 1968년 5월혁명의 문화적 성격』, 임문영, 계명대학교 국제학논총 제6집, 계명대학교출판부, 2001

『프랑스의 역사』, 다니엘 리비에르, 최갑수 옮김, 까치, 1995

『프랑스의 이름으로 나는 명령한다』, 정한용, 21세기군사연구소, 2004

『The Prague Spring 1968』(e-Book), Navratil Jamomir, Central European University Press, 2006

『The Prague Spring and its Aftermath, Czechoslovak Politics』(1968-1970), Kieran Williams, Cambridge University Press, 1992

―――――――― 베트남전쟁 ――――――――

『그대 아직 살아있다면』, 반레, 하재홍 옮김, 실천문학사, 2002

『냉전이란 무엇인가』, 베른트 슈퇴버, 최승완 옮김, 역사비평사, 2008

『디엔비엔푸: 1945~1954 베트남 독립전쟁 회고록』, 보응웬지압, 강범두 옮김, 길찾기, 2019

『미국은 왜 전쟁을 하는가』, 도날드 M. 스노우, 권영근 옮김, 연경문화사, 2003

『미국의 베트남전쟁』, 조너선 닐, 정병선 옮김, 책갈피, 2004

『베트남 근현대사』, 최병욱, 산인, 2016

『베트남 역사 읽기』, 송정남, 한국외국어대학교출판부, 2010

『베트남』(동남아총서 10), 한국베트남학회 편, 한국외국어대학교출판부, 2000

『베트남, 10,000일의 전쟁』, 마이클 매클리어, 유경창 옮김, 을유문화사, 2002

『베트남의 역사』, 유인선, 이산, 2018

『베트남전쟁 1968년 2월 12일』, 고경태, 한겨레출판, 2021

『베트남전쟁: 미국의 악몽, 인도차이나』(e-Book), 지소철, 북이십일 아울북, 2012

『베트남전쟁과 한국사회사』, 윤충로, 푸른역사, 2015

『베트남전쟁의 유령들』, 권헌익, 박충환 옮김, 산지니, 2016

『베트남전쟁』, 박태균, 한겨레출판, 2015

『베트남』, 유인선, 세창출판사, 2016

『세계전쟁사 다이제스트』, 정토웅, 가람기획, 2010

『숨겨진 전쟁』, 윌리엄 쇼크로스, 김주환 옮김, 선인, 2003

『알기 쉬운 베트남 전쟁사』(e-Book), 이대영, 나스카미디어, 2003

『역사 속의 베트남전쟁』, 후루타 모토오, 박흥영 옮김, 일조각, 2007

『옥중일기』, 호치민, 안경환 옮김, 지식을만드는지식, 2012

『월남전 관련 자료집 세트』, 한국학술정보 편집부, 한국학술정보, 2010

『인류의 양심을 시험한 전쟁: 베트남전쟁』(e-Book), 임영태, 21세기북스, 2014

『전쟁 국가의 탄생』, 레이첼 매도, 박중서 옮김, 갈라파고스, 2019

『전쟁에 대한 대통령의 결정』, 게리 R. 헤스, 임윤갑 옮김, 북코리아, 2008

『전쟁에 반대한다』, 하워드 진, 유강은 옮김, 이후, 2003

『제노사이드와 대량학살, 극단적 폭력의 심리학』, 도널드 G. 더튼, 신기철 옮김, 인권평화연구소, 2022

『중국 국경, 격전의 흔적을 걷다』, 이시이 아키라, 이용빈 옮김, 한울아카데미, 2016

『평화인물전』, 김재신, 기역, 2020

『학살, 그 이후』, 권헌익, 유강은 옮김, 아카이브, 2012

『한국 현대사 산책 1960년대편 1』, 강준만, 인물과사상사, 2004

『호치민 평전』, 윌리엄 J. 듀이어, 정영목 옮김, 푸른숲, 2003

『호치민 평전』, 찰스 펜, 김기태 옮김, 자인, 2001

『호치민』, 호치민, 배기현 옮김, 프레시안북, 2009

아프리카

『검은 피부 하얀 가면』, 프란츠 파농, 노서경 옮김, 문학동네, 2014

『나는 내가 아니다: 프란츠 파농 평전』, 패트릭 엘렌, 곽명단 옮김, 우물이있는집, 2001

『나는 아프리카다!』, 허식, 21세기사, 2011

『누가 루뭄바를 죽였는가』, 에마뉘엘 제라르·브루스 쿠클릭, 이인숙 옮김, 삼천리, 2018

『대지의 저주받은 사람들』, 프란츠 파농, 남경태 옮김, 그린비, 2010

『모던 타임스 2권』, 폴 존슨, 조윤정 옮김, 살림, 2008

『백인의 눈으로 아프리카를 말하지 말라』, 김명주, 미래를소유한사람들, 2012

『사랑, 판타지아』, 아시아 제바르, 김지현 옮김, 책세상, 2015

『살아있는 공포, 아프리카의 폭군들』, 류광철, 말글빛냄, 2019

『세계 속의 아프리카』, 존 하비슨, 김성수 옮김, 한양대학교출판부, 2017

『세계체제와 아프리카』, 이매뉴얼 월러스틴, 성백용 옮김, 창비, 2019

『아프리카 아이덴티티』, 앤드류 심슨, 김현권·김학수 옮김, 지식의날개, 2016

『아프리카, 미필적 고의에 의한 가난』, 윤영준, 지성과감성, 2020

『아프리카, 열일곱 개의 편견』, 엘렌 달메다 토포르, 이규현·심재중 옮김, 한울아카데미, 2017

『아프리카를 말한다』, 류광철, 세창출판사, 2014

『아프리카에는 아프리카가 없다』, 윤상욱, 시공사, 2012

『아프리카의 역사』, 존 아일리프, 이한규·강인황 옮김, 이산, 2002

『아프리카의 운명』, 마틴 메러디스, 이순희 옮김, 휴머니스트, 2014

『아프리카』, 롤랜드 올리버, 배기동·유종현 옮김, 여강출판사 2001

『알베르 카뮈와 알제리』, 서정완, 이지퍼블리싱, 2020

『알제리전쟁 1954~1962』, 노서경, 문학동네, 2017

『알제리혁명 5년』, 프란츠 파농, 홍지화 옮김, 인간사랑, 2008

『우리의 눈으로 본 제국주의 역사』, 최성환, 인간사랑, 2019

『저항자들의 책』, 앤드루 샤오·오드리아 림 엮음, 김은영 옮김, 쌤앤파커스, 2012

『조작된 아프리카』, V. Y. 무딤브, 이석호 옮김, 아프리카, 2021

『지도로 보는 아프리카 역사』, 장 졸리, 이진홍·성일권 옮김, 시대의창, 2016

『차별의 기억』, 베벌리 나이두, 이경상 옮김, 생각과느낌, 2013

『처음 읽는 아프리카의 역사』, 루츠 판 다이크, 데니스 도에 타마클로에 그림, 안인희 옮김, 웅진싱크빅,
    2005

『카뮈와 사르트르』, 강대석, 들녘, 2019

『카뮈와 함께 프란츠 파농 읽기』, 박홍규, 틈새의시간, 2022

『카빌리의 비참』, 알베르 카뮈, 김진오 옮김, 메디치미디어, 2021

『프랑스어의 실종』, 아시아 제바르, 장진영 옮김, 을유문화사, 2018

『하나일 수 없는 역사』, 르몽드 디플로마티크, 고광식·김세미 옮김, 휴머니스트, 2017

『현대 아프리카의 이해』, 에이프릴 고든, 김성수 옮김, 다해, 2018

『현대아프리카의 역사』, 리처드 J. 리드, 이석호 옮김, 삼천리, 2013

석유와 중동전쟁

『20세기 중동을 움직인 50인』, 손주영, 가람기획, 2000

『6일전쟁 50년의 점령』, 아론 브레크먼, 정회성 옮김, 니케북스, 2016

『6일전쟁』, 제러미 보엔, 김혜성 옮김, 플래닛미디어, 2020

『Opec』, Mohamed E. Ahrari, University Press of Kentucky, 2007

『누가 지배하는가? 석유』, 앤서니 샘프슨, 정영민 옮김, 숲속의집, 2002

『단숨에 읽는 중동전쟁(개정판)』, 김균량, 북랩, 2021

『당신이 몰랐으면 하는 석유의 진실』, 레오나르도 마우게리, 최준화 옮김, 가람기획, 2008

『민족주의 연구』, 정경환, 이경, 2009

『석유 지정학이 파헤친 20세기 세계사의 진실』, 윌리엄 엥달, 서미석 옮김, 길, 2007

『석유, 욕망의 샘』, 김재명, 프로네시스, 2007

『석유는 어떻게 세계를 지배하는가』, 최지웅, 부키, 2019

『석유이야기』, 사회정보리서치반, 손주희 옮김, 지식의날개, 2009

『석유전쟁』, 정기종, 매일경제신문사, 2003

『석유전쟁』, 하이케 부흐터, 박병화 옮김, 율리시스, 2020

『석유황제 야마니』, 제프리 로빈슨, 유경창 옮김, 아라크네, 2003

『세계사 속 팔레스타인 문제』, 우스키 아키라, 김윤정 옮김, 글항아리, 2015

『아랍 VS 이스라엘 (팔레스타인 그 역사와 현재)』, 다테야마 료지, 유공조 옮김, 가람기획, 2002

『악마의 눈물: 석유의 역사』, 귄터 바르디오, 최은아 옮김, 뿌리와이파리, 2004

『에너지 국제정치』, 홍인기, 박영사, 2018

『오일의 공포』, 손지우·이종헌, 프리이코노미북스, 2015

『이스라엘 건국과 중동전쟁』(e-Book), 지소철, 21세기북스, 2013

『일본의 굴레』, R. 태가트 머피, 윤영수 옮김, 글항아리, 2021

『전쟁국가 이스라엘과 미국의 중동정책』, 홍성태, 문화과학사, 2007

『중동 라이벌리즘』, 이세형, 스리체어스, 2020

『중동 테러리즘』, 홍준범, 청아출판사, 2015

『중동 현대사』, 후지무라 신, 정원창 옮김, 소화, 2007

『중동은 왜 싸우는가?』 박정욱, 지식프레임, 2018

『중동의 국제관계』, 루이즈 포셋 엮음, 프레드 H. 로슨 외 17인, 백승훈·이주승·이수진 옮김, 미래앤, 2021

『중동의 역사』, 버나드 루이스, 이희수 옮김, 까치, 1998

『중동의 재조명』, 최성권, 한울아카데미, 2011

『중동의 평화에 중동은 없다』, 노암 촘스키, 송은경 옮김, 북폴리오, 2005

『지도로 보는 세계경제』, 파스칼 보니파스, 강현주 옮김, 청아출판사, 2020

『팔레스타인 100년전쟁』, 라시드 할리디, 유강은 옮김, 열린책들, 2021

『하나일 수 없는 역사』, 르몽드드플로마티크, 김육훈(해제), 고광식·김세미 옮김, 휴머니스트, 2017

———————————— 백호주의와 아파르트헤이트 ————————————

『거짓의 날들』, 나딘 고디머, 왕은철 옮김, 책세상, 2014

『검은 밤의 무지개』, 도미니크 라피에르, 임호경, 중앙북스, 2010

『국제사회와 인권』, 김숙복·정윤화·정일동, 백산출판사, 2020

『남아프리카공화국 이야기』, 베벌리 나이두, 이경상, 생각과느낌, 2007

『넬슨 만델라 평전』, 자크 랑, 윤은주 옮김, 실천문학사, 2007

『넬슨 만델라의 위대한 협상』, 존 칼린, 오리올 말레트 그림, 김정은 옮김, 다른, 2019

『대변동』, 재레드 다이아몬드, 강주헌 옮김, 김영사, 2019

『독수리의 눈』, 론 버니, 지혜연 옮김, 우리교육, 2006

『백인의 취약성』, 로빈 디앤젤로, 이재만 옮김, 책과함께, 2020

『세계를 읽다 호주』, 일사 샤프, 김은지 옮김, 가지, 2014

『아프리카의 운명』, 마틴 메러디스, 이순희 옮김, 휴머니스트, 2014

『어둠의 땅』, 존 맥스웰 쿠체, 왕은철 옮김, 들녘, 2006

『오스트레일리아의 역사』, 매닝 클라크, 최양희 옮김, 을유문화사, 1990

『용서라는 고통』, 스티븐 체리, 송연수 옮김, 황소자리, 2013

『인종주의는 본성인가』, 알리 라탄시, 구정은 옮김, 한겨레출판, 2011

『인종주의』, 박경태, 책세상, 2009

『자유를 향한 머나먼 길』, 넬슨 만델라, 김대중 옮김, 두레, 2020

『차별의 기억』, 베벌리 나이두, 이경상 옮김, 생각과논점, 2013

『청년시절』, 존 맥스웰 쿠체, 왕은철 옮김, 문학동네, 2018

『태평양 이야기』, 사이먼 윈체스터, 김한슬기 옮김, 21세기북스, 2017

『토끼 울타리』, 도리스 필킹턴, 김시현 옮김, 황금가지, 2003

『호주사 다이제스트100』, 신봉섭, 가람기획, 2016

『호주의 다문화주의』, 주양중, 박문각, 2011

뉴 레프트

『21세기와 이데올로기』, 이성구·이유나, 대경, 2012

『레프트사이드 스토리』, 장석준, 개마고원, 2014

『민주주의는 거리에 있다』, 제임스 밀러, 김만권 옮김, 개마고원, 2010

『바보어른으로 성장하기』, 폴 굿맨, 한미선 옮김, 글항아리, 2017

『사상의 좌반구』, 라즈미그 쾨셰양, 이은정 옮김, 현실문화, 2020

『서유럽 사회주의의 역사』, 이안 버첼, 배일용 옮김, 갈무리, 1995

『슬기로운 좌파생활』, 우석훈, 오픈하우스, 2022

『신좌파의 사상가들』, 로저 스크루턴, 강문구 옮김, 한울, 2004

『신좌파의 상상력』, 조지 카치아피카스, 이재원 옮김, 난장, 2009

『암흑의 대륙』, 마크 마조워, 김준형 옮김, 후마니타스, 2009

『에릭 홉스봄 평전』, 리처드 J. 에번스, 박원용·이재만 옮김, 책과함께, 2022

『우리를 속인 세기의 철학가들』, 로저 스크루턴, 박연수 옮김, 도움북스, 2019

『자본주의와 그 적들』, 사샤 릴리, 한상연 옮김, 돌베개, 2011

『저항자들의 책』, 앤드루 샤오·오드리아 림 엮음, 김은영 옮김, 샘앤파커스, 2012

『정치의 전복』, 조지 카치아피카스, 윤수종 옮김, 이후, 2000

『좌파로 살다』, 뉴레프트리뷰 엮음·프랜시스 멀헌, 유강은 옮김, 사계절, 2014

『좌파세계사』, 닉 포크너, 이윤정 옮김, 엑스오북스, 2016

『지식의 세계사』, 육영수, 휴머니스트, 2019

『현대정치사상』, 로이 C. 매크리디스, 이은호 옮김, 교학연구사, 1996

『현대정치와 사상』, 스티븐 에릭 브로너, 유흥림 옮김, 인간사랑, 2005

『A Generation Devided: The New Left, the New Right, and the 1960s』, Rebecca E. Klatch, University of
      California(Berkeley) Press, 1999

『The New Left: A Documentary History』, Massimo Teodori, Jonath Cape, 1970

비틀스에서 우드스톡까지

『1963 발칙한 혁명』, 로빈 모건·아리엘 리브, 김경주 옮김, 예문사, 2016

『365일 팝음악사』, 정일서, 돋을새김, 2009

『The Beatles Get Back(비틀즈 겟 백)』, 비틀스, 서강역 옮김, 항해, 2022

『Paint it Rock 1』, 남무성, 북폴리오, 2014

『Rock 젊음의 반란』, 서동진, 새길, 2010

『권력에 맞선 상상력: 문화운동 연대기』, 양효실, 시대의창, 2017

『급진주의자를 위한 규칙』, 솔 앨린스키, 박순성 옮김, 아르케, 2016

『길 위에서』, 잭 캐루악, 이만식 옮김, 민음사, 2009

『노래, 세상을 바꾸다』, 유종순, 목선재, 2015

『더 비틀즈 디스코그래피』, 정유석, 형설라이프, 2014

『로큰롤의 유산을 찾아서』, 조현진, 안나푸르나, 2015

『록의 시대』, 알랭 디스테르, 성기완 옮김, 시공사, 1996

『록의 전설 존 레넌』, 이병률, 이룸, 2005

『록코노믹스』, 피용익, 새빛, 2021

『마지막 지식인: 아카데미 시대의 미국 문화』, 러셀 저코비, 유나영 옮김, 교유서가, 2022

『모던 팝 스토리』, 밥 스탠리, 배순탁 옮김, 북라이프, 2016

『문화부족의 사회: 히피에서 폐인까지』, 이동연, 책세상, 2005

『밥 딜런 유튜브로 여행하는 안내서』, 나인화, 라이프하우스, 2017

『밥 딜런 자서전』, 밥 딜런, 양은모 옮김, 문학세계사, 2010

『비틀스의 작은 역사』, 에르베 부르이, 이주향 옮김, 서해문집, 2013

『비틀즈 100: 100가지 물건으로 보는 비틀즈의 모든 것』, 브라이언 사우설, 고영탁·나현영 옮김, 아트북스, 2014

『비틀즈 신화』, 한경식, 모노폴리, 2017

『비틀즈』, 제레미 로버츠, 김은혜 옮김, 성우, 2006

『비틀즈』, 헌터 데이비스, 이형주 옮김, 북스캔, 2003

『옷장에서 나온 인문학』, 이민정, 들녘, 2014

『우드스탁 센세이션』, 마이클 랭·홀리 조지 워런, 장호연 옮김, 뮤진트리, 2010

『이상의 시대 반항의 음악: 60년대 미국 사회와 록음악』, 김지영, 아이엘콘텐츠, 2013

『이상의 시대 반항의 음악』, 김지영, 문예마당, 1995

『저스트 키즈』, 패티 스미스, 박소울 옮김, 아트북스, 2012

『존 바에즈 자서전』, 조안 바에즈, 이운경 옮김, 삼천리, 2012

『지미 헨드릭스: 록스타의 삶』, 찰스 R. 크로스, 이경준 옮김, 1984(일구팔사), 2016

『지미 헨드릭스』, 지미 헨드릭스, 최민우 옮김, 마음산책, 2016

『테이킹 우드스탁』, 엘리엇 타이버·톰 몬테, 성문영 옮김, 문학동네, 2010

『팝음악의 결정적 순간들』, 조정아, 돋을새김, 2004

『한국대중음악사 산책』, 김형찬, 알마, 2015

『헤세, 반항을 노래하다』, 박홍규, 들녘, 2017

『황야의 이리』, 헤르만 헤세, 김누리 옮김, 민음사, 2002

『히피에서 퍼스트레이디까지』, 마가릿 트뤼도, 조완호 옮김, 혜진서관, 1993

『히피와 반문화』, 크리스티안 생 장 폴랭, 성기완 옮김, 문학과지성사, 2015

『Shout!: The Beatles in Their Generation』, Philip Norman, Fireside, 1996

『The Beatles are Coming!: The Birth of Beatlemania in America』, Bruce Spizer, 498 Productions, 2004

『The Beatles Encyclopedia』, Bill Harry, Virgin, London, 2000

『The Beatles: The Biography』, Bob Spitz, New York: Little Brown, 2005

『Woodstock: an encyclopedia of the music and art fair』, James Perone, Greenwood Press, 2005

가톨릭교회의 개혁

『가톨릭의 역사』, 한스 큉, 배국원, 을유문화사, 2013

『공의회 역사를 걷다』, 최종원, 비아토르, 2020

『교황님의 유머』, 커트 클링거, 신기라 옮김, 보누스, 2014

『교황의 역사』, P. G. 맥스웰 스튜어트, 박기영 옮김, 갑인공방, 2005

『교황의 역사』, 호르스트 푸어만, 차용구 옮김, 길, 2013

『교회, 순결한 창녀』, 이제민, 분도출판사, 1995

『교회란 무엇인가』, 한스 큉, 이홍근 옮김, 분도출판사, 1978

『교회의 삶과 사명 안에서 공동합의성』, 교황청국제신학위원회, 한국천주교주교회의, 2019

『그리스도교신학과 인간해방』, 송기득, 대한기독교서회, 1998

『기독교 신학의 어제와 오늘』, 박양은, 가톨릭출판사, 1997

『기독교로 읽는 세계사(바티칸은 어떻게 역사에 군림했는가)』, 나이토 히로후미, 이유라 옮김, 역사산책,
　　2021

『다시 만나고 싶은 사람 교황 요한 23세』, 로리스 프란치스코 카포빌라, 박미애 옮김, 바오로딸, 2014

『무엇을 어떻게 믿을 것인가』, 이제민, 경세원, 2012

『민중신학을 말한다』, 안병무, 한길사, 1993

『민중신학의 탐구』, 서남동, 동연, 2018

『민중의 외침』, 페니 러녹스, 이부영 옮김, 분도출판사, 1984

『바티칸의 비밀회의 콘클라베』, 존 앨런 주니어, 김하락 옮김, 가산출판사, 2003

『산다는 것이란 되어간다는 것(제2차 바티칸공의회 읽기)』, 정일, 분도출판사, 2000

『시장, 종교, 욕망: 해방신학의 눈으로 본 오늘의 세계』, 성정모, 홍인식 옮김, 서해문집, 2014

『신들의 전쟁: 라틴 아메리카의 종교와 정치』, 미카엘 뢰비, 김항섭 옮김, 그린비, 2012

『역사와 해석(민중신학 1)』, 안병무, 한국신학연구소, 1998

『열린사회를 위한 민중신학』, 박재순, 한울, 1995

『요한 23세 성인 교황』, 그렉 토빈, 허중열 옮김, 가톨릭출판사, 2014

『요한 23세』, 크리스티안 펠트만, 신동환 옮김, 분도출판사, 2004

『욕망사회: 자본주의 시대 욕망의 이면』, 성정모, 홍인식 옮김, 휴, 2016.

『우리시대의 일곱 교황』, 손희송, 가톨릭출판사, 2021

『인류의 빛』, 페터 휘너만, 신정훈 옮김, 가톨릭대학교출판부, 2019

『인정 없는 경제와 하느님』, 성정모, 김항섭 옮김, 가톨릭출판사, 1995

『정의를 위한 외침』, 노르베르트 그라이나허, 강원돈 옮김, 분도출판사, 1994

『제2차 바티칸공의회 문헌』, 한국천주교중앙협의회, 한국천주교중앙협의회, 2002

『제2차 바티칸공의회 문헌』, 한국천주교중앙협의회, 한국천주교중앙협의회, 2007

『제2차 바티칸공의회로 가는 길』, 모린 설리반, 이창훈 옮김, 성바오로수도회, 2012

『제3세계신학』, 서창원, 대한기독교서회, 2000

『추기경 김수환 이야기』, 김수환, 평화신문 엮음, 평화방송·평화신문, 2009

『한국가톨릭대사전 1~12』, 한국가톨릭대사전편찬위원회, 한국교회사연구소, 1994~2006

『한국천주교회사, 기쁨과 희망의 여정』, 김선필, 눌민, 2021

『함께 읽는 세계교회사』, 전수홍, 생활성서사, 2009

『해방신학을 말한다』, 피터 아이허, 손규태 옮김, 한국신학연구소, 1988

『해방신학의 올바른 이해』, 편집부, 분도출판사, 1984

『해방신학』, 구스타보 구띠에레즈, 성염 옮김, 분도출판사, 1977

『해방자 예수』, 혼 소브리노, 김근수 옮김, 메디치미디어, 2015

『해방하는 은총』, 레오나르도 보프, 김정수 옮김, 한국신학연구소, 1988

『행동하는 교황 파파 프란치스코』, 한상봉, 다섯수레, 2014

『현대가톨릭의 위기 진단』, 랄프 맥키너니, 이재룡 옮김, 가톨릭출판사, 2000

『현대신학사상』, 김균진, 새물결플러스, 2014

『현대신학이란 무엇인가』, 로저 올슨, 김의식 옮김, IVP, 2021

『희망의 예언자 오스카 로메로』, 스콧 라이트, 김근수 옮김, 아르테, 2015

인종차별과 흑인해방

『검은혁명가 맬컴 X』, 김도언, 자음과모음, 2012

『나에게는 꿈이 있습니다』, 클레이본 카슨, 이순희 옮김, 바다출판사, 2000

『노예의 역사』, 마조리 간·재닛 윌렛, 전광철 옮김, 스마트인, 2019

『누가 백인인가?』, 진구섭, 푸른역사, 2020

『단지 흑인이라서. 다른 이유는 없다』, 제임스 볼드윈, 박다솜 옮김, 열린책들, 2020

『더 그레이티스트: 무하마드 알리 평전』, 월터 딘 마이어스, 남궁인 해제, 이윤선 옮김, 돌베개, 2017

『딕시』, 안수훈, 서해문집, 2013

『린다 브렌트 이야기: 어느 흑인 노예의 자서전』, 해리엇 제이콥스, 이재희 옮김, 뿌리와이파리, 2011

『마틴 루터 킹』, 마셜 프래디, 정초능 옮김, 푸른숲, 2007

『마틴 루터 킹』, 이명권, 열린서원, 2003

『말콤 엑스 상·하』, 알렉스 헤일리, 정연주 옮김, 창작과비평사, 1978

『맬컴 X vs 마틴 루터 킹』, 제임스 H. 콘, 정철수 옮김, 갑인공방, 2003

『맬컴 엑스』, 앤드류 헬퍼, 랜디 듀버크 그림, 박인균 옮김, 서해문집, 2011

『미국의 거짓말』, 제임스 로웬, 김한영 옮김, 갑인공방, 2005

『미국의 흑인, 그들은 누구인가』, 장태한, 고려대학교출판부, 2012

『미국인종차별사』, 토머스 F. 고셋, 윤교찬·조애리 옮김, 나남, 2010

『민중의 역사를 기억하라』, 리베카 솔닛, 조지 맥피 편집, 원영수 옮김, 서해문집, 2018

『빌리 홀리데이』, 도널드 클라크, 한종현 옮김, 을유문화사, 2007

『사료로 읽는 미국사』, 한국미국사학회, 궁리, 2006

『세계인권사』, 하승수, 두리미디어, 2014

『아무에게도 말하지 않을 거라고 했지만』, 제임스 콘, 홍신 옮김, 한국기독교연구소, 2021

『암살의 역사』, 스티븐 파리시언, 김형진 옮김, 메이문화산업연구원, 2010

『앵무새 죽이기』, 하퍼 리, 김욱동 옮김, 열린책들, 2015

『역사를 기억하라』, 하워드 진, 엔서니 아노브 편집, 윤태준 옮김, 오월의봄, 2013

『역사의 터닝포인트16: 미국의 시민권운동』, 지소철, 21세기북스, 2013

『오늘, 우리는 감옥으로 간다』, 신시아 Y. 레빈슨, 박영록 옮김, 낮은산, 2013

『올림픽의 정신』, 윤득헌, 레인보우북스, 2009

『왜 우리는 기다릴 수 없는가』, 마틴 루터 킹, 박해남 옮김, 간디서원, 2005

『우리는 왜 인종차별주의자가 될까?』, 이즈마엘 메지안느·카를 레이노-팔리고· 에블린 에이에르, 강현주
　　　옮김, 청아출판사, 2021

『인종차별과 자본주의』, 알렉스 캘리니코스, 차승일 옮김, 책갈피, 2020

『인종차별의 역사』, 크리스티앙 들라캉파뉴, 하정희 옮김, 예지, 2013

『인종차별주의자와 대화하는 법』, 애덤 러더포드, 황근하 옮김, 삼인, 2021

『하워드 진 살아있는 미국역사』, 하워드 진·레베카 스테포드, 김영진 옮김, 추수밭, 2008

『혐오와 차별은 어떻게 정치가 되는가?』, 카스 무데, 권은하 옮김, 위즈덤하우스, 2021

『흑인잔혹사』, 김진묵, 한양대학교출판부, 2011

『히든 피겨스』, 마고 리셰털리, 고정이 옮김, 동아엠앤비, 2017

『A Story of the Civil Rights Movement』, Jim Haskins & Kathleen Benson·Bennu Andrews, Lee & Low
　　　Books, 2006

『Freedom Summer: The Savage Season of 1964』, Bruce Watson, PenguinBooks, 2011

『Why We Can't Wait』, Martin Luther King Jr., Harper & Row, 1964

여성해방

『20세기 성의 역사』, 앵거스 맥래런, 임진영 옮김, 현실문화연구, 2003

『가부장제의 창조』, 거다 러너, 강세영 옮김, 당대, 2004

『나는 초라한 더블보다 화려한 싱글이 좋다』, 헬렌 걸리 브라운, 김현종 옮김, 서교출판사, 2005

『나쁜 여자 전성시대』, 앨리스 에콜스·엄혜진, 유강은 옮김, 이매진, 2017

『남자가 월경을 한다면』, 글로리아 스타이넘, 양이현정 옮김, 현실문화연구, 2002

『다시 쓰는 세계여성사』, 매기 앤드루스·재니스 로마스, 홍승원 옮김, 웅진지식하우스, 2020

『다시, 페미니즘』, 이충현, 물병자리, 2017

『더 윔카인드』, 스크로파, 스크로파, 2020

『멈춰선 여성해방』, 린지 저먼, 이장원 옮김, 책갈피, 2021

『모두를 위한 페미니즘』, 벨 훅스, 이경아 옮김, 문학동네, 2017

『미국여성의 역사, 또 하나의 역사』, 이창신, 당대, 2017

『세상을 바꾼 100권의 책』, 스코트 크리스찬슨·콜린 샬터, 이현정 옮김, 동아엠앤비, 2019

『셀프 혁명』, 글로리아 스타이넘, 최종희 옮김, 국민출판, 2016

『신세대 여성은 모든 것을 원한다』, 헬렌 걸리 브라운, 이영화 옮김, 창우사, 1995

『싸우는 여자가 이긴다』, 에벌린 팽크허스트, 김진아 옮김, 현실문화, 2016

『아내의 역사』, 매릴린 옐롬, 이호영 옮김, 책과함께, 2012

『여성의 신비』, 베티 프리단, 김현우 옮김, 이매진, 2005

『여성의 종속』, 존 스튜어트 밀, 서병훈 옮김, 책세상, 2018

『여성인권의 역사』, 마가렛 월터스, 윤진숙 옮김, 동방문화사, 2019

『여성해방과 혁명』, 토니 클리프, 이나라·정진희 옮김, 책갈피, 2008

『여성해방의 이론과 실천』, 이효재, 창작과비평사, 1989

『여자로 살기, 여성으로 말하기』, 우어줄라 쇼이, 전옥례 옮김, 현실문화연구, 2003

『여자의 역사는 모두의 역사다』, 마리아 바스타로스·나초 M. 세가라, 김유경 옮김, 롤러코스터, 2020

『역사 속의 페미니스트』, 거다 러너, 김인성 옮김, 평민사, 1998

『일탈: 게일 루빈 선집』, 게일 루빈, 신혜수·임옥희·조혜영 옮김, 현실문화

『잊혀진 여성들』, 백지연·윤혜민·조유진, 지식의숲, 2020

『제2의 성 상·하』, 시몬느 드 보부아르, 조홍식 옮김, 을유문화사, 2016

『젠더 트러블』, 주디스 버틀러, 조현준 옮김, 문학동네, 2008

『킨제이와 20세기 성 연구』, 조너선 개손 하디, 김승욱 옮김, 작가정신, 2010

『페미니즘 선언』, 한우리, 현실문화, 2016

『페미니즘 위대한 역사(개정판)』, 조앤 W. 스콧, 공임순·이화진·최영석 옮김, 앨피, 2017

『페미니즘의 도전』, 정희진, 교양인, 2020

『페미니즘의 방아쇠를 당기다』, 김진희, 푸른역사, 2018

『페미니즘의 역사』 니콜 바사랑·프랑수와즈 에리티에·실비아 아가생스키·미셸 페로, 강금희 옮김, 이숲,
      2019

『페미니즘의 책』, 하나 멕켄, 최윤희·박유진·이시은 옮김, 지식갤러리, 2019

『페미니즘인가 여성해방인가』, 김민재·이지완·황정규, 해방, 2019

『피임의 역사』, 앵거스 맥래런, 정기도 옮김, 책세상, 1998

『해방공간, 일상을 바꾼 여성들의 역사』, 이임하, 철수와영희, 2015

『Sex and the Single Girl』, Helen G. Brown, Rotten Tomatoes, 2009(Retrieved)

환경

'한강, 스미다강, 템즈강', 『환경칼럼』(1986, 10), 김원만, Bulletin of Korea Environmental Preservation
      Association

『공해의 역사를 말한다』, 미야모토 겐이치, 김해창 옮김, 미세움, 2016

『끝나지 않은 미나마타병』, 미나마타병 시라누이환자회, 정유경 옮김, 건강미디어협동조합, 2016

『나는 인생의 고비마다 한뼘씩 자란다』, 김이율, 위즈덤하우스, 2013

『도둑맞은 미래』, 테오 콜본·다이앤 듀마노스키·존 피터슨 마이어, 권복규 옮김, 사이언스북스, 1997

『레이첼 카슨 평전』, 린다 리어, 김홍옥 옮김, 샨티, 2004

『레이첼 카슨과 침묵의 봄』, 김재호, 살림, 2009

『레이첼 카슨』 윌리엄 사우더, 김홍옥 옮김, 에코리브르, 2014

『레이첼 카슨』, 엘렌 레빈, 권혁정 옮김, 나무처럼, 2010

『모두를 위한 환경개념사전』, (사)환경교육센터, 김희경·신지혜·장미정, 김순효 그림, 한울림, 2015

『미나마타 사건』, 구와바라 시세이, 고성미 옮김, 눈빛, 2014

『미나마타병』, 하라다 마사즈미, 김양호 옮김, 한울, 2006

『바닷바람을 맞으며』, 레이첼 카슨, 하워드 프레치 그림, 김은령 옮김, 에코리브르, 2017

『보수성으로 혁신한 과학저술가 레이첼 카슨』, 이서영, 세계와나, 2016

『세계적 환경오염의 대사건들』, 이광렬, 바른사, 2006

『센스 오브 원더』, 레이첼 카슨, 표정훈 옮김, 에코리브르, 2012

『숨은 과학』, 김병민, 사월의책, 2020

『오해와 오류의 환경신화』, 디르크 막사이너, 박계수·황선애 옮김, 랜덤하우스코리아, 2006

『우리를 둘러싼 바다』, 레이첼 카슨, 김홍옥 옮김, 에코리브르, 2018

『위험사회를 넘어서』, 홍성태, 새길, 2000

『지구오염의 역사』, 프랑수아 자리주·토마 르 루, 조미현 옮김, 에코리브르, 2021

『침묵의 봄』, 레이첼 카슨, 김은령 옮김, 에코리브르, 2011

『침묵의 봄』, 알렉스 맥길리브레이, 이충호 옮김, 그린비, 2005

『회의적 환경주의자』, 비외른 롬보르, 홍욱희 옮김, 에코리브르, 2003

우주경쟁

『1963 발칙한 혁명』, 로빈 모건·아리엘 지브, 김경주 옮김, 예문사, 2016

『Mission to the Moon』, 로드 파일, 박성래 옮김, 영진닷컴, 2019

『달 탐험의 역사』, 돈 브라운 글·그림, 신여명 옮김, 두레, 2021

『달 탐험의 역사』, 레이널드 터닐, 이상원 옮김, 성우, 2015

『달로 가는 길(Carrying the Fire)』, 마이클 콜린스, 조영학 옮김, 사월의책, 2019

『러시아 우주 개척사』, 브라이언 하베이, 김지훈·김유 옮김, 북스힐, 2012

『문더스트』, 앤드루 스미스, 이명현·노태복 옮김, 사이언스북스, 2008

『미국과 소련의 우주탐험 대결』, 클라이브 길포드, 폴 다비즈 그림, 채연석 옮김, 풀빛, 2019

『스페이스 크로니클』, 닐 디그래스 타이슨, 박병철 옮김, 부키, 2016

『아폴로11호의 달 착륙』(e-Book), 김재홍, 21세기북스, 2012

『우주 비밀 파일』, 스티븐 M. 그리어, 박병오 옮김, 느린걸음, 2020

『인류사를 바꾼 100대 과학사건』, 이정임, 학민사, 2011

『인류의 가장 위대한 모험 아폴로 8』, 제프리 클루거, 제효영 옮김, 알에이치코리아, 2018

『지구는 푸른빛이었다』, 유리 알렉세예비치 가가린, 김장호·릴리아 바키로바 옮김, 갈라파고스, 2008

『퍼스트맨』, 제임스 R. 핸슨, 이선주 옮김, 덴스토리, 2018

『플라이 투 더 문』, 마이클 콜린스, 최상구·김인경 옮김, 뜨인돌출판사, 2019

『하늘과 땅 1·2: 우주시대의 정치사』, 월터 맥두걸, 강윤재 옮김, 한국문화사, 2014

* 『스콧 니어링 자서전』, 스콧 니어링, 김라합 옮김, 실천문학사, 2000

인 명

ㄱ

가말 압델 나세르Gamal Abdel
　　Nasser(1918~1970)
가바 미치코樺美智子(1937~1960)
가브릴로 프린치프Gavrilo Princip(1894~1918)
가쓰라 다로桂太郎(1848~1913)
가정제嘉靖帝(1507~1567, 재위 1521~1567)
가토이치로加藤一郎(1925-1994)
거다 러너Gerda Lerner(1920~2013)
게르만 티토프Gherman Titov(1935~2000)
게오르기 말렌코프Georgii Maksimilianovich
　　Malenkov(1902~1988)
게오르기 주코프Georgy Konstantinovich
　　Zhukov(1896~1974)
게오르크 헤겔Georg Hegel(1770~1831)
게이로드 넬슨Gaylord Anton
　　Nelson(1916~2005)
고사카 젠타로小坂善太郎(1912~2000)
공자孔子(551 BC~479 BC)
구보타 간이치로久保田 貫一郎(1902~1977)
구본웅具本雄(1906~1953)
구스타보 구티에레스Gustavo Gutierrez(1927~)
그레고리 핑커스Gregory Pincus(1903~1967)
그리고리 지노비예프Grigory
　　Zinoviev(1883~1936)
기시 노부스케岸信介(1896~1987)
김대중金大中(1924~2009)
김도연金度演(1894~1967)

김상국金商國(1934~2006)
김수환金壽煥(1922~2009)
김신조金新朝(1942~)
김영삼金泳三(1927~2015)
김일성金日成(1912~1994)
김정은金正恩(1984~)
김종필金鍾泌(1926~2018)
김주열金朱烈(1944~1960)
김지회金智會(?~1949)
김형욱金炯旭(1925~1979?)
김형일金炯一(1923~1978)

ㄴ

나폴레옹 3세Napoleon III(1808~1873)
남승룡南昇龍(1912~2001)
너지 임레Nagy Imre(1896~1958)
네이딘 고디머Nadine Gordimer(1923~2014)
넬슨 만델라Nelson Rolihlahla
　　Mandela(1918~2013)
노먼 메일러Norman Mailer(1923~2007)
노태우盧泰愚(1932~2021)
니컬러스 카젠바흐Nicholas
　　Katzenbach(1922~2012)
니콜라 사르코지Nicolas Sarkozy(1955~)
니콜라이 불가닌Nikolai Bulganin(1895~1975)
니키타 흐루쇼프Nikita Sergeevich
　　Khrushchyov(1894~1971)

닐 암스트롱Neil Alden
     Armstrong(1930~2012)

ㄷ

다니엘 말란Daniel Malan(1974~1959)
다니엘 오르테가Daniel Ortega(1945~)
다니엘 콩방디Daniel Cohn-Bendit(1945~)
다이앤 내시Diane Nash(1938~)
더글러스 맥케이Douglas McKay(1893~1959)
덩샤오핑鄧小平(1904~1997)
데니스 헤이즈Denis Hayes(1944~)
데즈먼드 투투Desmond Tutu(1931~2021)
데이비드 리빙스턴David
     Livingstone(1813~1873)
데이비드 리치먼드David
     Richmond(1941~1990)
도널드 트럼프Donald John Trump(1946~)
도러시 본Dorothy Vaughan(1910~2008)
드와이트 아이젠하워Dwight David
     Eisenhower(1890~1969)
딩링丁玲(1904~1986)

ㄹ

라다 아드주베이Rada Adzhubey(1929~2016)
라디니-테데스키Giacomo Radini-
     Tedeschi(1857~1914)
라브렌티 베리야Lavrentiy Beria(1899~1953)
라파엘 앙토방Raphael Enthoven(1975~)
라울 카스트로Raul Castro(1931~)
라이트 형제Wilbur and Orville
     Wright,(1867~1912, 1871~1948)
라코시 마차시Rakosi Matyas(1892~1971)

란링藍翎(1931~2005)
랠프 존스Ralph Johns(1916~1997)
레너드 번스타인Leonard
     Bernstein(1918~1990)
레스터 영Lester Young(1909~1959)
레오나르도 보프Leonardo Boff(1938~)
레오니트 니콜라예프Leonid
     Nikolaev(1904~1934)
레오니트 브레즈네프Leonid
     Brezhnev(1906~1982)
레오폴 2세Leopold II(1835~1909)
레온 트로츠키Leon Trotsky(1879~1940)
레온하르트 오일러Leonhard
     Euler(1707~1783)
레이첼 카슨Rachel Louise
     Carson(1907~1964)
레프 카메네프Lev Kamenev(1883~1936)
로널드 레이건Ronald Wilson
     Reagan(1911~2004)
로널드 해벌Ronald Haeberle(1940~)
로디온 말리놉스키Rodion Yakovlevich
     Malinovskii(1898~1967)
로랑 마리Laurent Benoit Baudouin
     Marie(1963~)
로런스 바이틀러Lawrence Beitler(1885~1960)
로버트 맥너마라Robert
     McNamara(1916~2009)
로버트 쇼Robert Gould Shaw(1837~1863)
로버트 챔블리스Robert
     Chambliss(1904~1985)
로버트 케네디Robert Francis
     Kennedy(1925~1968)
로베르 쉬망Rober Schuman(1886~1963)
로자 파크스Rosa Louise McCauley
     Parks(1913~2005)
로즈웰 가스트Roswell Garst(1898~1977)

루드비크 바출리크Ludvik Vaculik(1926~2015)

루드비크 스보보다Ludvik
　　　　Svoboda(1895~1979)

루딩이陸定一(1906~1996)

루이 16세Louis XVI(1754~1793,
　　　　재위 1774~1792)

루이 18세Louis XVIII(1755~1824,
　　　　재위 1814~1824)

루보시 코호우텍Lubos Kohoutek(1935~)

뤄루이칭羅瑞卿(1906~1978)

류사오치劉少奇(1898~1969)

리시판李希凡(1927~2018)

리처드 닉슨Richard Nixon(1913~1994)

리처드 러셀Richard Russell Jr.(1897~1971)

리영희李泳禧(1929~2010)

리 하비 오즈월드Lee Harvey
　　　　Oswald(1939~1963)

린다 브라운Linda Brown(1943~2018)

린든 존슨Lyndon Baines
　　　　Johnson(1908~1973)

린뱌오林彪(1907~1971)

링고 스타Ringo Starr(1940~)

ㅁ

마거릿 생어Margaret Sanger(1879~1966)

마거릿 대처Margaret Hilda
　　　　Thatcher(1925~2013)

마고 리 셰털리Margot Lee Shetterly(1969~)

마누엘 우루티아 예오Manuel Urrutia
　　　　Lleó(1901~1981)

마돈나Madonna Louise Ciccone(1958~)

마르틴 루터Martin Luther(1483~1546)

마리 앙투아네트Marie-
　　　　Antoinette(1755~1793)

마리오 사비오Mario Savio(1942~1996)

마리 퀴리Marie Curie(1867~1934)

마오쩌둥毛澤東(1893~1976)

마이클 랭Michael Lang(1944~2022)

마이클 잭슨Michael Jackson(1958~2009

마이클 콜린스Michael Collins(1930~2021)

마크 로스코Mark Rothko(1903~1970)

마틴 루서 킹 주니어
　　　　Martin Luther King Jr.(1929~1968)

막스 호르크하이머Max
　　　　Horkheimer(1895~1973)

맥스 야스거Max Yasgur(1919~1973)

매리언 배리Marion Barry(1936~2014)

매릴린 먼로Marilyn Monroe(1926~1962)

맬컴 브라운Malcolm Browne(1931-2012)

맬컴 엑스Malcolm X(1925~1965)

맷 노먼Matt Norman(1970~)

메러디스 헌터Meredith Hunter(1951~1969)

메리 잭슨Mary Jackson(1921~2005)

멜러니 사프카Melanie Safka(1947~)

모리스 블랑쇼Maurice Blanchot(1907~2003)

모리스 쿠브 드 뮈르빌Maurice Couve de
　　　　Murville(1907~1999)

모부투 세세 세코Mobutu Sese
　　　　Seko(1930~1997)

모이스 촘베Moise Tshombe(1919~1969)

무하마드 알리Muhammad Ali/캐시어스 클레이
　　　　Cassius Marcellus Clay Jr(1942~2016)

문재인文在寅(1953~)

미니진 브라운Minnijean Brown(1941~)

미리엄 골드스타인 호르비츠Miriam Goldstein Horwitz
　　　　Oberndorf(1898~1988)

미셸 슈발리에Michel Chevalier(1806~1879)

미셸 푸코Michel Foucault(1926~1984)

미치 매코널Mitch McConnel(1942~)

미하일 고르바초프

Mikhail Gorbachev(1931~2022)
믹 재거Mick Jagger(1943~)

ㅂ

바르톨로메우 디아스Bartolomeu
Dias(1450?~1500)
바버러 복서Barbara Boxer(1940~)
바버러 캐슬Barbara Castle(1910~2002)
바비 체리Bobby Cherry(1930~2004)
바스쿠 다가마Vasco da Gama(1469?~1524)
바오다이Bao Dai(保大, 1913~1997)
바오로 6세Pualus VI(1897~1978. 재위
1963~1978)
바체슬라프 몰로토프Vyacheslav
Molotov(1890~1986)
바츨라프 하벨Vaclav Havel(1936~2011)
박근혜朴槿惠(1952~)
박상희朴相熙(1906~1946)
박정희朴正熙(1917~1979)
밥 딜런Bob Dylan(1941~)
배리 골드워터Barry Goldwater(1909~1998)
배의환裵義煥(1904~2001)
뱅상 페레Vincent Perez(1964~)
버니 샌더스Bernie Sanders
(Bernard Sanders, 1941~)
버락 오바마Barack Hussein Obama(1961~)
버질 블러섬Virgil Blossom(1907~1965)
베니토 무솔리니Benito Mussolini(1883~1945)
베르너 아이젤렌Werner Eiselen(1899~1977)
베이철 린지Vachel Lindsay(1879~1931)
베티 프리던Betty Friedan(1921~2006)
보리스 옐친Boris Yeltsin(1931~2007)
보응웬지압/보응우옌잡Vo Nguyen
Giap(1911~2013)

볼테르Voltaire(본명은 François-Marie Arouet,
1694~1778)
브라이언 엡스타인Brian Epstein(1934~1967)
브람 피셔Bram Fischer(1908~1975)
브루노 코슈미더Bruno
Koschmider(1926~2000)
브와디스와프 고무우카Wladyslaw
Gomulka(1905~1982)
블라디미르 레닌Vladimir Lenin(1870~1924)
블라디미르 세미차스트니Vladimir
Semichastny(1924~2001)
비비언 말론Vivian Malone Jones(1942~2005)
비오 9세 Pius IX(1792~1878,
재위 1846~1878)
비오 12세Pius XII(1876~1958,
재위 1939~1958)
빌리 홀리데이Billie Holiday(1915~1959)
빌 클린턴Bill Clinton(1946~)

ㅅ

사이러스 매코믹Cyrus
McCormick(1809~1884)
사토 에이사쿠佐藤栄作(1901~1975)
살바도르 아옌데Salvador Allende
Gossens(1908~1973)
샤를 10세Charles X(1757~1836,
재위 1824~1830)
샤를 드골Charles de Gaulle(1890~1970)
새뮤얼 버거Samuel Berger(1911~1980)
서굿 마셜Thurgood Marshall(1908~1993)
서남동徐南同(1918~1984)
석가모니釋迦牟尼(563 BC 경~483 BC 경)
성정모成定模(Jung Mo Sung, 1957~)
세디 페이건Sadie Fagan(1896~1945)

세라 본Sarah Vaughan(1924~1990)

세르게이 코롤료프Sergei
　　　Korolyov(1907~1966)

세르게이 키로프Sergei Kirov(1886~1934)

세실리아 시가네르 알베니즈Cecilia Ciganer-
　　　Albeniz(1957~)

소크라테스Socrates(469 BC 경~399 BC)

손기정孫基禎(1912~2002)

솔론Solon(638 BC 경~558 BC 경)

솔 앨린스키Saul Alinsky(1909~1972)

솔즈베리Robert Arthur Talbot Gascoyne-
　　　Cecil, 3rd Marquess of
　　　Salisbury(1830~1903)

솔 플라티에Sol Plaatje(1876~1932)

스콧 니어링Scott Nearing(1883~1983)

스탠리 매코믹Stanley
　　　McCormick(1874~1947)

스튜어트 서트클리프Stuart
　　　Sutcliffe(1940~1962)

시모어 허시Seymour Hersh(1937~)

시몬 드 보부아르Simone de
　　　Beauvoir(1908~1986)

시중쉰習仲勳(1913~2002)

시진핑習近平(1953~)

식스토 5세Sixtus V(1521~1590,
　　　재위 1585~1590)

○

아나스타시오 소모사Anastasio Somoza
　　　Debayle(1925~1980)

아나톨리 도브리닌Anatoly
　　　Dobrynin(1919~2010)

아돌프 히틀러Adolf Hitler(1889~1945)

아메드 야마니Ahmed Zaki

Yamani(1930~2021)

아베 신조(安倍晋三, 1954~2022)

아브라함 피셔Abraham Fischer(1850~1913)

아서 램지Arthur Ramsey(1904~1988,
　　　재위 1961~1974)

아서 슐레진저Arthur Schlesinger(1917~2007)

아우구스토 피노체트Augusto Pinochet
　　　Ugarte(1915~2006)

아이작 뉴턴Sir Isaac Newton(1642~1727)

아테나고라스 1세Athenagoras I(1886~1972,
　　　재위 1948~1972)

아티 콘펠드Artie Kornfeld(1942~)

아흐마드 빈 벨라Ahmed Ben
　　　Bella(1916~2012)

악비岳飛(1103~1141)

안병무安炳茂(1922~1996)

안젤로 주세페 론칼리Angelo Giuseppe
　　　Roncalli(1881~1963)

안창호安昌浩(1878~1938)

안토닌 노보트니Antonin Novotny(1904~1975)

알랭 바디우Alain Badiou(1937~)

알렉산데르 셸레핀Alexander
　　　Shelepin(1918~1994)

알렉산드르 둡체크Alexander
　　　Dubcek(1921~1992)

알렉세이 아주베이Alexei
　　　Adzhubey(1924~1993)

알렉스 헤일리Alex Haley(1921~1992)

알베르 카뮈Albert Camus(1913~1960)

알 아로노위츠Al Aronowitz(1928~2005)

R. 태가드 머피R. Taggart Murphy(1952~)

알프레도 슈스테르Alfredo
　　　Schuster(1880~1954)

알프레드 드레퓌스Alfred Dreyfus(1859~1935)

알프레드 소비Alfred Sauvy(1898~1990)

애너 스트롱Anna Louise Strong(1885~1970)

앤디 화이트Andy White(1930~2015)

앤서니 이든Anthony Eden, 1st Earl of
　　Avon(1897~1977)

앤서니 콤스톡Anthony Comstock(1844~1915)

앨런 긴즈버그Allen Ginsberg(1926~1997)

앨리슨 슈뢰더Allison Schroeder(1950~)

앨버트 루툴리Albert Luthuli(1898~1967)

앨버트 바에즈Albert Baez(1912~2007)

앨버트 아인슈타인Albert Einstein(1879~1955)

앨저 히스Alger Hiss(1904~1996)

앨프리드 킨제이Alfred C. Kinsey(1894~1956)

야오원위안姚文元(1931~2005)

얀 반 리베크Jan Van Riebeeck(1619~1677)

얀 자이츠Jan Zajic(1950~1969)

얀 팔라흐Jan Palach(1948~1969)

양상쿤楊尙昆(1907~1998)

어니스트 그린Ernest Green(1941~)

어브램 스미스Abram Smith(1911~1930)

얼 리틀Earl Little(1890~1931)

얼 워런Earl Warren(1891~1974)

에두아르도 피로니오Eduardo
　　Pironio(1920~1998)

에드거 후버Edgar Hoover(1895~1972)

에드워드 스트롱Edward Strong(1901~1990)

에드워드. H. 카Edward Hallett
　　Carr(1892~1982)

에드워드 톰슨Edward Palmer
　　Thompson(1924~1993)

에드윈 드레이크Edwin Drake(1819~1880)

에드윈 '버즈' 올드린Edwin 'Buzz' Eugene
　　Aldrin Jr.(1930~)

에드윈 스탠턴Edwin Stanton(1814~1869)

에멀라인 팽크허스트Emmeline
　　Pankhurst(1858~1928)

에르네스토 카르데날Ernesto Cardenal
　　Martinez(1925~2020)

에리히 프롬Erich Fromm(1900~1980)

에릭 클랩튼Eric Clapton(1945~)

에릭 홉스봄Eric Hobsbawm(1917~2012)

에마뉘엘 마크롱Emmanuel Macron(1977~)

에밀리 데이비슨Emily Davison(1872~1913)

에밀리 뒤 샤틀레Emilie du
　　Chatelet(1706~1749)

에밀 졸라Émile Zola(1840~1902)

에브젠 플로체크Evzen Plocek(1929~1969)

에우데르 카마라Dom Helder Pessoa
　　Camara(1909~1999)

에우로히오 칸티요Eulogio
　　Cantillo(1911~1978)

에이버리 브런디지Avery
　　Brundage(1887~1975)

에이브러햄 링컨Abraham
　　Lincoln(1809~1865)

에이블 미어로폴Abel Meeropol(1903~1986)

에일린 허낸데즈Aileen
　　Hernandez(1926~2017)

에흐베 아스캥Herve Hasquin(1942~)

엔히크Dom Henrique O. Navegador,
　　1394~1460)

엘라 베이커Ella Baker(1903~1986)

엘라 피츠제럴드Ella Fitzgerald(1917~1996)

엘리자베스 스탠턴Elizabeth
　　Stanton(1815~1902)

엘리엇 타이버Elliot Tiber(1935~2016)

엘비스 프레슬리Elvis Aaron
　　Presley(1935~1977)

여운형呂運亨(1886~1947)

오벌 포버스Orval Faubus(1910~1994)

오브리 노벨Aubrey Norvell(1925~2016)

오언 래티모어Owen Lattimore(1900~1989)

오코치가즈오大河内一男(1905~1984)

오토 폰 비스마르크

Otto von Bismarck(1815~1898)

오트마 자이들러Othmar Zeidler(1850~1911)

오히라 마사요시大平正芳(1910~1980)

올가 허킨스Olga Owens Huckins(1900~1968)

올리버 스톤Oliver Stone(1946~)

와이어미어 타이어스Wyomia Tyus(1945~)

왕단王丹(1969~)

왕광메이王光美(1921~2006)

왕훙원王洪文(1935~1992)

외젠 포티에Eugene Pottier(1816~1887)

요시다 시게루吉田茂(1878~1967)

요제프 라칭거Joseph Ratzinger(1927~,
        베네딕토 16세, Benedictus XVI 교황,
        재위 2005~2013)

요하네스 레브만Johannes
        Rebmann(1820~1876)

요한 23세John XXIII(Ioannes XXIII,
        재위 1958~1963)

요한 바오로 2세Johannes Paulus II
        (1920~2005, 재위 1978~2005)

우아리 부메디엔Houari
        Boumediène(1932~1978)

우한吳晗(1909~1969)

위핑보兪平伯(1899~1990)

위화余華(1960~)

원숭환袁崇煥(1584~1630)

윈스턴 처칠Sir Winston Leonard Spencer-
        Churchill(1874~1965)

윌리엄 웨스트모얼랜드William
        Westmoreland(1914~2005)

윌리엄 윌버포스William
        Wilberforce(1759~1833)

윌리엄 캘리William Calley Jr(1943~)

윌리엄 클레이터William Schieffelin
        Claytor(1908~1967)

윌리엄 태프트William Howard

Taft(1857~1930)

유리 가가린Yuri Alekseyevich
        Gagarin(1934~1968)

유리 안드로포프Yuri Andropov(1914~1984)

유성환兪成煥(1931~2018)

유진산柳珍山(1905~1974)

윤동주尹東柱(1917~1945)

윤보선尹潽善(1897~1990)

윤이상尹伊桑(1917~1995)

위르겐 하버마스Jurgen Habermas(1929~)

윌리엄 시볼드William Sebald(1901~1980)

응오딘깐Ngo Dinh Can(1911~1964)

응오딘누Ngo Dinh Nhu(1910~1963)

응오딘지엠Ngo Dinh Diem/ 吳廷琰
        (1901~1963)

응오딘툭Ngo Dinh Thuc(1897~1984)

응우옌반투언Nguyen Van Thuan(1928~2002)

응우옌투옹탐Nguyen Tuong Tam(1906~1963)

이강석李康石(1937~1960)

이기붕李起鵬(1896~1960)

이누카이 쓰요시犬養毅(1855~1932)

이동녕李東寧(1869~1940)

이동원李東元(1926~2006)

이마누엘 칸트Immanuel Kant(1724~1804)

이매뉴얼 월러스틴Immanuel
        Wallerstein(1930~2019)

이사 플리예프Issa Pliyev(1903~1979)

이상李箱(1910~1937)

이소선李小仙(1929~2011)

이승만李承晚(1875~1965)

이시영李始榮(1968~1953)

이시하라 간지石原莞爾(1889~1949)

이완용李完用(1858~1928)

이응로李應魯(1904~1989)

이익수李益秀(1923~1968)

이젤 블레어 주니어Ezell Blair Jr.(1941~)

이종찬李鐘贊(1916~1983)
이철승李哲承(1922~2016)
이케다 하야토池田勇人(1899~1965)
임석진林錫珍(1932~2018)
잉그리트 길허홀타이Ingrid Gilcher-
　　　Holtey(1952~)

ㅈ
─────────────

장도영張都暎(1923~2012)
장-마리 바스티앵티리Jean-Marie Bastien-
　　　Thiry(1927~1963)
장면張勉(1899~1966)
장 자크 루소Jean Jacques
　　　Rousseau(1712~1778)
장춘차오張春橋(1917~2005)
장칭江靑(李淑蒙, 1914~1991)
장 폴 사르트르Jean-Paul Sartre(1905~1980)
장-폴 앙토방Jean-Paul Enthoven(1949~)
재니스 조플린Janis Joplin(1943~1970)
재레드 다이아몬드Jared M. Diamond(1937~)
잭 루비Jack Ruby(1911~1967)
잭 와인버그Jack Weinberg(1940~)
잭 케루악Jack Kerouac(1922~1969)
저우언라이周恩來(1898~1976)
전두환全斗煥(1931~2021)
전태삼全泰三(1950~)
전태일全泰壹(1948~1970)
정일권丁一權(1917~1994)
정일영鄭一永(1926~2015)
제러미 블랙Jeremy Black(1955~)
제롬 샐린저Jerome David Salinger
　　　(1919~2010)
제롬 와이즈너Jerome Weisner(1915~1994)
제시 오언스James Cleveland 'Jesse'

Owens(1913~1980)
제임스 딘James Dean(1931~1955)
제임스 매스터슨
　　　James F. Masterson(1926~2010)
제임스 먼로James Monroe(1758~1831)
제임스 얼 레이James Earl Ray(1928~1998)
제임스 쿡James Cook(1728~1779)
제임스 하저티James Hargerty(1919~1981)
제임스 후드James Hood(1942~2013)
제프리 피셔Geoffrey Fisher(1887~1972, 재위
　　　1945~1961)
조경철趙慶哲(1929~2010)
조 루이스Joe Louis(1914~1981)
조르주 퐁피두Georges Pompidou(1911~1974)
조 바이든Joe Biden(1942~)
조 브라운Joe Brown(1947~)
조설근曹雪芹(1724?~1763?)
조엘 로젠먼Joel Rosenman(1942~)
조지 5세George V(1865~1936, 재위
　　　1910~1936)
조지 마틴Sir George Henry
　　　Martin(1926~2016)
조지 W. 부시George W. Bush(1946~)
조지 워싱턴George Washington(1732~1799)
조지 월리스George Wallace(1919~1998)
조지 카치아피카스George Katsiaficas(1949~)
조지 해리슨George Harrison(1943~2001)
조지 소로스George Soros(1930~)
조지프 도지Joseph Morrell
　　　Dodge(1890~1964)
조지프 매카시Joseph McCarthy(1908~1957)
조지프 맥닐Joseph McNeil(1942~)
조지프 뱅크스Joseph Banks(1743~1820)
조지프 스탈린Iosif Vissarionovich
　　　Stalin(18798~1953)
조 코커Joe Cocker(1944~2014)

존 글렌John Herschel Glenn(1921~2016)
존 다이어먼드John Diamond(1934~2021)
존 덜레스John Foster Dulles(1888~1959)
존 두베John Dube(1871~1946)
존 레넌John Winston Lennon(1940~1980)
존 로버츠John P. Roberts(1945~)
존 록펠러John Davison
    Rockefeller(1839~1937)
존 루이스John Lewis(1940~2020)
존 마셜 할란John Marshall
    Harlan(1833~1911)
존 맥스웰 쿳시John Maxwell Coetzee, 1940~)
존 바에즈Joan Baez(1941~)
존 브리지 바에즈Joan Bridge
    Baez(1913~2013)
존 새빌John Saville(1916~2009)
존 칼로스John Wesley Carlos(1945~)
존 F. 케네디John Fitzgerald
    Kennedy(1917~1963)
존 케인스John Maynard Keynes(1883~1946)
존 퍼거슨John Ferguson(1938~1915)
존 하지John Hodge(1893~1963)
존 헤인즈 홈즈(John Haynes Holmes,
    1879~1964)
줄리어스 패칭Julius Patching(1917~2009)
쥐스틴 레비Justine Levy(1974~)
지미 헨드릭스Jimi Hendrix(1942~1970)
지창수池昌洙(1906~1950)
질로 폰테코르보Gillo Pontecorvo(1919~2006)
쩐레쑤언Tran Le Xuan(1924~2011)

ㅊ

차이잉원蔡英文(1956~)
찰리 채플린Charlie Chaplin(1889~1977)

찰스 린드버그Charles Augustus
    Lindbergh(1902~1974)
찰스 린치Charles Lynch(1736-1796)
체 게바라Ernesto 'Che' Guevara(1928~1967)
최규식崔圭植(1932~1968)

ㅋ

카다르 야노시Kadar Janos(1912~1989)
카렌 암스트롱Karen Armstrong(1944~)
카를라 브루니Carla Bruni(1967~)
카를 마르크스Karl Marx(1818~1883)
카를 야스퍼스Karl Jaspers(1883~1969)
카를로 마리아 마르티니Carlo Maria
    Martini(1927~2012)
카를로스 프랑키Carlos Franqui(1921~2010)
카멀라 해리스Kamala Harris(1964~)
카밀로 레스트레포Camilo
    Restrepo(1929~1966)
카밀로 시엔푸에고스Camilo
    Cienfuegos(1932~1959)
카터 매그루더Carter Magruder(1900~1988)
칼 포퍼Sir Karl Raimund Popper(1902~1994)
칼 프리던Carl Friedan(1925~2005)
캐럴 맥네어Carol Denise McNair(1951~1963)
캐럴 허니시Carol Hanisch(1942~)
캐서린 매코믹Katherine
    McCormick(1875~1967)
캐서린 존슨Katherine Coleman Goble
    Johnson(1918~2020)
커칭스柯慶施(1902~1965)
커티스 르메이Curtis LeMay(1906~1990)
케빈 코스트너Kevin Costner(1955~)
코델 헐Cordell Hull (1871~1955)
콘돌리자 라이스Condoleezza Rice(1954~)

콘스탄틴 로코솝스키Konstantin
　　　Rokossowvski(1896~1968)
콘스탄틴 체르넨코Konstantin
　　　Chernenko(1911~1985)
콰이다푸蒯大富(1945~)
크리스토퍼 콜럼버스Christopher
　　　Columbus(1450~1506)
크리스 하먼Chris Harman(1942~2009)
클라렌스 홀리데이Clarence
　　　Halliday(1898~1937)
클락 커Clark Kerr(1911~2003)
클로뎃 콜빈Claudette Colvin(1939~)
클로드 란츠만Claude Lanzmann(1925~2018)

ㅌ

테너시 윌리엄스Tennessee
　　　Williams(1911~1983)
테오도르 아도르노Theodor
　　　Adorno(1903~1969)
토머스 블랜튼Thomas Blanton
　　　Jr.(1938~2020)
토머스 쉽Thomas Shipp(1911~1930)
토마스 우드로 윌슨Thomas Woodrow
　　　Wilson(1856~1924)
토미 스미스Tommie Smith(1944~)
톰 헤이든Tom Hayden(1939~2016)
트로핌 리센코Trofim Lysenko(1989~1976)
트루먼 커포티Truman Capote(1924~1984)
티그레이스 앳킨슨Ti-Grace Atkinson(1938~)
틱꽝득Thich Quang Duk(1897~1963)

ㅍ

파벨 유딘Pavel Yudin(1899~1968)
파블로 피카소Pablo Picasso(1881~1973)
파울루 프레이리Paulo Freire(1921~1997)
파울 헤르만 뮐러Paul Hermann
　　　Muller(1899~1965)
파트리스 루뭄바Patrice Hemery
　　　Lumumba(1925~1961)
팔라비 2세Mohammad Reza
　　　Pahlavi(1919~1980, 재위 1941~1979)
팡리즈方勵之(1936~2012)
펑더화이彭德懷(1898~1974)
펑전彭眞(1902~1997)
페르난도 루고Fernando Lugo Mendez(1951~)
페르난도 카르데날Fernando
　　　Cardenal(1934~2016)
페르디낭 에스테라지Ferdinand
　　　Esterhazy(1847~1923)
폴 레노Paul Reynaud(1878~1966)
폴 매카트니Paul McCartney(1942~)
풀헨시오 바티스타Fulgencio Batista-
　　　Zaldvivar(1901~1973)
프란시스코 프랑코Francisco
　　　Franco(1892~1975)
프란츠 파농Frantz Omar Fanon(1925~1961)
프란츠 페르디난트Archduke Franz
　　　Ferdinand(1863~1914)
프란치스코Francis(1936~, 재위 2013~)
프란치스코 빌바오Francisco
　　　Bilbao(1823~1865)
프랑수아 미테랑Francois
　　　Mitterrand(1916~1996)
프랭크 보먼Frank Borman(1928~)
프랭클린 루스벨트Franklin Delano Roosevelt
　　　(1882~1945)

프랭클린 매클레인Franklin
　　McClain(1941~2014)
프레더릭 포사이스Frederick Forsyth(1938~)
프레데리크 빌렘 데 클레르크Frederik Willem
　　de Klerk(1936~2021)
플로이드 패터슨Floyd Patterson(1935~2006)
피델 카스트로Fidel Castro(1926~2016)
피에르 드게테르Pierre De Geyter(1848~1932)
피에르 드발Pierre Deval(1758~1829)
피에르 브라자Pierre Savorgnan de
　　Brazza(1852~1905)
피터 노먼Peter Norman(1942~2006)
필리프 마리Philippe Leopold Louis
　　Marie(1960~)
필립 솔로몬Philip Solomon(1907~2002)

ㅎ

하퍼 리Harper Lee(1926~2016)
한나 아렌트Hannah Arendt(1906~1975)
한스 큉Hans Küng(1928~2021)
해롤드 윌슨Harold Wilson(1916~1995)
해리 트루먼Harry S. Truman(1884~1972)
해서海瑞(1514~1587)
허먼 캐시Herman Cash(1918~1994)
허정許政(1896~1988)
허종許鐘(1923~2008)
허즈전賀子珍(1910~1984)
험프리 보가트Humphrey Bogart(1899~1957)
헤라르도 마차도Gerardo
　　Machado(1871~1939)
헤르만 헤세Hermann Hesse(1877~1962)
헤르베르트 마르쿠제Herbert
　　Marcuse(1898~1979)
헨드릭 페르부르트Hendrik

Verwoerd(1901~1966)
헨리 8세Henry VIII(1491~1547,
　　재위 1509~1547)
헨리 그레이엄Henry Graham(1916~1999)
헨리 데이비드 소로Henry David
　　Thoreau(1817~1862)
헨리 스탠리Sir Henry Morton
　　Stanley(1841~1904)
헨리 키신저Henry Kissinger(1923~)
헨리 파크스Sir Henry Parkes(1815~1896)
헬렌 니어링Helen Nearing(1904~1995)
헬렌 브라운Helen Gurley Brown(1922~2012)
호머 플레시Homer Plessy(962~1925)
호찌민Ho Chi Minh(胡志明, 1890~1969)
혼 소브리노Jon Sobrino(1938~)
화궈펑華國鋒(1921~2008)
황성모黃性模(1926~1992)
황태성黃太成(1906~1963)
후세인 데이Hussein Dey(1765~1838)
후스胡適(1891~1962)
후야오방胡耀邦(1915~1989)
후안 보슈Juan Bosch(1909~2001)
후인반까오Huynh Van Cao(1927~2013)
휴버트 험프리Hubert Humphrey(1911~1978)
휴 헤프너Hugh Hefner(1926~2017)
힐러리 클린턴Hillary Clinton(1947~)

주 요 용 어